法学教室 LIBRARY 　Rereading the basic constitutional cases
Yasuji Nosaka

憲法基本判例を読み直す

第2版

野坂泰司

有斐閣

第2版　はしがき

　本書の初版は，幸いにして全国の主要な大学の法学部・法科大学院において教科書や参考書として使用され，憲法の判例研究に役立てていただけたようである。実務家の方々からも好意的な評価を頂戴することができた。著者として望外の喜びであり，また，身の引き締まる思いである。しかるべき時期に改訂を行い，より良いものにしていければと考えてはいたものの，諸般の事情から，なかなか改訂作業に取り組むことができなかった。いま，こうしてようやく第2版の刊行にこぎつけ，ほっとしている。

　第2版では、憲法の基本判例として取り上げるべき2件の判例に関する書下ろしを新たに加えるとともに，初版で取り上げた判例に関するその後の動きを補充し，アップデイトすることに努めた（引用した判例・裁判例のうち判例集未登載分についても，データで参照可能なものはその所在を明記するようにした）。また，趣旨をより明確にするために，本文の若干の表現や字句を改めたほか，一部で脚注における記述を本文に組み入れる修正を行った。著者の意図が読者によりよく伝わるようになっていれば幸いである。

　なお，既存の各章については，脚注に掲げた参照文献は，原則として，最初に本文を執筆した時（『法学教室』の連載時）に参照することができたものにとどめることとし，当該文献が改版されている場合にのみ，その最新版のページに改めるという方針で臨んでいる。著者の時間的・能力的限界から本来参照すべくして参照できなかった重要な文献が落ちている可能性については，ご寛恕を乞いたい。

　本書の初版に対しては，読者の一部から，なぜ今更このように古い判例を取り上げるのかという率直な感想もいただいた。もちろん，新しい判例をフォロウすることは大切である。しかし，その新しい判例も，古い判例を前提とし，それに基づいて展開されていることが少なくない。たとえば，第7章の議員定数不均衡違憲判決は，現行の選挙制度に改められる前の中選挙区制の下での判断であるが，その後も国政選挙の度に提起されている「一票の較差」訴訟における最高裁の判決は，選挙制度が変わっても依然としてこの判

例が提示した判断枠組みによって判断を下している。それ故，今日の「一票の較差」訴訟に関する最高裁判決を的確に論評するためには，上記の基本判例についての正確な理解が欠かせないのである。また，第6章の尊属殺重罰規定違憲判決のように，それが扱った問題自体は解決済みであっても，平等原則違反に関する判断手法や法令違憲判断の効力，憲法判例の変更など，憲法事件に特有の問題について考えを深めるのに格好の材料を提供するものも存在する。

　このような古い判例を含めて，憲法の基本判例は，絶えず読み直されるべきものである。たとえ当該判例について既に一定の理解が定着していたとしても，それを無批判的に受け入れるだけでは，判例研究の発展は望むべくもないであろう。本書が試みたのは，憲法の基本判例を，できる限り判例それ自体の論理に即して読み直すことにより，その判例が何を，どのように解決しようとしたのか，そこにはどのような問題がなお残されているのかを明らかにすることであった。そのような試みがはたして，また，どこまで成功しているかは，読者各位の判断に委ねるほかはない。著者としては，今回改訂を加えた本書が読者による憲法の基本判例研究の一助となることを願うばかりである。

　この第2版に関しては，有斐閣書籍編集部の島袋愛未さんに大変お世話になった。島袋さんは，細部(ディテール)にこだわる著者の性格をよく理解され，適切なサポートをしてくださった。ここに衷心から謝意を表したい。

2019（令和元）年7月

野坂泰司

初版　はしがき

　本書は，2005（平成17）年から2008（平成20）年にかけて，「判例講座　憲法基本判例を読み直す」と題して『法学教室』誌上に連載した原稿に加筆・修正を施し，さらに2章を書き下ろしで追加したものである。近時の憲法訴訟の動向には目を離せないものがあり，本書の刊行にあたっては，連載終了後の判例・裁判例の展開について，本文に追記し，あるいは注を付加するなどして，できる限り補充に努めた。しかし，各基本判例の分析・検討に関しては，連載当時のままであり，この点に関する本文の修正は，若干の表現や字句の修正にとどめている。また，脚注に掲げた参照文献についても，原則として連載当時のままとし，ただ改版された場合にのみ，最新版のページに改めることとした。

　本書の読者として想定しているのは，主に法科大学院の既修者レヴェルの学生，および，ある程度憲法の学習が進んだ法学部の学生であるが，憲法訴訟に携わる実務家にとっても本書が参照に値するものとなることを願っている。

　本書の狙いは二つある。一つは，タイトルの示す通り，憲法の基本判例を読み直し，当の判例に関する理解を深めることである。判例を読み直すことによって，これまであまり問題にされてこなかった論点に気づくということがあるかもしれないし，従来当然とされてきた理解とは異なる理解に到達するということがあるかもしれない。あるいは，逆に，判例を読み直してみて，やはり従来の理解を妥当なものとして再確認する結果に終わるということもあるかもしれない。いずれにしても，判例を読み直すことによって，当該判例に関する理解はより深まるはずである。もう一つの狙いは，憲法の基本判例を読み直すという作業を進めながら，改めて，日本の憲法訴訟がどのようなものとして実現されているか，また，憲法訴訟を通じて日本国憲法がどのように具体化されているかを明らかにすることである。日本の憲法訴訟も既に60年余の歴史をもつ。この間に積み重ねられた憲法判例のうち基本的なものを連ねて見ることで，わが国において憲法訴訟が裁判所自身によってどのように取り扱われ，いかなる特徴をもつに至っているかを知ることができるであろう。また，それと同時に，裁判所において日本国憲法の諸条項がどのように解釈・適用され，具体化されているかを知ることができるはずである。

憲法の基本判例を丹念に読み直すことにより，具体の憲法訴訟を通じて，何が，どう解決されたか，また，そこにはどのような問題がなお残されているのか，を明らかにしつつ，読者諸氏がさらに考察を深めていく材料を提供することができれば幸いである。

　本書の基になった『法学教室』誌上の連載については，亀井聡，青山ふみえの両氏に大変お世話になった。とりわけ，青山氏には，必要な文献資料の入手や法令の調査など，迅速かつ適切なサポートをしていただいた。また，本書の刊行にあたっては，亀井氏に色々とご配慮いただいた。この場を借りて，両氏に衷心から謝意を表したい。

　2011（平成 23）年 5 月

野坂泰司

目 次

第1章 郵便法免責・責任制限規定と憲法17条
　　　　――郵便法違憲判決
　　　　最大判平成14年9月11日民集56巻7号1439頁

Ⅰ　はじめに………………………………………………………………………… 1
Ⅱ　判決の紹介……………………………………………………………………… 2
　　1　事実の概要（2）　　2　判旨（3）
Ⅲ　分析と検討……………………………………………………………………… 7
　　1　憲法17条の規範性（8）　　2　法令違憲，適用違憲，法令の意味の一部違憲（10）　　3　憲法17条に関する違憲審査基準と立法裁量論（11）　　4　本判決の射程と残された問題（15）

第2章 事件性・司法権・違憲審査制
　　　　――警察予備隊違憲訴訟判決
　　　　最大判昭和27年10月8日民集6巻9号783頁

Ⅰ　はじめに………………………………………………………………………… 17
Ⅱ　判決の紹介……………………………………………………………………… 18
　　1　事実の概要（18）　　2　判旨（19）
Ⅲ　分析と検討……………………………………………………………………… 20
　　1　事件性と司法権（21）　　2　司法権と違憲審査制（24）　　3　抽象的違憲審査・独立審査の否定（26）　　4　「現行制度上」「憲法上及び法令上……の根拠」（28）　　5　本判決の射程と残された問題（30）

第3章 適正手続の保障と第三者の権利の主張
　　　　――第三者所有物没収違憲判決
　　　　最大判昭和37年11月28日刑集16巻11号1593頁

Ⅰ　はじめに………………………………………………………………………… 33
Ⅱ　判決の紹介……………………………………………………………………… 34
　　1　事実の概要（34）　　2　判旨（34）

Ⅲ　分析と検討 ··· 36
　　1　法令違憲，適用違憲，処分違憲（36）　2　第三者所有物の没収と適正手続の保障（39）　3　第三者所有物の没収と財産権の保障（42）　4　上訴の利益と第三者の権利の主張（43）　5　本判決の射程と残された問題（47）

第4章　衆議院の解散の効力と裁判所の審査権の限界
　　　　──苫米地事件判決
　　　　最大判昭和35年6月8日民集14巻7号1206頁
　Ⅰ　はじめに ·· 49
　Ⅱ　判決の紹介 ·· 50
　　1　事実の概要（50）　2　判旨（51）
　Ⅲ　分析と検討 ·· 53
　　1　衆議院解散の効力に対する裁判所の審査権（53）　2　「統治行為」と裁判所の審査権の限界（56）　3　「統治行為」論と「部分社会」論（60）　4　本判決の射程と残された問題（61）

第5章　私人間における人権保障と人権規定の私人間適用
　　　　──三菱樹脂事件判決
　　　　最大判昭和48年12月12日民集27巻11号1536頁
　Ⅰ　はじめに ·· 65
　Ⅱ　判決の紹介 ·· 66
　　1　事実の概要（66）　2　判旨（67）
　Ⅲ　分析と検討 ·· 71
　　1　思想・信条を理由とする雇入れの拒否（72）　2　思想・信条を理由とする解雇と事実の秘匿等を理由とする本採用の拒否（73）　3　私人間における人権保障と人権規定の私人間適用（75）　4　本判決の射程と残された問題（79）

第6章　尊属殺重罰規定と「法の下の平等」
　　——尊属殺重罰規定違憲判決
　　最大判昭和48年4月4日刑集27巻3号265頁

　I　はじめに……………………………………………………………85
　II　判決の紹介………………………………………………………86
　　　1　事実の概要（86）　2　判旨（87）
　III　分析と検討………………………………………………………89
　　　1　憲法判例の変更（90）　2　尊属殺重罰規定と「法の下の平等」（93）
　　　3　法令違憲判決の効力（98）　4　本判決の射程と残された問題（100）

第7章　議員定数不均衡と「法の下の平等」
　　——議員定数不均衡違憲判決
　　最大判昭和51年4月14日民集30巻3号223頁

　I　はじめに……………………………………………………………103
　II　判決の紹介………………………………………………………104
　　　1　事実の概要（104）　2　判旨（105）
　III　分析と検討………………………………………………………112
　　　1　議員定数不均衡と公選法204条の選挙無効訴訟（113）　2　議員定数配分規定の憲法適合性（115）　3　選挙の効力と事情判決的処理（118）
　　　4　本判決の射程と残された問題（121）

第8章　非嫡出子法定相続分差別と「法の下の平等」
　　——非嫡出子法定相続分差別規定違憲決定
　　最大決平成25年9月4日民集67巻6号1320頁

　I　はじめに……………………………………………………………133
　II　決定の紹介………………………………………………………135
　　　1　事実の概要（135）　2　決定要旨（135）
　III　分析と検討………………………………………………………143
　　　1　憲法14条1項適合性の判断枠組み（144）　2　立法事実の変化と違憲判断（149）　3　違憲判断を含む判例の遡及効と先例拘束性（154）　4　本決定の射程と残された問題（159）

第9章　謝罪広告の強制と「良心の自由」
──謝罪広告強制事件判決
最大判昭和31年7月4日民集10巻7号785頁

I　はじめに ………………………………………………………… 163
II　判決の紹介 ……………………………………………………… 164
　1　事実の概要（164）　2　判旨（164）
III　分析と検討 …………………………………………………… 166
　1　「良心の自由」の意味（166）　2　謝罪広告の意味（171）　3　謝罪広告と強制執行の許否（173）　4　本判決の射程と残された問題（175）

第10章　玉串料等の公金支出と政教分離原則
──愛媛玉串料訴訟違憲判決
最大判平成9年4月2日民集51巻4号1673頁

I　はじめに ………………………………………………………… 177
II　判決の紹介 ……………………………………………………… 178
　1　事実の概要（178）　2　判旨（180）
III　分析と検討 …………………………………………………… 184
　1　政教分離原則の理解（185）　2　政教分離原則違反の判断基準（188）　3　本件公金支出と憲法20条3項,89条（192）　4　本判決の射程と残された問題（197）

第11章　市有地の神社施設敷地としての利用提供行為と政教分離原則
──空知太神社事件違憲判決
最大判平成22年1月20日民集64巻1号1頁

I　はじめに ………………………………………………………… 203
II　判決の紹介 ……………………………………………………… 204
　1　事実の概要（204）　2　判旨（205）
III　分析と検討 …………………………………………………… 210
　1　本件利用提供行為と憲法89条,20条1項後段（210）　2　本件憲法89条事案における政教分離原則違反の判断基準（214）　3　本件利用提供行為の憲法89条適合性（220）　4　「職権による検討」──違憲判断の跡

始末（225）　　5　本判決の射程と残された問題（227）

第12章　名誉侵害と裁判所による表現行為の事前差止め
──北方ジャーナル事件判決
最大判昭和61年6月11日民集40巻4号872頁

Ⅰ　はじめに ………………………………………………………………………… 233
Ⅱ　判決の紹介 ……………………………………………………………………… 234
　1　事実の概要（234）　　2　判旨（235）
Ⅲ　分析と検討 ……………………………………………………………………… 240
　1　裁判所の仮処分決定による出版物の事前差止めと検閲禁止・事前抑制禁止原則（241）　　2　裁判所による事前差止めを許容するための実体的要件（244）　　3　裁判所による事前差止めを許容するための手続的要件（248）
　4　本判決の射程と残された問題（249）

第13章　公安条例による集団行動の規制
──徳島市公安条例事件判決
最大判昭和50年9月10日刑集29巻8号489頁

Ⅰ　はじめに ………………………………………………………………………… 255
Ⅱ　判決の紹介 ……………………………………………………………………… 256
　1　事実の概要（256）　　2　判旨（258）
Ⅲ　分析と検討 ……………………………………………………………………… 263
　1　公安条例と道交法の関係──条例制定権の範囲（263）　　2　犯罪構成要件の明確性と憲法31条（267）　　3　本判決の射程と残された問題（272）

第14章　薬局等の適正配置規制と職業の自由
──薬事法違憲判決
最大判昭和50年4月30日民集29巻4号572頁

Ⅰ　はじめに ………………………………………………………………………… 275
Ⅱ　判決の紹介 ……………………………………………………………………… 276
　1　事実の概要（276）　　2　判旨（278）

Ⅲ　分析と検討 ·· 284
　　　1　職業選択の自由と「営業の自由」（285）　2　職業の自由の規制と立法府の裁量（287）　3　職業の許可制と「規制目的二分論」（290）　4　立法事実とその検証（293）　5　本判決の射程と残された問題（296）

第15章　共有林の分割制限と財産権
　　　　――森林法違憲判決
　　　　最大判昭和62年4月22日民集41巻3号408頁
　　Ⅰ　はじめに ·· 301
　　Ⅱ　判決の紹介 ·· 302
　　　1　事実の概要（302）　2　判旨（303）
　　Ⅲ　分析と検討 ·· 309
　　　1　財産権の保障の意義（309）　2　財産権の規制に関する違憲審査基準（311）　3　森林法186条の憲法適合性（316）　4　本判決の射程と残された問題（320）

第16章　在外日本国民の選挙権
　　　　――在外選挙権訴訟違憲判決
　　　　最大判平成17年9月14日民集59巻7号2087頁
　　Ⅰ　はじめに ·· 325
　　Ⅱ　判決の紹介 ·· 326
　　　1　事実の概要（326）　2　判旨（328）
　　Ⅲ　分析と検討 ·· 334
　　　1　在外国民の選挙権の制限の憲法適合性（334）　2　公法上の確認訴訟と「法律上の争訟」（339）　3　立法不作為に関する国家賠償請求（344）　4　本判決の射程と残された問題（348）

第17章　社会保障給付の併給禁止と憲法25条，14条
　　　　――堀木訴訟判決
　　　　最大判昭和57年7月7日民集36巻7号1235頁
　　Ⅰ　はじめに ·· 351

Ⅱ　判決の紹介 ··· 352
　　　　1　事実の概要（352）　2　判旨（354）
　　Ⅲ　分析と検討 ··· 357
　　　　1　本件併給禁止と憲法25条（357）　2　本件併給禁止と憲法14条（363）　3　本判決の射程と残された問題（367）

第18章　税務調査における質問検査権と憲法31条, 35条, 38条1項
——川崎民商事件判決
　　最大判昭和47年11月22日刑集26巻9号554頁

　　Ⅰ　はじめに ··· 371
　　Ⅱ　判決の紹介 ··· 372
　　　　1　事実の概要（372）　2　判旨（373）
　　Ⅲ　分析と検討 ··· 375
　　　　1　税務調査における質問検査権と憲法35条（375）　2　税務調査における質問検査権と憲法38条1項（379）　3　税務調査における質問検査権の規定の明確性と憲法31条（382）　4　本判決の射程と残された問題（385）

第19章　国家公務員の労働基本権
——全農林警職法事件判決
　　最大判昭和48年4月25日刑集27巻4号547頁

　　Ⅰ　はじめに ··· 389
　　Ⅱ　判決の紹介 ··· 391
　　　　1　事実の概要（391）　2　判旨（392）
　　Ⅲ　分析と検討 ··· 399
　　　　1　公務員の労働基本権の制約根拠（400）　2　国公法98条5項, 110条1項17号の合憲限定解釈（405）　3　憲法判例の変更（411）　4　本判決の射程と残された問題（414）

第20章　国家公務員の政治活動の自由
　　　　——猿払事件判決
　　　　最大判昭和49年11月6日刑集28巻9号393頁

- I　はじめに ………………………………………………………… 419
- II　判決の紹介 ……………………………………………………… 421
  - 1　事実の概要（421）　2　判旨（423）
- III　分析と検討 ……………………………………………………… 430
  - 1　国公法102条1項および規則による国家公務員の政治的行為の禁止と憲法21条（430）　2　国公法110条1項19号による禁止違反行為の処罰と憲法21条，31条（438）　3　国公法102条1項の人事院規則に対する委任の憲法適合性（443）　4　本判決の射程と残された問題（445）

第21章　外国人の公務就任・管理職昇任
　　　　——東京都管理職選考受験拒否事件判決
　　　　最大判平成17年1月26日民集59巻1号128頁

- I　はじめに ………………………………………………………… 455
- II　判決の紹介 ……………………………………………………… 457
  - 1　事実の概要（457）　2　判旨（458）
- III　分析と検討 ……………………………………………………… 461
  - 1　外国人の公務就任権（461）　2　「公権力行使等地方公務員」と「当然の法理」（470）　3　特別永住者と一般の在留外国人（475）　4　本判決の射程と残された問題（477）

第22章　教育を受ける権利と教育権
　　　　——旭川学力テスト事件判決
　　　　最大判昭和51年5月21日刑集30巻5号615頁

- I　はじめに ………………………………………………………… 481
- II　判決の紹介 ……………………………………………………… 483
  - 1　事実の概要（483）　2　判旨（484）
- III　分析と検討 ……………………………………………………… 495
  - 1　憲法26条，23条と国の教育内容決定権（495）　2　教基法10条と教

育内容に対する教育行政機関の介入権限（502）　3　本件学力調査の適法性（505）　4　本判決の射程と残された問題（510）

第23章　届出による国籍取得における準正子と非準正子の区別と違憲判断のあり方
　　　──国籍法違憲判決
　　　最大判平成20年6月4日民集62巻6号1367頁

Ⅰ　はじめに ……………………………………………………………… 519
Ⅱ　判決の紹介 …………………………………………………………… 520
　1　事実の概要（520）　2　判旨（522）
Ⅲ　分析と検討 …………………………………………………………… 530
　1　国籍法3条1項と憲法14条1項（531）　2　立法事実の変化と違憲判断（540）　3　法令の規定の一部違憲の判断と合憲「拡張」解釈（543）
　4　本判決の射程と残された問題（550）

事項索引（555）

判例索引（560）

凡　例

〔判例集の略語〕

民　集	大審院民事判例集，最高裁判所民事判例集
刑　集	最高裁判所刑事判例集
集　民	最高裁判所裁判集　民事
集　刑	最高裁判所裁判集　刑事
高民集	高等裁判所民事判例集
高刑集	高等裁判所刑事判例集
下民集	下級裁判所民事裁判例集
下刑集	下級裁判所刑事裁判例集
行　集	行政事件裁判例集
労民集	労働関係民事裁判例集
裁　時	裁判所時報
行　月	行政裁判月報
家　月	家庭裁判月報
刑　月	刑事裁判月報
訟　月	訟務月報
税　資	税務訴訟資料

〔雑誌等の略語〕

公　法	公法研究
民　月	民事月報
民　商	民商法雑誌
国　家	国家学会雑誌
曹　時	法曹時報
判　時	判例時報
判　評	判例時報添付の判例評論
判　タ	判例タイムズ
ジュリ	ジュリスト

法　教	法学教室	
法　時	法律時報	
法　セ	法学セミナー	
金　判	金融・商事判例	
労　判	労働判例	
労　旬	労働法律旬報	
ひろば	法律のひろば	
賃　社	賃金と社会保障	

最判解民事(刑事)篇平成(昭和)○○年度
　　最高裁判所判例解説民事(刑事)篇平成(昭和)○○年度
平成(昭和)○○年度重判解(ジュリ○○号)
　　平成(昭和)○○年度重要判例解説(ジュリスト○○号)

第1章 郵便法免責・責任制限規定と憲法17条
―― 郵便法違憲判決

最大判平成14年9月11日民集56巻7号1439頁

I はじめに

　憲法17条は,「何人も,公務員の不法行為により,損害を受けたときは,法律の定めるところにより,国又は公共団体に,その賠償を求めることができる」と規定する。そして,これを受けて,国家賠償法(以下「国賠法」という) 1条1項は,「国又は公共団体の公権力の行使に当る公務員が,その職務を行うについて,故意又は過失によって違法に他人に損害を加えたときは,国又は公共団体が,これを賠償する責に任ずる」と規定し,憲法17条にいう「不法行為」の内容や賠償責任の要件等を定めている。そこで,一般的には,公務員の違法な行為による損害の賠償請求の成否は,国賠法の定める要件を満たすか否かに係ることとなり,このことは公務員の違法な行為の内容として違憲の主張を行う場合においても同様である。

　しかし,憲法17条にいう「法律の定めるところ」が同条の具体化として適切ではないと判断された場合はどうであろうか。本章で取り上げる郵便法違憲判決は,郵便事業について特に国の損害賠償責任を定めた郵便法の規定を憲法17条に違反し,無効であると宣言したものである。国賠法は,その4条で,国または公共団体の損害賠償責任については,そこでの定めによるほか,「民法の規定による」こととし,さらに5条で,「民法以外の他の法律に別段の定があるときは,その定めるところによる」と規定している。郵便法の規定は,ここにいう「別段の定」に当たる。郵便法違憲判決は,この郵

便法における賠償責任の免除または制限のあり方を違憲とした興味深い事例である。そこには，憲法17条に違反するかどうかをどのような基準によって判断すればよいか，違憲と判断する場合にはどのような方法によるべきかなど，種々検討を要する論点が存在している。

以下においては，本判決を読み直すことを通じて，それらの点を確認することにしよう。

II 判決の紹介

1 事実の概要

X社は，訴外Aに対して1億3969万円およびこれに対する遅延損害金の支払を命じる確定判決を得て，1998（平成10）年4月10日に，その内金7200万円を請求債権として，神戸地裁尼崎支部に対して債権差押命令の申立てを行った。被差押債権には，Aの勤務先に対する給料債権等のほか，B銀行C支店のAの預金債権が含まれていた。裁判所は，同日，債権差押命令を発付し，同命令正本は，特別送達の方法により，Aおよびその勤務先，B銀行C支店にそれぞれ送達された。ところが，前者への送達は4月14日，後者への送達は翌15日であったため，Aは自己への送達があった前日のうちに自己の口座にあった預金の全額787万3533円を引き出し，差押えは功を奏さなかった。

X社は，Aが預金を引き出し，X社が損害を被ったのは，B銀行C支店に対する債権差押命令正本を，郵便局員が誤って同支店の私書箱に投函したことに起因すると主張して，国に対し，国家賠償法1条1項に基づいて損害賠償を請求した。

ところで，郵便法（平成14年法律第121号による改正前のもの。以下同じ）68条は，郵便物に関して国に損害賠償を請求できるのは，次の三つの場合であると規定していた。第1に，書留郵便物の全部または一部を亡失し，または毀損したとき，第2に，引換金を取り立てないで代金引換郵便物を交付したとき，第3に，小包郵便物の全部または一部を亡失し，または毀損した

とき，である。また，同法73条は，損害賠償請求をすることができる者を，当該郵便物の差出人またはその承諾を得た受取人に限定していた。そこでX社は，郵便法68条，73条は憲法17条に違反すると主張した。

　第1審判決（神戸地尼崎支判平成11・3・11)[1]は，郵便法68条，73条は憲法17条に違反しないとし，これらの規定に照らしてX社の請求原因は主張自体失当であるとして，請求を棄却した。X社は，控訴したが，控訴審（大阪高判平成11・9・3)[2]は，1審を支持して，控訴を棄却したため，X社が上告した。これに対して最高裁大法廷は，次のように判示して，原判決を破棄し，本件を原審に差し戻した[3]。

2　判　旨

1　憲法17条について

　憲法17条は，国または公共団体に対し損害賠償を求める権利を保障し，その法律による具体化を予定している。これは，「公務員の行為の国民へのかかわり方には種々多様なものがあり得ることから，国又は公共団体が公務員の行為による不法行為責任を負うことを原則とした上，公務員のどのような行為によりいかなる要件で損害賠償責任を負うかを立法府の政策判断にゆだねたものであって，立法府に無制限の裁量権を付与するといった法律に対する白紙委任を認めているものではない。そして，公務員の不法行為による国又は公共団体の損害賠償責任を免除し，又は制限する法律の規定が同条に適合するものとして是認されるものであるかどうかは，当該行為の態様，これによって侵害される法的利益の種類及び侵害の程度，免責又は責任制限の範囲及び程度等に応じ，当該規定の目的の正当性並びにその目的達成の手段として免責又は責任制限を認めることの合理性及び必要性を総合的に考慮して判断すべきである」。

1）　民集56巻7号1472頁。
2）　民集56巻7号1478頁。
3）　平成14年12月から始まった差戻審では，国は改めて賠償義務を否定し，平成15年4月から日本郵政公社が訴訟を引き継いだが，同年12月に公社がX社に対し，250万円を支払うことで双方が合意し，和解が成立した。その後年末までに同金員の支払も行われたとのことである。弁護士ネット（www.bengoshi-net.co.jp）の判決速報（2004/1/13）による。

2 法68条，73条の目的について

郵便法は，「『郵便の役務をなるべく安い料金で，あまねく，公平に提供することによって，公共の福祉を増進すること』を目的として制定されたものであり（法1条）、法68条，73条が規定する免責又は責任制限もこの目的を達成するために設けられたものであると解される。すなわち，郵便官署は，限られた人員と費用の制約の中で，日々大量に取り扱う郵便物を，送達距離の長短，交通手段の地域差にかかわらず，円滑迅速に，しかも，なるべく安い料金で，あまねく，公平に処理することが要請されているのである。仮に，その処理の過程で郵便物に生じ得る事故について，すべて民法や国家賠償法の定める原則に従って損害賠償をしなければならないとすれば，それによる金銭負担が多額となる可能性があるだけでなく，千差万別の事故態様，損害について，損害が生じたと主張する者らに個々に対応し，債務不履行又は不法行為に該当する事実や損害額を確定するために，多くの労力と費用を要することにもなるから，その結果，料金の値上げにつながり，上記目的の達成が害されるおそれがある」。したがって，「法68条，73条が郵便物に関する損害賠償の対象及び範囲に限定を加えた目的は，正当なものであるということができる」。

3 本件における法68条，73条の合憲性について

(1) 「上告人は，上告人を債権者とする債権差押命令を郵便業務従事者が特別送達郵便物として第三債務者へ送達するに際して，これを郵便局内に設置された第三債務者の私書箱に投かんしたために送達が遅れ，その結果，債権差押えの目的を達することができなかったと主張して，被上告人に対し，損害賠償を求めている。

特別送達は，民訴法103条から106条まで及び109条に掲げる方法により送達すべき書類を内容とする通常郵便物について実施する郵便物の特殊取扱いであり，郵政事業庁（平成11年法律第160号による郵便法の改正前は，郵政省。以下同じ。）において，当該郵便物を民訴法の上記規定に従って送達し，その事実を証明するものである（法57条1項，66条）。そして，特別送達の取扱いは，書留とする郵便物についてするものとされている（法57条2項）。したがって，本件の郵便物については，まず書留郵便物として

法68条,73条が適用されることとなるが,上記各条によれば,書留郵便物については,その亡失又はき損につき,差出人又はその承諾を得た受取人が法68条2項に規定する限度での賠償を請求し得るにすぎず,上告人が主張する前記事実関係は,上記各条により国が損害賠償責任を負う場合には当たらない」。

(2)「書留は,郵政事業庁において,当該郵便物の引受けから配達に至るまでの記録をし(法58条1項),又は一定の郵便物について当該郵便物の引受け及び配達について記録することにより(同条4項),郵便物が適正な手順に従い確実に配達されるようにした特殊取扱いであり,差出人がこれに対し特別の料金を負担するものである。そして,書留郵便物が適正かつ確実に配達されることに対する信頼は,書留の取扱いを選択した差出人はもとより,書留郵便物の利用に関係を有する者にとっても法的に保護されるべき利益であるということができる。

ところで,上記のような記録をすることが定められている書留郵便物については,通常の職務規範に従って業務執行がされている限り,書留郵便物の亡失,配達遅延等の事故発生の多くは,防止できるであろう。しかし,書留郵便物も大量であり,限られた人員と費用の制約の中で処理されなければならないものであるから,郵便業務従事者の軽過失による不法行為に基づく損害の発生は避けることのできない事柄である。限られた人員と費用の制約の中で日々大量の郵便物をなるべく安い料金で,あまねく,公平に処理しなければならないという郵便事業の特質は,書留郵便物についても異なるものではないから,法1条に定める目的を達成するため,郵便業務従事者の軽過失による不法行為に基づき損害が生じたにとどまる場合には,法68条,73条に基づき国の損害賠償責任を免除し,又は制限することは,やむを得ないものであり,憲法17条に違反するものではないということができる。

しかしながら,上記のような記録をすることが定められている書留郵便物について,郵便業務従事者の故意又は重大な過失による不法行為に基づき損害が生ずるようなことは,通常の職務規範に従って業務執行がされている限り,ごく例外的な場合にとどまるはずであって,このような事態は,書留の制度に対する信頼を著しく損なうものといわなければならない。そうすると,

このような例外的な場合にまで国の損害賠償責任を免除し，又は制限しなければ法1条に定める目的を達成することができないとは到底考えられず，郵便業務従事者の故意又は重大な過失による不法行為についてまで免責又は責任制限を認める規定に合理性があるとは認め難い。

　なお，運送事業等の遂行に関連して，一定の政策目的を達成するために，事業者の損害賠償責任を軽減している法令は，商法，国際海上物品運送法，鉄道営業法，船舶の所有者等の責任の制限に関する法律，油濁損害賠償保険法など相当数存在する。これらの法令は，いずれも，事業者側に故意又は重大な過失ないしこれに準ずる主観的要件が存在する場合には，責任制限の規定が適用されないとしているが，このような法令の定めによって事業の遂行に支障が生じているという事実が指摘されているわけではない。このことからみても，書留郵便物について，郵便業務従事者の故意又は重大な過失によって損害が生じた場合に，被害者の犠牲において事業者を保護し，その責任を免除し，又は制限しなければ法1条の目的を達成できないとする理由は，見いだし難いといわなければならない。

　以上によれば，法68条，73条の規定のうち，書留郵便物について，郵便業務従事者の故意又は重大な過失によって損害が生じた場合に，不法行為に基づく国の損害賠償責任を免除し，又は制限している部分は，憲法17条が立法府に付与した裁量の範囲を逸脱したものであるといわざるを得ず，同条に違反し，無効であるというべきである」。

　(3)　「特別送達は，民訴法第1編第5章第3節に定める訴訟法上の送達の実施方法であり（民訴法99条），国民の権利を実現する手続の進行に不可欠なものであるから，特別送達郵便物については，適正な手順に従い確実に受送達者に送達されることが特に強く要請される。そして，特別送達郵便物は，書留郵便物全体のうちごく一部にとどまることがうかがわれる上に，書留料金に加えた特別の料金が必要とされている。また，裁判関係の書類についていえば，特別送達郵便物の差出人は送達事務取扱者である裁判所書記官であり（同法98条2項），その適正かつ確実な送達に直接の利害関係を有する訴訟当事者等は自らかかわることのできる他の送付の手段を全く有していないという特殊性がある。さらに，特別送達の対象となる書類については，裁判

所書記官（同法100条），執行官（同法99条1項），廷吏（裁判所法63条3項）等が送達を実施することもあるが，その際に過誤が生じ，関係者に損害が生じた場合，それが送達を実施した公務員の軽過失によって生じたものであっても，被害者は，国に対し，国家賠償法1条1項に基づく損害賠償を請求し得ることになる。

　これら特別送達郵便物の特殊性に照らすと，法68条，73条に規定する免責又は責任制限を設けることの根拠である法1条に定める目的自体は前記のとおり正当であるが，特別送達郵便物については，郵便業務従事者の軽過失による不法行為から生じた損害の賠償責任を肯定したからといって，直ちに，その目的の達成が害されるということはできず，上記各条に規定する免責又は責任制限に合理性，必要性があるということは困難であり，そのような免責又は責任制限の規定を設けたことは，憲法17条が立法府に付与した裁量の範囲を逸脱したものであるといわなければならない。

　そうすると，(2)に説示したところに加え，法68条，73条の規定のうち，特別送達郵便物について，郵便業務従事者の軽過失による不法行為に基づき損害が生じた場合に，国家賠償法に基づく国の損害賠償責任を免除し，又は制限している部分は，憲法17条に違反し，無効であるというべきである」。

　なお，本判決には，書留郵便物について郵便法68条，73条により国の賠償責任を免除または制限することは合憲であるとして，判旨3(2)の判示部分に賛成できないとする横尾和子裁判官の意見，特別送達郵便物も書留郵便物の一種であることから，国の賠償責任の免除または制限についても書留郵便物の場合と同様に考えるべきであるとして，判旨3(3)の判示部分に賛成できないとする上田豊三裁判官の意見，本件判断にあたって立法府の「裁量権」を前提とする多数意見の論理構成に賛成できないとする福田博，深澤武久裁判官の共同意見，これに対して反論する滝井繁男裁判官の補足意見が付されている。

Ⅲ　分析と検討

　本判決は，森林法違憲判決[4]以来15年ぶり，最高裁として6個目の法令

違憲判決であるが，特筆すべきは，次の諸点である。

　第1に，本判決は，具体の法律の規定が憲法17条に違反するという初の判断を示したものだということである。第2に，本判決は，具体の法律の規定がもちうる意味の一部を違憲とする初の判断を示したものだということである。第3に，本判決は，具体の法律の規定が憲法17条に適合するかどうかの審査基準を提示することにより，違憲審査のあり方一般に関する問題を提起するものになっているということである。

　以下，順次検討する。

1　憲法17条の規範性

　憲法17条の規定について問題となるのは，第1に，同条は，それ自体として具体的な賠償請求権を保障したものであるのか，換言すれば，同条に基づいて直接賠償請求をすることができるのかということである。この点に関して，今日，学説の多数は，憲法17条は抽象的権利を保障したにとどまり，同条に基づいて直接賠償請求をすることはできないという[5]。この立場は，憲法17条が立法府に対して，国家賠償請求権の行使を可能ならしめる法律の制定を義務づけているという前提に立つものである。しかし，法律の規定を待たなければ賠償請求権が実効性をもたないとすることには疑問の余地もある。明治憲法の下で国家賠償請求権が認められていなかったことへの反省に立って日本国憲法が国家賠償請求権を明確に規定したという歴史的経緯からすると，仮に法律が存在しなくとも憲法17条に基づいて直接損害賠償ができるとする見解[6]にも十分な根拠があると思われる。

　もっとも，国賠法が制定されている今日，この問題はほとんど理論上のものとなっている。本判決も，おそらく抽象的権利説に立っていると思われるが，そのことに明示的に言及してはいない。本章の冒頭で述べたように，国

---

4)　最大判昭和62・4・22民集41巻3号408頁。本書第15章参照。
5)　佐藤功『憲法(上)〔新版〕』281頁（有斐閣，1983年），樋口陽一＝佐藤幸治＝中村睦男＝浦部法穂『憲法Ⅰ』358頁（青林書院，1994年）（浦部法穂執筆），野中俊彦＝中村睦男＝高橋和之＝高見勝利『憲法Ⅰ〔第5版〕』553頁（有斐閣，2012年）（野中俊彦執筆）等参照。
6)　佐藤幸治『憲法〔第3版〕』614頁（青林書院，1995年），初宿正典『憲法2〔第3版〕』500頁（成文堂，2010年）参照。

賠法5条は，「民法以外の他の法律に別段の定があるときは，その定めるところによる」としており，郵便法68条，73条は，ここにいう「別段の定」に当たる。これらの規定における国家賠償責任の免除または制限のあり方こそが問われなければならない。

そこで，次に問題となるのは，憲法17条は，同条に反する法令を無効となしうる規定であるかということである。学説は，比較的早くから，これを積極に解するという点で一致していたといえる。少なくとも，国を無条件に免責し，あるいは何らの合理的根拠もなく賠償責任を制限するなど，憲法17条による国家賠償請求権の保障の趣旨を没却するような法律は違憲無効になると解すべきだというのが通説となっている[7]。また，本件第1審判決を含めて，下級審判決の中にはこの立場を表明したものもあった[8]。

しかしながら，従来，具体の法律の規定を実際に憲法17条に違反すると判断した裁判例は存在しなかった。本件で問題とされた郵便法68条，73条についても，これらは明治憲法下の旧郵便法33条，37条をほぼそのまま継承した規定であって，たびたびその憲法適合性が争われてきたが，違憲の主張は裁判所の取り上げるところとはならなかった[9]。それ故，本判決が，郵便法68条，73条の規定には憲法17条に違反する部分があるとして，憲法17条が国家賠償請求権の法律による具体化を枠づける規範であることを改めて明確に宣言したことの意義はきわめて大きいといえる。

---

7) 法学協会編『註解日本国憲法(上)』388～89頁（有斐閣，1953年），佐藤功・前出注5)281頁，今村成和『国家補償法』85頁（有斐閣，1957年），古崎慶長『国家賠償法』252頁（有斐閣，1971年），樋口ほか・前出注5)358頁等参照。

8) 旧公衆電気通信法109条に係る世田谷通信ケーブル火災損害賠償請求訴訟の控訴審判決（東京高判平成2・7・12判時1355号3頁）参照。

9) 奈良地判平成5・8・25判タ834号72頁，大阪高判平成6・3・15判時1525号71頁，大阪高判昭和52・11・30判時884号66頁等参照。最高裁判決としては，正面からの判断ではないが，前記昭和52年の大阪高判を是認して上告を棄却したものとして，最二小判昭和56・1・30判時996号66頁があるほか，平成8年と平成13年に合憲判断を下したものがあるという（判例集未登載）。第155回国会衆議院総務委員会会議録5号（平成14年11月14日）9頁（有冨寛一郎郵政事業庁次長答弁）参照。学説では，合憲とするもの（宇賀克也『国家補償法』356頁〔有斐閣，1997年〕，西埜章『国家賠償法』519頁〔青林書院，1997年〕等）と，故意または重過失の場合の免責を違憲とし，あるいは違憲の疑いを指摘するもの（阿部泰隆『事例解説行政法』145頁〔日本評論社，1987年〕，園部敏=植村栄治『交通法・通信法〔新版〕』244頁〔有斐閣，1984年〕等）とに分かれていた。

2 法令違憲, 適用違憲, 法令の意味の一部違憲

　本判決は, 郵便法 68 条, 73 条の規定の一部を違憲と判示した法令違憲判決である。しかし, 本件については, 適用違憲の判断により処理することもありえたとの指摘がある[10]。たしかに, 郵便法 68 条, 73 条について, たとえば郵便業務従事者に故意または重過失がある場合には適用されない趣旨であるといった合憲限定解釈を施すことは立法趣旨から見て無理であろうから, 本件が適用違憲の判断が用いられる本来的状況に当たることは間違いない[11]。では, 何故本判決は, 適用違憲の判断をしなかったのであろうか。

　これに対しては,「わが国の違憲審査制の運用においては, 当初から文面審査, より正確に言えば, 法令そのものをより客観的・一般的見地から問題とするという『客観審査』『一般審査』とも呼ぶべき審査方法が漠然と措定されてきた」ことから, これまでも最高裁は適用違憲には消極的であり, 法令違憲のほうがなじみやすかったためであろうという説明[12]がなされているが, にわかに賛成し難い。たしかに, 日本の違憲審査制の運用においては, 当該事件の具体的事実に対する法令の適用に即した審査 (一般に, 適用審査と呼ばれる) が必ずしも厳密に行われてこなかったという面はあると思われる。上記の見解がこの点を指摘するものだとすれば, 理解できなくもない。しかし, 付随的審査制の下では, 上記の意味での適用審査が原則であり, 最高裁も基本的にはこの原則に従ってきたことに変わりはないと思われる。本件の違憲審査とて例外ではあるまい。

　最高裁が適用違憲に消極的であり, また, 本判決でも適用違憲の判断をしなかったのは, この判断方法に対する最高裁の一定の評価を前提としてのことではないかと思われる。付随的審査制の下では, 憲法判断は, いずれにせよ, 法令の規定を当該事件に適用するか否かについての判断である。しかし,

---

10) 市川正人「郵便法免責規定違憲判決」法教 269 号 53 頁, 57 頁 (2003 年)。
11) 野坂泰司「憲法判断の方法」ジュリ増刊・憲法の争点 286 頁 (2008 年) を参照されたい。なお, アメリカにおける適用違憲の事例については, 市川正人「適用違憲に関する一考察」佐藤幸治＝初宿正典編『人権の現代的諸相』309 頁 (有斐閣, 1990 年) 参照。
12) 市川・前出注 10) 57 頁。同論文が引用する, 佐藤幸治『現代国家と司法権』218～19 頁 (有斐閣, 1988 年) も参照。

同じく違憲として問題の規定の適用を否定するにしても，法令違憲が当該規定にはおよそ合憲的適用の余地はないということを宣言するものであるのに対し，適用違憲は違憲判断を当該事件の特定事例への適用関係にとどめて当該規定にはなお合憲的適用の余地があるという含みを残すものだという点で大きく異なる[13]。したがって，適用違憲は，政治部門との軋轢を最小限度にとどめつつ当事者救済の機能を果たしうる有用な手法である反面，当該規定を異なる事例に適用した場合に合憲となるのか違憲となるのかが判決の時点では必ずしも明確ではないという難点を有することになる。また，逆に，一定の事例に関する限り当該規定の適用が否定されることが明確であるならば，結局それは法令の意味の一部を切り取る効果をもち，法令の一部を違憲とするに等しいと見ることもできよう[14]。しかし，そうだとすれば，このような場合には適用違憲ではなく，法令の規定の一部違憲の判断を示したほうが法的安定に資するということになるのではないか。本件はまさにそういう事例であった。本件において最高裁が適用違憲ではなく法令の規定の一部違憲という判断を下した背景には最高裁のその点に関する認識があったと思われるし，また，この法令の規定の一部違憲の判断（法令の意味の一部を違憲とする判断）は，その意味で正当であったといえよう[15]。

3 憲法17条に関する違憲審査基準と立法裁量論

　本判決は，憲法17条の法律による具体化について，立法府の裁量権を前提としつつも，それを無制限ではないとし，17条を具体化する法律の憲法

---

[13]　野坂・前出注11)286頁。

[14]　かつて猿払事件最高裁大法廷判決（最大判昭和49・11・6刑集28巻9号393頁。本書第20章参照）が，1，2審の適用違憲判決を「ひっきょう法令の一部を違憲とするにひとし〔い〕」（同408頁）と指摘したことは，当該事例に即して見れば，その限りで正当であったということができる。

[15]　法令の意味の一部を違憲とする場合，その一部の意味だけを違憲としうるかどうかが問題となる（いわゆる可分性の問題。さしあたり，青柳幸一「法令違憲・適用違憲」芦部信喜編『講座憲法訴訟(3)』3頁，8～9頁〔有斐閣，1987年〕参照）。本判決がこの問題を意識しているのかどうかは定かでない。なお，これまでに法令の意味の一部違憲を主張した例として，森林法違憲判決（最大判昭和62・4・22民集41巻3号408頁）における大内恒夫裁判官の意見（同425頁）がある。この意見は，森林法共有林分割制限規定のうち，持分価額が2分の1の共有者からの分割請求を禁じている部分が憲法29条2項に違反するとしたものであった。

適合性については,「当該行為の態様, これによって侵害される法的利益の種類及び侵害の程度, 免責又は責任制限の範囲及び程度等に応じ, 当該規定の目的の正当性並びにその目的達成の手段として免責又は責任制限を認めることの合理性及び必要性を総合的に考慮して判断すべきである」[16]とした。ここに示された基準は, なお一般的な定式化にとどまっており, 具体的な適用の仕方如何で, かなり幅のある結論が導かれる余地があるように思われる。それ故, この基準によって判断するときは, 当該不法行為の態様や被侵害利益, 侵害の程度等を具体的に示し, 総合考慮の過程を明らかにすることが肝要であろう。

では, 本件の場合はどうであったか。本判決は, 郵便法68条, 73条が郵便物に関する損害賠償の対象および範囲に限定を加えた目的（郵便の役務をなるべく安い料金で, あまねく公平に提供することによって, 公共の福祉を増進すること）は正当であるとしつつ, 書留郵便物について, 故意または重過失の場合まで上記目的達成の手段として免責・責任制限を認めることには合理性を認め難いとし[17], 特別送達郵便物については, 軽過失の場合まで免責・責任制限を認めることに合理性, 必要性を認め難いとした[18]。しかし, そこには, 本件で問題となった配達遅延と郵便法に規定された郵便物の亡失や毀損とを比較して行為の態様や侵害の程度等を考察したあとは見られないし, また, 総合考慮の過程も必ずしも明確にされてはいない。書留郵便物について何故故意または重過失の場合の免責・責任制限に合理性が認められないのかは, このような不法行為が「ごく例外的な場合にとどまるはず」であるとか,「書留の制度に対する信頼を著しく損なうもの」であるとかいうだけでは十分ではないと思われる。むしろ, 本判決が「なお書き」として付記した部分こそが決定的な理由を提示しているといえるのではないか。すなわち, 運送事業等の遂行に関連して事業者の損害賠償責任を軽減している商法, 国際海上物品運送法, 鉄道営業法等の諸法律は, いずれも事業者側に故意または重過失ないしこれに準ずる主観的要件が存在する場合には責任制限の規

---

16) 民集56巻7号1442頁。
17) 本判決は, ここでは, 単に「合理性」を認め難いとするのみで,「必要性」には言及していないが, その理由は不明である。
18) 同1445〜46頁

定が適用されないとしているが，そのことによって事業の遂行に支障が生じているという事実が指摘されているわけではないということである。郵便事業がこれらの法律に規定された運送事業と実質的に異ならないとすれば，故意または重過失の場合の免責・責任制限についても別異に解すべき積極的な根拠は見出せないということであろう[19]。

　他方，特別送達郵便物について，本判決は，その特殊性に注意を喚起する。中でも，特別送達郵便物が国民の権利を実現する手続にかかわるものとして確実に送達されることが特に強く要請されることや，特別送達郵便物の差出人が裁判所書記官であり，訴訟当事者等が自らかかわることのできる他の送付手段を全く有していないことが重要であろうが，おそらく決定的なのは，民事訴訟法上の送達は裁判所書記官，執行官，廷吏等によっても行われ，これらの場合には，特別法の定めはないため，公務員の軽過失によって生じた損害については，国賠法1条1項に基づき，国が損害賠償責任を負うことになるという点である。たまたま郵便による送達という手段をとった場合に限って損害賠償責任が免除・制限されるというのはいかにも不合理である[20]。もっとも，本判決は，そのように明確に判示しているわけではなく，やや結論を急いで，そこに至る判断過程を丁寧に示しえていないとの印象を拭えない[21]。

　本判決が，立法府の広汎な裁量を承認した生存権訴訟[22]の場合と違って，立法府の裁量を限定する判断を下したのは何故であろうか。ここに，国の給付を求める生存権と国の侵害行為を前提としてその救済を求める国家賠償請

19) これに類する発想は，従来の下級審判決にも見られる。奈良地判平成5・8・25判タ834号72頁，78〜79頁参照。横尾裁判官意見（民集56巻7号1451頁）は，書留について，このような実質的な考察を行うことなく，些か形式的な制度論に終始する点で，説得力に欠けると思われる。市川・前注10)55頁は，「規制緩和，民営化が進む中で，国の事業に関して広く国の損害賠償責任を限定する法律が時代遅れになっている，ということであろう」という。

20) この1点において，上田裁判官意見（民集56巻7号1452頁）のように，特別送達郵便物について，書留郵便物と同様に取り扱うべしとする見解は採りえないと思われる。

21) 飯田稔「郵便法違憲判決」法学新報110巻5＝6号241頁，256頁，258頁（2003年）は，本判決が，明示的ではないにせよ，「諸制度間の均衡・平等」という視点から「受益権の具体化に伴う立法裁量」を制限する判断を下したものとして，そこに本件事案を超えた意義を見出している。

22) たとえば，堀木訴訟最高裁大法廷判決（最大判昭和57・7・7民集36巻7号1235頁。本書第17章）を見よ。

求権との性質の違いに対する最高裁の考慮を見て取ること[23]はおそらく正当であると思われるが，この点について，本判決自身は何も述べていない。

　ところで，本判決には，違憲の結論には賛成しつつ，立法府の裁量権を前提とする多数意見の論理構成に対して強い懸念を表明する福田，深澤両裁判官の共同意見[24]が付されている。この両裁判官の意見も，具体的な法律の策定について国会が「広い裁量の幅」をもつことを「当然の前提」としており[25]，また，本件においては多数意見が立法府の裁量権の限界を画する判断を下していることから，両者の間にはさほど大きな違いはないように見えるかもしれない。しかし，そのように捉えることは妥当ではない。両裁判官の意見が問題にしているのは，違憲審査にあたって，裁判所が，立法府の（広汎な）裁量権を前提とすることにより，それだけ違憲審査権の行使が抑制的になり，憲法の規定に照らした実質的な内容審査が十分に行われないということであろう[26]。実際，従来の最高裁判決の中には，このような問題を抱えたものが少なからず見られたことからすれば，両裁判官の懸念はもっともなものだと思われる。また，この意見が，憲法に「法律の定めるところにより」と規定されていることをもって特に立法府に広汎な裁量権を認めた趣旨であると読むことを戒めている[27]のも，うなずける。というのも，同意見が引用する平成12年の参議院議員定数不均衡に関する最高裁大法廷判決[28]における福田裁判官追加反対意見が明快に述べているように[29]，「憲法の保障する基本的人権は，憲法に『法律による』と記されているか否かを問わず，ほとんどの場合法令によってその内容が具体化されている」のであって，憲法に「法律による」と規定されているか否かによって審査のあり方を

---

23) 安西文雄「郵便法の責任免除・制限規定違憲訴訟」判例セレクト2002〔法教270号別冊付録〕3頁（2003年）。なお，参照，井上典之「国家賠償責任の免除・制限と憲法17条」平成14年度重判解〔ジュリ1246号〕19頁，20頁（2003年）。
24) 民集56巻7号1448頁。
25) 同1449頁。
26) すなわち，ここでは，裁判法理としての立法裁量論のあり方が問題にされていると思われる。裁判法理としての立法裁量論については，さしあたり，戸松秀典『立法裁量論』（有斐閣，1993年）を参照。
27) 民集56巻7号1449頁。
28) 最大判平成12・9・6民集54巻7号1997頁。
29) 同2016頁。

変える理由はないと思われるからである。このように，両裁判官の意見は，直接的には，憲法17条に関する違憲審査のあり方に向けられたものであるが，それを超えた拡がりをもち，傾聴に値する。ただし，この立場においては，国会が「広い裁量の幅」の中で行った決定について，その目的や理由，関連する諸事情を裁判所が客観的・具体的に審査していくことになろうから，裁判所の負担はそれだけ重くなると思われる。裁判所の能力を勘案しつつ，どこまで踏み込んで審査するかを個別具体の事案ごとに慎重に検討することが必要になるであろう。

4 本判決の射程と残された問題

本判決は，書留郵便物について，故意または重過失により損害が生じた場合，特別送達郵便物については，軽過失により損害が生じた場合であっても，国の損害賠償責任を免除または制限してはならないとし，また，これらの点に関して，郵便契約外の第三者からの損害賠償請求を認めることを明らかにした。書留郵便物については，「厳密にいえば本件事案の外の問題」[30]であり，この点に関する判断は傍論ということになるが，もともと郵便法68条は書留郵便物について国の免責・責任制限を規定しており，特別送達郵便物が書留郵便物の一種であることから，本判決は，特別送達郵便物についてのみ判示するのではなく，書留郵便物についても判示することが適切であると判断したものであろう[31]。

本判決を受けて，国会は，本判決の趣旨に従い，書留郵便物については，故意または重過失により，特別送達郵便物については，故意または過失により，「郵便の役務をその本旨に従って提供せず，又は提供することができなかったとき」は，損害賠償責任を認める旨の法改正を行った[32]（改正郵便法68条3項，4項，現行法50条3項，4項参照）。他方，本判決は，書留，特別

30) 民集56巻7号1450頁（福田，深澤両裁判官意見）。
31) このような傍論での判断は，最高裁として許されないものではないと考える。福田，深澤両裁判官も，この部分の判示について，「大法廷判決でもあり，上記の考え方の延長線上にあるものとして同意することができる」（同上）と述べている。
32) 本判決は，公務員の不法行為に基づく損害賠償責任にかかわるものであり，債務不履行に基づく損害賠償責任はその射程外であったが，改正法は，不法行為責任と債務不履行責任とを区別せず，損害賠償責任を規定した。

送達郵便物以外の郵便物については何ら触れるところがない。書留にしない小包郵便物その他「引受け及び配達の記録をする郵便物」については、改正法68条3項（現行法50条3項）により、故意または重過失の場合の賠償責任が明定されたが、封書や葉書といった通常郵便物については法改正の対象となっていないため、郵便業務従事者の故意または重過失により損害が生じた場合の免責・責任制限に関して、憲法17条に違反しないかという問題が残されていることになる[33]。

なお、本判決の後に、本件に酷似した特別送達郵便物の取扱いの過誤にかかわる事件で敗訴が確定していた原告が再審請求を申し立て、それに係る再抗告事件で大阪高裁平成16年5月10日決定（判例集未登載）[34]が興味深い判断を示しているので、一言触れておくことにしたい。この大阪高裁決定は、憲法81条の実効性を確保するためには、違憲判断を当該個別事件の当事者間で効力があると考えるだけでは不十分であるとし、民訴法338条1項8号を「確定判決が前提とした公的判断に基づく法律状態が覆った場合、当該確定判決に再審の途を開くもの」と捉え、「違憲判断に従った権利利益の保護を第三者に及ぼすため、民事訴訟法338条1項8号の規定の類推適用を行うことには合理的な理由がある」として、再審開始を決定した。この決定は、本件再抗告を不適法とする最高裁平成16年9月17日第三小法廷決定[35]により破棄されたが、違憲判断の効力に関して述べた部分は、わが国の学説上の通説とされる個別的効力説の問題点を的確に指摘するものであり、注目に値する。

---

33) 郵便物の特殊取扱いのうち、国賠法1条1項にいう「公権力の行使」にかかわると考えられる公証作用（書留郵便物に関する引受時刻証明、配達証明および内容証明等）について過誤が生じた場合の賠償責任の問題や国際郵便に関する責任の問題も残されている。尾島明・最高裁時の判例I公法編53頁、56頁（2003年）参照。
34) 本決定については、さしあたり、笹田栄司「違憲判決の効力と再審開始決定」判例セレクト2004〔法教294号別冊付録〕12頁（2005年）を参照。
35) 判時1880号70頁。

第2章 事件性・司法権・違憲審査制
——警察予備隊違憲訴訟判決

最大判昭和27年10月8日民集6巻9号783頁

I　はじめに

　本章では，時代を一気に遡って，1952（昭和27）年の警察予備隊違憲訴訟判決を取り上げる。この判決は，法学部の学生であれば一度や二度はその名を聞いたことがあるはずで，いかなる事項について判断したものであるかもおおよそは知っていなければならない基本中の基本判例である。しかし，実際に民集の頁を繰って，判決文を読んだことがある人はどれぐらいいるだろうか。おそらく，そう多くはないのではないか。以下に，判決理由の全文を掲げておくので，この機会に是非読んでほしい。

　本判決は，日本の違憲審査制が付随的審査制であることを宣言したものと一般に理解されている。そして，このことを正面から否定する論調も見当たらないのである。ところが，にもかかわらず，その後も，本判決は法律により最高裁判所に憲法裁判所としての役割を付与することを否定してはいないとか，あるいは，現行制度の下でもある種の抽象的違憲審査を行うことは可能であるとか，そういった見解が繰り返し主張されている。これは，一体どういうことであろうか。これらの見解は，本判決の趣旨と矛盾しないのか。矛盾しないとすれば，どのように調和するのか。それとも，やはり両者は両立し難いものなのか。これは，決して過去の問題ではない。今日の日本の違憲審査制のあり方にかかわる重要な問題である。そして，この点を明らかにするためには，いま一度本判決そのものに立ち戻って，これを読み直し，そ

の意味するところを再確認することが必要かつ有意味であると思われる。

II　判決の紹介

1　事実の概要

　X（鈴木茂三郎，原告）は，当時の日本社会党を代表して，自衛隊の前身である警察予備隊の設置および維持に関して，1951（昭和26）年4月1日以降Y（国，被告）が行った一連の行為（警察予備隊機構の設置，隊員の募集，宿舎の敷地の買収，宿舎の建設，隊員への武器の賦与等）は違憲違法な行政行為であるとして，その取消しを求めて，直接最高裁判所に訴えを提起した。

　Xは，請求原因として，警察予備隊は憲法9条2項が保持を禁止する「戦力」に該当し，同条に違反するという実体論を展開したほか，「この訴訟を最高裁判所に提起するに当って或は考えられるかもしれない手続上の疑義」について，大要次のように主張した。

　(1)憲法81条は，最高裁判所に対して，違憲審査権を付与し，憲法保障機関としての憲法裁判所の性格をも与えたものである。(2)最高裁判所の憲法裁判所としての性格については，憲法81条そのものが規定しており，管轄についても同条から直接導き出されねばならない。その他の審理・裁判に関する細かい手続については，最高裁判所自身が憲法77条によって規則を定立すれば足り，その規則が未だ制定されていないなどというのは，枝葉末節のことである。(3)当事者能力（訴権）については，第一次的には，立法府における少数野党の代表的立場にあるXは，違憲な法令・処分に対して，これを直接に訴えの対象として争い，宣言的な取消判決を求めることができる。仮に，具体的な権利義務に関する争訟にあたっての法の適用の問題を離れて直接に法令自体の効力または解釈を争うことができないとしても，Xは訴権を有する。内閣の戦力保持のためのすべての処分は既に具体的なものであり，その費用は全部国民の税金で賄われているから，納税者たる国民は何人といえども財産権に対して侵害を被ったということができるほか，政府の諸行為により全国民が風紀の退廃，物価の騰貴，国際不信の醸成による危険感等の

有形無形の権利の侵害を被っており，Xは，全国民，殊にこれらの権利の侵害を最も多く被った全勤労階級の代表者として違法な内閣の諸処分の取消しを求めるものである。

これに対して，最高裁大法廷は，裁判官の全員一致の意見により，次のように判示し，上記の訴えを不適法として却下した。

2 判　旨

「原告は，最高裁判所が一方司法裁判所の性格を有するとともに，他方具体的な争訟事件に関する判断を離れて抽象的に又1審にして終審として法律，命令，規則又は処分が憲法に適合するや否やを判断する権限を有する点において，司法権以外のそして立法権及び行政権のいずれの範疇にも属しない特殊の権限を行う性格を兼有するものと主張する。

この点に関する諸外国の制度を見るに，司法裁判所に違憲審査権を行使せしめるもの以外に，司法裁判所にこの権限を行使せしめないでそのために特別の機関を設け，具体的争訟事件と関係なく法律命令等の合憲性に関しての一般的抽象的な宣言をなし，それ等を破棄し以てその効力を失はしめる権限を行わしめるものがないではない。しかしながらわが裁判所が現行の制度上与えられているのは司法権を行う権限であり，そして司法権が発動するためには具体的な争訟事件が提起されることを必要とする。我が裁判所は具体的な争訟事件が提起されないのに将来を予想して憲法及びその他の法律命令等の解釈に対し存在する疑義論争に関し抽象的な判断を下すごとき権限を行い得るものではない。けだし最高裁判所は法律命令等に関し違憲審査権を有するが，この権限は司法権の範囲内において行使されるものであり，この点においては最高裁判所と下級裁判所との間に異るところはないのである（憲法76条1項参照）。原告は憲法81条を以て主張の根拠とするが，同条は最高裁判所が憲法に関する事件について終審的性格を有することを規定したものであり，従って最高裁判所が固有の権限として抽象的な意味の違憲審査権を有すること並びにそれがこの種の事件について排他的すなわち第1審にして終審としての裁判権を有するものと推論することを得ない。原告が最高裁判所裁判官としての特別の資格について述べている点は，とくに裁判所法41

条1項の趣旨に関すると認められるがこれ最高裁判所が合憲性の審査のごとき重要な事項について終審として判断する重大な責任を負うていることからして十分説明し得られるのである。

なお最高裁判所が原告の主張するがごとき法律命令等の抽象的な無効宣言をなす権限を有するものとするならば，何人も違憲訴訟を最高裁判所に提起することにより法律命令等の効力を争うことが頻発し，かくして最高裁判所はすべての国権の上に位する機関たる観を呈し三権独立し，その間に均衡を保ち，相互に侵さざる民主政治の根本原理に背馳するにいたる恐れなしとしないのである。

要するにわが現行の制度の下においては，特定の者の具体的な法律関係につき紛争の存する場合においてのみ裁判所にその判断を求めることができるのであり，裁判所がかような具体的事件を離れて抽象的に法律命令等の合憲性を判断する権限を有するとの見解には，憲法上及び法令上何等の根拠も存しない。そして弁論の趣旨よりすれば，原告の請求は右に述べたような具体的な法律関係についての紛争に関するものでないことは明白である。従って本訴訟は不適法であって，かかる訴訟については最高裁判所のみならず如何なる下級裁判所も裁判権を有しない。この故に本訴訟はこれを下級裁判所に移送すべきものでもない」。

III　分析と検討

本判決は，日本の最高裁判所が司法裁判所としての性格を有するとともに，抽象的な違憲審査を行う権限をもつ第1審にして終審の憲法裁判所としての性格を兼ね備えるというXの主張を退けたものである。本判決の要点を摘記すれば，次の如くである。

第1に，わが国の裁判所が現行の制度上与えられているのは，司法権を行う権限であり，また，司法権が発動するためには具体的な争訟事件が提起されることを必要とする。第2に，最高裁判所の違憲審査権は，司法権の範囲内において行使されるものであり，この点において最高裁判所と下級裁判所との間に異なるところはない。第3に，憲法81条は，最高裁判所が憲法事

件について終審的性格を有することを規定したものであり，したがって，最高裁判所が固有の権限として抽象的な違憲審査権を有するとか，この種の事件について排他的，すなわち1審にして終審としての裁判権を有するとか推論することはできない。第4に，わが国の現行制度の下において，裁判所が具体的事件を離れて，抽象的に法律・命令等の合憲性を判断する権限を有するとの見解には，憲法上および法令上何らの根拠も存しない。

以下，それぞれの点について検討する。

1　事件性と司法権

本判決は，違憲審査権に関する判断に入る前に，まず裁判所の権限とその発動要件について述べている。そして，現行の制度上，裁判所に与えられた権限は司法権であり，また，この司法権を発動するためには，事件性が必要とされることを確認している。

ここで本判決が司法権の内容をどのように理解しているのかは必ずしも明確ではない。ただ，日本国憲法の制定の経緯や本判決における事件性の要件への明示的な言及から見て，本判決が，司法権を具体的事件の法的解決の作用に係る権限として捉えていることはまず間違いないと思われる。問題は，事件性の要件の中身であるが，この点について，本判決は，単に，「具体的な争訟事件が提起されること」，あるいは「特定の者の具体的な法律関係につき紛争の存する場合」と述べるにとどまっている。今日の裁判例に頻繁に登場する「法律上の争訟」という語は用いられていない。

「法律上の争訟」とは，裁判所法3条1項に規定された概念であるが，判例は，これを，①当事者間の具体的な権利義務または法律関係の存否に関する紛争であって，②法令の適用により終局的に解決できるもの，と定義している[1]。本判決の前提とする「事件」がこの「法律上の争訟」と同義であるかどうかは，本判決自体からは明らかでない。

この点にこだわるのは，それが，司法権の範囲の問題にかかわるからであ

---

1) 最三小判昭和28・11・17行集4巻11号2760頁，最一小判昭和29・2・11民集8巻2号419頁，最三小判昭和41・2・8民集20巻2号196頁，最三小判昭和56・4・7民集35巻3号443頁等参照。

る。今日の通説は，憲法76条1項の「司法権」の内容を具体的事件の法的解決の作用として捉えつつも，これを裁判所法3条1項にいう「法律上の争訟」の裁判と同義であるとし，かつ，その「法律上の争訟」に関する上記の判例による定義をそのまま受け容れている。しかし，このように憲法上の司法権の内容が裁判所法上の「法律上の争訟」の裁判として表現されているのだとすれば，同じ裁判所法3条1項後段にいう「その他法律において特に定める権限」（以下「特別の権限」という）とは何かが問題となる。それは，必然的に，憲法上の司法権の範囲には含まれない権限ということになるはずである。一般に，住民訴訟（地方自治法242条の2）や選挙訴訟（公職選挙法202条以下）等のいわゆる客観訴訟の裁判がこの特別の権限に当たるとされている。しかし，そうだとすると，本来司法権を行使すべき裁判所にこのような特別の権限を法律によって付与することがはたして許されるのかどうかが問われてしかるべきであろう[2]。ところが，この点が，通説においては全く検討されていない。それどころか，問題そのものもほとんど自覚されていないように思われるのである。

　これに対して，通説が抱えるこの問題を自覚し，それを克服しようとする試みもなされている。その一つは，裁判所法上の特別の権限を明確に司法権ならざる権限として捉えつつ，「裁判による法原理的決定の形態になじみやすいもの」であって，その決定に終局性が保障される限り，このような司法権ならざる権限を法律で裁判所に付与することも憲法上許されるとする説[3]（以下「A説」という）である。もう一つは，司法の観念をその法的性格に着目し，法執行に際して争いが生じたときにこれを裁定する作用として捉えるとともに，事件性は司法作用の及ぶ対象の問題であるとしてこれを司法の定義から切り離すことにより，裁判所法上の特別の権限もまた憲法上の司法権の範囲内のものとして認められるとする説[4]（以下「B説」という）である。いずれも傾聴に値するが，問題もあると思われる。端的にいえば，A説につ

---

2)　もとより，裁判所は「司法権」以外の権限を行使しえないというものではない。しかし，それは，憲法が認める限りにおいてである。仮に憲法が認めていないとすれば，法律でこのような特別の権限を裁判所に付与することは許されないはずである。
3)　佐藤幸治『現代国家と司法権』126頁，250～51頁（有斐閣，1988年）。
4)　高橋和之「司法の観念」樋口陽一編『講座憲法学6』13頁（日本評論社，1995年）。

いては、「裁判による法原理的決定の形態になじみやすいもの」の裁定（それは、司法作用ではなく、まして立法作用でもないとすれば、行政作用ということになろうか）を裁判所に委ねることが何故「憲法上」許されることになるのかが明確ではないし[5]、B説については、そもそもここに提示された司法に関する理論上の観念は、日本国憲法が前提とする司法の観念と合致しないのではないかという疑問がある[6]。そこで、この両説のいずれにも与することなく通説の抱える問題を克服する途を探るとすれば、考えうるのは、憲法上の司法を、具体的事件の法的解決の作用として捉えつつ、「事件」を「法律上の争訟」よりも広い概念として捉え直す途[7]（以下「C説」という）である。これによれば、憲法上の司法権は、「法律上の争訟」の裁判を中核としながらも、それを越えた射程をもつことになる（客観訴訟や機関相互の権限争議、非訟事件等がその射程に入ってくる）と同時に、具体的「事件」の法的解決の作用であることを要するという意味では、なお「事件性」によってその範囲を画されるのである。

本判決のいう「具体的事件」「具体的な争訟事件」はおそらく「法律上の争訟」を指していると推測されるものの、実際上どのようなことを念頭に置いていたのかは定かでない[8]。ただ、B説は、本判決の立場とは相容れないであろう。本判決は、事件性を司法の概念要素として捉えていると解されるし、また、司法権の発動には「具体的な」事件が必要であるとしているからである。

---

5) この点について、より詳しくは、野坂泰司「憲法と司法権」法教 246 号 42 頁、44～45 頁（2001 年）を参照。
6) この点について、より詳しくは、野坂・前出注 5)46～47 頁を参照。さらに、高見勝利『芦部憲法学を読む』268～71 頁（有斐閣、2004 年）も参照。
7) 野坂・前出注 5)47～48 頁。
8) というのも、本判決の翌年に出された、地方自治法の一部改正法律の一部無効確認請求事件の最高裁判決（最三小判昭和 28・6・9 行集 4 巻 6 号 1542 頁）は、憲法 81 条の「違憲審査権は最高裁判所が司法裁判所として具体的な法律上の争訟について審判をするため必要な範囲において行使されるに過ぎない」としつつ、そのすぐ後の箇所で、地方自治法の一部改正法律が違憲無効であることの確認を求める訴えを、「本件の如き争訟事件」と表現し、それについて裁判所法その他の法律に裁判管轄の規定がないことを理由にこの訴えを不適法として却下しているからである（同 1543 頁参照）。当該事件は、特定個人の具体的権利の侵害が問題になっているというよりも、特別区の区長を選出する区民の選挙権侵害に係る事案であった。当時はまだ事件性について確たる概念が定まっていなかったということであろうか。

2 司法権と違憲審査制

本判決は，違憲審査権が「司法権の範囲内において行使されるもの」であると明言している。そして，本判決によれば，司法権は，「具体的な争訟事件」の提起を待って初めて発動されるのであるから，「具体的」事件のないところに違憲審査権の行使もないというのが本判決の立場だということになる。したがって，法令の憲法適合性を一般的・抽象的に審査するという意味での抽象的違憲審査は否定されていると解される。また，違憲審査権が「司法権の範囲内において行使されるものであり，この点においては最高裁判所と下級裁判所との間に異るところはない」と述べていることから，最高裁判所が憲法裁判所として独立に違憲審査を行う制度も否定されていると解される。つまり，日本の違憲審査制は，最高裁判所であれ下級裁判所であれ，通常裁判所による司法権の行使（具体的事件の法的解決の作用）に付随して違憲審査を行う付随的審査制だということである。

ここで注目されるのは，本判決が，この違憲審査制を憲法81条によって創設されたものと述べているわけではないということである。むしろ，本判決は，違憲審査が司法権の範囲内で行使されるものであるという，上に引いた箇所の後に付した括弧内で「憲法76条1項参照」と記すにとどまっている。それは，あたかも，憲法を含めて具体的事件において何が法であるかを明らかにするのが司法権の役割であり，その意味で違憲審査は憲法76条1項の司法権の中に包含されるという趣旨であるかに読み取れる。このことは，本判決に先立つ1948（昭和23）年の大法廷判決[9]が，「日本国憲法第81条は，米国憲法の解釈として樹立せられた違憲審査権を，明文をもって規定したという点において特徴を有する」と述べるとともに，この有名なくだりの少し前の箇所で，「現今通常一般には，最高裁判所の違憲審査権は，憲法第81条によって定められていると説かれるが，一層根本的な考方からすれば，よしやかかる規定がなくとも，第98条の最高法規の規定又は第76条若しくは第99条の裁判官の憲法遵守義務の規定から，違憲審査権は十分に抽出され得るのである」[10]と述べていることと平仄が合う。そうだとすると，憲法81

---

[9] 最大判昭和23・7・8刑集2巻8号801頁。

条は，裁判所が違憲審査権をもつことの確認規定であり，その独自の意義は，本判決が述べるように，最高裁判所が憲法事件について終審的性格を有することを規定した点にあるということになろう。

　さて，以上の如く，違憲審査は司法権の行使に付随して（すなわち，具体的事件の法的解決の作用に付随して）行われるというのが本判決の立場であるとすると，客観訴訟のように法律で特に設けられた訴訟類型の裁判で違憲審査を行うことがはたして許されるのかどうかが問題となろう。それは一種の抽象的違憲審査ではないかとの疑問が当然ありうるところである。本判決が法令の憲法適合性を一般的・抽象的に審査するという意味での抽象的違憲審査を否定したのだとしても，客観訴訟のようなタイプの訴訟に際しての違憲審査をどう考えていたかは不明である。客観訴訟の場において違憲審査は現に行われているが[11]，今日の通説も裁判実務も，これを特段問題として意識していないようである。客観訴訟は，立法政策上の見地から，「特に法律で司法権の範囲に属させ〔た〕」[12]ものという理解に立つのであろうか。しかし，それでは，法律をもって憲法上の司法権の範囲を拡張することになるのではないか。そうではないとすれば，「法律で司法権の範囲に属させる」ことができることを説明する必要があろう。

　この点，先のA説では，客観訴訟を司法作用ではないと認めた上で，「裁判による法原理的決定の形態になじみやすい」，あるいは「『事件・争訟性』を擬制するだけの内実を備えている」[13]限り，これを法律で裁判所の裁定に委ねることができるとするのであるが，このように司法権の行使でもなく具体的事件の解決でもない作用に付随して行われる違憲審査を正当化することは困難ではなかろうか。これに対して，B説では，客観訴訟は法律で提訴権が認められた場合に当たり，これを，事件性を要件としない司法権の対象とすることに何の問題もないということになる。したがって，客観訴訟の場で違憲審査を行うことも，司法権の行使に付随するものとして，全く問題なく認められることになるのである。しかし，B説は，事件性を概念要素としな

10)　同 806 頁。
11)　津地鎮祭訴訟判決（最大判昭和 52・7・13 民集 31 巻 4 号 533 頁）をはじめ，多数にのぼる。
12)　兼子一＝竹下守夫『裁判法〔第 4 版〕』68 頁（有斐閣，1999 年）。
13)　佐藤(幸)・前出注3)126 頁，250 頁，251 頁。

い独特な司法の観念に依拠しており，司法権を発動するためには「抽象的」事件で足りる[14]とするものであることが注意されなければならない。C説は，憲法上の司法権の対象となる具体的事件は裁判所法上の「法律上の争訟」よりも広く，公権力の具体的行為をめぐる争いである客観訴訟のようなものを当然に含むと解するので，客観訴訟の場で違憲審査を行うことは問題なく認められることになる[15]。

3 抽象的違憲審査・独立審査の否定

本判決が日本の違憲審査制を付随的審査制として捉えたことは疑いの余地がない。そのことは，裁判所の違憲審査権は「司法権の範囲内」で行使されるものであり，その司法権の発動には「具体的な争訟事件」の提起が必要であるとする，先に注目した判示とともに，「我が裁判所は具体的な争訟事件が提起されないのに将来を予想して憲法及びその他の法律命令等の解釈に対し存在する疑義論争に関し抽象的な判断を下すごとき権限を行い得るものではない」との一文によって明白である。

ここで重要なことは，日本の違憲審査制が付随的審査制であり，法令の憲法適合性を一般的・抽象的に審査するという意味での抽象的違憲審査制ではないことは，本判決によって突如として宣言されたものではない，ということである。上に引いた昭和23年の大法廷判決はもとより，それ以降本判決までの間に出された幾つかの下級審判決に本判決と同趣旨の判示を見ることができる。たとえば，昭和23年6月の福井地震に伴い制定・施行された「災害時公安維持に関する条例」の違憲無効確認請求事件において，福井地裁は，「〔憲法81条の〕規定は特定の権利又は法律関係に関する争訟に関係

---

14) 髙橋・前出注4)26頁。ここでいう「事件」は，通常の提訴要件としての事件ではなく，およそ提訴しうるものについて「事件」という呼称を与えているのであることに留意する必要がある。

15) 野坂・前出注5)47頁。なお，野中俊彦『憲法訴訟の原理と技術』4頁，26〜29頁（有斐閣，1995年）は，「一般的・抽象的な法規範そのものを直接対象として行われる違憲審査」である抽象的違憲審査と客観訴訟における違憲審査との間には「かなりの距離がある」とし，後者は，具体的国家行為を対象とする具体的違憲審査として憲法上容認されるという。もっとも，それが事件性の要件は欠けていてもよいということなのか，それとも事件性の要件は実質的に満たされているという趣旨なのかが必ずしも明確ではないと思われる。

なく，抽象的法規自体に関しその合立憲性を裁判所が審判する趣旨とは解されない。必ず具体的訴訟に於て特定の権利又は法律関係を規定する法規の合立憲性が主張又は抗弁として問題となった時においてのみ裁判所はその合立憲性に付，法律上の見解を示すことが出来るものと解すべきである」[16]と述べ，訴えを不適法として却下したが，これはほんの一例にすぎない[17]。

　また，そもそも日本国憲法の制定過程を振り返ってみると，1946（昭和21）年4月に憲法改正草案を提出した政府が違憲審査権を具体的事件の解決のための前提としてのみ行使しうる権限（付随的審査権）と見ていたことは明らかだと思われる。憲法改正草案を審議した第90回臨時帝国議会では，憲法81条について，最高裁判所に憲法裁判所としての性格を付与し抽象的違憲審査権を認めたものと解しうるのではないかとの質問もなされたが，そのような理解は政府側の答弁において否定されている[18]。当初政府部内に憲法裁判所型審査権の構想が存在したことは事実であるが，それは結局現実的な案として具体化しなかったのである。この違憲審査権が最高裁判所にのみ属するのか，それとも下級裁判所も審査権をもつのかという点についても，昭和21年3月6日の「憲法改正草案要綱」では「最高裁判所ハ最終裁判所トシ一切ノ法律，命令，規則又ハ処分ノ憲法ニ適合スルヤ否ヲ決定スルノ権限ヲ有スル」という規定になっていたものを，同年4月17日の「憲法改正草案」において前段と後段とに項を分けて規定したところ，その後の衆議院における審議で，これでは下級裁判所に違憲審査権がないように見えるという指摘がなされ，下級裁判所にも審査権があることを明確にする趣旨から現在の81条のように規定することになったという経緯がある[19]。そして，関係法令としての裁判所法の制定過程において，一旦は最高裁判所に違憲審査権を集中させる構想が提案されたものの，最終的には当該規定は削除されて

---

16) 福井地判昭和23・10・16行月4号146頁，154頁。

17) その他，自作農創設特別措置法の違憲無効確認請求事件（宇都宮地判昭和23・1・22行月1号91頁），酒税法の酒税の課率に関する規定および酒類統制法令の違憲無効確認請求事件（鳥取地判昭和24・6・8行月16号123頁），食糧確保臨時措置法14条1項無効確認請求事件（東京地判昭和25・12・19行集1巻12号1826頁），昭和23年政令201号無効確認請求事件（静岡地判昭和27・3・13行集3巻2号369頁）等がある。

18) 清水伸編『逐条日本国憲法審議録〔増訂版〕』第3巻447〜48頁，567〜70頁，574〜75頁（原書房，1976年）参照。

いる[20]。

　以上のことを前提として，改めて本判決を読んでみると，本判決が，憲法81条により最高裁判所には司法権以外の特殊な権限が与えられているとするXの主張を退け，最高裁判所が固有の権限として抽象的違憲審査権を有すること，違憲審査について排他的な（第1審にして終審としての）裁判権を有すること（独立審査），をともに否定していることは明らかであり，また，そのような本判決の判断には十分な裏づけがあると思われるのである。しかし，次に見るように，本判決には，若干の曖昧さも伴っている。

4　「現行制度上」「憲法上及び法令上……の根拠」

　本判決以降も憲法81条に規定された違憲審査制の性格については学説上議論が絶えなかったのであるが，その際，本判決が付随的審査制のみを認めたと断定することはできないとする主張の根拠とされたのが，次の諸点である。一つは，「現行制度上」「わが現行制度の下においては」という本判決の言い回しである。読みようによっては，さしあたり制度化されているのは，という留保に見えなくもないということである。もう一つは，わが国の裁判所が抽象的違憲審査権を有するとの見解には「憲法上及び法令上何等の根拠も存しない」という本判決の判示部分である。ここに「及び法令上」とあることから，法令上の根拠さえ整えば，抽象的違憲審査権を裁判所に付与することも可能という趣旨が読み取れるというのである[21]。

---

19)　高柳賢三＝大友一郎＝田中英夫編『日本国憲法制定の過程 II 解説』245頁（有斐閣，1972年）参照。制憲議会の審議記録によれば，当初政府は，国権の最高機関たる国会が制定した法律の違憲審査権については最高裁判所に専属するとの解釈をとっていたことがうかがえる。しかし，その後憲法81条の解釈として下級裁判所にも違憲審査権を認めうるという趣旨の答弁がなされている。清水編・前出注18)570〜74頁参照。

20)　この間の事情については，江橋崇「司法権と違憲審査権」法セ増刊・憲法訴訟144頁，150頁（1983年）参照。戸松秀典『司法審査制』36頁（勁草書房，1989年）は，この裁判所法の制定過程を経て，敗戦後の早い時期から政府部内にあった大陸型憲法裁判所の構想は「決定的に葬り去られた」が，そのことは「憲法81条に当初から意図されていた意味を，裁判所法が受けて具体化したのであり，その逆ではない」という。これに対して，佐々木雅寿『現代における違憲審査権の性格』150〜76頁（有斐閣，1995年）は，裁判所法の制定過程から抽出される違憲審査観は，付随的審査制といっても，「具体的事件を契機に提起された憲法問題を，それ自体独立に判断することも含まれて」（同163頁）おり，「憲法保障機能もかなり意識され」（同175頁）たものであったという。

憲法 81 条が最高裁判所に司法裁判所としての性格とともに憲法裁判所としての性格をも併せて認めているとする立場には，大まかにいって，さらに次の二つの立場がある[22]。その第 1 は，憲法は最高裁判所に憲法裁判所としての性格を認めており，特別な手続法の定めがなくても最高裁判所は抽象的違憲審査権を行使しうるというものであり，第 2 は，憲法は最高裁判所に憲法裁判所としての性格を認めている（あるいは，少なくとも否定はしていない）が，手続法が制定されない限り，抽象的違憲審査権を行使しえないというものである。

このうち，本判決が第 1 の立場を否定したことは明白である。これに対して，第 2 の立場は必ずしも否定されたとはいえないというのが上記の見解の趣旨である。たしかに，本判決をそのように読む余地が全くないとはいい切れない[23]。抽象的違憲審査権の行使を可能ならしめる手続法がない「現行制度」の下では，どのみち憲法 81 条だけを根拠に直接最高裁判所に訴えを提起しても不適法として却下されざるをえないが，それでも憲法上最高裁判所が憲法裁判所的性格を保持し抽象的違憲審査権を行使する可能性は留保される，ということはありうるからである。しかしながら，これもまた断定できるわけではない。むしろ，本判決が「憲法上及び法令上何等の根拠も存しない」と述べた部分は，憲法 81 条の下での違憲審査権は事件性を前提として司法権の範囲内で行使されるべき権限であると説示した後で，「要するに」として，裁判所に「具体的事件を離れて抽象的に法律命令等の合憲性を判断する権限」があるか否かを示しているところであり，このような権限（それは単なる管轄権と捉えるべきではあるまい）について「憲法上……何等の根拠も存しない」というのであれば，法令の制定によってこの権限を裁判所に付与することはできないと見るのが自然であろう。そうだとすると，本判決が

---

21) 芦部信喜＝小嶋和司＝田口精一『憲法の基礎知識』184 頁（有斐閣，1966 年）（小嶋和司執筆）参照。
22) より詳しくは，種谷春洋「違憲立法審査権の性格」ジュリ増刊・憲法の判例〔第 3 版〕217 頁，218〜19 頁（1977 年），榎原猛「違憲立法審査制度の再検討」『日本国憲法の再検討』〔大石義雄先生喜寿記念〕533 頁，536〜50 頁（嵯峨野書院，1980 年）等参照。
23) このことを指摘する評釈は少なくない。たとえば，種谷・前出注 22) 222 頁，長谷部恭男「違憲立法審査権の性格（警察予備隊違憲訴訟）」法教増刊・憲法の基本判例〔第 2 版〕194 頁，196 頁（1996 年）等参照。

「及び法令上」と付け加えたのは，現行制度を基礎づける憲法上も法令上も，根拠がないことを強調する意味合いであったことになろうか。

5 本判決の射程と残された問題

本判決は，抽象的違憲審査の可能性を留保したものかどうかにつき判然としない部分を残すとはいえ，日本の違憲審査制の基本的性格が付随的審査制であることを宣言したものであることは疑いない。ただ，上に見た通り，同じ趣旨の判示は昭和23年の大法廷判決をはじめとして，本判決より前の下級審諸判決に既に認められるところである。したがって，本判決は，最高裁判所を第1審かつ終審の裁判所として同裁判所に直接提起された訴えにつき，これを不適法として却下した点に独自の意義を有するとはいえ，日本の違憲審査制の基本的性格を初めて明らかにした判決というわけではない。本判決の意味は，警察予備隊設置に係る行政行為の取消しを求めたXの訴えを，抽象的違憲審査を求めるものとして退けることにより[24]，憲法81条に規定された違憲審査制が付随的審査制であるという従前からの理解を再確認し，それに基づく制度の運用を改めて正当なものとして宣言したことにあるといえよう。

本判決の直後に，最高裁は，昭和23年政令201号を違憲無効として政令制定行為の取消しを求めた事件で，本判決を「当裁判所の判例」として引用し，訴えを不適法として却下すべきものとした[25]。また，翌1953（昭和28）年には，最高裁大法廷は，本件同様直接最高裁に提起された，衆議院解散の違憲無効確認を求める二つの事件で，本判決を引用して，訴えを却下している[26]。本判決を先例として引く同趣旨の判示は，昭和21年勅令68号の無効確認請求事件における最高裁判決[27]にも見ることができる。

これらの判決を通じて，日本における付随的違憲審査の裁判実務が確立さ

---

[24] その意味で，原告の本来の主張と本判決の判示事項との間には「食い違い」があることを指摘するものとして，野中俊彦＝江橋崇＝浦部法穂＝戸波江二『ゼミナール憲法裁判』124〜25頁（日本評論社，1986年）（江橋崇執筆）参照。
[25] 最二小判昭和27・10・31民集6巻9号926頁。
[26] 最大判昭和28・4・1行集4巻4号923頁，最大判昭和28・4・15民集7巻4号305頁。
[27] 最大判昭和28・5・20行集4巻5号1229頁。

れていったのであるが，その際，司法権の発動要件たる事件性の中身がどのようなものであるかは必ずしも明確にされなかった。最高裁は，本判決の後に，「法律上の争訟」について，これを「当事者間の具体的な権利義務ないし法律関係の存否に関する紛争であって，且つそれが法律の適用によって終局的に解決し得べきもの」と定義し[28]，以後それが裁判実務では維持されている。しかし，この定義が必要かつ十分なものであるか否か，具体の訴えがここに定義された「法律上の争訟」に当たるか否かをめぐってなお争いの余地があることは周知の通りである。また，のちに行われるようになった客観訴訟の裁判における違憲審査についても，それがどのような理屈によって認められるのかは，裁判所自身によって明確に説明されていない。

　本判決は，Xの訴権に関する仮定の主張（Xが，政府の具体的処分により直接または間接に権利侵害を被った国民を代表して訴権を有する）には何も答えていない。Xの主張は，一種の納税者訴訟を念頭に置いたものといえる[29]。これに類する主張はその後の事件にも登場しているが，裁判所の認めるところとはなっていない[30]。

---

28)　最三小判昭和 28・11・17 行集 4 巻 11 号 2760 頁，2761 頁。
29)　民集 6 巻 9 号 794〜95 頁参照。
30)　東京地判昭和 63・6・13 判時 1294 号 13 頁，東京高判平成 3・9・17 判時 1407 号 54 頁，最二小判平成 5・10・22（判例集未登載），大阪地判平成 4・11・24 行集 43 巻 11＝12 号 1404 頁，大阪地判平成 7・10・25 訟月 42 巻 11 号 2653 頁，東京地判平成 8・5・10 訟月 44 巻 7 号 1035 頁等参照。

第3章 適正手続の保障と第三者の権利の主張
―― 第三者所有物没収違憲判決

最大判昭和 37 年 11 月 28 日刑集 16 巻 11 号 1593 頁

I　はじめに

　本章では，1962（昭和37）年の第三者所有物没収違憲判決を取り上げる。この判決も大変有名な判決であり，憲法判例の中でも基本中の基本判例の一つといってよいであろう。昭和37年当時は，付随的審査制としての制度の運用はもはや揺るぎないものになっていたが，とはいえ，未だ法令違憲判決は一つもなく，裁判実務においても学説においても憲法訴訟の理論と技術についてなお模索が続いていた時期であった。

　本判決は，第三者所有物の没収という，犯罪の効果として犯人以外の第三者の所有物を没収する処分と憲法31条，29条の関係について最高裁大法廷が判断を示したものであるが，実は，同様の事件が昭和30年代には複数裁判所に係属しており，これに対する最高裁の判断は必ずしも一貫していなかった。本判決は，この第三者所有物の没収に関して被告人が第三者の憲法上の権利を援用して上告することができるとし，第三者に告知・聴聞の機会を与えることなくされた没収を違憲と判断することにより，第三者所有物の没収をめぐる当時の議論に決着をつけたのであった。その意味で，本判決はきわめて重要な判決であるといえる。ただ，本判決の違憲判断がどういう趣旨の違憲判断であったのかについては当初から議論の存したところであるし，また，第三者の権利の主張に関する本判決の判示についても，それをどう受け止めたらよいかをめぐって，なお議論の余地があると思われる。

そこで，以下，本判決を読み直すことにより，これらの点をどのように理解すればよいのかを確かめることにしよう。

II　判決の紹介

1　事実の概要

被告人 Y_1 Y_2 は，共謀の上，韓国向けに貨物を密輸出しようと企て，所轄税関の輸出免許を受けないで，1954（昭和29）年10月5日頃大阪港で機帆船に貨物を積載し，下関港へ回航した後，同月11日頃同港を出航して博多沖海上において韓国向けの漁船に積み替えようとしたが，途中時化に遭ったため，目的を遂げないまま，密輸の嫌疑で逮捕された。

第1審判決（福岡地小倉支判昭和30・4・25)[1]は，Y_1 Y_2 を懲役刑に処する（ただし，刑の執行を猶予）とともに，付加刑として，関税法（昭和42年法律第11号による改正前のもの。以下同じ）118条1項により，機帆船および貨物を没収するものとし，第2審判決（福岡高判昭和30・9・21)[2]も，原審の判断を是認して控訴を棄却した。もっとも，本件没収に係る貨物が Y_1 Y_2 以外の誰の所有に属するものであるかは証拠により確定されないままであった。そこで，Y_1 Y_2 は，この点を捉えて，所有者不明の貨物を，所有者に財産権擁護の機会を全く与えないままにこれを没収することは憲法29条1項に違反するとして，上告した。

これに対して，最高裁大法廷は，次のように述べて，原判決および第1審判決を破棄し，Y_1 Y_2 を執行猶予付きの懲役刑に処するとともに，機帆船のみを没収する旨の判決を下した。

2　判　旨

「関税法118条1項の規定による没収は，同項所定の犯罪に関係ある船舶，貨物等で同項但書に該当しないものにつき，被告人の所有に属すると否とを

1）　刑集16巻11号1629頁。
2）　刑集16巻11号1630頁。

問わず，その所有権を剥奪して国庫に帰属せしめる処分であって，被告人以外の第三者が所有者である場合においても，被告人に対する附加刑としての没収の言渡により，当該第三者の所有権剥奪の効果を生ずる趣旨であると解するのが相当である。

　しかし，第三者の所有物を没収する場合において，その没収に関して当該所有者に対し，何ら告知，弁解，防禦の機会を与えることなく，その所有権を奪うことは，著しく不合理であって，憲法の容認しないところであるといわなければならない。けだし，憲法29条1項は，財産権は，これを侵してはならないと規定し，また同31条は，何人も，法律の定める手続によらなければ，その生命若しくは自由を奪われ，又はその他の刑罰を科せられないと規定しているが，前記第三者の所有物の没収は，被告人に対する附加刑として言い渡され，その刑事処分の効果が第三者に及ぶものであるから，所有物を没収せられる第三者についても，告知，弁護〔ママ〕，防禦の機会を与えることが必要であって，これなくして第三者の所有物を没収することは，適正な法律手続によらないで，財産権を侵害する制裁を科するに外ならないからである。そして，このことは，右第三者に，事後においていかなる権利救済の方法が認められるかということとは，別個の問題である。然るに，関税法118条1項は，同項所定の犯罪に関係ある船舶，貨物等が被告人以外の第三者の所有に属する場合においてもこれを没収する旨規定しながら，その所有者たる第三者に対し，告知，弁解，防禦の機会を与えるべきことを定めておらず，また刑訴法その他の法令においても，何らかかる手続に関する規定を設けていないのである。従って，前記関税法118条1項によって第三者の所有物を没収することは，憲法31条，29条に違反するものと断ぜざるをえない。

　そして，かかる没収の言渡を受けた被告人は，たとえ第三者の所有物に関する場合であっても，被告人に対する附加刑である以上，没収の裁判の違憲を理由として上告をなしうることは，当然である。のみならず，被告人としても没収に係る物の占有権を剥奪され，またはこれが使用，収益をなしえない状態におかれ，更には所有権を剥奪された第三者から賠償請求権等を行使される危険に曝される等，利害関係を有することが明らかであるから，上告によりこれが救済を求めることができるものと解すべきである。これと矛盾

する昭和28年(あ)第3026号，同29年(あ)第3655号，各同35年10月19日当裁判所大法廷言渡の判例[3])は，これを変更するを相当と認める」。

なお，本判決には，入江俊郎，垂水克己，奥野健一裁判官の各補足意見，下飯坂潤夫裁判官の反対意見（石坂修一裁判官同調），藤田八郎，高木常七，山田作之助裁判官の各少数意見[4])が付されている。

III　分析と検討

憲法判例としての本判決の意義は，次の2点に集約されるであろう。第1に，憲法31条が適正手続を保障した規定であることを明らかにし，そのことを前提として，実際に，第三者に適正手続を保障することなくその者の所有物を没収することを憲法31条（さらには，29条）に違反すると判示したことである。第2に，被告人に対し付加刑として科された没収について被告人が第三者の憲法上の権利を援用して上告することができるとし，これに反する趣旨を述べた昭和35年の大法廷判決を明示的に変更したことである。

以下，まず本判決における違憲判断の趣旨を確認し，それから，上記の諸点について順次検討することにしたい。

1　法令違憲，適用違憲，処分違憲

本判決が第三者に対する手続保障を欠いた没収を違憲と判示したことは疑いない。しかし，それが，関税法118条1項の規定を違憲とする法令違憲の判断を下したものなのか，それとも，手続保障を欠いたまま当該規定を本件に適用したことを違憲とする適用違憲の判断を下したものなのかは，長く争われてきた。

たしかに，判決文からはその点が判然としない。「関税法118条1項は，

---

3)　最大判昭和35・10・19刑集14巻12号1574頁，最大判昭和35・10・19刑集14巻12号1611頁。

4)　藤田，高木裁判官の各少数意見は，いずれも，内容的には，昭和35年の二つの大法廷判決を支持する立場からの反対意見であり，山田裁判官の少数意見も，被告人に対して言い渡される没収判決の効果が被告人以外の第三者に及ぶという前提を誤りとして，多数意見に反対するものである。

同項所定の犯罪に関係ある船舶，貨物等が被告人以外の第三者の所有に属する場合においてもこれを没収する旨規定しながら，その所有者たる第三者に対し，告知，弁解，防禦の機会を与えるべきことを定めておらず」といっている箇所は規定の不備を問題にしているように受け取れるが，他方，「関税法118条1項によって第三者の所有物を没収することは，憲法31条，29条に違反するものと断ぜざるをえない」といっている箇所は適用上の判断を示したもののようにも見える[5]。しかし，結論的には，本判決を，法令違憲の判断を下したものと見ることも，適用違憲の判断を下したものと見ることも妥当ではないと思われる。

　第1に，関税法118条1項は，犯罪に係る貨物等は（善意の第三者の所有物を除いて）没収するという原則を定めたものであるが，この原則自体には憲法上何の問題もないのではないか。たしかに，第三者の所有物を没収するには第三者が善意であるか悪意であるかを確認しなければならず，そのための手続規定を欠いたままでは，上記の関税法の実体規定を適用することはできなくなりそうである。しかし，その点を捉えて，関税法118条1項の規定自体が違憲となる，あるいは，本判決をそのような趣旨の違憲判断を下したものと理解することは，やはり無理ではなかろうか。少なくとも，それは，本来の法令違憲の判断とはいえないであろう[6]。上述した通り，関税法118条1項の定める原則には憲法上何の問題もないと思われる。また，手続規定の不備といっても，手続を関税法に規定すべき必然性もないのである。事実，本判決を受けて制定されたのは，「刑事事件における第三者所有物の没収手続に関する応急措置法」（昭和38年7月12日法律第138号）という独立した手続法であった。仮に，関税法118条1項による没収にあたって，実際上第三者に十分な弁解・防禦の機会が与えられたとすれば，少なくとも当該事件に関する限り，この没収を違憲ということはできなくなるはずである。

---

[5] 最大判昭和37・11・28刑集16巻11号1593頁，1597頁参照。

[6] 本判決を法令違憲の例として捉える学説が「実質的にみれば」という留保を付しているのも（たとえば，青柳幸一「法令違憲・適用違憲」芦部信喜編『講座憲法訴訟(3)』3頁，12頁〔有斐閣，1987年〕），それが本来の法令違憲ではないことを暗に示すものではなかろうか。代表的な法令違憲説としては，伊藤正己『憲法の研究』208－09頁（有信堂，1965年）がある。なお，座談会「無差別没収の違憲判決をめぐって」ジュリ268号10頁（1963年）における芦部信喜発言（12頁，13頁）も参照。

第2に，関税法118条1項に定める原則に憲法上何の問題もないとすれば，本件は，適用違憲の手法がとられるべき本来的状況ではないと思われる。元来，適用違憲とは，法令の規定に憲法上何らかの瑕疵があると疑われる場合において，この規定の合憲限定解釈が不可能なときに，当該規定にはおよそ合憲的適用の余地はないと宣言すること（法令違憲）を避け，当該規定にはなお合憲的適用の余地があるという含みを残しつつ，違憲判断を当該事件の特定事例への適用にとどめる手法として理解されるべきである[7]。もとより，適用違憲については，学説上，「法令の合憲限定解釈が可能であるにもかかわらず，法令の執行者がその方法によることなく法令の違憲的部分を適用した場合に，その適用行為が違憲であると宣言するもの」や，「法令自体は合憲であるが，その執行者がこれを違憲的に適用した場合に，その適用行為が違憲であると宣言するもの」を含めて説明するのが通例である[8]。しかし，合憲限定解釈が可能であるならば，限定解釈により除去されるべき法令の一部を適用したことについては，法令の解釈適用を誤った違法があるといえば足りるであろうし，また，法令の合憲性に疑問がないのであれば，法令を違憲的に適用した国家行為（処分）を端的に違憲と判示すれば十分であって，これを法令の適用違憲という必要はないと思われる。

　本判決が，関税法118条1項の合憲性を前提として，手続的保障のないままにこの規定を適用し没収の言渡しを行ったことを違憲と判示したのであれば，それは，まさに典型的な処分違憲として捉えられるべきものである[9]。学説の多数は，処分違憲を適用違憲の一類型として捉えている。しかし，適用違憲が上記のようなものであるとすれば，両者は明確に区別されるべきであろう。

　　7）　野坂泰司「憲法判断の方法」ジュリ増刊・憲法の争点286頁（2008年）参照。
　　8）　芦部信喜「違憲判断の方法」憲法判例百選Ⅱ〔第6版〕426頁，426〜27頁（2013年）参照。
　　9）　野坂・前出注7)287頁。同じく，本判決を処分違憲として捉えるものとして，高橋和之『憲法判断の方法』221頁（有斐閣，1995年），戸松秀典『憲法訴訟〔第2版〕』350〜51頁（有斐閣，2008年）がある。本判決に付された垂水裁判官補足意見も，多数意見の趣旨を，適正手続を欠いたまま第三者所有物を没収した「判決」を違憲としたものと解している（刑集16巻11号1601頁，1602頁参照）。なお，法律を違憲とした場合，最高裁は裁判書の正本を国会に送付することになっているが（最高裁判所裁判事務処理規則14条後段），本判決については，正本が「参考のため」として送付された。横田喜三郎『違憲審査』824頁（有斐閣，1968年）は，このことからも本判決が処分を違憲としたものであることは「明白である」という。

2　第三者所有物の没収と適正手続の保障

憲法 31 条は,「何人も,法律の定める手続によらなければ,その生命若しくは自由を奪はれ,又はその他の刑罰を科せられない」と規定する。この規定の意味するところをめぐっては,周知の通り,解釈が分かれている。

憲法 31 条の文言からすれば,同条は,単に手続を法律で定めるべきことを要求しているように見えなくもない。しかし,「法律で定める手続」とは,法律で定めさえすればどのような手続でもよいという趣旨ではないはずである(憲法 13 条参照)。憲法 31 条は,①「手続を法律で定めること」を要求するとともに,②「法律の定める手続が適正なものであること」まで要求している,と解すべきである。適正手続の内容としては,いわゆる告知・聴聞を受ける権利の保障が挙げられる。また,日本国憲法の制定に係る議会の審議過程を見ると,31 条が罪刑法定主義の原則を含む趣旨で理解されていたことは明らかであると思われる[10]。それに,罪刑法定主義のコロラリーたる刑罰法規の不遡及(憲法 39 条)と刑罰法規の法律限定主義(憲法 73 条 6 号但書)が明示的に規定されているのに,罪刑法定主義自体は明文の根拠をもたないとすることはいかにも不自然である。さりとて,31 条以外により明確な根拠規定を求めることは困難であろう。歴史的にも,論理的にも,31 条が罪刑法定主義を含むと解するのが妥当である。そして,そうだとすると,罪刑の法定の前提となる,処罰の必要性・合理性,規定の明確性,罪刑の均衡等の,実体法の内容の適正もここで求められていると見てよいと思われる。それ故,憲法 31 条は,①②に加えて,③「実体を法律で定めること」をも要求し,④「法律で定められた実体が適正なものであること」まで要求していると解すべきこととなる。これが通説の立場でもある。

本判決は,所有物を没収される第三者に対して,その旨を告知し,弁解・防禦の機会を与える必要があり,これを欠いた没収は「適正な法律手続」によらずに制裁を科すもので憲法 31 条に違反すると明言しているので,31 条について,少なくとも上記の①②の要求を含むものとして理解していること

---

[10] 清水伸編『逐条日本国憲法審議録(2)〔増訂版〕』724〜25 頁,728〜29 頁(原書房,1976 年)参照。

は疑いない[11]）。本判決が，このように，本件における事前手続の欠如を論難し，憲法上の手続保障の意義を明らかにしたことは画期的であり，高く評価することができよう。

　憲法 31 条の適正手続の保障に関しては，それがまず何よりも刑事処分として刑罰を科す行為に及ぶことは明白であるが，刑罰以外の不利益処分にも適用があるかどうかは議論の存するところである。本判決は，関税法 118 条 1 項による第三者の所有物の「没収」という，被告人に対して言い渡される付加刑であって第三者の所有権を剥奪する効果をもつ処分について憲法 31 条違反の判断を示したものであり，この点においても注目される。そもそも「没収」とは，物の所有権を国庫に帰属させる処分であり，刑法上，主刑の言渡しに付加して言い渡される「付加刑」（刑法 9 条）として，「犯人以外の者に属しない物に限り」（同法 19 条 2 項）行うのを原則とする。しかし，麻薬等の法禁物については，第三者の所有物でも没収の対象とされ（麻薬及び向精神薬取締法 69 条の 3，覚せい剤取締法 41 条の 8 など），酒税法 54 条 4 項，56 条 2 項のように「何人の所有であるかを問わず没収する」という規定を置くものもある。それ故，没収については，その法的性質を刑罰としてのみ捉えることは困難であり，将来の犯罪の発生を防止する保安処分としての側面をもつことは否定できないとされるのである[12]）。没収の性質がこのようなものだとすれば，関税法による第三者所有物の没収を憲法 31 条違反とした本判決は，同条の適用が厳密な意味の刑罰に限定されないことを示唆しているといえるかもしれない[13]）。憲法 31 条の保障については，厳密な意味の刑罰のみならず，刑罰以外の不利益処分についてもこれを及ぼすのが妥当である。この点，同条に関する制憲議会での審議を見ると，もともと刑罰に限

---

11)　本判決がそれ以上にわたって，憲法 31 条をどう理解したかは明らかではない。入江裁判官補足意見は，憲法 31 条の保障について，「単に手続規定のみについてでなく，権利の内容を定めた実体規定についても，本条の保障ありと解すべき」（刑集 16 巻 11 号 1598 頁，1599 頁）ものと述べている。のちに，徳島市公安条例事件判決（最大判昭和 50・9・10 刑集 29 巻 8 号 489 頁。本書第 13 章）は，憲法 31 条が刑罰法規の明確性を要求するものである旨を判示した。したがって，明確性が実体の適正の一内容であるとすれば，判例は，実体の適正までを憲法 31 条の要求と見ていることになろう。

12)　谷口正孝「没収及び追徴の研究」司法研究報告書 8 輯 4 号 41〜65 頁，97 頁，115 頁（1955 年）参照。

定する理解がなされていたわけではないことがうかがわれる[14]。また，最高裁も，その後，成田新法事件判決[15]において，憲法31条の保障が行政手続にも及びうることを認めていることは，周知の通りである。

　本判決は，第三者の所有物を没収するにあたっては，当の第三者に対して，事前に「告知，弁解，防禦の機会」を与えなければならないとするが，それ以上にわたって，具体的にどのような手続を用意すればよいかを明らかにしていない。この点に関しては，入江裁判官補足意見が，第三者を証人として法廷に召喚し，証人調べの段階で弁解・防禦をなさしめるというのでは不十分であり，第三者を訴訟手続に参加させ，何らかの方法により，予め告知・聴聞の機会を与え，弁解・防禦ができるようにすることが憲法31条の要請であると述べていることが注目される[16]。また，このような事前の告知・聴聞の機会が常に必ず与えられなければならないのかどうかも，本判決からは明らかでない。この点に関しても，入江裁判官補足意見が，刑罰とそれ以外のものを区別して，刑罰については，事前の手続保障が必須のものと解されるが，刑罰以外のものについては，事柄の性質から判断して，必ずしも事前手続を要しない場合もありうるとしていることが傾聴に値しよう[17]。

13) 入江裁判官補足意見は，「〔憲法31〕条は単に刑罰についてのみの規定ではなく，『若しくは自由を奪はれ』という中には，刑罰以外に，国家権力によって個人の権利，利益を侵害する場合をも包含しているものと解すべきである」とし，それに続く括弧内で，「本条は明治憲法23条の趣旨を引継いだ規定でもあり，明治憲法23条は，刑事上のみならず行政上の逮捕，監禁，審問，処罰についても保障した規定であると一般に解せられていたことと思い合わすべきである」（刑集16巻11号1599頁）という。また，この点に関して，昭和35年判決における奥野裁判官反対意見は，憲法31条は「生命，自由を奪う場合のみでなく広く財産権その他の国民の権利を奪う場合にも，常に適法な法律の定める手続によらなければならない趣旨を規定したものと解すべきであって，単に刑罰を科する場合に法律に定める手続によらなければならないことのみを規定したものと解すべきではない」（刑集14巻12号1591頁，1593頁）と述べていた。

14) 清水編・前出注10)725頁参照。

15) 最大判平成4・7・1民集46巻5号437頁。

16) 入江裁判官は，昭和35年判決における反対意見では，第三者を証人として法廷に召喚することをもって足りるとする立場をとっていたが，証人調べの手続には限界があり，被告人と第三者との間に取扱い上不利益な差別があることなどを理由に，本判決においてこれを改めたものである（民集16巻11号1600〜01頁参照）。本判決を受けて制定された「刑事事件における第三者所有物の没収手続に関する応急措置法」は，「参加人」が「没収に関し，被告人と同一の訴訟上の権利を有する」ことを認めた（4条1項）。

17) 刑集16巻11号1599〜600頁参照。

3　第三者所有物の没収と財産権の保障

　旧関税法（明治32年法律第61号）83条1項は，文面上，第三者の善意・悪意にかかわりなく没収できる旨を規定していたが，これについて，最高裁昭和32年11月27日大法廷判決[18]は，善意の第三者の所有に属する貨物等を没収することは「憲法29条違反たるを免れない」とし，旧関税法83条1項の規定は悪意の第三者の所有物のみを没収する趣旨であると限定解釈を行うことにより，当該規定を合憲とする判断を示した。そして，実は，この大法廷判決が下された時点では，既に，関税法は改正され（昭和29年法律第61号），善意の第三者の所有物は没収されないことが同法118条1項に明記されていた。それ故，憲法29条違反の問題は，これで一応決着がついたといえる。

　ところが，本判決は，もっぱら憲法29条違反を主張する上告趣意に引きずられたのか，本件第三者所有物の没収が憲法31条に違反するというとともに，憲法29条にも違反すると述べている。これはどういうことであろうか。たしかに，本件の場合，所有者不明のまま貨物を没収することとしており，仮に所有者である第三者が善意であったとすれば，その者の財産権の侵害が問題となりうる（上告趣意もそのことを主張している）。しかし，悪意の第三者に対してまで財産権の保護を与える必要はないはずである（上記の昭和32年大法廷判決を参照）。本判決も，関税法118条1項により第三者の所有物を没収する場合には，その第三者に対し「財産権を侵害する制裁」を科すことになる以上，当該第三者には事前にその旨を告知し，弁解・防禦の機会を与えなければならないという趣旨を述べたものと解される。そうだとすると，手続保障を欠いたまま第三者の所有物を没収することは憲法31条に違反する，といえば十分であり，それに加えて憲法29条違反をいう必要はなかったのではなかろうか[19]。

---

[18]　刑集11巻12号3132頁。
[19]　あるいは，本判決は，財産権を侵害する場合においても適正手続が保障されなければならないということを憲法29条が要求している，との前提に立っているのであろうか（そのように理解するものとして，松井茂記「第三者所有物の没収と告知・聴聞」憲法判例百選Ⅱ〔第4版〕246頁，247頁〔2000年〕）。しかし，そのような趣旨は判決文からは明確にうかがえない。

たしかに，本判決は，事前の手続保障なく財産権を侵害する効果をもたらす処分を行ってはならない旨を述べており，財産権の侵害に対する格別の考慮をうかがわせる。しかし，この部分は，財産権の侵害一般に対する保障について語ったものではなく，刑罰または刑罰に準じる財産権侵害の効果をもつ制裁に限定する趣旨に読むべきであろう[20]。いずれにしても，それは憲法31条の問題であると思われる。

4 上訴の利益と第三者の権利の主張

本判決において最も注目されるのは，本判決が，没収の言渡しを受けた被告人は，自己の所有物を没収される第三者の憲法上の権利を援用して，没収の裁判の違憲を理由として上告をなしうる，ということを認めたことである。実は，このように被告人が第三者の権利侵害の違憲を争って上告できるかという問題は，上記の昭和32年判決の際にも前提として存在していた。しかし，同判決は，この点について特に論じることなく[21]，事件の実体に入って審理を進め，旧関税法83条1項の規定を合憲と判示したのであった。ところが，その後この問題を正面から問われることになった最高裁は，昭和35年10月19日の二つの大法廷判決[22]で，「訴訟において，他人の権利に容喙干渉し，これが救済を求めるが如きは，本来許されない筋合のものと解するを相当とするが故に，本件没収の如き事項についても，他人の所有権を対象として基本的人権の侵害がありとし，憲法上無効である旨論議抗争することは許されないものと解すべきである」[23]と述べて，上告を退けた。これに対して，本判決が，わずか2年で，この昭和35年判決を覆して，被告人の

---

20) 平野龍一「適法手続と第三者所有物の没収」憲法判例百選76頁，77頁（1963年），田宮裕「第三者没収」刑法判例百選Ⅰ〔第2版〕216頁，217頁（1984年）参照。

21) 大法廷は，第三者所有物の没収が憲法13条，29条に違反する旨の上告趣意に対して，「所論はいずれも原審で主張判断を経ない事項であるから上告適法の理由とならない」とした上で，職権調査を行い，実体判断を下したのであるが，これは，逆に，原審で主張・判断を経ていれば適法な上告理由となる，という趣旨を述べたことになろう。谷口正孝「第三者所有物の没収」判評34号（判時247号）4頁（1961年）は，この昭和32年判決をもって，被告人が第三者の権利を援用して上告できるかという問題は「解決済みのことと考えていた」（6頁）という。

22) 刑集14巻12号1574頁，刑集14巻12号1611頁。

23) 同上1576頁，1613頁。

上告を認めるに至ったのであるが，それは，昭和35年判決が8対7の僅差であったこと，7裁判官の反対意見に加えて，垂水克己，高木常七の2裁判官の各補足意見が第三者に対する手続保障を欠いた没収の違憲性を指摘していたこと，にもかかわらず立法府がこれに対して何らの措置もとらなかったこと，などの事情に起因するものと思われる。

昭和35年判決は，第三者所有物の没収について，「他人の所有権を対象として基本的人権の侵害がありとし，憲法上無効である旨論議抗争することは許されない」と述べたのであるが，それは，そもそも被告人には上訴の利益がないということなのか，それとも，上訴の利益は認めた上で，第三者の権利を援用する上告理由が適法な上告理由に当たらないということなのか，必ずしも明確ではなかった[24]。これに対して，本判決は，被告人に上訴の利益を認め，その根拠として，次の3点を挙げている。第1に，没収が被告人に対する付加刑であること，第2に，被告人としても没収の対象となる物の占有権を剥奪され，その使用・収益をなしえない状態に置かれること，第3に，所有権を剥奪された第三者から賠償を請求されるおそれがあること，である。このうち，被告人に上訴の利益を認めるには，第1の根拠だけでも十分であろう。ただ，没収が物の所有権を国庫に帰属させる処分であるという点だけを見れば，没収判決の効果として重大な影響を被るのは物の所有者たる第三者であって被告人ではないといえるかもしれない。本判決が，第1の根拠に加えて，第2，第3の根拠を付け加えたのは，おそらくこのような議論に対して，被告人も没収判決によって不利益を受ける立場にあることを示すためではなかったかと推測される。いずれにせよ，被告人に上訴の利益を認めることは正当だと思われる。

では，「没収の裁判の違憲を理由として」という点（刑事訴訟法405条1号の適法な上告理由に当たるか否かという点）はどうであろうか。この場合，「没

---

[24] この点は，昭和35年判決に対する入江裁判官反対意見がつとに指摘していたところである（刑集14巻12号1577頁，1580頁参照）。昭和35年判決について，渋谷秀樹『憲法訴訟要件論』397頁（信山社，1995年）は，上訴の利益を黙示に承認した上で違憲主張の利益を否定したものと見る。しかし，昭和35年判決が上訴の利益を否定したものと見ることも十分可能であろう（たとえば，団藤重光『新刑事訴訟法綱要〔七訂版〕』507頁〔創文社，1967年〕，鈴木義男「第三者没収の手続(1)」警察研究34巻10号17頁，21頁〔1963年〕等参照）。

収の裁判の違憲」たる所以として被告人が主張するのは第三者の権利の侵害であるが，そのような主張は認められるか。結論的には，これも認められてしかるべきであろう。というのも，本件において，被告人は，既に訴訟の当事者として，自己に対する不利益処分の除去を求めて，真剣に争っており，この被告人が没収の裁判の違憲を主張するときに，その違憲である理由が被告人自身の権利・利益に関係するものである必要はないと思われるからである。本判決も，そのような考え方をとったものと推測される。本判決における入江裁判官補足意見は，昭和35年判決における同裁判官反対意見を援用しているが，そこにはこの考え方が端的に示されていた。すなわち，「上訴権を行使するのは裁判が上訴権者の権利，利益を侵害しているからこれが救済を求めるものであることはいうまでもないが，その裁判を違憲，違法なりとするところの理由は，その裁判がなされるにつき準拠すべきすべての憲法，法律，命令の規定の解釈，運用の適否に及びうべく，その理由とするところが被告人自身に直接には関係のない点に関するものであったからといって，その点にこれを違憲，違法とする理由があり，その結果その裁判が違憲，違法となるものであれば，被告人は，その点のみを理由として上訴をなしうべきことは当然といわなければならない」[25]と。

　一般に，第三者の権利の主張が許されないとされるのは，そもそも他人の権利侵害を内容とする事項が訴訟物となるわけがなく，そのような第三者の権利を主張してみても，それによって被告人自身が利益を得るという関係にないからであろう。ところが，本件においては，ほかならぬ没収の裁判が他人の所有権を剥奪する効果をもち，この没収の裁判が（他人の所有権に対してであれ）違憲として破棄されれば，被告人自身が刑を免れるという関係にある。それ故，被告人が「没収の裁判の違憲を理由として」上告できるとすることに全く問題はないと思われる。

---

25) 刑集14巻12号1581頁。同様の見解は，広島市暴走族追放条例事件判決（最三小判平成19・9・18刑集61巻6号601頁）における藤田宙靖裁判官の反対意見にも見ることができる。同反対意見は，公共の平穏を維持するために市条例が規制しようとしていた典型的な行為に当たる行為を行った被告人が当該条例の違憲無効を主張することについて，「いうまでもなく，被告人が処罰根拠規定の違憲無効を訴訟上主張するに当たって，主張し得る違憲事由の範囲に制約があるわけではな〔い〕」（同612頁）と述べている。

ところで，本判決は，一般に，第三者の憲法上の権利を主張する「当事者適格」（あるいは，第三者の憲法上の権利を対象とした違憲主張の「適格」）を認めた判決とされている26)。ここでいう「当事者適格」とは，訴訟自体の成立にかかわる訴訟要件としての通常の当事者適格ではなく，一旦適法に成立した訴訟内で攻撃防禦の方法として違憲の主張をなす「適格」である。通説によれば，訴訟当事者が第三者の憲法上の権利侵害を理由として違憲の主張をなすことは原則として許されないが，第三者が独立の訴訟で自己の権利侵害を主張することが著しく困難である等の事情があれば，訴訟当事者に第三者の憲法上の権利侵害を主張する「適格」が認められるとされる27)。本判決は，まさにその場合に当たるというのである。しかし，本判決をそのように意味づけることが適当かどうかは疑問の余地がある。そもそも，この第三者の権利を主張する「適格」は，アメリカ合衆国の判例理論上形成されてきた概念であるが，それは，付随的違憲審査制の下で行われる憲法訴訟に特有の要件というよりも，むしろアメリカの連邦司法権の行使に特有の要件であり，裁判所の政策的考慮に基づく自己制限の一側面として捉えられるべきものである。したがって，日本の違憲審査制がアメリカ型付随的審査制であるからといって，アメリカのそれと必ずしも同一ではない訴訟観・訴訟構造に立脚する日本の憲法訴訟において，訴訟内での攻撃防禦方法としての違憲の主張につき，アメリカと同じ「適格」という訴訟法的概念構成を採らねばならぬ必然性はないと思われる28)。本判決自体，「適格」に明示的に言及しているわけではなく，単に上告を認めうるか否かの場面で，被告人は上訴の利益を有し，「没収の裁判の違憲」を理由として適法に上告をなしうる旨を述べたにとどまると解すべきではないか。実際，最高裁は，その後特に，違憲主張の「適格」に関する法理を形成するには至っていない29)。

26) 芦部信喜『憲法訴訟の理論』114頁，115頁（有斐閣，1973年），時國康夫『憲法訴訟とその判断の手法』212〜14頁，236〜39頁（第一法規，1996年），佐藤幸治『憲法訴訟と司法権』138〜39頁（日本評論社，1984年），戸松・前出注9)92〜93頁，藤井俊夫「憲法上の争点の主張」法セ増刊・憲法訴訟176頁，184頁（1983年），市川正人「違憲の争点を提起しうる当事者適格」憲法判例百選Ⅱ〔第4版〕418頁（2000年）等，枚挙に遑ない。
27) 芦部・前出注26)66〜84頁，時國・前出注26)213頁，239頁等参照。なお，本判決における下飯坂裁判官の反対意見（刑集16巻11号1608頁，1611〜14頁）参照。

5　本判決の射程と残された問題

　最高裁大法廷は，本判決と同日に，旧関税法83条1項についても，本判決と同じ内容の違憲判決を下している[30]。また，大法廷は，本判決の直後に，旧関税法83条1項による第三者所有物の没収が憲法に違反し許されない場合には，同法83条3項による，没収に代わる追徴もまた許されない旨判示した[31]。そして，その後さらに，没収と追徴に関して，同趣旨の最高裁判決が幾つか続いて出されている[32]。

　本判決は，第三者所有物の没収について，適正手続の保障を欠いた没収を違憲と判示したのであるが，これを処分違憲と解する限り，関税法118条1項は適正手続を整備することによって再び適用可能となる筋合いのものであった。同様の問題状況は，第三者所有物の没収を定める他の法律にも見られたところである。本判決を受けて，国会は，「刑事事件における第三者所有物の没収手続に関する応急措置法」を制定し，第三者に被告事件への参加と

---

[28]　この点に関して，わが国には，もともとアメリカ法にいう issue standing（憲法訴訟に限定していえば，standing to raise constitutional issues）に的確に対応する概念が存在しなかったのではないかとし，従来の違憲主張の「適格」をめぐる問題は，実は実体法の解釈に解消されると説く，安念潤司「憲法訴訟の当事者適格について」『憲法訴訟と人権の理論』〔芦部信喜先生還暦記念〕359頁（有斐閣，1985年）が参照されるべきである。また，これとは異なる角度からであるが，従来違憲主張の「適格」として論じられてきた問題は，「当事者はどのような違憲の主張をすれば裁判所の憲法判断をひき出しうるか」という問題に還元されるとしつつ，第三者の権利を援用しなければならないような場合は限られており，議論の実益はあまりない，とする見解（野中俊彦＝江橋崇＝浦部法穂＝戸波江二『ゼミナール憲法裁判』164頁，165頁〔日本評論社，1986年〕〔浦部法穂執筆〕）もある。さらに，違憲主張の「適格」を前提としながらも，それに関する議論は，「実際上の意義ないし効果の点でそれほど大きな意味を有しない」とするものとして，戸波江二「第三者所有物の没収と適法手続」法教増刊・憲法の基本判例〔第2版〕156頁，159頁（1996年）参照。

[29]　宗教法人オウム真理教解散命令事件における抗告審決定（東京高決平成7・12・19高民集48巻3号258頁）は，本判決を，「第三者の憲法上の権利主張の適格」に関する先例として明確に位置づけた上で，抗告人たる宗教法人に対し，それに所属する信者（第三者）の信教の自由権を主張する適格を与えることはできないとして，実体的な憲法判断を回避した。しかし，当該事件においてこのような「適格」を論じる必要があったかどうかは疑問である。特別抗告審決定（最一小決平成8・1・30民集50巻1号199頁）は，このような「適格」論を展開することなく，憲法判断を下している。

[30]　最大判昭和37・11・28刑集16巻11号1577頁。

[31]　最大判昭和37・12・12刑集16巻12号1672頁。

[32]　最大判昭和38・5・8裁時378号4頁，最大判昭和38・6・19判時341号41頁，最大判昭和38・12・4刑集17巻12号2415頁等参照。

没収の裁判の取消しを請求できる仕組みを整えた。これによって，本判決が指摘した問題は一応解決されたといえる。しかし，応急措置法の定める参加手続がはたして憲法31条に照らして十分なものであるかどうか，また，それがどこまで適用されるのか[33]など，なお議論の余地は残されている。

---

[33] かつて，麻薬のような法禁物の没収について応急措置法の適用があるかが問題となったが，当該事案では，没収される麻薬の所有者（その麻薬に関する別罪の被告人として没収につき弁解・防禦の機会を与えられている）に予め手続参加の機会を与える必要はないとされた（最三小決昭和44・7・8判時561号19頁）。なお，今日では，いわゆる薬物犯罪収益等の没収も認められ，これについて応急措置法の規定の準用が定められている（「国際的な協力の下に規制薬物に係る不正行為を助長する行為等の防止を図るための麻薬及び向精神薬取締法等の特例等に関する法律」16条4項）。

第4章 衆議院の解散の効力と裁判所の審査権の限界
―― 苫米地事件判決

最大判昭和 35 年 6 月 8 日民集 14 巻 7 号 1206 頁

I　はじめに

　本章では，1960（昭和 35）年の苫米地（とまべち）事件判決を取り上げる。この判決は，いわゆる「統治行為」の存在を，最高裁が，初めて，正面から認めた判決とされている。「統治行為」とは何か，また，そのような国家行為の存在を認めうるか否か，をめぐっては，かつて盛んに論じられた。その結果，具体的にどのような行為がそれに該当するかが必ずしも十分明確にされたとはいえないにしても，国家行為の中に事柄の性質上裁判所の審査権が及ばないものがありうるということ，それを包括的に「統治行為」の名で呼ぶことについては，共通の認識が成立したように思われる[1]。

　もっとも，本判決自身は，「統治行為」という言葉を判決文の中で用いているわけではないし，本件が「統治行為」の典型的な事例であるかどうかについても議論の存するところである。また，裁判所の審査権が及ばないということでいえば，自律的な団体の内部事項についても，一連の諸判決によって，原則として裁判所の審査権が及ばないとされているのであるが，これは，「統治行為」の場合と同じ趣旨を述べたものであるのかどうかも問題となろう。「裁判所の審査権が及ばない」ということの意味を含めて，確認を要す

---

[1]　「統治行為」に代えて「政治問題」という言葉が使われることもある（あるいはまた，「統治行為ないし政治問題」という言い方もよく目にするところである）。両者はその出自を異にし，必ずしも同一の内容を指示するものではないが，実際上しばしば互換的に用いられる。ここでは，以下，「統治行為」という言葉を用いることにする。

る点であると思われる。

そこで，以下，本判決を読み直しつつ，上記の諸点について，考えてみることにしよう。

II　判決の紹介

1　事実の概要

1952（昭和 27）年 8 月 28 日に，第 3 次吉田内閣は，持ち回り閣議により衆議院の解散を行った（いわゆる「抜き打ち解散」）。これに対して，当時衆議院議員であった X（苫米地義三，原告）は，この解散は憲法違反であるとして，解散の無効確認の訴えを，直接最高裁に提起した（第 1 次訴訟）。しかし，最高裁大法廷は，警察予備隊違憲訴訟判決[2]を判例として踏襲し，この訴えを却下した[3]。他方，これと並行して X は，国を相手取り，本件解散行為は違憲無効であるから，X はこの解散によって議員たる資格を失うものではないとし，議員資格の確認と任期満了までの議員歳費請求の訴えを提起していた（第 2 次訴訟）。これが本件である（ただし，議員資格の確認請求については，X 主張の任期満了時に取り下げられている）。

X は，請求の根拠として，衆議院の解散は憲法 69 条の場合に限られるにもかかわらず，本件解散は憲法 7 条 3 号のみに基づいてなされており，また，国事行為たる天皇の解散行為には内閣の助言と承認が必要であるが，本件ではこれらを欠いていた，と主張した。これに対して，被告国は，衆議院の解散のように政治性の強い行為について裁判所は合憲性を判断する権限を有しない，仮に裁判所が判断をなしうるとしても，本件解散は閣議決定に基づく助言と承認があり，また，助言がないとしても承認があるから十分である，と主張した。

第 1 審判決（東京地判昭和 28・10・19）[4]は，「単に政治性が強いと言ふ一事

2）　最大判昭和 27・10・8 民集 6 巻 9 号 783 頁。本書第 2 章参照。
3）　最大判昭和 28・4・15 民集 7 巻 4 号 305 頁。ちなみに，他にも同じ訴えが提起されたが，最高裁はこれについても簡単に退けている。最大判昭和 28・4・1 行集 4 巻 4 号 923 頁。
4）　行集 4 巻 10 号 2540 頁（民集 14 巻 7 号 1251 頁）。

だけで衆議院解散の合憲性を裁判所の判断対象から除外することはできない」として被告国が主張する統治行為論を退けつつ，憲法69条の場合にしか解散ができないとする見解は採用できないが，天皇の解散権行使には内閣の助言と承認を必要とするところ，本件解散については内閣の助言があったとはいえないとして，請求を認容した。第2審判決（東京高判昭和29・9・22）[5] は，1審同様，統治行為論を退け，本件解散の効力如何はXの権利に直接影響するものである以上，その有効・無効について裁判所は当然審査権を有するとした上で，本件解散については，内閣の助言があったものと認定し，Xの請求を理由がないとして，1審判決を取り消した。

　Xが上告したが，最高裁大法廷は，次のように判示して，上告を棄却した。

2　判　旨

「現実に行われた衆議院の解散が，その依拠する憲法の条章について適用を誤ったが故に，法律上無効であるかどうか，これを行うにつき憲法上必要とせられる内閣の助言と承認に瑕疵があったが故に無効であるかどうかのごときことは裁判所の審査権に服しないものと解すべきである。

　日本国憲法は，立法，行政，司法の三権分立の制度を確立し，司法権はすべて裁判所の行うところとし（憲法76条1項），また裁判所法は，裁判所は一切の法律上の争訟を裁判するものと規定し（裁判所法3条1項），これによって，民事，刑事のみならず行政事件についても，事項を限定せずいわゆる概括的に司法裁判所の管轄に属するものとせられ，さらに憲法は一切の法律，命令，規則又は処分が憲法に適合するかしないかを審査決定する権限を裁判所に与えた（憲法81条）結果，国の立法，行政の行為は，それが法律上の争訟となるかぎり，違憲審査を含めてすべて裁判所の裁判権に服することとなったのである。

　しかし，わが憲法の三権分立の制度の下においても，司法権の行使についておのずからある限度の制約は免れないのであって，あらゆる国家行為が無制限に司法審査の対象となるものと即断すべきでない。直接国家統治の基本に関する高度に政治性のある国家行為のごときはたとえそれが法律上の争訟

---

5)　行集5巻9号2181頁（民集14巻7号1265頁）。

第 4 章　衆議院の解散の効力と裁判所の審査権の限界

となり，これに対する有効無効の判断が法律上可能である場合であっても，かかる国家行為は裁判所の審査権の外にあり，その判断は主権者たる国民に対して政治的責任を負うところの政府，国会等の政治部門の判断に委され，最終的には国民の政治判断に委ねられているものと解すべきである。この司法権に対する制約は，結局，三権分立の原理に由来し，当該国家行為の高度の政治性，裁判所の司法機関としての性格，裁判に必然的に随伴する手続上の制約等にかんがみ，特定の明文による規定はないけれども，司法権の憲法上の本質に内在する制約と理解すべきである。

　衆議院の解散は，衆議院議員をしてその意に反して資格を喪失せしめ，国家最高の機関たる国会の主要な一翼をなす衆議院の機能を一時的とは言え閉止するものであり，さらにこれにつづく総選挙を通じて，新な衆議院，さらに新な内閣成立の機縁を為すものであって，その国法上の意義は重大であるのみならず，解散は，多くは内閣がその重要な政策，ひいては自己の存続に関して国民の総意を問わんとする場合に行われるものであってその政治上の意義もまた極めて重大である。すなわち衆議院の解散は，極めて政治性の高い国家統治の基本に関する行為であって，かくのごとき行為について，その法律上の有効無効を審査することは司法裁判所の権限の外にありと解すべきことは既に前段説示するところによってあきらかである。そして，この理は，本件のごとく，当該衆議院の解散が訴訟の前提問題として主張されている場合においても同様であって，ひとしく裁判所の審査権の外にありといわなければならない。

　本件の解散が憲法 7 条に依拠して行われたことは本件において争いのないところであり，政府の見解は，憲法 7 条によって，――すなわち憲法 69 条に該当する場合でなくとも，――憲法上有効に衆議院の解散を行い得るものであり，本件解散は右憲法 7 条に依拠し，かつ，内閣の助言と承認により適法に行われたものであるとするにあることはあきらかであって，裁判所としては，この政府の見解を否定して，本件解散を憲法上無効なものとすることはできないのである。

　されば，本件解散の無効なことを前提とする上告人の本訴請求はすべて排斥を免れないのであって，上告人の請求を棄却した原判決は，結局において

正当であり，上告人の上告は理由がない」。

なお，本判決には，Xの上告を退ける結論には同意しつつ，その理由づけに反対する，小谷勝重，奥野健一両裁判官の共同意見，河村大助，石坂修一裁判官の各意見が付されている。

III　分析と検討

本判決は，まず第1に，日本国憲法の下でも司法権の行使には自ずから一定の限界があるという一般論を提示し（これが「統治行為」を承認したとされる部分である），第2に，そのことを前提として，衆議院の解散の効力についての審査はまさにその限界事例に当たるとし，政府が解散を有効なものとする限り，裁判所はこの見解を否定して解散を無効とすることはできない，と述べた。以下においては，この順序を入れ替えて，後者の点から検討する。

1　衆議院解散の効力に対する裁判所の審査権

本判決は，衆議院の解散が有効であるか無効であるかといった問題は，およそ裁判所の審査権に服しない，と断じている（また，そのことは，この問題が訴訟の前提問題となっている場合でも同じであるとも述べている）。しかし，同じ問題を1，2審は裁判所の審査権が及びうる事項として取り上げ，それについて実体判断を下しているのである。では，1，2審は，どのような考え方に基づいて実体判断を下しているのであろうか。その判断内容を改めて眺めてみよう。

1審判決は，「司法権による法の適用即ち何が法なりやの判断は，便宜的な裁量の余地を残さない全く覊束された判断であるから，その判断の結果生ずることあるべき混乱を避けることを理由として法の適用を二三にすることは元来許されない」[6]とし，衆議院の解散が無効と判断されることによって仮に混乱が生じるとしても裁判所は解散の無効判断をなしうるという（さらに，1審判決は，混乱が生じるということ自体，杞憂にすぎないとも付言する）。衆議院の解散は，たしかに政治的影響の大きな行為であるには違いないが，

---

[6]　行集4巻10号2551頁。

しかし,「政治的影響の大きいと言ふことがその行為の純法律的な判断を不可能にするものではなく, 又国民によって行為の当否の批判がなされるからと言って, その行為についての政治的当否の批判とは全く別な法律的判断が排除されるべき理由にはならない。衆議院を如何なる事態の下において解散するのが妥当であるかは政治的判断に委ねられて居るであらうが……解散の方式そのものが憲法の定めるところに適合して行はれたりや否やは, 一切の政策的評価を排除して判断することが可能でもあり, 又政策的評価を離れて判断すべき事柄である」[7]。こうして, 1審判決は,「当該行為が法律的な判断の可能なものであり, それによって個人的権利義務についての具体的紛争が解決されるものである限り, 裁判所は一切の行為についてそれが法規に適合するや否やの判断を為す権限を有し, 又義務を負ふ」[8]とし, 本件衆議院解散の憲法適合性についての審査へと進んでいる。

2審判決も,「日本国憲法の下での裁判所の任務は,「具体的事件についての法適用の法保障的機能」を果たすことにあり, したがって,「行政権の自由裁量に属する問題, 政治の一般方針に関する問題, 単なる法令の効力に関する事項等」には裁判所の審査権は及ばないが, 衆議院の解散のように, その効力如何が国民の権利に直接影響するものである場合には, その有効・無効について当然裁判所は審査権を有するとし, また,「裁判所の判断は, 唯法の適用により羈束されるものであり, 行政と異なり, 結果の妥当を考慮することは許されないものであるから, 無効の判断の結果生ずる影響の大なることの一事のみによって, 裁判所が有効, 無効を判断し得ないとする法律上の根拠に乏しい」[9]と述べて, 1審判決と同様に, 本件解散の憲法適合性の審査へと進んでいる。

要するに, 両判決は, 当該行為が法律的な判断(当該行為が法規に適合しているか否か, また, 憲法に適合しているか否かの判断)の可能なものである限り, その効力について裁判所は審査すべきであり, その際当該行為が政治的影響の大きな行為であるとか, 裁判所の判断の結果生じる影響が大であると

[7) 同 2552 頁。
[8) 同上。
[9) 行集 5 巻 9 号 2184〜85 頁。

かいう理由で審査を控えるべきではない、というのである。衆議院の解散についても、たとえば、いかなる事態の下において解散を行うべきかということは政治的裁量に委ねられた問題であり、当該解散が妥当なものであったか否かは裁判所の判断になじまないにしても、誰が解散権を有するか（解散権の所在）、いかなる場合に解散しうるか（解散の要件）、また、内閣の助言と承認があったかなかったかは、まさに裁判所の判断に委ねるのにふさわしい事項であるというのが両判決に共通する考え方であろう。

　本判決に付された4裁判官の各意見は、いずれも、衆議院解散の効力について裁判所は審査しうるし、また、審査すべきであるとするものであり、この点において1、2審判決と軌を一にする。

　本判決自身が明示するように[10]、本件の主要な争点は、①本件解散は憲法69条によらず単に憲法7条に依拠して行われたが故に無効であるかどうか、②本件解散に関して憲法7条所定の内閣の助言と承認が適法になされたかどうか、の2点であった。このうち①は、裁判所本来の職責に属する憲法解釈の問題であって、解散が憲法69条の場合に限定されるか否かについて裁判所が判断を控えるべき理由はない[11]。ただ、解散の要件が憲法に明定されていない以上、いかなる状況の下で解散すべきかの決定が政治的裁量に委ねられ、裁判所としてその点の審査にまで踏み込めないのは当然である（その限りでは、政府が解散を有効なものとする以上、裁判所はそのことを前提とした判断を下すしかあるまい）。また、②についても、裁判所は、憲法7条の解釈に基づき、内閣の助言と承認の有無について、それが外形的事実から判断しうる限りは、判断を示すべきであろう。ただ、この場合においても、助言と承認の閣議決定の成否は内閣の自律的決定に委ねられており、裁判所がその点について審査することはできないと解される。その意味では、衆議院解散の効力に対する裁判所の審査は、政治部門の政治的・裁量的判断や自律的決定を前提とした控え目なものにならざるをえないであろう[12]。

　しかし、これに対して、本判決は、上記①②のいずれについても裁判所は

---

10)　民集14巻7号1208頁。
11)　この点は、本判決における小谷、奥野両裁判官の共同意見が指摘する通りである。同1211頁参照。

審査しえないというのであるが、それは、これらの争点が法律的な判断の不可能な問題であることを理由とするのではなく、衆議院の解散が「極めて政治性の高い国家統治の基本に関する行為」であることを理由とするものである。このような理由で裁判所の審査権を全面的に否定することが妥当であるかどうかが問題となる。

2 「統治行為」と裁判所の審査権の限界

本判決は、「直接国家統治の基本に関する高度に政治性のある国家行為」については、「たとえそれが法律上の争訟となり、これに対する有効無効の判断が法律上可能である場合であっても」、かかる国家行為には裁判所の審査権が及ばないものと解すべきであると説く。これが、「統治行為」論を最高裁が承認したとされる判示部分である。もっとも、「統治行為」とは何かということは決して自明な事柄ではなく、具体的にどのような国家行為がそれに該当するかも一義的に定まっているわけではない。一般的には、①両議院における議員の懲罰や議院の議事手続、閣議の運営等、国会や内閣の組織・運営に関する事項、②衆議院の解散の如き、国会と内閣の相互関係に関する事項、③国務大臣の任免や訴追に対する内閣総理大臣の同意等、政治部門の政治的判断に委ねられている事項、④外交や国防のように、国家全体の運命に関する事項、が「統治行為」の例として挙げられ、このうち、①～④のすべてを含むとする説[13]から、④のみを「統治行為」とする説[14]まで、学説は分かれている[15]。

---

12) 野中俊彦『憲法訴訟の原理と技術』162～63頁（有斐閣、1995年）は、さらに一歩進んで、衆議院解散の効力をめぐる争いは本来「内閣と衆議院という両政治部門間の争い」であり、この争いについて憲法は政治的決着を予定しているとし、本件の如く議員歳費の請求を行い、その前提問題として解散の効力を争う場合でも、かかる訴訟の実質は「一議員が衆議院を代理して提起した機関訴訟」といってもよいものであって、裁判所は原則として統治部門の自律的解決を尊重し、独自の判断を控えるべきであると論じている。これは、憲法が統治部門の自律権を認めているという理解に基づく議論であって、包括的な「統治行為」論とは異なる。

13) 入江俊郎「統治行為」公法13号75頁、102～05頁（1955年）（ただし、分類の仕方は少し異なる）、金子宏「統治行為の研究(4)」国家72巻9号1頁、36～39頁（1958年）（ただし、分類の仕方は少し異なる）、橋本公亘『日本国憲法〔改訂版〕』62頁（有斐閣、1988年）等参照。

14) 佐藤幸治『憲法訴訟と司法権』63頁（日本評論社、1984年）、佐藤幸治『憲法〔第3版〕』357～58頁（青林書院、1995年）、伊藤正己『憲法〔第3版〕』636頁（弘文堂、1995年）等参照。

ただ，いずれにしても，「統治行為」論の前提には，たとえそれについて法的判断が可能であっても，事柄の性質上裁判所の審査になじまない事項がある，との発想があり，かつ，この場合，事柄の性質として考えられているのは「高度の政治性」である，ということができる。しかし，このことは，憲法76条1項がすべて司法権は裁判所に属するとし，これを受けて裁判所法3条1項が，憲法に特別の定めがない限り一切の法律上の争訟について裁判所は裁判権を有するとしたことに対する重大な例外を認めることを意味する。とりわけ，「高度の政治性」をもった国家行為がア・プリオリに司法権の対象外に置かれるのだとすると，かかる行為には，司法権の範囲内で行使されるべき違憲審査権も及ばないこととなろう。否，むしろ，こうして違憲審査を限界づけるところに「統治行為」論の大きな意味があるといえる。はたして憲法上明文の根拠もないのに，このような例外を認めうるのであろうか。

　この点に関して，本判決自身は，「この司法権に対する制約は，結局，三権分立の原理に由来し，当該国家行為の高度の政治性，裁判所の司法機関としての性格，裁判に必然的に随伴する手続上の制約等にかんがみ，特定の明文による規定はないけれども，司法権の憲法上の本質に内在する制約と理解すべきである」[16]と述べるにとどまっている。しかしながら，これは，上記の重大な例外に対する説明としては全く不十分であると思われる。何故「高度の政治性」を備えた国家行為については（それについて法的判断が可能であっても）司法権が及ばないのか。また，そのことを「三権分立の原理に由来」するとして正当化することができるのか。さらに，「司法権の憲法上の本質に内在する制約」とは何か。そもそも，そこにいう「司法権の憲法上の本質」とは何か。これらの点について明確な説明が必要だと思われるが，本判決は何も述べていない。学説上，「統治行為」を認めうる理由としては，

---

15) その他，佐藤功『日本国憲法概説〔全訂第5版〕』478～79頁（学陽書房，1996年）は①を除き，②～④をもって「統治行為」とするが，③の「内閣総理大臣の政治的判断に委ねられた事項」については，「内閣総理大臣の裁量に属する行為」と解する余地があるとする。概して，学説上，自由裁量に属する行為は「統治行為」と区別すべきであるとされ，「統治行為」を認める場合，④は例外なくそれに含まれるものとされているといえよう。

16) 民集14巻7号1209頁。

裁判所の自制の必要[17]や司法権自体に内在する限界[18]が挙げられるのが通例である。本判決は，このうち後者の内在的制約説を採用したものと思われる。しかし，この内在的制約説に対しても，それが三権分立原理や民主主義的責任原理を多分に形式的・観念的に援用し，これらの原理を根拠にして国民の権利・自由の制限を伴うような国家行為をも司法的統制の外に置こうとすることには従来から批判の存したところである[19]。結局，およそ「直接国家統治の基本に関する高度に政治性のある国家行為」は裁判所の審査権に服しないとする本判決の立論は，十分な理論的裏づけを欠き，妥当でないといわざるをえない。

　ところで，本件が上告審で審理されている間に，しばしば「統治行為」論との関連が議論される，もう一つの注目すべき最高裁大法廷判決が下された。1959（昭和34）年の砂川事件判決[20]である。砂川事件では，「日本国とアメリカ合衆国との間の安全保障条約」（昭和35年改定前の旧条約。以下「安保条約」という）の憲法適合性が問題となったが，最高裁は，安保条約に対する裁判所の審査権について次のように判示した。「本件安全保障条約は，……主権国としてのわが国の存立の基礎に極めて重大な関係をもつ高度の政治性を有するものというべきであって，その内容が違憲なりや否やの法的判断は，その条約を締結した内閣およびこれを承認した国会の高度の政治的ないし自由裁量的判断と表裏をなす点がすくなくない。それ故，右違憲なりや否やの法的判断は，純司法的機能をその使命とする司法裁判所の審査には，原則としてなじまない性質のものであり，従って，一見極めて明白に違憲無効であると認められない限りは，裁判所の司法審査権の範囲外のものであって，そ

---

17) 山田準次郎『統治行為論』66〜93頁（弘文堂，1966年）参照。
18) 入江・前出注13)87〜92頁，金子・前出注13)29〜33頁，雄川一郎『行政の法理』119〜22頁（有斐閣，1986年）等参照。
19) 芦部信喜『憲法訴訟の理論』245〜46頁，428頁（有斐閣，1973年）参照。仮に「統治行為」の存在を認めるとしても，その論拠は，それぞれの事件に応じて，具体的に明らかにされなければならない，というのが今日の有力説である（芦部信喜『憲法訴訟の現代的展開』134〜37頁〔有斐閣，1981年〕参照）。これに対して，「統治行為」を否定する学説も存在する。代表的なものとして，磯崎辰五郎『統治行為説批判』80〜141頁（有斐閣，1965年），奥平康弘『「統治行為」理論の批判的考察』法時45巻10号56頁（1973年），小嶋和司『憲法学講話』110〜26頁（有斐閣，1982年）参照。
20) 最大判昭和34・12・16刑集13巻13号3225頁。

れは第一次的には，右条約の締結権を有する内閣およびこれに対して承認権を有する国会の判断に従うべく，終局的には，主権を有する国民の政治的批判に委ねらるべきものであると解するを相当とする。そして，このことは，本件安全保障条約またはこれに基く政府の行為の違憲なりや否やが，本件のように前提問題となっている場合であると否とにかかわらないのである」[21]と。

一見して明らかなように，ここにも「高度の政治性」が登場し，かかる性質の故に，当該条約の内容の憲法適合性に関する法的判断は，裁判所の審査に原則としてなじまないものとされており，本判決と類似の発想がとられていることをうかがわせる。この問題が終局的には主権者たる国民の政治的批判に委ねられるべきものであるとし，また，訴訟の前提問題となっている場合も同様であるとする点も共通している[22]。しかし，砂川事件判決が述べたのは，安保条約という特定の条約が「主権国としてのわが国の存立の基礎に極めて重大な関係をもつ高度の政治性を有する」ということであって（そして，それは否定し難い事実であろう），かかる特定の条約について，その憲法適合性に関する法的判断は，政治部門の政治的・自由裁量的判断と表裏をなす点が少なくないが故に，「一見極めて明白に違憲無効であると認められない限りは」，裁判所の審査権の範囲外と解すべきだということである。それは，条約一般について違憲審査の限界を説いたものとも，まして「統治行為」論を一般的に打ち出したものともいえないのではないか。むしろ，砂川事件判決は，政治部門の政治的・裁量的判断に対する司法の自制を示したものとして捉えたほうが，首尾一貫するように思われる[23]。そうだとすると，砂川事件判決と本判決との間にはなお若干の距離があり，両者は単純にひと

---

21) 同 3234〜35 頁。
22) 砂川事件判決における藤田八郎，入江俊郎両裁判官の共同補足意見は，本判決の判示に酷似した部分を含む（刑集 13 巻 13 号 3246 頁）。おそらくは，この補足意見の立場が本判決の多数意見の立場へと転じたものであろう。しかも，この補足意見は，「直接国家統治の基本に関する高度に政治性のある国家行為」を明確に「統治行為」という呼称の下に提示している（同 3247 頁，3249 頁）。その意味では，本判決は「統治行為」という言葉こそ用いていないけれども，そこに示された基本的立場が「統治行為」を十分意識して打ち出されたものであることは疑いないと思われる。しかし，逆に，砂川事件判決の判示が両裁判官の共同補足意見とは異なる書き振りになっているということは，砂川事件判決においてこの補足意見の立場が必ずしも多数を形成したわけではないということを表わしているともいえよう。

くくりにはできないということになろう（あるいは，逆に，本判決は，そのことを意識しつつ，砂川事件判決の論理を拡大し，一般化しようとしたものといえるのかもしれない）。

3 「統治行為」論と「部分社会」論

一般に，「統治行為」とは，法律上の争訟として裁判所による法的判断が可能であっても，事柄の性質上（通常は，その「高度の政治性」の故に），裁判所の審査権が及ばない行為を指す。これに対して，一般市民社会の中にある特殊な「部分社会」の内部事項に関する行為も，原則として司法審査の対象から除外されるといわれることがある。これがいわゆる「部分社会」論である。「部分社会」論を表明した代表的な判例によれば，①裁判所法3条1項にいう「一切の法律上の争訟」とは，あらゆる法律上の係争を意味するものではなく，②法律上の係争の中には「事柄の特質上裁判所の司法審査の対象外におくのを適当とするもの」もあり，③「一般市民社会の中にあってこれとは別個に自律的な法規範を有する特殊な部分社会における法律上の係争のごときは，それが一般市民法秩序と直接の関係を有しない内部的な問題にとどまる限り，その自主的，自律的な解決に委ねるのを適当とし，裁判所の司法審査の対象にはならない」とされる[24]。そうすると，「統治行為」が法律上の争訟ではあっても事柄の性質上司法審査の対象外に置かれる行為であるのに反して，「部分社会」の内部事項に関する行為はそもそも法律上の争訟とはいえないため司法審査の対象から除外される行為であるとして，判例上区別されているということになりそうである。しかしながら，このような区別が妥当なものであるかどうかは疑わしい。

各種の自律的な団体内部の紛争は，多くの場合，法律上の争訟として捉え

---

[23]　特に，砂川事件判決が「統治行為」論を承認したものであるとすれば，それが「一見極めて明白」な場合には違憲を宣言しうるとすることがはたして論理一貫するかどうかが疑問とされよう。この点につき，砂川事件判決における奥野健一，高橋潔両裁判官の共同意見は，多数意見を「論理の一貫性を欠く」と批判している（刑集13巻13号3279頁，3282頁）。砂川事件判決に「統治行為」論と自由裁量論との混在を見るものとして，佐藤功「統治行為論の一論点」『公法と経済法の諸問題(上)』〔今村成和教授退官記念〕29頁，34～36頁，41～44頁（有斐閣，1981年）参照。

[24]　最三小判昭和52・3・15民集31巻2号234頁，235頁。

うるものであって，司法審査の対象となると解される。ただ，各種団体の自律的決定や裁量的判断を尊重しつつ限定的に審査を行うべきことが要請されるということではないか[25]。他方，「統治行為」とされる行為が実質的に政治部門の自律的決定や裁量的判断へと分解できるとすれば，たとえば，本件のように衆議院の解散の効力が訴訟の前提問題となっている場合において，裁判所がこの点に関する政治部門の自律的決定ないし裁量的判断を尊重しつつ，歳費請求権の存否について判断を下すことは，自律的な団体内部の紛争解決の一例として捉えることも可能ということになろう[26]。

4 本判決の射程と残された問題

本判決は，「統治行為」論を承認し，採用したものとされる。しかし，「直接国家統治の基本に関する高度に政治性のある国家行為」に対する司法審査を否定した判旨は十分な理論的基礎づけを欠いており，また，仮に本件衆議院の解散がかかる「高度に政治性のある国家行為」に該当するとしても，本判決の趣旨がこれを越えてどこまで及ぶのかは，必ずしも明確ではない。

本判決の後に出された警察法改正無効事件の最高裁昭和37年3月7日大法廷判決[27]や参議院議員定数不均衡事件の最高裁昭和39年2月5日大法廷判決[28]は，いずれも本判決とは趣を異にし，前者は国会各議院の自律的決定，後者は国会の裁量的権限，をそれぞれ尊重する形での判断を下していると見るべきであろう。

その後本判決を先例として明示的に引用するものとして，日本国との平和条約3条の効力が前提問題となった選挙無効請求事件の東京高裁昭和45年9月18日判決[29]，長沼事件の札幌高裁昭和51年8月5日判決[30]，郵便貯

---

25) 簡単な検討であるが，野坂泰司「団体の内部自治と司法権」法教110号31頁（1989年）参照。
26) 本判決における河村（大）裁判官の意見（民集14巻7号1214頁，1215頁）は，「統治行為」についても，「それが市民法秩序につながりをもち，直接国民の権利義務に影響する場合において」は，その限りで，司法審査の問題を生じる，との理解を示しており，「部分社会」の内部事項に司法審査が及ぶ場合との類似性を示唆していて，興味深い。なお，参照，新堂幸司「宗教団体内部の紛争と裁判所の審判権」新堂幸司編『特別講義民事訴訟法』166頁，199～200頁（有斐閣，1988年）。
27) 民集16巻3号445頁。
28) 民集18巻2号270頁。

金目減り訴訟の大阪高裁昭和54年2月26日判決[31]，天皇の衆議院解散等に関する内閣の助言と承認の無効確認請求事件の東京地裁平成24年12月12日判決[32]があるほか，本判決と同趣旨の判断を示したものとして，横田基地公害訴訟の東京地裁八王子支部昭和56年7月13日判決[33]，厚木基地騒音公害訴訟の東京高裁昭和61年4月9日判決[34]，福岡空港騒音公害訴訟の福岡地裁昭和63年12月16日判決[35]，嘉手納基地騒音公害訴訟の那覇地裁沖縄支部平成6年2月24日判決[36]など，公共訴訟的性格をもった訴訟に関する裁判例がある[37]。これらの裁判例では，たとえば，航空機離着陸の差止めを求める訴えを不適法として却下する理由として「統治行為」論が援用されているのを見ることができる。しかし，他方では，厚木基地騒音公害訴訟，横田基地公害訴訟の最高裁平成5年2月25日第一小法廷の各判決[38]のように，国に対する米軍機離着陸差止請求を，「統治行為」論によるのではなく，国の支配の及ばない第三者の行為の差止めを求めるもので主張自体失当とし[39]，あるいは，横田基地夜間飛行差止等請求事件の最高裁平成14年4月12日第二小法廷判決[40]のように，同様の差止請求および損害賠償請

---

29) 訟月16巻11号1341頁。
30) 行集27巻8号1175頁。ただし，「統治行為」に関する見解は，傍論として付加されたものである（同1221〜31頁）。この判決は，一方で本判決を先例として引用するものの，他方，「純粋な意味で統治行為の理論を徹底させ，これについておよそ司法審査の対象にならないとする」ことは，「三権分立の原理に反することになる」とし，「立法，行政機関の行為が一見極めて明白に違憲，違法の場合には，右行為の属性を問わず，裁判所の司法審査権が排除されているものではないと解すべきである」とする（同1225頁）。この判決の「統治行為」論は，「高度の政治性」を有する事項を原則として司法審査の対象外とする考え方を，統治事項（小前提）のみならず，統治事項を規定した法規（大前提）の解釈にまで及ぼすという独特なものであることに注意しなければならない。
31) 訟月25巻6号1554頁。
32) LEX/DB文献番号25445855。
33) 訟月27巻11号2005頁。
34) 訟月33巻3号611頁。
35) 訟月35巻12号2197頁。
36) 訟月41巻9号2241頁。
37) 他方，砂川事件判決のように，「一見極めて明白」な場合を留保しつつ，司法審査の対象外との判断を示した裁判例も見られる。長沼事件の札幌高判昭和51・8・5行集27巻8号1175頁（傍論），百里基地訴訟の水戸地判昭和52・2・17訟月23巻2号255頁，那覇市軍用地訴訟の那覇地判平成2・5・29行集41巻5号947頁，沖縄代理署名訴訟の福岡高那覇支判平成8・3・25行集47巻3号192頁等参照。
38) 民集47巻2号643頁，訟月40巻3号441頁。

求につき，わが国の民事裁判権が及ばないとして，請求を退けるものがある。「統治行為」論が裁判所の審査権を否定する根拠として，はたして，また，どこまで独自の意義をもちうるのかが，問われなければならないであろう。

---

39) 同趣旨の判示として，嘉手納基地騒音公害訴訟の福岡高那覇支判平成 10・5・22 訟月 45 巻 5 号 846 頁，小松基地騒音公害第 3 次・第 4 次訴訟の金沢地判平成 14・3・6 訟月 49 巻 1 号 1 頁，横田基地騒音公害訴訟の東京地八王子支判平成 14・5・30 訟月 49 巻 5 号 1355 頁等がある。
40) 民集 56 巻 4 号 729 頁。

第5章 私人間における人権保障と人権規定の私人間適用
──三菱樹脂事件判決

最大判昭和48年12月12日民集27巻11号1536頁

I はじめに

　前章までに取り上げた判例は，いずれも国が一方の当事者となっている訴訟に関して最高裁が判断を下したものであった。これに対して，本章で取り上げる三菱樹脂事件判決は，私人間で，一方が他方の有する憲法で保障された基本的人権を侵害したとして争い，これについて裁判所に救済が訴求された事案に関するものである。そして，このように，私人による人権侵害が問題になった場合，裁判所は憲法の人権規定を私人間にそのまま適用して事案を解決することができるかどうかが問題になるとし，人権規定は私人間に直接適用されず私法の一般条項や不確定概念を人権の価値内容で充塡するという形で間接適用されるものとし，三菱樹脂事件判決をそのような立場を表明した人権規定の私人間適用に関するリーディング・ケイスとして位置づけるというのが学説上の通説となっているといってよいであろう[1]。

　しかしながら，私人による人権侵害が問題になった場合，常に，人権規定の私人間適用が問題になるわけではない（名誉・プライヴァシー侵害を主張して不法行為に基づく損害賠償を請求する場合を想起せよ）。人権規定の私人間適用が問題とされるのはどのような場合であるか。人権規定の私人間適用の問

---

1) 芦部信喜編『憲法Ⅱ人権(1)』48～49頁，54～55頁（有斐閣，1978年）（芦部信喜執筆），芦部信喜『憲法学Ⅱ人権総論』295頁，303頁（有斐閣，1994年），伊藤正己『憲法〔第3版〕』31～32頁（弘文堂，1995年），佐藤功『日本国憲法概説〔第5版〕』155～57頁，160頁（学陽書房，1996年）等参照。

題は間接適用の考え方に立って処理されるべきものなのか。直接適用か間接適用かを問うことにはどれほどの意味があるのか。間接適用と無適用には実際上どれほどの違いがあるのか。

これらは決して解決済みの問題ではなく，そこにはなお議論の余地が残されていると思われる[2]。ここでは，これらの問題について考察を進めるための一助として，人権規定の私人間適用に関するリーディング・ケイスとされる三菱樹脂事件判決を取り上げ，この判決が実際に何を語ったものであるかを改めて確認することにしたい。

II　判決の紹介

1　事実の概要

X（原告，被控訴人・控訴人，被上告人）は，1963（昭和38）年3月東北大学法学部卒業と同時に，Y（三菱樹脂株式会社――被告，控訴人・被控訴人，上告人）に3か月の試用期間を設けて採用されたが，試用期間の満了直前に，Yから本採用を拒否する旨の告知を受けた。その理由は，Xが採用試験に際して，在学中に学生運動に従事し，また，学外団体である生活協同組合の理事に選任されて活動していたにもかかわらず，これらの事実を身上書の該当欄に記載せず，面接試験における質問に対しても虚偽の回答をしたというも

---

[2]　私人間適用問題を取り扱った論稿は，文字通り枚挙に遑ない。問題の見取図を与えるものとして，芦部信喜『現代人権論』3～48頁，49～92頁（有斐閣，1974年），奥平康弘『憲法III憲法が保障する権利』75～87頁（有斐閣，1993年）等参照。問題の根本的な再検討の試みとして，棟居快行『人権論の新構成』1～112頁（信山社，1992年），藤井樹也『「権利」の発想転換』155～276頁（成文堂，1998年），高橋和之「「憲法上の人権」の効力は私人間に及ばない」ジュリ1245号137頁（2003年），高橋和之「人権の私人間効力論」高見勝利＝岡田信弘＝常本照樹編『日本国憲法解釈の再検討』1頁（有斐閣，2004年），西村枝美「土壌なき憲法の私人間適用問題」公法66号265頁（2004年）等参照。また，ドイツの基本権保護義務論の考察に基づく間接適用説見直しの試みとして，小山剛『基本権保護の法理』（成文堂，1998年），小山剛『基本権の内容形成』（尚学社，2004年），山本敬三「現代社会におけるリベラリズムと私的自治(1)(2)」論叢133巻4号1頁，5号1頁（1993年），山本敬三『公序良俗論の再構成』（有斐閣，2000年），山本敬三「基本権の保護と私法の役割」公法65号100頁（2003年）等参照。その他，より最近の研究成果として，三並敏克『私人間における人権保障の理論』（法律文化社，2005年），木下智史『人権総論の再検討』（日本評論社，2007年），君塚正臣『憲法の私人間効力論』（悠々社，2008年）等がある。

のであった。そこで，Xは，かかる本採用拒否の告知は無効であるとして，地位保全の仮処分を申請し認容される（東京地決昭和 42・4・27)[3]とともに，雇用契約上の社員たる地位の確認と賃金の支払を求める本案訴訟を提起した。

第1審判決（東京地判昭和 42・7・17)[4]は，X が経歴等に関してなした身上書の記載および面接試験における回答が事実に相違し，その間に格別の悪意が介在する旨のYの主張は認められないとし，Yによる雇用の解約申入れを解雇権の濫用に当たるとして，Xの請求を大筋において認容した。YとXの双方から控訴がなされたところ，第2審判決（東京高判昭和 43・6・12)[5]は，「人の思想，信条は身体と同様本来自由であるべきものであり，その自由は憲法第 19 条の保障するところでもあるから，企業が労働者を雇傭する場合等，一方が他方より優越した地位にある場合に，その意に反してみだりにこれを侵してはならないことは明白というべく，人が信条によって差別されないことは憲法第 14 条，労働基準法第 3 条の定めるところであるが，通常の商事会社においては，新聞社，学校等特殊の政治思想的環境にあるものと異なり，特定の政治的思想，信条を有する者を雇傭することが，その思想，信条のゆえに直ちに，事業の遂行に支障をきたすことは考えられないから，その入社試験の際，応募者にその政治的思想，信条に関係のある事項を申告させることは，公序良俗に反し，許されず，応募者がこれを秘匿しても，不利益を課し得ないものと解すべきである」[6]と述べて，X 全面勝訴の判決を言い渡した。そこで，Yは，憲法 19 条，14 条は，私人相互の関係を規律するものではないことなどを理由に上告した。

最高裁大法廷は，裁判官全員一致の意見をもって次のように判示し，原判決を破棄して，事件を東京高裁に差し戻した[7]。

2 判 旨

(1) 憲法 19 条，14 条の各規定は，「同法第 3 章のその他の自由権的基本

---

[3]) 労民集 15 巻 2 号 383 頁。
[4]) 労民集 18 巻 4 号 766 頁（民集 27 巻 11 号 1566 頁）。
[5]) 労民集 19 巻 3 号 791 頁（民集 27 巻 11 号 1580 頁）。
[6]) 同 793～94 頁。
[7]) 1976（昭和 51）年 3 月 11 日，差戻審において和解が成立し，Xは原職に復帰した。

権の保障規定と同じく，国または公共団体の統治行動に対して個人の基本的な自由と平等を保障する目的に出たもので，もっぱら国または公共団体と個人との関係を規律するものであり，私人相互の関係を直接規律することを予定するものではない。このことは，基本的人権なる観念の成立および発展の歴史的沿革に徴し，かつ，憲法における基本権規定の形式，内容にかんがみても明らかである。のみならず，これらの規定の定める個人の自由や平等は，国や公共団体の統治行動に対する関係においてこそ，侵されることのない権利として保障されるべき性質のものであるけれども，私人間の関係においては，各人の有する自由と平等の権利自体が具体的場合に相互に矛盾，対立する可能性があり，このような場合におけるその対立の調整は，近代自由社会においては，原則として私的自治に委ねられ，ただ，一方の他方に対する侵害の態様，程度が社会的に許容しうる一定の限界を超える場合にのみ，法がこれに介入しその間の調整をはかるという建前がとられているのであって，この点において国または公共団体と個人との関係の場合とはおのずから別個の観点からの考慮を必要とし，後者についての憲法上の基本権保障規定をそのまま私人相互間の関係についても適用ないしは類推適用すべきものとすることは，決して当をえた解釈ということはできないのである」。

(2)「もっとも，私人間の関係においても，相互の社会的力関係の相違から，一方が他方に優越し，事実上後者が前者の意思に服従せざるをえない場合があり，このような場合に私的自治の名の下に優位者の支配力を無制限に認めるときは，劣位者の自由や平等を著しく侵害または制限することとなるおそれがあることは否み難いが，そのためにこのような場合に限り憲法の基本権保障規定の適用ないしは類推適用を認めるべきであるとする見解もまた，採用することはできない。何となれば，右のような事実上の支配関係なるものは，その支配力の態様，程度，規模等においてさまざまであり，どのような場合にこれを国または公共団体の支配と同視すべきかの判定が困難であるばかりでなく，一方が権力の法的独占の上に立って行なわれるものであるのに対し，他方はこのような裏付けないしは基礎を欠く単なる社会的事実としての力の優劣の関係にすぎず，その間に画然たる性質上の区別が存するからである。すなわち，私的支配関係においては，個人の基本的な自由や平等に

対する具体的な侵害またはそのおそれがあり、その態様、程度が社会的に許容しうる限度を超えるときは、これに対する立法措置によってその是正を図ることが可能であるし、また、場合によっては、私的自治に対する一般的制限規定である民法1条、90条や不法行為に関する諸規定等の適切な運用によって、一面で私的自治の原則を尊重しながら、他面で社会的許容性の限度を超える侵害に対し基本的な自由や平等の利益を保護し、その間の適切な調整を図る方途も存するのである。そしてこの場合、個人の基本的な自由や平等を極めて重要な法益として尊重すべきことは当然であるが、これを絶対視することも許されず、統治行動の場合と同一の基準や観念によってこれを律することができないことは、論をまたないところである」。

(3)「ところで、憲法は、思想、信条の自由や法の下の平等を保障すると同時に、他方、22条、29条等において、財産権の行使、営業その他広く経済活動の自由をも基本的人権として保障している。それゆえ、企業者は、かような経済活動の一環としてする契約締結の自由を有し、自己の営業のために労働者を雇傭するにあたり、いかなる者を雇い入れるか、いかなる条件でこれを雇うかについて、法律その他による特別の制限がない限り、原則として自由にこれを決定することができるのであって、企業者が特定の思想、信条を有する者をそのゆえをもって雇い入れることを拒んでも、それを当然に違法とすることはできないのである。憲法14条の規定が私人のこのような行為を直接禁止するものでないことは前記のとおりであり、また、労働基準法3条は労働者の信条によって賃金その他の労働条件につき差別することを禁じているが、これは、雇入れ後における労働条件についての制限であって、雇入れそのものを制約する規定ではない。また、思想、信条を理由とする雇入れの拒否を直ちに民法上の不法行為とすることができないことは明らかであり、その他これを公序良俗違反と解すべき根拠も見出すことはできない。

右のように、企業者が雇傭の自由を有し、思想、信条を理由として雇入れを拒んでもこれを目して違法とすることができない以上、企業者が、労働者の採否決定にあたり、労働者の思想、信条を調査し、そのためその者からこれに関連する事項についての申告を求めることも、これを法律上禁止された違法行為とすべき理由はない」。

(4)「右に述べたように，企業者は，労働者の雇入れそのものについては，広い範囲の自由を有するけれども，いったん労働者を雇い入れ，その者に雇傭関係上の一定の地位を与えた後においては，その地位を一方的に奪うことにつき，雇入れの場合のような広い範囲の自由を有するものではない。労働基準法3条は，前記のように，労働者の労働条件について信条による差別取扱を禁じているが，特定の信条を有することを解雇の理由として定めることも，右にいう労働条件に関する差別取扱として，右規定に違反するものと解される」。本件の場合は，被上告人と上告人との間に3か月の試用期間を付した雇用契約が締結されており，「被上告人に対する本件本採用の拒否は，留保解約権の行使，すなわち雇入れ後における解雇にあたり，これを通常の雇入れの拒否の場合と同視することはできない」。

(5) 本件雇用契約における解約権の留保は，後日における調査や観察に基づく最終的決定を留保する趣旨でされるものと解され，合理性をもつものとしてその効力を肯定することができる。それ故，「右の留保解約権に基づく解雇は，これを通常の解雇と全く同一に論ずることはできず，前者については，後者の場合よりも広い範囲における解雇の自由が認められてしかるべきものといわなければならない」。

しかしながら，「雇傭契約の締結に際しては企業者が一般的には個々の労働者に対して社会的に優越した地位にあることを考え，かつまた，本採用後の雇傭関係におけるよりも弱い地位であるにせよ，いったん特定企業との間に一定の試用期間を付した雇傭関係に入った者は，本採用，すなわち当該企業との雇傭関係の継続についての期待の下に，他企業への就職の機会と可能性を放棄したものであることに思いを致すときは，前記留保解約権の行使は，上述した解約権留保の趣旨，目的に照らして，客観的に合理的な理由が存し社会通念上相当として是認されうる場合にのみ許されるものと解するのが相当である」。

(6)「本件において被上告人の解雇理由として主要な問題とされている被上告人の団体加入や学生運動参加の事実の秘匿等についても，それが上告人において上記留保解約権に基づき被上告人を解雇しうる客観的に合理的な理由となるかどうかを判断するためには，まず被上告人に秘匿等の事実があっ

たかどうか，秘匿等にかかる団体加入や学生運動参加の内容，態様および程度，とくに違法にわたる行為があったかどうか，ならびに秘匿等の動機，理由等に関する事実関係を明らかにし，これらの事実関係に照らして，被上告人の秘匿等の行為および秘匿等にかかる事実が同人の入社後における行動，態度の予測やその人物評価等に及ぼす影響を検討し，それが企業者の採否決定につき有する意義と重要性を勘案し，これらを総合して上記の合理的理由の有無を判断しなければならないのである」。

III 分析と検討

本件の問題は，企業者が，一定の試用期間を付して採用した労働者について，その思想・信条に関係する事実を秘匿し，または虚偽の申告を行ったことを理由に本採用を拒否することが許されるか，というものであった。これに対する本判決の応答は，次のように整理することができよう。第1に，憲法19条，14条の各規定は，もっぱら国または公共団体と個人との関係を規律するものであり，私人相互の関係を直接規律することを予定するものではない。第2に，企業者は，思想・信条を理由に特定の労働者の雇入れを拒否することができるし，また，雇入れに際して，労働者から思想・信条に関連する事項についての申告を求めることも許される。第3に，しかし，企業者は，一旦労働者を雇い入れた後においては，特定の信条を有することを理由に労働者を解雇することは許されない。本件本採用の拒否は，雇入れ後における解雇に当たり，留保解約権に基づく解雇として，通常の解雇の場合よりも広い範囲で解雇の自由が認められてしかるべきであるが，かかる解約権の行使は，解約権留保の趣旨・目的に照らして，客観的に合理的な理由が存し社会通念上相当として是認されうる場合に限って許される（原判決には，この点で審理を尽くしていない違法がある）。

問題は，第1の判示が何を意味するかであり，また，この部分と第2，第3の部分とがどのような関係にあるかということである。以下，第2，第3の部分の検討から入って，最後に第1の判示の意味するところを検討することとする。

1 思想・信条を理由とする雇入れの拒否

　本判決は，企業者が思想・信条を理由に労働者の雇入れを拒否しても違法ではないという。というのも，本判決によれば，企業者は，「契約締結の自由」（以下「契約の自由」という）を有し，労働者の雇入れに際して，いかなる者をいかなる条件で雇うかについて，法律その他に特別の制限がない限り，原則として自由に決定することができるからである。本判決は，この契約の自由の根拠を，憲法22条，29条等において「基本的人権として保障」された「財産権の行使，営業その他広く経済活動の自由」に求めている。他方，この契約の自由に対する制約如何については，本判決は，信条による差別を禁止する憲法14条の規定は私人の行為を直接禁止するものではなく，また，労働者の信条により賃金その他の労働条件につき差別することを禁止する労働基準法（以下「労基法」という）3条は雇入れ後の労働条件についての制限であって雇入れそのものを制約する規定ではない，とする。

　憲法が資本主義経済体制を前提として経済的自由権を保障している以上，その一環として上記の意味における契約の自由が認められるとすることは正当であろう。そして，かかる契約の自由に基づいて，企業者が自己の営業にとってふさわしいと判断した労働者だけを選別して雇い入れることは，本判決が述べるように，企業者の自由になしうるところであるといえよう。他方，労働者には自己の希望する企業に雇われる権利があるとまでいうことはできないはずである。本判決は，憲法14条は私人の行為を直接禁止するものではないとしたが，仮に憲法14条が私人に対して信条による差別を禁止しているとしても，それによって直ちに企業者が労働者を雇い入れる義務を負うことにはならないであろう。契約の締結を強制することは契約の自由の保障に反するからである。また，労基法3条が雇入れそのものを制約する規定ではないとする本判決の理解も正当であると思われる。

　しかしながら，労働者の思想・信条を理由に雇入れを拒否することが許されるからといって，本判決がいうように，雇入れに際して労働者から思想・信条に関連する事項の申告を求めることも当然に許されるといえるかどうかは疑問である[8]。たしかに，雇入れに際して企業者が，労働者について当該

企業にとってふさわしい人材であるかどうか，あるいは管理職要員としての適格性をもつかどうかを調査することは当然であり，そのために必要な限度において当該労働者の思想・信条に関連する事項を調査することはこれを認めざるをえないであろう。しかし，人の思想・信条は，その人の人格の核心にかかわる事柄であり，その点に関して企業者に必要以上の詮索を認めるべきではあるまい。雇入れに際して労働者から思想・信条に関連する事項の申告を求めることは当然に許されるというようなものではない[9]。本判決は，本件におけるYの調査・質問はXの思想・信条そのものについてではなく，Xの過去の行動についてされたものであり，ただ，その行動がXの思想・信条と何らかの関係があることを否定できないような性質のものであるにとどまるから，より問題は少ないとの判断を示している[10]。しかし，本判決自身がその前半部分で述べているように，「元来，人の思想，信条とその者の外部的行動との間には密接な関係があり，ことに本件において問題とされている学生運動への参加のごとき行動は，必ずしも常に特定の思想，信条に結びつくものとはいえないとしても，多くの場合，なんらかの思想，信条とのつながりをもっていることを否定することができないのである」[11]。そうだとすれば，思想・信条に関連する事項の申告を求めることは，直接思想・信条の開示を求めることではないとして，これを安易に肯定することはできないのではないかと思われる。

2　思想・信条を理由とする解雇と事実の秘匿等を理由とする本採用の拒否

本判決は，雇入れの段階と雇入れ後の段階とを区別して，雇入れの際には，企業者は広い範囲で自由を有し，労働者の思想・信条を理由に採用を拒否し

---

8)　この点，原判決は，企業者が契約の自由を有するからといって，入社試験に際して応募者にその政治的思想・信条に関係のある事項を申告させることは公序良俗に反し，許されないと判示していた。労民集19巻3号794頁参照。

9)　今村成和『人権叢説』189頁（有斐閣，1980年）は，雇入れに際して企業が予め行う調査の中に思想調査に類することが含まれていても，「現実には，それを放任行為と認めるのほかはない」としつつ，「しかし，相手方に申告を求めるというのは，相手方の『沈黙の自由』にかかわることであり，調査一般とは，はっきりと区別されなくてはならない」という。

10)　民集27巻11号1546頁参照。

11)　同1542頁。

ても違法ではないとしつつ、雇入れ後においては、一旦成立した雇用関係上の地位を企業者が一方的に奪うことにつき雇入れの場合のような広い範囲の自由は認められないとして、特定の信条を有することを解雇の理由として定めることは労基法3条に違反するという。その上で、本判決は、本件のように一定の試用期間を設けて採用した後に本採用を拒否することは、雇入れ後の解雇に当たるとし、この点において同旨の原判決の判断を是認している[12]。

　その意味では、本件本採用の拒否は雇入れの拒否の場合のように自由にはなしえないということが確認されたことになる。もっとも、本判決は、一定の試用期間をおいた後の本採用の拒否を雇入れ後の解雇に当たるとする一方で、それを通常の解雇とも異なるものとして、通常の解雇の場合よりも広い範囲における解雇の自由が認められるとしている。それは、試用期間を付した採用が、当初から、試用期間中に不適格と認められるときは解約できる旨の特約上の解約権が留保されたものであるとの理解に基づくものであろう。しかしながら、本判決は、そうはいっても、雇用契約の締結に際して企業者が一般的に個々の労働者に比して社会的に優越した地位にあること、一旦試用期間を付した雇用関係に入った者は本採用を期待して他企業への就職の機会を放棄したものであること、などを考慮すると、前記の留保解約権の行使は、「解約権留保の趣旨、目的に照らして、客観的に合理的な理由が存し社会通念上相当として是認されうる場合にのみ許される」とし、本件のように入社試験の際に一定の事実を秘匿したことが留保解約権に基づきXを解雇する「客観的に合理的な理由」となるかどうかを判断するためには、「秘匿等にかかる団体加入や学生運動参加の内容、態様および程度、とくに違法にわたる行為があったかどうか、ならびに秘匿等の動機、理由等に関する事実関係」を明らかにし、それに照らして、秘匿等にかかる事実がXの「入社後における行動、態度の予測やその人物評価等に及ぼす影響を検討し、それが企業者の採否決定につき有する意義と重要性を勘案し、これらを総合して上記の合理的理由の有無を判断しなければならない」[13]とした。

12)　同 1547〜48 頁参照。
13)　同 1548〜50 頁参照。

こうして見ると，本判決は，合理的な理由の有無に関する総合判断に際して考慮すべき要素をかなり細かく指示して，留保解約権の行使を慎重に枠づけようとしているようであり，その判断は概ね妥当なものと評することができよう。本判決の論理からすれば，本件のように秘匿にかかる事実が思想・信条と密接なかかわりをもつ事実であり，かつ，その思想・信条を理由として本採用の拒否がなされたものであるとすると，解雇権の濫用という結論が導かれることになると思われる。

3 私人間における人権保障と人権規定の私人間適用

上述の如く，本判決は，企業者が一定の試用期間を付して採用した労働者について，その思想・信条に関連する事実を秘匿し，または虚偽の申告を行ったことを理由に本採用を拒否できるかという問題に対して，雇入れの段階では，思想・信条に関連する事項の申告を求めることも許されるが，雇い入れた後で思想・信条に関連する事実を秘匿していたことが判明してもそれだけを理由に解雇することは許されない，と述べたことになる。この判示と判旨(1)(2)の部分とはどのようにつながるのであろうか。

一般に，判旨(1)(2)の部分は，いわゆる人権規定の私人間適用について，直接適用説を批判し，国家類似説をも退けて，間接適用説の採用を表明したものとされている。しかし，企業者が理由の如何を問わず雇入れを拒否しうることは契約の自由の当然の帰結であって，人権規定が私人間に適用されるかどうかとは関係がない。したがって，この点で直接適用説を否定したのだとすれば，それはあまり意味のあることではなかったということになる。あるいは本判決は，原判決が，企業者に契約の自由があるからといって入社試験の際に思想・信条に関連する事項を申告させることは違法であり許されないとしたこと[14]を否定すべく，契約の自由には何らの制約もないということをいわんとしたものであろうか。

いずれにせよ，本判決のこの判示部分は，私人間における人権保障の効力を基本的に否定するものとして，当初から，批判的な意味合いで，間接適用

---

[14] ただし，原判決も，思想・信条を理由に雇入れを拒否することが許されないとまでは述べていない。

説といっても無効力説に等しいとされ[15]、一部には無効力説として捉えるもの[16]も見られたところであるが、ここへ来て、無効力説を必ずしも不当な見解としてではなく、あるいは、より積極的に再評価する立場から、本判決を端的に無効力説の表明として捉える学説も登場するに至っている[17]。実際上、本判決の趣旨はどのようなものであったのか。

憲法の人権規定が私人間に適用されるかどうかという問題（実際上個人の自由と平等の保障条項について問題となる。以下同じ）は、人権規定の名宛人は国家であるという観念を前提として初めて浮上してくる問題である。直接適用か間接適用か、あるいは無適用か、という見解の対立も、この同じ観念を前提として意味をもつ。この点、本判決の判旨(1)は、憲法19条、14条の各規定や憲法第3章のその他の自由権的基本権の保障規定は、「国または公共団体の統治行動に対して個人の基本的な自由と平等を保障する目的に出たもので、もっぱら国または公共団体と個人との関係を規律するものであり、私人相互の関係を直接規律することを予定するものではない」[18]としており、本判決が人権規定は対国家という前提に立っていることは明らかであると思われる[19]。そして、判旨(1)の最後の部分で本判決が「憲法上の基本権保障

---

15) 阿部照哉『基本的人権の法理』117頁（有斐閣、1976年）参照。

16) 有倉遼吉「三菱樹脂事件最高裁判決の憲法的評価」法セ220号2頁、3頁（1974年）参照。

17) 松井茂記『日本国憲法〔第3版〕』321頁（有斐閣、2007年）、高橋・前出注2)「人権の私人間効力論」14頁参照。特に、後者は、近代の人権理論を再検討した上で、憲法が自然権としての人権を国家に対して保障するのに反し、私人間における人権保障は法律に委ねられるというのが近代人権論の基本枠組みであるとし、これを正しく理解すれば、私人間の人権保障に欠けることはないと主張する。この問題提起については、さらに、高橋・前出注2)「『憲法上の人権』の効力は私人間に及ばない」を参照（これに対する批判として、山本敬三「契約関係における基本権の侵害と民事救済の可能性」田中成明編『現代法の展望』3頁、11～13頁〔有斐閣、2004年〕参照）。また、これと関連して、自然権思想に基づく近代人権論を「理念としての人権」の実定法システムによる保障体系と捉え直した上で、現代人権論の主要問題を整序しようとする試みとして、高橋和之「現代人権論の基本構造」ジュリ1288号110頁（2005年）が興味深い（山本・同上への反論を含む）。

18) 民集27巻11号1543頁。

19) このことは、本判決が憲法上の人権は対国家という前提に立っているということと必ずしも同じではない。すなわち、本判決は、自由権的基本権の保障規定が「国または公共団体の統治行動」に対するものであると述べるにとどまり、自由権的基本権という人権そのものが本質的に対国家の権利であると述べているわけではない。この区別は重要である。したがって、一旦憲法に規定されたならば、その権利は「憲法上の人権」として、もっぱら国家に対して保障されるべきものと観念されることになろうが、この憲法上の「人権」は、元来対国家の保障に限定されるものではない。本判決もこのような認識に立っているものと思われる。

規定をそのまま私人相互間の関係についても適用ないしは類推適用すべきものとすることは，決して当をえた解釈ということはできない」[20]と述べていることからすれば，本判決が直接適用説を否定したことも明らかであると思われる。しかしながら，本判決が間接適用説を採用したということはそれほど明確ではない。そこにあるのは，私人間では，適切な「立法措置」と「私的自治に対する一般的制限規定である民法1条，90条や不法行為に関する諸規定等の適切な運用によって」調整を図るべき旨の説示[21]だけであって，憲法の人権規定を私法の一般条項を通じて間接適用する趣旨がそれとして述べられているわけではない。その意味で，本判決は，むしろ無適用説の立場に立ったものと見るべきではないかと思われる[22]。

　無適用説が一見不当なものと映じるのは，それが憲法の人権規定は私人間に適用されないとすることによって，私人間では人権が保障されないかのような印象を与えるからであろう（無効力説という言葉はまさにそういう響きをもつ）。しかし，憲法の人権規定がもっぱら国家に対するものだとしても，人が生まれながらにして人権の享有主体であることは私人間においても変わりはないはずである[23]。ただ，私人間においては相手方私人もまた人権の享有主体であるという点に違いがあるということであろう。人権規定が私人間に適用されないといっても，私人間で人権が全く保障されなくなるわけではない。国家に対する場合とでは，その保障のされ方が違ってくるということである。本判決もこの理を述べたにすぎないのではないか[24]。すなわち，本判決の表現を借りれば[25]，憲法の人権規定は「個人の基本的な自由と平等」を「国または公共団体の統治行動に対して」保障するためのものであり，この「個人の自由や平等」は，憲法の人権規定に定められたものとしては，

---

20) 民集27巻11号1543頁。
21) 同1544頁参照。
22) 小嶋和司『憲法概説』161〜62頁（良書普及会，1987年）は，本判決を「私法事件をあくまで私法の問題として」処理するという妥当な立場を示したものと捉えつつ，これを間接適用説と称することの不当性を指摘していた。
23) 少なくとも自由権的基本権は，理論上は前国家的な性質の権利であり，憲法はそれを確認したにすぎないものであるから，憲法に規定されたことによって私人間では主張できなくなるという筋合いのものではないといえよう。なお，佐藤幸治『憲法〔第3版〕』438頁（青林書院，1995年）も，「歴史的にはともかく，基幹的人格的自律権を土台とする人権の本来的性質からすれば，それは対公権力・対私人を問わず妥当すべきものである」という。

「国や公共団体の統治行動に対する関係において」「侵されることのない権利として保障されるべき性質のもの」であるが,「私人間の関係においては」「一方の他方に対する侵害の態様,程度が社会的に許容しうる一定の限界を超える場合にのみ,法がこれに介入してその間の調整をはかる」という形で保障される,ということではないか。このことは,のちの最高裁大法廷判決の一つが「私人相互間において憲法20条1項前段及び同条2項によって保障される信教の自由の侵害があり,その態様,程度が社会的に許容し得る限度を超えるときは,場合によっては,私的自治に対する一般的制限規定である民法1条,90条や不法行為に関する諸規定等の適切な運用によって,法的保護が図られるべきである」[26]として,本判決を引いていることからも明らかであると思われる。そこでは,憲法上もっぱら国家に対して保障される「信教の自由」が(国家によってではなく)私人によって侵害されたとした場合の「法的保護」のあり方が語られている。そうだとすると,このような意味で人権規定は私人間にそのまま適用されないとする無適用説は,いわれるように不当なものではないと思われる(問題があるとすれば,それは,私人間への人権規定の無適用を前提とした私人相互間の権利利益の具体的な調整のあり方が必ずしも十分適切に行われていないということであろう)。

　私人間で人権侵害が争われた事例は本件が初めてではなく,過去に最高裁の判決も幾つか存在する。しかし,本判決はこれらの判決に全く言及していないため,そこでの判示とどうつながるのかは不明である。本件に比較的近い,雇用関係の中での表現の自由の制限を争った初期の事例として,日本共産党細胞機関紙に会社の人員配置転換における不正に関する記事を掲載・配布したことにより懲戒解職処分に付された従業員が地位保全等の仮処分を申請した事件があるが,それについて最高裁昭和26年4月4日大法廷決定[27]

---

24) 統治行動に対する場合と私人間の関係における場合とで個人の自由や平等の保障のあり方が異なることを示した点にこそ本判決の先例としての意義があるとするものとして,西村・前出注2)268〜69頁参照。同論文は,日本の判例には憲法上の権利は対国家という枠組みがないとの理解に基づいて,日本では憲法の私人間適用問題を論じるための前提が欠けていると指摘する。
25) 民集27巻11号1543頁参照。
26) 最大判昭和63・6・1民集42巻5号277頁,287頁(自衛官合祀事件)(圏点筆者)。
27) 民集5巻5号214頁。

は，特に人権規定が私人間に適用されるかどうかを問題にすることなく，「憲法21条所定の言論，出版その他一切の表現の自由は，公共の福祉に反し得ないものであること憲法12条，13条の規定上明白であるばかりでなく，自己の自由意思に基ずく特別な公法関係上又は私法関係上の職務によって制限を受けることのあるのは，已むを得ないところである」とのみ述べたのであった[28]。また，宗派の管長が宗派規則に従ってなした寺院の住職の任命を檀信徒総代の意思を無視したもので憲法違反と争った事件で，最高裁昭和30年6月8日大法廷判決[29]は，ここでも単に，「憲法20条が同19条と相まって保障する信教の自由は，何人も自己の欲するところに従い，特定の宗教を信じ又は信じない自由を有し，この自由は国家その他の権力によって不当に侵されないということであ〔る〕」とし，檀信徒は信教の自由を理由に住職の任命を排除しえないとした[30]。

これらの判決をどう理解すべきか。直接適用説のようでもあり，無適用説のようでもある。この点に関して，いずれの判決も明確さを欠くといわざるをえない。ただ，改めて眺めてみると，これらの判決は，憲法で（もっぱら国家に対して）保障された自由が私人間でも保障されることを前提として，その自由が対私人関係においてどのように制約されるかを直截に検討しているように見えなくもない。もしそのような見方が許されるとすれば，これらの判決は，必ずしも本判決と異なる論理に立脚するわけではなく，本判決は，そのことを踏まえつつ，私人間における人権保障のあり方をより明確に示したものであるということになろう[31]。

4　本判決の射程と残された問題

本判決は，憲法の人権規定が私人間にそのまま適用されないことを初めて明確に述べた判決である。それは，直接適用説を批判し間接適用説を採用し

---

28) 同217頁。この大法廷決定は，政治活動をしないという雇用条件の有効性が争われた事件についての最二小判昭和27・2・22民集6巻2号258頁（特約は有効と判示）で，判例として引用されている。
29) 民集9巻7号888頁。
30) 同892頁。この大法廷判決も，特定の住居で宗教活動をしないという私人間の約束が憲法20条に違反するかどうかが争われた事件についての最一小判昭和42・5・25民集21巻4号937頁（憲法20条に違反しないと判示）で，判例として引用されている。

たものと一般に理解されているが，その判旨からすると，むしろ（上記の意味での）無適用説の立場を表明したものと捉えるのが適当であると思われる。

本判決の後も，私人間で人権侵害が争われた事例は少なからず存在する。しかし，そのすべてにおいて人権規定の私人間適用が問題とされているわけではなく，また，本判決が引用されているわけでもない。本判決を明示的に判例として引用している最高裁判決としては，私立大学における学生の政治活動に対する規制が問題となった昭和女子大事件についての最高裁昭和49年7月19日第三小法廷判決[32]，職場内における従業員の政治活動に対する

---

31) その他，本判決より前の最高裁判決として，労働組合の方針に反して地方議会議員に立候補した組合員を統制違反者として処分したことにより組合役員らが公職選挙法違反に問われた三井美唄鉱業所事件についての最大判昭和43・12・4刑集22巻13号1425頁がある。この判決は，労働組合が憲法28条に基づき組合員に対して合理的な範囲において統制権を有することを承認する一方で，「公職選挙における立候補の自由は，憲法15条1項の趣旨に照らし，基本的人権の一つとして，憲法の保障する重要な権利であるから，これに対する制約は，特に慎重でなければならず，組合の団結を維持するための統制権の行使に基づく制約であっても，その必要性と立候補の自由の重要性とを比較衡量して，その許否を決すべきであ〔る〕」（同1433頁）とし，本件のように組合が立候補の取り止めを要求し，これに従わないことを理由に組合員を処分することは組合の統制権の限界を超えるものとして違法となる，とした。この三井美唄事件の大法廷判決は，端的に，憲法28条と憲法15条1項との対立・調整の問題として事案を処理しているようでもあり，本判決とどうつながるのか定かでない。あるいは，それは，憲法28条が（国家に対してではなく）企業者に対して労働者の労働基本権を保障した規定であり（そのことは同判決自身がはっきり確認している。同1429頁参照），憲法15条1項が参政権的基本権を保障した規定であることから，自由権的基本権規定の私人間適用に関する本判決のそれとは異なる考え方によったものであろうか。しかし，三井美唄事件判決は，公職選挙における立候補の自由が憲法15条1項で保障される基本的人権の一つであるとしながらも，組合役員らによるこの自由に対する干渉が直接憲法15条1項違反となるかどうかを問うているわけではなく，立候補の自由の重要性に鑑みて公職の候補者または候補者となろうとする者に対する選挙の自由妨害行為を処罰することとしている公職選挙法225条1号，3号に違反するかどうかを問うているのであった。その意味では，この判決は，私人間において個人の基本的な自由に対する具体的な侵害やそのおそれがあり，その態様・程度が社会的に許容しうる限度を超えるときに，これに対する立法措置によってその是正を図ることとされている場合についての判断であるといえなくもない。そうだとすると，三井美唄事件判決も，本判決と必ずしも矛盾するものではないということになろう。なお，組合推薦以外の候補者のために政治活動を行った組合員に対する統制処分の効力が争われた中里鉱業所事件についての最二小判昭和44・4・2別冊労旬708号4頁は，三井美唄事件判決を判例として引用し，労働組合の統制権に対して立候補の自由が保障されるべき所以は「立候補した者のためにする組合員の政治活動の自由」にも妥当する旨を判示して，除名決議を無効と解すべきものとした。中村睦男『憲法30講〔新版〕』48頁（青林書院，1999年）は，これを憲法15条の直接適用と解するが，同判決はそのように明言しているわけではない。

32) 民集28巻5号790頁。

規制が問題となった目黒電報電話局事件についての最高裁昭和52年12月13日第三小法廷判決33)，新聞紙上の政党の意見広告に対する反論文の掲載等を求めて争ったサンケイ新聞事件についての最高裁昭和62年4月24日第二小法廷判決34)，自衛隊らによる県護国神社への合祀申請手続の取消し等を求めて争った自衛官合祀事件についての最高裁昭和63年6月1日大法廷判決35)，校則（いわゆる「三ない原則」〔バイクについて免許を取らない，乗らない，買わない〕を定めた校則や普通自動車免許の取得を制限しパーマをかけることを禁止した校則）に違反したことなどを理由としてされた私立高校の生徒に対する自主退学勧告を違法として争った事件についての最高裁平成3年9月3日第三小法廷判決36)や最高裁平成8年7月18日第一小法廷判決37)，などがある38)。これに対して，本判決を引用しなかった例としては，いわゆる女子若年定年制を定めた就業規則の効力を争った日産自動車事件についての最高裁昭和56年3月24日第三小法廷判決39)，営業所長が女子職員に対して共産党員であるか否かを問い質し，共産党員でない旨を書面にして提出するよう求めた行為を違法として争った東京電力塩山営業所事件についての最高裁昭和63年2月5日第二小法廷判決40)，政治献金を行う目的のため

33) 民集31巻7号974頁。この判決は，当該懲戒処分が「公権力の行使ではなく，公社が私企業の使用者と同一の立場に立ってした私法行為である」ことを理由に憲法の人権規定の「適用又は類推適用」を否定しており（同987～88頁），後の百里基地訴訟判決（後注38）参照）と同様の論理を示している。

34) 民集41巻3号490頁。ただし，名誉毀損による不法行為の成否に関する判断部分では，本判決を引用することなく，「言論，出版等の表現行為により名誉が侵害された場合には，人格権としての個人の名誉の保護（憲法13条）と表現の自由の保障（同21条）とが衝突し，その調整を要することとなる」（同496頁）として，当該表現行為が公共の利害に関する事実にかかり，その目的がもっぱら公益を図るものであるか否かの判断へと進んでいる（同497～98頁参照）。

35) 民集42巻5号277頁。

36) 判時1401号56頁。

37) 判時1599号53頁。

38) その他，国が航空自衛隊の基地建設のための用地取得を目的として行った売買契約の効力を争った百里基地訴訟についての最三小判平成元・6・20民集43巻6号385頁は，国が私人と対等の立場に立って私人と締結した私法上の契約については，「当該契約がその成立の経緯及び内容において実質的にみて公権力の発動たる行為となんら変わりがないといえるような特段の事情のない限り，憲法9条の直接適用を受け〔ない〕」（同393頁）として，本判決を引用している。しかし，私法上の関係であれば，たとえ一方当事者が国であっても憲法は直接適用されないとすることが妥当であるかどうかは議論の余地があろう。

39) 民集35巻2号300頁。

に特別会費を徴収する旨の税理士会の総会決議の効力を争った南九州税理士会事件についての最高裁平成8年3月19日第三小法廷判決41)，などがある。

この二つの判決群は，どう違うのか。両者が意識的に区別されているのだとすれば，それは何によるものであろうか。注意を引かれるのは，前者の諸事件では，私人の定める規則や行為が憲法の人権規定に違反するとの主張が前面に打ち出されている42)のに反し，後者の諸事件では，そうではない（違憲の主張はあっても，実質的には私人の行為が私法上違法または無効であるとの主張がメインとなっている)43)ということである。もしそのことが決め手になっているとすれば，前者の諸判決が，本判決を引用して，「国または公共団体の統治行動」に対する憲法の人権保障規定をそのまま私人間に適用することはできないとし，他方，後者の諸判決が事案の処理にあたって本判決を引用しなかったことも十分理解できるように思われる。また，一般に，名誉・プライヴァシー侵害を理由とする不法行為訴訟（民法709条，710条参照）では人権規定の私人間適用が問題とされることはないが，それは，こうした訴訟では私人の表現行為を直接憲法違反として争うのではなく，名誉・プライヴァシーのような人格権的利益を不法行為法上の被侵害利益とする形で争うことによるのではなかろうか。なお，仮に名誉毀損やプライヴァシー侵害が認められて損害賠償が命じられ，あるいは「名誉を回復するのに適当な処

---

40) 労判512号12頁。
41) 民集50巻3号615頁。
42) 昭和女子大事件では，私立大学の生活要録が憲法19条，21条，23条等に違反する，また，退学処分が憲法23条，19条，14条等に違反するとの各主張が，目黒電報電話局事件では，当時の日本電信電話公社の就業規則が憲法15条1項，19条，21条1項に違反し無効である，また，懲戒戒告処分が憲法19条，21条1項，14条に違反し無効であるとの各主張が，サンケイ新聞事件では，新聞社に対して憲法21条に基づき反論文の掲載を請求しうるとの主張が，校則違反を理由とする自主退学勧告事件では，私立高校の校則が憲法13条，26条等に違反するとの主張が，それぞれ行われている。これに対して，自衛官合祀事件では，もともと国の政教分離原則違反を争う中で宗教的人格利益の侵害が主張されたものであって，やや事情を異にする。
43) 日産自動車事件では，男女差別を禁止する憲法14条の趣旨が民法旧1条ノ2や労基法3条，4条に規定され，公の秩序として確立しているが故に，男女別定年制は民法90条に違反し無効であるとの主張が，東京電力塩山営業所事件では，被告営業所長らの不法行為により思想・信条の自由を侵害され精神的苦痛を被ったとの主張が，南九州税理士会訴訟では，政治団体への金員の寄付は税理士法に定める税理士会の目的の範囲外の行為であり，そのための特別会費の徴収決議は会員個人の思想・信条の自由を侵害するもので，憲法19条，民法90条に違反し無効であるなどの主張が，それぞれなされている。

分」(民法 723 条) として謝罪広告の掲載が命じられた場合には，問題は「公権力」対「私人」の次元へと移行することはいうまでもない[44]。

　以上のように理解することができるとすれば，本判決の判例としての意義は，私人間の訴訟において私人の行為を直接違憲とする主張がなされた場合に，「国または公共団体の統治行動」に対する保障規定である憲法の人権規定を私人の行為に対してそのまま適用して事案を解決することはできないことに注意を喚起し，ともに人権の主体である私人間における人権保障（または，その制約）のあり方を（関連する法律の解釈等を通じて）別途検討しなければならないことを確認させる点にあるということになろう。しかし，そうだとすると，私人間の訴訟において人権侵害が争われた場合，私人がともに権利主体であることによって受け容れざるをえない，自己の権利に対する制約とは何かを，裁判所は慎重に検討し，その根拠とともにこれを明確に示すことが必要であると思われる。この点において，権利侵害の主張を退けた上掲の最高裁諸判決，とりわけ本判決を引用して人権規定の私人間適用を否定した諸判決が十分満足すべきものであったかどうかは疑問の残るところである。

---

[44] たとえば，いわゆるノンフィクション「逆転」事件についての最三小判平成 6・2・8 民集 48 巻 2 号 149 頁や謝罪広告の掲載命令の憲法適合性に関するリーディング・ケイスである最大判昭和 31・7・4 民集 10 巻 7 号 785 頁（本書第 9 章）等参照。また，名誉・プライヴァシーの侵害を理由とする出版の差止めが裁判所によって認められた場合も同様である。最大判昭和 61・6・11 民集 40 巻 4 号 872 頁（北方ジャーナル事件。本書第 12 章），最三小判平成 14・9・24 判時 1802 号 60 頁（「石に泳ぐ魚」事件），東京高決平成 16・3・31 判時 1865 号 12 頁（「週刊文春」事件）等参照。

第6章 尊属殺重罰規定と「法の下の平等」
──尊属殺重罰規定違憲判決

最大判昭和 48 年 4 月 4 日刑集 27 巻 3 号 265 頁

I はじめに

　今日，刑法 200 条は削除されている。ここには，かつて，尊属殺を普通殺（刑法 199 条）とは別に，死刑または無期懲役刑をもって重く処断する旨の規定が置かれていた。このいわゆる尊属殺重罰規定を憲法 14 条 1 項に違反すると判示したのが，本章で取り上げる 1973（昭和 48）年 4 月 4 日の大法廷判決である。この判決は，何といっても，最高裁が初めて（現に適用されている）具体の法律の規定を違憲と判断したものである[1]という点において，きわめて注目される。

　たしかに，刑法 200 条が削除された今日では，尊属殺重罰の問題自体は解決済みといってよい。しかし，尊属殺重罰規定の何が「法の下の平等」に反するとされたのかを確認しておくことは，「法の下の平等」に対する理解を深め，平等違反にかかわる他の事例の解決にも資するであろう。また，本判決のような最高裁の法令違憲の判断が立法府や行政府に対してどのような効果をもちうるのかは，大変重要な問題である。立法府や行政府は最高裁の法令違憲判断の趣旨に従って対応する法的義務を負うのか，それとも単に政治的ないし道徳的義務を負うにとどまるのか。さらに，最高裁の法令違憲の判

---

1) いわゆる第三者所有物没収事件判決（最大判昭和 37・11・28 刑集 16 巻 11 号 1593 頁。本書第 3 章）を法令違憲判決の例とする見方もあるが，そのように見るべきでないことについては，本書 37 頁を参照されたい。

断は過去の同種の事案に対しても当然に遡って効果を及ぼしうるのかという問題も，本判決を契機に論じられた問題の一つである。これらの問題は，繰り返し論じられ，概ね決着を見ているとはいえ，まだ不明確な点も残されているように思われる。

　以下においては，本判決を読み直すことにより，これらの問題について改めて考えてみることにしたい。

II　判決の紹介

1　事実の概要

　女性Y（被告人，被控訴人，上告人）は，中学2年の時に本件被害者である実父に姦淫され，その後実母とも別居し，この父親と夫婦同様の生活を強いられるようになり，数人の子まで出産するという異常な境遇に追いやられた。Yは，29歳になって，職場で正常な結婚の機会にめぐりあったが，父親にこのことを打ち明けたところ，父親は激怒し，翌日から10日間ほど外出を禁じ，昼夜の区別なくYを監視し，脅迫虐待を加えるなどしたため，Yは心身ともに疲労するに至り，1968（昭和43）年10月5日の夜，泥酔した父親の暴言に触発されて，ついに父親を絞殺し，自首したものである。

　Yは，刑法200条（平成7年法律第91号による改正前のもの。以下同じ）の尊属殺で起訴された。第1審判決（宇都宮地判昭和44・5・29)[2]は，刑法200条は憲法14条1項に違反するとしてその適用を排除した上で，Yの行為は過剰防衛（刑法36条2項）に当たるとしつつ，当時Yが心神耗弱状態にあったことを認定して，刑の免除を言い渡した。検察官側の控訴を受けて，第2審判決（東京高判昭和45・5・12)[3]は，刑法200条を合憲として，Yを尊属殺について有罪とし，かつ，Yには急迫不正の侵害は認められないとして防衛行為の成立も否定しつつ，心神耗弱については第1審の認定を維持し，減軽と酌量減軽の2回の減軽を施して，現行法上可能な最低限の宣告刑たる懲役

---

2)　刑集27巻3号318頁。
3)　刑集27巻3号327頁。

3年6月の実刑を言い渡した。そこで，Yが上告した。

事件は，当初第二小法廷に係属したが，その後大法廷に回付され，尊属殺に係る他の2事件とともに，審理・判決されることになった。本件について，大法廷は，原判決を破棄して自判し，刑法200条を憲法14条1項に違反するとして，刑法199条を適用し，心神耗弱による減軽を施して，Yを懲役2年6月に処し，さらに諸般の情状を考慮して，3年間刑の執行を猶予する旨言い渡した[4]。

2　判　旨

(1)　「憲法14条1項は，国民に対し法の下の平等を保障した規定であって，同項後段列挙の事項は例示的なものであること，およびこの平等の要請は，事柄の性質に即応した合理的な根拠に基づくものでないかぎり，差別的な取扱いをすることを禁止する趣旨と解すべきことは，当裁判所大法廷判決（昭和37年(オ)第1472号同39年5月27日・民集18巻4号676頁）の示すとおりである」。

(2)　「刑法200条の立法目的は，尊属を卑属またはその配偶者が殺害することをもって一般に高度の社会的道義的非難に値するものとし，かかる所為を通常の殺人の場合より厳重に処罰し，もって特に強くこれを禁圧しようとするにあるものと解される。ところで，およそ，親族は，婚姻と血縁とを主たる基盤とし，互いに自然的な敬愛と親密の情によって結ばれていると同時に，その間おのずから長幼の別や責任の分担に伴う一定の秩序が存し，通常，卑属は父母，祖父母等の直系尊属により養育されて成人するのみならず，尊属は，社会的にも卑属の所為につき法律上，道義上の責任を負うのであって，尊属に対する尊重報恩は，社会生活上の基本的道義というべく，このような自然的情愛ないし普遍的倫理の維持は，刑法上の保護に値するものといわなければならない。しかるに，自己または配偶者の直系尊属を殺害するがごとき行為はかかる結合の破壊であって，それ自体人倫の大本に反し，かかる行為をあえてした者の背倫理性は特に重い非難に値するということができる」。

---

4)　他の2件に関する同日の判決については，それぞれ，判時697号17頁，29頁に掲載されている。

(3)「右のとおり，普通殺のほかに尊属殺という特別の罪を設け，その刑を加重すること自体はただちに違憲であるとはいえないのであるが，しかしながら，刑罰加重の程度いかんによっては，かかる差別の合理性を否定すべき場合がないとはいえない。すなわち，加重の程度が極端であって，前示のごとき立法目的達成の手段として甚だしく均衡を失し，これを正当化しうべき根拠を見出しえないときは，その差別は著しく不合理なものといわなければならず，かかる規定は憲法14条1項に違反して無効であるとしなければならない。

この観点から刑法200条をみるに，同条の法定刑は死刑および無期懲役刑のみであり，普通殺人罪に関する同法199条の法定刑が，死刑，無期懲役刑のほか3年以上の有期懲役刑となっているのと比較して，刑種選択の範囲が極めて重い刑に限られていることは明らかである。もっとも，現行刑法にはいくつかの減軽規定が存し，これによって法定刑を修正しうるのであるが，現行法上許される2回の減軽を加えても，尊属殺につき有罪とされた卑属に対して刑を言い渡すべきときには，処断刑の下限は懲役3年6月を下ることがなく，その結果として，いかに酌量すべき情状があろうとも法律上刑の執行を猶予することはできないのであり，普通殺の場合とは著しい対照をなすものといわなければならない。

もとより，卑属が，責むべきところのない尊属を故なく殺害するがごときは厳重に処罰すべく，いささかも仮借すべきではないが，かかる場合でも普通殺人罪の規定の適用によってその目的を達することは不可能ではない。その反面，尊属でありながら卑属に対して非道の行為に出で，ついには卑属をして尊属を殺害する事態に立ち至らしめる事例も見られ，かかる場合，卑属の行為は必ずしも現行法の定める尊属殺の重刑をもって臨むほどの峻厳な非難には値しないものということができる。

量刑の実状をみても，尊属殺の罪のみにより法定刑を科せられる事例はほとんどなく，その大部分が減軽を加えられており，なかでも現行法上許される2回の減軽を加えられる例が少なくないのみか，その処断刑の下限である懲役3年6月の刑を宣告される場合も決して稀ではない。このことは，卑属の背倫理性が必ずしも常に大であるとはいえないことを示すとともに，尊属

殺の法定刑が極端に重きに失していることをも窺わせるものである」。

(4)「このようにみてくると，尊属殺の法定刑は，それが死刑または無期懲役刑に限られている点（現行刑法上，これは外患誘致罪を除いて最も重いものである。）においてあまりにも厳しいものというべく，上記のごとき立法目的，すなわち，尊属に対する敬愛や報恩という自然的情愛ないし普遍的倫理の維持尊重の観点のみをもってしては，これにつき十分納得すべき説明がつきかねるところであり，合理的根拠に基づく差別的取扱いとして正当化することはとうていできない。

以上のしだいで，刑法200条は，尊属殺の法定刑を死刑または無期懲役刑のみに限っている点において，その立法目的達成のため必要な限度を遥かに超え，普通殺に関する刑法199条の法定刑に比し著しく不合理な差別的取扱いをするものと認められ，憲法14条1項に違反して無効であるとしなければならず，したがって，尊属殺にも刑法199条を適用するのほかはない。この見解に反する当審従来の判例はこれを変更する」。

なお，本判決には，岡原昌男裁判官の補足意見のほか，刑法200条により尊属殺なる類型を設けること自体が違憲であるとする田中二郎（小川信雄，坂本吉勝両裁判官同調），下村三郎，色川幸太郎，大隅健一郎裁判官の各意見，刑法200条は合憲であるとする下田武三裁判官の反対意見が付されている。

III 分析と検討

本判決について注目されるのは，次の諸点である。第1に，本判決は1950（昭和25）年以来の確立した判例の立場を明示的に変更したものであったということである。第2に，本判決は，刑法200条の尊属殺重罰規定を，その重罰の程度が重過ぎることを理由として憲法14条1項に違反し無効と判示したということである。第3に，本判決が下した違憲判断に対する立法府の対応がきわめて特異なものであったということである。

以下，順次検討する。

1　憲法判例の変更

　1995（平成7）年の改正前の刑法には，200条（尊属殺人）を始めとして，205条2項（尊属傷害致死），218条2項（尊属遺棄），220条2項（尊属逮捕監禁）と，直系尊属を対象とする犯罪について特別の規定が置かれていた。これらのいわゆる尊属加重規定は，日本国憲法の制定に伴う刑法の一部改正に際しても，特に改廃されることなく存置されたのであった。そして，これらの規定の憲法適合性について初めて最高裁が判断を下したのが，刑法205条2項の尊属傷害致死罪に係る事件についての昭和25年10月11日の大法廷判決[5]（以下「10月11日判決」という）であった。

　この判決は，刑法205条2項の規定は，日本国憲法施行後においても，「厳としてその効力を存続する」[6]と述べて，同条項を憲法14条に違反するとしてその適用を拒否した原判決[7]を破棄し，事件を原審へ差し戻したのであるが，その判決理由中において次のように説示していた。「刑法において尊属親に対する殺人，傷害致死等が一般の場合に比して重く罰せられているのは，法が子の親に対する道徳的義務をとくに重要視したものであり，これ道徳の要請にもとずく法による具体的規定に外ならない」。「夫婦，親子，兄弟等の関係を支配する道徳は，人倫の大本，古今東西を問わず承認せられているところの人類普遍の道徳原理，すなわち学説上所謂自然法に属するものといわなければならない」。「親子の関係は，〔憲法14〕条〔1〕項において差別待遇の理由としてかかぐる，社会的身分その他いずれの事由にも該当しない」[8]。

　そして，そのわずか2週間後の昭和25年10月25日の大法廷判決[9]（以下「10月25日判決」という）は，単に，この10月11日の「大法廷判決の趣旨

---

5)　最大判昭和25・10・11刑集4巻10号2037頁。
6)　同2041頁。
7)　福岡地飯塚支判昭和25・1・9刑集4巻10号2070頁所収。この判決に対して，検察官が跳躍上告（刑訴法406条，刑訴規則254条1項）を行った。
8)　刑集4巻10号2039〜40頁。この判決には，刑法205条2項は違憲であるとして原判決を支持する眞野毅，穂積重遠各裁判官の少数（反対）意見，これを激越な調子で批判する齋藤悠輔裁判官の（補足）意見が付されている。
9)　最大判昭和25・10・25刑集4巻10号2126頁。

に徴して，明らか」として，刑法200条は憲法14条に違反しないと判示したのであった10)。この判決は，判決理由中に括弧書きで，「刑法200条が，その法定刑として『死刑又ハ無期懲役』のみを規定していることは，厳に失するの憾みがないではない」としつつも，「いかなる限度にまで減刑を認めるべきかというがごとき，所詮は，立法の当否の問題に帰する」11)と述べるにとどまっていた。つまり，10月25日判決は，最高裁が初めて刑法200条を合憲と宣言した判決であるが，その理由づけについては，刑法205条2項を合憲とした10月11日判決にほぼ全面的に依拠するという，やや変則的な形をとっているのである。したがって，10月11日判決中尊属殺について触れた部分は，たしかに当該事件との関係では傍論となるが，最高裁としては，もともと尊属殺と尊属傷害致死とに共通する理由づけを述べようとしたものであり，10月25日判決もこれをそのまま援用しているということではなかったかと思われる12)。

　その後昭和30年代を通じて刑法200条の憲法適合性が繰り返し争われたものの，最高裁は，刑法200条が憲法14条に違反しないと解すべきことは大法廷判決の判例とするところとして，違憲の主張を退けてきた13)。それ故，ここで取り上げる昭和48年4月4日の大法廷判決が，実に22年余にわたって維持された判例を変更し，刑法200条を違憲と判断したことは画期的な意義を有するといえる。ただ，そこに問題がないではない。というのも，

10) 同2127頁。この判決についても，刑法200条は違憲であるとする眞野毅，穂積重遠各裁判官の（反対）意見，齋藤悠輔裁判官の補足意見があり，それぞれ昭和25年10月11日判決に付記の通りとされている。

11) 同2127頁。

12) 野中俊彦＝江橋崇＝浦部法穂＝戸波江二『ゼミナール憲法裁判』210頁（日本評論社，1986年）（戸波江二執筆）は，10月11日判決が10月25日判決の先例であるとの理解に立って，憲法判例については傍論での判断も先例として機能する場合があるという。しかし，最高裁自身がそのように考えていたかどうかは定かでない。むしろ，最高裁は，尊属傷害致死と尊属殺とを，尊属を対象とする特別の犯罪類型として一体的に捉え，両事件を統一的な思考の下に解決したつもりではなかったろうか。このような判決の仕方が妥当であったかどうかはさておき，最高裁の考え方がそのようなものであったとすれば，本文で述べたような両判決の関係理解も可能であると思われる。

13) 最一小判昭和31・5・24刑集10巻5号734頁（10月25日判決を引用），最大判昭和32・2・20刑集11巻2号824頁（10月11日判決と10月25日判決を引用），最一小判昭和34・4・2刑集13巻4号423頁（単に「当裁判所大法廷判決の示すところ」と表記），最三小判昭和35・1・19刑集14巻1号23頁（10月25日判決と上掲昭和32年判決を引用）等参照。

本判決は,「当審従来の判例はこれを変更する」[14]と述べるにとどまり, どの先例をどの限度で変更するというのかが必ずしも明確ではないからである。

たしかに, 本判決は, その判決理由の冒頭部分で, 初めて刑法200条を合憲と判示した判決として10月25日判決を挙げているから, これが「当審従来の判例」として変更されたことは明らかである。しかし, 10月25日判決が依拠する10月11日判決には何らの言及もない。はたして10月11日判決は変更されたのか。10月11日判決は, 刑法205条2項が合憲である理由を述べている。そして, 10月25日判決は, 刑法200条が合憲である理由を10月11日判決に負っている。それ故, もし本判決が刑法200条を違憲とするにあたって, この10月25日判決が依拠する10月11日判決の論旨を否定したのであれば, いきおい10月11日判決もまた変更されたといわざるをえないであろう。しかし, この論旨は, 必ずしも本判決によって否定されてはいないと思われる。本判決は,「尊属に対する尊重報恩」を「社会生活上の基本的道義」「自然的情愛ないし普遍的倫理」と捉え, 尊属殺は「それ自体人倫の大本に反し, かかる行為をあえてした者の背倫理性は特に重い非難に値する」として,「普通殺のほかに尊属殺という特別の罪を設け, その刑を加重すること自体はただちに違憲であるとはいえない」と述べている[15]。これは, 10月11日判決が刑法205条2項を合憲とするにあたって述べたところとほとんど同一である。とすると, この点に関する限り, 判例変更はなかったことになる。

本判決が刑法200条を違憲とした所以は, 尊属殺の法定刑が死刑または無期懲役刑に限定されており, 立法目的達成のため必要な限度をはるかに超えて著しく不合理な差別的取扱いとなっているところに見出されていた[16]。そうすると, 判例として変更されたのは, 10月25日判決において, 尊属殺の法定刑が「所詮は, 立法の当否の問題に帰する」とした判断の部分ということになろう。

一般に, 憲法判例であるとそれ以外の判例であるとを問わず, 最高裁が判

---

14) 刑集27巻3号271頁。
15) 同268〜69頁。
16) 同270〜71頁。

例変更をなしうることは広く承認されている[17]。問題は，いつ，いかなる場合に，判例変更が認められるのかということである。先例が明白な誤りを含むとか，その後の時代の要請に全く応じられなくなっているとかいう場合には，判例変更の必要性は高く，逆に，特にそのような事情もない中で，注意深く先例との区別を行いながら進むことが可能であれば，あえて判例を変更する必要はない，ということになろう。本件の場合，本判決は，当時諸外国において尊属殺重罰規定を廃止または緩和する傾向にあり，また，わが国でも改正刑法草案から尊属殺重罰規定が削られるといった昭和 25 年以降の内外の状況の変化を考慮しつつ，尊属殺人事件の実態と量刑の実状から見て刑法 200 条の下での量刑の不都合が限度を超えているとの認識に立って判例変更に及んだものと考えられる。その点に関する説明が必ずしも十分でない憾みはあるものの，この判例変更自体は正当なものであったと評することができよう。

2　尊属殺重罰規定と「法の下の平等」

憲法 14 条 1 項は，「すべて国民は，法の下に平等であって，人種，信条，性別，社会的身分又は門地により，政治的，経済的又は社会的関係において，差別されない」と規定する。この規定について，上記の 10 月 11 日判決は，「人格の価値がすべての人間について平等であり，従って人種，宗教，男女の性，職業，社会的身分等の差異にもとづいて，あるいは特権を有し，ある

---

[17]　裁判所法も，その 10 条 3 号で「憲法その他の法令の解釈適用について，意見が前に最高裁判所のした裁判に反するとき」には小法廷では裁判をすることができない旨を定めており，判例変更がありうることを予定している。特に，憲法判例については，学説上，憲法と社会の要請との間の齟齬を埋める正式の手段である憲法改正が実際上実現困難であることから，最高裁には変化する社会の要請に応じて憲法を柔軟に解釈することが求められるとして，一般の判例の場合よりも判例変更が柔軟に認められるべきだとする見解が有力である（たとえば，佐藤幸治『憲法〔第 3 版〕』379 頁〔青林書院，1995 年〕，伊藤正己『憲法〔第 3 版〕』88～89 頁，648 頁〔弘文堂，1995 年〕，野中ほか・前出注 12) 209 頁等参照）。しかし，憲法改正が実際上実現困難であるからといって，本来改正手続によるべき憲法の変更を最高裁が柔軟な解釈を通じて実現することが許されるわけではない。上記の見解は，憲法改正が困難であるが故に一旦最高裁が憲法の解釈・適用を誤ればその是正が難しいということに注意を喚起し，そのような場合誤りが明らかになれば裁判所は判例変更をためらうべきでないという趣旨を述べたものと受け止められるべきであろう。そうすると，結局憲法判例についても，判例変更がどの程度柔軟に認められるべきかは，どれだけ判例変更の必要性があるかという判例の中身にかかってくる問題になると思われる。

いは特別に不利益な待遇を与えられてはならぬという大原則を示したもの」としつつ，しかし，「このことは法が，国民の基本的平等の原則の範囲内において，各人の年令，自然的素質，職業，人と人との間の特別の関係等の各事情を考慮して，道徳，正義，合目的性等の要請より適当な具体的規定をすることを妨げるものではない」[18]とした上で，（夫婦，兄弟等の関係とともに）親子の関係を支配する道徳は，「人倫の大本」「人類普遍の道徳原理」「自然法」であって，封建的・反民主主義的なものではなく，また，親子の関係は，憲法14条1項が差別待遇の理由として掲げる「社会的身分その他いずれの事由にも該当しない」[19]として，刑法で尊属殺や尊属傷害致死を一般の場合より重く処罰することは，親子の関係を支配する（普遍的な）道徳の要請に基づいて法による具体的規定を置いたものとして是認される旨の判断を下したのであった。

　これに対して，本判決は，第1に，憲法14条1項後段列挙の事項は例示的なものであり，第2に，同条項の平等の要請は，事柄の性質に即応した合理的な根拠に基づくものでない限り差別的取扱いを禁止する趣旨と解すべきである，とした[20]。本判決が憲法14条1項後段列挙事項を例示的なものとしたことは，仮に親子の関係が，10月11日判決がいうように，「社会的身分その他いずれの事由にも該当しない」としても，それによって直ちに，憲法14条1項違反の問題が生じないことにはならないということを意味する。そのためであろうか，本判決は尊属・卑属の関係が「社会的身分」に当たるか否かという点には全く言及することなく，直ちに，直系尊属に対する別扱いが合理的根拠を有するかどうかの検討へと進んでいる。

　本判決は，この合理的根拠の有無を，刑法200条の立法目的と立法目的達成手段の両者について検討している。まず第1に，立法目的は，尊属殺をもって「一般に高度の社会的道義的非難に値するものとし，かかる所為を通常の殺人の場合より厳重に処罰し，もって特に強くこれを禁圧しようとする」ことにあるとし，「尊属に対する尊重報恩は，社会生活上の基本的道義とい

---

18)　刑集4巻10号2039頁。
19)　同2039～40頁。
20)　刑集27巻3号266頁。

うべく」，尊属殺は「人倫の大本に反」する行為であるが故に，尊属殺なる特別の罪を設け，その刑を加重すること自体は不合理ではなく，直ちに違憲であるとはいえない，とした。次いで，立法目的達成手段としてどの程度刑を加重するかについて，刑法 200 条の法定刑は死刑または無期懲役刑のみであり，現行法上許される 2 回の減軽を加えても，処断刑の下限は懲役 3 年 6 月を下ることがなく，「尊属に対する敬愛や報恩という自然的情愛ないし普遍的倫理の維持尊重の観点のみをもってしては，これにつき十分納得すべき説明がつきかねるところであり，合理的根拠に基づく差別的取扱いとして正当化することはとうていできない」[21]とした。立法目的は正当であるが，手段としての刑の加重が常に実刑を免れないほど極端に重いことが目的との間に合理的関連性をもたないと判断したものと思われる。手段違憲説[22]といわれる所以である。

　しかしながら，そもそも尊属殺なる特別の罪を設け，その刑を加重すること自体は合憲であるといえるのか。この点は，田中ら 6 裁判官の各意見が厳しく批判するところである。6 裁判官による批判は，つまるところ，刑法 200 条が一種の身分制道徳の見地ないしは旧家族制度的倫理観に立脚するものであって，日本国憲法の保障する個人の尊厳と人格価値の平等の理念に反するというにある。たしかに，刑法 200 条の立法趣旨は，旧家族制度的倫理観に基づき家族間の倫理や社会秩序の維持を図ることにあったと見られる。しかし，本判決も，このような身分制道徳・旧家族制度的倫理観をそのまま肯定しているわけではない。本判決は，およそ親族が「婚姻と血縁とを主たる基盤とし，互いに自然的な敬愛と親密の情によって結ばれている」こと，「その間おのずから長幼の別や責任の分担に伴う一定の秩序が存」すること，また，「通常，卑属は父母，祖父母等の直系尊属により養育されて成人する」こと，「尊属は，社会的にも卑属の所為につき法律上，道義上の責任を負う」ことを挙げて[23]，「尊属に対する尊重報恩」を「社会生活上の基本的道義」であるとし，かかる人間関係を破壊する尊属殺のような行為は特に重い非難

---

21) 同 270～71 頁。
22) 下田裁判官の反対意見（同 308 頁）にこの表現がある。
23) 同 268 頁。

に値する，としているのである。それ故，かかる論理がそれとして認めうるものであるかどうかを検討しなければならない。

直ちに気づくことは，「自然的な敬愛と親密の情によって結ばれ」た親族は親子（または祖父母と孫など）だけではないということである。夫婦や兄弟姉妹もまた親族である。したがって，そこから何故尊属だけを取り出してそれに対する尊重報恩を説くのかが問題となろう[24]。たしかに，親（直系尊属）が子（卑属）を養育し，その行為について道義上・法律上の責任を負うのが通例ではある。しかし，場合によっては，伯父，伯母など傍系の尊属や継親子関係にある親，兄弟姉妹，さらには親族以外の者が養育を担うこともある。このような場合の人間関係は，尊属・卑属の関係と大きく異なることはないのではないか。そうだとすれば，尊属に対する尊重報恩のみを「社会生活上の基本的道義」として，刑法上特に厚く保護しようとすることにはやはり無理があるというべきであろう[25]。

次に，刑法 200 条のように，刑の加重の程度が極端な場合には，当該規定は不合理な差別的取扱いをするものとして憲法 14 条 1 項に違反して無効となるという論理は正当であるか。この点に関しては，田中裁判官意見が，尊

[24] この点は，色川裁判官の意見が詳細に論じているところである（同 288～95 頁参照）。岡原裁判官の補足意見（同 273 頁）が，これを「親族間の殺人につきいかなる立法をすることがもっとも適切妥当であるかの考察」と見て，本件にとって不必要な判断としているのは不当である。また，色川裁判官意見が指摘するように，親子間でも親が子を殺害することは「自然の情愛に基づく結合の破壊」となろう（同 289 頁参照）。髙井裕之「憲法における法的思考」田中成明編『現代理論法学入門』197 頁，206～09 頁（法律文化社，1993 年）は，今日ではむしろ親による子どもの虐待こそが問題であるという視点から，本件についても，虐待を有効に阻止できなかった国家が被告人を処罰することは正当かという疑問を投げかけ，「子どもの虐待を防止するため，親や国家の責任を明らかにすることが，実務的にも理論的にも急務となっている」と指摘する。

[25] 西原春夫「尊属殺等重罰規定の合憲性(2)」法セ 260 号 32 頁，40～41 頁（1976 年）は，刑法とは「現実に行なわれる同種の行為が現実に高度の社会的道義的非難に値いすることが多い場合，その行為を類型的にとらえてこれを違法とし，あるいは他の類似した行為より重く処罰する」ものであり，「刑法の道義宣言的役割」をその限度にとどめるべきとの立場から，問われるべきは，抽象的に尊属殺が普通殺より一般に悪いかどうか（道義の問題）ではなく，具体的に行われる尊属殺が普通殺より一般に悪いかどうか（法の問題）であるところ，尊属殺は「『一般に』普通殺と比べて類型的に重いということはなく，むしろ『一般に』情状において軽い方が多いとさえいいうる」とし，したがって，尊属殺重罰規定における差別待遇は，「尊属という身分を持ってさえいれば常に尊重を必要とするという，法がとり入れるにはあまりにも抽象的にすぎる徳目であるか，あるいは具体的であるとしたらすでに克服された道義にもとづいてしか基礎づけられず，それは憲法 13 条，14 条 1 項に明らかに矛盾する」と説く。

属殺に関して特別の規定を設けること自体が憲法14条1項に反しないというのであれば，いかなる刑罰をもって臨むべきかはむしろ立法政策の問題と考えるほうが「筋が通〔る〕」として，「刑法200条の定める法定刑が苛酷にすぎるかどうかは，憲法14条1項の定める法の下の平等の見地からではなく，むしろ憲法36条の定める残虐刑に該当するかどうかの観点から，合憲か違憲かの判断が加えられて然るべき問題」[26]と説いていることが注目される。たしかに，どの程度刑を加重すべきかは，まずもって立法府の政策的判断に委ねられるべき事項である。しかし，刑法200条の場合は，刑の加重の程度が極端であって，もはや立法政策の当否の問題として見過ごすことはできない，というのが本判決の趣旨であろう。そして，このように，一定程度を超えた刑の加重が「著しく不合理な差別的取扱い」として，憲法14条1項の定める法の下の平等に反するという論理はそれとして成り立ちえないものではないと思われる。また，田中裁判官意見がここで適用違憲を示唆しているのだとすれば[27]，それには賛成し難い。その理由は，第1に，いつ，いかなる場合に実刑を科されるのかが不明確になり，罪刑法定主義に反するおそれがあること，第2に，刑法200条については，違憲的適用の可能性が決して例外的ではないということ[28]，である。

　もっとも，上述のように，本判決の目的合憲の判断は妥当ではなく，手段違憲説はとりえない。結局において，6裁判官意見の目的違憲説のほうが理論的にも一貫し，優れているといえよう。

26)　刑集27巻3号276頁，280頁。
27)　そのような趣旨に解した上で，これを肯定的に受け止めるものとして，初宿正典「刑法200条と適用違憲の可能性」ジュリ766号82頁（1982年），阿部照哉「適用違憲について」法教23号122頁（1982年）がある。
28)　本判決もこのことを認めており，だからこそ法令違憲判断に踏み切ったものと思われる。本判決が刑法200条の法定刑を極端に重いとするのは，単に法定刑が死刑または無期懲役刑に限定されていることを問題にしているのではなく，刑法25条の規定を前提として死刑または無期懲役刑のみを定めているために，いかに同情すべき事情があり情状を酌量しても常に執行猶予を付しえない（実刑を免れない）ことを問題にしているのである。而して，本判決によれば，尊属殺の罪のみで法定刑を科される事例はほとんどなく，大部分は減軽を加えられ，2回の減軽も少なくないのみならず，処断刑の下限である懲役3年6月の刑が宣告される場合も決して稀ではない，という（刑集27巻3号270頁参照）。このことは，尊属殺についてはよくよくの事情がある場合が少なくないことを示していよう。だとすれば，やはり適用違憲で処理することは適当ではなかったであろう。

3　法令違憲判断の効力

　最高裁が具体の法律の規定を違憲と判断したとき，この判断はいかなる法的効力をもつのか。付随的違憲審査制の下では，憲法判断は具体的事件の解決に必要な限度において行われる。したがって，違憲と判断された規定が当該事件において適用を排除されることはいうまでもない。問題は，この違憲判断が当該事件を超えた一般的・対世的効力をもつのかどうかということである。いわゆる法令違憲の判断とは，問題の法令の規定にはおよそ合憲的適用の余地がないとする裁判所の判断を指すというべきである[29]。したがって，それは，具体的事件の解決に必要な限度においてした違憲判断であるにしても，裁判所は決して当該事件限りで規定の効力を否定したのではなく，違憲とした規定が一般的に効力をもたないという趣旨を表明したものと解すべきである。しかしながら，そのことは，裁判所の違憲判断が違憲とされた規定を直ちに法令集から除去する効果をもつということではない。裁判所には，法律を改廃する権限は与えられていない。それは立法府に固有の権限である。したがって，立法府が違憲とされた規定について改正措置をとるまでの間，当該規定は形の上ではそのまま存続することを認めざるをえないであろう。ただし，当該規定は，上述の法令違憲判断の趣旨からして，いわば凍結されて，使えない状態に置かれ，立法府は，違憲判断の趣旨に従って速やかに当該規定を改廃する法的義務を負うと解される[30]。

　さて，本判決の場合，最高裁は，最高裁判所裁判事務処理規則14条に従い，10日間の判決訂正申立期間（刑訴法415条2項）経過後の昭和48年4月16日，他の2事件についての判決とともに，その判決要旨を官報に公告し，裁判書の正本を内閣および国会に送付した。もっとも，これに先立って最高検察庁は，判決当日の4月4日直ちに，全国の検事長および検事正に宛てて，今後は尊属殺人事件についても刑法200条を適用せず同199条を適用して捜査および公訴の提起をなし，既に係属中の事件については罪名および罰条を刑法199条に変更する処置をとるべき旨の通達を発した。また，警察庁も，判決当日に法務省と協議の上，同日以降尊属殺人事件については送検段階か

---

29)　野坂泰司「憲法判断の方法」ジュリ増刊・憲法の争点286頁（2008年）参照。

らすべて刑法199条を適用することを決定した。問題は，確定事件の取扱いであった。最高裁の法令違憲判断の効果が過去の事件に当然遡及すると考えるのは妥当ではない。法令違憲判断の効果を過去の事件にどこまで押し及ぼすかは，公平性と法的安定性を勘案しつつ決定すべき法政策的問題である[31]。非常上告（刑訴法454条，458条）の運用も検討された由であるが，制度趣旨に合わないとして見送られた。結局，法務省は，4月6日既に判決が確定した者に対しては個別恩赦によって救済することとし，同月18日個別恩赦の上申権者である刑務所長ら宛てに上申手続をとるよう通達を発した[32]。このように，法執行機関は，最高裁の法令違憲判断の趣旨に従って的確に対応したといえよう。

30) 通説は，一般に，立法府や行政府が最高裁の違憲判決を尊重し，その趣旨に従って速やかに，違憲とされた法律を改廃し，あるいはその執行を控えるなどの措置をとるべきことを憲法は期待している，と説くにとどまっている。芦部信喜＝高橋和之補訂『憲法〔第7版〕』402頁（岩波書店，2019年），佐藤功『日本国憲法概説〔全訂第5版〕』497頁（学陽書房，1996年），橋本公亘『日本国憲法〔改訂版〕』646頁（有斐閣，1988年）等参照。しかし，このような「期待」だけで憲法81条の趣旨を全うできるものかどうかは疑問の余地がある。この点，佐藤（幸）・前出注17)375頁は，「違憲とされた法律（規定）は一般に執行されないことになるという効果（違憲判決の弱い効力）は生じると解される」（原文強調）とし，野中俊彦＝中村睦男＝高橋和之＝高見勝利『憲法Ⅱ〔第5版〕』322～23頁（有斐閣，2012年）（野中俊彦執筆）は，「国会における速やかな改廃措置や行政機関の執行差控えは，違憲判決の直接的帰結として要求されているものではないが，憲法のとる大原則の一つである法の支配の原則によって当然に要求されているものと解してよいであろう」という。これに対して，竹下守夫「違憲判断の多様化・弾力化と違憲判決の効力」『民事手続法学の革新(中)』〔三ケ月章先生古稀祝賀〕669頁，705～07頁（有斐閣，1991年）は，違憲判決の効力を，既判力等の通常の訴訟法上の効力とは性質を異にし，違憲の法令等を排除して憲法秩序の回復を図る違憲審査制の趣旨に由来する特殊な効力と捉える立場から，違憲判断が立法府や行政府に対して，違憲判断の趣旨に従い必要とされる行為をなし，または，なすべからざる行為をしないことを義務づける特別の拘束力を生じるという一歩踏み込んだ見解を示しており，注目される。また，これ以前に，最高裁の法令違憲の「決定」により国会その他の法令制定者に違憲とされた法令を改廃する「法的義務」が生じるとした学説として，大西芳雄『憲法の基礎理論』180～81頁（有斐閣，1975年）がある。なお，憲法学における「違憲判決の効力」論の不明確さを突き，「違憲判決の効力」とは，実は，（それとは別のものとされてきた）「違憲判断を下した憲法判例の拘束力」と「全く同次元のもの」であり，一般的効力にせよ個別的効力にせよ，それは当該判決が「判例」としてもつ拘束力の範囲（レイシオ・デシデンダイ）の問題に還元されるのではないかという注目すべき問題提起を行ったものとして，高橋一修「違憲判決の効力論・考」藤倉皓一郎編『英米法論集』123頁（東京大学出版会，1987年）を参照（「違憲判決の効力」が「憲法判例の拘束力」と「全く同次元のもの」であるかどうかはなお検討の余地があるが，今日の通説に対する批判として傾聴に値するものがある）。

31) 野中ほか・前出注12)212頁参照。なお，高橋（一）・前出注30)139～41頁参照。

これに対して，立法府の動きは鈍かった。政府は，判決直後から法務省を中心に関係条文の改正作業に着手し，法制審議会にも諮った上で，5月18日刑法200条を他の尊属加重規定とともに全面削除する内容の刑法の一部改正案を閣議決定したものの，与党自民党の法務部会での反対が強く，政府案の国会提出について了承を得られぬままに推移し，結局刑法200条の改正問題は，衆参両院の法務委員会で数回討議に付されただけで放置され[33]，以後平成7年の刑法改正に至るまでついに具体的な立法措置がとられることはなかった。このような事態を招いた主たる原因は，本判決が尊属殺重罰規定を設けること自体を違憲としたのではなく，ただ刑の加重の程度が極端であることを違憲とした点に求められよう。この手段違憲説の考え方が刑法200条の全面削除という形の改正案に対する与党内の反対論に力を与えたことは想像に難くない。しかし，本判決自身が言及しているように[34]，当時公表された改正刑法草案では尊属殺規定を含む尊属加重規定は既に全面削除されていたこと，また，尊属殺として厳罰に処すべき場合でも刑法199条の適用によってその目的を達しうることを考慮すれば，国会は政府の当初方針通り，速やかに刑法200条を全面削除する立法措置をとるべきであったと思われる。それを怠った点において，国会は最高裁の法令違憲判断の趣旨に沿って速やかに法律を改正すべき法的義務に違反したというべきであろう。

4　本判決の射程と残された問題

本判決は，目的違憲説ではなく，手段違憲説に立って，刑法200条を違憲無効とした。手段違憲説は刑の加重の程度が極端であることを理由に違憲とするものであるから，この論理によれば，情状酌量して執行猶予を付しうる他の尊属加重規定は，必ずしも違憲ではないということになりそうである。この点が，目的違憲説をとる6裁判官意見によった場合との決定的な違いで

---

32)　以上の経緯につき，鴨谷潤「尊属殺違憲判決その後」立法と調査101号1頁，2～3頁，5～7頁（1980年），和田英夫「違憲判決の効力をめぐる論理と技術」法律論叢48巻4＝5＝6合併号1頁，15頁，16～17頁（1976年）等参照。なお，非常上告をめぐる問題については，鈴木義男「尊属殺違憲判決の周辺」警察研究44巻6号3頁，16～17頁（1973年）参照。

33)　鴨谷・前出注32)3～5頁，7～8頁参照。

34)　刑集27巻3号268頁，270頁参照。

ある。実際，本判決が下された翌1974（昭和49）年，最高裁は，自己の実父に対する傷害致死事件において刑法205条2項の規定を合憲と判示し，しかもこれを小法廷で処理している35)。また，その2年後の1976（昭和51）年には，現に生存する配偶者36)の父に対する傷害致死事件において，本判決と上記の昭和49年判決を先例として引用し，再び刑法205条2項の規定を合憲と判示している37)。

　しかし，尊属傷害致死を尊属殺と同列に論じることができるかどうかは疑問の余地がある。いうまでもなく，傷害致死は暴行傷害の結果的加重犯であり，死の結果をもたらした点では殺人と同一であるとはいえ，犯人がその結果を意図したものでないという点で殺人とは大きく異なる。したがって，尊属傷害致死と尊属殺とでは，尊属に対する犯罪であることにより非難されるべき度合いが違ってくると思われる。にもかかわらず，尊属傷害致死についても通常の場合より刑を加重することは，尊属という身分を偏重する別扱いであって，合理的根拠を欠くのではないか38)。また，生存配偶者の直系尊属に対する傷害致死を自己の直系尊属に対する傷害致死と同列に論じることができるかどうかも疑問の余地がある。配偶者の一方の他方の直系尊属に対する関係は，血のつながりのある自己の直系尊属に対する関係と全く同一であるとはいえまい。少なくとも，そこには本判決が尊属に対する尊重報恩の根拠とした養育関係は存在しないし，「自然的な敬愛と親密の情」にも自ずから濃淡の差があろう。しかも，尊属傷害致死罪等の尊属加重規定に配偶者の直系尊属が加えられていることは，日本国憲法により廃止された「家」制

35) 最一小判昭和49・9・26刑集28巻6号329頁（合憲の理由を異にする下田裁判官の意見と大隅裁判官の反対意見がある）。この判決は，判決理由の冒頭で上記の10月11日判決を「当裁判所の判例」として引き，刑法205条2項を合憲とする「結論自体については，今日でもこれを変更する必要を認めない」としつつ，その理由を本判決の論理に従って述べている（同330～31頁）。初宿正典「最高裁判例における先例参照の手法」法時56巻3号76頁，81頁（1984年）は，この昭和49年判決と10月11日判決とでは理由づけに相当の違いがある以上，昭和49年判決は大法廷を構成して判断すべきではなかったかという。
36) 死亡した配偶者の直系尊属に対する殺人未遂事件について刑法200条の適用を否定した，最大判昭和32・2・20刑集11巻2号824頁がある。
37) 最二小判昭和51・2・6刑集30巻1号1頁。
38) このような論理で，本判決後に刑法205条2項を憲法14条1項に違反するとした下級審判決として，和歌山地判昭和48・12・20判タ304号120頁がある。なお，参照，平野龍一「尊属傷害致死の規定の合憲性」警察研究49巻2号64頁，66頁（1978年）。

度との深い関連を示すものであり，このことは尊属殺規定について本判決が既に指摘していたところである[39]。それ故，昭和51年判決が配偶者の直系尊属に対する傷害致死について自己の直系尊属に対する傷害致死と同様に扱いうるとしたことは，些か安易であったといわざるをえないのではないか。

　平成7年の刑法改正により200条のみならずその他の尊属加重規定がすべて削除されたため，これらの問題は一気に解消することとなった。しかし，昭和25年以来の尊属加重規定の憲法適合性に関する判例理論の展開は必ずしも首尾一貫したものではなく，また，本判決の法令違憲判断のあり方とも関連してこれに対する立法府の対応が著しく遅滞したことは後に課題を残すものであったといえよう。

---

39) 刑集27巻3号267頁参照。

第7章

議員定数不均衡と「法の下の平等」
——議員定数不均衡違憲判決

最大判昭和 51 年 4 月 14 日民集 30 巻 3 号 223 頁

I　はじめに

　本章では，1976（昭和51）年の議員定数不均衡違憲判決を取り上げる。この判決は，当時の公職選挙法（以下「公選法」という）の議員定数配分規定を憲法 14 条 1 項が要求する選挙権の平等に違反すると判示した画期的な判決である。しかし，そもそも議員定数不均衡を公選法 204 条の選挙無効訴訟として争うことについては議論の余地の存するところであり，本判決が議員定数配分規定を違憲とし，当該規定に基づいて行われた選挙が違法である旨を主文で宣言しつつ，選挙を無効としなかったこともそのことと密接に関連する。

　本判決以降，衆参両院の国政選挙のたびに，議員定数不均衡を理由とする公選法 204 条の選挙無効訴訟が提起され，その後 1994（平成 6）年の小選挙区比例代表並立制の導入という選挙制度の大幅な変革を経たのちも，議員定数不均衡（一票の較差）の訴えが繰り返されて今日に至っている。しかしながら，議員定数配分規定を違憲と断じた判決は本判決を含めてわずか 2 判決にとどまり[1]，しかもそのいずれも当該選挙を無効とはしなかったため，結局選挙無効の目的を達した事例は皆無である。

　そこで，以下においては，今日の議員定数不均衡（一票の較差）訴訟のあり方を規定したといえる本判決を読み直し，公選法 204 条による議員定数不

---

[1]　もう一つの違憲判決は，最大判昭和 60・7・17 民集 39 巻 5 号 1100 頁である。

均衡（一票の較差）訴訟の意義と問題点について改めて考えてみることにしたい。

II 判決の紹介

1 事実の概要

　1972（昭和47）年12月10日に実施された衆議院議員選挙の千葉1区の選挙に関して、同選挙区の選挙人であるX（原告、上告人）は、Y（千葉県選挙管理委員会——被告、被上告人）を相手取って、公選法204条による選挙無効を求める訴訟を提起した。Xの主張は、本件選挙がそれに基づいて実施された公選法13条、別表第1および同法附則7項から9項まで（昭和50年法律第63号による改正前のもの）による選挙区および議員定数の定め（以下「本件議員定数配分規定」という）は、議員一人当たりの有権者数において最小の兵庫5区と本件選挙区との間に4.81対1の較差をもたらしており、住所（選挙区）の如何により一部の国民を不平等に取り扱ったものであるから憲法14条1項に違反し、それ故本件選挙は無効とされるべきである、というものであった。
　原審判決（東京高判昭和49・4・30)[2]は、1964（昭和39）年2月5日の最高裁大法廷判決[3]の論理を踏襲して、選挙区割および各選挙区において選挙すべき議員の数をどのように定めるべきかは立法府の裁量に委ねられていると解すべきであって、立法府の裁量が選挙人の選挙権の享有に極端な不平等を生じさせるような場合は格別、議員定数の配分が選挙人口に比例していないというだけで憲法14条1項に違背するとはいえないとし、選挙区別の議員一人当たりの有権者数が最高と最低ではそれぞれ平均から2.6倍と2分の1弱程度の偏差を示している本件選挙においては、未だ選挙区別議員定数の配分によって生じる投票価値の不平等が国民の正義公平観念に照らし容認できない程度に至っているとは認められないとして、Xの請求を棄却した。これ

---

　2)　行集25巻4号356頁。
　3)　最大判昭和39・2・5民集18巻2号270頁。

を不服とするXが上告したところ，最高裁大法廷は，次のように述べて，原判決を破棄し自判して，Xの請求を棄却しつつ，本件選挙の違法を主文で宣言した。

2　判　旨

(1　選挙権の平等と選挙制度)

(1)　「元来，選挙権は，国民の国政への参加の機会を保障する基本的権利として，議会制民主主義の根幹をなすものであり，現代民主国家においては，一定の年齢に達した国民のすべてに平等に与えられるべきものとされている」。
「憲法は，14条1項において，すべて国民は法の下に平等であると定め，一般的に平等の原理を宣明するとともに，政治の領域におけるその適用として，……選挙権について15条1項，3項，44条但し書の規定を設けている。これらの規定を通覧し，かつ，右15条1項等の規定が……選挙権の平等の原則の歴史的発展の成果の反映であることを考慮するときは，憲法14条1項に定める法の下の平等は，選挙権に関しては，国民はすべて政治的価値において平等であるべきであるとする徹底した平等化を志向するものであり，右15条1項等の各規定の文言上は単に選挙人資格における差別の禁止が定められているにすぎないけれども，単にそれだけにとどまらず，選挙権の内容，すなわち各選挙人の投票の価値の平等もまた，憲法の要求するところであると解するのが，相当である」。

(2)　「しかしながら，右の投票価値の平等は，各投票が選挙の結果に及ぼす影響力が数字的に完全に同一であることまでも要求するものと考えることはできない。けだし，投票価値は，選挙制度の仕組みと密接に関連し，その仕組みのいかんにより，結果的に右のような投票の影響力に何程かの差異を生ずることがあるのを免れないからである。

代表民主制の下における選挙制度は，選挙された代表者を通じて，国民の利害や意見が公正かつ効果的に国政の運営に反映されることを目標とし，他方，政治における安定の要請をも考慮しながら，それぞれの国において，その国の事情に即して具体的に決定されるべきものであり，そこに論理的に要請される一定不変の形態が存在するわけのものではない。わが憲法もまた，

第7章 議員定数不均衡と「法の下の平等」

右の理由から，国会両議院の議員の選挙については，議員の定数，選挙区，投票の方法その他選挙に関する事項は法律で定めるべきものとし（43条2項，47条），両議院の議員の各選挙制度の仕組みの具体的決定を原則として国会の裁量にゆだねているのである。それ故，憲法は，前記投票価値の平等についても，これをそれらの選挙制度の決定について国会が考慮すべき唯一絶対の基準としているわけではなく，国会は，衆議院及び参議院それぞれについて他にしんしゃくすることのできる事項をも考慮して，公正かつ効果的な代表という目標を実現するために適切な選挙制度を具体的に決定することができるのであり，投票価値の平等は，さきに例示した選挙制度〔特定の範ちゅうの選挙人に複数の投票権を与えたり，選挙人の間に納税額等による種別を設けその種別ごとに選挙人数と不均衡な割合の数の議員を選出させたりするような，殊更に投票の実質的価値を不平等にする選挙制度〕のように明らかにこれに反するもの，その他憲法上正当な理由となりえないことが明らかな人種，信条，性別等による差別を除いては，原則として，国会が正当に考慮することのできる他の政策的目的ないし理由との関連において調和的に実現されるべきものと解されなければならない。

もっとも，このことは，平等選挙権の一要素としての投票価値の平等が，単に国会の裁量権の行使の際における考慮事項の一つであるにとどまり，憲法上の要求としての意義と価値を有しないことを意味するものではない。投票価値の平等は，常にその絶対的な形における実現を必要とするものではないけれども，国会がその裁量によって決定した具体的な選挙制度において現実に投票価値に不平等の結果が生じている場合には，それは，国会が正当に考慮することのできる重要な政策的目的ないし理由に基づく結果として合理的に是認することができるものでなければならないと解されるのであり，その限りにおいて大きな意義と効果を有するのである。それ故，国会が衆議院及び参議院それぞれについて決定した具体的選挙制度は，それが憲法上の選挙権の平等の要求に反するものでないかどうかにつき，常に各別に右の観点からする吟味と検討を免れることができないというべきである」。

（2 本件議員定数配分規定の合憲性）
(1)「衆議院議員の選挙における選挙区割と議員定数の配分の決定には，

極めて多種多様で，複雑微妙な政策的及び技術的考慮要素が含まれており，それらの諸要素のそれぞれをどの程度考慮し，これを具体的決定にどこまで反映させることができるかについては，もとより厳密に一定された客観的基準が存在するわけのものではないから，結局は，国会の具体的に決定したところがその裁量権の合理的な行使として是認されるかどうかによって決するほかはなく，しかも事の性質上，その判断にあたっては特に慎重であることを要し，限られた資料に基づき，限られた観点からたやすくその決定の適否を判断すべきものでないことは，いうまでもない。しかしながら，このような見地に立って考えても，具体的に決定された選挙区割と議員定数の配分の下における選挙人の投票価値の不平等が，国会において通常考慮しうる諸般の要素をしんしゃくしてもなお，一般的に合理性を有するものとはとうてい考えられない程度に達しているときは，もはや国会の合理的裁量の限界を超えているものと推定されるべきものであり，このような不平等を正当化すべき特段の理由が示されない限り，憲法違反と判断するほかないというべきである」。

(2) 「昭和47年12月10日の本件衆議院議員選挙当時においては，各選挙区の議員一人あたりの選挙人数と全国平均のそれとの偏差は，下限において47.30パーセント，上限において162.87パーセントとなり，その開きは，約5対1の割合に達していた」。このような事態を生じたのは，もっぱら昭和39年法律第132号による公選法の改正後における人口の異動に基づくものと推定されるが，この開きが示す選挙人の投票価値の不平等は，(選挙区割の基礎をなすものとしての都道府県，市町村その他の行政区画，面積の大小，人口密度，住民構成，交通事情，地理的状況等の) 諸般の事情，特に急激な社会的変化に対応するについてのある程度の政策的裁量を考慮に入れてもなお，「一般的に合理性を有するものとはとうてい考えられない程度に達しているばかりでなく，これを更に超えるに至っているものというほかはなく，これを正当化すべき特段の理由をどこにも見出すことができない以上，本件議員定数配分規定の下における各選挙区の議員定数と人口数との比率の偏差は，右選挙当時には，憲法の選挙権の平等の要求に反する程度になっていたものといわなければならない。

第7章 議員定数不均衡と「法の下の平等」

しかしながら、右の理由から直ちに本件議員定数配分規定を憲法違反と断ずべきかどうかについては、更に考慮を必要とする。一般に、制定当時憲法に適合していた法律が、その後における事情の変化により、その合憲性の要件を欠くに至ったときは、原則として憲法違反の瑕疵を帯びることになるというべきであるが、右の要件の欠如が漸次的な事情の変化によるものである場合には、いかなる時点において当該法律が憲法に違反するに至ったものと断ずべきかについて慎重な考慮が払われなければならない。本件の場合についていえば、前記のような人口の異動は不断に生じ、したがって選挙区における人口数と議員定数との比率も絶えず変動するのに対し、選挙区割と議員定数の配分を頻繁に変更することは、必ずしも実際的ではなく、また、相当でもないことを考えると、右事情によって具体的な比率の偏差が選挙権の平等の要求に反する程度となったとしても、これによって直ちに当該議員定数配分規定を憲法違反とすべきものではなく、人口の変動の状態をも考慮して合理的期間内における是正が憲法上要求されていると考えられるのにそれが行われない場合に始めて憲法違反と断ぜられるべきものと解するのが、相当である。

この見地に立って本件議員定数配分規定をみると、同規定の下における人口数と議員定数との比率上の著しい不均衡は、前述のように人口の漸次的異動によって生じたものであって、本件選挙当時における前記のような著しい比率の偏差から推しても、そのかなり以前から選挙権の平等の要求に反すると推定される程度に達していたと認められることを考慮し、更に、公選法自身その別表第一の末尾において同表はその施行後5年ごとに直近に行われた国勢調査の結果によって更正するのを例とする旨を規定しているにもかかわらず、昭和39年の改正後本件選挙の時まで8年余にわたってこの点についての改正がなんら施されていないことをしんしゃくするときは、前記規定は、憲法の要求するところに合致しない状態になっていたにもかかわらず、憲法上要求される合理的期間内における是正がされなかったものと認めざるをえない。それ故、本件議員定数配分規定は、本件選挙当時、憲法の選挙権の平等の要求に違反し、違憲と断ぜられるべきものであったというべきである。そして、選挙区割及び議員定数の配分は、議員総数と関連させながら、前述

のような複雑，微妙な考慮の下で決定されるのであって，一旦このようにして決定されたものは，一定の議員総数の各選挙区への配分として，相互に有機的に関連し，一の部分における変動は他の部分にも波動的に影響を及ぼすべき性質を有するものと認められ，その意味において不可分の一体をなすと考えられるから，右配分規定は，単に憲法に違反する不平等を招来している部分のみでなく，全体として違憲の瑕疵を帯びるものと解すべきである」。

（3　本件選挙の効力）

「本件議員定数配分規定は，本件選挙当時においては全体として違憲とされるべきものであったが，しかし，これによって本件選挙の効力がいかなる影響を受けるかについては，更に別途の考察が必要である」。

「憲法に違反する法律は，原則としては当初から無効であり，また，これに基づいてされた行為の効力も否定されるべきものであるが，しかし，これは，このように解することが，通常は憲法に違反する結果を防止し，又はこれを是正するために最も適切であることによるのであって，右のような解釈によることが，必ずしも憲法違反の結果の防止又は是正に特に資するところがなく，かえって憲法上その他の関係において極めて不当な結果を生ずる場合には，むしろ右の解釈を貫くことがかえって憲法の所期するところに反することとなるのであり，このような場合には，おのずから別個の，総合的な視野に立つ合理的な解釈を施さざるをえないのである」。

そこで，本件議員定数配分規定について見ると，この規定が憲法に違反し，したがってこれに基づいて行われた選挙が憲法の要求に沿わないものであるからといって，「右規定及びこれに基づく選挙を当然に無効であると解した場合，これによって憲法に適合する状態が直ちにもたらされるわけではなく，かえって，右選挙により選出された議員がすべて当初から議員としての資格を有しなかったこととなる結果，すでに右議員によって組織された衆議院の議決を経たうえで成立した法律等の効力にも問題が生じ，また，今後における衆議院の活動が不可能となり，前記規定を憲法に適合するように改正することさえもできなくなるという明らかに憲法の所期しない結果を生ずるのである。それ故，右のような解釈をとるべきでないことは，極めて明らかである」。

次に、現行法上選挙を将来に向かって形成的に無効とする訴訟として認められている公選法204条の訴訟による場合には、「選挙無効の判決があっても、これによっては当該特定の選挙が将来に向かって失効するだけで、他の選挙の効力には影響がないから、前記のように選挙を当然に無効とする場合のような不都合な結果は、必ずしも生じない。（元来、右訴訟は、公選法の規定に違反して執行された選挙の効果を失わせ、改めて同法に基づく適法な再選挙を行わせること（同法109条4号）を目的とし、同法の下における適法な選挙の再実施の可能性を予定するものであるから、同法自体を改正しなければ適法に選挙を行うことができないような場合を予期するものではなく、したがって、右訴訟において議員定数配分規定そのものの違憲を理由として選挙の効力を争うことはできないのではないか、との疑いがないではない。しかし、右の訴訟は、現行法上選挙人が選挙の適否を争うことのできる唯一の訴訟であり、これを措いては他に訴訟上公選法の違憲を主張してその是正を求める機会はないのである。およそ国民の基本的権利を侵害する国権行為に対しては、できるだけその是正、救済の途が開かれるべきであるという憲法上の要請に照らして考えるときは、前記公選法の規定が、その定める訴訟において、同法の議員定数配分規定が選挙権の平等に違反することを選挙無効の原因として主張することを殊更に排除する趣旨であるとすることは、決して当を得た解釈ということはできない。）

しかしながら、他面、右の場合においても、選挙無効の判決によって得られる結果は、当該選挙区の選出議員がいなくなるというだけであって、真に憲法に適合する選挙が実現するためには、公選法自体の改正にまたなければならないことに変わりはなく、更に、全国の選挙について同様の訴訟が提起され選挙無効の判決によってさきに指摘したのとほぼ同様の不当な結果を生ずることもありうるのである。また、仮に一部の選挙区の選挙のみが無効とされるにとどまった場合でも、もともと同じ憲法違反の瑕疵を有する選挙について、そのあるものは無効とされ、他のものはそのまま有効として残り、しかも、右公選法の改正を含むその後の衆議院の活動が、選挙を無効とされた選挙区からの選出議員を得ることができないままの異常な状態の下で、行われざるをえないこととなるのであって、このような結果は、憲法上決して

望ましい姿ではなく，また，その所期するところでもないというべきである。それ故，公選法の定める選挙無効の訴訟において同法の議員定数配分規定の違憲を主張して選挙の効力を争うことを許した場合においても，右の違憲の主張が肯認されるときは常に当該選挙を無効とすべきものかどうかについては，更に検討を加える必要があるのである。

　そこで考えるのに，行政処分の適否を争う訴訟についての一般法である行政事件訴訟法は，31条1項前段において，当該処分が違法であっても，これを取り消すことにより公の利益に著しい障害を生ずる場合においては，諸般の事情に照らして右処分を取り消すことが公共の福祉に適合しないと認められる限り，裁判所においてこれを取り消さないことができることを定めている。この規定は法政策的考慮に基づいて定められたものではあるが，しかしそこには，行政処分の取消の場合に限られない一般的な法の基本原則に基づくものとして理解すべき要素も含まれていると考えられるのである。もっとも，行政事件訴訟法の右規定は，公選法の選挙の効力に関する訴訟についてはその準用を排除されているが（公選法219条），これは，同法の規定に違反する選挙はこれを無効とすることが常に公共の利益に適合するとの立法府の判断に基づくものであるから，選挙が同法の規定に違反する場合に関する限りは，右の立法府の判断が拘束力を有し，選挙無効の原因が存在するにもかかわらず諸般の事情を考慮して選挙を無効としない旨の判決をする余地はない。しかしながら，本件のように，選挙が憲法に違反する公選法に基づいて行われたという一般性をもつ瑕疵を帯び，その是正が法律の改正なくしては不可能である場合については，単なる公選法違反の個別的瑕疵を帯びるにすぎず，かつ，直ちに再選挙を行うことが可能な場合についてされた前記の立法府の判断は，必ずしも拘束力を有するものとすべきではなく，前記行政事件訴訟法の規定に含まれる法の基本原則の適用により，選挙を無効とすることによる不当な結果を回避する裁判をする余地もありうるものと解するのが，相当である。もとより，明文の規定がないのに安易にこのような法理を適用することは許されず，殊に憲法違反という重大な瑕疵を有する行為については，憲法98条1項の法意に照らしても，一般にその効力を維持すべきものではないが，しかし，このような行為についても，高次の法的見地か

ら，右の法理を適用すべき場合がないとはいいきれないのである」。

本件の場合，選挙を無効とする判決をしても，これによって直ちに違憲状態が是正されるわけではなく，かえって憲法の所期するところに必ずしも適合しない結果を生じることを考慮すると，「本件においては，前記の法理にしたがい，本件選挙は憲法に違反する議員定数配分規定に基づいて行われた点において違法である旨を判示するにとどめ，選挙自体はこれを無効としないこととするのが，相当であり，そしてまた，このような場合においては，選挙を無効とする旨の判決を求める請求を棄却するとともに，当該選挙が違法である旨を主文で宣言するのが，相当である」。

なお，本判決には，本件選挙当時の議員定数配分規定は，千葉1区に関する限り違憲無効であり，これに基づく選挙もまた無効なものとして，Xの請求を認容すべきものとする岡原昌男，下田武三，江里口清雄，大塚喜一郎，吉田豊裁判官の共同反対意見，本件千葉1区の選挙は無効であるが，当選人は当選を失わないとする岸盛一裁判官の反対意見，公選法204条に依拠した本件訴えを不適法として却下すべきものとする天野武一裁判官の反対意見が付されている。

III 分析と検討

本判決は，わが国における数少ない法令違憲判決の一つというだけでなく，従来「立法政策の当否の問題」とされた議員定数不均衡問題について積極的な違憲判断を下した点において，きわめて重要な判決であるといえる。本判決について特に注目されるべきは，第1に，議員定数不均衡を公選法204条の訴訟形態を用いて争うことを適法として容認したこと，第2に，投票価値の平等が選挙権の平等の内容として要求されるとした上で，約1対5の較差を憲法違反であるとし，合理的期間内の是正がされなかったと認定したこと，第3に，議員定数配分規定を違憲としつつ，選挙を無効としない処理をしたこと，である。

以下，順次検討する。

1　議員定数不均衡と公選法 204 条の選挙無効訴訟

　公選法 204 条は，衆議院議員または参議院議員の選挙についてその効力を争う訴訟を認めている。この訴訟は，選挙が適法に執行されることを確保するという，いわばすべての有権者に共通の利益を保護することを目的とするものであり，個々の有権者の権利利益の保護を直接の目的とするものではないとされ，いわゆる民衆訴訟の一つとして位置づけられている。

　議員定数の不均衡は，当初からこの公選法 204 条の訴訟として提起されてきた。公選法別表に定める議員定数配分規定は憲法違反であるから，これに基づいて施行された選挙は「選挙の規定に違反する」(同法 205 条) 無効な選挙であるという理屈である。しかし，これに対しては，そもそも公選法 204 条の訴訟において議員定数不均衡を争うことは許されないとする不適法説も当初から有力に主張された[4]。たしかに，公選法 204 条の訴訟は，選挙管理委員会を被告としてこれを提起し，選挙が無効とされるときには，40 日以内に再選挙を行うものと定められている (同法 109 条 4 号，110 条 2 項，33 条の 2 第 1 項) ことからしても，もともと選挙管理委員会による選挙の管理執行上の瑕疵の是正を目的とした制度であると解すべきであり，選挙管理委員会が自ら是正しうべき立場にない議員定数配分規定の違憲を争うような事態を予定していないとする主張にも十分な根拠があると思われる[5]。

---

[4]　代表的な議論として，田口精一「議員定数の不均衡是正と選挙訴訟」法学研究 50 巻 1 号 77 頁，82〜83 頁 (1977 年)，田口精一「議員定数の不均衡と平等原則」阿部照哉編『判例演習講座〔憲法〕』33 頁，39〜41 頁 (世界思想社，1971 年) 参照。昭和 39 年判決における齋藤朔郎裁判官の意見 (民集 18 巻 2 号 273 頁)，昭和 41 年判決における田中二郎裁判官の意見 (最三小判昭和 41・5・31 集民 83 号 626〜27 頁)，本判決における天野武一裁判官の反対意見 (民集 30 巻 3 号 274 頁)，昭和 58 年の二つの大法廷判決における藤﨑萬里裁判官の反対意見 (最大判昭和 58・4・27 民集 37 巻 3 号 374 頁，最大判昭和 58・11・7 民集 37 巻 9 号 1304 頁) が不適法説を採っている。

[5]　もっとも，「予定していない」のはたしかだとしても，選挙訴訟の適法な請求原因としては当該選挙が選挙の規定に違反する違法なものであることを主張すれば足り，選挙の規定に違反する事由に当たる個々の具体的事実はもっぱらその請求を理由あらしめるための要件であって訴えの適法要件ではないとすれば，公選法 204 条に基づく訴訟が請求に理由がないとして棄却されることはあっても，訴えが不適法になることはないというべきであろう。この点につき，田中真次「議員の選挙区への配分と人口比率」ジュリ 294 号 46 頁 (1964 年)，田中真次『選挙関係争訟の研究』64〜66 頁 (日本評論社，1966 年)，安念潤司「いわゆる定数訴訟について (1)」成蹊法学 24 号 181 頁，188〜89 頁 (1986 年) 参照。

しかし，最高裁は，一貫して議員定数不均衡を公選法204条の訴訟において争うことを適法と認めてきた（少なくとも，この点を何ら問題にすることなく，直ちに本案の争点について判断を下してきた）。したがって，このこと自体は，もはや判例として確立したといってよいであろう。ただし，公選法204条の訴訟を適法と認める根拠は明確にされないままであった。本判決は，本案の争点に関する判断の中の括弧書きにおいてであるが，初めてこの点に言及し，公選法204条の訴訟を適法とする根拠に当たるものとして，この訴訟は，「現行法上選挙人が選挙の適否を争うことのできる唯一の訴訟であり，これを措いては他に訴訟上公選法の違憲を主張してその是正を求める機会はない」ということ，および「およそ国民の基本的権利を侵害する国権行為に対しては，できるだけその是正，救済の途が開かれるべきであるという憲法上の要請」があること，を挙げている[6]。

　もっとも，これがいかなる意味において公選法204条の訴訟形態の使用を認めたものであるかは必ずしも明確ではない。議員定数不均衡訴訟を民衆訴訟的性格のものと捉えた上でのことなのか，それとも，「国民の基本的権利」の侵害に対して救済を求める主観訴訟的な性格のものと捉えた上でのことなのか。本判決自身はいずれとも明言していないが，その判断過程から推測するに，おそらく前者であると思われる。というのも，本判決は，本件において投票価値の不平等が生じていないかを審査するに当たって，①各選挙区の議員一人当たりの選挙人数と全国平均のそれとの偏差（下限47.30％，上限162.87％），②最大・最小の選挙区間の開き（約1対5），の二つの指標を用いており，本件訴訟を提起した千葉1区の選挙人個人の具体的権利侵害の有無を直接問うていないと見られるからである。千葉1区は人口偏差の上限に当たる選挙区ではなかったから，①②が示しうるのは，選挙区間の投票価値に不平等が生じているということであり，したがって誰かの権利（平等権ないし選挙権）の侵害が生じているということにとどまる。本判決は，これによって本件議員定数配分規定に基づく選挙の適否について判断しようとしたものと思われる[7]。

　これに対して，岡原ら5裁判官による反対意見は，議員定数不均衡訴訟を

6）　民集30巻3号251頁。

主観訴訟的性格のものと捉えているものと思われる。そのことは，この反対意見が本件を「憲法上国民の重要な基本的権利である選挙権の平等を争う」[8]ものであるとし，また，「全選挙人が投票価値において平均的な，中庸を得た選挙権を享受することをもって憲法の理想とし，各選挙区について，その投票価値がその理想からどれほど遠ざかっているかを検討し，その偏りが甚だしい場合に投票価値平等の要求に反し違憲の瑕疵を帯びるものと考える」[9]と述べている点にうかがわれる。すなわち，ここでは，本件千葉1区の選挙人の選挙権が，投票価値において，全国平均から「どれほど遠ざかっているか」が問題にされている。

議員定数不均衡訴訟の本質を主観訴訟として捉えることは，憲法32条に基づいて裁判的救済を憲法上必須のものとする意味をもつ。しかし，議員定数不均衡訴訟を民衆訴訟として捉えたとしても，それを直接認めた法律の規定は存在しないのであるから，本判決が公選法204条の拡張解釈によってかかる訴訟を容認したことの意義は大きいといえる[10]。

2 議員定数配分規定の憲法適合性

本判決は，選挙権を「国民の国政への参加の機会を保障する基本的権利」として一定年齢に達した国民すべてに平等に与えられるべきものとし，この選挙権の平等が（単に選挙人資格に対する制限の撤廃による選挙権の拡大にとどまらず）投票価値の平等をも要求すること，また，このことが「法の下の平等」を定めた憲法14条1項および選挙権に関する憲法15条1項・3項，44

---

7) 髙橋和之「定数不均衡違憲判決に関する若干の考察」法学志林74巻4号79頁，81～82頁（1977年）は，本判決が投票価値の平等を「平等権」の問題として捉えたものであるとの理解に立って，①②の指標は千葉1区の選挙人の「平等権」侵害の有無を判定するには適当でないはずであり，本件議員定数配分規定の不可分一体性を前提として第三者の権利侵害の援用が可能になると見ていた。しかし，民衆訴訟だとすれば，そのような説明は不要になると思われる。なお，髙橋和之「定数不均衡訴訟に関する判例理論の現況と問題点」法教42号95頁，97頁（1984年）は，多くの点で曖昧さを残すとしながらも，本判決は議員定数不均衡訴訟を民衆訴訟と捉えたものであろうとしている。
8) 民集30巻3号255頁。
9) 同257頁。
10) このように裁判所が「法律上の争訟」に当たらない具体的な争いを司法権の対象事項とすることが憲法上認められないわけではないことについては，野坂泰司「憲法と司法権」法教246号42頁，47～48頁（2001年）参照。

条ただし書の要求するところであることを明確に宣言した点において，きわめて重要な意義を有する。

　しかしながら，本判決が，投票価値の平等を憲法上の要求であるとしつつも，投票価値は選挙制度の仕組みと密接に関連するが故に各投票の選挙結果に及ぼす影響力が数字的に完全に同一であることまでも要求するものではないとし，投票価値の平等を国会が裁量に基づいて正当に考慮しうる他の政策的目的や理由との関連において調和的に実現されるべきものと位置づけていることは注意を要する。すなわち，本判決は，衆議院議員選挙における選挙区割と議員定数配分の決定に際して，国会が「公正かつ効果的な代表」の達成という観点から，多種多様な非人口的要素[11]を考慮することを認めており，その結果最初からある程度の投票価値の較差を許容しているということである。では，どの程度に達すれば，本判決のいう「一般的に合理性を有するものとはとうてい考えられない程度」[12]となるのか。仮に，厳密に１対１を要求することが現実的でないとしても，少なくとも較差が２倍を超えることは許されないというべきであろう。しかし，本判決は，この点には何ら触れることなく，具体的な数値も示していない。本件では，約１対５の較差をもって，「一般的に合理性を有するものとはとうてい考えられない程度に達しているばかりでなく，これを更に超えるに至っている」[13]ものとして，本件選挙当時この較差は憲法の選挙権平等の要求に反する程度になっていたと述べるにとどまっている。議員定数不均衡を争うその後の事件についての判示[14]から見て，最高裁は最大１対３程度を基準としているとの推測がなされているが，較差が３倍以内にとどまれば何故許容されるのか明確な根拠は示されておらず，これを理論的に正当化することは困難であると思われる。

---

11)　本判決が挙げているのは，都道府県，従来の選挙の実績，選挙区としてのまとまり具合，市町村その他の行政区画，面積の大小，人口密度，住民構成，交通事情，地理的状況等の諸般の要素である。民集30巻3号246頁参照。

12)　同247頁。

13)　同248頁。

14)　たとえば，最大判昭和58・11・7民集37巻9号1243頁は，昭和50年改正法により最大較差が1対4.83から1対2.92に縮小したことを指摘し，改正前に見られた投票価値の不平等状態が「一応解消されたものと評価することができる」（同1264頁）と述べた。なお，参照，最二小判昭和63・10・21民集42巻8号644頁。

ところで，本判決は，本件議員定数配分規定の下での較差が憲法に違反する状態となっていたとしても，直ちに当該規定を違憲とすべきではなく，「合理的期間内における是正が憲法上要求されていると考えられるのにそれが行われない場合に始めて憲法違反と断ぜられるべきもの」[15]とした。いわゆる「合理的期間」論である[16]。しかし，違憲状態にあるとしながら是正のための合理的期間を経過するまでは当該規定を違憲としないという論理は些か分かりにくい。

「制定当時憲法に適合していた法律が，その後における事情の変化により，その合憲性の要件を欠くに至ったときは，原則として憲法違反の瑕疵を帯びることになるというべきであるが，右の要件の欠如が漸次的な事情の変化によるものである場合には，いかなる時点において当該法律が憲法に違反するに至ったものと断ずべきかについて慎重な考慮が払われなければならない」[17]という本判決の説示は，一般論としては，首肯できるものである。しかしながら，漸次的な事情の変化によってであれ，ひとたび違憲状態に至ったと認められるときは，かかる状態をもたらしている当該規定は違憲というほかないのではないか。たしかに，人口の異動が不断に生じるのに対応して議員定数の配分を頻繁に変更することは，「必ずしも実際的ではなく，また，相当でもない」[18]といえよう。しかし，だからといって，違憲のものが違憲でなくなるわけではない。にもかかわらず，違憲のものを違憲としないということは，選挙区割と議員定数の配分が国会の裁量に委ねられた事項であるということを前提として，便宜上，違憲の宣言を留保し，国会に是正のための猶予期間を与えたということであろう。これは，国会に対する過度の敬譲ではないであろうか。実際どの程度の期間であれば「合理的」であるのかも，事柄の性質上一義的に確定することはできないと思われる。

本判決は，較差が本件選挙の「かなり以前から」選挙権平等の要求に反すると推定される程度に達していたと認められるとし，また，「昭和39年の改

---

15) 民集30巻3号248〜49頁。
16) 「合理的期間」論に関する詳細な検討として，安念潤司「いわゆる定数訴訟について(3)(4)」成蹊法学26号39頁，27号131頁（1988年）参照。
17) 民集30巻3号248頁。
18) 同上。

正後本件選挙の時まで 8 年余にわたって」公選法別表の改正がなされなかったことを「しんしゃく」して，憲法上要求される合理的期間内における是正がされなかったものと認定した19)。しかし，ここで何が決め手になっているのかは必ずしも明確ではない。

ともあれ，本判決が本件議員定数配分規定について，本件選挙当時憲法の選挙権平等の要求に違反し違憲と断ぜられるべきものであったと明確に判示したことは重要である。また，本判決が本件議員定数配分規定を不可分一体のものと捉え，全体として違憲の瑕疵を帯びると解したことは，立法府に対して抜本的な改正を迫るものとして注目される20)。

3　選挙の効力と事情判決的処理

本判決は，本件議員定数配分規定が憲法に違反し，したがってこれに基づいて行われた選挙が憲法の要求に沿わないものであることを認めつつも，同規定とこれに基づく選挙を当然無効と解すると，当該選挙により選出された議員の議員としての資格やこれらの議員で組織された衆議院で可決成立した法律等の効力が問題となるなど，「明らかに憲法の所期しない結果を生ずる」が故にかかる解釈をとるべきでない，という21)。これは，議員定数配分規定が違憲無効となれば当該規定に基づいて実施された選挙もまた無効となるという前提に立って，違憲の議員定数配分規定を直ちに無効とすべきではないという趣旨を述べたものであろうか。しかし，そもそも本件訴訟を公選法

---

19)　同 249 頁。
20)　これに対して，岡原ら 5 裁判官の反対意見は，議員定数配分規定を可分なものと捉え，同規定は，本件で問題とされた千葉 1 区に関する限り，違憲無効であり，したがってこれに基づく本件選挙も無効とすべきものであるという（同 258〜61 頁）。これは，平均的投票価値をもつ選挙区は全国的に見れば多数にのぼるから配分規定の全面的手直しは不要であり，また，問題のある選挙区についてのみ選挙を無効として定数是正を行うことで無用な混乱も回避できるとの考え方に基づく。この反対意見はそれなりに筋が通っているが，定数不足の違憲を争っているのに選挙が無効とされた結果当該選挙区選出の議員がいなくなることや選挙無効判決後の再選挙が困難であることなどの問題が残ると思われる（この点を指摘するものとして，野中俊彦『憲法訴訟の原理と技術』306 頁，358〜59 頁，377 頁〔有斐閣，1995 年〕参照）。同じく可分論に立つ岸裁判官の反対意見（民集 30 巻 3 号 268〜74 頁）は，問題のある選挙区の選挙を無効としつつ，あるべき定数の範囲内で当選の効力は維持しようとする独特な議論であるが，はたしてそれが公選法 204 条の訴訟の枠内で解釈論的に可能かどうか疑問がある。
21)　民集 30 巻 3 号 250〜51 頁。

204条の訴訟として認めるのであれば、たとえ議員定数配分規定が違憲無効であるとしても、選挙無効の判決について当然無効は問題にならないはずである。本判決は、まず当然無効の解釈を否定し、次いで公選法204条の訴訟において判決で選挙を無効とすることの可否を検討しているが、両者が論理的にどうつながるのかは明確でない。結局本判決は、公選法204条の訴訟で選挙無効の判決をした場合について更に検討を進め、この場合にもなお憲法の所期しない結果を生じるとして、いわゆる事情判決的処理を行い、選挙を無効としないという結論に達している。

もっとも、本判決自身も認めるように、行政事件訴訟法（以下「行訴法」という）の事情判決条項（31条1項）は、公選法の選挙の効力に関する訴訟についてはその準用が排除されている（公選法219条）。これに対して、本判決は、本件のように選挙が違憲の公選法に基づいて行われたという一般性をもつ瑕疵を帯び、その是正が法律の改正なくしては不可能である場合には、事情判決条項の準用を排除した立法府の判断は必ずしも拘束力を有するものとすべきでないとし、事情判決条項に含まれる「法の基本原則」の適用により、「選挙を無効とすることによる不当な結果を回避する裁判をする余地もありうる」[22]というが、些か強引な言い回しとの印象を免れない。また、そもそも本判決が、公選法204条の訴訟によった場合でも選挙を無効とすると不都合が生じるとしている点は、はたして妥当であろうか。本判決は、①選挙を無効としても、公選法自体を改正しない限り、真に憲法に適合する選挙は実現しないこと、②全国の選挙について同様の訴訟が提起され選挙が無効になれば、当然無効と解した場合とほぼ同様の不当な結果が生じること、③仮に一部の選挙区の選挙のみが無効とされるにとどまった場合でも、もともと同じ憲法違反の瑕疵を有する選挙について、そのあるものは無効とされ、他のものは有効として残り、しかも、公選法の改正を含むその後の衆議院の活動が、選挙を無効とされた選挙区からの選出議員を得られないままの異常な状態の下で行われざるをえない結果となること、を挙げている[23]。①はもっともであるが、しかし、だからといって、選挙を無効とすべきでないと

---

22) 同253頁。
23) 同252頁。

いうことにはならないのではないか。また，②についても，実際に全国の選挙区で選挙無効訴訟が提起され選挙が無効とされれば，たしかに不都合が生じるといえるが，これはあくまでも仮定の話にとどまる。さらに，③についても，複数の選挙区で違法な選挙が行われて選挙無効訴訟が提起され，相前後して選挙無効判決が確定したものの再選挙が行われないうちに緊急案件を審議せざるをえないような場合には当然起こりうることであり，公選法が想定する範囲内の事柄ではないかと思われる[24]。

　議員定数不均衡訴訟の事情判決的処理は，判決主文での選挙の違法宣言（行訴法31条1項参照）と請求棄却を組み合わせることにより，選挙を無効とすることに伴って生じることが予想される困難な事態を回避しつつ立法府に議員定数是正を促すという，苦心の解決策であり，実際的見地からこれを積極的に評価する立場も存在する[25]。しかし，上記の①～③の事態は，議員定数不均衡を公選法204条の選挙無効訴訟で争うことを認める以上，常にそれに伴うものである。そうすると，議員定数の速やかな是正がされない限り，再度の選挙無効訴訟はもとより，その後の訴訟についても，裁判所としては事情判決的処理を繰り返すほかないことになろう。これでは選挙無効訴訟を認めた趣旨に反するのではないか。この点，1985（昭和60）年7月17日の大法廷判決[26]は，上記③に当たる「不都合」のほか，違憲の議員定数配分規定による選挙権の制約の不利益など「当該選挙の効力を否定しないことによる弊害」「その他諸般の事情」の「総合考察」に基づいて判断し，場合によっては選挙無効判決もありうることを強く示唆するものとなっており，注目される[27]。しかし，この判断方法によれば，今度は，裁判所は事件ごとに微妙な衡量的判断を迫られることになろう。そこで，最初は事情判決的

---

24) この点は，岡原ら5裁判官の反対意見が的確に指摘するところである。同262頁参照。
25) 芦部信喜『憲法訴訟の現代的展開』343～44頁（有斐閣，1981年），野中・前出注20)348頁，351～60頁等参照。
26) 最大判昭和60・7・17民集39巻5号1100頁。
27) 同1123頁参照。昭和60年判決における寺田治郎，木下忠良，伊藤正己，矢口洪一裁判官の共同補足意見は，選挙を無効とすることもありうることを前提として，「その場合，判決確定により当該選挙を直ちに無効とすることが相当でないとみられるときは，選挙を無効とするがその効果は一定期間経過後に始めて発生するという内容の判決をすることもできないわけのものではない」（同1125～26頁）という。いわゆる将来効または将来無効の判決を是認するものとして注目される。

処理を行い，それにもかかわらず合理的期間内に定数是正がされないまま次の選挙が行われ，再び選挙無効訴訟が提起されたときは選挙無効判決を下す，ということが考えられる[28]。しかし，この場合も，選挙無効判決に従って定数是正が行われない限り，真の権利救済が実現しないことに変わりはない。ここに，議員定数不均衡を選挙無効訴訟で争うことに伴う困難な問題がある[29]。

4 本判決の射程と残された問題

(1) 本判決の違憲判断に対して国会は迅速に対応することをしなかった。それは，議員定数の是正が優れて政治的な問題であって一般的に迅速な対応を期待できないということばかりではなく，本件選挙がそれに基づいて行わ

---

[28] 昭和60年判決における木戸口久治裁判官の補足意見がこの考え方を明確に打ち出している（同1127頁参照）。また，同判決における谷口正孝裁判官の反対意見は，事情判決的処理は「極めて例外的な場合にのみ許されるべきもの」であるとし，事情判決的処理を常態化することは「公職選挙法204条の規定に乗せて議員定数配分規定の違憲を理由とする選挙無効の訴訟を認めた趣旨にもとる」こととなり，「裁判所による違憲事実の追認という事態を招く結果となる」ことであって，「裁判所の採るべき途ではない」と多数意見を強く論難している（同1129頁参照）。

[29] 選挙無効訴訟の難点は，それが既に実施された過去の選挙の効力を争う訴訟だというところにある。問題は違憲の定数配分にあるとすれば，これから行われようとする選挙を，それが違憲の定数配分規定に基づくことを理由に阻止すること（選挙の差止め）を求めるのが本筋であり，また，これが認められれば国会に対して定数是正を強く促す効果をもつことになろう。もっとも，これまで実際に提起された選挙事務執行差止訴訟において裁判所は，このような形態の訴訟を民衆訴訟と捉え，それが現行制度上認められていないことを理由に訴えを不適法として却下している（東京地判昭和51・11・19行集27巻11＝12号1772頁，千葉地判昭和54・10・1訟月26巻1号111頁等参照）。しかし，本判決自身がそれと意識していたように（また，5裁判官反対意見がより明確に言及していたように），議員定数不均衡訴訟が「国民の基本的権利」にかかわる訴訟としての性格をもつことを否定できないとすれば，こうした裁判所の紋切り型の対応には疑問がある（この点に関連して，本判決における岸裁判官の反対意見〔民集30巻3号265～68頁〕を参照）。少なくとも，最高裁が違憲判断を下したにもかかわらず，定数是正が行われないまま次の選挙が実施されようとしているといった状況の下では，当該選挙の差止めを認めることも十分考慮されてよいのではないかと思われる（佐藤幸治『現代国家と司法権』296頁〔有斐閣，1988年〕参照）。改正行訴法は，新たに差止訴訟を法定したが（同3条7項，37条の4），議員定数不均衡訴訟を主観訴訟として構成することにより，この差止訴訟を活用できないものであろうか。なお，この他にも，投票価値の平等を内容とする選挙権の侵害を理由に損害賠償を請求する方法がありうるし，実際に試みられているが，権利救済の実効性には疑問がある（東京地判昭和52・8・8判時859号3頁参照。なお，最大判平成17・9・14民集59巻7号2087頁〔在外選挙権訴訟判決。本書第16章〕における泉徳治裁判官の反対意見〔同2108頁〕参照）。

れた昭和39年の公選法が，本判決前の1975（昭和50）年に既に不十分ながらも改正されていたという本件に特有の事情が関係しているものと思われる（あるいは，そうであればこそ，本判決も違憲判断を出しやすかったということがいえるかもしれない）。その後，衆議院の議員定数不均衡については，この昭和50年の改正公選法に基づいて行われた選挙について新たに選挙無効訴訟が提起され，1983（昭和58）年11月7日の大法廷判決[30]は，最大較差1対3.94について違憲状態と認定したものの，是正のための合理的期間を経過していないとして議員定数配分規定を違憲とはしなかった。これに対して，上記昭和60年判決は，最大較差1対4.40について違憲状態と認定した上で，是正のための合理的期間も経過しているとして，同じ規定を違憲と判断した（ただし，事情判決的処理を行った）。しかし，これ以降違憲判断はない。わずかに，1993（平成5）年1月20日の大法廷判決[31]が，1986（昭和61）年の改正公選法について，最大較差1対3.18を違憲状態としつつ，合理的期間を経過していないと判断しているにとどまる。

　1994（平成6）年の小選挙区比例代表並立制の導入（平成6年法律第2号，10号，104号）後に初めて行われた1996（平成8）年10月20日の衆議院議員選挙についても選挙無効訴訟が提起されたが，1999（平成11）年11月10日の大法廷判決[32]は，選挙区間の人口の最大較差1対2.137または1対2.309について，投票価値の不平等が合理性を有しない程度にまで達しているとはいえないとして，区割規定を憲法14条1項，15条1項，43条1項等に違反しないと判示した[33]。しかし，従来の中選挙区制の下における議員定数の不均衡と違って，小選挙区制の下では各選挙区とも定数1の選挙区をどのように区割りするかが問題となるところ，区割りの基準を定める衆議院議員選挙区画定審議会設置法（以下「区画審設置法」という）3条2項は，各都道府県にまず定数1を配分した上で残る定数のみを人口に比例して配分す

---

30) 最大判昭和58・11・7民集37巻9号1243頁。
31) 最大判平成5・1・20民集47巻1号67頁。
32) 最大判平成11・11・10民集53巻8号1441頁。
33) 同日大法廷は，比例代表制と重複立候補制の憲法適合性，小選挙区制と小選挙区選挙の候補者届出政党に選挙運動を認めたことの憲法適合性について，それぞれ合憲の判断を下している（前者について，同1577頁，後者について，同1704頁参照）。

ること(いわゆる「一人別枠方式」)を定め、これに基づいて規定された公選法の区割規定は当初から較差が2倍を超えるものとなっていたのであり、これを違憲でないとした平成11年判決には疑問を禁じえない[34]。2003(平成15)年11月9日に行われた衆議院議員選挙についての選挙無効訴訟で、最高裁第三小法廷は、2005(平成17)年7月に審理を大法廷に回付し、憲法判断が期待されたが、同年8月の衆議院解散後、審理は再び小法廷に戻され、第三小法廷は、結局衆議院解散により「本件選挙の効力は将来に向かって失われたものと解すべき」とし、訴えの利益の喪失を理由に訴えを却下した[35]。その後、平成17年9月11日に行われた衆議院議員選挙に関する選挙無効訴訟で、2007(平成19)年6月13日の大法廷判決[36]は、2000(平成12)年の国勢調査による人口を基にした区割規定の下での選挙区間の人口の最大較差は1対2.064と1対2をわずかに超えるものにすぎず、最も人口の少ない選挙区と比較した人口較差が2倍以上となった選挙区は9選挙区にとどまるものであったとし、また、平成17年の選挙当日における選挙区間の選挙人数の最大較差は1対2.171であったとして、2002(平成14)年に改定された区割規定はその制定時においても選挙施行時においても憲法14条等に違反するものではない、と判示した[37]。これに対して、2009(平成21)年8月30日に行われた衆議院議員選挙に関する選挙無効訴訟について、2011

[34] この判決には、選挙区間の人口較差が2倍に達し、あるいはそれを超えるに至ったときは、投票価値の平等は侵害されたというべきであるとする立場から、一人別枠方式を厳しく論難する河合伸一、遠藤光男、元原利文、梶谷玄各裁判官の共同反対意見(同1473頁)、および、これに同調しつつ、「憲法に定める投票価値の平等は、極めて厳格に貫徹されるべき原則であり、選挙区割りを決定するに当たり全く技術的な理由で例外的に認められることのある平等からのかい離も、最大較差2倍を大幅に下回る水準で限定されるべきである」ことを強調する福田博裁判官の反対意見(同1480頁)が付されている(ただし、いずれも事情判決的処理を相当としている)。
[35] 最三小判平成17・9・27集民217号1033頁。
[36] 最大判平成19・6・13民集61巻4号1617頁。
[37] この判決には、平成14年改定の区割規定を違憲とする横尾和子、泉徳治裁判官の各反対意見(同1655頁、1658頁)があるほか、違憲判断には至らなかったものの、一人別枠方式は合理性に乏しい制度であって、同方式に基づいて定められた当該区割規定は憲法の趣旨に沿うものとはいい難いとする、藤田宙靖、今井功、中川了滋、田原睦夫の4裁判官による共同意見(同1676頁)が付されている。また、この判決は、候補者届出政党に選挙運動を認める公選法の規定についても平成11年判決を踏襲して合憲の判断を下しているが、この点に関しても横尾、泉、田原の3裁判官がそれぞれ反対意見(同1657頁、1662頁、1667頁)を述べている(ただし、反対意見を述べた裁判官の全員が事情判決的処理を相当としている)。

(平成23) 年3月23日の大法廷判決[38]は, 平成21年の選挙当日における選挙区間の選挙人数の最大較差は1対2.304であり, 最も人口の少ない選挙区と比較した較差が2倍以上となった選挙区は45選挙区にのぼることを指摘し, 一人別枠方式がこのような選挙区間の投票価値の較差を生じさせる主要な要因となっていたとし, 区画審設置法3条の定める区割基準のうち一人別枠方式に係る部分は, 遅くとも平成21年の選挙当時には立法時の合理性を失い, かかる基準に基づく選挙区割りとともに憲法の投票価値の平等の要求に反するに至っていたと判断した。もっとも, この判決は, なお是正のための合理的期間を経過していないとして, 区割基準を定めた区画審設置法3条, それに基づく公選法13条1項および別表第1は憲法14条等に違反しないと結論した[39]。

平成23年判決を受けて, 一人別枠方式を定めた区画審設置法3条2項の削除といわゆる0増5減を内容とする公選法の改正が成立したものの, 改正法成立と同日の2012 (平成24) 年12月16日に衆議院が解散されたため, 平成24年の選挙は, 前回の平成21年の選挙と同じ区割規定とこれに基づく選挙区割りの下で施行されることとなった。この平成24年の選挙当日における選挙区間の選挙人数の最大較差は1対2.425であり, 最も人口の少ない選挙区と比較した較差が2倍以上となっている選挙区は72選挙区まで増加していた。このような状況の下に実施された平成24年の選挙について, 全国で選挙無効訴訟が提起され, 17件の高裁・高裁支部判決が出された。そこでの判断は, 選挙区割りは違憲状態であったとしつつ区割規定を合憲とす

---

38) 最大判平成23・3・23民集65巻2号755頁。
39) この判決には, 一人別枠方式はその制定当初から憲法に違反していたものであるとし, 平成21年の選挙までにその再検討の着手にすら至っていない国会の立法不作為は憲法上要求される合理的是正期間を徒過したもので, 区割規定は違憲であるとする田原睦夫裁判官の反対意見 (ただし, 事情判決的処理を相当とする) (同799頁), 一人別枠方式は平成14年7月に区割規定が改定された頃までには既にその合理性を失っており, 立法府は遅くともこの時点で一人別枠方式を廃止すべきであったとし, かかる方式を採用して定められた区割規定は違憲であるとする宮川光治裁判官の反対意見 (事情判決的処理を相当とするものの, 今後国会が速やかに一人別枠方式を廃止しない場合には, 将来の事件において当該選挙区の結果を無効とすることがありうることを付言すべきであるとする) (同809頁) が付されている。なお, 逆に, 一人別枠方式の合理性を認め, 平成21年の選挙当時, 選挙区割りが憲法の投票価値の平等の要求に反するに至っていたということはできないとする古田佑紀裁判官の意見がある。

るもの2件，違憲とするもの15件（そのうち事情判決的処理を相当とするもの13件，当該選挙区の選挙を一定期間経過後に無効になるとするもの1件[40]，当該選挙区の選挙を即時無効とするもの1件[41]）に分かれた。そこで上告審の判断が注目されたのであるが，2013（平成25）年11月20日の大法廷判決[42]は，平成24年選挙時において選挙区割りが憲法の投票価値の平等の要求に反する状態であったことを認めつつも，是正のための合理的期間を経過したとはいえないとして，区割規定が憲法14条1項等に違反するという主張を退けたのであった。この平成25年判決の特徴は，衆議院議員選挙における投票価値の較差問題について従来の大法廷が，①定数配分または選挙区割りが違憲状態に至っているか否か，②是正のための合理的期間を徒過して定数配分規定または区割規定が憲法の規定に違反するに至っているか否か，③選挙を無効とすることなく選挙の違法を宣言するにとどめるか否か，と段階を踏んで判断する方法を採用してきたことを，「憲法の予定している司法権と立法権との関係に由来するもの」[43]とした上で，違憲状態という司法の判断がされたとき，合理的期間内に是正がされなかったか否かの判断にあたっては，「単に期間の長短のみならず，是正のために採るべき措置の内容，そのために検討を要する事項，実際に必要となる手続や作業等の諸般の事情を総合考慮して，国会における是正の実現に向けた取組が司法の判断の趣旨を踏まえた立法裁量権の行使として相当なものであったといえるか否かという観点から評価すべきもの」[44]とし，この考え方に基づいて，平成24年選挙までに行われた立法府における是正のための取組（一人別枠方式を定めた旧区画審設置法3条2項の規定の削除と全国の選挙区間の人口較差を2倍未満に収めることを可能とする定数配分と区割り改定の枠組みの設定）を「是正の実現に向けた一定の前進」[45]と評価したところにある[46]。

40) 広島高判平成25・3・25判時2185号25頁（②事件）。この判決は，選挙無効の効果は判決言渡し後8か月を経過した時点で発生するものとし，裁判所がこのような将来効判決をなしうる根拠として憲法81条を援用するとともに，同じく将来効判決を提案した昭和60年判決における寺田治郎ら4裁判官の共同補足意見（前出注27））の参照を求めている。
41) 広島高岡山支判平成25・3・26（LEX/DB文献番号25500398）。
42) 民集67巻8号1503頁。
43) 同1522頁。
44) 同1523頁。

平成 24 年選挙の後，0 増 5 減を前提に選挙区間の人口較差が 2 倍未満となるように区割りを改める公選法の改正が行われたが，2014（平成 26）年 11 月 21 日に衆議院が解散され，同年 12 月 14 日，この改定された選挙区割りの下で選挙が施行された。この選挙当日における選挙区間の最大較差は 1 対 2.129 であり，最も人口の少ない選挙区との較差が 2 倍以上の選挙区は 13 となっていた。この平成 26 年の選挙についても全国で選挙無効訴訟が提起され，17 件の高裁・高裁支部判決のうち，選挙区割りは違憲状態に至っていないとして区割規定を合憲とするもの 4 件，選挙区割りは違憲状態にあったが是正のための合理的期間を徒過していないとして区割規定を合憲とするもの 12 件，区割規定を違憲とする（ただし，事情判決的処理を行う）もの 1 件[47]，であった。これに対して，2015（平成 27）年 11 月 25 日の大法廷判決[48]は，改定された選挙区割りはなお憲法の投票価値の平等の要求に反する状態にあったとしつつも，是正のための合理的期間を徒過したとはいえないとして，区割規定が憲法 14 条 1 項等に違反するという主張を退けた。この平成 27 年判決は，ほとんど平成 25 年判決をなぞるものとなっているが，合理的期間を徒過していないとの判断に際して，上記の選挙区割りの改定後も国会において引き続き選挙制度の見直しが行われ，衆議院に設置された検討機関において具体的な改正案等の検討が続けられていることを「併せ考慮

45) 同 1525 頁。この判決は，一人別枠方式の構造的な問題が最終的に解決されているとはいえないことを認めながらも，この問題への対応や合意の形成に様々な困難が伴うことを踏まえ，「新区画審設置法 3 条の趣旨に沿った選挙制度の整備については，今回のような漸次的な見直しを重ねることによってこれを実現していくことも，国会の裁量に係る現実的な選択として許容されている」（同上）と付言している。
46) この判決には，合理的期間内における是正がされなかったとして区割規定を違憲とし，選挙の違法を宣言すべきものとする（ただし，事情判決的処理を相当とする），大谷剛彦，大橋正春，木内道祥裁判官の各反対意見（同 1531 頁，1536 頁，1545 頁）のほか，投票価値について憲法はできる限り 1 対 1 に近い平等を基本的に保障しているものとし，選挙区割りの策定において投票価値の最大較差が 2 倍以上とならないようにすることを基本とすることに合理性を認める多数意見を批判する鬼丸かおる裁判官の意見（同 1527 頁）が付されている。
47) 福岡高判平成 27・3・25 判時 2268 号 23 頁。この判決は，平成 23 年判決の言渡し時点から平成 26 年選挙までの間における国会の投票価値の較差是正に向けた取組について検討し，「憲法の保障する投票価値の平等の内容が可能な限り人口比例選挙を実現すべきものと理解するところからすれば，これまでの国会の取組は，結局のところ選挙区間の人口較差を 2 倍以内とすることに終始しており，平成 23 年大法廷判決の趣旨を踏まえた立法裁量権の行使として相当なものではなかった」と断じている。
48) 最大判平成 27・11・25 民集 69 巻 7 号 2035 頁。

する」[49]など，立法府に一層の敬譲の姿勢を示している点が目につく[50]。

　国会における衆議院議員の選挙制度の見直しは，その後，各都道府県への議席配分につき各都道府県の人口を一定の数値（小選挙区基準除数）で除し，それぞれの商の整数に小数点以下を切り上げて得られた数の合計数が小選挙区選挙の定数と一致するようにする，いわゆるアダムズ方式により行うこととされたが，この方式による各都道府県の選挙区数の変更は2020（令和2）年以降10年ごとに行われる国勢調査の結果に基づき行うこととして先送りされ，さしあたり，アダムズ方式を適用した場合に選挙区数が減少する都道府県の第1順位から第6順位までの都道府県の選挙区数を1減じる0増6減とこれを踏まえた選挙区割りの改定のみが実現された。2017（平成29）年9月28日に衆議院が解散され，同年10月22日にこの改定された選挙区割りの下で選挙が施行された。選挙当日における選挙区間の選挙人数の最大較差は1対1.979であり，最も人口の少ない選挙区との較差が2倍以上となっている選挙区は存在しなかった。この平成29年の選挙についても全国で選挙無効訴訟が提起され，16件の高裁・高裁支部判決のうち，選挙区割りは違憲状態に至っていないとして区割規定を合憲とするもの15件，選挙区割りは違憲状態にあったが是正のための合理的期間を徒過していないとして区割規定を合憲とするもの1件[51]であった。2018（平成30）年12月19日の大法廷判決[52]は，平成29年の選挙当日における選挙区間の最大較差が2倍未満に縮小していたことや，選挙施行時においてアダムズ方式による各都道府県への定数配分という「一人別枠方式の下における定数配分の影響を完全に解

---

49) 同2062頁。
50) この判決には，区割規定を違憲とする，大橋正春，鬼丸かおる，木内道祥裁判官の各反対意見がある（同2081頁，2085頁，2090頁）。このうち，大橋裁判官は，平成26年選挙の効力につき，大法廷判決の確定後6か月経過の後に無効とするのが相当とし，木内裁判官は，議員一人当たりの選挙人数が少ない選挙区からその少ない順位に従って選挙を無効とする選挙区を選定すべきものとし，平成26年選挙については該当する12の選挙区についてのみ選挙を無効とすべきであると主張しており，注目される。他方，この判決には，現状を，司法部と立法部との間で「いわば実効性のあるキャッチボールが続いている状況」と見て，司法部が選挙を無効とするような対応を採るべきではないとする千葉勝美裁判官の補足意見（同2064頁），平成26年選挙当時，選挙区割りが違憲状態に至っていたとはいえないとする櫻井龍子，池上政幸裁判官の共同意見（同2073頁）が付されている。
51) 名古屋高判平成30・2・7（LEX/DB文献番号25549337）。
52) 最大判平成30・12・19民集72巻6号1240頁。

消させる立法措置が講じられていた」ことを挙げて、平成27年判決が平成26年選挙当時の選挙区割りについて判示した違憲状態は一連の立法措置により解消されたものとし、区割規定は憲法14条1項等に違反しないと判示した。しかし、平成29年選挙当日に較差が2倍未満であったといっても、それは、なお限りなく2倍に近い較差である。較差が2倍未満でありさえすれば投票価値の平等という憲法の要請を充たすと解してよいかどうかは大いに議論の余地があろう[53]。また、アダムズ方式による定数配分の実施も平成29年選挙の時点ではまだ実現されていない将来の話である。現状の制度に即した判断が必要だったのではないであろうか[54]。

(2) 一方、参議院の議員定数不均衡については、本判決を受けて、昭和58年4月27日の大法廷判決[55]が投票価値の平等を憲法上の要求と認めた。しかし、この判決は、同時に、選挙制度の決定における国会の裁量を「極めて広い」ものと捉え、国会の具体的決定がその裁量権の行使として合理性を認めうるものである限り、それによって「投票価値の平等が損なわれることとなっても、やむをえない」とまで述べている（同判決はこれを本判決の「趣旨とするところ」でもあるというが、両者は微妙に異なると思われる）[56]。その上で、同判決は、参議院議員の選挙の特殊性を考慮して、当該事件における

---

53) この点に関しては、4名の裁判官が最大較差2倍未満なら合憲との立場を採らず、平成29年選挙時の選挙区割りを違憲状態であったと判断している（林景一、宮崎裕子裁判官の各意見、鬼丸かおる、山本庸幸裁判官の各反対意見参照）。このうち、鬼丸裁判官は、是正のための合理的期間を経過したものとして区割規定を違憲とし（ただし、選挙の効力については事情判決的処理を相当とする）、山本裁判官は、更に一歩を進めて、選挙を無効とし、一票の価値が0.8を下回る選挙区から選出された議員についてのみ議員の身分を失うものと解すべきであると説いている（後出注70)参照）。
54) この点に関しては、宮崎裁判官が、実際の選挙時点において適用された定数配分および選挙区割りに関する規定における国民の具体的な投票権の内実が憲法の投票価値の平等の要求に適合する状態であったかという点を判断の対象にすべきであるとし、その判断においては実際に適用された選挙区割りにまだ反映されていない法律の存在を考慮すべきではないと述べている。
55) 最大判昭和58・4・27民集37巻3号345頁。
56) 同349頁を民集30巻3号243〜45頁と対照せよ。本判決では、投票価値の平等は、「原則として、国会が正当に考慮することのできる他の政策的目的ないし理由との関連において調和的に実現されるべきもの」としつつ、「もっとも、このことは、平等選挙権の一要素としての投票価値の平等が、単に国会の裁量権の行使の際における考慮事項の一つであるにとどまり、憲法上の要求としての意義と価値を有しないことを意味するものではない」と釘をさしていたことが銘記されるべきであろう。

最大較差1対5.26も違憲ではないとした。その後，平成8年9月11日の大法廷判決[57]は最大較差1対6.59について「違憲の問題が生ずる程度の投票価値の著しい不平等状態が生じていた」と認定したが，この判決を含めて，議員定数配分規定を違憲と断じた例はない。しかし，投票価値の平等を憲法上の要求として認める以上，参議院の特殊性を考慮したとしても，はたしてこれだけの較差を是認しうるものかどうかは疑問である。2004（平成16）年1月14日の大法廷判決[58]は，最大較差1対5.06について合憲判断を下したが，多数意見を構成する9人の裁判官のうち4人が国会の対応次第では，次回は違憲判断の余地が十分あるとし[59]，また，反対意見の6人の裁判官が議員定数配分規定を違憲とし選挙を違法とする判断を示した[60]ことが注目された。しかし，2006（平成18）年10月4日の大法廷判決[61]は，最大較差1対5.13という状況の下でも，定数配分規定は違憲とはいえないとの判断を下した。平成16年判決が最大較差1対5.06を合憲としていただけに，それと大きく異なるものでない同判決から約6か月後の選挙時の較差について，その間国会もそれなりに定数較差是正の努力を続けていた（そして，平成16年の選挙後には一応定数配分規定の改正が実現した）という事情の下では，違憲と判断することがためらわれたということであろう[62]。また，平成21年9月30日の大法廷判決[63]は，最大較差1対4.86について合憲判断を下した

---

[57] 最大判平成8・9・11民集50巻8号2283頁。この判決には，憲法が要求する投票価値の平等は参議院議員の選挙制度の仕組みの決定にあたっても十分尊重されるべきものであるとして，議員定数配分規定を違憲と判示しなかった多数意見を厳しく批判する，大野正男，髙橋久子，尾崎行信，河合伸一，遠藤光男，福田博裁判官の共同反対意見（同2298頁）があるほか，これを補足する尾崎，遠藤，福田裁判官の各追加反対意見（同2303頁，2308頁，2312頁）がある。

[58] 最大判平成16・1・14民集58巻1号56頁。

[59] 亀山継夫，横尾和子，藤田宙靖，甲斐中辰夫裁判官の共同補足意見2（同67頁，71〜72頁）参照。

[60] 福田博，梶谷玄，深澤武久，濱田邦夫，滝井繁男，泉徳治裁判官の共同反対意見（同74〜75頁）参照。なお，6人の裁判官が一人ずつ追加反対意見を執筆している（同75〜107頁）。そのうち深澤裁判官が選挙無効判決をすべきものとし，他の5裁判官は事情判決的処理を相当としているが，この5裁判官のうち，福田，梶谷の両裁判官は，今後もこのような違憲状態が継続するのであれば選挙の無効を宣言すべきものとし，また，濱田裁判官は，一定期間内における定数是正を立法府に求め，そのように是正されない定数配分に基づく将来の選挙を無効とする旨の「条件付宣言的判決」の可能性の検討を提唱している。

[61] 最大判平成18・10・4民集60巻8号2696頁。

が，ここでは，平成18年改正前の定数配分規定の下で実施された前回選挙当時の最大較差1対5.13に比べて較差が縮小したものとなっていたこと，平成19年7月施行の参議院議員選挙後には参議院改革協議会が設置され，その下に選挙制度に係る専門委員会が設置されるなど定数較差の問題につき今後も検討が行われることとされていること，最大較差の大幅な縮小を図るためには現行の選挙制度の仕組み自体の見直しが必要であり，それについては相応の時間を要するところ，平成19年の選挙までにそのような見直しを行うことはきわめて困難であったといわざるをえないことが理由として挙げられている[64]。この判決については，初めて選挙制度の仕組み自体の見直しに言及したものとしてこれを評価する声もある。しかしながら，選挙制度の仕組み自体の見直しは，それについて相応の時間を要するとして，むしろ定数配分規定を違憲としない理由として持ち出されていることに注意しなければなるまい。要するに，平成21年判決は，現状の較差が投票価値の平等という観点からはなお問題を残すものであることを認めながらも[65]，直ちに最大較差の大幅な縮小を図ることは実際上困難であるとして，国会に対し，

---

62) この判決には，横尾和子，滝井繁男，泉徳治，才口千晴，中川了滋の5裁判官の各反対意見が付されている（同2719頁，2720頁，2725頁，2728頁，2731頁）。このうち，滝井，泉，才口の3裁判官が，参議院においても，選挙区間における議員一人当たりの選挙人数の較差が2倍を超えることは憲法により保障された投票価値の平等の原則に反するとの見解を表明している（ただし，他の2裁判官も含めて，反対意見を述べた裁判官の全員が事情判決的処理を相当としている）。

63) 民集63巻7号1520頁。

64) この判決には，参議院議員選挙に関しても投票価値の平等が重視されるべきであるとの観点から，定数配分規定を違憲とし選挙の違法を宣言すべきものとする，中川了滋，那須公平，田原睦夫，近藤崇晴，宮川光治の5裁判官の各反対意見が付されている（同1540頁，1542頁，1547頁，1565頁，1570頁）。このうち，中川，田原，近藤，宮川の4裁判官が事情判決的処理を相当としているが，近藤，宮川の2裁判官は今後の立法府の対応次第では，選挙を無効とする余地もありうるとの考えを示している。また，那須裁判官は，事情判決では直接立法府に改正を促す法的効果はないとし，端的に主文で違憲確認をする方法を認めてもよいのではないかとの問題提起を行っており，注目される。

65) 平成21年判決は，現状の較差は「なお大きな不平等が存する状態であり，選挙区間における選挙人の投票価値の較差の縮小を図ることが求められる状況にある」（同1528頁）という。この較差縮小の要求はどこから来るのであろうか。それが憲法から来るのだとすれば，現状は違憲状態ということではないのか。違憲状態ではあるが合理的期間を経過していないとする論法のほうが定数較差是正につき立法府に迅速かつ適切な検討を促す判旨と整合するように思われるが，おそらくそのような論法は，これまで参議院について5倍を超える較差を違憲状態と認定してこなかった先例を前提とする限り採りえなかったということであろう。

「速やかに，投票価値の平等の重要性を十分に踏まえて，適切な検討」を行うことを促すにとどまっているのである[66]。問題の困難さは理解できるものの，これで司法に託された責務を十分果たしたといえるのかどうかは疑問の残るところである。

その後も定数配分規定は改められないまま 2010（平成 22）年 7 月の選挙が施行されたが，この選挙当時の選挙区間における議員一人当たりの選挙人数の最大較差は，1 対 5.00 に拡大していた。この平成 22 年選挙をめぐる選挙無効訴訟において，平成 24 年 10 月 17 日の大法廷判決[67]は，当該選挙当時，選挙区間における投票価値の不均衡は違憲状態に至っていたと認定したものの，定数配分規定は違憲ではないと判示した[68]。平成 24 年判決の言渡し後，選挙区選出議員について 4 選挙区で定数を 4 増 4 減する公選法の改正が成立し，改正後の定数配分規定の下で平成 25 年 7 月に参議院の通常選挙が施行されたが，この選挙当時の選挙区間の最大較差は，1 対 4.77 であった。この平成 25 年選挙をめぐる選挙無効訴訟において，平成 26 年 11 月 26 日の大法廷判決[69]は，当該選挙当時，選挙区間における投票価値の不均衡は依然として違憲状態を脱していないとしたものの，選挙の前後を通じて国会が選挙制度の見直しについて検討を続けていることを考慮し，定数配分規定が違憲であったとはいえないと判示している[70]。平成 24 年判決および平成 26 年判決を受けて，人口の少ない鳥取県と島根県，徳島県と高知県をそれぞれ合区して定数 2 人の選挙区とするとともに，3 選挙区の定数を 2 人ず

66) 同 1527〜28 頁参照。
67) 最大判平成 24・10・17 民集 66 巻 10 号 3357 頁。
68) この点に関しては，田原睦夫，須藤正彦，大橋正春の 3 裁判官がそれぞれ詳細な反対意見を執筆して，定数配分規定は違憲である旨を論じている（ただし，いずれも当該選挙の効力に関しては，事情判決的処理を相当とする）。民集 66 巻 10 号 3388 頁，3406 頁，3420 頁参照。
69) 最大判平成 26・11・26 民集 68 巻 9 号 1363 頁。
70) この判決には，大橋正春，鬼丸かおる，木内道祥，山本庸幸裁判官の各反対意見が付されている（民集 68 巻 9 号 1389 頁，1396 頁，1405 頁，1416 頁）。このうち，大橋，鬼丸，木内の 3 裁判官が定数配分規定を違憲としつつも，当該選挙の効力は否定しない事情判決の処理を相当としているのに反し，山本裁判官は，国政選挙の選挙区や定数の定め方については投票価値の平等が貫かれているかどうかが「唯一かつ絶対的な基準」になるとの立場から，参議院においても一票の価値の較差が生じないようにするべきであり，無効とされた選挙において一票の価値が 0.8 を下回る選挙区から選出された議員はすべてその身分を失うと解すべきであるという持論を展開しており，注目される。山本裁判官は，衆議院議員選挙の選挙無効訴訟においても，同旨の反対意見を述べている（前出注 53）参照）。

つ減員し，5選挙区の定数を2人ずつ増員すること（10増10減）を内容とする公選法の改正が成立し，改正後の定数配分規定に基づいて2016（平成28）年7月に参議院の通常選挙が施行されたが，この選挙当時の選挙区間の最大較差は，1対3.08であった。この平成28年選挙をめぐる選挙無効訴訟において，平成29年9月27日の大法廷判決[71]は，憲法の定める二院制の下での参議院のあり方や役割に一般的に言及したのち，改正公選法が参議院の創設以来初めての合区を行うことにより都道府県を各選挙区の単位とする選挙制度の仕組みを見直し，これによって選挙区間の最大較差が大幅に縮小するに至ったことや，改正法がその附則において次回の通常選挙に向けて選挙制度の抜本的な見直しについて引き続き検討を行い必ず結論を得る旨を定めていること（大法廷は，これを「今後における投票価値の較差の更なる是正に向けての方向性と立法府の決意が示されるとともに，再び上記のような大きな較差を生じさせることのないよう配慮されているもの」と見る）等の「事情を総合」して[72]，当該選挙当時，選挙区間における投票価値の不均衡は，違憲状態にあったものではなく，定数配分規定が違憲であったとはいえないと結論した。しかし，最大較差が3倍程度にまで縮小したからといって，違憲状態が解消されたといえるのかどうか，また，定数配分規定を合憲と判断するにあたって，較差是正の「方向性」や「立法府の決意」を示すことだけで足りるのかどうか，依然として疑問であるといわなければならない[73]。

---

71) 最大判平成29・9・27民集71巻7号1139頁。
72) 同1150～51頁参照。
73) この判決には，平成28年選挙時における投票価値の不均衡は違憲状態を脱したとはいえないとする木内道祥，林景一裁判官の各意見（同1152頁，1159頁）があるほか，定数配分を違憲とする（ただし，事情判決的処理を相当とする）鬼丸かおる裁判官の反対意見（同1162頁），平成26年判決における自らの反対意見と同旨を述べる山本庸幸裁判官の反対意見（同1166頁）が付されている。

第8章 非嫡出子法定相続分差別と「法の下の平等」
―― 非嫡出子法定相続分差別規定違憲決定

最大決平成 25 年 9 月 4 日民集 67 巻 6 号 1320 頁

I はじめに

　いわゆる非嫡出子[1]の法定相続分を嫡出子の 2 分の 1 と定めた民法 900 条 4 号ただし書前段の規定（平成 25 年法律第 94 号による改正前のもの。以下「本件規定」という）については，長年にわたり，憲法 14 条 1 項違反の有無が論議の的となってきた。戦後の民法改正当時はむしろ合憲論が多数を占めたが，その後違憲論が優勢となり，法制審議会での検討を経て 1994（平成 6）年 7 月には，本件規定の廃止を盛り込んだ民法改正要綱試案が提示されるに至り，本件規定の改正は遠からず実現するかに見えた。また，本件規定の合憲性を争う裁判においても複数の下級審が違憲判断を下していた[2]。ところが，最高裁は，1995（平成 7）年 7 月 5 日の大法廷決定[3]においてなお合憲の結論を維持し，その後の各小法廷の判決・決定[4]においても僅差ながら合

---

[1]　用語の使用に異論があることは承知している。婚外子という用語のほうが望ましいという意見もあり，実際広く使用されているのも事実である。しかし，嫡出性の有無は実定法上の概念であり，その概念に基づく区別が違憲とされたのであるから，ここではあえて非嫡出子という用語を用いることにする。本決定自身は，「非」という接頭辞の持つ否定的ニュアンスを嫌ったためか，「嫡出でない子」という表現を用いているが，両者の間にどれほどの違いがあるのかは疑問である。

[2]　東京高決平成 5・6・23 判時 1465 号 55 頁，東京高判平成 6・11・30 判時 1512 号 3 頁。

[3]　最大決平成 7・7・5 民集 49 巻 7 号 1789 頁。

[4]　最一小判平成 12・1・27 家月 52 巻 7 号 78 頁，最二小判平成 15・3・28 判時 1820 号 62 頁，最一小判平成 15・3・31 判時 1820 号 64 頁，最一小判平成 16・10・14 判時 1884 号 40 頁，最二小決平成 21・9・30 判時 2064 号 61 頁。

憲論が多数意見となる状況が続いた[5]。これに対して，本章で取り上げる2013（平成25）年9月4日の大法廷決定は，本件規定が憲法14条1項に違反する旨を明確に宣言したものであって，その意味において，まさに画期的な意義を有する重要判例であるといってよいであろう[6]。

もっとも，本決定は，本件規定を合憲とした平成7年決定を覆したものではない。遅くとも2001（平成13）年7月当時には本件規定は憲法14条1項に違反していたと述べたにとどまる。はたして，本決定は，合憲論に立つ先例である平成7年決定やその後の各小法廷の判決・決定に対して，その違憲判断を首尾一貫した論理によって基礎づけることに成功しているであろうか。また，本決定は，その違憲判断が本件相続の開始時から本決定に至るまでの間に開始された他の相続につき確定した法律関係に影響を及ぼすものではないとし，これを，法的安定性を確保するため，違憲判断のもつ「先例としての事実上の拘束性」を限定したものと説明している。このような説明は適切なものであろうか。

以下，本決定を読み直し，これらの点について改めて考えてみることにしよう。

---

[5]　2010（平成22）年7月に非嫡出子法定相続分差別に関する別件が大法廷に回付され，判例が見直されるかどうかその行方が注目されたのであるが，その後当事者間で裁判外の和解が成立したため，第三小法廷は，訴えの利益がなくなったとして，特別抗告を却下した（最三小決平成23・3・9民集65巻2号723頁）。

[6]　本決定の直近の下級審裁判例として，被相続人が生前婚姻したことがなく，実子である非嫡出子が被相続人の全財産を相続した養子に対して遺留分減殺請求権を行使した事案について，本件規定とこれを準用する民法1044条は当該事案に適用する限りにおいて憲法14条1項に違反し無効とした東京高判平成22・3・10判タ1324号210頁（確定），被相続人が一度も婚姻したことがない状態で被相続人の非嫡出子として出生した子について，被相続人がその後婚姻した者との間に出生した嫡出子との関係で，本件規定を準用する民法1044条を適用することはその限度で憲法14条1項に違反し無効とした名古屋高判平成23・12・21判時2150号41頁（確定），本件規定は憲法14条1項，13条および24条2項に違反し無効であるとした大阪高決平成23・8・24判時2140号19頁（確定），がいずれも本決定の理由づけを先取りする部分を含み，注目される。

II　決定の紹介

1　事実の概要

　平成 13 年 7 月に死亡した被相続人 A の相続人のうち，A の嫡出子（その代襲相続人を含む）である X らから，A の非嫡出子である Y らに対し遺産分割の審判が申し立てられ，Y らは，非嫡出子の法定相続分を嫡出子の 2 分の 1 と定める民法 900 条 4 号ただし書前段の規定は憲法 14 条 1 項に違反し無効であると主張した。第 1 審（東京家審平成 24・3・26）[7]は，平成 7 年決定を援用して本件規定を合憲とし，抗告審（東京高決平成 24・6・22）[8]も，平成 7 年決定後の社会情勢等の変化を総合考慮しても，A の相続開始時に本件規定が違憲であったとは認められないとして Y らの主張を退けた。そこで，Y らは，これを不服として特別抗告を行った。最高裁大法廷は，裁判官全員一致の意見で次のように述べて，原決定を破棄し事件を原審へ差し戻した。

2　決定要旨

（2　憲法 14 条 1 項適合性の判断基準について）

　「憲法 14 条 1 項は，法の下の平等を定めており，この規定が，事柄の性質に応じた合理的な根拠に基づくものでない限り，法的な差別的取扱いを禁止する趣旨のものであると解すべきことは，当裁判所の判例とするところである（最高裁昭和 37 年（オ）第 1472 号同 39 年 5 月 27 日大法廷判決・民集 18 巻 4 号 676 頁，最高裁昭和 45 年（あ）第 1310 号同 48 年 4 月 4 日大法廷判決・刑集 27 巻 3 号 265 頁参照）」。

　「相続制度を定めるに当たっては，それぞれの国の伝統，社会事情，国民感情なども考慮されなければならない。さらに，現在の相続制度は，家族というものをどのように考えるかということと密接に関係しているのであって，その国における婚姻ないし親子関係に対する規律，国民の意識等を離れてこ

---

[7]　金判 1425 号 30 頁（民集 67 巻 6 号 1345 頁）。
[8]　金判 1425 号 29 頁（民集 67 巻 6 号 1362 頁）。

れを定めることはできない。これらを総合的に考慮した上で，相続制度をどのように定めるかは，立法府の合理的な裁量判断に委ねられているものというべきである。この事件で問われているのは，このようにして定められた相続制度全体のうち，本件規定により嫡出子と嫡出でない子との間で生ずる法定相続分に関する区別が，合理的理由のない差別的取扱いに当たるか否かということであり，立法府に与えられた上記のような裁量権を考慮しても，そのような区別をすることに合理的な根拠が認められない場合には，当該区別は，憲法14条1項に違反するものと解するのが相当である」。

（3　本件規定の憲法14条1項適合性について）

(1)　憲法24条1項，2項の規定を受けて，民法739条1項は，いわゆる事実婚主義を排して法律婚主義を採用している。「一方，相続制度については，昭和22年法律第222号による民法の一部改正（以下『昭和22年民法改正』という。）により，『家』制度を支えてきた家督相続が廃止され，配偶者及び子が相続人となることを基本とする現在の相続制度が導入されたが，家族の死亡によって開始する遺産相続に関し嫡出でない子の法定相続分を嫡出子のそれの2分の1とする規定（昭和22年民法改正前の民法1004条ただし書）は，本件規定として現行民法にも引き継がれた」。

(2)　「最高裁平成3年(ク)第143号同7年7月5日大法廷決定・民集49巻7号1789頁（以下『平成7年大法廷決定』という。）は，本件規定を含む法定相続分の定めが，法定相続分のとおりに相続が行われなければならないことを定めたものではなく，遺言による相続分の指定等がない場合などにおいて補充的に機能する規定であることをも考慮事情とした上，前記2と同旨の判断基準の下で，嫡出でない子の法定相続分を嫡出子のそれの2分の1と定めた本件規定につき，『民法が法律婚主義を採用している以上，法定相続分は婚姻関係にある配偶者とその子を優遇してこれを定めるが，他方，非嫡出子にも一定の法定相続分を認めてその保護を図ったものである』とし，その定めが立法府に与えられた合理的な裁量判断の限界を超えたものということはできないのであって，憲法14条1項に反するものとはいえないと判断した。

しかし，法律婚主義の下においても，嫡出子と嫡出でない子の法定相続分

をどのように定めるかということについては，前記2で説示した事柄を総合的に考慮して決せられるべきものであり，また，これらの事柄は時代と共に変遷するものでもあるから，その定めの合理性については，個人の尊厳と法の下の平等を定める憲法に照らして不断に検討され，吟味されなければならない」。

(3) 前記2で説示した事柄のうち重要と思われる事実について，昭和22年民法改正以降の変遷等の概要は，次のとおりである。

ア 昭和22年民法改正当時には，「『家』制度を支えてきた家督相続は廃止されたものの，相続財産は嫡出の子孫に承継させたいとする気風や，法律婚を正当な婚姻とし，これを尊重し保護する反面，法律婚以外の男女関係，あるいはその中で生まれた子に対する差別的な国民の意識が作用していたことがうかがわれる。また，……現行民法に本件規定を設けるにあたり，〔嫡出でない子には相続分を認めないなど嫡出子と嫡出でない子の相続分に差異を設けていた当時の〕諸外国の立法例が影響を与えていたことが認められる。

しかし，昭和22年民法改正以降，我が国においては，社会，経済状況の変動に伴い，婚姻や家族の実態が変化し，その在り方に対する国民の意識の変化も指摘されている。すなわち，……戦後の経済の急速な発展の中で，職業生活を支える最小単位として，夫婦と一定年齢までの子どもを中心とする形態の家族が増加するとともに，高齢化の進展に伴って生存配偶者の生活の保障の必要性が高まり，子孫の生活手段としての意義が大きかった相続財産の持つ意味にも大きな変化が生じた。昭和55年法律第51号による民法の一部改正により配偶者の法定相続分が引き上げられるなどしたのは，このような変化を受けたものである。さらに，昭和50年代前半までは減少傾向にあった嫡出でない子の出生数は，その後現在に至るまで増加傾向が続いているほか，平成期に入った後においては，いわゆる晩婚化，非婚化，少子化が進み，これに伴って中高年の未婚の子どもがその親と同居する世帯や単独世帯が増加しているとともに，離婚件数，特に未成年の子を持つ夫婦の離婚件数及び再婚件数も増加するなどしている。これらのことから，婚姻，家族の形態が著しく多様化しており，これに伴い，婚姻，家族の在り方に対する国民の意識の多様化が大きく進んでいることが指摘されている」。

イ 「前記アのとおり本件規定の立法に影響を与えた諸外国の状況も，大きく変化してきている。……1960年代後半（昭和40年代前半）以降，これらの国の多くで，子の権利の保護の観点から嫡出子と嫡出でない子との平等化が進み，相続に関する差別を廃止する立法がされ，……現在，我が国以外で嫡出子と嫡出でない子の相続分に差異を設けている国は，欧米諸国にはなく，世界的にも限られた状況にある」。

ウ わが国が批准した「市民的及び政治的権利に関する国際規約」（昭和54年条約第7号）および「児童の権利に関する条約」（平成6年条約第2号）には，児童が出生によっていかなる差別も受けない旨が規定されている。「我が国の嫡出でない子に関する上記各条約の履行状況については，平成5年に自由権規約委員会が，包括的に嫡出でない子に関する差別的規定の削除を勧告し，その後，上記各委員会〔自由権規約委員会および児童の権利委員会〕が，具体的に本件規定を含む国籍，戸籍及び相続における差別的規定を問題にして，懸念の表明，法改正の勧告等を繰り返してきた。最近でも，平成22年に，児童の権利委員会が，本件規定の存在を懸念する旨の見解を改めて示している」。

エ 「前記イ及びウのような世界的な状況の推移の中で，我が国における嫡出子と嫡出でない子の区別に関わる法制等も変化してきた。すなわち，住民票における世帯主との続柄の記載をめぐり，昭和63年に訴訟が提起され，その控訴審係属中である平成6年に，住民基本台帳事務処理要領の一部改正（平成6年12月15日自治振第233号）が行われ，世帯主の子は，嫡出子であるか嫡出でない子であるかを区別することなく，一律に『子』と記載することとされた。また，戸籍における嫡出でない子の父母との続柄欄の記載をめぐっても，平成11年に訴訟が提起され，その第一審判決言渡し後である平成16年に，戸籍法施行規則の一部改正（平成16年法務省令第76号）が行われ，嫡出子と同様に『長男（長女）』等と記載することとされ，既に戸籍に記載されている嫡出でない子の父母との続柄欄の記載も，通達（平成16年11月1日付け法務省民一第3008号民事局長通達）により，当該記載を申出により上記のとおり更正することとされた。さらに，最高裁平成18年(行ツ)第135号同20年6月4日大法廷判決・民集62巻6号1367頁は，

嫡出でない子の日本国籍の取得につき嫡出子と異なる取扱いを定めた国籍法3条1項の規定（平成20年法律第88号による改正前のもの）が遅くとも平成15年当時において憲法14条1項に違反していた旨を判示し，同判決を契機とする国籍法の上記改正に際しては，同年以前に日本国籍取得の届出をした嫡出でない子も日本国籍を取得し得ることとされた」。

オ 「嫡出子と嫡出でない子の法定相続分を平等なものにすべきではないかとの問題についても，かなり早くから意識されており」，昭和54年の法制審議会民法部会身分法小委員会の審議に基づくものとして公表された「相続に関する民法改正要綱試案」，平成6年の上記小委員会の審議に基づくものとして公表された「婚姻制度等に関する民法改正要綱試案」および平成8年に法制審議会が法務大臣に答申した「民法の一部を改正する法律案要綱」において，両者の法定相続分を平等とする旨が明記された。「さらに，平成22年にも国会への提出を目指して上記要綱と同旨の法律案が政府により準備された。もっとも，いずれも国会提出には至っていない」。

カ 前記のとおり，「我が国でも，嫡出子と嫡出でない子の差別的取扱いはおおむね解消されてきたが，本件規定の改正は現在においても実現されていない。その理由について考察すれば，欧米諸国の多くでは，全出生数に占める嫡出でない子の割合が著しく高く，中には50％以上に達している国もあるのとは対照的に，我が国においては，嫡出でない子の出生数が年々増加する傾向にあるとはいえ，平成23年でも2万3000人余，上記割合としては約2.2％にすぎないし，婚姻届を提出するかどうかの判断が第一子の妊娠と深く結び付いているとみられるなど，全体として嫡出でない子とすることを避けようとする傾向があること，換言すれば，家族等に関する国民の意識の多様化がいわれつつも，法律婚を尊重する意識は幅広く浸透しているとみられることが，上記理由の一つではないかと思われる。

しかし，嫡出でない子の法定相続分を嫡出子のそれの2分の1とする本件規定の合理性は，前記2及び(2)で説示したとおり，種々の要素を総合考慮し，個人の尊厳と法の下の平等を定める憲法に照らし，嫡出でない子の権利が不当に侵害されているか否かという観点から判断されるべき法的問題であり，法律婚を尊重する意識が幅広く浸透しているということや，嫡出でない子の

出生数の多寡，諸外国と比較した出生割合の大小は，上記法的問題の結論に直ちに結び付くものとはいえない」。

キ 「当裁判所は，平成7年大法廷決定以来，結論としては本件規定を合憲とする判断をしめしてきたものであるが，平成7年大法廷決定において既に，嫡出でない子の立場を重視すべきであるとして5名の裁判官が反対意見を述べたほかに，婚姻，親子ないし家族形態とこれに対する国民の意識の変化，更には国際的環境の変化を指摘して，昭和22年民法改正当時の合理性が失われつつあるとの補足意見が述べられ，その後の小法廷判決及び小法廷決定においても，同旨の個別意見が繰り返し述べられてきた（最高裁平成11年(オ)第1453号同12年1月27日第一小法廷判決・裁判集民事196号251頁，最高裁平成14年(オ)第1630号同15年3月28日第二小法廷判決・裁判集民事209号347頁，最高裁平成14年(オ)第1963号同15年3月31日第一小法廷判決・裁判集民事209号397頁，最高裁平成16年(オ)第992号同年10月14日第一小法廷判決・裁判集民事215号253頁，最高裁平成20年(ク)第1193号同21年9月30日第二小法廷決定・裁判集民事231号753頁等）。特に，前掲最高裁平成15年3月31日第一小法廷判決以降の当審判例は，その補足意見の内容を考慮すれば，本件規定を合憲とする結論を辛うじて維持したものとみることができる」。

ク 「前記キの当審判例の補足意見の中には，本件規定の変更は，相続，婚姻，親子関係等の関連規定との整合性や親族・相続制度全般に目配りした総合的な判断が必要であり，また，上記変更の効力発生時期ないし適用範囲の設定も慎重に行うべきであるとした上，これらのことは国会の立法作用により適切に行い得る事柄である旨を述べ，あるいは，速やかな立法措置を期待する旨を述べるものもある。

これらの補足意見が付されたのは，前記オで説示したように，昭和54年以降間けつ的に本件規定の見直しの動きがあり，平成7年大法廷決定の前後においても法律案要綱が作成される状況にあったことなどが大きく影響したものとみることもできるが，いずれにしても，親族・相続制度のうちどのような事項が嫡出でない子の法定相続分の差別の見直しと関連するのかということは必ずしも明らかではなく，嫡出子と嫡出でない子の法定相続分を平等

とする内容を含む前記オの要綱及び法律案においても，上記法定相続分の平等化につき，配偶者相続分の変更その他の関連する親族・相続制度の改正を行うものとはされていない。そうすると，関連規程との整合性を検討することの必要性は，本件規定を当然に維持する理由とはならないというべきであって，上記補足意見も，裁判において本件規定を違憲と判断することができないとする趣旨をいうものとは解されない。また，裁判において本件規定を違憲と判断しても法的安定性の確保との調和を図り得ることは，後記4で説示するとおりである。

なお，前記(2)のとおり，平成7年大法廷決定においては，本件規定を含む法定相続分の定めが遺言による相続分の指定等がない場合などにおいて補充的に機能する規定であることをも考慮事情としている。しかし，本件規定の補充性からすれば，嫡出子と嫡出でない子の法定相続分を平等とすることも何ら不合理ではないといえる上，遺言によっても侵害し得ない遺留分については本件規定は明確な法律上の差別というべきであるとともに，本件規定の存在自体がその出生時から嫡出でない子に対する差別意識を生じさせかねないことをも考慮すれば，本件規定が上記のように補充的に機能する規定であることは，その合理性判断において重要性を有しないというべきである」。

(4) 「本件規定の合理性に関連する以上のような種々の事柄の変遷等は，その中のいずれか一つを捉えて，本件規定による法定相続分の区別を不合理とすべき決定的な理由とし得るものではない。しかし，昭和22年民法改正時から現在に至るまでの間の社会の動向，我が国における家族形態の多様化やこれに伴う国民の意識の変化，諸外国の立法のすう勢及び我が国が批准した条約の内容とこれに基づき設置された委員会からの指摘，嫡出子と嫡出でない子の区別に関わる法制等の変化，更にはこれまでの当審判例における度重なる問題の指摘等を総合的に考察すれば，家族という共同体の中における個人の尊重がより明確に認識されてきたことは明らかであるといえる。そして，法律婚という制度自体は我が国に定着しているとしても，上記のような認識の変化に伴い，上記制度の下で父母が婚姻関係になかったという，子にとっては自ら選択ないし修正する余地のない事柄を理由としてその子に不利益を及ぼすことは許されず，子を個人として尊重し，その権利を保障すべき

であるという考えが確立されてきているものということができる。

以上を総合すれば，遅くともAの相続が開始した平成13年7月当時においては，立法府の裁量権を考慮しても，嫡出子と嫡出でない子の法定相続分を区別する合理的な根拠は失われていたというべきである。

したがって，本件規定は，遅くとも平成13年7月当時において，憲法14条1項に違反していたものというべきである」。

(4 先例としての事実上の拘束性について)

「本決定は，本件規定が遅くとも平成13年7月当時において憲法14条1項に違反していたと判断するものであり，平成7年大法廷決定並びに前記3(3)キの小法廷判決及び小法廷決定が，それより前に相続が開始した事件についてその相続開始時点での本件規定の合憲性を肯定した判断を変更するものではない。

他方，憲法に違反する法律は原則として無効であり，その法律に基づいてされた行為の効力も否定されるべきものであることからすると，本件規定は，本決定により遅くとも平成13年7月当時において憲法14条1項に違反していたと判断される以上，本決定の先例としての事実上の拘束性により，上記当時以降は無効であることとなり，また，本件規定に基づいてされた裁判や合意の効力等も否定されることになろう。しかしながら，本件規定は，国民生活や身分関係の基本法である民法の一部を構成し，相続という日常的な現象を規律する規定であって，平成13年7月から既に約12年もの期間が経過していることからすると，その間に，本件規定の合憲性を前提として，多くの遺産の分割が行われ，更にそれを基に新たな権利関係が形成される事態が広く生じてきていることが容易に推察される。取り分け，本決定の違憲判断は，長期にわたる社会状況の変化に照らし，本件規定がその合理性を失ったことを理由として，その違憲性を当裁判所として初めて明らかにするものである。それにもかかわらず，本決定の違憲判断が，先例としての事実上の拘束性という形で既に行われた遺産の分割等の効力にも影響し，いわば解決済みの事案にも効果が及ぶとすることは，著しく法的安定性を害することになる。法的安定性は法に内在する普遍的な要請であり，当裁判所の違憲判断も，その先例としての事実上の拘束性を限定し，法的安定性との調和を図ること

が求められているといわなければならず、このことは、裁判において本件規定を違憲と判断することの適否という点からも問題となり得るところといえる（前記3(3)ク参照）。

以上の観点からすると、既に関係者間において裁判、合意等により確定的なものとなったといえる法律関係までをも現時点で覆すことは相当ではないが、関係者間の法律関係がそのような段階に至っていない事案であれば、本決定により違憲無効とされた本件規定の適用を排除した上で法律関係を確定的なものとするのが相当であるといえる。そして、相続の開始により法律上当然に法定相続分に応じて分割される可分債権又は可分債務については、債務者から支払を受け、又は債権者に弁済するに当たり、法定相続分に関する規定の適用が問題となり得るものであるから、相続の開始により直ちに本件規定の定める相続分割合による分割がされたものとして法律関係が確定的なものとなったとみることは相当ではなく、その後の関係者間での裁判の終局、明示又は黙示の合意の成立等により上記規定を改めて適用する必要がない状態となったといえる場合に初めて、法律関係が確定的なものとなったとみるのが相当である。

したがって、<u>本決定の違憲判断は、Ａの相続の開始時から本決定までの間に開始された他の相続につき、本件規定を前提としてされた遺産の分割の審判その他の裁判、遺産の分割の協議その他の合意等により確定的なものとなった法律関係に影響を及ぼすものではないと解するのが相当である</u>」。

なお、本決定には、先例としての事実上の拘束性について金築誠志裁判官の補足意見、違憲判断の遡及効に係る判示と違憲審査権との関係について千葉勝美裁判官の補足意見、本件規定の憲法適合性とわが国における法律婚を尊重する意識との関係について岡部喜代子裁判官の補足意見が付されている。

Ⅲ 分析と検討

本決定について注目すべきは、次の諸点である。第１に、従来の主要な判例と違って、本件規定の立法理由には全く言及しないまま、本件規定を憲法14条１項に違反すると判断したことである。第２に、違憲の結論を導くに

際して,わが国における家族形態の多様化とそれに伴う国民意識の変化を指摘し,家族という共同体の中における個人の尊重がより明確に認識されてきたことを強調していることである。第3に,法的安定性の確保との調和を図ることを理由に,本決定の違憲判断の効果を解決済みの事案には遡及させないこととし,そのことを「先例としての事実上の拘束性」の限定によるものと説明していることである。

以下,順次検討する。

1 憲法 14 条 1 項適合性の判断枠組み

「法の下の平等」を定める憲法 14 条 1 項は「事柄の性質に応じた(即応した)合理的な根拠に基づくものでない限り,法的な差別的取扱いを禁止する趣旨」の規定である,というのが判例の一貫した見解である。本決定も冒頭で先例[9]を引いてその旨を確認している。問題は,何が「事柄の性質に応じた(即応した)合理的な根拠に基づく」差別的取扱いに当たるか,また,それをどのように判断すべきか,ということである。

「法の下の平等」に関する従来の主要な判例は,問題の区別を生じさせている規定の立法目的が合理的根拠を有するかどうか,当該区別がこの目的と合理的な関連性を有するかどうかを検討するという判断枠組みを用いてきた。たとえば,国籍法違憲判決[10]は,日本国民である父が生後認知した子のうち,わが国との密接な結びつきを生じさせている者につき届出による日本国籍の取得を認めるという,国籍法(平成 20 年法律第 88 号による改正前のもの。以下同じ)3 条 1 項の規定の立法目的自体には合理的根拠があるとしつつ,かかる立法目的と,準正子についてのみこの届出による日本国籍の取得を認め,非準正子にはこれを認めないという両者の取扱いの区別との間には合理的関連性が認められないとして,国籍法 3 条 1 項がかかる区別を生じさせて

---

[9] 本決定は,待命処分を合憲とした最大判昭和 39・5・27 民集 18 巻 4 号 676 頁と尊属殺重罰規定を違憲とした最大判昭和 48・4・4 刑集 27 巻 3 号 265 頁(本書第 6 章)を参照判例として例示している。しかし,なぜか平成 7 年決定は明示的に引用されていない。興味深いことに,その平成 7 年決定は,待命処分に関する昭和 39 年判決を引いているものの,尊属殺違憲判決は明示的に引用していない。そこに特別な含意があるのかどうかは不明である。

[10] 最大判平成 20・6・4 民集 62 巻 6 号 1367 頁。本書第 23 章参照。

いることを違憲と判断した。平成7年決定も，法律婚の尊重と非嫡出子の保護の調整を図るという本件規定の立法理由には合理的根拠があるとした上で，本件規定における嫡出子と非嫡出子の法定相続分の区別（以下「本件区別」という）がこの立法理由との関連において著しく不合理であるとはいえないとして，合憲の判断を下している。

　国籍法違憲判決では，日本国籍が「我が国の構成員としての資格」であるとともに，「我が国において基本的人権の保障，公的資格の付与，公的給付等を受ける上で意味を持つ重要な法的地位」でもあること，その一方で，父母の婚姻により嫡出子の身分を取得するか否かは「子にとっては自らの意思や努力によっては変えることのできない父母の身分行為に係る事柄」であること，が区別の合理性について「慎重に検討する」ことを促したものと思われる。これに反し，平成7年決定では，民法は被相続人の財産の承継につき多角的に定めを置いており，本件規定を含む民法900条の法定相続分の定めはその一つにすぎないこと，本件規定は遺言による相続分の指定等がない場合などにおいて補充的に機能する規定であること，が合理性判断の厳格度を緩める方向に作用していると思われる。しかし，両者の判断枠組みは基本的に同一であるといってよいであろう。

　これに対して，学説では，アメリカの判例理論を参考に，立法目的と立法目的達成手段の二つの側面から合理性の有無を判断すべきものとする立場が有力である。すなわち，憲法14条1項後段の列挙事項に基づく区別は「原則として不合理なもの」であるから，その憲法適合性が争われた場合には，立法目的が必要不可欠なものであるかどうか，当該区別が立法目的達成手段として当の目的と厳密に対応する必要最小限度のものであるかどうかを問う厳格審査の基準，または，立法目的が重要なものであるかどうか，当該区別が立法目的達成手段として当の目的と事実上の実質的関連性を有するかどうかを問う厳格な合理性の基準を適用して判断すべきものとし，憲法に明定された列挙事項以外の事項に基づく取扱いの区別の憲法適合性が争われた場合には，対象となる権利の性質を考慮して，それぞれ厳格審査の基準，厳格な合理性の基準，あるいは，立法目的が正当で，目的と手段の間に合理的関連性があれば足りるとする（単なる）合理性の基準を適用して判断すべきもの

とするのである[11]。

　この考え方によれば，非嫡出子たる地位は憲法14条1項後段の「社会的身分」に該当し，本件規定は上記の厳格な合理性の基準の適用により違憲と判断すべきものとされる。この問題について初めて明確な違憲判断を下した平成5年の東京高裁決定[12]はこのような学説の見解に依拠したものであった。平成7年決定に付された5裁判官の反対意見や尾崎行信裁判官の追加反対意見[13]も同様である。そこでは，婚姻の尊重・保護という立法目的は相当であるが，その目的のために法定相続分において嫡出子と非嫡出子を区別して取り扱うことは，立法目的と手段との間に事実上の実質的関連性を欠くとされた。平成7年決定に対する批判論の多くは，以上のような考え方を支持し，それに依拠して，同決定が単なる合理性の基準を適用する緩やかな審査を行ったものとしてこれを論難する。しかし，平成7年決定に対するそのような見方は的を射たものであろうか。

　平成7年決定は，民法が法律婚主義を採用した結果として，嫡出子と非嫡出子の区別が生じ，両者について異なる取扱いがされたとしてもやむを得ないとしているのであって，法律婚主義と本件区別の関係を目的と手段の関係で捉えているわけではないと思われる[14]。むしろ，同決定は，本件区別を含む相続制度の定めがわが国における家族観，婚姻ないし親子関係に対する規律等と密接に関係するものと捉えた上で，そのような視点から，非嫡出子

---

[11] 芦部信喜＝高橋和之補訂『憲法〔第7版〕』133〜34頁（岩波書店，2019年）参照。もちろん，「法の下の平等」に関する従来の最高裁判例の中に，尊属殺違憲判決の如く，立法目的と立目的達成手段の両面から合理性を判断したと読むことができる判例が存在することは事実である。しかし，同判決の判旨にはそのような判断枠組みに関する明確な説示は見当たらない。

[12] 東京高決平成5・6・23判時1465号55頁。

[13] 民集49巻7号1805〜07頁（中島敏次郎ら5裁判官反対意見），同1809〜13頁（尾崎裁判官追加反対意見）参照。

[14] 久保田浩史「非嫡出子の相続分を嫡出子の2分の1と定めた民法900条4号但書の合憲性（積極）」民事研修（みんけん）462号52頁，55〜56頁（1995年），吉田克己「非嫡出子の相続分規定は合憲か」家族法判例百選〔第7版〕118頁，119頁（2008年），石川健治「最高裁判所民事判例研究」法協114巻12号91頁，99〜100頁（1997年），山崎友也「民法が定める非嫡出子相続分区別制を違憲とした最大決平成25年9月4日について」金沢法学56巻2号165頁，176〜78頁（2014年），高橋和之＝大坪丘＝榊原富士子＝宍戸常寿＝棚村政行＝山本和彦・座談会「非嫡出子相続分違憲最高裁大法廷決定の多角的検討」法の支配175号5頁，16〜18頁（2014年）（高橋和之発言）等参照。なお，平等原則に関する判例法理の詳細な再検討の試みとして，渡辺康行「平等原則のドグマーティク」立教法学82号1頁（2011年）参照。

に嫡出子の2分の1の法定相続分を認めた立法府の裁量的判断は「著しく不合理」ではないと判断している。この点は，可部恒雄裁判官補足意見が，およそ法律婚主義を採用する以上，本件区別が生じることはその「論理的帰結ともいうべき側面をもつ」のであって，問題は，男女の結合，婚姻に関する千差万別の実情の中で立法府が行った判断——非嫡出子に被相続人の子としての権利それ自体を否定するのではなく，非嫡出子をも相続人の一人に加えることを当然の前提とした上でその相続分を嫡出子の2分の1とすること——の当否である旨述べるところに，より明快に示されている[15]。また，大西勝也裁判官補足意見も「本件規定のみに着眼して論ずれば，その立法理由との関連における合理性は，かなりの程度に疑わしい」としつつ，本件規定の合理性を検討するにあたっては，「相続，婚姻，親子関係等の関連規定との整合性を視野に入れた総合的な判断が必要である」と述べており，そこにも同じ趣旨をうかがうことができる[16]。

　さて，そこで本決定であるが，特徴的なことは，本決定が本件規定の立法目的ないし立法理由には一切言及することなく，端的に本件区別には合理的根拠がないと断定したことである。上述の通り，平成7年決定は，民法が法律婚主義を採用している以上，法定相続分について嫡出子を非嫡出子よりも優遇することとなるのはやむをえないとしていた。いわば，法律婚主義が非嫡出子の差別的取扱いを含意するものと捉えられていたのである。これに対して，本決定は，法定相続分について嫡出子と非嫡出子との間に些かの差等を設けることも許されないというのであるから，法律婚主義と本件区別との論理的なつながりは切断されたことになる。したがって，法律婚の尊重と非嫡出子の保護の調整という，平成7年決定が認定した立法理由はもはや意味を失ったものといえよう。理由にならないものを立法理由として取り上げることはできない。本決定が本件規定の立法理由に明示的に言及しなかったのは，そのことによるのではないか。

　この点について，調査官解説では，①立法目的に合理的根拠が認められるか否か，②具体的な区別とこの立法目的との間に合理的関連性があるか否か

---

15) 民集49巻7号1796頁，1797～98頁。
16) 同1801～03頁。

の 2 点から判断するという，平成 7 年決定を含む従来の主要な判例によって採用されてきた判断枠組みは，事案に応じて必ずしも常にそのまま適用されなければならないものではないという趣旨が述べられている。「憲法 14 条 1 項違反が問題とされる事案は多種多様であり，……端的に区別の合理性の有無を検討することが相当である場合もある」[17]というのである。その一方で，調査官解説は，本決定は従来の最高裁の判断枠組みを変更するものではないとも述べている[18]。たしかに，本件規定の立法理由に「法律婚の尊重」があり，それに合理性があることについては争いがなく，本決定もそのことを当然の前提として本件区別の合理性を判断していると捉えることが可能である[19]。その意味では，本決定は従来の主要な判例と異なる判断枠組みを採用したものではないということができよう。しかし，「法律婚の尊重」の含意は明らかに変化している。調査官解説も，「遅くとも平成 13 年 7 月当時には，法律婚の尊重の趣旨に被相続人の子同士の関係の問題を含めるべきではないと観念すべき状況に至って」いたことから，同じ被相続人の子の中で嫡出性の有無により法定相続分を区別することの合理性は失われたとの判断が導かれたものであろうと述べている[20]。これは，法律婚の尊重が当然に非嫡出子の差別的取扱いを許容するものでないこと，したがって，法律婚の尊重と非嫡出子の保護との調整という平成 7 年決定が認定した本件規定の立法理由がもはや維持できないことを事実上承認したものといえよう。本決定自体は，この点に触れないまま端的に本件区別の合理性を否定した。そのことが本決定の明快さを欠く一因となっていることは否めないように思われる。

17) 伊藤正晴・最判解民事篇平成 25 年度 356 頁，370 頁。
18) 同 376 頁。
19) 伊藤正晴「時の判例」ジュリ 1460 号 88 頁，92 頁（2013 年）では，非嫡出子の保護は非嫡出子には相続権を与えないこともありうることを当然の前提とした法律婚の尊重と表裏の関係にあることを理由に，非嫡出子の保護という立法理由は「独立した意味を持たない」とし，本件規定の「本来の立法目的」としては，「法律婚の尊重のみが挙げられるべきもの」と説いていた。些か説得力に欠けると思われる（批判として，蟻川恒正「婚外子法定相続分最高裁違憲決定を書く(1)」法教 399 号 132 頁，136 頁〔2013 年〕，渡辺康行「民法 900 条 4 号ただし書き前段の合憲性」新・判例解説 Watch〔速報判例解説 Vol. 14〕23 頁，24～25 頁〔2014 年〕，飯田稔「非嫡出子相続分差別規定違憲決定」亜細亜法学 49 巻 1 号 43 頁，94～95 頁注 78）等参照）が，後の調査官解説（前出注 17））では，この部分の記述はなくなっている。ただし，上記の認識を改めたということなのかどうかは定かでない。
20) 伊藤・前出注 17) 376 頁参照。なお，岡部裁判官補足意見（民集 67 巻 6 号 1340 頁）も参照。

2 立法事実の変化と違憲判断

本決定は，本件規定の憲法 14 条 1 項適合性の具体的判断に入るにあたり，まず，法律婚主義の下においても，嫡出子と非嫡出子の法定相続分をどのように定めるかについては，家族というものをどのように考えるか，婚姻ないし親子関係に対する規律，国民の意識等を「総合的に考慮して決せられるべきもの」であるとするとともに，加えて，「これらの事柄は時代と共に変遷するものでもあるから，その定めの合理性については，個人の尊厳と法の下の平等を定める憲法に照らして不断に検討され，吟味されなければならない」と述べている[21]。ここには本件の処理に臨む大法廷の基本姿勢が簡潔かつ明確に表現されていると思われる。次の 2 点が重要である。

第 1 に，様々な事柄を総合考慮した上で決定されるべき旨の説示は平成 7 年決定でも同様になされているが，その意味するところは微妙に異なっている。すなわち，平成 7 年決定では，総合考慮により決定されるべきは相続制度全体であったが，本決定では，この総合考慮の必要性は改めて嫡出子と非嫡出子の法定相続分をどのように定めるかということに関していわれている。平成 7 年決定では，相続制度は様々な事柄の総合考慮の上に定められるべきものであるということが本件区別にのみ着目して判断することを妨げる方向に働いていたのに反し，本決定では，逆に，法律婚主義の下で嫡出子と非嫡出子の間に何らかの差異があることを当然として判断することを封じる方向で作用している。また，本決定では，総合考慮すべき様々な事柄の中に「国民の意識」が付け加えられている。

第 2 に，総合考慮すべき様々な事柄が「時代と共に変遷する」ことを認め，嫡出子と非嫡出子の法定相続分に関する定めが合理性を有するか否かについては，かかる事実的基礎に基づき，「個人の尊厳と法の下の平等を定める憲法に照らして」不断の検討・吟味が必要であるとしていることである。この点は，平成 7 年決定と好対照を成す。平成 7 年決定に付された中島敏次郎ら 5 裁判官の反対意見では，法律の規定の合憲性を判断するにあたっては規定制定後に生じている立法の基礎をなす事実の変化や条約の趣旨等をも加えて

---

21) 民集 67 巻 6 号 1324 頁。

検討しなければならないということが強調されており、また、大西裁判官補足意見（園部逸夫裁判官同調）や千種秀夫、河合伸一裁判官の共同補足意見でも、立法事実の変化を考慮することの重要性が示唆されていた[22]。しかし、このような考え方は平成7年決定の法廷意見に反映されることはなかった。

本決定が本件規定の憲法適合性を判断するにあたり、立法事実の変化に着目し、それを基礎に検討する姿勢を示したことは、国籍法違憲判決など近時の最高裁判例の動向に沿うものである。問題は、本決定が本件において立法事実の変化をどのように捉え、それに基づいてどのように判断を下したかということである。

本決定は、次の事柄を立法事実の変化として特記している。——昭和22年民法改正以降、わが国における社会・経済状況の変動に伴い、婚姻や家族の実態が変化し、そのあり方に対する国民の意識の変化も指摘されていること（決定理由3(3)ア）、本件規定の立法に影響を与えた諸外国の状況も大きく変化し、現在わが国以外で嫡出子と非嫡出子の相続分に差異を設けている国は世界的にも限られた状況にあること（同イ）、わが国が批准した国際人権規約B規約や児童の権利条約には児童が出生によっていかなる差別も受けない旨の規定が設けられており、国連の関連組織からは、これらの規定に基づき本件規定について法改正の勧告や懸念の表明が行われていること（同ウ）、わが国における嫡出子と非嫡出子の区別にかかわる法制等も変化し、住民票における世帯主との続柄の記載や戸籍における非嫡出子の父母との続柄欄の記載のあり方が是正され、また、国籍法違憲判決を受けて、平成15年以前に日本国籍取得の届出をした非嫡出子にも日本国籍の取得を認めることとされたこと（同エ）、国会提出には至っていないものの、嫡出子と非嫡出子の法定相続分を平等にする旨の案は、かなり早い時期から民法改正要綱試案等の形で示されてきたこと（同オ）、である[23]。

しかし、その一方で、本決定は、わが国において非嫡出子の出生数が増加傾向にあるとはいえ、全出生数に占める非嫡出子の割合は欧米諸国の多くに

---

[22] 民集49巻7号1807～09頁（中島ら5裁判官反対意見）、1801～02頁（大西裁判官補足意見）、1803～04頁（千種、河合裁判官共同補足意見）参照。

比べればごくわずかであるなど、「家族等に関する国民の意識の多様化がいわれつつも、法律婚を尊重する意識は幅広く浸透しているとみられること」を確認し、そのことが本件規定の改正が実現しなかった理由の一つであろうと推測している[24]。つまり、法律婚の尊重という点に関しては国民の意識に大きな変化は見られないということであろう。このことをどう受け止めたらよいかが問題である。この点について、本決定は、本件規定の合理性は「個人の尊厳と法の下の平等を定める憲法に照らし、嫡出でない子の権利が不当に侵害されているか否かという観点から判断されるべき法的問題」であるとし、「法律婚を尊重する意識が幅広く浸透しているということや、嫡出でない子の出生数の多寡、諸外国と比較した出生割合の大小は、上記法的問題の結論に直ちに結び付くものとはいえない」（同カ）という[25]。これは、きわめて重大な説示である。ここには平成7年決定の論理との決別が明確に宣言されている。

　本決定は、この「法的問題」の結論を導くにあたり、さらに次の二つのことを指摘する。一つは、平成7年決定以来最高裁が本件規定を合憲とする判断を示してきたことについて、そこには絶えず違憲論に立つ反対意見や本件規定の合理性に疑義を呈する補足意見があり、特に平成15年3月31日第一小法廷判決以降の最高裁判例は「その補足意見の内容を考慮すれば、本件規定を合憲とする結論を辛うじて維持したものとみることができる」（同キ）ということである[26]。もう一つは、本件規定を変更するには相続、婚姻、親子関係等の関連規定との整合性や親族・相続制度全般に目配りした総合的

---

[23]　民集67巻6号1324〜27頁。これらの事実の変化の認識が正確なものであるかどうかは一つの問題である。水野紀子「家族のあり方と最高裁大法廷決定」法の支配175号66頁（2014年）は、最高裁の描写を「間違いとまでは言えない」にしても「ミスリーディングである」（同71頁）と評する。婚姻保護の脆弱さという日本法独自の傾向が自覚されず、婚姻・家族の形態の多様化における西欧社会との差の大きさも正確に理解されていないというのである（同71〜72頁参照）。また、これらの事実の変化が本件規定の「合理性」にどのように関係するのか明確でないという問題もある。この点を指摘するものとして、山崎・前出注14）181頁参照。

[24]　民集67巻6号1327〜28頁。

[25]　同1328頁。

[26]　同1328〜29頁。これは、本決定の違憲判断への布石として、先例の合憲判断の脆弱性を述べたものと解される。しかし、判例を変更するというのであればともかく、そうではない以上、はたして「布石」たりうるのかどうかは疑問である。

な判断が必要であるとする指摘について,「関連規定との整合性を検討することの必要性は,本件規定を当然に維持する理由とはならない」し,また,本件規定の存在自体がその出生時から非嫡出子に対する差別意識を生じさせかねないことをも考慮すれば,本件規定が補充的に機能する規定であることは「その合理性判断において重要性を有しない」(同ク)ということである[27]。

以上のように本件規定の合理性に関連する「種々の事柄の変遷等」を整理した上で,本決定は,これらを「総合的に考察すれば,家族という共同体の中における個人の尊重がより明確に認識されてきたことは明らか」であり,「上記のような認識の変化に伴い,上記〔法律婚〕制度の下で父母が婚姻関係になかったという,子にとっては自ら選択ないし修正する余地のない事柄を理由としてその子に不利益を及ぼすことは許されず,子を個人として尊重し,その権利を保障すべきであるという考えが確立されてきているものということができる」と断定する[28]。そして,そこから直ちに,「以上を総合すれば」[29]として,遅くとも A の相続が開始した平成 13 年 7 月当時においては,本件区別の合理的根拠は失われており,本件規定は憲法 14 条 1 項に違反していたと結論するのである。

しかしながら,立法事実の変化に言及しつつ展開された本決定の論旨は,必ずしも明快なものとはいい難い。この点を国籍法違憲判決と対比してみよう。同判決が国籍法 3 条 1 項の準正要件を定めた部分を違憲と判示したのは,わが国における家族生活や親子関係の実態が変化し多様化したことにより,父母の法律上の婚姻が,生後認知子のわが国との密接な結びつきを示す決定的な指標たりえなくなっていると認められたためである[30]。この判決は具体的な典拠の提示に欠けるところがあるとはいえ,その立法事実の変化の認

---

27) 同 1329～30 頁。これも,本決定の違憲判断への布石として,本件規定を親族・相続制度全般から切り離してその合理性を検討することができるという考えを述べたものと思われる。しかし,なぜそのようにいえるのか十分な説明がされているわけではない。
28) 同 1330～31 頁。
29) 同 1331 頁。「以上を総合する」とはどのような思考過程であるのか,きわめて不透明である。裁判所の理由づけにおいてこのような不透明さが許されるのかどうか疑問といわざるをえない。
30) 民集 62 巻 6 号 1373～74 頁参照。なお,本書第 23 章 540～43 頁参照。

定と規定の合理性判断との関係は明確であるといえよう。これに対して、本決定の判断は立法事実の変化の「総合的考察」に依存するものとなっている[31]。「総合的考察」の結果として、「家族という共同体の中における個人の尊重」の「認識」の明確化や子の権利を保障すべきであるとの「考え」の確立が認定されていることに注意が必要である。こうした「認識」や「考え」の主体が誰であるかは本決定自身において明記されていないが、おそらくそれは「国民」であり、国民意識のありようがこのような形で確認できるという趣旨であると思われる。しかし、このような国民意識のありようは、違憲の結論を後押しする要素とはなりえても、違憲判断の直接の根拠となるべきものではあるまい。

　実際、本決定においても実質的に決め手となっているのは、「個人の尊厳と法の下の平等を定める憲法に照らし、嫡出でない子の権利が不当に侵害されているか否か」であると思われる。本決定が「本件規定の存在自体がその出生時から嫡出でない子に対する差別意識を生じさせかねない」として、本件規定の合理性判断において当該規定の補充性は重要でないと断じているのも、同様の観点に立脚することによるものであろう。しかし、このような観点から判断するのであれば、平成7年決定の事案はもとより、その後の各小法廷判決・決定の事案についても、本来本件と同様に違憲の結論が導かれるべきであったということにならないであろうか。本決定は、平成7年決定およびその後の各小法廷判決・決定の合憲判断を変更するものではないとする一方、遅くとも平成13年7月当時には本件規定は憲法14条1項に違反していたという。しかし、なぜそのようにいえるのか納得のいく説明は見られない。強いて説明を試みるとすれば、平成12年9月当時までは上記のような国民の「認識」や「考え」が確立していなかったが、遅くとも平成13年7月当時にはこれが確立したと認められるからということになろうか。しかし、このような漠然とした国民意識を憲法判断の直接の根拠とするのが適当でないことについては、先に述べた通りである。

31) 本決定自身が認めるように、種々の事実の変化のいずれもそれだけでは「本件区別を不合理とすべき決定的な理由とし得るものではない」(民集67巻6号1330頁)とすれば、それらを「総合的に考察」することによって、いかにして本件区別を不合理と断定することができるようになるのか、理解が困難である。

3　違憲判断を含む判例の遡及効と先例拘束性

本決定は，その違憲判断がAの相続開始時から本決定までの間に開始された他の相続につき確定した法律関係に影響を及ぼすものではないとし，これを，法的安定性確保のため，違憲判断のもつ「先例としての事実上の拘束性」を限定したものと説明している[32]。長年にわたり最高裁に本件規定を違憲と判断することをためらわせていた要因の一つが本件規定の合憲性を前提として形成され確立した法律関係に対し違憲判断が及ぼす影響ということであったから，本決定がその違憲判断の遡及効を明確に否定したことは画期的な意味をもつ。

しかし，ここには幾つか注意すべき点がある。第1に，本決定は，その違憲判断が当該事件限りで本件規定の適用を排除する趣旨のものであることを前提として，他の事件との関係は違憲判断を含む判例の拘束力の問題になると解したものと思われる。その趣旨は，金築裁判官補足意見において，より明確である。いわく，「個別的効力説における違憲判断は，他の事件に対しては，先例としての事実上の拘束性しか有しないのである」[33]と。たしかに，最高裁の違憲判断が違憲とされた規定を一般的に無効とする効力を有するものでないこと（当該規定を直ちに法令集から取り除く効果をもつものでないこと）は，今日ほとんど異論なく認められているといってよいであろう。しかし，違憲判断が当該事件限りのものであって，たとえ最高裁の法令違憲判断であっても他の事件との関係では当該規定はそのまま有効なものとして存続するということが違憲審査制を導入した日本国憲法の趣旨に合致するかどうかは大いに疑問の余地がある。これでは個別的効力説といっても，ほとんど「無効力説に等しい」[34]ということになろう。有力な学説が，いわゆる「違憲判決の効力」として，一般的効力説を否定しつつも，立法府や行政府に対する何らか特別の効力を論じてきたのもそのためである[35]。

本決定の決定理由4における説示は必ずしも明確なものではない。しかし，

---

32)　民集67巻6号1331～33頁参照。
33)　同1334頁。憲法学説においては，高橋和之『憲法判断の方法』15頁（有斐閣，1995年）がこれとほとんど同旨と思われる見解を表明していた。
34)　兼子一＝竹下守夫『裁判法〔第4版〕』97頁（有斐閣，1999年）。

もしそれが違憲判断の効力の問題を判例の拘束力の問題に還元する趣旨を述べたものであるとすれば[36]，最高裁において違憲判断の効力は，立法府や行政府に対するものではなく，最高裁自身を含む後の裁判所に対するものとしてのみ作用することとなる。しかも，それは「事実上の」ものとされている。しかし，本決定で下された法令違憲の判断は，本決定自身のいう「法的問題」への答えとしての憲法判断であって，その時点において何が「法」であるかを示すものといえよう。そうだとすると，そのような重要な憲法判断を含む判例は「法」として尊重されなければならないのではないか[37]。「法」であるべき判例の拘束力が事実上のものであるというのはまことに不可解である。違憲判断の効力についてそのような捉え方でよいのか疑問を禁じえない。

　第２に，本決定には判例の遡及効と先例拘束性の混同が見られる。裁判所の判断は過去の事件に関するものであるから，判例は遡及効をもつのが原則である[38]。もちろん，この原則を貫徹すると著しく正義に反するという場

---

35)　佐藤幸治『日本国憲法論』667頁（成文堂，2011年），竹下守夫「違憲判断の多様化・弾力化と違憲判決の効力」『民事手続法学の革新(中)』〔三ケ月章先生古稀祝賀〕669頁（有斐閣，1991年）等参照。

36)　「違憲判決の効力」とは違憲判断を含む判例の拘束力にほかならないと説くものとして，高橋一修「違憲判決の効力論・考」藤倉皓一郎編『英米法論集』123頁（東京大学出版会，1987年）がある。

37)　「判例は法か」という問いは古くから繰り返し投げかけられてきた問いであるが，実務においてはこれを消極に解する立場が有力である（中野次雄編『判例とその読み方〔三訂版〕』12～16頁〔有斐閣，2009年〕参照。消極説に対する批判として，さしあたり，高橋一修「先例拘束性と憲法判例の変更」芦部信喜編『講座憲法訴訟(3)』139頁，148～51頁〔有斐閣，1987年〕参照）。しかし，なぜ判例は法ではないとされるのか。たしかに，法の存在形式としては，憲法や法律が実定化されているのに反し，判例は個々の事件の裁判において示された法的判断の中から法準則として読み取られなければならないものであるという違いがある。しかし，そのことをもって判例は法にあらずとする決定的な根拠とはなしえないであろう。むしろ，判例は，具体的事件に即して何が「法」であるかを明らかにするものといえる。そして，我々にとって重要なのは，まさに，このような意味での「法」なのではなかろうか。実際，本決定（法廷意見）が本件違憲判断と法的安定性の確保との関係に腐心し（民集67巻6号1331～32頁），金築裁判官補足意見が裁判所の法解釈に「何ほどかの法創造的な側面を伴う」ことを強調し（同1334～35頁），千葉裁判官補足意見が遡及効の制限に関する説示を「立法による改正法の附則による手当」に類するものと説いている（同1337頁）ことは，判例が法であることを前提とするものではないのであろうか。もし判例が法だとすれば，その拘束力は法的なものでなければならないであろう。

38)　高橋（一）・前出注37)176頁参照。

合には法政策的見地から遡及効を遮断することはありうるし，また，それが妥当である。しかし，それは先例拘束性の問題とは異なる。先例拘束性とは，将来生起する同種の事件の処理にあたって，ある時点における裁判所の判断が後の裁判所の判断を拘束するということである。過去の事件の処理は先例拘束性の問題ではない。

　本決定は，平成13年7月当時以降に本件規定の合憲性を前提として遺産分割が行われ，いわば解決済みとなっている事案に本決定の違憲判断が及ぼす効果を「先例としての事実上の拘束性」として説明している。しかし，平成25年9月の本決定がそれ以前に確定した法律関係に対して「先例」となるというのは奇妙である。平成13年7月当時以降に相続が開始され，本決定より前に解決済みとなった事案に対して本決定が影響を及ぼすとすれば，それは，本決定の遡及効によってであるというべきであろう。

　この遡及効の制限を正当化するために金築裁判官補足意見は，アメリカでも「判例の不遡及的変更」が認められていることを援用している[39]。しかし，本決定は判例を変更したわけではないから，何らの説明もなくこの概念を引き合いに出すことは適当ではないと思われる。判例の不遡及的変更とは，判例変更の際の一つのテクニックである。裁判所が旧判例の判断に過誤があるとしてこれを覆しつつ，新判例の法準則を旧判例に基づいて判断された事件には遡及適用しないというのがポイントである[40]。したがって，仮に本決定が本件規定を合憲とした平成7年決定及びその後の諸判例を変更しつつ本決定の違憲判断の効果を遡及させることはしないとしたのであれば，それはまさに判例の不遡及的変更を行ったものといえる（本件についてもそのような解決法がありえたのではないか）。しかし，実際には本決定は，平成13年7月当時以降の事情の変化を理由に本件規定を違憲と判断したのであって，それ以前に相続が開始された事件に関する上記の先例の合憲判断を変更したものではない。仮に平成13年7月当時以降に相続が開始された事件につい

---

39) 民集67巻6号1335頁。
40) 判例の不遡及的変更については，さしあたり，田中英夫『法形成過程』69頁（東京大学出版会，1987年）を参照。アメリカでは，当該事件については新しい法準則を適用する「限定型不遡及的変更」と当該事件についても新しい法準則を適用しない「純粋型不遡及的変更」の区別が論じられているが（同72～73頁参照），ここでは立ち入らない。

て本決定より前に本件規定を合憲と判断した最高裁判例があれば、それは判例の不遡及的変更の対象となりうるであろう。しかし、本決定の遡及効の制限に関する判断はそのような状況を前提とするものではない。本決定は、平成13年7月当時以降、「既に関係者間において裁判、合意等により確定的なものとなったといえる法律関係」に限って遡及効を否定しようとするものである。しかし、本決定によれば、遅くとも平成13年7月当時には子を個人として尊重しその権利を保障すべきとする考えが確立してきたとされ、まさにそのことが本件規定を違憲と判断する根拠とされていたのではなかったか。そうだとすれば、この間に本件規定の合憲性を前提として確定した法律関係を保護する必要性がどれほどあるのかを疑問とする余地もあると思われる。いずれにしても、法律関係が確定的なものとなったかどうかについては、個々の事例に即した慎重な判断が求められることとなろう[41]。

　この遡及効を制限することを明らかにした本決定の説示については、金築、千葉両裁判官が各補足意見において、この部分は傍論ではなく主論──千葉裁判官は「判旨（ratio decidendi）」と表現している[42]──である旨をあえて論じている。一般に、裁判の理由中の法律的判断のうち、当該事件の事実関係を前提として法律的効果を述べたいわゆる結論命題が主論を構成することには異論がない。しかし、結論を導く前提となる理由づけの部分の一般的命題については、これをどこまで主論として認めてよいか争いの存するところである。裁判所の本来の使命は具体的事件を解決することにあり、一般的命題を定立することにあるわけではないから、事件の結論に直結しない一般的命題を主論として認めてよいかどうかが問題となるのは当然である。本件の遡及効の制限に関する説示についてはどうであろうか。遡及効の制限に関する説示が、本決定の違憲判断がもたらすであろう混乱を回避するために加えられたものであるとすれば、それは違憲判断と密接に関連し、違憲判断を下すにあたって必要不可欠なものであるともいえよう。しかし、この説示は本件事案の解決にとって必要不可欠なものといえるであろうか。本件事案の解

---

41)　この点に関しては、伊藤・前出注17) 384～89頁において、可分債権・可分債務の例を中心に検討がなされている。
42)　民集67巻6号1335頁（金築裁判官）、1337頁（千葉裁判官）参照。

決に必要なのは，本件規定が憲法に照らして有効か無効かの判断であり，それに尽きる。違憲判断が下された場合，その判断が他の事件に及ぼす影響に関する説示の部分は傍論であるとの見方も十分成り立ちうると思われる[43]。

そもそも裁判所は，傍論を述べることが許されないというものではない。たとえば，皇居外苑事件[44]や朝日訴訟[45]では，訴訟判決による処理に加えて，「なお，念のため」として憲法上の争点に関する最高裁の判断を明らかにしている。また，自衛官合祀訴訟[46]では，政教分離原則違反の主張を退けた上で，「なお」として，仮に国の政教分離原則違反行為があったとしても，当該行為が私人との関係で当然に違法となるものではない旨を述べている。このように事件の結論に直結しない理由中の判断は一般に傍論での判断として受け止められていると思われるが，実際上後の裁判に対して少なからぬ影響を与えているといってよいであろう。これらの事例と本件とはどのように区別されるのか。この点について両裁判官の補足意見には必ずしも明確な説明を見出すことができない。

しかし，異なる角度から見ると，遡及効の制限にかかる説示を主論と位置づける両裁判官の見解には興味深いものがある。というのも，両裁判官は，最高裁が違憲判断を行う場合について特別の考慮が必要だと主張しているように見えるからである。この点は，千葉裁判官の意見においてより明確である。同裁判官は，法令についての違憲判断が従来当該法令を前提に築き上げられてきた多くの法律関係等を覆滅させる危険を生ぜしめるものであるが故に，そのような法的安定性を大きく阻害する事態を避けるために，最高裁が当該事件の処理を離れて他の同種事件の今後の処理のあり方にかかわる説示を行うことは，最高裁が法令違憲の判断を行うとき，「基本的には常に必要

---

43) 田中・前出注40)96頁参照。これに対して，金築裁判官は，裁判外における論稿で，一般的命題も主論たりうるとした上で，「判決・決定の結論に対し影響のある判示であるという点を，主論性の要件として厳格に要求することは，難しいように思われる」と論じている（金築誠志「判例について」中央ロー・ジャーナル12巻4号3頁，35頁〔2016年〕）。主論と傍論に関する同裁判官の見解については，金築誠志「主論と傍論」司法研修所論集1973-Ⅱ125頁（1973年）も参照。
44) 最大判昭和28年12月23日民集7巻13号1561頁。
45) 最大判昭和42年5月24日民集21巻5号1043頁。
46) 最大判昭和63年6月1日民集42巻5号277頁。

不可欠な」措置であり，それは，最高裁の違憲審査権行使に「性質上内在する，あるいはこれに付随する権能」であって，「違憲審査権行使の司法作用として」憲法上承認されているものと考えるべきであると論じている[47]。つまり，両裁判官は，本件を違憲審査権の行使という観点から捉え，最高裁の違憲判断が他の同種の事件に及ぼす影響を考慮し，違憲判断のみならず，違憲判断を下すための前提条件ともいうべきもの（本件の場合は遡及効の制限）に関する説示部分（それは一般的命題としての性質を有する）にも後の裁判に対する拘束力を認めようとしているということができる。これは，違憲判断が当該事件限りの個別的効力しかもたないことを前提としつつ，その一方で，後の裁判所との関係においては，違憲判断とそれに付随する説示が一般的な効力をもつことを認めたものと解され，その意味で注目に値するのである。

4　本決定の射程と残された問題

最高裁大法廷は，本決定と同日に，別件の遺産分割審判に係る特別抗告事件（被相続人が平成13年11月死亡の事案）について，本決定と同旨の違憲判断を下し，これと異なる合憲判断を下した原審大阪高裁の決定を破棄して，事件を原審に差し戻す決定をした[48]。また，その2週間後には，同様の特別抗告事件（被相続人が平成15年3月死亡の事案）について，本決定を引用しつつ，本件規定は平成15年3月当時において憲法14条1項に違反して無効であったとし，原審仙台高裁の決定を破棄して，事件を原審に差し戻す決定を下している[49]。

その後，国会は，本決定の違憲判断を受けて，本件規定を削除する法改正を行った（平成25年法律第94号）[50]。改正法は，経過措置として，改正後の民法900条の規定を「平成25年9月5日以後に開始した相続について適用する」こととしている（改正法附則2項）。その結果，同法の施行日である同

---

47) 民集67巻6号1336〜37頁。
48) 最大決平成25・9・4（LEX/DB 文献番号25501698）。
49) 最大決平成25・9・18（LEX/DB 文献番号25501705）。
50) 法改正の経緯については，佐藤彩香「嫡出でない子の相続分に関する民法の改正」時の法令1948号4頁（2014年）参照。

年12月11日より前に開始した相続についても新法が遡及適用されることは明らかであるが、平成13年7月から平成25年9月4日に至るまでの間に開始した相続については、立法的解決はつけられなかったということである。本決定自体がその違憲判断の遡及効を制限すべき場合を具体的に示していないのであるから、このような立法府の対応もやむをえないといえよう。この期間に開始された相続については、原則として本件規定が違憲であることを前提として処理されるべきであるが、争いがあれば、個別具体の事例ごとに違憲判断の遡及効を制限すべき場合か否かを裁判所が判断していくこととなろう。

改正法の施行から約1年後、最高裁は、嫡出子と非嫡出子の間で争われた不当利得返還等請求事件（被相続人が平成12年5月死亡の事案）について、「当裁判所の判例」として平成7年決定と本決定の両方を引いて、本件規定を違憲とする非嫡出子側の主張を簡単に退けている[51]。本決定の違憲判断は遅くとも平成13年7月当時には本件区別の合理的根拠は失われていたということを理由とするものであったから、平成12年5月に相続が開始された事案について本決定の違憲判断が遡及しないのは当然である。平成7年決定以後の合憲判断は変更されておらず、その最後の合憲判断の事例の相続開始時は平成12年9月である。平成12年9月から平成13年7月に至るまでの間に相続が開始した事例については最高裁の憲法判断がなく未確定といわざるをえないが、少なくともこの不当利得返還等請求事件に関する限り、その合憲判断に矛盾はないといえよう。

上記の法改正により本件規定は削除され、本件区別の問題は解消された。しかし、法定相続分以外の嫡出性の有無を指標とする取扱いの区別は、現行法上になお残されている。たとえば、民法上、親権は父母の婚姻中は父母が共同して行うことを原則とするが、非嫡出子については、父母のいずれかの単独親権しか認められていない（民法818条3項、819条4項）。また、嫡出子は父母の氏を称し、非嫡出子は母の氏を称するものとされており（同790条1項、2項）、それに応じて、戸籍法上、嫡出子は父母の戸籍に入るのに対して、非嫡出子は母の戸籍に入るものとされている（戸籍法18条1項、2

---

[51] 最三小判平成26・12・2（LEX/DB文献番号25505524）。

項)。これらの区別についてどのように考えるべきか。本決定の違憲判断の射程が本件事案を超えてどこまで及ぶかはその理由づけの如何によるが、上述の如く、そのことを正確に見通すには本決定の理由づけは些か漠としている。

ちなみに、戸籍法49条2項1号が出生の届書に「嫡出子又は嫡出でない子の別」の記載を求めていることについて、最高裁は、「戸籍事務を管掌する市町村長の事務処理の便宜に資する」ためのものであり、当該規定は「それ自体によって、嫡出でない子について嫡出子との間で子又はその父母の法的地位に差異がもたらされるものとはいえない」として、違憲の主張を退けている[52]。

---

52) 最一小判平成25・9・26民集67巻6号1384頁。この判決には、「出生届の記載の仕方という子本人の意思では左右し難い事情に起因する無戸籍状態のために、子自身に種々の不利益や不便さが生じるという事態は、確実に避けられるべき事態」であり、出生届に嫡出であるか否かの記載を求めることは「必ずしも事務処理上不可欠な記載とまではいえないであろう」として、「戸籍法の規定を含む制度の在り方についてしかるべき見直しの検討が行われること」が望ましいとする櫻井龍子裁判官の補足意見(同1391頁)が付されている。

第9章 謝罪広告の強制と「良心の自由」
―― 謝罪広告強制事件判決

最大判昭和31年7月4日民集10巻7号785頁

I　はじめに

　名誉毀損に対する救済方法としては，一般に，民法723条により，不法行為に基づく損害賠償請求に代えて，あるいは損害賠償請求とともに，謝罪広告の掲載を求めるということが行われてきた。しかし，謝罪の意思を持たない者に謝罪広告を掲載するように裁判所が命じることは憲法19条が保障する「良心の自由」との関係で問題にならないのかどうか。この問いについて最高裁が一応の回答を示したのが，本章で取り上げる1956（昭和31）年の大法廷判決である。本判決は，結論的には，謝罪広告の強制が憲法19条に違反するとの主張を退けた。そして，本判決以降，この問題は，単に本判決を先例として引用するだけで処理されることが一般的であり，本判決は確立した判例になっているといってよいであろう。

　しかし，確立した判例が全く問題のないものであるとは限らない。謝罪広告の強制を合憲と判断するにあたって本判決が依拠した憲法解釈および結論に至る理由づけは正当なものであったか。学説上この点は当初から問題にされていたし，本判決以降今日に至るまで同種の事件が多数，繰り返し争われてきたにもかかわらず，裁判所において本判決の内容が改めて考慮されたことはない。それ故，ここで本判決を読み直し，上記の点について検討してみることも意味のないことではないと思われる。

II　判決の紹介

1　事実の概要

　Y（被告，控訴人，上告人）は，1952（昭和27）年10月1日に行われた衆議院議員選挙に際して，日本共産党公認候補として徳島県から立候補したが，選挙運動期間中に，対立候補であったX（原告，被控訴人，被上告人）が県副知事在職中に発電所建設に絡んで汚職を行った旨をラジオの政見放送で公表し，さらに，徳島新聞紙上で同じ趣旨の主張を繰り返した。これに対してXは，かかる虚偽の報道によって著しく名誉を毀損され，信用を失墜せしめられ，精神的上莫大な打撃を被っているとして，その名誉回復のために謝罪文を新聞紙上に掲載し，かつ，放送することを請求した。

　第1審判決（徳島地判昭和28・6・24）[1]は，Yが故意または重大な過失により報道機関を通じて虚偽の事実を流布し，その結果名誉毀損が成立したことを認めて，Xの請求を正当とし，Yに対し，請求された謝罪文の内容を若干変更しつつ，公表された事実が虚偽かつ不当であったことを認めて陳謝する旨の謝罪広告をYの名で新聞紙上に掲載することを命じた。第2審判決（高松高判昭和28・10・3）[2]も，この判断を全面的に支持して，控訴を棄却した。そこで，Yは，現在でも演説の内容は真実であり自己の言論は国民の幸福のためになされたものと確信しているにもかかわらず，自らが全く意図しない言説をYの名で新聞紙上に掲載させることはYの良心の自由を侵害するもので憲法19条に違反するとして，上告した。最高裁大法廷は，次のように述べて，上告を棄却した。

2　判　旨

　「民法723条にいわゆる『他人の名誉を毀損した者に対して被害者の名誉を回復するに適当な処分』として謝罪広告を新聞紙等に掲載すべきことを加

1）　下民集4巻6号926頁（民集10巻7号809頁）。
2）　民集10巻7号818頁。

害者に命ずることは、従来学説判例の肯認するところであり、また謝罪広告を新聞紙等に掲載することは我国民生活の実際においても行われているのである。尤も謝罪広告を命ずる判決にもその内容上、これを新聞紙に掲載することが謝罪者の意思決定に委ねるを相当とし、これを命ずる場合の執行も債務者の意思のみに係る不代替作為として民訴734条〔現民事執行法172条〕に基き間接強制によるを相当とするものもあるべく、時にはこれを強制することが債務者の人格を無視し著しくその名誉を毀損し意思決定の自由乃至良心の自由を不当に制限することとなり、いわゆる強制執行に適さない場合に該当することもありうるであろうけれど、単に事態の真相を告白し陳謝の意を表明するに止まる程度のものにあっては、これが強制執行も代替作為として民訴733条〔現民事執行法171条〕の手続によることを得るものといわなければならない。そして原判決の是認した被上告人の本訴請求は、上告人が判示日時に判示放送、又は新聞紙において公表した客観的事実につき上告人名義を以て被上告人に宛て『右放送及記事は真相に相違しており、貴下の名誉を傷け御迷惑をおかけいたしました。ここに陳謝の意を表します』なる内容のもので、結局上告人をして右公表事実が虚偽且つ不当であったことを広報機関を通じて発表すべきことを求めるに帰する。されば少くともこの種の謝罪広告を新聞紙に掲載すべきことを命ずる原判決は、上告人に屈辱的若くは苦役的労苦を科し、又は上告人の有する倫理的な意思、良心の自由を侵害することを要求するものとは解せられないし、また民法723条にいわゆる適当な処分というべきであるから所論は採用できない」。

　なお、本判決には、憲法19条の「良心」は「宗教上の信仰」に限らず広く「世界観」「主義」「思想」「主張」を含むが、「謝罪の意思表示の基礎としての道徳的の反省とか誠実さというもの」を含まないとして、本件を憲法19条とは無関係とする田中耕太郎裁判官の補足意見、憲法19条の「良心の自由」とは歴史的に見て「信仰選択の自由」を意味するとして、本件では憲法19条違反の問題を生じないとする栗山茂裁判官の補足意見、「自己の行為を非行なりと承認し、これにつき相手方の許しを乞うということは、まさに良心による倫理的判断」にほかならないから、謝罪広告を命じる判決が強制執行されるものであるとすれば、それは憲法19条および13条に違反するこ

とになるが，本件判決は強制執行を許さないものであるから違憲の問題を生じる余地はないとする入江俊郎裁判官の補足意見，憲法19条の「良心の自由」とは「単に事物に関する是非弁別の内心的自由のみならず，かかる是非弁別の判断に関する事項を外部に表現する自由並びに表現せざるの自由をも包含する」とし，「国家が裁判という権力作用をもって，自己の行為を非行なりとする倫理上の判断を公に表現することを命じ，さらにこれにつき『謝罪』『陳謝』という道義的意思の表示を公にすることを命ずるがごときこと」は，憲法19条の「良心の自由」を侵すものといわなければならないとする藤田八郎裁判官の反対意見，憲法19条は「信条上沈黙を欲する者に沈黙する自由」を保障するものであるから，本人が信条上欲しない場合でも「謝罪」「陳謝の意を表します」という文言を含む本件広告の掲載を命じた原判決は憲法19条に違反するとする垂水克己裁判官の反対意見が付されている。

III 分析と検討

　本件は謝罪広告を命じる判決の憲法適合性という興味深い問題を提起したものであったが，本判決はこの問題に正面から取り組んでいるとはいえない。第1に，本判決は，憲法19条の「良心の自由」の意味が問われているにもかかわらず，それについて全く触れていない。第2に，本判決は，謝罪広告を命じる判決についても，その内容によっては強制執行に適さない場合がありうるとしているが，それがいかなる場合であるかを十分明確にしていない。
　以下，これらの点を中心に，本判決の論旨を再検討することにしたい。

1　「良心の自由」の意味

　本判決は，憲法19条が保障する「良心の自由」の侵害を主張する上告趣意に対して「良心の自由」の侵害はないと結論したのであるが，そこでいう「良心の自由」が何を意味するかについては明示していない。「憲法19条」という条文自体も全く引用していない。むしろ，この点は本判決に付された三つの補足意見と二つの反対意見において詳細に論じられているところであ

る。そこで，まずこれらの個別意見を検討し，それらの意見との対比において本判決の多数意見の立場を明らかにしていくことにしたい。

　第1に，個別意見のうち，憲法19条の「良心の自由」を最も狭く捉えているのは，栗山裁判官の補足意見である。栗山裁判官は，憲法19条の「良心の自由」とは「英語のフリーダム・オブ・コンシャンスの邦訳であってフリーダム・オブ・コンシャンスは信仰選択の自由」を意味するとして，諸外国の用例を援用している[3]。日本国憲法はポツダム宣言（同宣言10項は「言論，宗教及思想ノ自由並ニ基本的人権ノ尊重ハ確立セラルヘシ」と規定）の条件に沿って規定しているので，「思想の自由に属する本来の信仰の自由を19条において思想の自由と併せて規定し次の20条で信仰の自由を除いた狭義の宗教の自由を規定したと解すべきである」[4]というのである。「良心の自由」が「信仰選択の自由」に由来するという，この理解は，沿革的には正しいものを含んでいる。ユダヤ＝キリスト教の宗教伝統に属する西欧立憲主義諸国では，個人の「良心」は「信仰」と切り離せないものであった。しかし，この理解は，日本国憲法が20条と別個に19条を置いた意義を軽視しているといわざるをえない[5]。また，20条が「信仰の自由を除いた狭義の宗教の自由を規定した」ものとする理解もきわめて特異なものである。このように，憲法19条にいう「良心の自由」を「信仰選択の自由」に限定して捉える見解は狭きに失するというべきであり，採りえない。

　第2に，「良心の自由」を最も広く捉えているのは，藤田，垂水両裁判官

[3] そこでは，アイルランド，アメリカ合衆国（カリフォルニア州），フランスのようなキリスト教国のみならず，インド，ビルマ（現在のミャンマー），イラクのような非キリスト教国の例が引かれている。民集10巻7号791頁，792〜93頁参照。
[4] 同793頁。
[5] 日本国憲法の制定過程において，19条についてはほとんど議論がない。当初の提案段階から，「思想の自由」と「信教の自由」とは区別されており，マッカーサー草案の段階で「思想および良心の自由」（18条）と「信教の自由」（19条）とに分けて規定されたのち，そのまま日本国憲法の19条と20条として成立した。高柳賢三＝大友一郎＝田中英夫編『日本国憲法制定の過程Ⅰ原文と翻訳』7頁，277頁（有斐閣，1972年）参照。また，戦後の世界においては，ドイツ連邦共和国基本法4条1項のように，憲法に規定された「良心」が信仰選択にとどまらず，より広く世俗的な意味の良心を含めて理解される傾向が見られることもしばしば指摘されている。芦部信喜『憲法学Ⅲ人権各論(1)』100〜01頁（有斐閣，1998年），西原博史『良心の自由〔増補版〕』25〜26頁（成文堂，2001年），初宿正典「良心の自由と謝罪広告の強制」憲法判例百選Ⅰ〔第4版〕78頁（2000年）等参照。

の各反対意見であり，入江裁判官の補足意見も，この点に関しては同様であると思われる。ここでは，憲法19条にいう「良心の自由」とは，「事物に関する是非弁別の内心的自由」(藤田裁判官)，「内心の自由」(垂水裁判官)，あるいは「倫理的判断の自由」(入江裁判官)として捉えられている(学説上，内心説または倫理的意思説と呼ばれる立場[6])に該当する)。また，注目すべきは，これらの意見にあっては，「良心の自由」がこのような内心の自由にとどまらないとされていることである。たとえば，藤田裁判官は，憲法19条の「良心の自由」とは，内心における「是非弁別の判断に関する事項を外部に表現するの自由並びに表現せざるの自由をも包含するものと解すべき」[7]とし，垂水裁判官は，より端的に，憲法19条は「信条上沈黙を欲する者に沈黙する自由をも保障するもの」[8]と述べている。入江裁判官が，本人の「承服し得ない倫理的判断の形成及び表示を公権力をもって強制すること」を問題視している[9]のも同じ趣旨であろう。

憲法19条は自己の思想および良心について沈黙を守る自由を保障しているというのが通説である[10]。公権力といえども個人の内心に立ち入ることができないのは当然であるが，であればこそ，内心の外部への表出を強制することが許されてはならないと考えられる。しかしながら，憲法19条の「良心の自由」は内心の自由として絶対的に保障されるものであるが，良心の外部への発表や特定の場合の沈黙は19条ではなく21条の「言論の自由」に属するとし，沈黙の自由を憲法19条に含めることを論理矛盾として批判する見解もある[11]。この見解によれば，判決による謝罪広告の強制は憲法19条違反ではないが，21条違反ということになろう。

藤田，垂水両裁判官の立場からすると，謝罪とは，内心における是非善悪

6) 法学協会編『註解日本国憲法(上)』399頁(有斐閣，1953年)，宮沢俊義『憲法Ⅱ〔新版〕』338頁(有斐閣，1971年)，小嶋和司『憲法概説』187～88頁(良書普及会，1987年)，樋口陽一＝佐藤幸治＝中村睦男＝浦部法穂『憲法Ⅰ』376～77頁(青林書院，1994年)(浦部法穂執筆)等参照。
7) 民集10巻7号799頁。
8) 同803頁。
9) 同795頁。
10) 法学協会編・前出注6)400頁，宮沢・前出注6)339頁，芦部・前出注5)111頁，伊藤正己『憲法〔第3版〕』262頁(弘文堂，1995年)等参照。本判決の多数意見および田中，栗山両裁判官の各補足意見がこの点をどう考えているのかは明確でない。

の判断をまって初めてなされるものであり（入江裁判官が「自己の行為を非行なりと承認し、これにつき相手方の許しを乞うということは、まさに良心による倫理的判断でなくて何であろうか」[12]というのも、その限りでは同じことをいっていると思われる）。それ故、内心では自己の非を認めていないのに、判決で謝罪広告を命じることは、「良心の外的自由を侵犯」[13]し、あるいは、「本人の信条に反し、彼の欲しないかも知れない意思表明の公表を強制するもの」[14]として、憲法19条に違反するということになる（垂水裁判官が、本件広告中の「謝罪」「陳謝の意を表します」という文言にこだわっているのは、以上のような考え方による）。両裁判官と入江裁判官が袂を分かつのは、強制執行の許否の意味をめぐってである。藤田裁判官は、判決が訴訟法上強制執行を許すか否かにかかわりなく、およそ国家が権力をもって謝罪広告を命じること自体が「良心の自由」を侵すと論じ[15]、また、垂水裁判官は、強制執行をなしうるが故に判決で謝罪広告を命じることは許されるべきではないと説く[16]。これに反して入江裁判官は、謝罪広告を命じる判決を強制執行することは「不当に良心の自由を侵害し、個人の人格を無視することとなり違憲たるを免れない」[17]から、およそ強制執行は許されないと解するのが相当であり、それ故翻って、本件について違憲の問題を生じる余地はないというのである。

　第3に、「良心の自由」について、藤田ら3裁判官に比してより限定的な見解を示しているのが、田中裁判官の補足意見である。田中裁判官は、憲法19条の「良心」とは「宗教上の信仰」にとどまらず広く「世界観や主義や思想や主張をもつこと」を含むとし、「憲法の規定する思想、良心、信教お

---

11)　長谷川正安「謝罪広告を命ずる判決の憲法適否」判評7号（判時96号）8頁、9頁（1957年）参照。なお、佐藤幸治『憲法〔第3版〕』486頁（青林書院、1995年）は、「19条に根拠する『沈黙の自由』は、『沈黙の自由』一般の一部を構成するにすぎない」とし、「『沈黙の自由』は21条の『表現の自由』にも根拠するのであって（消極的表現の自由）、非公表の文脈のものでかつ世界観などの人格核心にかかわる場合に19条の『沈黙の自由』のみが妥当することになる」という。
12)　民集10巻7号795頁。
13)　同800頁。
14)　同803頁。
15)　同800頁参照。
16)　同805〜06頁参照。
17)　同798頁。

よび学問の自由は大体において重複し合っている」とするが，その一方で，「謝罪の意思表示の基礎としての道徳的の反省とか誠実さというものを含まない」という[18]（学説上の信条説[19]に該当する）。そこで，「宗教や上述のこれと同じように取り扱うべきもの」につき，「禁止，処罰，不利益取扱等による強制，特権，庇護を与えることによる偏頗な処遇というようなこと」があれば，憲法19条に違反し，場合によっては憲法14条1項に違反することとなるが，本件で問題となっている謝罪広告は「そんな場合ではない」として明確に区別されている[20]。

　田中裁判官は，謝罪は道徳的反省をもってなされることが望ましいとはいえ，そうでなくても外形的に謝罪に当たる行為がなされれば被害者にとっては法的に意味があるとし，このような行為を命じることは「良心の自由」を侵害するものではない（法は内心に立ち入ってまで要求することはできない），逆に，命じられた者がいやいやながら命令に従う場合に「良心の自由」が侵害されたというならば，確信犯人の処罰などもできなくなるという[21]。

　しかし，この見解には疑問を禁じえない。法は内心に立ち入れないのだから内心に反する行為を強制してもよいというのであれば，「踏み絵」のような行為もまた法は強制しうるということになりはしないか。そもそも謝罪は，垂水裁判官が指摘するように，「内心から自己の行為を悪と自覚した場合にのみ価値ある筈のもの」[22]であり，そのような自覚がなく，真に謝罪する意思を伴わないにもかかわらず，外形的に謝罪と見られる行為を強制するとすれば，それは，もはや謝罪を求めるというよりも，相手に頭を下げさせる＝

---

18) 同789頁。いわゆる勤評長野方式事件の第1審判決（長野地判昭和39・6・2判時374号8頁）は，この田中裁判官の補足意見を「参照」として，「思想及び良心の自由」の保障すなわち「沈黙の自由」の保障の対象は，「宗教上の信仰に準ずべき世界観，人生観等個人の人格形成の核心をなすものに限られ，一般道徳上，常識上の事物の是非，善悪の判断や一定の目的のための手段，対策としての当不当の判断を含まないと解すべきである」（14頁）と述べている。

19) 芦部・前出注5)104頁（ただし，内心説と信条説とをカテゴリカルに対立させて捉えるべきではなく，信条説といっても「信仰に準ずる」という要件は付さないほうがよいとする），佐藤功『憲法㊤〔新版〕』300頁（有斐閣，1983年），種谷春洋「思想・良心の自由」芦部信喜編『憲法Ⅱ人権(1)』254頁，269頁（有斐閣，1978年），佐藤（幸）・前出注11)485頁，伊藤・前出注10)257〜58頁等参照。

20) 民集10巻7号790頁。

21) 同上。

22) 同804頁。

屈辱を与えること自体を目指すことになるのではなかろうか。犯罪に対する処罰は，これとは全く別の話である。罪を犯した者は，たとえ屈辱的であっても，法の定める相応の処罰に服さなければならない（確信犯人の処罰ができなくなるわけではない）。本件においても，上告理由は，自ら刑法の名誉毀損罪による処断を一つの方法として提案し，上告人は「例え有罪の判決を受けても良心に反して謝罪文を掲載するよりは良心に恥ぢないで刑に服することであろう」[23]と述べている。

では，これらの個別意見に対して，本判決の多数意見はどのように位置づけられるであろうか。本判決中，「良心の自由」という言葉が登場するのは，次の2箇所である。一つは，強制執行の許否に関して，「時にはこれを強制することが債務者の人格を無視し著しくその名誉を毀損し意思決定の自由乃至良心の自由を不当に制限することとなり，いわゆる強制執行に適さない場合に該当することもありうるであろうけれど」[24]と述べている箇所であり，もう一つは，「上告人の有する倫理的な意思，良心の自由を侵害することを要求するものとは解せられない」[25]とする末尾の箇所である。本判決の論旨は必ずしも明確ではないが，少なくとも前者からは，判決による謝罪広告の強制が「良心の自由」の不当な制限となることがありうるということを本判決が認めていることが分かる。その限りでは，本判決は，謝罪広告の強制がおよそ憲法19条違反の問題を生じないとする田中裁判官補足意見とは異なる考え方に立っているといえる。また，後者からは，本判決が，「良心」を「倫理的な意思」として，あるいは少なくともそれを含むものとして理解していることがうかがわれる。そうすると，「良心の自由」に関する本判決の理解は，むしろ藤田，垂水両裁判官の各反対意見や入江裁判官の補足意見の理解と同じか，それに近いものと見てよさそうである。

2 謝罪広告の意味

にもかかわらず，本判決が，（2裁判官の反対意見と違って）「良心の自由」

---

23) 同809頁。
24) 同787頁（圏点筆者）。
25) 同788頁（圏点筆者）。

の侵害はないとし，（入江裁判官補足意見と違って）強制執行も可能であるとしたのは，ひとえに本件謝罪広告の内容が「単に事態の真相を告白し陳謝の意を表明するに止まる程度のもの」[26]であり，その掲載を命じることは「〔本件〕公表事実が虚偽且つ不当であったことを広報機関を通じて発表すべきことを求めるに帰する」[27]と解したことによる。すなわち，本件謝罪広告は謝罪の意思を表示させるものには違いないが，むしろ公表された事実が虚偽であったことを表示させるものであることに主眼があるということであろう。そうだとすると，本判決は，1935（昭和10）年の大審院決定[28]とその軌を一にするものではないかと思われる。同決定は，登録商標権侵害に対して新聞各紙に謝罪広告の掲載を訴求した事件に対する抗告事件について，新聞に謝罪広告を掲載すべきことを命じた判決の執行は民事訴訟法733条〔現民事執行法171条〕の規定に基づいてなすべきものであるとの判断を示したものであるが，その理由中において大審院は，債権者たる抗告人が訴求し，また原審裁判所が債務者に対し謝罪広告を命じた趣旨は「債務者ヲシテ単ニ抗告人ノミニ対シ又ハ適宜ノ方法ニ依リ謝罪ノ意思ヲ表示セシメントスルニ在ラスシテ抗告人トノ取引先等其ノ他一般公衆ニ対シ抗告人ノ商標登録カ相手方ノ商標権ヲ侵害シタルモノニ非サルコトヲ新聞広告ニ依リテ表明セシメントスルニ在ル」[29]と述べていた。この事件で問題となった謝罪広告の文面は「僅テ謝罪仕候」という言葉で結ばれているとはいえ，そのほとんどが登録商標の内容を説明し，商標権侵害としてした催告全部を取り消すことを表明したものであった[30]。

　謝罪広告の目的が謝罪そのものではなく虚偽の公表事実の取消しにあるとすれば，このような広告の掲載を判決で命じることは是とされよう。しかし，それならば，「謝罪」広告である必要はなく，「取消」広告で足りるのではないか。公表された事実が誤りであったことを明らかにし，確認する趣旨の広告であれば十分であろう[31]。あるいは，名誉毀損を認めた裁判所の判決（な

---

26) 同787頁。
27) 同788頁。
28) 大決昭和10・12・16民集14巻2044頁。
29) 同2049頁。
30) 同2046頁参照。

いしその要旨）を掲載することも考えられる[32]。この点，本判決は，本件謝罪広告が事実の取消しのみならず「陳謝の意の表明」を含むことを全く問題にしていない。おそらくは，「謝罪」や「陳謝」の表示を形ばかりのことと捉えたものであろう。しかし，大審院決定の事件と違って，本件は「良心の自由」を保障する日本国憲法の下で起きたものである。上述のように，本判決の多数意見が「良心の自由」を倫理的意思の自由として捉えていたものとすれば，本判決は，謝罪や陳謝の意思表示を強制することが「良心の自由」を侵害しないかどうかについて，もう少し慎重な考慮を払ってしかるべきではなかったかと思われる[33]。

3 謝罪広告と強制執行の許否

本判決は，謝罪広告を命じる判決の憲法適合性について，もっぱら強制執行が許されるか否かの局面でこれを論じている。すなわち，謝罪広告を命じる判決にもその内容上種々のものがあり，中には強制執行に適さないものがありうるとし，謝罪広告の強制が「債務者の人格を無視し著しくその名誉を毀損し意思決定の自由乃至良心の自由を不当に制限することとな」るような場合を挙げている。これは憲法13条違反，19条違反を念頭に置いたものと思われる。しかし，実際上どのような場合がそれに該当するというのかは具

---

[31] 名誉毀損に対する謝罪広告請求について，記事の取消広告の限度においてこれを認容したものとして，大阪地判昭和43・7・30判時528号15頁がある。なお，謝罪広告と取消広告とでは，表現に程度の差があるだけで，「法的強制に親しむものか否かという点では何らの質的差異をも認めることができない」として，取消広告も認められるべきではないとする見解（幾代通「名誉毀損につき謝罪広告を命ずる判決」川島武宜編『損害賠償責任の研究(上)』〔我妻栄先生還暦記念〕403頁，414～15頁〔有斐閣，1957年〕）も見られるが，賛成し難い。取消し自体は倫理的判断の表示ではなく，謝罪とは区別しうると思われる。

[32] 幾代・前出注31)419頁は，判決そのものを新聞に掲載することは，現在の判決書の体裁などから見て実際的ではないとして，「適当な長さの，素人にも読み易い文章での，被告の原告に対するかくかくの行為があり裁判所は名誉毀損に該る不法行為と認定し何円の賠償を命じたといったような内容の，裁判所による広告を，被告の費用によって掲載せしめること」を提案している。

[33] 仮に「付け足し」としての「謝罪」や「陳謝」であっても被害者がそれにより溜飲を下げるという効果をそこに期待するとすれば，それに対しては「余りにも精神主義的な，子供じみた」処分ではないかとの批判（幾代・前出注31)421頁）が当てはまると思われる。諸外国では謝罪広告のような処分は認められていないことも想起されるべきであろう（同406頁参照。入江裁判官補足意見もこの点を指摘している。民集10巻7号796頁参照）。

体的な例示もなく,明確ではない。また,本判決は,謝罪広告を命じる場合の執行が債務者の意思のみに係る不代替行為として間接強制によるのを相当とするものがあるとして,これを代替行為として強制執行できる場合と区別しているが,疑問である。間接強制も強制であることに違いはない。むしろ本件の問題の核心は,判決で謝罪広告を強制すること自体の適否であると見るべきであろう。この点は,田中裁判官補足意見が指摘する通りである[34]。

　ところで,本判決が本件は「良心の自由」の侵害を要求するような場合ではなく強制執行も可能であるとしたのに対し,入江裁判官補足意見は,本件謝罪広告を命じる判決の内容は多数意見のいうようなものではなく強制執行を許さないものであると反論している。すなわち,本件判決の内容は,「上告人に対し,上告人のさきにした本件行為を,相手方の名誉を傷つけ相手方に迷惑をかけた非行であるとして,これについて相手方の許しを乞う旨を,上告人の自発的意思表示の形式をもって表示すべきことを求めていると解すべきものである」[35]から,仮に上告人がその良心に照らして承服できないと思っているにもかかわらず,本件判決を強制執行して,上告人の良心の内容と異なる事柄を,その良心の内容であるとして表示せしめることは,憲法19条,13条に違反する,というのである。この意見は,以上の理由により,本件判決は給付判決ではあるが,その強制執行を許さないものであるとし,同様の例として夫婦同居を命じる判決を援用する。しかし,この点に関しては,まさに垂水裁判官反対意見が指摘する通り[36],夫婦同居判決のように強制執行のできないことが自明なものと違って本件判決は強制執行可能なものと解され(むしろこの種の判決は強制執行できなければ無意味であろう),それ故,本人の意思に出ないその名における謝罪広告の掲載が強制されうると考えられる。であればこそ,やはり判決で謝罪広告を命じること自体の憲法適合性が問われるべきことになろう。

---

34)　同789頁参照。
35)　同795頁。
36)　同805～06頁参照。

4　本判決の射程と残された問題

　本判決は，本件において裁判所が謝罪広告の掲載を命じることは「良心の自由」の侵害に当たらないとしたが，謝罪広告の強制が無限定に認められるとしたわけではない。債務者の人格を無視し，その意思決定の自由ないし「良心の自由」を不当に制限することとなるようなものは（強制執行することが）許されないとされている。したがって，本判決の枠組みを前提としても，謝罪広告を命じる判決の内容によっては，それが違憲と判断される余地は残されているのであるが，その後今日に至るまで謝罪広告を命じる判決を違憲とした例はない。いずれも，本判決を先例として援用することにより，簡単に違憲の主張を退けている[37]。

　しかしながら，本判決が「良心の自由」の意味をどのように捉えていたのかは明確ではなく，仮にこれを倫理的意思の自由として捉えていたものと解しうるとすれば，本判決が「陳謝の意の表明」を含む本件謝罪広告の掲載を判決で命じうるとしたことには疑問の余地がある。たとえ形ばかりのものという趣旨であったとしても，本件謝罪広告のように「ここに陳謝の意を表します」という一文を含む広告（だからこそ，「謝罪」広告と呼ばれるのであろう）を掲載すれば，それは当人が謝罪の意思表示をしたものと受け止められることになろう。それ故，もし当人にその意思がないにもかかわらず，このような内容の謝罪広告の掲載を判決で命じることにはやはり問題があるといわざるをえない。謝罪広告という「名誉回復」の方法自体について，憲法

[37) たとえば，最三小判平成16・6・22（判例集未登載），最一小判平成16・7・15（LEX/DB文献番号28092064）等がある。なお，労働委員会が使用者に対し不当労働行為を認定して発した，いわゆる陳謝誓約型ポストノーティス命令（「深く陳謝する」という表現を含む）が謝罪の意思表示を強制するものであって憲法19条に違反するという主張につき，最二小判平成3・2・22判時1393号145頁は，「深く陳謝する」という表現は「措辞適切さを欠く」が，これは「同種行為を繰り返さない旨の約束文言を強調する趣旨に出たもの」であって，当該命令は「陳謝の意思表明を要求すること」を本旨とするものではないと解して，憲法19条違反の主張はその前提を欠くとした。同様の事案につき，最三小判平成2・3・6集民159号229頁も同旨の判断を示している。これらの判決は，本判決を直接引用していないが，そこには本判決と類似の発想が見て取れる。もっとも，これらの事案に関しては，そもそも自然人ではない法人たる使用者について憲法19条の「良心の自由」の侵害を観念しうるのかという根本的な疑問がある。

19条の「良心の自由」の明確な解釈に基づく再検討の余地があると思われる。

第10章 玉串料等の公金支出と政教分離原則
――愛媛玉串料訴訟違憲判決

最大判平成9年4月2日民集51巻4号1673頁

I　はじめに

　本章では，1997（平成9）年の愛媛玉串料訴訟に関する大法廷判決を取り上げる。この判決は，わが国の政教分離訴訟で最高裁が初めて違憲判断を下したものであり，その意味において画期的な意義を有する。もっとも，本判決の違憲判断は，当時当然に予想されたものではなかった。というのも，政教分離訴訟のリーディング・ケイスとされる1977（昭和52）年の津地鎮祭訴訟大法廷判決[1]（以下「地鎮祭判決」という）以来，最高裁は，憲法の政教分離原則を，必ずしも厳格な分離を要請するものとして捉えていないという受け止め方がむしろ一般的であったからである。しかし，結果は，13対2の大差での違憲判断であった。

　では，同じく公金支出の違憲違法を争う訴訟でありながら，津地鎮祭訴訟と本件玉串料訴訟とでは何故結論が合憲と違憲とに分かれたのであろうか。玉串料訴訟に関する本判決は，政教分離原則について先例と異なる理解をとったということなのか，あるいはまた，政教分離原則違反の有無を先例に比べてより厳格に判断したということなのか。それとも，やはり二つの訴訟の事案が異なっていたことが決定的であったのか。この点を明らかにすることは，本判決の意義を正しく理解するためばかりではなく，今後の政教分離訴訟の行方を占う上でも欠かすことができないと思われる。

---

1) 最大判昭和52・7・13民集31巻4号533頁。

そこで，以下においては，特に先例との関係に注意を向けながら，本判決を読み直し，その意義を考察することにしたい。

II 判決の紹介

1 事実の概要

愛媛県は，1981（昭和56）年から1986（昭和61）年にかけて，靖国神社が挙行した春秋の例大祭に際し玉串料として9回にわたり各5000円（合計4万5000円）を，夏のみたま祭に際し献灯料として4回にわたり各7000円または8000円（合計3万1000円）を，また，愛媛県護国神社が挙行した春秋の慰霊大祭に際し供物料として9回にわたり各1万円（合計9万円）を，それぞれ県の公金から支出して奉納した。これに対して，愛媛県の住民であるXら（原告，被控訴人・控訴人，上告人）は，これらの支出が憲法20条3項，89条等に違反する違法な財務会計上の行為に当たると主張して，当時県知事の職にあったY_1（被告，控訴人，被上告人）および東京事務所長または県生活福祉部老人福祉課長の職にあり知事の委任または専決権限に基づき公金支出を行ったY_2ら（被告，被控訴人，被上告人）を相手取り，地方自治法242条の2第1項4号（平成14年法律第4号による改正前のもの）に基づいて，県に代位して，それぞれ当該支出相当額の損害賠償を請求した。

第1審判決（松山地判平成元・3・17)[2]は，まず，Y_1 Y_2ら全員について被告適格を肯定した[3]のち，本件玉串料等の公金支出の違法性について判断し，本件支出は，その目的が宗教的意義をもつことを否定できないばかりでなく，その効果が靖国神社等の宗教活動を援助，助長，促進することになるもので

---

2) 行集40巻3号188頁。
3) 第1審判決は，Y_1らが地方自治法242条の2第1項4号の「当該職員」に該当するか否かにつき，法令上または当該地方公共団体内部の制度上当該財務会計上の行為を行うかどうかの意思決定を行いうる地位ないし職にあるとされている者は，専決の場合を含めて，すべて「当該職員」に該当するものと解すべきであり，また，法令上本来的に当該財務会計上の行為を行う権限を有する者は，たとえその権限を他に委任するなどした結果その権限を失うに至った場合であっても，委任を受けた者などとともに「当該職員」に当たるものと解すべきであるとした。同224〜28頁。

あって，この支出によって生じる愛媛県と靖国神社等との結びつきは，我が国の文化的・社会的諸条件に照らして考えるとき，もはや相当とされる限度を超えているものというべきであるから，本件支出は憲法20条3項の禁止する宗教的活動に当たり，その余の点につき判断するまでもなく違法と判示し，Y_1についてのみ損害賠償責任を認めた。そこで，Y_1およびXらが，それぞれ敗訴部分について控訴した。これに対して，第2審判決（高松高判平成4・5・12)[4]は，Y_1の本案前の主張を退け，Y_1の被告適格を肯定した[5]のち，本件支出は，神道上の宗教的意義をもつが，一般人にとって神社参拝に際し玉串料等を支出することは過大でない限り社会的儀礼として受容されるという宗教的評価がなされており，Y_1は遺族援護行政の一環として支出したのであって，靖国神社等の第2次大戦中と同一の法的地位・法律関係の復活を目的として支出したものとはいえないし，Y_1の宗教的意識は主として次期県知事への再選を祈願する程度のものにすぎず，それ以上に神道の深い宗教心に基づくものではなく，支出の程度はきわめて零細な額であって社会的儀礼の程度にとどまっており，支出行為が一般人に与える効果・影響については，本件支出により靖国神社等の法的地位・法律関係の復活，国家機関による神道の援助，助長について特別の関心，気風を呼び起こすことは考え難く，したがって，本件支出は，特定の宗教である神社神道への関心を呼び起こし，これに対する援助，助長，促進または他の宗教に対する圧迫，干渉等になるような，憲法20条3項で禁止する宗教的活動には当たらないし，憲法89条が禁止する行為にも当たらないと判示して，Y_1 Y_2らの損害賠償責任を否定した。そこで，Xらが上告したところ，最高裁大法廷は，本件公金支出については，次の通り判示して，結論において第1審判決を是認し，原判決中これと異なる部分を破棄した[6]。

---

4) 行集43巻5号717頁。
5) 同737～38頁。
6) 損害賠償責任に関しては，Y_1についてのみ，その指揮監督上の義務に違反し，これにつき少なくとも過失があったとして責任を肯定し，Y_2らについては，重大な過失があったということはできないとして責任を否定した。民集51巻4号1685～87頁参照。

2　判　旨

（1　政教分離原則と憲法20条3項，89条により禁止される国家等の行為）

「一般に，政教分離原則とは，国家（地方公共団体を含む。以下同じ。）は宗教そのものに干渉すべきではないとする，国家の非宗教性ないし宗教的中立性を意味するものとされているところ，国家と宗教との関係には，それぞれの国の歴史的・社会的条件によって異なるものがある。……憲法は，明治維新以降国家と神道が密接に結び付き……種々の弊害を生じたことにかんがみ，新たに信教の自由を無条件に保障することとし，更にその保障を一層確実なものとするため，政教分離規定を設けるに至ったのである。元来，我が国においては，各種の宗教が多元的，重層的に発達，併存してきているのであって，このような宗教事情の下で信教の自由を確実に実現するためには，単に信教の自由を無条件に保障するのみでは足りず，国家といかなる宗教との結び付きをも排除するため，政教分離規定を設ける必要性が大であった。これらの点にかんがみると，憲法は，政教分離規定を設けるに当たり，国家と宗教との完全な分離を理想とし，国家の非宗教性ないし宗教的中立性を確保しようとしたものと解すべきである。

しかしながら，元来，政教分離規定は，いわゆる制度的保障の規定であって，信教の自由そのものを直接保障するものではなく，国家と宗教との分離を制度として保障することにより，間接的に信教の自由の保障を確保しようとするものである。そして，国家が社会生活に規制を加え，あるいは教育，福祉，文化などに関する助成，援助等の諸施策を実施するに当たって，宗教とのかかわり合いを生ずることを免れることはできないから，現実の国家制度として，国家と宗教との完全な分離を実現することは，実際上不可能に近いものといわなければならない。さらにまた，政教分離原則を完全に貫こうとすれば，かえって社会生活の各方面に不合理な事態を生ずることを免れない。これらの点にかんがみると，政教分離規定の保障の対象となる国家と宗教との分離にもおのずから一定の限界があることを免れず，政教分離原則が現実の国家制度として具現される場合には，それぞれの国の社会的・文化的諸条件に照らし，国家は実際上宗教とある程度のかかわり合いを持たざるを

得ないことを前提とした上で，そのかかわり合いが，信教の自由の保障の確保という制度の根本目的との関係で，いかなる場合にいかなる限度で許されないこととなるかが問題とならざるを得ないのである。右のような見地から考えると，憲法の政教分離規定の基礎となり，その解釈の指導原理となる政教分離原則は，国家が宗教的に中立であることを要求するものではあるが，国家が宗教とのかかわり合いを持つことを全く許さないとするものではなく，宗教とのかかわり合いをもたらす行為の目的及び効果にかんがみ，そのかかわり合いが我が国の社会的・文化的諸条件に照らし相当とされる限度を超えるものと認められる場合にこれを許さないとするものであると解すべきである。

　右の政教分離原則の意義に照らすと，憲法20条3項にいう宗教的活動とは，およそ国及びその機関の活動で宗教とのかかわり合いを持つすべての行為を指すものではなく，そのかかわり合いが右にいう相当とされる限度を超えるものに限られるというべきであって，当該行為の目的が宗教的意義を持ち，その効果が宗教に対する援助，助長，促進又は圧迫，干渉等になるような行為をいうものと解すべきである。そして，ある行為が右にいう宗教的活動に該当するかどうかを検討するに当たっては，当該行為の外形的側面のみにとらわれることなく，当該行為の行われる場所，当該行為に対する一般人の宗教的評価，当該行為者が当該行為を行うについての意図，目的及び宗教的意識の有無，程度，当該行為の一般人に与える効果，影響等，諸般の事情を考慮し，社会通念に従って，客観的に判断しなければならない。

　憲法89条が禁止している公金その他の公の財産を宗教上の組織又は団体の使用，便益又は維持のために支出すること又はその利用に供することというのも，前記の政教分離原則の意義に照らして，公金支出行為等における国家と宗教とのかかわり合いが前記の相当とされる限度を超えるものをいうものと解すべきであり，これに該当するかどうかを検討するに当たっては，前記と同様の基準によって判断しなければならない。

　以上は，当裁判所の判例の趣旨とするところでもある（最高裁昭和46年(行ツ)第69号同52年7月13日大法廷判決・民集31巻4号533頁，最高裁昭和57年(オ)第902号同63年6月1日大法廷判決・民集42巻5号277頁

参照)」。

(2　本件支出の違法性)

(1)　被上告人 Y_1 らは,「いずれも宗教法人であって憲法 20 条 1 項後段にいう宗教団体に当たることが明らかな靖國神社又は護國神社が各神社の境内において挙行した恒例の宗教上の祭祀である例大祭, みたま祭又は慰霊大祭に際して, 玉串料, 献灯料又は供物料を奉納するため, 前記回数にわたり前記金額の金員を県の公金から支出した」。「神社神道においては, 祭祀を行うことがその中心的な宗教上の活動であるとされていること, 例大祭及び慰霊大祭は, 神道の祭式にのっとって行われる儀式を中心とする祭祀であり, 各神社の挙行する恒例の祭祀中でも重要な意義を有するものと位置付けられていること, みたま祭は, 同種の儀式を行う祭祀であり, 靖國神社の祭祀中最も盛大な規模で行われるものであることは, いずれも公知の事実である。そして, 玉串料及び供物料は, 例大祭又は慰霊大祭において右のような宗教上の儀式が執り行われるに際して神前に供えられるものであり, 献灯料は, これによりみたま祭において境内に奉納者の名前を記した灯明が掲げられるというものであって, いずれも各神社が宗教的意義を有すると考えていることが明らかなものである。

これらのことからすれば, 県が特定の宗教団体の挙行する重要な宗教上の祭祀にかかわり合いを持ったということが明らかである。そして, 一般に, 神社自体がその境内において挙行する恒例の重要な祭祀に際して右のような玉串料等を奉納することは, 建築主が主催して建築現場において土地の平安堅固, 工事の無事安全等を祈願するために行う儀式である起工式の場合とは異なり, 時代の推移によって既にその宗教的意義が希薄化し, 慣習化した社会的儀礼にすぎないものになっているとまでは到底いうことができず, 一般人が本件の玉串料等の奉納を社会的儀礼の一つにすぎないと評価しているとは考え難いところである。そうであれば, 玉串料等の奉納者においても, それが宗教的意義を有するものであるという意識を大なり小なり持たざるを得ないのであり, このことは, 本件においても同様というべきである。また, 本件においては, 県が他の宗教団体の挙行する同種の儀式に対して同様の支出をしたという事実がうかがわれないのであって, 県が特定の宗教団体との

間にのみ意識的に特別のかかわり合いを持ったことを否定することができない。これらのことからすれば，地方公共団体が特定の宗教団体に対してのみ本件のような形で特別のかかわり合いを持つことは，一般人に対して，県が当該特定の宗教団体を特別に支援しており，それらの宗教団体が他の宗教団体とは異なる特別のものであるとの印象を与え，特定の宗教への関心を呼び起こすものといわざるを得ない」。

　Y_1 らは，「本件支出は，遺族援護行政の一環として，戦没者の慰霊及び遺族の慰謝という世俗的な目的で行われた社会的儀礼にすぎないものであるから，憲法に違反しないと主張する。確かに，靖國神社及び護國神社に祭られている祭神の多くは第2次大戦の戦没者であって，その遺族を始めとする愛媛県民のうちの相当数の者が，県が公の立場において靖國神社等に祭られている戦没者の慰霊を行うことを望んでおり，そのうちには，必ずしも戦没者を祭神として信仰の対象としているからではなく，故人をしのぶ心情からそのように望んでいる者もいることは，これを肯認することができる。そのような希望にこたえるという側面においては，本件の玉串料等の奉納に儀礼的な意味合いがあることも否定できない。しかしながら，明治維新以降国家と神道が密接に結び付き種々の弊害を生じたことにかんがみ政教分離規定を設けるに至ったなど前記の憲法制定の経緯に照らせば，たとえ相当数の者がそれを望んでいるとしても，そのことのゆえに，地方公共団体と特定の宗教とのかかわり合いが，相当とされる限度を超えないものとして憲法上許されることになるとはいえない。戦没者の慰霊及び遺族の慰謝ということ自体は，本件のように特定の宗教と特別のかかわり合いを持つ形でなくてもこれを行うことができると考えられるし，神社の挙行する恒例祭に際して玉串料等を奉納することが，慣習化した社会的儀礼にすぎないものになっているとも認められないことは，前記説示のとおりである」。ちなみに，「香典は，故人に対する哀悼の意と遺族に対する弔意を表するために遺族に対して贈られ，その葬礼儀式を執り行っている宗教家ないし宗教団体を援助するためのものではないと一般に理解されており，これと宗教団体の行う祭祀に際して宗教団体自体に対して玉串料等を奉納することとでは，一般人の評価において，全く異なるものがあるといわなければならない」。また，「地方公共団体の名を

示して行う玉串料等の奉納と〔神社仏閣を訪れた際に〕一般にはその名を表示せずに行うさい銭の奉納とでは，その社会的意味を同一に論じられないことは，おのずから明らかである。そうであれば，本件玉串料等の奉納は，たとえそれが戦没者の慰霊及びその遺族の慰謝を直接の目的としてされたものであったとしても，世俗的目的で行われた社会的儀礼にすぎないものとして憲法に違反しないということはできない」。

「以上の事情を総合的に考慮して判断すれば，県が本件玉串料等を靖國神社又は護國神社に前記のとおり奉納したことは，その目的が宗教的意義を持つことを免れず，その効果が特定の宗教に対する援助，助長，促進になると認めるべきであり，これによってもたらされる県と靖國神社等とのかかわり合いが我が国の社会的・文化的諸条件に照らし相当とされる限度を超えるものであって，憲法20条3項の禁止する宗教的活動に当たると解するのが相当である。そうすると，本件支出は，同項の禁止する宗教的活動を行うためにしたものとして，違法というべきである」。

(2)「また，靖國神社及び護國神社は憲法89条にいう宗教上の組織又は団体に当たることが明らかであるところ，以上に判示したところからすると，本件玉串料等を靖國神社又は護國神社に前記のとおり奉納したことによってもたらされる県と靖國神社等とのかかわり合いが我が国の社会的・文化的諸条件に照らし相当とされる限度を超えるものと解されるのであるから，本件支出は，同条の禁止する公金の支出に当たり，違法というべきである」。

なお，本判決には，大野正男，福田博裁判官の各補足意見，園部逸夫，高橋久子，尾崎行信裁判官の各意見，三好達，可部恒雄裁判官の各反対意見が付されている。

III　分析と検討

本判決について注目されるのは，最高裁大法廷が地方公共団体による玉串料等の公金支出を憲法の政教分離原則に違反すると断じたことであるが，重要なのは，この違憲判断がいかなる政教分離原則の理解に基づき，いかなる判断基準により，どのように導かれたのか，ということである。

以下，順次検討する。

1 政教分離原則の理解

　政教分離原則に関する本判決の理解は，判決文から見る限り，地鎮祭判決のそれと全く同一である。すなわち，(ア)政教分離原則とは，国家が宗教そのものに干渉すべきではないとする国家の非宗教性ないし宗教的中立性を意味する。(イ)明治維新以降国家と宗教が密接に結びつき種々の弊害を生じた歴史的経験と各種の宗教が多元的・重層的に発達・併存してきているというわが国の宗教事情に鑑みて，「憲法は，政教分離規定を設けるに当たり，国家と宗教との完全な分離を理想とし，国家の非宗教性ないし宗教的中立性を確保しようとしたものと解すべきである」。しかし，(ウ)「政教分離規定は，いわゆる制度的保障の規定であって，信教の自由そのものを直接保障するものではなく，国家と宗教との分離を制度として保障することにより，間接的に信教の自由の保障を確保しようとするものである」。そして，(エ)「現実の国家制度として，国家と宗教との完全な分離を実現することは，実際上不可能に近い」だけでなく，「政教分離原則を完全に貫こうとすれば，かえって社会生活の各方面に不合理な事態を生ずることを免れない」。これらの点に鑑みると，(オ)「国家と宗教との分離にもおのずから一定の限界があることを免れず，政教分離原則が現実の国家制度として具現される場合には，それぞれの国の社会的・文化的諸条件に照らし，国家は実際上宗教とある程度のかかわり合いを持たざるを得ないことを前提とした上で，そのかかわり合いが，信教の自由の保障の確保という制度の根本目的との関係で，いかなる場合にいかなる限度で許されないこととなるかが問題とならざるを得ない」。それ故，(カ)政教分離原則は，「国家が宗教とのかかわり合いを持つことを全く許さないとするものではなく，宗教とのかかわり合いをもたらす行為の目的及び効果にかんがみ，そのかかわり合いが我が国の社会的・文化的諸条件に照らし相当とされる限度を超えるものと認められる場合にこれを許さないとするものであると解すべきである」[7]。

　このような政教分離原則の理解については，それが最初に宣明された地鎮

---

7) 民集51巻4号1679～81頁。

祭判決以来，はたして妥当な理解であるのか否かをめぐって議論が絶えなかったが，にもかかわらず，この理解はその後の裁判例においても一貫して採用されており，それが本判決でも維持されたということになる。

いうまでもなく，政教分離原則とは，国家権力と宗教（とりわけ特定の宗教）との結びつきを禁止する原則である。それは，両者の結びつきが個人の信教の自由にとって脅威となると見られることから，これを防止し，信教の自由の保障を確保しようとするものといえる。政教分離を憲法上の原則として採用するかどうかは，それぞれの国の歴史的経験の如何によって異なるが，わが国の場合は，戦前のいわゆる国家神道体制の下で個人の信教の自由が抑圧された経験から，日本国憲法は，新たに信教の自由を無条件に保障するとともに，「その保障を一層確実なものとするため」[8]政教分離原則を明確に宣言するに至ったものである（憲法20条1項後段，20条3項，89条）。このような経緯からすれば，憲法の政教分離原則が国家と宗教との厳格な分離を要請するものであると解すべきことは疑いの余地がないと思われる。ただし，この原則が国家と宗教とのかかわり合いを一切許さないという意味での完全分離を要請するものと解することは妥当ではあるまい。宗教のもつ社会的意義は尊重されるべきであるし，また，政教分離原則を貫徹しようとするあまり個人の信教の自由を損なうことになっては本末転倒である[9]。これらの点に対する配慮から国家が宗教とかかわり合いをもつことが許される場合はあると考えられる。地鎮祭判決は，その具体例として，宗教系私立学校への助成，文化財保護のための宗教団体への補助金支出，刑務所等における教誨活動等を挙げていたが，これらはいずれも完全分離を主張する立場からも国が憲法上問題なく行いうるものであった[10]。

 8) 民集31巻4号539頁。本判決も全く同じ表現を用いている。民集51巻4号1679頁参照。
 9) この問題を如実に示したのが，「エホバの証人」による剣道実技拒否訴訟（最二小判平成8・3・8民集50巻3号469頁）である。このような事案について文字通りの完全分離説では妥当な解決を得ることができないと思われる。この点については，野坂泰司「公教育の宗教的中立性と信教の自由」立教法学37号1頁，特に24〜33頁（1992年）を参照されたい。
 10) 地鎮祭判決における藤林益三ら5裁判官の共同反対意見は，「平等の原則等憲法上の要請に基づいて許される場合にあたると解される」と述べていた（民集31巻4号546頁，550頁。なお，本判決における高橋裁判官の意見〔民集51巻4号1696頁，1699〜1700頁〕も参照）。ただし，宗教系私立学校への助成等の例を平等原則によって一律に正当化しうるかどうかは疑問の余地がある。

こうして見ると，(ア)(イ)は，やや概説的で，意を尽くしていない観はあるものの[11]，基本的に妥当な説示であるといえよう。また，(ウ)も，直ちに問題とすべきものではないと思われる。たしかに，政教分離は本来制度的保障が対象とすべき制度とは異なるし，また，政教分離を制度的保障と捉えることによって人権保障を弱めることになりはしないかという懸念ももっともではある。しかし，国家と宗教との分離を「制度」に見立ててその保障を論じることも不可能ではないし，また，政教分離を制度的保障と捉えたからといって論理必然に国家と宗教との分離の程度が緩和される結果となるわけではないと思われる[12]。さらに，(エ)も，国家と宗教との分離に一定の限界があることを指摘したものであって，そのこと自体は正当であるといえる。

　問題は，国家と宗教とがある程度かかわり合いをもたざるをえないことを前提とした上で，そのかかわり合いが「いかなる場合にいかなる限度で許されないこととなるか」を問い((オ))，「許されない」行為を，「我が国の社会的・文化的諸条件に照らし相当とされる限度を超えるもの」と限定的に定義したこと((カ))である。これによって，相当限度を超えない限り宗教とのかかわり合いは本来的に「許され」ており，相当限度を超えるもののみが例外的に「許されない」こととなるという理解が可能となった。もしこれがこの説示の趣旨だとすれば，それは厳格な政教分離を要請する憲法の趣旨にそぐわないといわねばなるまい。この点は，本判決に付された尾崎裁判官の意見が指摘する通りであって，「完全分離を理想と考え，国が宗教とかかわり合いを持つことは原則的に許されないという立場から出発するのであれば，何が『許されない』かを問題とするのではなく，何が例外的に『許される』のかをこそ論ずべき」[13]であったろう。この意見は政教分離原則を考える妥当な筋道を示すものと思われるが，本判決の多数意見はこれを受け容れるには至らなかった。

11) たとえば，本判決には「国家の非宗教性ないし宗教的中立性」や「国家と宗教との完全な分離」がいかなる事態を意味するのかについて十分な説明がなく，それぞれの規範的内容を明確に提示することに成功していないという趣旨の批判（大石眞「『愛媛玉串料訴訟』上告審判決寸感」ジュリ1114号26頁，26〜27頁〔1997年〕）があることには留意する必要があろう。
12) 戸波江二「政教分離原則の法的性格」『憲法訴訟と人権の理論』〔芦部信喜先生還暦記念〕525頁，531〜33頁（有斐閣，1985年）参照。

2　政教分離原則違反の判断基準

　政教分離原則は，憲法 20 条 1 項後段，20 条 3 項，89 条に具体化されている。本判決は，上記のような政教分離原則の理解を前提として，まず憲法 20 条 3 項について，同条項の禁止する「宗教的活動」とは，「およそ国及びその機関の活動で宗教とかかわり合いを持つすべての行為を指すものではなく，そのかかわり合いが右にいう相当とされる限度を超えるものに限られるというべきであって，当該行為の目的が宗教的意義を持ち，その効果が宗教に対する援助，助長，促進又は圧迫，干渉等になるような行為をいうものと解すべきである」とし，ある行為がかかる「宗教的活動」に該当するか否かを検討するにあたっては，「当該行為の外形的側面のみにとらわれることなく，当該行為の行われる場所，当該行為に対する一般人の宗教的評価，当該行為者が当該行為を行うについての意図，目的及び宗教的意識の有無，程度，当該行為の一般人に与える効果，影響等，諸般の事情を考慮し，社会通念に従って，客観的に判断しなければならない」とした[14]。このように憲法 20 条 3 項にいう「宗教的活動」を当該国家行為の「目的」と「効果」に即して限定的に定義した上で，かかる活動に該当するか否かを様々な考慮要素の検討を通じて判断する方法（いわゆる「目的効果基準」[15]による判断方法）は，地鎮祭判決以来政教分離訴訟で一貫して採用されており，この点でも本判決は先例を踏襲したことになる。

　本判決は，また，憲法 89 条が禁止する公金その他の公の財産を宗教上の組織または団体の使用，便益または維持のために支出することまたはその利

---

13) 民集 51 巻 4 号 1703 頁，1706 頁。また，髙橋裁判官の意見も，「『いかなる宗教的活動もしてはならない。』とする憲法 20 条 3 項の規定は，宗教とかかわり合いを持つすべての行為を原則として禁じていると解すべきであり，それに対して，当該行為を別扱いにするには，その理由を示すことが必要であると考える」（同 1700 頁）とし，「完全な分離が不可能，不適当であることの理由が示されない限り，国が宗教とかかわり合いを持つことは許されない」（同 1703 頁）と述べている。

14) 同 1681 頁。

15) 目的効果基準は，アメリカの政教分離訴訟において合衆国最高裁が 1970 年代以降基本的に用いてきたレモン・テスト（Lemon test）に示唆を得たものと思われるが，両者の内容には大きな違いがある。野坂泰司「愛媛玉串料訴訟大法廷判決の意義と問題点」ジュリ 1114 号 29 頁，31〜32 頁（1997 年）参照。

用に供することについても,「公金支出行為等における国家と宗教とのかかわり合いが前記の相当とされる限度を超えるものをいうものと解すべき」であるとし,これに該当するか否かの検討にあたっては,「前記と同様の基準によって判断しなければならない」[16]と述べている。この点は,地鎮祭判決では明示されていなかったところであり,仮にこれが本判決のいうように「当裁判所の判例の趣旨」[17]でもあったとすれば,本判決は,憲法89条違反の有無についても目的効果基準の適用によって判断するという「判例の趣旨」を明確にしたという意義を有することになる。

しかし,目的効果基準については,周知の通り,批判も少なくない。この基準が判断基準として曖昧で不適切であるという趣旨の批判は,既に地鎮祭判決における藤林益三ら5裁判官の共同反対意見の中に見られるが[18],その後最高裁内部では明確な反対論は影を潜めていた。その意味で,本判決において多数意見が目的効果基準を採用したことに対して園部,高橋,尾崎の3裁判官から明確な異論が出されたことは注目される。とりわけ,高橋,尾崎両裁判官からの異論は,先に触れた多数意見による政教分離原則の理解に対する批判と密接に結びついたものであり,傾聴に値する。高橋裁判官は,目的効果基準が「極めてあいまいな明確性を欠く基準」[19]であり,「社会的・文化的諸条件」とは何か,「相当とされる限度」というのはどの程度を指すのか明らかではなく,また,考慮要素とされる「諸般の事情」について何をどのように評価すればよいのかも明らかではないとして,この基準を「いわば目盛りのない物差しである」[20]と痛烈に批判している。また,尾崎裁判官も,目的効果基準が「極めて多様な諸要素の総合考慮という漠然としたもので,基準としての客観性,明確性に欠けており,相当ではない」[21]として,同様の批判を展開するが,特に次の指摘が重要である。一つは,国と宗教とのかかわり合いを見る場合,そこにはかかわり合いをもたらす国自体

---

16) 民集51巻4号1681頁。
17) 同上。
18) 民集31巻4号550頁参照。
19) 民集51巻4号1701頁。
20) 同1702頁。
21) 同1705〜06頁。

の「関与行為」とかかわり合いの対象となる宗教的と見られる行為＝「対象行為」とが存在するが，目的効果基準にいう「当該行為」がこのいずれを指すのかが必ずしも明確ではないということである[22]。もう一つは，「判断基準という以上，単に考慮要素を列挙するだけでは足りず，各要素の評価の仕方や軽重についても何らかの基準を示さなければ，尺度として意味をなさない」が，目的効果基準には「総合評価という漠然たる判断基準」以外のものは示されていないということである[23]。

たしかに，目的効果基準は，判断基準として十分明確であるとはいい難い。この基準は，ある行為が憲法20条3項にいう「宗教的活動」に該当するか否かを，当該行為の「目的」（宗教的意義をもつかどうか）と「効果」（宗教に対する援助，助長，促進又は圧迫，干渉等になるかどうか）を見ることにより決定しようとするものであるが，そのために次のような「諸般の事情」を考慮し，「社会通念」に従って客観的に判断しなければならないとする。地鎮祭判決によれば，検討すべき考慮要素は，①「当該行為の行われる場所」，②「当該行為に対する一般人の宗教的評価」，③「当該行為者が当該行為を行うについての意図，目的及び宗教的意識の有無，程度」，④「当該行為の一般人に与える効果，影響」等，とされている[24]。本判決も同じ諸要素を掲げている[25]。問題は，これらの多様な考慮要素が「目的」と「効果」の判断にそれぞれどのようにかかわるのかが明確ではないということである。結局，各要素をどのように評価したらよいのか，その間の軽重はどうなっているのかが予め明示されていない以上，この点は個々の裁判所の判断に委ねられる

---

[22] 同1707〜09頁参照。
[23] 同1710頁参照。これに対して，尾崎裁判官自身は，次のような判断方法を提示している。すなわち，国はその施策の実施にあたって宗教とのかかわり合いを原則として回避すべきであるが，宗教とのかかわり合いをもたない方法では当該施策を実施できず，これを放棄すると，社会生活上不合理な結果を生ずるときは，当該施策の目的や施策に含まれる法的価値・利益，この価値と当該行為が信教の自由に及ぼす影響との優劣，その程度などを考慮し，「政教分離原則の除外例として特に許容するに値する高度な法的利益が明白に認められない限り，国は疑義ある活動に関与すべきではない」というものである（同1705頁）。注目すべき見解であるが，この方法も個々の事案ごとに実質的な衡量判断を行わねばならないことに変わりはなく，さらに検討を要しよう。この見解に対するコメントとして，小泉洋一「大法廷判決における政教分離原則違反の判断方法」ジュリ1114号38頁，42〜43頁（1997年），大石・前出注11)28頁参照。

こととならざるをえないであろう。このことが,「同じ基準」を用いながらしばしば結論が違憲・合憲と大きく振れる原因の一つになっていることは否めないと思われる。本件についても,1審は違憲,2審は合憲の結論であったが,目的効果基準を適用した判断過程にはかなりの相違が認められる[26]。そして,本件公金支出を違憲と判断した本判決の判断過程は,1,2審のい

---

24) 民集31巻4号541〜42頁参照。地鎮祭判決では,「当該行為の主宰者が宗教家であるかどうか,その順序作法(式次第)が宗教の定める方式に則ったものであるかどうか」などの「当該行為の外形的側面」も掲げられている。しかし,「外形的側面」は,それのみにとらわれてはならないとして,最初から決め手にならないことが宣言されており,それ故,実際上考慮の対象となるのは,①〜④であるといってよいであろう。本判決における可部裁判官反対意見は,考慮要素を明確に①〜④の四つとしている(民集51巻4号1729頁,1733頁)。また,本判決をめぐる鼎談「愛媛玉串料訴訟最高裁大法廷判決をめぐって」ジュリ1114号4頁,10頁(1997年)でも,考慮要素は四つであることを前提として議論がなされている(戸松秀典,横田耕一発言)。もっとも,この①〜④は例示であって,考慮要素がこれらの諸要素に限定されるという趣旨ではあるまい。本判決も同じ理解に立っていると思われる(大橋寛明・最判解民事篇平成9年度561頁,580頁〔注7〕参照)。

25) ただし,本判決では,「当該行為の主宰者が宗教家であるかどうか」等の「外形的側面」の例示だけがなくなっている。地鎮祭判決では,これらの例示は,対象行為たる地鎮祭を念頭に置いて掲げられていたように見える。本判決がこれらの例示を省いたのは,単に記述を簡略化しただけのことかもしれないが,あるいは本件における「当該行為」として玉串料等の奉納という関与行為を想定した場合これらは必ずしもその例示として妥当でないと考えられたためであったかもしれない。

26) 1審の松山地裁判決は,まず,本件支出の「目的」について,玉串料等の支出は,支出者側の主観的意図としては愛媛県出身戦没者の慰霊と遺族の慰謝を目的としたものと認められるが,このような形での戦没者の慰霊は宗教団体である靖国神社等の祭神そのものに畏敬崇拝の念を表すという一面がどうしても含まれてこざるをえないとして,本件支出の目的が宗教的意義をもつことは否定できないとし,次いで,「効果」について,玉串料等の支出は,経済的な側面からは靖国神社等の宗教活動を援助,助長,促進するとまではいえなくても,精神的な側面から見ると,愛媛県と靖国神社等との結びつきを象徴する役割を果たす結果として靖国神社等の宗教活動を援助,助長,促進する効果を有するとした上で,特に「総合考慮」を経ることなく,憲法20条3項違反の結論を導き出している(行集40巻3号235〜50頁)。ここには「一般人の宗教的評価」は登場せず,客観的な行為の態様が重視されているように見える。これに対して,2審の高松高裁判決は,国家機関が自然人と同様に神道の祭神を畏敬崇拝することはありえないから愛媛県が靖国神社等に対しその祭神を畏敬崇拝する目的で玉串料等を支出したということはできないとして,Y_1が県知事としてした支出につき,地鎮祭判決の判断枠組みに忠実に「一般人の宗教的評価」や「1審被告〔Y_1〕の玉串料等支出の意図,目的及び宗教的意識の有無,程度」等について順次表題を掲げて各要素を検討したのち,「諸般の事情を総合考慮の上,社会通念に従って,客観的に判断」して,Y_1の玉串料等の支出は憲法20条3項,89条に違反しないと結論した(行集43巻5号738〜50頁)。ここでは,Y_1の玉串料等の支出行為について「一般人の宗教的評価」(過大でない限り社会的儀礼として受容される)や「Y_1の意図,目的」(遺族援護行政の一環),「Y_1の宗教的意識」(次期県知事への再当選祈願)が重視されているところに特徴がある。

ずれとも異なる。では，その判断過程はどのようなものであったか。

3 本件公金支出と憲法20条3項，89条

本判決は，まず本件公金支出が憲法20条3項の禁止する「宗教的活動」に当たるか否かを検討し，次いで89条の禁止する支出行為に当たるか否かについても説き及んでいるが，目的効果基準による判断は前者の検討部分に示されている。

すなわち，本判決は，まず，「原審の適法に確定した事実関係」として，靖国神社および護国神社が「いずれも宗教法人であって憲法20条1項後段にいう宗教団体に当たることが明らかな」ものであること，被上告人 Y_1 らはこれらの神社がそれぞれその境内において挙行した恒例の宗教上の祭祀である例大祭等に際して玉串料等を奉納するため県の公金を支出したことを確認した上で，「神社神道においては，祭祀を行うことがその中心的な宗教上の活動であるとされていること」，例大祭等は「神道の祭式にのっとって行われる儀式を中心とする祭祀」であること，玉串料等は「いずれも各神社が宗教的意義を有すると考えていることが明らかなものである」ことを挙げて，「これらのことからすれば，県が特定の宗教団体の挙行する重要な宗教上の祭祀にかかわり合いを持ったということが明らかである」とした[27]。ここまでの説示は簡潔で分かりやすい。可部裁判官反対意見は，この部分について多数意見が①の「場所」の要素として例大祭等が各神社の境内において挙行されることを強調するものと見て，そのことは①の要素としてカウントされるほどの意味をもちえないと批判する[28]。しかし，そもそも宗教法人たる宗教団体に対して当該団体が宗教的意義を有すると考えている金員を公金から支出したという事実があれば，宗教とのかかわり合いを肯定するには十分であろう。仮に「各神社の境内において」という要素が①の要素として機能しないとしても問題にはなるまい。こうして，本件公金支出により県が宗教とかかわり合いをもったことが認定された。問題は，そのかかわり合いがわが国の社会的・文化的諸条件に照らし相当とされる限度を超えるものであ

---

27) 民集51巻4号1682頁。
28) 同1734～35頁参照。

ったか否かである。しかし、ここから先の判示はさほど明確とはいえない。

第1に、本判決は、「神社自体がその境内において挙行する恒例の重要な祭祀に際して右のような玉串料等を奉納すること」と、「建築主が主催して建築現場において土地の平安堅固、工事の無事安全等を祈願するために行う儀式である起工式の場合」とを区別し、前者は「時代の推移によって既にその宗教的意義が希薄化し、慣習化した社会的儀礼にすぎないものになっているとまでは到底いうことができず、一般人が本件の玉串料等の奉納を社会的儀礼の一つにすぎないと評価しているとは考え難いところ」であり、「そうであれば、玉串料等の奉納者においても、それが宗教的意義を有するものであるという意識を大なり小なり持たざるを得ない」29)とした。この部分は、本件玉串料等の奉納と起工式（地鎮祭）との違いを述べた重要な箇所であるが、本判決は、まず、神社の境内で挙行される重要な祭祀に際して行われる玉串料等の奉納については、これを慣習化した社会的儀礼になっているとまでは「到底いうことができ」ないと断じ（ということは、①の「当該行為の行われる場所」の要素がそれなりにカウントされたということになろうか）30)、このことを前提として、「当該行為に対する一般人の宗教的評価」（②）についての判断（一般人が本件玉串料等の奉納を社会的儀礼にすぎないと評価しているとは考え難い）を導き、さらに、「そうであれば」として、「当該行為者が当該行為を行うについての宗教的意識の有無、程度」（③）についての判断（本件玉串料等の奉納者が玉串料等の奉納に宗教的意義があるという意識を大なり小なりもたざるをえない）を導いている。しかし、こうして見ると、玉串料等の奉納に宗教的意義があることは最初の段階で決着がついているようでもあり、したがって、②③についての判断はそれぞれ否定し難いものであるにしても、後付け的な印象を免れない。

第2に、本判決は、「本件においては、県が他の宗教団体の挙行する同種

---

29) 同1682〜83頁。
30) 市が市有地を無償で提供した対象である地蔵像が寺院外に存するものであったことが重要な考慮要素となっていると思われる事例として、最一小判平成4・11・16判時1441号57頁（大阪地蔵像訴訟）参照。ただ、宗教施設外であっても特定宗教の式次第による慰霊祭のような儀式が宗教性を失うことはないというべきであろう。最三小判平成5・2・16民集47巻3号1687頁（箕面忠魂碑・慰霊祭訴訟）参照。

の儀式に対して同様の支出をしたという事実がうかがわれない」ことを指摘して,「県が特定の宗教団体との間にのみ意識的に特別のかかわり合いを持ったことを否定することができない」[31]としている。この部分が上記のどの要素を考慮したものであるかは判然としない。可部裁判官反対意見は,これを「当該行為者が当該行為を行うについての意図,目的」(③) に関する判示と見た上で,多数意見が靖国神社と護国神社に対する公金支出のみを取り上げて,「県が特定の宗教団体との間にのみ意識的に特別のかかわり合いを持った」としたことを「判断として公正を欠く」[32]と論難する。しかし,県の公金支出の相手方のうち靖国神社と護国神社のみが宗教団体であることから,多数意見がこれらの神社に対する公金支出のみを特に取り上げたことは正当であると思われる。問題は,この部分が③に関する判示であるとすると,ここには県の公金支出がどういう意図・目的によるものであったかをそれとして検討した跡が見られないということである。多数意見は「意識的に特別のかかわり合いを持った」(圏点筆者) というが,そのように断定する根拠は明確ではない。県としては,単に戦没者の慰霊や遺族の慰謝のために公金を支出しただけで,支出の相手方が宗教団体であるか否かを特に意識していなかったとも考えられるからである。また,ここで多数意見が他の宗教団体が挙行する同種の儀式に対する公金支出の事実がないことに言及したのは,県が靖国神社等の特定の宗教団体と特別のかかわり合いをもったことをいうためと思われるが,若干問題がある。これでは他の宗教団体に対する公金支出の事実があれば本件公金支出が「特別のかかわり合い」ではなくなり許容されるかのように受け取れなくもないからである。いうまでもなく,憲法の政教分離原則は,国家と特定の宗教との結びつきだけを禁止するのではなく,およそ宗教との結びつきを禁止する原則と解すべきであり,それ故,仮に他の宗教団体に対しても同様の支出をしたからといって当該特定宗教団体に対する公金支出が正当化されることはないというべきである[33]。

　第3に,本判決は,「地方公共団体が特定の宗教団体に対してのみ本件のような形で特別のかかわり合いを持つことは,一般人に対して,県が当該特

---

31) 民集51巻4号1683頁。
32) 同1741頁。

定の宗教団体を特別に支援しており，それらの宗教団体が他の宗教団体とは異なる特別のものであるとの印象を与え，特定の宗教への関心を呼び起こすものといわざるを得ない」[34]としている。この部分は，「当該行為の一般人に与える効果，影響」(④)について判断したものということになろうが，そもそも県が特定の宗教団体に対してのみ特別のかかわり合いをもったと認定している以上，当然に導かれる判断であるといえよう。ただ，「印象」や「関心」としてどのようなものを指しているのか，また，どの程度の「印象」や「関心」が惹起されれば宗教に対する援助，助長，促進等と判断されることになるのかは明示されていない[35][36]。

第4に，本判決は，本件支出が戦没者の慰霊等の世俗的な目的で行われた社会的儀礼にすぎないから憲法に違反しないとする被上告人Y₁らの主張を取り上げ，本件玉串料等の奉納に儀礼的な意味合いがあることを認めつつも，それが慣習化した社会的儀礼にすぎないものになっているともいえないとし

---

[33] この点に関して，大野裁判官補足意見は，正当にも，次のように述べている。「およそ公的機関は，すべての，いかなる宗教をも援助，助長してはならないが，中でも併存する宗教団体のうちから特定の宗教団体を選択してその宗教儀式を賛助することは，政教分離の中心をなす国家の宗教的中立に反するものである」。同1689頁，1691頁。

[34] 同1683頁。

[35] この点に関しても，大野裁判官補足意見は，地方公共団体が靖国神社等による戦没者慰霊の祭祀にのみ賛助することにより「その祭祀を他に比して優越的に選択し，その宗教的価値を重視していると一般社会からみられることは否定し難く，特定の宗教団体に重要な象徴的利益を与える」ことになるとして，宗教に対する援助，助長としては経済的な側面のみならず，このように「社会に与える無形的なあるいは精神的な効果や影響をも考慮すべきである」と述べて，多数意見を補足している（同1691頁）。ここには，1審判決と共通する思考が認められる（松山地判平成元・3・17行集40巻3号238～39頁参照）。

[36] なお，この点に関しては，アメリカの政教分離訴訟において1980年代半ば以降（レモン・テストに代わって，あるいはその修正版として）用いられている，いわゆるエンドースメント・テスト（endorsement test）との関連が指摘されている（鼎談・前注24）における横田耕一発言〔8～9頁〕，長谷部恭男発言〔10頁〕等参照）。たしかに，本判決の多数意見がエンドースメント・テストの影響を受けた可能性は否定できない（特に，特定宗教団体を「特別に支援」するとか，当該宗教団体が「特別のものであるとの印象」を与えるとかいう部分に影響を感じさせる）。しかし，本判決がエンドースメント・テストを採用したとまでいうことには疑問がある。その判断過程から見る限り，本判決の判旨は従来の目的効果基準の枠組みを超えるものではないと思われる。「特定の宗教への関心を呼び起こす」という部分がしばしば引き合いに出されるが，このように「特定の宗教への関心を呼び起こす」かどうかを問うという考え方は本判決より前に自衛官合祀判決（最大判昭和63・6・1民集42巻5号277頁，286頁）に見られるし，更に遡れば，「参列者及び一般人の宗教的関心を特に高めることとなる」かどうかを問うという形で，既に地鎮祭判決に見られたところである（民集31巻4号544頁参照）。

て，この主張を退けている[37]。この部分は，原審の高松高裁判決が本件支出を社会的儀礼の範囲内であるとして合憲と判断したことに対して，これを否定するために付加されたものであろうか。ここでいわれていることは，たとえ当該行為者である県が戦没者の慰霊や遺族の慰謝を直接の目的として玉串料等を奉納したのだとしても，世俗的目的で行われた社会的儀礼にすぎないもので憲法に違反しないとはいえないということであるが，その根拠としては，「前記説示」のほか，「一般人の評価」が援用されるにとどまっている[38]。

本判決は，地鎮祭判決と同様に，諸要素を検討したのち，「以上の事情を総合的に考慮して判断すれば」として，本件玉串料等の奉納は，「その目的が宗教的意義を持つことを免れず，その効果が特定の宗教に対する援助，助長，促進になると認めるべきであり，これによってもたらされる県と靖國神社等とのかかわり合いが我が国の社会的・文化的諸条件に照らし相当とされる限度を超えるものであって，憲法20条3項の禁止する宗教的活動に当たる」と断定し，本件支出を違法と判示した[39]。この結論自体は妥当なものといえよう。ただ，その結論に至る判断過程は，上に見たように，厳密な論証を欠き，どの要素の判断がどのように最終的な「目的」と「効果」の判断につながっているのかが明瞭でない。

本判決は，憲法89条違反の有無については，憲法20条3項違反の有無について目的効果基準を適用して判断した結果に基づいて，直ちに，本件支出は同条の禁止する公金の支出に当たり，違法と判断している。この結論も妥当であるといえよう。ただ，このように特定宗教団体に対する公金支出の事案についてまず憲法20条3項違反の有無を検討し同条項違反と判断した場合には，憲法89条違反の有無についての判断はほとんど「付け足し」的なものとならざるをえないのではないかと思われる。この点に関して，園部裁判官の意見は，本件公金支出は憲法89条に違反することが明らかである以

---

37) 民集51巻4号1683〜84頁。
38) 同1684頁参照。本判決は，玉串料等の奉納と香典の贈与とでは，「一般人の評価において，全く異なるものがある」というが，一般人が両者の相違をこれほど明瞭に認識しているかを疑問とする声もある。安念潤司「政教分離」法教208号57頁，64頁（1998年）参照。
39) 民集51巻4号1684〜85頁。

上，この1点において違憲と判断すれば足り，憲法20条3項に違反するか否かを判断する必要はないとしており[40]，注目される。この意見は，憲法20条3項の解釈に関する目的効果基準の「客観性，正確性及び実効性」を疑問として[41]，本件のように憲法89条違反であることが明白な事案の場合には，同条違反の有無の判断について目的効果基準を適用する必要はないとするとともに，目的効果基準の適用による憲法20条3項違反の有無についての判断を回避しようとしたものと思われる。しかし，問題は，憲法89条違反が明白でない場合に公金支出が許されるか否かをどう判断すればよいかということであろう。この場合，目的効果基準を否定するにしても，それに代わる何らかの実質的な判断基準によって判断することは不可避ではないかと思われる。

4 本判決の射程と残された問題

本判決は，本件玉串料等の奉納のための公金支出を明確に違憲と判断した。しかし，本判決は，政教分離原則の理解について地鎮祭判決以来の先例の理解を踏襲し，政教分離原則違反の有無を判断する基準についても先例に従っていわゆる目的効果基準を採用しこれを適用しており，違憲の結論を導く判断過程も先例に比べて特に違ったものではなかった。だとすると，本判決が地鎮祭判決と違って違憲判断を下したのは，やはり事案の相違によると見るべきことになろう。

地鎮祭訴訟では，市が主催して建築現場で神道式地鎮祭を実施し，その挙式費用を公金から支出したことが問題とされた。ここでは，地鎮祭の主催者は市であるが，地鎮祭そのものは専門の宗教家が主宰する宗教儀式として行われており，市がこれに関与する形となっている。地鎮祭判決は，この対象行為である地鎮祭そのものの宗教性を否定した。地鎮祭は，建築主が主催して建築現場において工事の無事安全等を祈願するために行われる儀式であり，時代の推移とともに宗教的意義が希薄化し，慣習化した社会的儀礼になっているということである。これに対して，本判決は，対象行為である靖国神社

---

40) 同1695頁，1695〜96頁。
41) 同1696頁。

等の祭祀の宗教性を肯定するとともに，それに対する県の関与行為である玉串料等の奉納の宗教性をも肯定した[42]。例大祭等は神社自体の境内で行われる恒例の重要な祭祀であり，玉串料等の奉納はこれらの祭祀の一環として未だ宗教的意義を失っていないということである。地鎮祭を「慣習化した社会的儀礼」ないし「世俗的な行事」と見ることにはなお異論のありうるところであり，本件との違いはきわめて微妙であるが，とにもかくにも最高裁大法廷はここに区別の線を引いたということになる。

　本判決によって，国または地方公共団体が特定の宗教団体と，当該宗教団体自体がその宗教施設内において実施する宗教行為に直接関与するような形で特別のかかわり合いをもつことは憲法の政教分離原則に照らして許されないということが明らかにされたといえる。ただ，本件はある意味で極端な事例であり，これを超えて，どのような国または地方公共団体の関与行為が「特別のかかわり合い」とされることになるのかは，必ずしも明確ではない。たとえば，内閣総理大臣や閣僚らがその公的資格において，戦没者の慰霊や遺族の慰謝を目的として，靖国神社に参拝する行為が問題となるが，これについてはどう判断されることになるか。靖国神社は戦没者を祭神として祀る宗教施設であり，その神社に参拝する行為は，行為者自身の主観的意図はどうあれ，祭神に拝礼するという宗教的意義をもった行為とならざるをえないとすれば，靖国神社に公的資格で参拝するという形の国の機関の関与行為は，玉串料等の公金支出と同様に，憲法20条3項の禁止する宗教的活動に当たると判断されるべきことになろう。本判決を前提として公的参拝についてこのような結論を導くことは十分可能だと考えるが[43]，しかし，関与行為の宗教的意義をどのように判定するのかという点を本判決が明確に示していな

---

42) 安念・前出注38) 63頁は，判例は政府がかかわり合いをもった対象の宗教性が否定できない場合でも，かかわり合いの態様が世俗的であれば，当該かかわり合いを宗教的活動に当たらないとしてきたとして，本件ではかかわり合いの態様が宗教的意義をもつと認定されたことが決定的であったと見る。

43) 野坂泰司「『追悼』と『祀り』」ジュリ1222号68頁，74頁（2002年）参照。なお，芦部信喜『宗教・人権・憲法学』127頁（有斐閣，1999年）は，神道の作法に則った正式参拝は「靖国懇の報告書も認めなかったところで，今回の判決によりはっきり不可能になったと解すべきだ」とし，正式参拝でない形の公式参拝についても，「判決の趣旨を推し進めると，少なくとも，総理大臣が国民を代表する形で行う公式参拝は，おそらく許されないことになるのではなかろうか」との見通しを述べている。

いこともまた事実である。

　周知の通り，小泉首相の靖国神社参拝をめぐって全国各地で提起された違憲訴訟のうち，福岡と大阪で提起された2件についてそれぞれ福岡地裁平成16年4月7日判決[44]と大阪高裁平成17年9月30日判決[45]が傍論ながら違憲判断を示している。ただし，この一連の訴訟では，被告国側は首相の参拝を私的なものであったと主張しており，公的参拝の合憲性を主張したわけではない。上記2判決は，首相の参拝を公的参拝であったと認定し，目的効果基準を適用してこれを違憲と判断したものである。これに対して，最高裁平成18年6月23日第二小法廷判決[46]は，大阪訴訟（第1次）に係る上告受理申立てにつき，内閣総理大臣の地位にある者の参拝によって上告人らに損害賠償の対象となりうるような法的利益の侵害があったとはいえないと判示し，憲法判断に立ち入ることなく上告を棄却した[47]。

　その他本判決以降に出された政教分離訴訟の判決としては，村が神社の社殿の修復工事のためにした公金支出を憲法89条，20条1項後段違反と判断した高知地裁平成10年7月17日判決[48]，村が観音像設置のためにした公金支出を憲法20条3項違反と判断した松山地裁平成13年4月27日判決[49]，県および市がいわゆる新穀献納行事のためにした公金支出を憲法20条3項違反と判断した大阪高裁平成10年12月15日判決[50]，市が市有地上に神社の建物，鳥居および地神宮を設置することを許容し，市有地を神社の敷地として無償で使用させていることを憲法20条1項，3項，89条に違反すると判断した札幌地裁平成18年3月3日判決，憲法20条3項に違反するとともに，憲法20条1項後段，89条の精神に反するとした札幌高裁平成19年6月26日判決[51]など，下級審における違憲判断が目につく。他方，最高裁の判決では，県知事らが即位の礼や大嘗祭に参列した行為についての最高裁平成16年6月28日第二小法廷判決[52]，同じく県知事が大嘗祭に参列した行為についての最高裁平成14年7月11日第一小法廷判決[53]，県知事らが大

---

44) 判時1859号125頁（④事件）。
45) 訟月52巻9号297頁（⑥事件）。
46) 判時1940号122頁。この判決の言渡しから4日後の平成18年6月27日，最高裁第二小法廷，第三小法廷は，それぞれ松山訴訟（第1次），千葉訴訟に係る上告および上告受理申立てにつき，上告できる場合に当たらないとして，簡単に事件を処理している。

嘗祭の関連行事である主基斎田抜穂の儀に参列した行為についての最高裁平成14年7月9日第三小法廷判決[54]の3判決が出されているが，いずれも合憲判断である。これらの判決は，いずれも目的効果基準を適用した上での判断という体裁をとってはいるものの，論証らしい論証は見られず，ほとんど結論だけが述べられているといってよい。そこでは，対象行為である儀式に宗教的意義を認めつつも，それへの参列という関与行為を社会的儀礼と断じたことが決め手となっている。

　もとより政教分離訴訟で争われる国家と宗教とのかかわり合いの態様は一様ではなく，したがって，個々の事案の相違に応じて結論が違憲・合憲に分かれることはむしろ当然のことといえよう。問題は，裁判所が個々の事案に

---

47) この判断は，「人が神社に参拝する行為自体は，他人の信仰生活等に対して圧迫，干渉を加えるような性質のものではないから，他人が特定の神社に参拝することによって，自己の心情ないし宗教上の感情が害されたとし，不快の念を抱いたとしても，これを被侵害利益として，直ちに損害賠償を求めることはできない」のであり，「このことは，内閣総理大臣の地位にある者が靖國神社を参拝した場合においても異なるものではない」（判時1940号123頁）との考え方に立脚するものである。これに対して，滝井繁男裁判官の補足意見は，「例えば緊密な生活を共に過ごした人への敬慕の念から，その人の意思を尊重したり，その人の霊をどのように祀るかについて各人の抱く感情などは法的に保護されるべき利益となり得るものである」とし，「何人も公権力が自己の信じる宗教によって静謐な環境の下で特別の関係のある故人の霊を追悼することを妨げたり，その意に反して別の宗旨で故人を追悼することを拒否することができるのであって，それが行われたとすれば，強制を伴うものでなくても法的保護を求め得るものと考える」（同124頁）との注目すべき見解を表明している。靖国神社および国に対し，遺族である原告らの承諾のない合祀行為により原告らの人格権が侵害されたとして損害賠償を請求するとともに，靖国神社に対し，人格権に基づく妨害排除請求権を根拠に霊璽簿等から戦没者の氏名の抹消を求めた事件では，原告らはこの滝井裁判官補足意見を援用したが，大阪地判平成21・2・26判時2063号40頁は，同補足意見は公権力など自由権の享有主体でないものが合祀を主宰する場合を念頭に置いたものであるとし，合祀を主宰しているのが靖国神社という一宗教法人であって公権力ではない当該事件のような場合には妥当しないとして，敬愛敬慕の情を基軸とする人格権が法的利益として保護されるべき旨の原告らの主張を退けた。大阪高判平成22・12・21判時2104号48頁もこの判断を維持し，最二小決平成23・11・30（LEX/DB文献番号25480569）は原告らの上告を棄却し，上告受理申立てを不受理とする決定をした。

48) 判時1699号67頁。

49) 判タ1058号290頁。

50) 判時1671号19頁。

51) 民集64巻1号89頁，同119頁。この2判決は，いわゆる砂川政教分離訴訟の空知太神社事件に関する下級審判決である。この事件は上告されて第三小法廷に係属したが，2009（平成21）年4月大法廷に回付された。後出注55）参照。

52) 判時1890号41頁。

53) 民集56巻6号1204頁。

54) 判時1799号101頁。

即した慎重な判断を下し，十分な理由づけを与えることによって結論の異なる諸判決を整合的に説明しえているかどうかである。この点で，目的効果基準が判断基準として有効に機能しているかどうかは疑問であり，やはり最高裁自身において基準自体を根本的に見直すか，少なくともその判断過程をより明確化することに努める必要があると思われる[55)]。

---

55) その後，判例の目的効果基準の適用には注目すべき展開があった。砂川政教分離訴訟に関する二つの大法廷判決——①空知太神社事件判決（最大判平成 22・1・20 民集 64 巻 1 号 1 頁）および②富平神社事件判決（最大判平成 22・1・20 民集 64 巻 1 号 128 頁）——において，最高裁は，市が連合町内会に対し市有地を無償で神社施設の敷地としての利用に供している行為を憲法 89 条，20 条 1 項後段に違反するとし（①），また，市が町内会に対し無償で神社施設の敷地としての利用に供していた市有地を同町内会に譲与したことが憲法 20 条 3 項，89 条に違反しないとした（②）が，いずれの判決においても，その判断過程は，従来の先例における目的効果基準の適用による判断とは些か様相を異にするものとなっている。これをいかに理解すべきかが問題である。この点に関しては，次章の分析と検討を参照。

第11章 市有地の神社施設敷地としての利用提供行為と政教分離原則
——空知太神社事件違憲判決

最大判平成22年1月20日民集64巻1号1頁

I　はじめに

　2010（平成22）年1月20日最高裁大法廷は，市有地が長年にわたり特定の神社施設の敷地としての利用に供されていた事件について，かかる土地利用提供行為は憲法89条，20条1項後段に違反する旨示した。この判決は，わが国の政教分離訴訟において，最高裁が，愛媛玉串料訴訟判決[1]（以下「玉串料判決」という）に次いで違憲判断を下したものであり，重要な意義を有する。もっとも，本判決の判断過程は玉串料判決（およびそれ以前の政教分離訴訟における諸判決）のそれとは些か様相を異にするものであった。このことをどのように理解すればよいかが問題である。本件事案の特殊性の故であろうか。それとも，最高裁は，政教分離訴訟における従来の判例の判断基準に問題があるとしてこれを見直し，新たな基準に基づいて判断したということであろうか。これらの点を究明し，本判決が実際に何を語ったものであるかを正確に理解することは，わが国における政教分離訴訟の今後を見通す上で欠かすことのできない課題であると思われる。

　そこで，以下，上記のことを念頭に置いて，本判決を読み直し，その意義と問題点を見定めることにしよう。

---

1)　最大判平成9・4・2民集51巻4号1673頁。本書第10章参照。

II　判決の紹介

1　事実の概要

　北海道砂川市（以下「市」という）が所有する二筆の土地上には，地域の集会場等の建物（以下「本件建物」という）が建てられ，その一角には空知太神社の祠，鳥居，および地神宮が設置されていた。また，集会場等の建物の外壁には「神社」という表示がされていた（以下，上記の祠，「神社」の表示，鳥居，地神宮の4物件を「本件神社物件」という）。本件建物および本件神社物件の所有者は空知太連合町内会であり，市は同町内会に対し，本件各土地を無償で本件建物，鳥居および地神宮の敷地としての利用に供していた（以下，市が本件各土地を本件神社物件のために無償で提供することを「本件利用提供行為」という）。空知太神社は，宗教法人ではなく，神社付近の住民らで構成される氏子集団によってその管理運営がされ，定期的に，初詣，春祭り，秋祭りの年3回の祭事が行われてきた。空知太神社は，もともと公立小学校に隣接する道有地上にあったが，1948（昭和23）年頃，校舎の増設等に伴い住民Aが所有する土地上に移転され，その後1953（昭和28）年に同土地がAから当時の砂川町に寄附されたものである。

　市の住民であるXらは，市がその所有する土地を空知太神社の施設の敷地として無償で使用させていることは，憲法に定める政教分離原則に違反する行為であって，敷地の使用貸借契約を解除して同施設の撤去および土地明渡しを請求しないことが違法に財産の管理を怠るものであるとして，市長であるYに対し，地方自治法242条の2第1項3号に基づき，右怠る事実の違法確認を求めた。これに対して，第1審判決（札幌地判平成18・3・3）[2]は，本件利用提供行為は憲法20条3項，89条に違反すると判示し，第2審判決（札幌高判平成19・6・26）[3]は，憲法20条3項に違反するとともに，20条1項後段，89条に規定する政教分離原則の精神に明らかに反すると判示して，

2）　民集64巻1号89頁。
3）　民集64巻1号119頁。

Yが空知太連合町内会に対し本件神社物件の撤去および土地明渡しを請求することを怠る事実が違法であることの確認を求める限度で，本件請求を認容すべきものとした。

そこで，Yが上告したところ，最高裁第三小法廷は，本件を大法廷に回付した。大法廷は，次のように述べて，原判決を職権で破棄し，本件利用提供行為の違憲性を解消するための他の手段の存否等について更に審理を尽くさせるため，本件を原審に差し戻した。

2　判　旨

(第2　上告代理人の上告理由について)

1　憲法判断の枠組み

「憲法89条は，公の財産を宗教上の組織又は団体の使用，便益若しくは維持のため，その利用に供してはならない旨を定めている。その趣旨は，国家が宗教的に中立であることを要求するいわゆる政教分離の原則を，公の財産の利用提供等の財政的な側面において徹底させるところにあり，これによって，憲法20条1項後段の規定する宗教団体に対する特権の付与の禁止を財政的側面からも確保し，信教の自由の保障を一層確実なものにしようとしたものである。しかし，国家と宗教とのかかわり合いには種々の形態があり，およそ国又は地方公共団体が宗教との一切の関係を持つことが許されないというものではなく，憲法89条も，公の財産の利用提供等における宗教とのかかわり合いが，我が国の社会的，文化的諸条件に照らし，信教の自由の保障の確保という制度の根本目的との関係で相当とされる限度を超えるものと認められる場合に，これを許さないとするものと解される。

国又は地方公共団体が国公有地を無償で宗教的施設の敷地としての用に供する行為は，一般的には，当該宗教的施設を設置する宗教団体等に対する便宜の供与として，憲法89条との抵触が問題となる行為であるといわなければならない。もっとも，国公有地が無償で宗教的施設の敷地としての用に供されているといっても，当該施設の性格や来歴，無償提供に至る経緯，利用の態様等には様々なものがあり得ることが容易に想定されるところである。例えば，一般的には宗教的施設としての性格を有する施設であっても，同時

に歴史的，文化財的な建造物として保護の対象となるものであったり，観光資源，国際親善，地域の親睦の場などといった他の意義を有していたりすることも少なくなく，それらの文化的あるいは社会的な価値や意義に着目して当該施設が国公有地に設置されている場合もあり得よう。また，我が国においては，明治初期以来，一定の社寺領を国等に上知（上地）させ，官有地に編入し，又は寄附により受け入れるなどの施策が広く採られたこともあって，国公有地が無償で社寺等の敷地として供される事例が多数生じた。このような事例については，戦後，国有地につき「社寺等に無償で貸し付けてある国有財産の処分に関する法律」（昭和22年法律第53号）が公布され，公有地についても同法と同様に譲与等の処分をすべきものとする内務文部次官通牒が発出された上，これらによる譲与の申請期間が経過した後も，譲与，売払い，貸付け等の措置が講じられてきたが，それにもかかわらず，現在に至っても，なおそのような措置を講ずることができないまま社寺等の敷地となっている国公有地が相当数残存していることがうかがわれるところである。これらの事情のいかんは，当該利用提供行為が，一般人の目から見て特定の宗教に対する援助等と評価されるか否かに影響するものと考えられるから，政教分離原則との関係を考えるに当たっても，重要な考慮要素とされるべきものといえよう。

　そうすると，国公有地が無償で宗教的施設の敷地としての利用に供されている状態が，前記の見地から，信教の自由の保障の確保という制度の根本目的との関係で相当とされる限度を超えて憲法89条に違反するか否かを判断するに当たっては，当該宗教的施設の性格，当該土地が無償で当該施設の敷地としての用に供されるに至った経緯，当該無償提供の態様，これらに対する一般人の評価等，諸般の事情を考慮し，社会通念に照らして総合的に判断すべきものと解するのが相当である。

　以上のように解すべきことは，当裁判所の判例（最高裁昭和46年(行ツ)第69号同52年7月13日大法廷判決・民集31巻4号533頁，最高裁平成4年(行ツ)第156号同9年4月2日大法廷判決・民集51巻4号1673頁等）の趣旨とするところからも明らかである」。

2　本件利用提供行為の憲法適合性

(1)「前記事実関係等によれば，……本件神社物件は，一体として神道の神社施設に当たるものと見るほかはない。

　また，本件神社において行われている諸行事は，地域の伝統的行事として親睦などの意義を有するとしても，神道の方式にのっとって行われているその態様にかんがみると，宗教的な意義の希薄な，単なる世俗的行事にすぎないということはできない。

　このように，本件神社物件は，神社神道のための施設であり，その行事も，このような施設の性格に沿って宗教的行事として行われているものということができる」。

(2)「本件神社物件を管理し，上記のような祭事を行っているのは，本件利用提供行為の直接の相手方である本件町内会ではなく，本件氏子集団である。本件氏子集団は，……町内会に包摂される団体ではあるものの，町内会とは別に社会的に実在しているものと認められる。そして，この氏子集団は，宗教的行事等を行うことを主たる目的としている宗教団体であって，寄附を集めて本件神社の祭事を行っており，憲法89条にいう『宗教上の組織若しくは団体』に当たるものと解される。

　しかし，本件氏子集団は，祭事に伴う建物使用の対価を町内会に支払うほかは，本件神社物件の設置に通常必要とされる対価を何ら支払うことなく，その設置に伴う便益を享受している。すなわち，本件利用提供行為は，その直接の効果として，氏子集団が神社を利用した宗教的活動を行うことを容易にしているものということができる」。

(3)「そうすると，本件利用提供行為は，市が，何らの対価を得ることなく本件各土地上に宗教的施設を設置させ，本件氏子集団においてこれを利用して宗教的活動を行うことを容易にさせているものといわざるを得ず，一般人の目から見て，市が特定の宗教に対して特別の便益を提供し，これを援助していると評価されてもやむを得ないものである。前記事実関係等によれば，本件利用提供行為は，もともとは小学校敷地の拡張に協力した用地提供者に報いるという世俗的，公共的な目的から始まったもので，本件神社を特別に保護，援助するという目的によるものではなかったことが認められるものの，

明らかな宗教的施設といわざるを得ない本件神社物件の性格，これに対し長期間にわたり継続的に便益を提供し続けていることなどの本件利用提供行為の具体的態様等にかんがみると，本件において，当初の動機，目的は上記評価を左右するものではない」。

(4)「以上のような事情を考慮し，社会通念に照らして総合的に判断すると，本件利用提供行為は，市と本件神社ないし神道とのかかわり合いが，我が国の社会的，文化的諸条件に照らし，信教の自由の保障の確保という制度の根本目的との関係で相当とされる限度を超えるものとして，憲法89条の禁止する公の財産の利用提供に当たり，ひいては憲法20条1項後段の禁止する宗教団体に対する特権の付与にも該当すると解するのが相当である」。

（第3　職権による検討）

「本件利用提供行為の現状が違憲であることは既に述べたとおりである。しかしながら，これを違憲とする理由は，判示のような施設の下に一定の行事を行っている本件氏子集団に対し，長期にわたって無償で土地を提供していることによるものであって，このような違憲状態の解消には，神社施設を撤去し土地を明け渡す以外にも適切な手段があり得るというべきである。例えば，戦前に国公有に帰した多くの社寺境内地について戦後に行われた処分等と同様に，本件土地1及び2の全部又は一部を譲与し，有償で譲渡し，又は適正な時価で貸し付ける等の方法によっても上記の違憲性を解消することができる。そして，上告人には，本件各土地，本件建物及び本件神社物件の現況，違憲性を解消するための措置が利用者に与える影響，関係者の意向，実行の難易等，諸般の事情を考慮に入れて，相当と認められる方法を選択する裁量権があると解される。本件利用提供行為に至った事情は，それが違憲であることを否定するような事情として評価することまではできないとしても，解消手段の選択においては十分に考慮されるべきであろう。本件利用提供行為が開始された経緯や本件氏子集団による本件神社物件を利用した祭事がごく平穏な態様で行われてきていること等を考慮すると，上告人において直接的な手段に訴えて直ちに本件神社物件を撤去させるべきものとすることは，神社敷地として使用することを前提に土地を借り受けている本件町内会の信頼を害するのみならず，地域住民らによって守り伝えられてきた宗教的

活動を著しく困難なものにし，氏子集団の構成員の信教の自由に重大な不利益を及ぼすものとなることは自明であるといわざるを得ない。さらに，上記の他の手段のうちには，市議会の議決を要件とするものなども含まれているが，そのような議決が適法に得られる見込みの有無も考慮する必要がある。これらの事情に照らし，上告人において他に選択することのできる合理的で現実的な手段が存在する場合には，上告人が本件神社物件の撤去及び土地明渡請求という手段を講じていないことは，財産管理上直ちに違法との評価を受けるものではない。すなわち，それが違法とされるのは，上記のような他の手段の存在を考慮しても，なお上告人において上記撤去及び土地明渡請求をしないことが上告人の財産管理上の裁量権を逸脱又は濫用するものと評価される場合に限られるものと解するのが相当である」。

「本件において，当事者は，上記のような観点から，本件利用提供行為の違憲性を解消するための他の手段が存在するか否かに関する主張をしておらず，原審も当事者に対してそのような手段の有無に関し釈明権を行使した形跡はうかがわれない。しかし，本件利用提供行為の違憲性を解消するための他の手段があり得ることは，当事者の主張の有無にかかわらず明らかというべきである。また，原審は，本件と併行して，本件と当事者がほぼ共通する市内の別の神社（富平神社）をめぐる住民訴訟を審理しており，同訴訟においては，市有地上に神社施設が存在する状態を解消するため，市が，神社敷地として無償で使用させていた市有地を町内会に譲与したことの憲法適合性が争われていたところ，第1，2審とも，それを合憲と判断し，当裁判所もそれを合憲と判断するものである（最高裁平成19年（行ツ）第334号）。原審は，上記訴訟の審理を通じて，本件においてもそのような他の手段が存在する可能性があり，上告人がこうした手段を講ずる場合があることを職務上知っていたものである。

そうすると，原審が上告人において本件神社物件の撤去及び土地明渡請求をすることを怠る事実を違法と判断する以上は，原審において，本件利用提供行為の違憲性を解消するための他の合理的で現実的な手段が存在するか否かについて適切に審理判断するか，当事者に対して釈明権を行使する必要があったというべきである。原審が，この点につき何ら審理判断せず，上記釈

明権を行使することもないまま，上記の怠る事実を違法と判断したことには，怠る事実の適否に関する審理を尽くさなかった結果，法令の解釈適用を誤ったか，釈明権の行使を怠った違法があるものというほかはない」。

なお，本判決には，藤田宙靖，田原睦夫，近藤崇晴裁判官の各補足意見，甲斐中辰夫，中川了滋，古田佑紀，竹内行夫裁判官の共同意見，今井功，堀籠幸男裁判官の各反対意見が付されている。

Ⅲ 分析と検討

本判決について注目されるのは，次の諸点である。第1に，本件利用提供行為は憲法89条，20条1項後段に違反すると判示する一方で，憲法20条3項適合性については全く触れていないことである。第2に，この違憲判断を導く判断過程が従来の先例のそれとは些か様相を異にしていることである。第3に，違憲判断を下したのち，職権による検討を加え，違憲状態の解消には神社施設を撤去し土地を明け渡す以外にも適切な手段がありうるとして，そのような手段の存否について更に審理を尽くさせるため本件を原審に差し戻したことである。

以下，順次検討する。

1 本件利用提供行為と憲法89条，20条1項後段

本判決は，最高裁が憲法89条を適用法上の中心に据えて違憲審査を行ったきわめて稀な事例である。しかも，本件では，1, 2審判決のいずれも，本件利用提供行為は憲法20条3項の禁止する宗教的活動に当たるとしていたのに反し，最高裁は，同項には全く触れないまま，本件利用提供行為は「憲法89条の禁止する公の財産の利用提供に当たり，ひいては憲法20条1項後段の禁止する宗教団体に対する特権の付与にも該当する」[4]と判示したのであって，この点が本判決を際立って特徴づけるものとなっている。

憲法89条は，「公金その他の公の財産」を「宗教上の組織若しくは団体の使用，便益若しくは維持のため」に支出し，またはその利用に供することを

---

4) 民集64巻1号12頁。

禁止している。それは，一般に，憲法20条1項後段，3項と相俟って，政教分離原則を財政的側面から保障したものとされる[5]。しかし，従来の政教分離訴訟では，裁判所は，憲法20条3項適合性の有無を中心に審査するのが通例であり，憲法89条は副次的に問題とされるにすぎなかった。憲法89条を中心に判断した事例としては，最高裁では，宗教法人である神社の境内入口まで通じている道路の改良工事のための公金支出を憲法89条に違反しないとしたもの（最二小判昭和63・12・16）[6]が，また，下級審では，宗教法人の所有する神社社殿の修復工事のための公金支出を憲法89条，20条1項後段に違反するとしたもの（高知地判平成10・7・17）[7]があるが，これらはやはり異例なことに属する。

このようにわが国の政教分離訴訟が憲法20条3項適合性の有無を中心に展開されるに至ったのは，津地鎮祭訴訟の最高裁大法廷判決[8]（以下「地鎮祭判決」という）がおよそ宗教とのかかわり合いをもたらす国家行為であれば憲法20条3項の禁止する「宗教的活動」に該当する可能性があることを示唆したためであるともいえよう。地鎮祭判決によれば，「宗教的活動」は，宗教の布教，教化，宣伝等の活動に限定されず，その目的と効果によっては，宗教上の祝典，儀式，行事等，より広くその他の行為を含むものとされている[9]。それ故，政教分離訴訟においては，宗教とのかかわり合いをもたらす多様な国家行為の憲法20条3項適合性がもっぱら争われることになったと考えられる。

では，最高裁が本件の処理に当たって憲法89条を適用法条の中心に据えたのはなぜであろうか。本件においても，市がその所有地を無償で神社施設の敷地としての用に供するという形で宗教とのかかわり合いをもたらす行為を継続的に行っているのであるから，憲法20条3項の問題とすることも可能であったはずである。この点について本判決自身は何も説明していないた

---

5) 本判決は，特に，憲法89条を「憲法20条1項後段の規定する宗教団体に対する特権の付与の禁止を財政的側面からも確保し」ようとしたものと位置づけている。同9頁参照。
6) 判時1362号41頁。
7) 判時1699号67頁。
8) 最大判昭和52・7・13民集31巻4号533頁。
9) 同541頁。

め推測の域を出ないが，地方公共団体が神道式の起工式を主催した事例（津地鎮祭訴訟）や地方公共団体が宗教法人である神社の境内地で行われる祭事において宗教的意義を有する金員を公金から支出した事例（愛媛玉串料訴訟）とは違って，本件における市の行為が，もともと市の前身である町の公教育の充実を目的とした土地の寄附受入れに始まり，その後長年にわたり，ほとんど現状放置的な「不作為」の形で継続されたということが影響しているのではないかと思われる。このような本件事案の特性に鑑みて，市の行為が憲法 20 条 3 項の禁止する「宗教的活動」に該当するか否かを問うよりも，端的に，憲法 89 条の禁止する「宗教上の組織若しくは団体」に対する公の財産の利用提供に当たるか否かを問うほうが，より事案に即した適切な対応であると判断されたものではなかろうか[10]。

　本件建物および本件神社物件の所有者は空知太連合町内会であるが，本件神社物件を管理し，祭事を行っているのは，神社付近の住民で構成される氏子集団である。本判決は，この点に着目し，本件氏子集団は町内会に包摂される団体ではあるものの，町内会とは別に社会的に実在し，宗教的行事等を行うことを主たる目的とする宗教団体であり，憲法 89 条にいう「宗教上の組織若しくは団体」に当たるとした[11]。この点が本件を憲法 89 条の問題として処理する上での重要なポイントとなっている。本件 1，2 審判決は，いずれも氏子集団ではなく，空知太連合町内会に着目していた。すなわち，1 審判決は，空知太連合町内会を地域団体であるとしつつ，市が同町内会に対し神社施設を所有させている行為は憲法 20 条 3 項，89 条に違反するとし，

---

10) これに対して，本判決と同日に出された富平神社事件判決（最大判平成 22・1・20 民集 64 巻 1 号 128 頁）では，最高裁は，市がその所有地を神社施設の敷地として無償提供しているという憲法の趣旨に適合しないおそれのある状態（この事件では最高裁は違憲とまでは断定していない）を解消するために，市が町内会と協議の上，市議会の議決を経て，町内会に問題の土地を譲与する行為は憲法 20 条 3 項，89 条に違反しないとして，憲法 20 条 3 項適合性に関する判断を示している。それは，おそらくこの事件が地方公共団体による 1 回限りの財務会計行為の憲法適合性が問題とされた事例であり，その限りで従来の政教分離訴訟と基本的に異なるものではなかったことによるものであろう。ただし，この判決における憲法 20 条 3 項違反の有無に関する判断の仕方は，従来の判例のそれとは異なるものとなっている。この点については，後出注 27) を参照。

11) 林知更「『国家教会法』と『宗教憲法』の間」ジュリ 1400 号 83 頁，95 頁（2010 年）は，本判決が不定形で曖昧な氏子集団を「宗教団体」と認定した上で，市の土地提供をこれへの「特権」付与と構成したことについて，「やや強引な感も拭い去れない」と評している。

2 審判決は，より明確に，空知太連合町内会は「特定の宗教の信仰，礼拝又は普及等の宗教的活動を行うことを本来の目的とする組織ないし団体」ではなく，「憲法 20 条 1 項後段にいう『宗教団体』，憲法 89 条にいう『宗教上の組織若しくは団体』には該当しない」としつつ，上記の市の行為は憲法 20 条 3 項にいう宗教的活動に該当し，「憲法 20 条 1 項後段，89 条に規定される政教分離原則の精神に明らかに反する」と判示していた。これらの判決は，町内会が宗教団体ではないことを前提とした上で，そのような町内会が市から無償貸与された土地において宗教的行事を可能ならしめている場合，これを市の宗教的活動と評価したものであり，注目される[12]。同様の例は，非宗教団体が維持管理する宗教的施設に対する市の補助金支出が市の宗教的活動に当たり，憲法 20 条 3 項に違反するとした長崎忠魂碑訴訟第 1 審判決[13]に見ることができる。しかし，本件において，最高裁はこれらの裁判例とは異なる論理構成を採ったわけである。

　もっとも，本判決は，宗教団体に対する公の財産の利用提供が直ちに憲法 89 条違反になるとするものではない。「国家と宗教とのかかわり合いには種々の形態があり，およそ国又は地方公共団体が宗教と一切の関係を持つことが許されないというものではなく，憲法 89 条も，公の財産の利用提供等における宗教とのかかわり合いが，我が国の社会的，文化的諸条件に照らし，信教の自由の保障の確保という制度の根本目的との関係で相当とされる限度を超えるものと認められる場合に，これを許さないとするものと解される」[14]というのが本判決の立場である。したがって，問題は，この「相当とされる限度を超える」と認められるのはどのような場合か，それをどのように判定すべきか，ということになる。

---

[12]　町内会の宗教団体性は幾つかの訴訟で争われているが，最高裁は，大阪地蔵像訴訟においてこれを消極に解している（最一小判平成 4・11・16 判時 1441 号 57 頁）。この事件は，市が町会の建立あるいは移設する地蔵像の敷地として市有地を無償で使用させ，町会に対し市有地の明渡請求を怠る事実の違法確認を求めたものであり，本件に近似するが，最高裁は，地蔵像の維持運営に関する行為は「宗教的色彩の希薄な伝統的習俗的行事にとどまっている」として，合憲判断を導いている。

[13]　長崎地判平成 2・2・20 判時 1340 号 30 頁。野坂泰司「戦没者慰霊碑等の維持管理者に対する自治体の補助金交付」平成 2 年度重判解〔ジュリ 980 号〕16 頁，18 頁（1991 年）参照。

[14]　民集 64 巻 1 号 9 頁。

なお，本判決は，結論として，本件利用提供行為は憲法89条に違反するとともに，憲法20条1項後段にも違反する旨述べている。憲法89条に違反するような公の財産の利用提供であれば，当然に，憲法20条1項後段の禁止する宗教団体に対する特権の付与に該当するという趣旨であろうが，そもそも20条1項後段に違反する「特権の付与」とはどのようなものか，また，それをどのように判定すればよいかは本判決では特に論じられていない。

2　本件憲法89条事案における政教分離原則違反の判断基準

本判決については，従来の政教分離訴訟で用いられてきた，いわゆる目的効果基準に替えて，「新基準」が採用されたとする見方が一般的である[15]。たしかに，本判決は，その「憲法判断の枠組み」と題する一節において，国または地方公共団体が国公有地を無償で宗教的施設の敷地としての用に供する行為について，その「目的」が宗教的意義を有するかどうか，また，「効果」が宗教を援助，助長等するかどうかを判断するものとはしていない。むしろ，本判決は，かかる行為は「一般的には，当該宗教的施設を設置する宗教団体等に対する便宜の供与として，憲法89条との抵触が問題となる行為であるといわなければならない」としつつ，国公有地の無償提供といっても，「当該施設の性格や来歴，無償提供に至る経緯，利用の態様等には様々なものがあり得る」のであって，これらの事情の如何が政教分離原則との関係を考えるにあたって，「重要な考慮要素」とされるべきものと述べている[16]。すなわち，一般的には宗教的施設としての性格を有する施設が同時に歴史的，文化財的な建造物として保護の対象となるものであったり，観光資源，国際親善，地域の親睦の場などといった他の意義を有していたりすることも少なくなく，それらの文化的，社会的な価値や意義に着目して当該施設が国公有地に設置されている場合もありうるし，また，わが国特有の事情として，明治初期以来，一定の社寺領を国等に上知（上地）させ，官有地に編入し，ま

---

[15]　判決翌日（2010年2月21日）の東京新聞，毎日新聞，日本経済新聞など主要各紙の報道では，一斉にそのような表現が用いられている。また，座談会「特集・砂川政教分離訴訟最高裁大法廷判決」ジュリ1399号65頁，74～75頁（2010年）（大沢秀介発言），飯田稔「宗教施設に対する市有地無償提供の合憲性」亜細亜法学45巻1号159頁，169頁（2010年）等参照。
[16]　民集64巻1号9～10頁。

たは寄附により受け入れるなどの施策が広く採られたこともあって，国公有地が無償で社寺等の敷地として供される事例が多数生じており，戦後「社寺等に無償で貸し付けてある国有財産の処分に関する法律」（以下「国有境内地処分法」という）や内務文部次官通牒により譲与等の措置が講じられてきたものの，現在に至ってもなお社寺等の敷地となっている国公有地が相当数残存していることがうかがわれる，というのである。国公有地が無償で宗教的施設の敷地としての用に供されている事態が憲法89条に違反するか否かを判断するにあたっては，こうした様々な事情を考慮し，総合的に判断すべきものとするのが本判決の立場である。その限りでは，本判決の判断方法は，従来の目的効果基準の適用による判断の仕方とは些か異なる様相を呈しているといえよう。

　しかし，はたしてそれは「新基準」なのであろうか。本判決は，その「憲法判断の枠組み」を説いた箇所の末尾で，目的効果基準を適用した地鎮祭判決や玉串料判決を「当裁判所の判例」として引用し，本判決の枠組みがこれらの先例と異なる趣旨をいうものではないことを示唆しており，これをどう理解すべきかが問題となる。

　地鎮祭判決は，㈠憲法の政教分離原則は，「国家が宗教的に中立であることを要求するものではあるが，国家が宗教とのかかわり合いをもつことを全く許さないとするものではなく，宗教とのかかわり合いをもたらす行為の目的及び効果にかんがみ，そのかかわり合いが〔わが国の社会的・文化的〕諸条件に照らし相当とされる限度を超えるものと認められる場合にこれを許さないとするものである」とし，㈡憲法20条3項により禁止される宗教的活動とは，「当該行為の目的が宗教的意義をもち，その効果が宗教に対する援助，助長，促進又は圧迫，干渉等になるような行為」をいうべきものとし，㈢ある行為がかかる宗教的活動に該当するかどうかについては，「当該行為の外形的側面のみにとらわれることなく，当該行為の行われる場所，当該行為に対する一般人の宗教的評価，当該行為者が当該行為を行うについての意図，目的及び宗教的意識の有無，程度，当該行為の一般人に与える効果，影響等，諸般の事情を考慮し，社会通念に従って，客観的に判断しなければならない」としていた[17]。玉串料判決など，その後の諸判決もこの枠組みを

忠実に踏襲している。これを本判決と対比してみると，本判決は，上記㈡で憲法20条3項について行われたように憲法89条の禁止する公の財産の利用提供行為を特に定義していないという点は異なるが，他はむしろ共通する部分が多いことが分かる。

本判決は，まず，憲法89条は，公の財産の利用提供等における宗教とのかかわり合いがわが国の社会的・文化的諸条件に照らし，信教の自由の保障の確保という制度の根本目的との関係で相当とされる限度を超えるものと認められる場合にこれを許さないとする趣旨であると述べているが，これは，地鎮祭判決の上記㈠で示された憲法の政教分離原則一般についての考え方をほぼそのまま[18]憲法89条に即して繰り返したものといえる。また，本判決は，国公有地が無償で宗教的施設の敷地としての用に供されている状態が相当限度を超えて憲法89条に違反するか否かを判断するにあたっては，「当該宗教的施設の性格，当該土地が無償で当該施設の敷地としての用に供されるに至った経緯，当該無償提供の態様，これらに対する一般人の評価等，諸般の事情を考慮し，社会通念に照らして総合的に判断すべきもの」[19]と述べているが，これは，上記㈢で示された憲法20条3項に違反するか否かを判断するための枠組みを本件憲法89条事案に即してアレンジしたものと見ることができよう。事案が異なる以上，考慮すべき要素として掲げられている事項は同一ではないが，「一般人の評価」を取り入れ，「諸般の事情を考慮し，社会通念に照らして総合的に判断すべきもの」とする点は，先例とほとんど同じである[20]。

---

17) 民集31巻4号541～42頁。
18)「目的及び効果にかんがみ」という部分が省かれている点は大きな違いである（この点に関しては，本書217～20頁を参照）。また，先例では政教分離原則を「国家の非宗教性ないし宗教的中立性」を意味するとして，必ずしも同一の規範内容を有するものではない概念を併記していたところが，「国家が宗教的に中立であることを要求するいわゆる政教分離の原則」と整理され，政教分離規定を「制度的保障の規定」とする表現もなくなっている。
19) 民集64巻1号10頁。
20) 本判決の「総合的に判断」という部分は，先例では「客観的に判断」とされていた。しかし，「客観的に判断」の意味するところは必ずしも明瞭ではなく，二つの表現が意識的に区別して使われているのかどうかも定かではない。具体の判断にあたっては，先例も「以上の（諸）事情を総合的に考慮して判断すれば」と述べるのが通例であった。民集31巻4号545頁（地鎮祭判決），民集51巻4号1684頁（玉串料判決）参照。

そもそも先例が用いてきた判断基準は、宗教とのかかわり合いがわが国の社会的・文化的諸条件に照らし相当とされる限度を超えるかどうかを判断する指標として、宗教とのかかわり合いをもたらす行為の目的と効果に着目するものであったから、目的効果基準と呼ばれてきた。しかも、従来の政教分離訴訟では、もっぱら問題の行為が憲法20条3項の禁止する「宗教的活動」に当たるかどうかが争われたため、上記(二)の定義に従って、行為の「目的」が宗教的意義を有するかどうか、「効果」が宗教を援助、助長等するものかどうかが問われることとなり、それが目的効果基準の適用による判断として理解されてきたと思われる。しかし、ここで注意を要するのは、判例の判断枠組みでは、この「宗教的活動」に該当するかどうかの判断は、上記(三)で示されたような仕方で行うべきものとされていたということである。すなわち、「一般人の宗教的評価」など「諸般の事情」の考慮と「社会通念」に従った客観的な判断が求められていた。しかも、そこに掲げられた諸要素は例示にすぎないと解されるから、それ以外の様々な事情が考慮の対象となりうることが前提とされている。ここに目的効果基準の大きな特徴があり、また、この基準が不明確で正確性に欠けるなどとして、しばしば批判されることとなる要因があった[21]。こうして見ると、本判決が示した判断枠組みは、個々の考慮要素こそ違え、何を決め手とするかという点において、従来の枠組みと本質的に異なるものではないといってよいと思われる[22]。

　もっとも、本判決が先例の説示にあった「目的及び効果にかんがみ」とい

---

21)　このように諸般の事情の総合考慮こそが判例の判断基準の本体部分であるとすれば、これを「目的効果」基準と呼ぶことには語弊があるといわなければなるまい（しかし、今日この呼称は学説や実務を通じて広く用いられており、以下においても、無用な混乱を避けるため、この呼称をそのまま用いる）。また、判例の判断基準は、目的効果「基準」というには、総合考慮の対象となる諸要素をどのように評価すべきかについての明確な指針を欠くという問題をも孕んでいる。目的効果基準に関する再考の試みとして、野坂泰司「いわゆる目的効果基準について」『現代立憲主義の諸相(下)』〔高橋和之先生古稀記念〕281頁（有斐閣、2013年）を参照。

22)　その意味では、先例における目的効果基準の適用による判断と本判決における「諸般の事情を考慮した総合的判断」との区別を過度に強調することには慎重であるべきであろう。安西文雄「政教分離と最高裁判所判例の展開」ジュリ1399号56頁、64頁（2010年）、座談会・前出注15)79頁（安西文雄発言）は、後者の判断手法は前者に比して漠然としたものになるというが、一概にいえないのではないかと思われる。飯田・前出注15)172頁は、「新基準」という表現を用いているが、この基準を、「先例の単なる踏襲でも全くの変更でもなく、昭和52年判決以来、実質的には徐々に行なわれてきた違憲認定の判断要素の拡充を、さらに展開したもの」と位置づけている。

う部分を「憲法判断の枠組み」の記述からあえて省いていることは先例との重要な相違点であり，なぜそうなのかという問題が残る。結論からいえば，おそらくこれは，政教分離訴訟における憲法判断で「目的及び効果」に過度に依存することのないように戒める趣旨でされたものであって，「目的及び効果」を判断の指標とすること自体を否定するものではないと思われる。たとえば本判決は，その判断過程において，本件利用提供行為の当初の「目的」は，「小学校敷地の拡張に協力した用地提供者に報いるという世俗的，公共的な」ものであったこと，しかし，当該行為は，その直接の「効果」として，氏子集団が神社を利用した宗教的活動を行うことを容易ならしめており，「市が特定の宗教に対して特別の便宜を提供し，これを援助している」という一般人の評価をもたらすであろうこと，に論及しており，目的と効果が判断の指標としての意義を全く失ってしまったわけではないことを示唆している[23]。この点に関連して，藤田裁判官の補足意見は，従来目的効果基準が機能せしめられてきたのは，問題となる行為において「宗教性」と「世俗性」とが同居しており，その優劣が微妙であるときに，そのどちらを重視するかの決定に際してであったとの理解に基づき，本件の場合は，地方公共団体が純粋な宗教的施設に対し公有地を無償提供してこれを利する結果をもたらしている事例であって，ここでの憲法問題は「本来，目的効果基準の適用の可否が問われる以前の問題である」と述べている[24]。この発言は，本件のように憲法89条の禁止事項の核心部分に当たる事例については，本来，問題となる行為の目的と効果を改めて問うまでもないという趣旨を述べたもののように見える。しかし，もしそのような趣旨だとすると，この見解は，本判決の多数意見の立場と合致するかどうか疑問である[25]。多数意見は，本件が純粋な宗教的施設に対する公の財産の利用提供に当たるから目的と効果を問うまでもないとしているのではなく，本件のような事例については目

---

[23] 民集64巻1号11〜12頁参照。ちなみに，本判決が，本件利用提供行為はもともと「本件神社を特別に保護，援助するという目的によるものではなかったことが認められる」としている点は，逆にいうと，そのような目的が認定されれば，それが違憲判断の根拠になりうることを示すものと思われ，また，ここで本判決が「目的」について，単に宗教的意義を有するかどうかではなく，より特定的に「本件神社を特別に保護，援助する」ことであったかどうかを問題にしていることは興味深い。

[24] 同17〜18頁。

的と効果に即した判断を下すことは難しいとしているのではなかろうか。

　本件は，公有地が無償で宗教的施設の敷地としての用に供されていたという事例であるが，その歴史は古く，元来明治期に道有地上にあった神社施設が戦後移転の必要に迫られ，住民から土地の提供を得て私有地上に移転したものの，その後更にこの土地が寄附により再び公有地となって今日に至るという複雑な過程を経ている。また，本件神社施設は，鳥居，地神宮のほか，地域住民の集会場等として使用されている町内会館（本件建物）の一角に祠が設置され，建物の外壁に「神社」の表示があるという特異な態様のものであるが，この態様についても時代により変化が見られる。このような事案について特定の行為の目的と効果を中心に判断を下すことは困難であったろう[26]。本判決が「当該宗教的施設の性格，当該土地が無償で当該施設の敷地としての用に供されるに至った経緯，当該無償提供の態様」といった諸要素を特に取り上げて考慮すべきものとしているのは，そのためであると思われる。本判決が「憲法判断の枠組み」に関する記述から「目的及び効果にかんがみ」という語句を省いたのは，このように，事案によっては目的と効果に即した判断を下すことが難しい場合がありうることを認め，事案ごとの多

---

[25]　藤田裁判官補足意見は，一見，玉串料判決における園部逸夫裁判官意見を想起せしめる。園部裁判官意見は，靖国神社や護国神社のような宗教団体を直接の対象とする公金支出（宗教団体の主催する恒例の宗教行事のために，当該行事の一環としてその儀式に則った形式で公金を奉納すること）は，宗教上の団体の使用のため公金を支出することを禁じた憲法89条の規定に違反するものであり，この1点において違憲と判断すれば足りるとしていた（民集51巻4号1695頁参照）。憲法89条の禁止事項の核心部分に当たる事案について目的効果基準を適用して判断する必要はなく，また，憲法89条違反が明白である以上，さらに憲法20条3項に違反するかどうかを判断する必要はないとするものである。しかし，玉串料判決の多数意見は，この意見とは明らかに異なる立場を採っている。本判決に判例変更の意図はないと見られることから，本判決の多数意見が園部裁判官意見を採用したとは考え難い（座談会・前出注15）77頁〔宍戸常寿発言〕は同旨か）。

　また，藤田裁判官補足意見自体も，「本件において，敢えて目的効果基準の採用それ自体に対しこれを全面的に否定するまでの必要は無いものと考える」（民集64巻1号17頁）としており，本件のような憲法89条事案の処理について園部裁判官意見に必ずしも同調するものでないことを示唆している（本件事案に関する同19頁の指摘も参照）。むしろ，この補足意見の意図は，本判決の多数意見が従前の判例と基本的枠組みを同じくするものであることを前提として，「目的効果基準の具体的な内容あるいはその適用の在り方」について「慎重な配慮」を求め，「当該事案の内容を十分比較検討することなく，過去における当審判例上の文言を金科玉条として引用し，機械的に結論を導く」ことのないように注意を喚起するところにあったのではないかと思われる（同17頁参照）。

様な事情に応じた適切な処理を図るという趣旨を明らかにしたものと解されるのである[27)28)]。

3 本件利用提供行為の憲法89条適合性

興味深いことに，憲法判断の枠組みに関しては各裁判官の間に全く争いが

26) 本判決に関する調査官解説は，本件利用提供行為は「半世紀以上もの歴史を有する継続的行為」であること，「本件使用貸借契約の履行という作為的側面」とともに単なる現状放置という「不作為の側面」をも併有すること，継続中に施設の取壊しや土地の取得等の大きな事情の変化があり，本件各土地上での宗教的行為の態様やこれに対する市または町の対応も必ずしも一様ではなかったことを挙げて，このような無償提供行為については，「行為の目的を審査するといっても，どの時点におけるどの行為者の目的を問題とすればよいのか，効果を審査するといっても，どの時点における誰を基準とした効果を審査すればよいのかといった問題に直面せざるを得ない」とし，さらに，「このような本件利用提供行為の憲法適合性について，従来の沿革や利用の態様等を一切無視して，単に口頭弁論終結時におけるYの目的や住民に対する効果のみを審査すれば事足れりとするのは，いかにも安直かつ軽率な憲法審査とのそしりを免れないであろう」と述べている（清野正彦・最判解民事篇平成22年度1頁，40～41頁参照）。本件事案の特殊性に関する考慮がうかがわれる。

27) この趣旨は憲法89条事案に限定されるものではないと思われる。富平神社事件判決では，市が神社施設の敷地として無償提供してきた土地を町内会に譲与することは憲法20条3項に違反しないとされたが，ここでも目的と効果に即した判断は行われていない。富平神社事件における土地の譲与は，市有地が神社施設の敷地として無償提供されているという「憲法89条及び20条1項後段の趣旨に適合しないおそれのある状態を是正解消するために」行われたものであるが，この措置は町内会に一方的に利益を提供するという側面を有しており，ひいては，氏子に相当する地域住民の集団に対して神社敷地の無償使用の継続を可能ならしめるという便益を及ぼすと評価されうるものである。土地の譲与が1回限りの作為的行為であるとはいえ，かかる行為が行われるに至った背景に目を向けることなく，行為の目的が宗教的意義を有するかどうか，効果が宗教を援助，助長等するかどうかといった単純な定式に照らして判断することは困難であったと思われる。最高裁は，問題の土地の所有関係をめぐる歴史的経緯や地域住民の集団の信教の自由への配慮を示しながら，土地の譲与が国有境内地処分法等に基づく国公有地の譲与等の処分の理念に沿うものであると述べている。民集64巻1号134頁参照。

28) なお，調査官解説は，従来の判例の判断枠組みについて，これを，「我が国の社会的，文化的諸条件に照らし相当とされる限度を超えるもの」に当たるか否かという「基底的判断枠組み部分」（①）と「宗教とのかかわり合いをもたらす行為の目的及び効果にかんがみ」という「着眼点提示部分」（②）から成るものと捉えた上で，本判決は②を変更したものの，①については些かも変更を加えていないと述べている（清野・前出注26)40頁参照）。巧みな整理であり，基本的に首肯できると思われる。しかし，同解説が，更に進んで，従来の判例もまた必ずしも目的と効果の二つの着眼点にのみ拘泥する趣旨ではなく，その意味で本判決と富平神社事件判決の示した着眼点が「政教分離原則適合性に関する最高裁判例の原点に立ち返るもの」（同43頁）とまでいうのは，いい過ぎではなかろうか。たしかに，諸般の事情の総合考慮こそが目的効果基準の本体であり，その意味で本判決の判断枠組みは従来の判例のそれと本質的に異なるものではないと解される。しかし，従来の判例は「目的及び効果にかんがみ」と明記し，憲法20条3項の禁止する「宗教的活動」を目的と効果で定義していたのであるから，目的と効果が判断の「着眼点」として重視されていたことは否定できないと思われる。

見られない。ただし，本判決に対しては，憲法判断の枠組みを同じくしながらも，本件利用提供行為は憲法に違反しないとする堀籠裁判官の反対意見があるほか，本件利用提供行為の憲法適合性を判断するにあたって十分審理が尽くされていないとして，その意味で破棄差戻しに賛成する甲斐中ら4裁判官の共同意見がある。

まず，本判決は，「本件利用提供行為は，市が，何らの対価を得ることなく本件各土地上に宗教的施設を設置させ，本件氏子集団においてこれを利用して宗教的活動を行うことを容易にさせているもの」であって，「一般人の目から見て，市が特定の宗教に対して特別の便宜を提供し，これを援助していると評価されてもやむを得ないもの」[29]と断じている。このように断定するにあたって，本判決は，本件神社物件が「明らかな宗教的施設」であること（宗教的施設の性格）と，このような施設に対して「長期間にわたり継続的に便益を提供し続けていること」（無償提供の態様）を重視していることが明らかである。この2点に関する判断は，従来の判例が問題の国家行為について（「目的」と「効果」で定義された）憲法20条3項の禁止する「宗教的活動」に該当するか否かを判定するために行っていた，対象の宗教性とそれに関与する国家行為の性質に関する実質的判断[30]に相当する部分であるといえよう。ただし，その判断の過程において，本判決が掲げる他の諸要素がどのように勘案されているのかは必ずしも明確ではない[31]。「社会通念に照らして総合的に判断すると」として，直ちに違憲の結論が導びかれている。

これに対して，堀籠裁判官の反対意見は，本件利用提供行為は憲法89条に違反するものではないとして，原判決を破棄して第1審判決を取り消し，本件請求を棄却すべきものとする。この反対意見は，①市は，土地を寄附した住民との間の有効な負担付贈与契約の趣旨に従った契約上の義務の履行として，その所有地を無償で提供しているものと解されること，②本件神社は，

---

29) 民集64巻1号11～12頁。
30) この点に関しては，野坂・前出注21)289～93頁を参照されたい。
31) たとえば，本判決では，一般的には宗教的施設としての性格を有する施設であっても，地域の親睦の場といった他の意義を有することをも考慮すべきものとしていたはずだが（民集64巻1号9頁参照)，本件に関しては本件神社物件の宗教的性格を強調することにより結論を導いており，どのような場合に「他の意義を有する」ことがカウントされることになるのかを本判決から読み取ることは困難である。

北海道開拓民がその心の安らぎのために建立した神社であり，地域住民の生活の一部となっているものであるから，これと，創始者が存在し確固たる教義や教典をもつ排他的な宗教とを，政教分離原則の適用上，抽象的に宗教一般として同列に論じるのは相当ではないこと，③本件建物は，もっぱら地域の集会場として利用され，神社の行事のために利用されるのは年3回にすぎず，その際には氏子集団が町内会に所定の使用対価を支払っており，また，祠は世俗施設である本件建物の一角にふだんは人目につかない形で納められていることから，本件神社物件の宗教性はより希薄であり，むしろ習俗的・世俗的施設の意味合いが強いこと，といった諸事情を挙げて，これらを総合すると，「一般の国民」にとって本件利用提供行為は，本件神社の宗教を援助，助長または促進する行為と受け取られるものではなく，相当限度を超えるものとは「到底認められない」と論じる[32]。

　上記①は，本件利用提供行為が有効な契約に基づくものであって，そこに法的な問題はないと主張するものである。本件請求自体，土地の所有権が市にあることを前提としていることはたしかであり，多数意見も特にその点を問題にしてはいない。しかし，そもそも市の前身たる町が本件各土地を神社施設の敷地として無償で使用させるとの負担付きで寄附を受け入れたことには憲法上問題があったというべきであろう。ただ，土地の取得から50年以上の時が経過し，また，その間，土地所有権の帰属をめぐる争いもなかったという事情を考慮すれば，いまさら土地取得の有効無効を蒸し返すことは適切ではないと考えられる。多数意見は，それと明示しているわけではないが，おそらくは，このような考慮の下に，現状を前提としつつ「負担」の意味を問い直そうとしたものではなかろうか[33]。

　次に，②は，神道が自然発生的な民俗信仰・自然信仰であって特定の教義や経典もなく，いわば人々の「生活の一部」となっていることを前提として，

---

32) 同42〜46頁参照。この反対意見によれば，多数意見は「日本人一般の感覚に反するもの」（同46頁）とされる。

33) この点に関しては，田原裁判官の補足意見が，関係者が現時点において寄附の採納の無効を主張することは信義則上許されないばかりか，市において時効取得を主張しうることが明白であるから，土地の寄附の採納が有効か否かは本件請求との関係で直接の影響を及ぼすものではないと述べている（同27頁参照）。なお，清野・前出注26) 44〜45頁も参照。

政教分離原則の適用上本件神社のような存在については他宗教と異なる取扱いをすべきと説くものであり，また，③は，本件建物の利用形態や本件神社物件のありように着目して，本件神社物件とそこで行われる諸行事の宗教性は希薄であり，むしろ習俗的・世俗的な性質が強いことを強調するものである。しかしながら，このような主張には疑問を禁じえない。いかに住民の生活に密着したささやかなものであっても，本件神社物件が一体として神道の神社施設であり，そこで定期的に行われてきた祭事等が本質的に神道の宗教的行事であることは否定できないと思われる。本件神社物件を習俗的・世俗的施設とし，そこで行われる祭事等の諸行事を世俗的行事とみなすことは憲法の政教分離原則の根幹を揺るがすことになろう（まさに「神社は宗教に非ず」を地で行くことになる）[34]。大法廷を構成する裁判官たちの中に堀籠裁判官反対意見の明示的な合憲判断に同調する意見はなかった。

　もっとも，甲斐中ら4裁判官意見は，本件のような事例については，過去の沿革・経緯，宗教的施設の性格，土地利用の具体的態様等の諸般の事情を「外形のみならず実態に即して，文字どおり総合的に判断する必要がある」[35]とし，憲法判断に必要なこれら諸般の事情について正しく認定判断したならば，「本件利用提供行為を合憲と判断することもあり得た」[36]と述べており，注目される。この意見は，①本件祠が設置されている地域の集会場等である空知太会館全体の利用実態や構造，②寄附受入れの経緯や寄附された土地の利用状況，③空知太神社の氏子集団の性格や活動，④当該宗教施設が存在する地元住民の一般的評価について，原判決において十分審理を尽くした認定がされていないという。すなわち，①については，本件建物はそのほとんどが世俗的な活動のために利用されており，本件祠はその建物のごく

---

34) 藤田裁判官補足意見がいみじくも指摘しているように，「ある宗教を信じあるいは受容している国民の数ないし割合が多いか否か」を政教分離の問題と結びつけてはならないし，憲法89条の政教分離原則に違反するか否かの問題は，「必ずしも，問題とされている行為によって個々人の信教の自由が現実に侵害されているか否かの事実によってのみ判断されるべきものではない」（民集64巻1号19〜20頁）。また，近藤裁判官補足意見は，国による政治利用の「危険性の大小によって違憲か合憲かの線引きをすることは，困難であり，適切でもない」とし，本件神社についてそのような現実の危険性がいかに乏しいとしても，本件利用提供行為は違憲であると評価せざるをえないと述べている（同30頁）。
35) 同33頁。
36) 同37頁。

一部にふだんは人目につかない形で設置されているにすぎないこと，②については，寄附受入れは私財をなげうって町の公教育の充実に協力した町民との間の良好な関係を維持する必要からされたことであり，既存の神社施設の用に供されたのは寄附された土地の一部であること，③については，氏子の範囲は明確でなく，規約等も存在せず，祭事は年3回行われるだけであるほか，氏子総代世話役等の神社運営に携わる者の中で神道を信仰するものは皆無であり，これらの者は町内会に役員として参加するのと同様な世俗的意味で氏子集団に参加し，先祖から慣習的に引き継がれている行事に関与しているにすぎないと主張されていること，④については，Xらによる本件監査請求以前に住民らが本件利用提供行為の憲法適合性について問題提起したり市議会において取り上げられたりしたという事情はうかがわれず，かえってXらを除く地元住民においては，本件利用提供行為に特段憲法上の問題はないとする理解が一般的ではないかと思われること，がそれぞれ十分考慮されておらず，このような不十分な認定事実に基づいてされた多数意見の違憲判断においては，「結果として本来の意味での総合的判断がなされていないきらいがある」[37]というのである。

　たしかに，本判決の多数意見については，その総合的判断がどのようになされているのか判然としないところがある。この点は多数意見の難点として指摘することができよう。しかし，翻って，上記③については，氏子集団や本件神社における行事が世俗的性質をもつとの主張を要考慮要素として拾い上げようとする点に堀籠裁判官反対意見について指摘したのと同様の問題があると思われる。また，①②については，たとえ本件各土地の取得やその利用提供が特定宗教に対して特別に便宜を図る目的のためにされたものではなく，本件神社による本件土地建物の利用もその一部にとどまるとしても，これらの事情が政教分離原則違反を否定するに足るほどの重みをもつものかどうかは疑問である。さらに，④については，本件利用提供行為の憲法適合性を考えるにあたって，まず「当該宗教施設が存在する地元住民の一般的評価」を検討しなければならないとすることに問題を感じる。仮に地元住民の間では特段憲法上の問題はないとの理解が一般的であったとしても，このよ

---

[37] 同34頁。①〜④の諸般の事情の検討については，同34〜37頁を参照。

うな理解が常に優先するということになれば、その地域における少数者の異議申立ては通用しなくなるおそれがあろう。

それ故、上記①～④の諸事情が正しく認定判断されたならば本件について合憲判断もありえたという4裁判官意見の見解には俄かに賛成し難いものがある。結論において本判決の違憲判断は妥当なものであったといえよう。

4 「職権による検討」——違憲判断の跡始末

本判決は、本件利用提供行為の現状を違憲と判断したものの、Yの求める神社施設の撤去と土地明渡しという解決法を認容するのではなく、違憲状態を解消するためには、それ以外にも本件各土地の全部または一部の譲与、有償譲渡、適正な時価での貸付け等の適切な手段がありうるとし、このような他の手段の存否等について更に審理を尽くさせるため、原判決を破棄し、本件を原審に差し戻した。この点が本判決の大きな特徴の一つとなっている。

本判決は、違憲状態を解消するためにYにおいて他に選択することのできる合理的で現実的な手段が存在する場合には、Yが本件神社物件の撤去および土地明渡請求という手段を講じていないことは財産管理上直ちに違法との評価を受けるものではないとし、上記のような他の手段の存在を考慮しても、なおYにおいて上記撤去等の請求をしないことがYの財産管理上の裁量権を逸脱または濫用するものと評価される場合に限って違法となるとした。その上で、本判決は、本件利用提供行為の違憲性を解消するための他の手段がありうることは当事者の主張の有無にかかわらず明らかであり、また、原審は、本件と併行して、本件と当事者がほぼ共通する同じ市内の富平神社をめぐる住民訴訟の審理を担当しており、その審理を通じて本件においても違憲性を解消するための他の手段がありうること、Yがそのような手段を講じる場合があることを職務上知っていたものであるとし、そうであれば、原審がYにおいて上記撤去等の請求をしないことを違法と判断する以上は、本件利用提供行為の違憲性を解消するための他の合理的で現実的な手段の存否について適切に審理判断するか、当事者に対して釈明権を行使する必要があったとして、原審には怠る事実の適否に関する審理不尽の結果、法令の解釈適用を誤ったか、釈明権の行使を怠った違法があると結論づけた[38]。

この点に関しては，今井裁判官の反対意見が，他に違憲状態を解消する合理的で現実的な手段が存在することは請求を阻却する事由として被告であるYにおいて主張立証すべき抗弁と解するのが相当であるところ，Yは，機会が十分あったにもかかわらず，他の手段の存在について主張しておらず，このような場合にまで上記の抗弁を主張するか否かを釈明すべき義務があるとするのは当事者主義の原則から見て採用し難い見解であるとして，上告を棄却すべきものと説いている[39]。これに対して，近藤裁判官補足意見は，違憲状態を解消する方法が本件神社物件の撤去等の請求だけではないとすれば，これを怠ることが直ちに違法ということにはならず，また，かかる撤去等の請求は本件神社の氏子の信教の自由を侵害することになりかねないとして，他に手段方法があるかどうかの立証責任については，抗弁説の立場に立ったとしても，裁判所としては，当事者の主張がなくても，釈明権を行使するなどしてこの点を検討すべきであったと反論する[40]。また，田原裁判官補足意見は，行政事件訴訟手続と弁論主義との関係という視点から，訴訟の結果が広く住民全体の利害につながる住民訴訟等においては，当該事案の性質上，当然に主張されてしかるべき事実を当事者が主張せず，かつ，その主張の欠如が判決に影響を及ぼしうる場合には，裁判所は積極的に釈明をなすべき責務を負うと論じている[41]。

　本判決が本件利用提供行為を違憲と判断する一方，職権による検討に基づき審理を原審に差し戻したことについては，たしかに議論の余地があろう。しかし，このような本判決の対応は，実質的には，本件神社物件を直ちに撤去させるべきものとすることが，神社の敷地として使用されることを前提に土地を借り受けている町内会の信頼を害するのみならず，地域住民らによって長年にわたり守り伝えられてきた宗教的活動を著しく困難ならしめ，氏子集団の構成員の信教の自由に重大な不利益を及ぼすものとなることを慮ったものであり，裁判所の判断として許されないものではないと思われる。ただ，「氏子集団の構成員の信教の自由」といっても，多分に観念的な把握にとど

---

38)　同 12〜15 頁。
39)　同 37〜42 頁。
40)　同 30〜32 頁。
41)　同 27〜29 頁。

まっているきらいがあることは否めない。第1審判決の認定したところによれば，本件神社のある地域の住民すべてが氏子というわけではなく，氏子とされる者には神道以外の宗教の信者もおり，現在の氏子総代や世話役はその全員が神道ではなく仏教を信仰しているとのことである。また，本判決は，違憲状態を解消するための他の適切な手段として，土地の譲与（無償譲渡），有償譲渡，または適正な時価での貸付け等の方法を提示しているが，これらを全く同列に論じうるかは疑問なしとしない。譲渡するにしても有償か無償かは大きな違いである。また，譲渡と貸付けでは，宗教団体との関係が継続するか否かという点で大きな相違がある。違憲状態をいかに是正すべきかについては一律に決定できるものではなく，当該事件の事案に即した慎重な検討が求められるといえよう[42]。本件におけるこの点に関する判断は差戻審に委ねられることとなった。

5 本判決の射程と残された問題

差戻し後の控訴審では，Yらは，氏子集団の幹部らとの協議を経た上で，①集会場に設けられた「神社」の表示を撤去すること，②本件土地上に設置されていた地神宮の表面にあった「地神宮」の文字を削り，宗教的色彩のない「開拓記念碑」等の文字を彫り直すこと，③集会場内にある祠を取り出し，鳥居の付近に設置し直すこと，④鳥居および祠の敷地として土地の一部（国道に面した部分）を氏子集団に適正な価格（年額3万5000円程度）により貸し付けること，⑤貸し付ける土地の周囲にロープを張るなどして，その範囲が外見的にも明確になるような措置を施すこと，を提案した。差戻し後の控訴審判決は，これらの措置が違憲性を解消する手段として合理的かつ現実的なものであると評価した[43]。これを不服としてXから再度の上告がなされたところ，最高裁は，原審の判断を維持し，上告を退けた[44]。

---

[42] 富平神社事件判決では，市が神社施設の敷地として無償提供してきた市有地を町内会に譲与した行為は憲法20条3項，89条に違反しないとされた。しかし，問題の土地はもともと町内会の前身である団体が市の前身である町に寄附したものであり，判決もそのような経緯を重視していると思われる（同134頁参照）。当然に他の場合にも当てはまるというものではあるまい。

[43] 札幌高判平成22・12・6民集66巻2号702頁。

[44] 最一小判平成24・2・16民集66巻2号673頁。

この第二次上告審判決では，上記③〜⑤の措置により，氏子集団が利用する市有地の部分が大幅に縮小され，その利用範囲の事実上の拡大も防止される上，①②の措置により，市有地の他の部分から神社施設に関連する物件や表示が除去されること，④の措置および集会場内に保管されていた本件神社に関連する物品等が既にすべて地域住民宅に移動されていることにより，今後氏子集団が祭事等を行う場合に市有地の他の部分を使用する必要がないこと，が認定・判断されている。同判決は，これらの事情に加えて，本件神社物件の前身である施設は，本件各土地が公有に帰する前からその上に存在しており，土地が公有地となったのも世俗的・公共的な目的によるものであって，本件神社を特別に保護・援助する目的によるものではなかったことを「併せて総合考慮」し，氏子集団が市有地の一部である賃貸予定地上に鳥居および祠を維持して，年に数回程度の祭事等を今後も継続して行うことになっても，「一般人の目から見て，市が本件神社ないし神道に対して特別の便益を提供していると評価されるおそれがあるとはいえない」と判断した[45]。一方，本件神社物件をすべて直ちに撤去させるべきものとすれば，氏子集団の構成員の信教の自由に重大な不利益を及ぼすことが明らかであるが，これに対して適正な価格で土地の一部を賃借することであれば，氏子集団の構成員の宗教的活動に対する影響は相当程度限定されたものにとどまり，また，そのような措置は，その実施に市議会の議決を要するものではなく，確実に実施が可能なものであって，手段としての合理性と現実性を肯定することができる。このように考えて，同判決は，市が本件神社物件の撤去および土地明渡しの請求の方法を採らずに上記のような手段を実施することは，憲法89条，20条1項後段に違反するものではない，と結論したのである[46]。

　この第二次上告審判決は，上記①〜⑤の各措置が，本件利用提供行為の違憲性を解消する手段として合理的かつ現実的なものであるか否かについて，各措置の内容を丹念に検討することにより判断を下したものとして評価することができる。問題の土地について一定の環境整備を施した上でこれを適正な価格で貸し付けるという市の行為は，特定の宗教に対して便益を供与する

---

45)　同679〜80頁参照。
46)　同680〜81頁参照。

ものと評価される一面を有することは否定し難い。また，譲渡ではなく貸付けである以上，市と特定宗教との関係はその面では継続することになる。しかし，本件公有地の利用提供が始まった経緯や当該土地の平穏な利用状況等を考慮すると，明確に区画された範囲内で，世俗の施設に対する公有地の利用提供と同様の条件で土地の有償貸付けを行うことは，違憲状態の解消手段として認められないものではないと思われる。

　本判決も触れているように，本件同様公有地が神社等の宗教的施設の敷地として無償提供されている例は全国に多数存在するということである（正確なデータはないが，全国で数千件にとどまらないともいわれる）。本判決によって，空知太神社のように宗教法人ではなく神官が常駐しない小規模の神社であっても，それに対する公有地の無償提供が政教分離原則違反と判断されることがあることが示された。しかし，公有地上の宗教的施設のありようは様々である。本判決の判断枠組みの下で判断されるにしても，その結論はそれぞれの事情に応じて異なったものになりうるであろう。また，違憲と判断された場合の違憲状態の解消方法についても同様である。

　さて，その後の政教分離訴訟における判例の動向であるが，逸することができないのが，本判決から半年後に出された白山比咩神社事件判決[47]である。この判決は，本判決および富平神社事件判決によって政教分離訴訟における従来の判例の判断基準が根本的に改められたわけではないとの見方を裏づけるものとなっている。白山比咩神社事件は，同神社の鎮座2100年を記念する大祭に係る諸事業の奉賛を目的とする団体（奉賛会）の発会式に地元の市長が出席して祝辞を述べた行為が憲法20条3項の禁止する宗教的活動に当たるとして争われた事件である。1審の金沢地裁[48]が合憲，2審の名古屋高裁金沢支部[49]が違憲，と判断が分かれたため，上告審の判断が注目されたが，最高裁は，地元にとって白山比咩神社は重要な観光資源としての側面を有し，記念の大祭は観光上重要な行事であったこと，奉賛会はこのような性質を有する行事としての大祭に係る諸事業の奉賛を目的とする団体で

---

47)　最一小判平成22・7・22判時2087号26頁。
48)　金沢地判平成19・6・25判時2006号61頁。
49)　名古屋高金沢支判平成20・4・7判時2006号53頁。

あり，その事業自体が観光振興的な意義を相応に有するものであったこと，発会式も神社内ではなく市内の一般の施設で行われ，その式次第は一般的な団体設立の式典等におけるものと変わらず，宗教的儀式を伴うものではなかったこと，発会式に来賓として招かれ出席した市長の祝辞の内容は一般の儀礼的な祝辞の範囲を超えて宗教的な意味合いを有するものであったともうかがわれないこと，を指摘して，市長が当該発会式に出席して祝辞を述べた行為は，「市長としての社会的儀礼を尽くす目的で行われたもの」であり，「特定の宗教に対する援助，助長，促進になるような効果を伴うものでもなかった」とし，「これらの諸事情を総合的に考慮」すると，当該行為は「憲法上の政教分離原則及びそれに基づく政教分離規定に違反するものではない」と結論した50)。

　この判決について注目されるのは，次の2点である。一つは，行為の目的と効果を中心とする判断がされているということである。先に見た通り，本判決や富平神社事件判決が目的効果基準自体を放棄したわけではなく，目的効果基準の本体である総合考慮の中で歴史的に積み上げられてきた状況を踏まえて諸要素を勘案し，より当該事案に即した対応をしようとしたものだとすれば，事案によっては特定行為の目的と効果を中心とする判断がされることがあっても不思議ではない。白山比咩神社事件の事案は，天皇の代替わりに伴う儀式や戦没者慰霊祭への首長らの参列の事例に類似したものといえるから，最高裁は，これらの先例と同様に，行為の目的と効果を中心に判断を下したものであろう。また，その判断の内容についても，目的を「社会的儀礼を尽くす」ためとしている点は，箕面忠魂碑・慰霊祭訴訟事件，大分主基斎田抜穂の儀違憲訴訟，鹿児島大嘗祭違憲訴訟の各上告審判決51)と全く同じである。もう一つは，結論を「憲法上の政教分離原則及びそれに基づく政教分離規定に違反するものではない」52)という形で表示していることである。この点も上記の先例の各上告審判決に倣ったものと思われ，白山比咩神社事件判決独自のものではない。このように包括的な判示の仕方がされたことは，

---

50) 判時2087号28～29頁参照。
51) 最三小判平成5・2・16民集47巻3号1687頁，最三小判平成14・7・9判時1799号101頁，最一小判平成14・7・11民集56巻6号1204頁。
52) 判時2087号29頁。

最高裁が政教分離諸規定のどの条文の問題かを問うことに意味を見出していないことを示すものである。本判決や富平神社事件判決では，最高裁は，少なくとも判文上は，政教分離諸規定をその固有の守備範囲に即して適用しようとしたかに見えるが，白山比咩神社事件判決にはそのような問題意識はうかがえない。この判決の政教分離訴訟に対する向き合い方は，本判決や富平神社事件判決より前の先例に忠実であるといってよいであろう[53]）。

---

53) 白山比咩神社事件判決について，「目的効果基準による考察が総合考慮の内容とされている」とし，そこに「最高裁における目的効果基準の位置づけ」の「変容」を指摘する見解がある（市川正人「最新判例批評」判評647号〔判時2166号〕2頁，4頁〔2013年〕参照）。しかし，この見方には賛成できない。目的と効果についての判断が総合考慮の内容となることは地鎮祭判決以来全く同じである。違っているのは，地鎮祭判決や玉串料判決では，総合考慮を行った上で，改めて当該行為の「目的」（宗教的意義の有無）と「効果」（宗教を援助，助長等するかどうか）の観点から「宗教的活動」に該当するかどうかの判断を示していたのに対し，この判決にはそれがないという点である。しかし，この点も白山比咩神社事件判決独自のものではない。箕面忠魂碑・慰霊祭訴訟事件等の各上告審判決（前出注51））では全く同じ判示の仕方をしており，この判決は単にそれらの先例に倣ったものと見るのが自然であろう。

第12章 名誉侵害と裁判所による表現行為の事前差止め
—— 北方ジャーナル事件判決

最大判昭和 61 年 6 月 11 日民集 40 巻 4 号 872 頁

I　はじめに

　憲法 21 条 1 項は、「言論、出版その他一切の表現の自由」を保障すると規定している。しかし、これがあらゆる表現を例外なく保障するという趣旨でないことは明白である。表現の自由は、他人の権利を不当に侵害してまで貫徹されるべきものではない。たとえば、ある表現行為が他人の名誉を侵害するものであった場合、それは刑法上名誉毀損罪として処罰の対象となり（刑法 230 条）、また、民法上も不法行為として損害賠償や名誉を回復するのに適当な処分を命じられることとなる（民法 710 条、723 条）。しかし、これが直ちに憲法違反となるわけではない[1]。

　問題は、他人の名誉を侵害するに至る表現行為を事前に差し止めることが許されるかどうかである。この問題について、一つの回答を与えたのが、1986（昭和 61）年の北方ジャーナル事件に関する最高裁大法廷判決である。この判決は、名誉侵害の被害者は人格権としての名誉権に基づき侵害行為の差止めを求めることができるとしつつ、出版物の事前差止めは当該出版物が公務員または公職選挙の候補者に対する評価・批判等に関するものである場合には原則として許されないとした。ただし、本判決は、一定の厳格かつ明

---

[1]　もとより、不当に過大な額の損害賠償を命じられた場合は問題となりうる。また、いわゆる謝罪広告が名誉を回復するのに適当な処分であるかどうかについても議論の余地がある。後者については、本書第 9 章参照。

確な要件の下に，事前差止めの例外を許容し，かつ，当該事件の場合はそれに当たるとして差止めを適法と認めたため，その妥当性をめぐって論議を呼ぶことになった。

はたして本判決が問題解決のためにとった判断枠組みは妥当なものであったかどうか。本判決を読み直して検証してみることにしよう。

II 判決の紹介

1 事実の概要

Y（五十嵐広三——被告，被控訴人，被上告人）は，1963（昭和38）年から11年間にわたり旭川市長を務め，1975（昭和50）年の北海道知事選挙に立候補したが落選し，1979（昭和54）年4月施行予定の同知事選挙に再度立候補を予定していた。X（株式会社北方ジャーナル——原告，控訴人，上告人）は，同年2月23日頃発売予定であった月刊雑誌「北方ジャーナル」4月号（予定発行部数2万5000部）に，「ある権力主義者の誘惑」と題する記事を掲載することとし，2月8日校了して印刷その他の準備を進めていた。記事の内容は，Yをして「嘘と，ハッタリと，カンニングの巧みな」少年であったとし，また，「言葉の魔術師であり，インチキ製品を叩き売っている（政治的な）大道ヤシ」「天性の嘘つき」「己れの利益，己れの出世のためなら，手段を選ばないオポチュニスト」であると評し，「利権漁りが巧みで，特定の業者とゆ着して私腹を肥やし，汚職を蔓延せしめ」「巧みに法網をくぐり逮捕はまぬかれ」ているなどとして，Yが北海道知事に相応しくない人物であることを主張するものであった。

このような記事の内容を知ったYは，2月16日札幌地裁に対し，債権者をY，債務者をXおよび印刷会社とし，名誉権の侵害を予防するとの理由で，民事訴訟法760条（平成元年法律第91号による改正前のもの。現行民事保全法23条2項）に基づき，「北方ジャーナル」誌4月号の執行官保管，その印刷，製本および販売または頒布の禁止等を命じる旨の仮処分決定を求める仮処分申請をしたところ，裁判所は，Xを審尋しないまま，即日仮処分申請

を相当と認め，申請同旨の仮処分を決定し，この決定は執行官において直ちに執行された。そこで，Xは，Yの仮処分申請，裁判所の仮処分決定，および執行官の執行によって損害を受けたとして，国およびYに対して不法行為に基づく損害賠償請求の訴えを提起した。

第1審判決（札幌地判昭和55・7・16)[2])は，事前差止めの仮処分は当事者からの申請に応じて特定の表現物につき司法機関が判断するもので検閲に該当するものではないが，憲法の検閲禁止の趣旨に照らして，事前差止めを許すにあたっては，少なくとも「明らかに名誉毀損に当る行為が行なわれようとしていること及びその名誉毀損行為が行なわれると被害者のうける損失は極めて大きいうえ，その回復を事後にはかるのは不能ないし著しく困難な場合であること」[3]を要するとし，本件記事はYを中傷・誹謗しその名誉を明らかに毀損するものというほかなく，一旦雑誌が発売され有権者の目に触れることになればYがかなりの損失を受けることは明らかであり，その回復はきわめて困難と考えられるから，事前差止めは許容されるべきであるとして，Xの請求を棄却した。第2審判決（札幌高判昭和56・3・26)[4]もこれを維持したため，Xは，憲法21条1項は言論の事前差止めを認めていない，憲法21条2項は言論の事前検閲を禁止しているが裁判所の仮処分決定はこの事前検閲に当たるなどと主張して，上告した。これに対して，最高裁大法廷は，次のように述べて，上告を棄却した。

2　判　旨

（1　上告人の上告理由第1点(4)〔憲法21条2項違反の主張〕について）

「憲法21条2項前段にいう検閲とは，行政権が主体となって，思想内容等の表現物を対象とし，その全部又は一部の発表の禁止を目的として，対象とされる一定の表現物につき網羅的一般的に，発表前にその内容を審査したうえ，不適当と認めるものの発表を禁止することを，その特質として備えるものを指すと解すべきことは，前掲大法廷判決〔最高裁昭和57年（行ツ）第

2）　民集40巻4号908頁。
3）　同918頁。
4）　同921頁。

156号同59年12月12日大法廷判決・民集38巻12号1308頁〕の判示するところである。ところで，一定の記事を掲載した雑誌その他の出版物の印刷，製本，販売，頒布等の仮処分による事前差止めは，裁判の形式によるとはいえ，口頭弁論ないし債務者の審尋を必要的とせず，立証についても疎明で足りるとされているなど簡略な手続によるものであり，また，いわゆる満足的仮処分として争いのある権利関係を暫定的に規律するものであって，非訟的な要素を有することを否定することはできないが，仮処分による事前差止めは，表現物の内容の網羅的一般的な審査に基づく事前規制が行政機関によりそれ自体を目的として行われる場合とは異なり，個別的な私人間の紛争について，司法裁判所により，当事者の申請に基づき差止請求権等の私法上の被保全権利の存否，保全の必要性の有無を審理判断して発せられるものであって，右判示にいう『検閲』には当たらないものというべきである」。したがって，本件において，札幌地裁が被上告人Yの申請に基づき上告人X発行の月刊雑誌「北方ジャーナル」4月号の事前差止めを命じる仮処分命令を発したことを「検閲」に当たらないとした原審の判断は正当であり，論旨は採用できない。

　（2　上告人のその余の上告理由〔憲法21条1項違反の主張〕について）

　(1)　㈠　「人の品性，徳行，名声，信用等の人格的価値について社会から受ける客観的評価である名誉を違法に侵害された者は，損害賠償（民法710条）又は名誉回復のための処分（同法723条）を求めることができるほか，人格権としての名誉権に基づき，加害者に対し，現に行われている侵害行為を排除し，又は将来生ずべき侵害を予防するため，侵害行為の差止めを求めることができるものと解するのが相当である。けだし，名誉は生命，身体とともに極めて重大な保護法益であり，人格権としての名誉権は，物権の場合と同様に排他性を有する権利というべきであるからである」。

　㈡　「しかしながら，言論，出版等の表現行為により名誉侵害を来す場合には，人格権としての個人の名誉の保護（憲法13条）と表現の自由の保障（同21条）とが衝突し，その調整を要することとなるので，いかなる場合に侵害行為としてその規制が許されるかについて憲法上慎重な考慮が必要である。

主権が国民に属する民主制国家は，その構成員である国民がおよそ一切の主義主張等を表明するとともにこれらの情報を相互に受領することができ，その中から自由な意思をもって自己が正当と信ずるものを採用することにより多数意見が形成され，かかる過程を通じて国政が決定されることをその存立の基礎としているのであるから，表現の自由，とりわけ，公共的事項に関する表現の自由は，特に重要な憲法上の権利として尊重されなければならないものであり，憲法21条1項の規定は，その核心においてかかる趣旨を含むものと解される。もとより，右の規定も，あらゆる表現の自由を無制限に保障しているものではなく，他人の名誉を害する表現は表現の自由の濫用であって，これを規制することを妨げないが，右の趣旨にかんがみ，刑事上及び民事上の名誉毀損に当たる行為についても，当該行為が公共の利害に関する事実にかかり，その目的が専ら公益を図るものである場合には，当該事実が真実であることの証明があれば，右行為には違法性がなく，また，真実であることの証明がなくても，行為者がそれを真実であると誤信したことについて相当の理由があるときは，右行為には故意又は過失がないと解すべく，これにより人格権としての個人の名誉の保護と表現の自由の保障との調和が図られているものであることは，当裁判所の判例とするところであり（昭和41年（あ）第2472号同44年6月25日大法廷判決・刑集23巻7号975頁，昭和37年（オ）第815号同41年6月23日第一小法廷判決・民集20巻5号1118頁参照），このことは，侵害行為の事前規制の許否を考察するに当たっても考慮を要するところといわなければならない」。

　(三)　①　「表現行為に対する事前抑制は，新聞，雑誌その他の出版物や放送等の表現物がその自由市場に出る前に抑止してその内容を読者ないし聴視者の側に到達させる途を閉ざし又はその到達を遅らせてその意義を失わせ，公の批判の機会を減少させるものであり，また，事前抑制たることの性質上，予測に基づくものとならざるをえないこと等から事後制裁の場合よりも広汎にわたり易く，濫用の虞があるうえ，実際上の抑止的効果が事後制裁の場合より大きいと考えられるのであって，表現行為に対する事前抑制は，表現の自由を保障し検閲を禁止する憲法21条の趣旨に照らし，厳格かつ明確な要件のもとにおいてのみ許容されうるものといわなければならない。

出版物の頒布等の事前差止めは，このような事前抑制に該当するものであって，とりわけ，その対象が公務員又は公職選挙の候補者に対する評価，批判等の表現行為に関するものである場合には，そのこと自体から，一般にそれが公共の利害に関する事項であるということができ，前示のような憲法21条1項の趣旨（前記㈡参照）に照らし，その表現が私人の名誉権に優先する社会的価値を含み憲法上特に保護されるべきであることにかんがみると，当該表現行為に対する事前差止めは，原則として許されないものといわなければならない。ただ，右のような場合においても，その表現内容が真実でなく，又はそれが専ら公益を図る目的のものでないことが明白であって，かつ，被害者が重大にして著しく回復困難な損害を被る虞があるときは，当該表現行為はその価値が被害者の名誉に劣後することが明らかであるうえ，有効適切な救済方法としての差止めの必要性も肯定されるから，かかる実体的要件を具備するときに限って，例外的に事前差止めが許されるものというべきであり，このように解しても上来説示にかかる憲法の趣旨に反するものとはいえない」。

② 「表現行為の事前抑制につき以上説示するところによれば，公共の利害に関する事項についての表現行為に対し，その事前差止めを仮処分手続によって求める場合に，一般の仮処分命令手続のように，専ら迅速な処理を旨とし，口頭弁論ないし債務者の審尋を必要的とせず，立証についても疎明で足りるものとすることは，表現の自由を確保するうえで，その手続的保障として十分であるとはいえず，しかもこの場合，表現行為者側の主たる防禦方法は，その目的が専ら公益を図るものであることと当該事実が真実であることとの立証にあるのである（前記㈡参照）から，事前差止めを命ずる仮処分命令を発するについては，口頭弁論又は債務者の審尋を行い，表現内容の真実性等の主張立証の機会を与えることを原則とすべきものと解するのが相当である。ただ，差止めの対象が公共の利害に関する事項についての表現行為である場合においても，口頭弁論を開き又は債務者の審尋を行うまでもなく，債権者の提出した資料によって，その表現内容が真実でなく，又はそれが専ら公益を図る目的のものでないことが明白であり，かつ，債権者が重大にして著しく回復困難な損害を被る虞があると認められるときは，口頭弁論又は

債務者の審尋を経ないで差止めの仮処分命令を発したとしても，憲法21条の前示の趣旨に反するものということはできない。けだし，右のような要件を具備する場合に限って無審尋の差止めが認められるとすれば，債務者に主張立証の機会を与えないことによる実害はないといえるからであり，また，一般に満足的仮処分の決定に対しては債務者は異議の申立てをするとともに当該仮処分の執行の停止を求めることもできると解される（最高裁昭和23年(マ)第3号同年3月3日第一小法廷決定・民集2巻3号65頁，昭和25年(ク)第43号同年9月25日大法廷決定・民集4巻9号435頁参照）から，表現行為者に対しても迅速な救済の途が残されているといえるのである」。

(2) 以上の見地から本件について見ると，本件記事は，北海道知事選挙に再度立候補を予定していた被上告人Yの評価という「公共的事項に関するもので，原則的には差止めを許容すべきでない類型に属するものであるが，前記のような記事内容・記述方法に照らし，それが同被上告人に対することさらに下品で侮辱的な言辞による人身攻撃等を多分に含むものであって，到底それが専ら公益を図る目的のために作成されたものということはできず，かつ，真実性に欠けるものであることが本件記事の表現内容及び疎明資料に徴し本件仮処分当時においても明らかであったというべきところ，本件雑誌の予定発行部数（第1刷）が2万5000部であり，北海道知事選挙を2か月足らず後に控えた立候補予定者である同被上告人としては，本件記事を掲載する本件雑誌の発行によって事後的には回復しがたい重大な損失を受ける虞があったということができるから，本件雑誌の印刷，製本及び販売又は頒布の事前差止めを命じた本件仮処分は，差止請求権の存否にかかわる実体面において憲法上の要請をみたしていたもの……というべきであるとともに，また，口頭弁論ないし債務者の審尋を経たものであることは原審の確定しないところであるが，手続面においても憲法上の要請に欠けるところはなかったもの……ということができ，結局，本件仮処分に所論違憲の廉はなく，右違憲を前提とする本件仮処分申請の違憲ないし違法の主張は，前提を欠く」。

なお，本判決には，伊藤正己，大橋進（牧圭次裁判官同調），長島敦裁判官の各補足意見，谷口正孝裁判官の意見が付されている。

III 分析と検討

　本件は、私人の表現行為に対して、別の私人が当該表現行為による自己の名誉侵害を防止するために、裁判所の仮処分による事前差止めを求めたところ、これが認められたので、表現行為を差し止められた私人が仮処分によって生じたとされる損害の賠償を請求した事件である。この仮処分による事前差止めは、裁判所という公権力による個人の表現行為の事前規制が憲法に照らして許されるかどうかという憲法問題を提起するものであったが、この問題は、当初の仮処分申請の段階では考慮されず、また仮処分決定に対する異議申立ての段階でも最高裁第二小法廷によって素通りされてしまい[5]、本件損害賠償請求事件においてようやく正面から判断されることとなった。本判決は、この問題について、本件のような事案においては仮処分による事前差止めは憲法に違反しないという判断を示したことになるが、注目されるのは、第1に、仮処分による事前差止めは事前抑制に該当し、とりわけ公務員または公職選挙の候補者に対する評価・批判等に関する表現行為については、原則として許されないとしたこと、第2に、しかし、一定の実体的要件を具備する場合に限り、事前差止めも例外的に許容されるとしたこと、第3に、公共の利害に関する事項についての表現行為の事前差止めの場合には、原則として口頭弁論または債務者の審尋を経ることを要するとしつつ、これについても例外を認めたこと、である。例外を許容する要件と本件における具体的判断が問題となる。

　以下、順次検討する。

---

5) 異議申立事件の札幌地判昭和55・11・5判時1010号91頁は仮処分による出版物の事前差止めの憲法適合性について一定の判断を示していたが、最二小判昭和56・10・2（判例集未登載）は「所論は違憲をいうが、その実質は、事実誤認又は単なる法令違背を主張するものにすぎず、特別上告適法の理由にあたらない」として、Xの特別上告を棄却した。この判決は、竹田稔「司法による表現の事前抑制」Law School 38号38頁（1981年）の末尾（49頁）に掲載されている。

1 裁判所の仮処分決定による出版物の事前差止めと検閲禁止・事前抑制禁止原則

　裁判所による表現行為の事前差止めが憲法 21 条 2 項前段の禁止する「検閲」に該当するかどうかは従来から議論の存するところであった。本判決は，仮処分による事前差止めは「検閲」に該当しないとして，この点に一応の決着をつけたといえる。その際，本判決が依拠したのが，1984（昭和 59）年の税関検査事件大法廷判決[6]において提示された「検閲」概念である。それによると，「検閲」とは，「行政権が主体となって，思想内容等の表現物を対象とし，その全部又は一部の発表の禁止を目的として，対象とされる一定の表現物につき網羅的一般的に，発表前にその内容を審査した上，不適当と認めるものの発表を禁止することを，その特質として備えるもの」[7]を指し，それに該当する限り，憲法 21 条 2 項前段により絶対的に禁止されることになる。かかる「検閲」概念を前提とするならば，裁判所が主体となって，個別的な私人間の紛争について，当事者の申請に基づいて行われる，表現物の仮処分による事前差止めが「検閲」に当たらないとされるのは当然であろう。

　これに対して，上記の「検閲」概念を狭きに失するとして批判する見解も有力である[8]。たしかに，この「検閲」概念によれば，「検閲」に当たるとして絶対的に禁止される領域が著しく限定されることは否めない。しかし，このような「検閲」概念を前提として裁判所による事前差止めは「検閲」に当たらないとしても，表現行為に対する事前差止めが当然に許容されることになるわけではない。憲法 21 条 1 項は表現の自由に対する事前抑制の原則的禁止を含意しているというのが通説であり，税関検査事件判決も本判決も同じ理解に立って検討を進めている。それ故，問題は，裁判所による事前差止めがいかなる場合に許容されるかということになろう。

　この問題について判断するにあたって，本判決は，まず被保全権利として

---

6) 最大判昭和 59・12・12 民集 38 巻 12 号 1308 頁。
7) 同 1318 頁。
8) 芦部信喜『人権と議会政』175 頁（有斐閣，1996 年），芦部信喜『憲法学Ⅲ人権各論(1)』369～72 頁（有斐閣，1998 年），奥平康弘「税関検査の『検閲』性と『表現の自由』」ジュリ 830 号 12 頁，17～18 頁（1985 年）等参照。

の実体法上の差止請求権の存否を論じている。すなわち，本判決は，「人格権としての名誉権」を「物権の場合と同様に排他性を有する権利」であるとし，かかる「人格権としての名誉権に基づき，加害者に対し，現に行われている侵害行為を排除し，又は将来生ずべき侵害を予防するため，侵害行為の差止めを求めることができる」とした[9]。名誉，プライヴァシー等の人格権侵害に対する差止請求権については実定法上明文の根拠がなく，解釈に委ねられているところであるが，排他性を有する物権類似の絶対権ないし支配権としての人格権に基づく妨害排除請求権ないし妨害予防請求権を認めるのが通説であり[10]，本判決はこれに従ったものと思われる。本判決より前の裁判例には，「エロス＋虐殺」事件についての東京地裁昭和45年3月14日決定[11]や東京高裁昭和45年4月13日決定[12]のように，名誉・プライヴァシー侵害に対する妨害排除請求権ないし妨害予防請求権を理論上肯定するものがあったが，本判決は，人格権侵害のうち名誉権侵害について差止請求権を明確に承認したものであり，重要な意義を有する。

　しかし，いかに人格権としての個人の名誉を保護するためであっても，表現行為を差し止めることが軽々に認められてよいはずはない。この点において，本判決が，「言論，出版等の表現行為により名誉侵害を来す場合には，人格権としての個人の名誉の保護（憲法13条）と表現の自由の保障（同21条）とが衝突し，その調整を要することとなるので，いかなる場合に侵害行為としてその規制が許されるかについて憲法上慎重な考慮が必要である」[13]

---

9) 民集40巻4号877頁。
10) 加藤一郎『不法行為』213～14頁（有斐閣，1957年），幾代通『不法行為』296～97頁（筑摩書房，1977年），五十嵐清『人格権論』10頁，145頁（一粒社，1989年），宗宮信次『名誉権論』479～80頁，482～84頁（有斐閣，1939年）等参照。ただし，三島宗彦『人格権の保護』307頁，347頁（有斐閣，1965年）は，名誉侵害についてはそもそも差止めを認めるべきではなく，プライヴァシー侵害についても妨害排除請求権はともかく，妨害予防請求権まで認めることには言論の自由との関係で問題があるという。
11) 判時586号41頁。この決定は，権利侵害の違法性が高度な場合に限って差止めを認めるべきであるとした。
12) 高民集23巻2号172頁。この決定は，被害者が排除ないし予防の措置のなされないまま放置されることによって被る不利益の態様・程度と，侵害者がかかる措置によりその活動の自由を制約されることによって被る不利益の態様・程度を比較衡量して差止めの可否を決すべきであるとした。
13) 民集40巻4号877頁。

と述べたことは正当である。これは，表現行為による名誉侵害をめぐる私人間の紛争を直接憲法の人権規定に照らして裁定すべきことを説いたものと受け止められてはならないであろう（判例理論によれば，憲法の人権規定は私人間には直接適用されないはずである）。そうではなくて，この部分は，それぞれ憲法13条，21条に（もっぱら国家に対する保障として）規定され確認された「人格権としての個人の名誉」と「表現の自由」が私人間においても（国家に対するのとは異なる態様・程度において）保障されることを前提として[14]，私人間におけるこれらの権利の衝突を調整するために公権力が規制を加える場合のことを語ったものと解される。そのような規制として，既に刑法230条，230条の2，民法710条，723条等が存在するが，ここでは裁判所による表現行為の事前差止めが問題となっているということである。

一般に，表現行為に対する事前抑制は，情報の自由な流れを早い段階で遮断し，情報の送り手のみならず受け手の自由を阻害して公の批判の機会を減じるとともに，実際に表現がもたらした結果ではなく表現がもたらすであろう結果の予測に基づくものであることから事後制裁の場合よりも広汎にわたり易く濫用の虞があり，実際上の抑止効果が事後制裁の場合より大きいといわれる[15]。本判決もこれらの問題点を指摘して，事前抑制は，「表現の自由を保障し検閲を禁止する憲法21条の趣旨に照らし，厳格かつ明確な要件のもとにおいてのみ許容されうるもの」[16]としたが，妥当な説示であるといえよう。本判決は，その上で，裁判所による出版物の頒布等の事前差止めはこのような事前抑制に該当するものであり，とりわけ，その対象が公務員または公職選挙の候補者に対する評価・批判等の表現行為に関するものである場合には，そのこと自体から一般にそれが「公共の利害に関する事項」であるということができ，当該表現行為に対する事前差止めは「原則として許されない」[17]と断じた。この説示は，自由な意見表明と情報の相互受領の保障が

---

14) 最高裁は，一貫してこのような理解に立っていると思われる。この点については，三菱樹脂事件大法廷判決に関する本書第5章，特に76～78頁を参照されたい。

15) 伊藤正己『言論・出版の自由』89頁，特に134～37頁（岩波書店，1959年），佐藤幸治「表現の自由」芦部信喜編『憲法II人権(1)』485頁，486頁（有斐閣，1978年），阪本昌成『情報公開と表現の自由』172～74頁（成文堂，1983年）等参照。

16) 民集40巻4号878頁。

民主制国家の存立の基礎であるから,「表現の自由,とりわけ,公共的事項に関する表現の自由は,特に重要な憲法上の権利として尊重されなければならないものであり,憲法 21 条 1 項の規定は,その核心においてかかる趣旨を含む」[18]との理解を前提として導かれたものであり,これも基本的に妥当な説示であるといえよう[19]。しかし,本判決はこの原則を述べたのち,直ちに一定の実体的要件を具備するときに限って例外的に事前差止めが許されるとしている。問題は,ここに示された例外を許容するための要件が本判決自身のいう「厳格かつ明確な要件」たりえているかどうかである。

2 裁判所による事前差止めを許容するための実体的要件

本判決は,公務員または公職選挙の候補者に対する評価・批判等の表現行為であっても,「〔A〕その表現内容が真実でなく,又はそれが専ら公益を図る目的のものでないことが明白であって,かつ,〔B〕被害者が重大にして著しく回復困難な損害を被る虞があるとき」には,例外的に事前差止めが許されるべきものとした[20]。これは,例外が許容されるためにはA・Bの2要件がともに充足される必要があるということであるが,Aについては,表現内容が真実でないことが明白であるか,または「専ら公益を図る目的のものでないことが明白」であるか,のいずれか一つが成立すればよいという趣旨に読み取れる。Bの要件は,仮処分を認めるための一般的要件に類するものであり(改正前民事訴訟法 760 条,現行民事保全法 23 条 2 項参照),事前差止めにとって大きな関門にはならないように思われる。その意味で,より重要なのは,Aの要件ということになろう。

---

17) 同 879 頁。「公共の利害に関する事項」についての表現は,「私人の名誉権に優先する社会的価値」を含むということである。大橋裁判官補足意見は,これを類型的衡量がなされたものとして,多数意見に賛成している(同 891〜93 頁参照)。これに対して,伊藤裁判官補足意見は,類型別の利益衡量には批判的である(同 888 頁参照)。

18) 同 877 頁。

19) ただ,本判決がここで単に「公務員」としたことは広きに失する観がある。この点は,伊藤裁判官補足意見のように,「公務員」一般ではなく,「とくに公職選挙で選ばれる公務員や政治ないし行政のあり方に影響力を行使できる公務員」(同 883 頁,890 頁)として限定的に捉えるのが適当であろう。

20) 同 879 頁。それは,このような場合には,「当該表現行為はその価値が被害者の名誉に劣後することが明らかである」と判断されるからである。

この要件は，名誉毀損に対する事後規制の場合の要件を参考にして組み立てられている。すなわち，事後規制については，本判決が先例を引用しつつまとめているように[21]，刑事上および民事上の名誉毀損に当たる表現行為であっても，①それが公共の利害に関する事実に係り，②その目的が専ら公益を図ることにあったと認められ，③当該事実が真実であることの証明があるときは，違法性がないものとされ（刑法230条の2参照），また，④たとえ真実であることの証明がなくても，行為者が当該事実を真実であると誤信したことについて相当の理由があるときは，故意または過失がない（名誉毀損罪または不法行為は成立しない）とされている。本判決は，事前規制については，表現行為が上記の①を充たすときは，原則として差止めは許されないとしつつ，②または③を充たさないことが明白であるときは，例外を許容しうるとしたことになる。これは，表現行為の事前規制が事後規制に比して弊害が大きいという認識に基づいて差止めを許容する要件を厳格化しようとしたものと思われるが，問題も少なくない。

　第1に，本判決の設定した要件では，名誉毀損に対する事後規制の免責事由に該当しないことが明白な場合（名誉毀損に当たることが明白な場合）には，常に事前差止めを認めうる，ということである。名誉毀損を行った者に対して事後に制裁を科すことと名誉毀損を来す表現行為を事前に差し止めることとでは，その意味を異にする。それ故，事後規制の免責事由に該当しないことが明白という要件の設定が事前差止めの例外を許容するために適切なものであるかどうかは，なお議論の余地があろう[22]。

　第2に，表現内容が真実でないことが明白であることと，専ら公益を図る目的のものでないことが明白であることとを，「又は」で結んでいることである。これでは，表現内容が真実である場合でも，専ら公益を図る目的のも

---

21) 同877〜78頁参照。本判決が引用しているのは，「夕刊和歌山時事」事件の最大判昭和44・6・25刑集23巻7号975頁と学歴詐称公表事件の最一小判昭和41・6・23民集20巻5号1118頁である。

22) この点を問題にするものとして，香川達夫「北方ジャーナル大法廷判決の刑事法への影響」ジュリ867号44頁，48〜49頁（1986年），平川宗信「名誉毀損表現の司法的事前抑制」法教73号113頁，117頁（1986年），横田耕一「無審尋でなされた裁判所の仮処分決定による出版物の事前差止めが違憲でないとされた事例」判評338号（判時1221号）34頁，39頁（1987年）参照。

のでないことが明白と認定されると，差止めが許されることになるが，はたしてそれでよいのであろうか。たとえ個人的な意図・目的のためになされた表現であっても，その内容が真実であれば，表現の受け手にとっては有用であり，それを差し止めることは，まさに公の批判の機会を減少せしめることとなろう[23]。また，逆に，専ら公益を図る目的であることが明白と認められた場合でも，表現内容が真実でないことが明白であるときは，やはり差止めが許されることになるが，これにも疑問がある。たしかに，虚偽の事実の公表による名誉侵害は防止しなければならない。しかし，問題は，本来名誉侵害に当たらない表現に対する萎縮的効果である。表現内容が真実でないことが明白である場合には差止めが許されるとなると，出版物の頒布等の事前差止めによって損失を被るリスクを考えて，出版社が表現の自主規制を行うことは十分ありうる[24]。この点，「表現内容が真実でないことが明白であるとき」といっても，事後規制の場合と同様に（上記④参照），「行為者が当該事実を真実であると誤信したことについて相当の理由があるとき」は別論であるという考え方がとられるのであれば，萎縮的効果の除去に寄与するであろう。しかし，本判決がそのような考え方をとっているのかどうかは明らかではない[25]。

　第3に，「専ら公益を図る目的のものでないことが明白であるとき」という要件は適切かということである。「専ら公益を図る目的のものでないことが明白」とはいかにも回りくどい表現であり，およそ公益目的ではないということを指しているのか，それとも，主要な目的が公益目的ではないということを指しているのか，必ずしも明確ではなく，この要件が表現の自由の保障に対する十分な歯止めになっているかどうか疑問なしとしない。特に，谷

---

[23] 高橋和之「表現の自由と事前差止め（北方ジャーナル事件）」法教増刊・憲法の基本判例〔第2版〕103頁, 105頁（1996年）は，「事前差止めは，事後の制裁と異なり，表現者の責任を問う手続ではない」から，差止めの理由に「表現者の動機の不純を持ち出すのは場違いであろう」という。なお，参照，平川・前出注22）117～18頁。

[24] 谷口裁判官意見は，「このような『自己検閲』を防止し，公的問題に関する討論や意思決定を可能にするためには，真実に反した言論をも許容することが必要となる」とし，「誤った言論に対する適切な救済方法はモア・スピーチ」であることを力説している。民集40巻4号901頁, 902～03頁。

[25] 芦部・前出注8）『憲法学Ⅲ』375頁はこれを積極に解し，高橋・前出注23）105頁はこれを消極に解している。

口裁判官の意見が指摘するように[26]，公務員または公職選挙の候補者に対する評価・批判等は「公共の利害に関する事項」についての表現行為であるといわねばならず（このことは本判決の多数意見も認めている），それが公益目的のものであることは法律上も擬制されている（刑法230条の2第3項）と考えることもできよう。

こうして見ると，本判決が提示した実体的要件は「厳格かつ明確な要件」とはいい難いように思われる。本判決は，本件記事を「公共的事項に関するもので，原則的には差止めを許容すべきでない類型に属するものである」としつつ，その記事の内容や記述方法に照らして見ると，それがYに対する「ことさらに下品で侮辱的な言辞による人身攻撃等を多分に含むものであって，到底それが専ら公益を図る目的のために作成されたものということはできず，かつ，真実性に欠けるものであること」が本件仮処分当時においても明らかであったとし，また，選挙に近接した時点で本件記事を掲載する本件雑誌が発行されることにより「事後的には回復しがたい重大な損失を受ける虞があった」として，本件雑誌の頒布等の事前差止めを命じた本件仮処分は「差止請求権の存否にかかわる実体面において憲法上の要請をみたしていた」と判断した[27]。本判決が当時まだ公職選挙の候補者ではなく立候補予定者であったYについての表現行為を「公共的事項に関するもの」（「公共の利害に関する事項」）と認めたことは妥当であろう[28]。しかし，本件は例外的に事

---

26) 民集40巻4号904頁参照。なお，谷口裁判官自身は，公的問題に関する雑誌記事等の事前差止めについては，表現内容が真実でないことにつき表現行為者に「現実の悪意」のあることを要件とすることを提唱している。これは，「表現にかかる事実が真実に反し虚偽であることを知りながらその行為に及んだとき又は虚偽であるか否かを無謀にも無視して表現行為に踏み切った場合には，表現の自由の優越的保障は後退し，その保護を主張しえない」（同903〜04頁）とする考え方であり，アメリカの判例理論に由来するが，わが国でもこれを支持する学説が有力である（竹田稔『名誉・プライバシー侵害に関する民事責任の研究』215頁〔酒井書店，1982年〕，佐藤幸治「北方ジャーナル事件上告審判決をめぐって」法教15号85頁，88頁〔1981年〕，松井茂記「表現の自由と名誉毀損再考」ひろば39巻10号47頁，54頁〔1986年〕等参照）。しかし，「現実の悪意」の基準に対しては，それが表現行為者の主観に立ち入るものであるだけに，仮処分のような迅速な処理を要する手続において用いる基準として適当かという問題もあることに留意すべきであろう。参照，民集40巻4号889頁（伊藤裁判官補足意見）。なお，参照，阪本昌成「名誉の保護と司法的事前抑制」ひろば39巻10号34頁，43頁（1986年），研究座談会「『北方ジャーナル』事件最高裁大法廷判決」法時58巻11号6頁，27頁（1986年）（植田義昭発言）。

27) 民集40巻4号882頁。

前差止めが許容されるべき事例であるとした判断にはなお疑問が残る。本判決は，本件記事が「ことさらに下品で侮辱的な言辞による人身攻撃等を多分に含むもの」であることを問題にしているようである。しかし，これが直ちに公益目的の欠如の明白性を示すことになるのであろうか。仮にそうだとしても，真実性の欠如の明白性についてはどうか。この点につき，本判決は，「本件記事の表現内容及び疎明資料に徴し」[29]明らかという以上のことを示していない。さらに，Bの要件についても，考えるべき点がある。たしかに公職選挙の立候補予定者にとって選挙の直前に誹謗・中傷に満ちた記事が流布することは大きなダメージになると推測される。しかし，本件のYは一般の私人ではない。必要ならばメディア等を通じて反論することも十分可能な立場にあったのではなかろうか。著しく回復困難な損害を受ける虞があったかどうかは，もう少し慎重に判断する余地もあったと思われる。

3 裁判所による事前差止めを許容するための手続的要件

本判決は，公共の利害に関する事項についての表現行為に対し事前差止めの仮処分命令を発するにあたっては，口頭弁論または債務者の審尋を行い，表現内容の真実性等の主張・立証の機会を与えることを原則とすべきものとした。このことは，表現の自由を確保するための手続的保障に配慮したものとして，評価することができる（判決文からは必ずしも明確ではないが，差止めの実体的要件が備わっていることについては債権者側が主張し疎明する責任を負うと解すべきであろう。また，この場合の疎明は，証明に近い高度の疎明が求められているとすべきである）[30]。ところが，本判決は，これにも例外を認め，債権者の提出した資料によって，当該表現行為が先に掲げたA・Bの実体的要件を充足すると認められるときは，口頭弁論または債務者の審尋を経ないで差止めの仮処分命令を発しても憲法21条の趣旨に反しないとした。これ

---

28) ただし，本判決がそのように認定した根拠は明示されていない。本判決は特に引いていないが，「月刊ペン」事件の最一小判昭和56・4・16刑集35巻3号84頁，88頁は，「私人の私生活上の行状」であっても，「そのたずさわる社会的活動に対する批判ないし評価の一資料として」，刑法230条の2第1項にいう「公共の利害に関する事実」に当たる場合があると解すべきであるとしていた。

29) 民集40巻4号882頁。

は，債権者の提出した資料に基づいて，当該表現行為が名誉毀損になることは明白であるという確たる心証を裁判所が得たときは，債務者の言い分を聴く必要はないということである。しかし，実体的要件が備わっているときには手続的要件は不要だというのでは，実体的要件と別個に手続的要件を設けた意味は失われてしまうであろう[31]。本来このような例外は認めるべきではなかったと思われる。

本判決は，無審尋でなされた本件差止めについて，「手続面においても憲法上の要請に欠けるところはなかった」[32]と判示した。たしかに，大橋裁判官補足意見も指摘しているように，「北方ジャーナル」をめぐっては，本件仮処分で問題となった記事より前に，数次にわたってYを含む公職の候補者に関する記事について頒布・販売等禁止の仮処分命令が発せられ，特にYに関する本件類似の記事を掲載した1978（昭和53）年11月号の頒布・販売等禁止の仮処分については，「日時の余裕を置いて書面による反論の機会」が与えられていたという事情があった[33]。その意味では，本件差止めに関する限り，たとえ無審尋でなされたとしても，実際上支障はなかったといえるかもしれない。しかし，このような処理は，まさに「本件のような特異な例外的場合」[34]にのみ許されるものとして，限定的に理解されるべきである。

4　本判決の射程と残された問題

本判決は，「公務員又は公職選挙の候補者に対する評価，批判等」はそのこと自体から一般に「公共の利害に関する事項」であるということができ，「その表現が私人の名誉権に優先する社会的価値を含み憲法上特に保護され

---

30)　竹田・前出注26)216頁，木下徹信「違法な名誉侵害と裁判所による事前差止め」ひろば39巻10号28頁，33頁（1986年）等参照。原則通りであれば，債務者側は，口頭弁論または債務者審尋等を通じて，この疎明を崩せばよい。本判決は，債務者が「表現内容の真実性等の主張立証」を行うことを想定しているようであるが，債務者は表現内容が真実であることまで立証する必要はなく，真実であることが明白とまではいえないということを示せば足りるというべきであろう。討議「北方ジャーナル事件最高裁大法廷判決をめぐって」判タ607号5頁，13頁（1986年）（石川明発言）参照。

31)　奥平康弘「『北方ジャーナル』上告審判決」法セ380号12頁，16頁（1986年）参照。

32)　民集40巻4号882頁。

33)　同894頁参照。

34)　同890頁（伊藤裁判官補足意見）。

るべきであること」を示すものとして，当該表現行為に対する事前差止めは原則として許されないとしたものであり，この点に大きな意義を有する。本件差止めの対象となったのは，「公務員又は公職選挙の候補者」についての表現行為ではなく公職選挙に立候補を予定している者についてのそれであったが，本判決はこれを「公共の利害に関する事項」についての表現行為であり，原則として差止めが許されない類型に当たるとした。しかし，本件のような場合を超えて，「公共の利害に関する事項」がどこまでのことを包含するのかということは，本判決から直ちに明らかではない。

本判決は，上記の原則を確認しながら，名誉権侵害を理由として，「公共の利害に関する事項」についての表現行為に対する事前差止めを例外的に認めたものである。本判決後の裁判例で，名誉権侵害を理由に差止めを認めたものとして，相互銀行とその代表者の信用・名誉を毀損する著作物の頒布，販売および宣伝の禁止の仮処分を求めた事件についての東京地裁判決[35]がある。この判決は，人格権に基づく差止請求は法人にも認められるとした上で，私企業であっても銀行のようにきわめて公共性の強い企業に関する表現行為は原則的には差止めを許容し難い類型に属するとしつつ，本判決の示した諸要件に即して検討した結果，「専ら公益を図る目的」で出版されたものでないことが明白であり，当該記述部分が真実であること，または債務者が真実であると信ずるについて相当の理由があることについて疎明がないとして，差止めを認めたものであり，注目される[36]。

---

[35] 東京地判昭和63・10・13判時1290号48頁。

[36] その他の裁判例については，中込秀樹「書籍，新聞，雑誌等の出版等差止めを求める仮処分の諸問題」東京地裁保全研究会『詳論民事保全の理論と実務』250頁，256〜61頁（判例タイムズ社，1998年）参照。比較的最近の事例として，国政ともかかわりがあると報じられた日本会議という団体について批判的に論じた，既に販売等が開始されている書籍に対して，現時点では同団体と深いかかわりがあることをうかがわせる疎明資料がなく，かつ，公職選挙の候補者等といったきわめて公共性の高い人物でもない者がした，人格権としての名誉権に基づく販売等の差止めの請求につき，表現内容が真実でないこと，および，もっぱら公益目的でないことの疎明責任は債権者が負うべきであるとしても，これらの要件の明白性まで要求するのは相当ではなく，表現内容が真実でないこと，または公益を図る目的に出たものではないことの相当の蓋然性があり，かつ，債権者が重大にして著しく回復困難な損害を被るおそれが認められる必要があると解するのが相当であるとし，書籍の一部の記述部分の出版，販売または頒布の禁止を求める限度で債権者の申立てを認容したものがある。東京地決平成29・1・6（LEX/DB文献番号25545218）参照。

ところで、本判決は、プライヴァシー侵害の場合については特に触れるところがない。名誉とプライヴァシーは、しばしば同時にその侵害が問題となる。しかし、両者はその意味内容を異にするから、名誉権侵害の場合についての本判決の判示がそのままプライヴァシー侵害の場合に当てはまるわけではない。名誉は、人の社会的評価（人格的評価）であるから、それが侵害された場合は、金銭賠償のほか、名誉それ自体を回復するのに適当な処分による事後的な救済の余地が残されている。これに対して、プライヴァシーは、他人に知られたくない私事をみだりに公表されないことを内容とするから、一旦それが侵害されてしまえば、もはや原状回復は不可能となる。その意味では、プライヴァシーの保護のために、プライヴァシー侵害を来す表現行為を事前に差し止める必要性は、名誉の保護の場合に比して、より高いということができる。したがってまた、差止めを認める要件についても、名誉の保護の場合とは異なる考慮が必要になると思われる。

　この点、本判決後の裁判例を見ると、プライヴァシー侵害の場合の差止めの要件は必ずしも確定していないことが分かる。たとえば、宝塚スターらの個人の住居情報を含む雑誌の出版・販売等の差止めを求めた事件や、有名プロ・サッカー選手のサッカーに直接関係しない私生活上の事実に関する情報を含む書籍の発行等の差止め等を求めた事件では、裁判所は単に「回復困難の侵害を受けるおそれ」[37]や「重大な被害を被っている」[38]ことを理由に差止めを認め、差止めを認める要件自体については立ち入った考察を行っていない。他方、小説「石に泳ぐ魚」の登場人物のモデルとされた原告が小説中の記述によって名誉、プライヴァシーおよび名誉感情を侵害されたとして作者および出版社に対して不法行為に基づく慰謝料の支払とともに問題の小説の出版差止め等を求めた事件で、東京高裁は、差止めが認められるか否かは「侵害行為の対象となった人物の社会的地位や侵害行為の性質に留意しつつ、予想される侵害行為によって受ける被害者側の不利益と侵害行為を差し止めることによって受ける侵害者側の不利益とを比較衡量して決すべきである」とし、「侵害行為が明らかに予想され、その侵害行為によって被害者が重大

---

37) 神戸地尼崎支決平成9・2・12判時1604号127頁、129頁。
38) 東京地判平成12・2・29判時1715号76頁、84頁。

な損失を受けるおそれがあり，かつ，その回復を事後に図るのが不可能ないし著しく困難になると認められるときは事前の差止めを肯認すべきである」という考え方を示した上で差止請求を認容した[39]。しかし，上告審は，自ら一般論を示すことなく，ただ小説の出版により「重大で回復困難な損害を被らせるおそれがある」ことを指摘して，この原審の結論を維持するにとどまった[40]。

　周知の通り，その後，著名な政治家の長女の離婚に関する記事を掲載した週刊誌「週刊文春」について長女らが出版禁止の仮処分を申請した事件で，仮処分決定（東京地決平成 16・3・16）を認可した東京地裁平成 16 年 3 月 19 日決定[41]は，本判決と上記「石に泳ぐ魚」事件上告審判決を引きつつ，プライヴァシー侵害を理由とする出版物の事前差止めについて，「当該出版物が公共の利害に関する事項に係るものといえるかどうか，『専ら公益を図る目的のものでないこと』が明白であって，かつ，『被害者が重大にして著しく回復困難な損害を被るおそれがある』といえるかどうかを検討し，当該表現行為の価値が被害者のプライバシーに劣後することが明らかであるかを判断して，差止めの可否を決すべきである」[42]とし，当該事件ではこれらの要件は充足されていると述べた。プライヴァシー侵害については表現内容の真実性は免責要件とならないから，「真実でないことが明白」という要件を外したことは正当である。しかし，「専ら公益を図る目的のものでないことが明白」という要件は残されている。この点は，名誉侵害の場合と同様に，議論の余地があろう。また，当該事件の具体的判断として，差止めを認めたことが妥当であったかどうかもきわめて疑問である。この東京地裁決定に対する保全抗告事件で，東京高裁平成 16 年 3 月 31 日決定[43]は，記事がプライ

39)　東京高判平成 13・2・15 判時 1741 号 68 頁，81 頁。
40)　最三小判平成 14・9・24 判時 1802 号 60 頁，63 頁。その他の裁判例として，私立の高等学校を設置運営する学校法人の理事長の私生活を記述した書籍の一部分について，真実性と公益目的の欠如について疎明があれば足りるとし，当該事件では真実でないこと，真実性に乏しいことについて一応の疎明があったとして差止めを認めた東京地決平成元・3・24 判タ 713 号 94 頁や，人気タレントの住居情報を含む書籍の出版・販売等について，本判決の要件中真実性の欠如の明白性を除いた要件を掲げ，これを充足するものとして差止めを認めた東京地判平成 10・11・30 判時 1686 号 68 頁などがある。
41)　判時 1865 号 18 頁。
42)　同 21 頁。

ヴァシーの権利を侵害することは認めながらも，その内容・程度に鑑みて，事前差止めを認めなければならないほど「重大な著しく回復困難な損害を被らせるおそれがある」とまではいえないとして，原決定を取り消し，長女らの仮処分命令の申立てを却下した（長女らの側から最高裁への特別抗告はなされなかったため，確定した）。この結論自体は妥当であると思われる。しかし，東京高裁決定は，差止めの要件としては，結局原決定が提示した諸要件を，疑問を呈しつつも，そのまま採用しており，この点に新たな判断を付け加えるものではなかった。今後，名誉とプライヴァシーの差異を考慮しつつそのことをどこまで事前差止めの要件に反映させるべきかの検討が残されているといえる[44]。

また，今日，インターネットの普及・発展は，新たな問題状況を生み出している。人格権の一内容としての名誉権ないしプライヴァシー権に基づき，インターネット検索サービス上で自己の氏名等を検索すると過去の逮捕歴等が表示されるという検索結果の削除等を求める差止請求の可否が問われた事件について，東京高裁平成28年7月12日決定[45]は，本件検索結果の削除等請求の可否を決するにあたっては，「削除等を求める事項の性質（公共の利害に関わるものであるか否か等），公表の目的及びその社会的意義，差止めを求める者の社会的地位や影響力，公表により差止請求者に生じる損害発生の明白性，重大性及び回復困難性等だけでなく」，今日それ自体が重要な社会的基盤の一つとなっており，また，表現の自由および知る権利にとって

---

43) 同12頁。
44) その後の事例としては，光市母子殺害事件に関する書籍（死刑が確定した犯人が実名で記載され，その顔写真や私信が公開されている）について，犯罪内容が重大悪質であり社会に与えた影響がきわめて大きいこと，当該書籍の出版・販売等が「公共の利害に関する」事実にかかわっているといえること，当該書籍の出版・販売等により「原告が重大な損失を受けるおそれがあり，かつ，その回復を事後に図るのが不可能ないし著しく困難になるとは認められない」ことを指摘して，当該書籍の出版差止請求を退けたもの（広島地判平成24・5・23判時2166号92頁）や，月刊誌に掲載された，会社の代表取締役が業務上横領により告発されたことに関する記事（本人名義の口座番号を含む銀行口座の情報が公表されている）について，口座番号を含む銀行口座の情報はきわめて秘匿性の高い情報であって，これがマスキングもされずに公開された点においてプライヴァシー侵害の程度が著しいこと，かかる公開に何らの公益性も認められないこと，この情報が流出した場合には被害回復は不能であることを指摘して，当該月刊誌の販売禁止等を認容したもの（札幌高決平成30・5・22判時2388号42頁）などがある。
45) 判時2318号24頁。

大きな役割を果たしている「インターネットという情報公表ないし伝達手段の性格や重要性，更には検索サービスの重要性等も総合考慮して決するのが相当である」とした上で，差止請求は認められないと判断した。最高裁平成29年1月31日第三小法廷決定[46]は，検索事業者がある者に関する条件による検索の求めに応じ，その者のプライヴァシーに属する事実を含む記事等が掲載されたウェブサイトのURL等情報を検索結果の一部として提供する行為が違法となるか否かは，「当該事実の性質及び内容，当該URL等情報が提供されることによってその者のプライバシーに属する事実が伝達される範囲とその者が被る具体的被害の程度，その者の社会的地位や影響力，上記記事等の目的や意義，上記記事等が掲載された時の社会的状況とその後の変化，上記記事等において当該事実を記載する必要性など，当該事実を公表されない法的利益と当該URL等情報を検索結果として提供する理由に関する諸事情を比較衡量して判断すべきもので，その結果，当該事実を公表されない法的利益が優越することが明らかな場合には，検索事業者に対し，当該URL等情報を検索結果から削除することを求めることができるものと解するのが相当である」とした上で，本件の場合は，当該事実を公表されない法的利益が優越することが明らかであるとはいえないとして，抗告人の申立てを却下した原審の判断を支持した。

---

46) 民集71巻1号63頁。

第13章

公安条例による集団行動の規制
―― 徳島市公安条例事件判決

最大判昭和 50 年 9 月 10 日刑集 29 巻 8 号 489 頁

I　はじめに

　地方公共団体が制定する条例のうち、公共の秩序を保持するため、主として道路、公園その他の公共の用に供する場所における集会、集団行進または集団示威運動（以下「集団行動」という）に対して各種の規制を加える公安条例は、憲法 21 条が保障する表現の自由に対する重大な制約をもたらすことから、その憲法適合性が早くから論議の的となった。

　この問題について、最高裁は、1954（昭和 29）年の新潟県公安条例事件判決[1]および 1960（昭和 35）年の東京都公安条例事件判決[2]において、公安条例により集団行動を事前の許可に係らしめることは必ずしも憲法に違反しない旨の判断を下しており[3]、この判断はその後も変更されることなく今日に

---

1) 最大判昭和 29・11・24 刑集 8 巻 11 号 1866 頁。
2) 最大判昭和 35・7・20 刑集 14 巻 9 号 1243 頁。
3) もっとも、昭和 29 年判決は、集団行動につき「一般的な許可制を定めてこれを事前に抑制することは、憲法の趣旨に反し許されない」（刑集 8 巻 11 号 1872 頁）としていたところであり、また、昭和 35 年判決もこれを明示的に否定してはいないと思われる。ただ、昭和 29 年判決によれば、「公共の秩序を保持し、又は公共の福祉が著しく侵されることを防止するため、特定の場所又は方法につき、合理的かつ明確な基準の下に」予め許可を受けさせ、「公共の安全に対し明らかな差迫った危険を及ぼすことが予見されるとき」に許可を与えなくても、直ちに憲法に違反することにはならない（同 1872～73 頁）とされ、また、昭和 35 年判決によれば、許可制であっても、許可が義務づけられていて不許可の場合が厳格に制限されるなど実質において届出制と異ならないと判断されるものについては、違憲の問題を生じない（刑集 14 巻 9 号 1249 頁）とされた。

至っている。特に昭和35年判決は，判決当時の騒然とした社会情勢を反映してか，「集団行動による思想等の表現」を「単なる言論，出版等によるもの」と違って，「潜在する一種の物理的力」によって支持された危険なものとみなしてその事前抑制を正当化しようとするなど[4]，昭和29年判決に比して，集団行動による表現の自由の行使に対してより厳しい姿勢を示すものとなっていた。

　本章で取り上げる徳島市公安条例事件判決は，この昭和35年判決以来の公安条例に関する最高裁大法廷判決であり，公安条例と道路交通法（以下「道交法」という）の関係，公安条例に定める犯罪構成要件の明確性の問題について，最高裁として初めて明確な判断を示したものであり，重要な意義を有する。本判決は公安条例に関していかなる判断を付け加えたのか，また，それによって先例における公安条例の位置づけに何か変化はあったのか。本判決を読み直して，確認してみることにしよう。

II　判決の紹介

1　事実の概要

　徳島市の「集団行進及び集団示威運動に関する条例」（昭和27年条例第3号，以下「本条例」という）[5]は，全国でも数少ない届出制を採用したが，許可条件を付しえないことから遵守事項を定め，その違反に対し罰則を設けていた。総評の専従職員で徳島県反戦青年委員会の幹事であったY（被告人，被控訴人，被上告人）は，1968（昭和43）年12月10日同委員会主催の「B52，松茂・和田島基地撤去，騒乱罪粉砕，安保推進内閣打倒」を表明する集団示威行進に学生ら約300名とともに参加したが，この行進の先頭集団数十名が徳島市内の車道上でだ行進を行った際，①自らもだ行進を行い，また，②先頭列外付近において笛を吹き，あるいは両手を上げて前後に振るなどして集団行進を行う者にだ行進をさせるように刺激を与えたものとして，①が道交

---

4) 同1248頁参照。
5) この条例は，ジュリ増刊・新条例集覧191頁（1993年）に収録されている。

法77条3項，119条1項13号（昭和61年法律第63号による改正前のもの。以下同じ）に該当し，②が本条例3条3号，5条に該当するとして，起訴された。

　第1審判決（徳島地判昭和47・4・20）[6]は，①については，道交法違反を認め，有罪としたが，②については，本条例3条3号の規定（「交通秩序を維持すること」）は一般的，抽象的，多義的で，これによっていかなる行為が許容され，いかなる行為が禁止されるのか明瞭ではなく，合理的に限定して解釈することも困難であるから，罪刑法定主義の原則に背馳し，憲法31条の趣旨に反するとして，無罪とした[7]。第2審判決（高松高判昭和48・2・19）[8]も，本条例3条3号の規定は不明確であるとして，第1審判決を支持した。そこで，検察官が上告したところ，最高裁大法廷は，次のように述べて，1，2審判決を破棄した上，自判して，Yの所為のうち，②の点は本条例3条3号，5条に該当し，①の点は道交法77条1項4号，3項，119条1項13号，徳島県道路交通施行細則11条3号に該当するが，上記は1個の行為で2個の罪名に触れる場合であるから，刑法54条1項前段，10条により1罪として，重い本条例3条3号，5条の罪の刑で処断することとし，所定刑中罰金刑を選択して，Yを罰金1万円に処した[9]。

---

[6]　刑集29巻8号552頁。

[7]　ただし，有罪と認定した道交法違反の罪と1個の行為で2個の罪名に触れるとして起訴されたものであることが明らかであるとして，特に主文において無罪の言渡しをしなかった。同552頁，563頁参照。

[8]　同570頁。

[9]　本判決から3か月後の同年12月，「集団行進及び集団示威運動に関する条例の運用に関する規程」（昭和50年公安委員会規程第2号）が制定され，本条例3条3号の「交通秩序を維持すること」について，「だ行進，うずまき行進，すわり込み，いわゆるフランスデモ，他のてい団と併進あるいはことさらなかけ足行進，おそ足行進等ことさらな交通秩序の阻害をもたらすような行為をしないこと」という定義規定が置かれた（矢口俊昭「集団行進及び集団示威運動に関する条例（徳島市）」ジュリ増刊・条例百選74頁，74〜75頁〔1983年〕による）。ただし，本条例自体は改正されないまま今日に至っている。また，昭和61年法律第63号による改正で，道交法119条1項13号の罰則が改められ，罰金の上限3万円は本条例と同じ5万円に引き上げられている。

2　判　旨

(1　本条例3条3号，5条と道路交通法77条，119条1項13号との関係について)

「道路交通法は道路交通秩序の維持を目的とするのに対し，本条例は道路交通秩序の維持にとどまらず，地方公共の安寧と秩序の維持という，より広はん，かつ，総合的な目的を有するのであるから，両者はその規制の目的を全く同じくするものとはいえないのである。

もっとも，地方公共の安寧と秩序の維持という概念は広いものであり，道路交通法の目的である道路交通秩序の維持をも内包するものであるから，本条例3条3号の遵守事項が単純な交通秩序違反行為をも対象としているものとすれば，それは道路交通法77条3項による警察署長の道路使用許可条件と部分的には共通する点がありうる。しかし，そのことから直ちに，本条例3条3号の規定が国の法令である道路交通法に違反するという結論を導くことはできない。

すなわち，地方自治法14条1項は，普通地方公共団体は法令に違反しない限りにおいて同法2条2項の事務に関し条例を制定することができる，と規定しているから，普通地方公共団体の制定する条例が国の法令に違反する場合には効力を有しないことは明らかであるが，条例が国の法令に違反するかどうかは，両者の対象事項と規定文言を対比するのみでなく，それぞれの趣旨，目的，内容及び効果を比較し，両者の間に矛盾牴触があるかどうかによってこれを決しなければならない。例えば，ある事項について国の法令中にこれを規律する明文の規定がない場合でも，当該法令全体からみて，右規定の欠如が特に当該事項についていかなる規制をも施すことなく放置すべきものとする趣旨であると解されるときは，これについて規律を設ける条例の規定は国の法令に違反することとなりうるし，逆に，特定事項についてこれを規律する国の法令と条例とが併存する場合でも，後者が前者とは別の目的に基づく規律を意図するものであり，その適用によって前者の規定の意図する目的と効果をなんら阻害することがないときや，両者が同一の目的に出たものであっても，国の法令が必ずしもその規定によって全国的に一律に同一

内容の規制を施す趣旨ではなく、それぞれの普通地方公共団体において、その地方の実情に応じて、別段の規制を施すことを容認する趣旨であると解されるときは、国の法令と条例との間にはなんらの矛盾牴触はなく、条例が国の法令に違反する問題は生じえないのである。

これを道路交通法77条及びこれに基づく徳島県道路交通施行細則と本条例についてみると、徳島市内の道路における集団行進等について、道路交通秩序維持のための行為規制を施している部分に関する限りは、両者の規律が併存競合していることは、これを否定することができない。しかしながら、道路交通法77条1項4号は、同号に定める通行の形態又は方法による道路の特別使用行為等を警察署長の許可によって個別的に解除されるべき一般的禁止事項とするかどうかにつき、各公安委員会が当該普通地方公共団体における道路又は交通の状況に応じてその裁量により決定するところにゆだね、これを全国的に一律に定めることを避けているのであって、このような態度から推すときは、右規定は、その対象となる道路の特別使用行為等につき、各普通地方公共団体が、条例により地方公共の安寧と秩序の維持のための規制を施すにあたり、その一環として、これらの行為に対し、道路交通法による規制とは別個に、交通秩序の維持の見地から一定の規制を施すこと自体を排斥する趣旨まで含むものとは考えられず、各公安委員会は、このような規制を施した条例が存在する場合には、これを勘案して、右の行為に対し道路交通法の前記規定に基づく規制を施すかどうか、また、いかなる内容の規制を施すかを決定することができるものと解するのが、相当である。そうすると、道路における集団行進等に対する道路交通秩序維持のための具体的規制が、道路交通法77条及びこれに基づく公安委員会規則と条例の双方において重複して施されている場合においても、両者の内容に矛盾牴触するところがなく、条例における重複規制がそれ自体としての特別の意義と効果を有し、かつ、その合理性が肯定される場合には、道路交通法による規制は、このような条例による規制を否定、排除する趣旨ではなく、条例の規制の及ばない範囲においてのみ適用される趣旨のものと解するのが相当であり、したがって、右条例をもって道路交通法に違反するものとすることはできない」。また、本条例5条(「1年以下の懲役若しくは禁錮又は5万円以下の罰金」)は、

道交法119条1項13号(「3月以下の懲役又は3万円以下の罰金」)より重い刑や別種の刑を定めている点において，同法違反ではないかが問題たりうる。しかし，「道路交通法の右罰則は，同法77条所定の規制の実効性を担保するために，一般的に同条の定める道路の特別使用行為等についてどの程度に違反が生ずる可能性があるか，また，その違反が道路交通の安全をどの程度に侵害する危険があるか等を考慮して定められたものであるのに対し，本条例の右罰則は，集団行進等という特殊な性格の行動が帯有するさまざまな地方公共の安寧と秩序の侵害の可能性及び予想される侵害の性質，程度等を総体的に考慮し，殊に道路における交通の安全との関係では，集団行進等が，単に交通の安全を侵害するばかりでなく，場合によっては，地域の平穏を乱すおそれすらあることをも考慮して，その内容を定めたものと考えられる。そうすると，右罰則が法定刑として道路交通法には定めのない禁錮刑をも規定し，また懲役や罰金の刑の上限を同法より重く定めていても，それ自体としては合理性を有するものということができるのである。そして，前述のとおり条例によって集団行進等について別個の規制を行うことを容認しているものと解される道路交通法が，右条例においてその規制を実効あらしめるための合理的な特別の罰則を定めることを否定する趣旨を含んでいるとは考えられないところであるから，本条例5条の規定が法定刑の点で同法に違反して無効であるとすることはできない。

　右の次第であって，本条例3条3号，5条の規定は，道路交通法77条1項4号，3項，119条1項13号，徳島県道路交通施行細則11条3号に違反するものということはできないから，本条例3条3号に定める遵守事項の内容についても，道路交通法との関係からこれに限定を加える必要はないものというべく，したがって，この点に関する原判決の見解は，これを是認することができない」。

　(2　本条例3条3号，5条の犯罪構成要件としての明確性について)

　本条例3条3号の「交通秩序を維持すること」という規定は，「その文言だけからすれば，単に抽象的に交通秩序を維持すべきことを命じているだけで，いかなる作為，不作為を命じているのかその義務内容が具体的に明らかにされていない。全国のいわゆる公安条例の多くにおいては，集団行進等に

対して許可制をとりその許可にあたって交通秩序維持に関する事項についての条件の中で遵守すべき義務内容を具体的に特定する方法がとられており，また，本条例のように条例自体の中で遵守義務を定めている場合でも，交通秩序を侵害するおそれのある行為の典型的なものをできるかぎり列挙例示することによってその義務内容の明確化を図ることが十分可能であるにもかかわらず，本条例がその点についてなんらの考慮を払っていないことは，立法措置として著しく妥当を欠くものがあるといわなければならない。しかしながら，およそ，刑罰法規の定める犯罪構成要件があいまい不明確のゆえに憲法31条に違反し無効であるとされるのは，その規定が通常の判断能力を有する一般人に対して，禁止される行為とそうでない行為とを識別するための基準を示すところがなく，そのため，その適用を受ける国民に対して刑罰の対象となる行為をあらかじめ告知する機能を果たさず，また，その運用がこれを適用する国又は地方公共団体の機関の主観的判断にゆだねられて恣意に流れる等，重大な弊害を生ずるからであると考えられる。しかし，一般に法規は，規定の文言の表現力に限界があるばかりでなく，その性質上多かれ少なかれ抽象性を有し，刑罰法規もその例外をなすものではないから，禁止される行為とそうでない行為との識別を可能ならしめる基準といっても，必ずしも常に絶対的なそれを要求することはできず，合理的な判断を必要とする場合があることを免れない。それゆえ，ある刑罰法規があいまい不明確のゆえに憲法31条に違反するものと認めるべきかどうかは，通常の判断能力を有する一般人の理解において，具体的場合に当該行為がその適用を受けるものかどうかの判断を可能ならしめるような基準が読みとれるかどうかによってこれを決定すべきである。

　そもそも，道路における集団行進等は，多数人が集団となって継続的に道路の一部を占拠し歩行その他の形態においてこれを使用するものであるから，このような行動が行われない場合における交通秩序を必然的に何程か侵害する可能性を有することを免れないものである。本条例は，集団行進等が表現の一態様として憲法上保障されるべき要素を有することにかんがみ，届出制を採用し，集団行進等の形態が交通秩序に不可避的にもたらす障害が生じても，なおこれを忍ぶべきものとして許容しているのであるから，本条例3条

3号の規定が禁止する交通秩序の侵害は，当該集団行進等に不可避的に随伴するものを指すものでないことは，極めて明らかである。ところが，思想表現行為としての集団行進等は，……これに参加する多数の者が，行進その他の一体的行動によってその共通の主張，要求，観念等を一般公衆等に強く印象づけるために行うものであり，専らこのような一体的行動によってこれを示すところにその本質的な意義と価値があるものであるから，これに対して，それが秩序正しく平穏に行われて不必要に地方公共の安寧と秩序を脅かすような行動にわたらないことを要求しても，それは，右のような思想表現行為としての集団行進等の本質的な意義と価値を失わしめ憲法上保障されている表現の自由を不当に制限することにはならないのである。そうすると本条例3条が，集団行進等を行おうとする者が，集団行進等の秩序を保ち，公共の安寧を保持するために守らなければならない事項の一つとして，その3号に『交通秩序を維持すること』を掲げているのは，道路における集団行進等が一般的に秩序正しく平穏に行われる場合にこれに随伴する交通秩序阻害の程度を超えた，殊更な交通秩序の阻害をもたらすような行為を避止すべきことを命じているものと解されるのである。そして，通常の判断能力を有する一般人が，具体的場合において，自己がしようとする行為が右条項による禁止に触れるものであるかどうかを判断するにあたっては，その行為が秩序正しく平穏に行われる集団行進等に伴う交通秩序の阻害を生ずるにとどまるものか，あるいは殊更な交通秩序の阻害をもたらすようなものであるかを考えることにより，通常その判断にさほどの困難を感じることはないはずであり，例えば各地における道路上の集団行進等に際して往々みられるだ行進，うず巻行進，すわり込み，道路一杯を占拠するいわゆるフランスデモ等の行為が，秩序正しく平穏な集団行進等に随伴する交通秩序阻害の程度を超えて，殊更な交通秩序の阻害をもたらすような行為にあたるものと容易に想到することができるというべきである」。

「このような殊更な交通秩序の阻害をもたらすような行為は，思想表現行為としての集団行進等に不可欠な要素ではなく，したがって，これを禁止しても国民の憲法上の権利の正当な行使を制限することにはならず，また，殊更な交通秩序の阻害をもたらすような行為であるかどうかは，通常さほどの

困難なしに判断しうることであるから，本条例3条3号の規定により，国民の憲法上の権利の正当な行使が阻害されるおそれがあるとか，国又は地方公共団体の機関による恣意的な運用を許すおそれがあるとは，ほとんど考えられないのである（なお，記録上あらわれた本条例の運用の実態をみても，本条例3条3号の規定が，国民の憲法上の権利の正当な行使を阻害したとか，国又は地方公共団体の機関の恣意的な運用を許したとかいう弊害を生じた形跡は，全く認められない。）。

このように見てくると，本条例3条3号の規定は，確かにその文言が抽象的であるとのそしりを免れないとはいえ，集団行進等における道路交通の秩序遵守についての基準を読みとることが可能であり，犯罪構成要件の内容をなすものとして明確性を欠き憲法31条に違反するものとはいえないから，これと異なる見解に立つ原判決及びその維持する第1審判決は，憲法31条の解釈適用を誤ったものというべく，論旨は理由がある」。

なお，本判決には，小川信雄，坂本吉勝両裁判官の共同補足意見（団藤重光裁判官同調），岸盛一裁判官の補足意見，団藤裁判官の補足意見（小川，坂本両裁判官同調）のほか，明確性の争点（判旨2）について多数意見と理由づけを異にする髙辻正己裁判官の意見が付されている。

III 分析と検討

本判決について注目されるのは，次の2点である。第1に，本条例と道交法との関係を判断するにあたって，条例と国の法令との関係を論じ，条例制定権の範囲について一定の考え方を示したことである。第2に，本条例の規定の明確性を判断するにあたって，憲法31条が犯罪構成要件の明確性を要請することを明らかにし，同条違反の有無の判断基準を示したことである。

以下，順次検討する。

1 公安条例と道交法の関係——条例制定権の範囲

条例は，「法律の範囲内で」（憲法94条），「法令に違反しない限りにおいて」（地方自治法14条1項）制定することができる。ところが，公安条例は，

道路を使用して行われる集団行動に対し,公共の秩序を保持するため,一定の規制を加えるものであるから,道路における集団行動について所轄警察署長の許可を要するものとする道交法77条1項4号との関係で,はたして,また,どこまで公安条例による規制が許されるのかが問題となる。

この問題について,従前の下級審判決の対応は,おおよそ次の三つに分かれていた。①道交法と公安条例は,前者が道路交通秩序の維持を目的とするのに対し,後者はそれにとどまらず,より広汎な公共の秩序維持を目的とするのであって,その規制の趣旨・目的を異にするから,同一の行為を規制の対象としても,公安条例は道交法に違反するものではないとするもの[10],②道交法と公安条例は,交通秩序維持に関しては両者の規制の対象と趣旨・目的とが同一に帰することとなるが,その場合公安条例が道交法よりも法定刑を加重することは違法であって許されない,あるいは,道交法より重い公安条例の罰則を適用して処断することは許されないとするもの[11],③道交法と公安条例は,前者が道路交通秩序の維持を目的とするのに対し,後者はそれを除いた公共の安寧の保持を目的とし,道交法が具体的に規制の対象とした事項については,原則として公安条例による規制・処罰の対象とすることは許されないとするもの[12],である[13]。

これに対して,本判決は,道交法が道路交通秩序の維持を目的とするのに対し,本条例は道路交通秩序の維持にとどまらず,「地方公共の安寧と秩序の維持」という「より広はん,かつ,総合的な目的」を有するから,両者はその規制目的を全く同じくするものとはいえないこと,もっとも,「地方公共の安寧と秩序の維持」という概念は道交法の目的である道路交通秩序の維持をも内包するから,本条例3条3号の遵守事項が単純な交通秩序違反行為

---

10) 東京高判昭和45・6・22高刑集23巻3号424頁,仙台高秋田支判昭和47・10・5高刑集25巻4号441頁等参照。
11) 秋田地判昭和47・2・3判時658号101頁,東京地判昭和48・10・2判時722号35頁参照。
12) 徳島地判昭和42・11・30下刑集9巻11号1458頁,横浜地判昭和44・9・30刑月1巻9号965頁,高松高判昭和46・3・30高刑集24巻2号293頁,京都地判昭和46・10・7判時649号99頁等参照。
13) より詳細な検討として,江橋崇「公安条例判決の動向」ジュリ605号14頁,21〜22頁(1976年)参照。なお,松浦繁「公安条例に関する最高裁の新判断」警察学論集28巻11号88頁,90〜91頁(1975年)も参照。

をも対象としているとすれば，道交法77条3項による警察署長の道路使用許可条件と部分的に共通する点がありうること[14]，を指摘した上で，本条例と道交法の関係について，次のように論じている。

すなわち，「条例が国の法令に違反するかどうかは，両者の対象事項と規定文言を対比するのみでなく，それぞれの趣旨，目的，内容及び効果を比較し，両者の間に矛盾牴触があるかどうかによってこれを決しなければならない」のであり，たとえば，㈠ある事項について国の法令中にこれを規律する明文の規定がない場合でも，当該法令全体からみて，この規定の欠如が特に当該事項についていかなる規制も施すことなく放置すべきものとする趣旨であると解されるときは，これについて規律を設ける条例の規定は国の法令に違反することとなりうるし，また，㈡ある事項についてこれを規律する国の法令と条例とが併存する場合でも，条例が国の法令とは別の目的に基づく規律を意図するもので，その適用によって国の法令の規定が意図する目的と効果を何ら阻害することがないときや，条例と国の法令とが同一の目的に出たものであっても，国の法令が必ずしもその規定によって全国的に一律に同一内容の規制を施す趣旨ではなく，それぞれの地方公共団体において，その地方の実情に応じて，別段の規制を施すことを容認する趣旨であると解されるときは，国の法令と条例との間には何らの矛盾牴触はなく，条例が国の法令に違反する問題は生じえない[15]。そして，これを道交法と本条例について見ると，両者は道路交通秩序維持のための行為規制に関する限り，両者の規律が併存競合することになるが，道交法は，各地方公共団体が条例により地方公共の安寧と秩序維持のための規制を施すにあたり，その一環として，道交法による規制とは別個に，交通秩序維持の見地から一定の規制を施すこと自体を排斥する趣旨まで含むものとは考えられず，「条例における重複規制がそれ自体としての特別の意義と効果を有し，かつ，その合理性が肯定される場合には」，道交法による規制は，「条例の規制の及ばない範囲においてのみ適用される趣旨のものと解するのが相当」であるところ，本条例は，道交法による規制と「その目的及び対象において一部共通するものがあるにせよ，

---

14) 刑集29巻8号499頁。
15) 同499〜500頁参照。

これとは別個に，それ自体として独自の目的と意義を有し，それなりにその合理性を肯定することができるもの」であって，道交法に違反するものではない16)。また，本条例が道交法に定めのない禁錮刑をも規定し，懲役や罰金の刑の上限を道交法より重く定めていることについても，単なる道路交通秩序の維持を超えた地方公共の安寧と秩序の維持という公安条例の目的に照らして，合理性が認められ，本条例は法定刑の点でも道交法に違反して無効であるとすることはできない17)。

したがって，本判決は，上記の従前の下級審判決のうち，②③の立場を明確に否定し，①の立場を支持したことになる。本判決がこのような判断を示すにあたって前提とした，国の法令と条例の関係に関する一般論は，両者の「趣旨，目的，内容及び効果を比較」してその間に矛盾抵触があるかどうかを決定すべしとするものであり，形式的な法律先占論を退け，条例制定権の範囲を柔軟に解しようとする点において，正当なものとして評価することができる。しかし，本条例と道交法との関係に関する本判決の具体的判断は，はたして妥当なものといえるであろうか。

本判決は，道路における集団行動に対する本条例による規制が道交法に違反しないものであることの根拠として，道交法 77 条 1 項 4 号が，同号に定める通行の形態または方法による道路の特別使用行為等を警察署長の許可によって個別的に解除されるべき一般的禁止事項とするかどうかにつき各公安委員会が当該地方公共団体における道路または交通の状況に応じてその裁量で決定するところに委ね，全国的に一律に定めることを避けていることを援用している。しかし，道交法 77 条 1 項 4 号に定める公安委員会の決定は，同法 1 条の目的（「道路における危険を防止し，その他交通の安全と円滑を図り，及び道路の交通に起因する障害の防止に資すること」）に照らして行われるべきものであって，本来「道路交通秩序の維持」を超えた「社会公共の安寧と秩序の維持」を目的とする公安条例による規制を当然に基礎づけるものではないと思われる18)。

---

16) 同 500〜02 頁参照。
17) 同 502〜03 頁参照。
18) 曾根威彦「公安条例最高裁判決の検討」判タ 330 号 2 頁，10 頁（1976 年）は，これを「徹頭徹尾道交法体系内の問題」であるとして，判旨を批判する。

公害規制に関する，いわゆる「上乗せ条例」については，法律自体が条例による法律の定めとは別の見地からの規制を容認している場合が少なくない[19]。これに対して，道交法にはそのような趣旨の明文規定は存在しない。また，公害規制の場合は，事柄の性質上，地方の情況に応じた条例による特段の規制が認められてしかるべきだとしても，集団行動という態様での表現の自由の行使に対する規制についてもこれと同様に考えてよいかどうかは疑問である[20]。本判決には，表現の自由の権利としての重要性に関する認識が不足しているか，または，集団行動の規制が表現の自由の制約に当たるという意識が希薄であると思われる。

本条例が道交法所定の刑以外の刑を定め，また，より重い懲役や罰金の刑を規定していることは道交法に違反しないとした点についても，集団行動が単に道路交通秩序の侵害にとどまる場合に，同じ道路交通秩序侵害行為でありながら，それが条例違反に問われると，道交法違反の場合よりも重い刑で処断されうるというのは不合理ではないか。この点に関しては，道交法77条1項，119条1項は，単なる道路交通秩序侵害行為については同条所定の法定刑を超えてこれを処罰することを禁じていると解すべきであり，公安条例違反として道交法所定の法定刑を超えて処罰することは許されないとした下級審判決（上記②）のほうにむしろ理があると思われる[21]。

2　犯罪構成要件の明確性と憲法 31 条

刑罰法規の明確性について，本判決は，①およそ刑罰法規の定める犯罪構成要件が「あいまい不明確」であれば，その故に「憲法 31 条に違反し無効であるとされる」こと，②それは，「その規定が通常の判断能力を有する一般人に対して，禁止される行為とそうでない行為とを識別するための基準を示すところがなく，そのため，その適用を受ける国民に対して刑罰の対象と

---

[19] 水質汚濁防止法 29 条，騒音規制法 27 条，悪臭防止法 23 条，振動規制法 23 条等参照。
[20] 江橋・前出注 13)23 頁，高田敏「条例論」雄川一郎＝塩野宏＝園部逸夫編『現代行政法大系(8)地方自治』165 頁，214 頁（有斐閣，1984 年）等参照。
[21] 曾根・前出注 18)11 頁参照。そもそも本条例が旧条例（昭和 25 年条例第 36 号）の許可制を届出制に改めた際に，許可制と連動する重い罰則がそのまま存置されたところに問題があったということも指摘されている。矢口・前出注 9)75 頁参照。

なる行為をあらかじめ告知する機能を果たさず，また，その運用がこれを適用する国又は地方公共団体の機関の主観的判断にゆだねられて恣意に流れる等，重大な弊害を生ずるからであると考えられる」こと，③ある刑罰法規が「あいまい不明確」の故に憲法 31 条に違反すると認めるべきかどうかは，「通常の判断能力を有する一般人の理解において，具体的場合に当該行為がその適用を受けるものかどうかの判断を可能ならしめるような基準が読みとれるかどうかによってこれを決定すべきである」こと[22]，を明らかにした。このように，本判決が，刑罰法規の明確性を憲法 31 条の要請であると明言するとともに，同条違反の有無の判断基準を明示したことは重要な意義を有する。

憲法 31 条は刑罰法規の内容を事前に法定して国民に行動の予測可能性を保障すべきこと（罪刑法定主義の原則）を含意しているというのが学説上の通説である[23]。しかし，罪刑を法定しても，その内容が不明確であれば，国民に対して何が処罰されるべき行為であるかを適正に告知することができず，行動の予測可能性を保障することはできない。それ故，刑罰法規の明確性は，罪刑法定主義の原則から当然に流出してくる要請であるといえよう[24]。本判決は，罪刑法定主義という言葉こそ用いていないものの，刑罰法規の明確性が要請される所以については，これと同様の理解に立っているものと思われる。

ところで，本条例 3 条 3 号の「交通秩序を維持すること」という規定は，一般的・抽象的な規定であり，いかなる作為・不作為を命じているのか，その義務内容が具体的に明らかにされていない。本判決も，その点を捉えて，「立法措置として著しく妥当を欠く」[25]と批判している。しかし，にもかか

---

22) 刑集 29 巻 8 号 504 頁。
23) 法学協会編『註解日本国憲法(上)』588 頁（有斐閣，1953 年），佐藤功『日本国憲法概説〔全訂第 5 版〕』251 頁（学陽書房，1996 年），芦部信喜＝高橋和之補訂『憲法〔第 7 版〕』252～53 頁（岩波書店，2019 年）等参照。
24) 「実体の法定」の要求は「実体の適正」の要求を伴う，といってもよい。芦部＝高橋補訂・前出注 23) 253 頁は，明確性を「実体の適正」の一内容として位置づけている。もっとも，国民に対する「告知」という面に重点を置いて考えれば，明確性を「手続の適正」の一内容として位置づけることも不可能ではない。参照，佐藤文哉「法文の不明確による法令の無効(1)」司法研修所論集 1967 年 I 24 頁，76 頁。
25) 刑集 29 巻 8 号 503 頁。

わらず，本判決は，当該規定は明確性を欠き憲法 31 条に違反するものとはいえないと結論した。それは，規定の文言が抽象的であっても，「通常の判断能力を有する一般人」にとって，そこから「集団行進等における道路交通の秩序遵守についての基準を読みとることが可能」[26]だと判断されたことによる。はたしてこの判断は妥当であろうか。

　本件 1 審判決は，本条例 3 条 3 号の規定は一般的，抽象的，多義的で，その内包する意味内容が明瞭でないばかりか，その外延もまた不明確であって，罪刑法定主義の原則に背馳し，憲法 31 条の趣旨に反すると判示し，2 審判決も同様に当該規定が明確性を欠くとしてこの判断を支持している。1 審判決の違憲判断は，道交法と本条例による道路における集団行動の重複規制について，本条例 3 条 3 号の規定の意味を法令に抵触しないように把握しようとすれば，道交法 77 条の対象とされている範囲以外にいかなるものが残されているかを探究するほかなく，同法 77 条 3 項による許可条件の内容をもって本条例 3 条 3 号の意味内容を明確にするための資料とする考え方はとりえないということを前提とするものであった[27]（この点，2 審判決は必ずしも明確ではないが，これと異なる趣旨をいうものではないと思われる）。これに対して，本判決は，既に確認した通り，公安条例の目的である「地方公共の安寧と秩序の維持」は「道路交通秩序の維持」を内包しており，道路における集団行動の規制に関しては公安条例が道交法に優先して適用されるとしていた。このような立場からすると，本条例 3 条 3 号の「交通秩序を維持すること」の意味内容について，これを「道路交通秩序の維持」の問題として限定的に捉えることが可能となろう。しかし，問題は，それによって明確性の問いを解決しえたかどうかである。

　本判決は，本条例 3 条 3 号にいう「交通秩序を維持すること」とは，「道路における集団行進等が一般的に秩序正しく平穏に行われる場合にこれに随伴する交通秩序阻害の程度を超えた，殊更な交通秩序の阻害をもたらすような行為を避止すべきことを命じているものと解される」[28]とし，「通常の判

[26) 同 506 頁。
[27) 同 560 頁，561 頁参照。
[28) 同 505 頁。

断能力を有する一般人」であれば，具体的場合に，自分がしようとしている行為がかかる「殊更な交通秩序の阻害をもたらすような行為」であるかどうかを「通常さほどの困難なしに判断しうる」として，たとえば「だ行進，うず巻行進，すわり込み，道路一杯を占拠するいわゆるフランスデモ等の行為」が「殊更な交通秩序の阻害をもたらすような行為」であることは「容易に想到することができる」と述べている[29]。

　しかしながら，本判決のように，「交通秩序を維持すること」とは「殊更な交通秩序の阻害をもたらすような行為を避止すべきこと」を意味すると解してみても，当該規定の定める構成要件の外延の不明確性を払拭することはできないのではないかと思われる。本判決も，道路における集団行動が「一般的に秩序正しく平穏に行われる場合にこれに随伴する交通秩序阻害」はやむをえないものとして容認するかの如くであり，避止すべきはそのような，集団行動に不可避的に随伴する交通秩序阻害の程度を超えた「殊更な交通秩序の阻害をもたらすような行為」であるという。しかし，集団行動に不可避的に随伴する交通秩序阻害とはいかなるものであり，その程度を超えた殊更な交通秩序阻害とはいかなるものであるかは一向に明らかではない。小川，坂本両裁判官の共同補足意見は，「粛然とした行進の程度を何程か超える行進形態」であっても容認するというのが多数意見の趣旨であると解している[30]が，はたしてそのようにいい切れるであろうか。本判決は，殊更な交通秩序阻害行為の典型として，だ行進，うず巻行進等を挙げているが，これらすべてがそれに該当するといえるのかどうかも異論の余地があろう。また，仮にこれらの行為が殊更な交通秩序阻害行為の典型であるとしても，そこまでには至らないが粛然とした形態にとどまらない行為についてはどう取り扱われることになるのか，定かでない。この点は，まさに髙辻裁判官の意見が指摘する通りであって[31]，「通常の判断能力を有する一般人」がさほどの困難なしに判断しうることであるかどうかは大いに疑問であるといわなければならない。集団行動が憲法 21 条の保障する表現の自由の行使であることに

---

29)　同上。
30)　同 508 頁，508〜09 頁参照。
31)　同 517 頁，518〜19 頁参照。

思いを致せば，集団行動を規制する刑罰法規のこのような不明確性は許されるべきではあるまい。1，2審判決が正当に指摘したように[32]，禁止される行為の例示や委任規定による具体化の余地のない本条例3条3号は，刑罰法規としての明確性を欠き違憲と判断されるべきであったと思われる。

ところで，髙辻裁判官意見は，本条例3条3号の規定が犯罪構成要件の内容をなすものとして明確性を欠くとはいえないとする多数意見に反対しながらも，「本件におけるだ行進が，交通秩序侵害行為の典型的のものとして，本条例3条3号の文言上，通常の判断能力を有する者の常識において，その避止すべきことを命じている行為に当たると理解しえられるものであることは，疑問の余地がない」から，「本件事実に本条例3条3号，5条を適用しても，これによって被告人が，格別，憲法31条によって保障される権利を侵害されることにはならない」[33]として，結論的には原判決破棄の多数意見に同調したのであった。それは，「元来，裁判所による法令の合憲違憲の判断は，司法権の行使に附随してされるものであって，裁判における具体的事実に対する当該法令の適用に関して必要とされる範囲においてすれば足りるとともに，また，その限度にとどめるのが相当であると考えられ，本件において，殊更，その具体的事実に対する適用関係を超えて，他の事案についての適用関係一般にわたり，前記規定の罰則としての明確性の有無を論じて，その判断に及ぶべき理由はない」[34]との考え方に基づく。たしかに，付随的違憲審査制の下では，憲法判断は当該事件の解決に必要な限度で行われる。しかし，だからといって，裁判所は原則として適用上の判断を行わなければならないというわけではない。もちろん文面上の判断も可能であり，実際，裁判所はそれを行ってきた。しかも，本件のように表現の自由の行使に対する萎縮的効果が問題となる事案では，適用上の判断を用いることには重大な疑義がある。これに対して，髙辻裁判官は，「表現手段としての集団行進等をすることそれ自体」と「集団行進等がされる場合のその態様」とを区別し，本件の規制対象は後者であるから問題はないと考えているようである[35]。

---

32) 同563頁（1審判決），573頁（2審判決）参照。
33) 同520頁。
34) 同上。

たしかに，本件の場合，集団行進は「届出」によって自由になしうるのであり，「交通秩序を維持すること」は集団行進の態様に対する規制である。そして，本件で問題となったようなだ行進が殊更な交通秩序阻害行為の典型であるとすることには多くの人が同意するかもしれない。しかしながら，典型的な行為以外のどのような行為がかかる阻害行為に当たるのかはなお明瞭ではなく，したがって，何が許された態様の集団行動であるのかが不明確で，結局集団行動それ自体に対する萎縮的効果が働くことになるのではないか[36]）。それ故，本件に適用する限りにおいて合憲という判断手法は，やはり本件のような事案においてはとるべきではないと思われる。

3 本判決の射程と残された問題

本判決が示した条例制定権の範囲を柔軟に解しようとする考え方は，その後の地方分権化推進の流れにも沿うものであり，正当なものであったと評しえよう。ただし，本件ではそれが公安条例による集団行動の規制を正当化するために援用されていることに留意すべきである。本判決は，公安条例と道交法との関係について，道交法が条例による規制を許容しており，かつ，条例による規制自体に特別の意義と効果，合理性が認められる場合には，条例

---

35) 同520～21頁参照。このような区別がはたして有意味な区別であるかどうかは議論の余地があろう。団藤裁判官の補足意見も，「表現そのもの」と「表現の態様」との区別を論じ，「単に表現の態様にすぎないようなもの，換言すれば，問題となっている当の態様によらなくても，他の態様によって表現の目的を達しうるようなばあいには，法益の権衡を考えた上で，単なる道路交通秩序のような，それほど重大でない法益を守るためにも，当の態様による表現を制約することができるものと解するべきであろう」とし，「本件は，被告人らのとったような態様の行動によらなくても表現の目的を達しえたであろう事案であったとみとめられる」とした（同514頁，514～15頁）。ただし，同意見は，この区別を，「純粋な言論」と「行動」との区別と同一ではないとし，「表現はしばしば行動を伴うのであり，もしその行動によらなければ当の表現の目的を達成することが客観的・合理的にみて不可能なようなばあいには，その行動は表現そのものと考えられなければならない」（同515頁）ことに注意を促している。これに対して，岸裁判官の補足意見は「表現そのもの」と「当該表現に伴う行動」との区別を説いているが，これは，「表現そのものがもたらす弊害の防止に規制の重点があるのか，もしくは表現に伴う行動がもたらす弊害の防止が重点であるのかを識別したうえで，規制の合憲性を厳密に審査する必要があるとの見地から」提唱されたものであり（同509頁，509～14頁），行動自体のもたらす実質的な弊害の防止を目的とする限り，一定の態様による行動の規制を容易に認めうる議論のように思われる。
36) 高橋和之『憲法判断の方法』32頁，232～33頁（有斐閣，1995年）は，表現の態様の規制は表現の規制にほかならない，という。

は道交法に違反しないとしたが，このような判断が公安条例の場合を超えて，他の条例の場合にどこまで妥当するのかは，必ずしも明確ではない[37]。たとえば，その後の判決例として，河川法と市の河川管理条例との関係につき，河川法の趣旨から，地方公共団体が条例をもって同法の定め以上に強力な河川管理の定めをすることは同法に違反し許されないとした最高裁昭和53年12月21日第一小法廷判決[38]や，旅館業法と町の旅館建築規制条例との関係につき，旅館業法は地方公共団体が地域の特性に応じて条例をもって同法より強度の規制をすることを排斥する趣旨までを含むと解することは困難としながらも，当該条例による規制は比例原則に反し違法とした福岡高裁昭和58年3月7日判決[39]など，条例による規制の上乗せを否定したものがある。これらの判決では，本判決との関係が明示されていない[40]。

本判決が少なくとも一般論として「あいまい不明確」な刑罰法規は憲法31条に違反し無効となる旨を認めたことは，評価に値しよう。ところが，本判決は，本件における具体的判断としては，本条例3条3号の規定は不明確ではないとして合憲の判断を下した。本件のような事例でも不明確ではないというのであれば，実際に「あいまい不明確」の故に違憲無効とされる事例を見出すことは困難であろう。本判決は，公安条例による集団行動の規制について，それが合憲であるためには規定が明確でなければならないことを確認したのであるが，しかし，集団行動を表現の自由の行使として捉え，その観点から表現の自由に対する萎縮的効果を問題にするという姿勢は，少な

---

[37] 「本判決の上乗せ許容論のもつ先例的な価値は，少なくとも一般にいわれるほど大きくはない」（廣澤民生「法律と条例制定権の範囲」憲法判例百選II〔第4版〕466頁，467頁〔2000年〕）という指摘も見られる。

[38] 民集32巻9号1723頁。

[39] 行集34巻3号394頁。

[40] 前者の最高裁判決は，本判決に全く言及することなく，ただ，「普通地方公共団体は，法令の明文の規定又はその趣旨に反する条例を制定することは許されず，そのような法令の明文の規定又はその趣旨に反する条例は，たとえ制定されても，条例としての効力を有しないものといわなければならない」（民集32巻9号1725～26頁）として，本文に示したような判断を導いている。また，後者の高裁判決は，本判決の判断枠組みを一応前提としているようであるが，本判決を明示的に引用することはしていない。ちなみに，この高裁判決の原審である長崎地判昭和55・9・19行集31巻9号1920頁は，上記の河川管理条例事件の最高裁判決のみを引用している。なお，比較的最近の事例としては，地方税法と県の臨時特例企業税条例との関係につき，本判決を明示的に引用して，特定企業税を定める条例の規定を違法無効と判示した最一小判平成25・3・21民集67巻3号438頁がある。

くとも判文上明確にはうかがえない[41]。むしろ，集団行動は，思想・主張等の表現を含むものの，多数人の集合体による「行動」であることが重視されているように見える。その限りでは，本判決は，東京都公安条例事件に関する昭和35年判決の枠組みを大幅に修正するようなものではなかったといえよう。

最高裁大法廷は，本判決と同日に本条例に関するもう一つの事件について，本判決を引用する形で判決を下した[42]。さらに，その後，各地の公安条例に関する小法廷の判決・決定が相次いで出され，それによって公安条例をめぐる憲法問題にほとんど決着がつけられることとなった。このうち，愛知県公安条例事件の最高裁昭和50年9月25日第一小法廷判決[43]および最高裁昭和50年9月30日第三小法廷決定[44]は，公安委員会の条件付与（だ行進等の禁止）は集団行動による思想の表現それ自体を禁止しようとするものではなく，また，だ行進等は思想の表現のために不可欠のものではないから，これを禁止しても表現の自由の不当な制限には当たらないとして，本判決を引用している[45]。しかし，この点に関する本判決の論旨が十分な説得力をもっていたかどうかは疑問の残るところである。

---

41) これに対して，団藤裁判官の補足意見は，「不明確な構成要件が国民一般の表現の自由に対して有するところの萎縮的ないし抑止的作用の問題」の重要性を説いている（刑集29巻8号515〜16頁）。ただし，同意見も，本件では萎縮的・抑止的作用は記録上認められないとするようである。
42) 最大判昭和50・9・10判時787号42頁。
43) 刑集29巻8号610頁。
44) 判時789号8頁。
45) 神奈川県公安条例に関する最三小決昭和50・9・30判時789号9頁や大阪市公安条例に関する最二小判昭和50・10・24刑集29巻9号860頁も，本判決を引いて，同旨の判断を示している。なお，秋田県公安条例に関する最三小決昭和50・9・30刑集29巻8号702頁は，特に本判決に言及することなく，ジグザグ行進等を，単に「公衆に対する危害に発展する可能性」があるとして，制限，禁止しうるものとした。

第14章 薬局等の適正配置規制と職業の自由
——薬事法違憲判決

最大判昭和 50 年 4 月 30 日民集 29 巻 4 号 572 頁

I はじめに

1975（昭和50）年4月30日最高裁大法廷は、薬局開設の適正配置基準（地域的制限）を定めた当時の薬事法[1]6条2項、4項（および薬局以外の一般医薬品販売業についてこれらを準用する同法 26 条 2 項）（昭和 50 年法律第 37 号による改正前のもの。以下同じ）を憲法 22 条 1 項に違反し、無効であると判示した。この判決は、その 2 年前の尊属殺重罰規定違憲判決[2]に次ぐ、最高裁による二つ目の法令違憲判決であるが、何よりも、職業の自由に対する規制措置についての初めての違憲判決として、重要な意義を有する。また、本判決は、1972（昭和 47）年の小売市場事件判決[3]と相俟って、職業の自由に対する規制措置についての違憲審査基準を定式化したものとして一般に受け止められており、その意味でも注目に値する重要判例だということができる。すなわち、本判決は、消極目的の規制については厳格な合理性の基準を、また、積極目的の規制については「明白の原則」を適用して処理すべきことを明らかにしたものであって、このように職業の自由あるいはより広く経済的自由の規制については、規制目的の如何によって異なる違憲審査基準を適用して判断する（いわゆる「規制目的二分論」）というのが最高裁の基本的立場

1） 平成 25 年法律第 84 号により法律の名称が「医薬品，医療機器等の品質，有効性及び安全性の確保等に関する法律」に改められた。
2） 最大判昭和 48・4・4 刑集 27 巻 3 号 265 頁。本書第 6 章参照。
3） 最大判昭和 47・11・22 刑集 26 巻 9 号 586 頁。

であるとされている。

　しかしながら，この「規制目的二分論」については，当初から，そもそも規制目的を截然と積極目的・消極目的に区分できるものであるのか，仮に区分できるとしても，それによって必然的に異なる違憲審査基準の適用が導かれることになるのかが疑問であるとされ，また，最高裁自身がその後の判決において，はたしてこの二分論を首尾一貫した形で用いているのかどうかも論議の的になってきた。

　そこで，以下においては，本判決を，小売市場事件判決との関係にも注意を払いつつ読み直すことによって，本判決が実際に何を語ったものであるかを再確認することにしたい。

II　判決の紹介

1　事実の概要

　薬事法は，薬局の開設には都道府県知事の許可を要するものとし（5条），その許可基準として，薬局の構造設備（6条1項1号）その他について定めるほか，薬局の設置場所が「配置の適正を欠くと認められる場合」には薬局開設の許可を与えないことができるとし（同条2項），その配置基準は都道府県条例で定めることとした（同条4項）。この6条2項・4項の規定は，昭和38年7月12日法律第135号「薬事法の一部を改正する法律」（即日施行）により追加されたものであった。広島県知事は，この6条4項の規定に基づき，「薬局等の配置の基準を定める条例」（昭和38年広島県条例第29号。同年10月1日施行）を制定し，既設の薬局から「おおむね100メートル」以内においては新たに開設を許可しないとする設置場所の地域的制限（距離制限）を定めた。

　X（原告，被控訴人，上告人）は，1963（昭和38）年6月，Y（広島県知事——被告，控訴人，被上告人）に対し，医薬品の一般販売業の許可を申請したが，Yは，翌年1月，薬事法26条2項の準用する同法6条2項および広島県条例3条の薬局等の配置基準に適合しないとの理由で不許可の処分をした。

そこで，Xは，距離制限を定める薬事法6条2項および県条例は職業選択の自由を保障する憲法22条1項に違反する，本件許可申請に対しては改正前の薬事法を適用すべきであり，改正後の同法によったのは法律不遡及の原則に違反し違法である，などと主張して，上記不許可処分の取消しを求めて出訴した。

第1審判決（広島地判昭和42・4・17）[4]は，許可申請後に法令の改正により許可基準の変更があった場合には，社会情勢の変化等に基づき個々人の既得の権利または地位が侵害されてもやむをえないと思われるほどの特に強い公益上の必要性が認められない限り，処分時たる改正後の許可基準によるべきではなく，申請時たる改正前のそれによるのが相当であるとして，その余の憲法上の争点について判断することなく，Xの請求を認容した。第2審判決（広島高判昭和43・7・30）[5]は，行政処分は処分時の法律に準拠してなされるのが原則であるとして，第1審判決を取り消し，距離制限の憲法適合性については，医薬品は国民の保健衛生にきわめて重要な影響を与えるものであり，したがって，薬局等の設置場所が配置の適正を欠き，その偏在ないし濫立をきたすに至るが如きは公共の福祉に反するものであって，このような理由から薬局等の開設に許可を与えないことができるとした改正薬事法およびこれに基づく県条例は憲法22条に違反するものではないとして，Xの請求を棄却した。Xは，①処分時たる改正後の許可基準によるべきものとした2審の判断は憲法31条，39条，民法1条2項に違反し，薬事法6条1項の適用を誤ったものである，②距離制限を合憲とした判断は立法の必要性を裏づける事実として説示するところにつきその必然的因果関係を論証しておらず，憲法22条，13条の解釈・適用を誤ったものである，などと主張して，上告した。これに対して，最高裁大法廷は，①については，2審の判断を正当としたが，②については，次のように述べて，原判決を破棄し，控訴を棄却した（裁判官全員一致の意見）。

---

4) 行集18巻4号501頁。
5) 行集19巻7号1346頁。

2　判　旨

(1　憲法22条1項の職業選択の自由と許可制)

(1)「職業は，人が自己の生計を維持するためにする継続的活動であるとともに，分業社会においては，これを通じて社会の存続と発展に寄与する社会的機能分担の活動たる性質を有し，各人が自己のもつ個性を全うすべき場として，個人の人格的価値とも不可分の関連を有するものである。右規定が職業選択の自由を基本的人権の一つとして保障したゆえんも，現代社会における職業のもつ右のような性格と意義にあるものということができる。そして，このような職業の性格と意義に照らすときは，職業は，ひとりその選択，すなわち職業の開始，継続，廃止において自由であるばかりでなく，選択した職業の遂行自体，すなわちその職業活動の内容，態様においても，原則として自由であることが要請されるのであり，したがって，右規定は，狭義における職業選択の自由のみならず，職業活動の自由の保障をも包含しているものと解すべきである」。

(2)「もっとも，職業は，前述のように，本質的に社会的な，しかも主として経済的な活動であって，その性質上，社会的相互関連性が大きいものであるから，職業の自由は，それ以外の憲法の保障する自由，殊にいわゆる精神的自由に比較して，公権力による規制の要請がつよく，憲法22条1項が『公共の福祉に反しない限り』という留保のもとに職業選択の自由を認めたのも，特にこの点を強調する趣旨に出たものと考えられる。このように，職業は，それ自身のうちになんらかの制約の必要性が内在する社会的活動であるが，その種類，性質，内容，社会的意義及び影響がきわめて多種多様であるため，その規制を要求する社会的理由ないし目的も，国民経済の円満な発展や社会公共の便宜の促進，経済的弱者の保護等の社会政策及び経済政策上の積極的なものから，社会生活における安全の保障や秩序の維持等の消極的なものに至るまで千差万別で，その重要性も区々にわたるのである。そしてこれに対応して，現実に職業の自由に対して加えられる制限も，あるいは特定の職業につき私人による遂行を一切禁止してこれを国家又は公共団体の専業とし，あるいは一定の条件をみたした者にのみこれを認め，更に，場合に

よっては，進んでそれらの者に職業の継続，遂行の義務を課し，あるいは職業の開始，継続，廃止の自由を認めながらその遂行の方法又は態様について規制する等，それぞれの事情に応じて各種各様の形をとることとなるのである。それ故，これらの規制措置が憲法22条1項にいう公共の福祉のために要求されるものとして是認されるかどうかは，これを一律に論ずることができず，具体的な規制措置について，規制の目的，必要性，内容，これによって制限される職業の自由の性質，内容及び制限の程度を検討し，これらを比較考量したうえで慎重に決定されなければならない。この場合，右のような検討と考量をするのは，第一次的には立法府の権限と責務であり，裁判所としては，規制の目的が公共の福祉に合致するものと認められる以上，そのための規制措置の具体的内容及びその必要性と合理性については，立法府の判断がその合理的裁量の範囲にとどまるかぎり，立法政策上の問題としてその判断を尊重すべきものである。しかし，右の合理的裁量の範囲については，事の性質上おのずから広狭がありうるのであって，裁判所は，具体的な規制の目的，対象，方法等の性質と内容に照らして，これを決すべきものといわなければならない」。

(3)「一般に許可制は，単なる職業活動の内容及び態様に対する規制を超えて，狭義における職業の選択の自由そのものに制約を課するもので，職業の自由に対する強力な制限であるから，その合憲性を肯定しうるためには，原則として，重要な公共の利益のために必要かつ合理的な措置であることを要し，また，それが社会政策ないしは経済政策上の積極的な目的のための措置ではなく，自由な職業活動が社会公共に対してもたらす弊害を防止するための消極的，警察的措置である場合には，許可制に比べて職業の自由に対するよりゆるやかな制限である職業活動の内容及び態様に対する規制によっては右の目的を十分に達成することができないと認められることを要するもの，というべきである。そして，この要件は，許可制そのものについてのみならず，その内容についても要求されるのであって，許可制の採用自体が是認される場合であっても，個々の許可条件については，更に個別的に右の要件に照らしてその適否を判断しなければならないのである」。

（2　薬事法における許可制について。）

(1)　「医薬品は，国民の生命及び健康の保持上の必需品であるとともに，これと至大の関係を有するものであるから，不良医薬品の供給（不良調剤を含む。以下同じ。）から国民の健康と安全とをまもるために，業務の内容の規制のみならず，供給業者を一定の資格要件を具備する者に限定し，それ以外の者による開業を禁止する許可制を採用したことは，それ自体としては公共の福祉に適合する目的のための必要かつ合理的措置として肯認することができる（最高裁昭和38年（あ）第3179号同40年7月14日大法廷判決・刑集19巻5号554頁，同昭和38年（オ）第737号同41年7月20日大法廷判決・民集20巻6号1217頁参照。）」

(2)　「〔薬事法〕の許可条件に関する基準のうち，同条1項各号に定めるものは，いずれも不良医薬品の供給の防止の目的に直結する事項であり，比較的容易にその必要性と合理性を肯定しうるものである（前掲各最高裁大法廷判決参照）のに対し，2項に定めるものは，このような直接の関連性をもっておらず，本件において上告人が指摘し，その合憲性を争っているのも，専らこの点に関するものである。それ故，以下において適正配置上の観点から不許可の道を開くこととした趣旨，目的を明らかにし，このような許可条件の設定とその目的との関連性，及びこのような目的を達成する手段としての必要性と合理性を検討し，この点に関する立法府の判断がその合理的裁量の範囲を超えないかどうかを判断することとする」。

（3　薬局及び医薬品の一般販売業（以下「薬局等」という。）の適正配置規制の立法目的及び理由について。）

(1)　「〔薬事法6条2項，4項〕の適正配置規制は，主として国民の生命及び健康に対する危険の防止という消極的，警察的目的のための規制措置であり，そこで考えられている薬局等の過当競争及びその経営の不安定化の防止も，それ自体が目的ではなく，あくまでも不良医薬品の供給の防止のための手段であるにすぎないものと認められる。すなわち，小企業の多い薬局等の経営の保護というような社会政策的ないし経済政策的目的は右の適正配置規制の意図するところではなく（この点において，最高裁昭和45年（あ）第23号同47年11月22日大法廷判決・刑集26巻9号586頁で取り扱われた小売

商業調整特別措置法における規制とは趣きを異にし，したがって，右判決において示された法理は，必ずしも本件の場合に適切ではない。)，また，一般に，国民生活上不可欠な役務の提供の中には，当該役務のもつ高度の公共性にかんがみ，その適正な提供の確保のために，法令によって，提供すべき役務の内容及び対価等を厳格に規制するとともに，更に役務の提供自体を提供者に義務づける等のつよい規制を施す反面，これとの均衡上，役務提供者に対してある種の独占的地位を与え，その経営の安定をはかる措置がとられる場合があるけれども，薬事法その他の関係法令は，医薬品の供給の適正化措置として右のような強力な規制を施してはおらず，したがって，その反面において既存の薬局等にある程度の独占的地位を与える必要も理由もなく，本件適正配置規制にはこのような趣旨，目的はなんら含まれていないと考えられるのである」。

(2)　前記(1)の目的のために薬局等の適正配置規制を行うことの必要性および合理性につき，被上告人Ｙは，①一部大都市における薬局等の偏在による過当競争から生じた弊害の対策として行政指導による解決には限界があり，何らかの立法措置が要望されるに至ったこと，②前記過当競争の結果としての医薬品の適正な供給の困難を解消するためには薬局等の経営の安定を図ることが必要と考えられたこと，③不良医薬品の供給の防止については，一般消費者側からの抑制は期待することができず，行政上の常時監視にも完全に期待することはできないこと，を主張している。

（4　適正配置規制の合憲性について。)

(1)　「薬局の開設等の許可条件として地域的な配置基準を定めた目的が前記３の(1)に述べたところにあるとすれば，それらの目的は，いずれも公共の福祉に合致するものであり，かつ，それ自体としては重要な公共の利益ということができるから，右の配置規制がこれらの目的のために必要かつ合理的であり，薬局等の業務執行に対する規制によるだけでは右の目的を達することができないとすれば，許可条件の一つとして地域的な適正配置基準を定めることは，憲法22条１項に違反するものとはいえない。問題は，果たして，右のような必要性と合理性の存在を認めることができるかどうか，である」。

(2)　①　「薬局の開設等の許可における適正配置規制は，設置場所の制限

にとどまり，開業そのものが許されないこととなるものではない。しかしながら，薬局等を自己の職業として選択し，これを開業するにあたっては，経営上の採算のほか，諸般の生活上の条件を考慮し，自己の希望する開業場所を選択するのが通常であり，特定場所における開業の不能は開業そのものの断念にもつながりうるものであるから，前記のような開業場所の地域的制限は，実質的には職業選択の自由に対する大きな制約的効果を有するものである」。

② (イ) 現行法は，有害な医薬品の供給を防止するために，薬事関係各種業者の業務活動に対する規制を定め，刑罰および行政上の制裁と行政的監督の下でその遵守を確保しようとしているが，更に進んで違反の原因となる可能性のある事由をできる限り除去する予防的措置を講じることも決して無意義ではなく，その必要性が全くないとはいえない。「しかし，このような予防的措置として職業の自由に対する大きな制約である薬局の開設等の地域的制限が憲法上是認されるためには，単に右のような意味において国民の保健上の必要性がないとはいえないというだけでは足りず，このような制限を施さなければ右措置による職業の自由の制約と均衡を失しない程度において国民の保健に対する危険を生じさせるおそれのあることが，合理的に認められることを必要とするというべきである」。

(ロ) 薬局の開設等について地域的制限が存在しない場合，薬局等が偏在し，過当競争の結果として一部業者の経営が不安定となり，良質な医薬品の供給を妨げる危険が生じる可能性は否定できない。「しかし，果たして実際上どの程度にこのような危険があるかは，必ずしも明らかにされてはいないのである」。「不良医薬品の販売の現象を直ちに一部薬局等の経営不安定，特にその結果としての医薬品の貯蔵その他の管理上の不備等に直結させることは，決して合理的な判断とはいえない。殊に，常時行政上の監督と法規違反に対する制裁を背後に控えている一般の薬局等の経営者，特に薬剤師が経済上の理由のみからあえて法規違反の挙に出るようなことは，きわめて異例に属すると考えられる。このようにみてくると，競争の激化―経営の不安定―法規違反という因果関係に立つ不良医薬品の供給の危険が，薬局等の段階において，相当程度の規模で発生する可能性があるとすることは，単なる観念上の

想定にすぎず，確実な根拠に基づく合理的な判断とは認めがたいといわなければならない」。

(ハ) 「仮に前記のような危険発生の可能性を肯定するとしても，医薬品の「供給業務に対する規制や監督の励行等によって防止しきれないような，専ら薬局等の経営不安定に由来する不良医薬品の供給の危険が相当程度において存すると断じるのは，合理性を欠くというべきである」。

(ニ) 薬局等の経営の不安定のために医薬品販売の際における必要な注意・指導がおろそかになる危険がそれほどに発生するとは思われないので，これをもって本件規制措置を正当化する根拠と認めるには足りない。

(ホ) 「医薬品の乱売やその乱用の主要原因は，医薬品の過剰生産と販売合戦，これに随伴する誇大な広告等にあり，一般消費者に対する直接販売の段階における競争激化はむしろその従たる原因にすぎず，特に右競争激化のみに基づく乱用助長の危険は比較的軽少にすぎないと考えるのが，合理的である。のみならず，右のような弊害に対する対策としては，薬事法66条による誇大広告の規制のほか，一般消費者に対する啓蒙の強化の方法も存するのであって，薬局等の設置場所の地域的制限によって対処することには，その合理性を認めがたいのである」。

(ヘ) 「以上(ロ)から(ホ)までに述べたとおり，薬局等の設置場所の地域的制限の必要性と合理性を裏づける理由として被上告人の指摘する薬局等の偏在──競争激化──一部薬局等の経営の不安定──不良医薬品の供給の危険又は医薬品乱用の助長の弊害という事由は，いずれもいまだそれによって右の必要性と合理性を肯定するに足りず，また，これらの事由を総合しても右の結論を動かすものではない」。

③ 「薬局等の分布の適正化が公共の福祉に合致することはさきにも述べたとおりであり，薬局等の偏在防止のためにする設置場所の制限が間接的に被上告人の主張するような機能〔無薬局地域又は過少薬局地域への進出が促進されて，分布の適正化を助長する〕を何程かは果たしうることを否定することはできないが，しかし，そのような効果をどこまで期待できるかは大いに疑問であり，むしろその実効性に乏しく，無薬局地域又は過少薬局地域における医薬品供給の確保のためには他にもその方策があると考えられるから，

無薬局地域等の解消を促進する目的のために設置場所の地域的制限のような強力な職業の自由の制限措置をとることは，目的と手段の均衡を著しく失するものであって，とうていその合理性を認めることができない。

本件適正配置規制は，右の目的と前記②で論じた国民の保健上の危険防止の目的との，二つの目的のための手段としての措置であることを考慮に入れるとしても，全体としてその必要性と合理性を肯定しうるにはなお遠いものであり，この点に関する立法府の判断は，その合理的裁量の範囲を超えるものであるといわなければならない」。

（5　結論）

「以上のとおり，薬局の開設等の許可基準の一つとして地域的制限を定めた薬事法 6 条 2 項，4 項（これらを準用する同法 26 条 2 項）は，不良医薬品の供給の防止等の目的のために必要かつ合理的な規制を定めたものということができないから，憲法 22 条 1 項に違反し，無効である」。

III　分析と検討

本判決について注目されるのは，次の諸点である。第 1 に，憲法 22 条 1 項の規定が狭義の職業選択の自由のみならず，職業活動の自由の保障をも包含することを明らかにするとともに，これらの自由を個人の人格的価値にかかわる権利として積極的に基礎づけたことである。第 2 に，職業の自由は精神的自由に比べて公権力による規制の要請が強いとし，いかなる規制措置をとるかは第一次的には立法府の権限と責務であり，裁判所は立法府の判断が合理的裁量の範囲にとどまる限りその判断を尊重すべきであるとしつつ，この合理的裁量の範囲には事の性質上自ずから広狭がありうるとしたことである。第 3 に，職業の許可制は，職業の自由に対する強力な制限であるから，その合憲性を肯定しうるためには，原則として，重要な公共の利益のために必要かつ合理的な措置であることを要し，また，それが消極的・警察的措置である場合には，許可制に比べてより緩やかな規制によっては上記の目的を達成することができないと認められることを要する（この要件は許可制の内容についても要求される）としたことである。第 4 に，薬局等の適正配置規

制の合憲性を支える立法事実の存否について、Yの主張に逐一判断を加える形でかなり詳細にこれを論じ、規制の必要性と合理性を肯定するに足りないと結論したことである。

以下、順次検討する。

1 職業選択の自由と「営業の自由」

憲法22条1項は「職業選択の自由」を保障するが、それは自己の従事する職業を選択する自由の保障にとどまらず、その選択した職業を遂行する自由（職業活動の自由ないし「営業の自由」）の保障をも包含するというのが憲法学上の通説である[6]。本判決は、この通説の立場を承認したものであると思われる[7]。もっとも、本判決は「営業の自由」という言葉は用いていない[8]。

周知の通り、憲法22条1項の「職業選択の自由」に「営業の自由」が含まれるとする憲法学説に対して、そもそも「営業の自由」とは、歴史的には、個人や集団による営業独占やその他の社会的制限の排除を意味する「公序」として追求されたものであり、「国家からの自由」としての人権とみなされるべきものではないとする経済史学の立場からの問題提起がなされ、それを契機として活発な論争が展開された（いわゆる「営業の自由」論争）[9]。この

---

[6] 法学協会編『註解日本国憲法(上)』441〜42頁（有斐閣、1953年）、宮沢俊義『憲法Ⅱ〔新版〕』391頁（有斐閣、1971年）、芦部信喜＝高橋和之補訂『憲法〔第7版〕』233頁（岩波書店、2019年）、佐藤功『日本国憲法概説〔全訂第5版〕』267頁（学陽書房、1996年）、佐藤幸治『憲法〔第3版〕』557頁（青林書院、1995年）、伊藤正己『憲法〔第3版〕』359頁（弘文堂、1995年）等参照。

[7] なお、本判決も引用する、薬剤師に対する薬局開設の許可制を合憲と判示した最大判昭和41・7・20民集20巻6号1217頁も、「憲法22条の職業選択の自由の保障は、選択した職業の遂行の自由の保障をも当然含むものと解される」（1221頁）としていた。

[8] この点、小売市場事件判決は、当該事件を「営業の自由」に対する制限の問題として捉え、かかる「営業の自由に対する制限が憲法22条1項に牴触するかどうか」を考察するにあたって、憲法22条1項が「職業選択の自由を保障するというなかには、広く一般に、いわゆる営業の自由を保障する趣旨を包合しているものと解すべきであ〔る〕」（刑集26巻9号590頁）としていた。

[9] 岡田与好『独占と営業の自由』（木鐸社、1975年）、岡田与好『経済的自由主義』（東京大学出版会、1987年）に収録された諸論稿およびそこに引用された諸文献を参照。また、「営業の自由」論争に関する総括として、中島茂樹「『営業の自由』論争」法時臨増・憲法30年の理論と展望334頁（1977年）参照。

論争の結果,「営業の自由」を人権として捉える通説の基本的立場が揺らぐことはなかった。しかし,「営業の自由」の憲法上の位置づけについては若干の反省がなされ,「営業の自由」の中には憲法22条1項にいう「職業選択の自由」を超えるものがあるという見方も有力になった。すなわち,「職業選択の自由」に含まれる「営業の自由」は,人の能力発揮の場にかかわる自由としての「営業をすることの自由」(開業の自由,営業の維持・存続の自由,廃業の自由)だけであって,「営業活動の自由」(現に営業している者が任意にその営業活動を行いうる自由)は財産権行使の自由として,もっぱら憲法29条によって保障されるというのである[10]。ここにいう「営業をすることの自由」と「営業活動の自由」とが明確に区別できるものであるかどうかについてはなお議論の余地があるとはいえ,今日では「営業の自由」を何らかの意味で憲法29条に関連づけて理解する学説が少なくない[11]。

　本判決が「営業の自由」という言葉を用いなかった理由は定かでない。ただ,本判決が職業をして「各人が自己のもつ個性を全うすべき場として,個人の人格的価値とも不可分の関連を有するもの」と捉え,憲法22条1項が「職業選択の自由を基本的人権の一つとして保障したゆえん」を,現代社会における職業のもつかかる性格と意義に見出した上で,このような職業の性格と意義に照らすとき,職業は,ひとりその選択において自由であるばかりでなく,選択した職業の遂行自体においても原則として自由であることが要請される[12]と述べていることは,きわめて示唆的である。すなわち,本判決は,狭義の職業選択の自由と職業活動の自由とを,ともに個人の人格的価値にかかわる権利として,憲法22条1項で保障されるべきものとする立場をとった。しかも,本件で問題となったのは,もっぱら前者の自由である。その意味では,本判決が本件においてあえて(資本財としての財産権行使の自由を含意する)「営業の自由」という言葉を用いる必要はなかったといえよう。ただし,本判決のように,狭義の職業選択の自由にとどまらず職業活動の自由をも個人の人格的価値にかかわる権利として捉えた場合,それが法人企業

---

10)　今村成和『現代の行政と行政法の理論』90〜92頁(有斐閣,1972年)参照。
11)　たとえば,芦部=高橋補訂・前出注6)233頁,佐藤(功)・前出注6)267頁,276〜77頁等参照。
12)　民集29巻4号575頁。

の「営業の自由」を当然に含むことになるのかどうかという問題が残ることになると思われる[13]。

2　職業の自由の規制と立法府の裁量

本判決は、狭義の職業選択の自由と職業活動の自由とを合わせて「職業の自由」という言葉を用いている。そして、職業の自由は精神的自由に比較して公権力による規制の要請が強い[14]、という。これは、裏を返せば、精神的自由については、少なくともそれと同程度の公権力による規制の要請はない（それだけ精神的自由のほうが厚く保護される）ということを示唆するものであり、精神的自由と経済的自由を区分してそれらの規制立法についてそれぞれ異なる違憲審査基準が適用されるとする、いわゆる「二重の基準」の考え方を示したものと一般に受け止められている[15]。たしかに、この判旨からすると、精神的自由の規制立法については、厳格な審査基準が適用されるべきことになろう。しかし、何故そうなのかということは明確に示されていない。本判決は、ただ、職業の自由について公権力による規制の要請が強いことの根拠として、職業は「本質的に社会的な、しかも主として経済的な活動であって、その性質上、社会的相互関連性が大きいものである」こと、そして、憲法22条1項が「公共の福祉に反しない限り」という留保の下に職業選択の自由を保障したのも特にこの点を強調する趣旨に出たものと考えられること、を挙げるにとどまっている[16]。また、本判決は、実は、単に職業の自由を精神的自由と対比したのではなく、職業の自由を「それ以外の憲法の保障する自由、殊にいわゆる精神的自由」と比較して公権力による規制の程度を論じているのである（「それ以外の憲法の保障する自由」とはいかなる自由であるかについては、何も明らかにされていない）。こうして見ると、本判決の関心は、「二重の基準」の考え方を明示することよりも、もっぱら職業

13)　この点を示唆するものとして、石川健治「営業の自由とその規制」ジュリ増刊・憲法の争点148頁、150頁（2008年）参照。
14)　民集29巻4号575頁。
15)　芦部信喜『憲法訴訟の現代的展開』278頁（有斐閣、1981年）、芦部信喜『人権と憲法訴訟』403頁（有斐閣、1994年）、樋口陽一『司法の積極性と消極性』75頁（勁草書房、1978年）等参照。
16)　民集29巻4号575頁参照。

の自由に対する規制を根拠づけることにあったのではないかと思われる。

　同様のことは，小売市場事件判決についてもいえる。同判決は，個人の経済活動に対する法的規制を論じるにあたって，「個人の経済活動の自由に関する限り，個人の精神的自由等に関する場合と異なって」[17]と述べており，このことから小売市場事件判決も「二重の基準」の考え方を採用したものであるといわれている[18]。しかしながら，ここでも個人の経済活動の自由と対比されているのは単に精神的自由ではなく，「精神的自由等」である（この「等」に何が含まれるのかは，やはり明らかにされていない）。むしろ，上記判示部分の前後を合わせ読めば，小売市場事件判決がいわんとしたのは，個人の経済活動の自由については，他の憲法上の自由の場合と違って，内在的制約に加えて，外在的・政策的な制約も許されるということだったのではないかと思われる。

　小売市場事件判決は，「社会経済の分野において，法的規制措置を講ずる必要があるかどうか，その必要があるとしても，どのような対象について，どのような手段・態様の規制措置が適切妥当であるかは，主として立法政策の問題として，立法府の裁量的判断にまつほかない」[19]とし，具体的な規制措置の憲法適合性が訴訟を通じて争われた場合には，「裁判所は，立法府の〔政策的技術的な〕裁量的判断を尊重するのを建前とし，ただ，立法府がその裁量権を逸脱し，当該法的規制措置が著しく不合理であることの明白である場合に限って，これを違憲として，その効力を否定することができるものと解するのが相当である」[20]と判示した。これは，一般に，いわゆる積極目的規制については「明白の原則」の適用によって判断すべきことを明らかにしたものと解されており，事実，小売市場事件判決は，当該事件の小売商業調整特別措置法所定の小売市場の許可規制については，「国が社会経済の調和的発展を企図するという観点から中小企業保護政策の一方策としてとった

---

17)　刑集 26 巻 9 号 591 頁。
18)　前出注 15）掲記の諸文献のほか，佐藤功『憲法(上)〔新版〕』391 頁（有斐閣，1983 年），中村睦男「社会経済政策としてなされる営業規制」憲法判例百選 I 〔第 4 版〕200 頁，201 頁（2000 年）等参照。
19)　刑集 26 巻 9 号 591〜92 頁。
20)　同 592 頁。

措置ということができ，その目的において，一応の合理性を認めることができないわけではなく，また，その規制の手段・態様においても，それが著しく不合理であることが明白であるとは認められない」[21]として，合憲の判断を下したのであった。しかしながら，小売市場事件判決が「社会経済の分野」における「個人の経済活動に対する法的規制措置」については立法府の広い裁量を前提として「明白の原則」で処理すべきものとしたことが積極目的規制の場合に限定されるという趣旨であったのかどうかは，実は，判文上必ずしも明確ではないと思われる[22]。

　むしろ，そのような趣旨が明確にされたのは，本判決によってであるといえよう。本判決も，憲法22条1項にいう「公共の福祉」のために職業の自由に対して加えられる具体的規制措置について規制の必要性の有無や制限の程度等を検討し考量する第一次的な権限と責務は立法府にあるとしており[23]，その点においては，小売市場事件判決と基本的に異なるところはない。しかし，本判決は，「規制措置の具体的内容及びその必要性と合理性については，立法府の判断がその合理的裁量の範囲にとどまるかぎり，立法政策上の問題としてその判断を尊重すべきものである」としつつ，かかる「合理的裁量の範囲については，事の性質上おのずから広狭がありうる」とし，「具体的な規制の目的，対象，方法等の性質と内容に照らして」裁判所がこれを決すべきものとしているのであって[24]，この点に大きな違いがある。こうして，本判決は，小売市場の事例を立法府の広い裁量が認められる場合として本件の事例と区別し，小売市場事件判決の趣旨を限定的に捉えることによって本判決の趣旨を明らかにしようとしたものと思われる。

---

21) 同593頁。
22) たしかに，小売市場事件判決は，「個人の経済活動に対する法的規制」に消極目的の規制のみならず積極目的の規制があることを指摘している。しかし，同判決は，そのいずれの規制も，当該規制目的のために必要かつ合理的な範囲にとどまる限りにおいて憲法上許容されるべきものとしており，かつ，具体的な規制措置がこの基準に適合するか否かを「明白の原則」によって判断するとしつつ，その適用を積極目的の規制の場合に限定することを明言していない。同591～92頁を見よ。
23) 民集29巻4号576頁。
24) 同上。

3　職業の許可制と「規制目的二分論」

　本判決は,「社会政策ないしは経済政策上の積極的な目的のための措置」と「自由な職業活動が社会公共に対してもたらす弊害を防止するための消極的,警察的措置」とを区別し,後者の措置の憲法適合性についてはより厳格に審査されるべき旨を説いている[25]。この点が,職業の自由あるいはより広く経済的自由に対する規制措置については,積極目的の規制であれば「明白の原則」を適用してより緩やかに,消極目的の規制であれば厳格な合理性の基準を適用してより厳格に審査すべきものとする,「規制目的二分論」の表明[26]として捉えられているところである。

　しかしながら,上記の説示の趣旨をそのように解することが適当であるかどうかは疑問である。そもそも上記の説示は,職業の許可制について述べた中でのものであり,職業の自由に対する規制措置一般について述べたものでもなければ,ましていわんや経済的自由に対する規制措置一般について述べたものでもないことに注意しなければならない[27]。本判決が述べたところを,文脈に沿って整理すれば,次の通りである[28]。第1に,許可制の合憲性を肯定しうるためには,原則として,重要な公共の利益のために必要かつ合理的な措置であることを要する,ということである。許可制が単なる職業活動の内容および態様に対する規制を超えて,狭義の職業選択の自由そのものに制約を課すものであって,職業の自由に対する強力な制限であるということがその理由とされている。第2に,許可制が積極的な目的のための措置

---

25) 同577頁参照。
26) 判例が「規制目的二分論」をとっているというのが圧倒的多数の学説の理解である。同時に,「規制目的二分論」として定式化された考え方には当初から有力な批判が投げかけられてきた。代表的な議論として,棟居快行『人権論の新構成』215〜39頁（信山社,1992年）,戸波江二「職業の自由」別冊法教・憲法の基本問題240頁,特に242〜44頁（1988年）,覚道豊治「薬事法6条2項,4項（これらを準用する同法26条2項）と憲法22条1項」民商74巻2号119頁,125〜28頁（1976年）等参照。
27) このことは本判決の判文上相当明瞭であると思われるものの,一般にそのような読み方はされていない。管見の限りでは,わずかに,小嶋和司『憲法学講話』182頁（有斐閣,1982年）が本判決の規制目的による区別を「許可制にかぎってのもの」として,「経済的自由の規制」一般への判旨の意図の不当な拡大を戒めていたことが目につく程度である。
28) 民集29巻4号577頁参照。

ではなく，消極的・警察的な措置として採られている場合には，許可制に比べてより緩やかな制限である職業活動の内容および態様に対する規制によっては自由な職業活動が社会公共に対してもたらす弊害を防止するという目的を十分に達成しえないと認められることを要する，ということである。

　したがって，規制目的が積極目的であるか消極目的であるかによって異なる違憲審査基準が適用されるという考え方が示されていることは事実であるが，しかし，それは，あくまでも許可制の憲法適合性の審査に関してである。すなわち，許可制が積極目的のための措置である場合には，それは立法府がより高次の社会政策ないしは経済政策上の見地から採用したものであるから，裁判所は基本的に立法府の裁量的判断を尊重し，軽々にこれを覆すべきでないのに対して，許可制が消極目的のための措置である場合には，それは立法府が社会公共に対する安全確保（弊害の防止）の見地から採用したものであるから，裁判所は目的と手段の適合性についてより厳密に審査することが可能であり，許可制のような強力な手段ではなく，より制限的でない他の手段によっては同じ目的を十分に達成しえないのかどうかを審査・判断すべきであるということであろう。許可制以外の規制態様について規制目的との関係でどのように判断することになるのかは直接論じられていない[29]。また，本判決は，直近の小売市場事件判決を意識して，本件の消極目的規制を小売市場事件の積極目的規制と対比したのであるが，もとより職業の自由に対して規制を加える目的が積極目的と消極目的の2種類に限定されるいわれはなく，本判決もそのようなことを意図していたわけではないと思われる。本判決は，職業は「その種類，性質，内容，社会的意義及び影響がきわめて多種多様である」ことから，「その規制を要求する社会的理由ないし目的も，国民経済の円満な発展や社会公共の便宜の促進，経済的弱者の保護等の社会政策及び経済政策上の積極的なものから，社会生活における安全の保障や秩序の維持等の消極的なものに至るまで千差万別」[30]と述べているのであって，そこには，規制目的を積極目的と消極目的に二分するという発想はうかがえ

---

29)　おそらく，同じ消極目的の規制であっても，職業活動の内容および態様に対する規制については，消極目的による原則的な規制態様として，許可制の場合に比してより緩やかに審査されることになるものと思われる。

30)　同575〜76頁（圏点筆者）。

ない。

　このことは，職業の自由の領域におけるその後の最高裁判決を見ると，より一層明確になる。たとえば，酒類販売業の免許制を定めた酒税法9条，10条10号の規定の憲法適合性を争った事件についての最高裁平成4年12月15日第三小法廷判決[31]は，まず先例として本判決を引用しつつ，それに続いて，いわゆるサラリーマン税金訴訟大法廷判決[32]を引いて，「租税の適正かつ確実な賦課徴収を図るという国家の財政目的」のための許可制による規制については，その必要性と合理性に関する立法府の判断が政策的・技術的な裁量の範囲を逸脱し「著しく不合理なものでない限り」[33]憲法22条1項違反ということはできないとし，酒類販売業免許制およびその下での免許基準を合憲と判示している[34]。この酒類販売業免許制事件判決は，その判決理由の冒頭で本判決を引用していることからも明らかなように，本判決が示した判断枠組みに従って判断を下している。すなわち，まず，許可制（免許制）の合憲性を肯定しうるためには，原則として，重要な公共の利益のために必要かつ合理的な措置であることを要することが確認され，次いで，その必要性と合理性を判断するにあたって規制目的が考慮されている。そして，その目的が当該事件の場合には国家の財政目的であったということである（もっとも，国家の財政目的のためであるからといって，免許制の必要性と合理性に関する判断を挙げて立法府の広い裁量に委ねてしまってよいのかどうかはもちろん別問題であり，疑問の余地がある）[35]。酒類販売業免許制事件判決は，従来，「規制目的二分論」ではうまく説明できないとされてきた。それは，その通りであろう。しかし，本判決の趣旨が上記のようなものであるとするならば，この判決も本判決と矛盾するわけではなく，本判決の延長上に無理なく位置づけることができると思われる。

　ところで，本判決は，本件薬事法における許可制については，先例[36]を

---

31) 民集46巻9号2829頁。
32) 最大判昭和60・3・27民集39巻2号247頁。
33) ここでは，「著しく不合理」であることが「明白」であることまでは要求されていない。
34) 民集46巻9号2831～34頁参照。なお，酒類販売業免許制について同旨の合憲判断を下したものとして，最三小判平成10・3・24刑集52巻2号150頁，最一小判平成10・3・26判時1639号36頁，最一小判平成10・7・16判時1652号52頁，最三小判平成14・6・4判時1788号160頁がある。

維持し,「それ自体としては公共の福祉に適合する目的のための必要かつ合理的措置として肯認することができる」[37]として,あっさりその合憲性を肯定している。ということは,本判決は,不良医薬品の供給から国民の健康と安全を守ることを「重要な公共の利益」と見て,許可制をそのための「必要かつ合理的な措置」と認めたということであろう。ただし,本判決は,許可制自体は憲法上認されるにしても,許可条件に関するいかなる基準の設定も認められるわけではないとして,本件適正配置規制が憲法に適合するか否かをさらに問題にしている。この部分が立法事実の詳細な検討を含むとして,注目されるところである。

4 立法事実とその検証

立法事実とは,「法律を制定する場合の基礎を形成し,かつその合理性を支える一般的事実,すなわち社会的,経済的,政治的もしくは科学的な事実」[38]をいう。さらに敷衍すれば,それは,①立法目的の合理性ないしそれ

---

[35] 酒税の適正かつ確実な賦課徴収を図ることが「重要な公共の利益」であるとしても,そのために酒類販売業について免許制を存置することに必要性と合理性が認められるかどうかはきわめて疑わしい。酒類販売業免許制事件判決の多数意見は,この点に関して今日議論の余地があることを認めながらも,関連する立法事実をほとんど検討することなく立法府の判断をそのまま肯定してしまっている(民集 46 巻 9 号 2833~34 頁参照)。これに対して,坂上壽夫裁判官の反対意見は,「国家の財政目的のためであるとはいっても,許可制による職業の規制については,事の軽重,緊要性,それによって得られる効果等を勘案して,その必要性と合理性を判断すべきもの」(同 2840 頁)とし,立法事実の変化を指摘して,酒類販売業を免許制にしている立法府の判断は合理的裁量の範囲を逸脱していると結論せざるをえないとしたが(同 2842 頁),けだし妥当な判断であるといえよう。なお,園部逸夫裁判官の補足意見も,一般論としてではあるが,「経済的規制に対する司法審査の範囲は,規制の目的よりもそれぞれの規制を支える立法事実の確実な把握の可能性によって左右されることが多いと思っている」(同 2838 頁)と付言している。

[36] 最大判昭和 40・7・14 刑集 19 巻 5 号 554 頁および最大判昭和 41・7・20 民集 20 巻 6 号 1217 頁である。前者は,医薬品の販売業につき登録制を定めた薬事法(昭和 35 年法律第 145 号による改正前の昭和 23 年法律第 197 号)29 条 1 項は「一般公衆に対する保健衛生上有害な結果の発生を未然に防止しよう」という配慮に基づくものであって,「ひっきょう公共の福祉を確保するための制度にほかならない」とし,また,後者は,薬剤師について厚生大臣(当時)の免許のほかに,その薬局の開設に対し許可または更新の制度を設け,その業務の遂行を規制する薬事法(昭和 35 年法律第 145 号)5 条の規定は「公衆衛生の見地からする」規制を定めたもので不合理とはいえず,「公共の福祉のためにする職業に対する制約と理解することができる」として,いずれも比較的簡単に憲法 22 条に違反しないとの結論を導いている。

[37] 民集 29 巻 4 号 578 頁。

と密接に関連する立法の必要性を裏づける事実，および②立法目的を達成する手段の合理性を基礎づける事実であり，とりわけ②が重要な意味をもつとされる[39]。

　本判決は，改正法律案の提案理由，薬事法の性格およびその規定全体との関係から見て，薬局等の適正配置規制は「主として国民の生命及び健康に対する危険の防止という消極的，警察的目的のための規制措置」であり，「小企業の多い薬局等の経営の保護というような社会政策的ないし経済政策的目的」のための措置ではないとし[40]，次いで，かかる消極的・警察的目的のためにする適正配置規制の必要性と合理性について，その点に関する立法府の判断が関連する立法事実の的確な収集・認定に基づき合理的な裁量の範囲にとどまるといえるか否かを判断している[41]。立法事実に関しては，それを，いかなる資料に基づき，いかにして法廷に顕出すべきかについて明確なルールが確立していないのが現状である。本判決も，この点に関して特に何らかのルールを示しているわけではない。本判決は，もっぱら，本件適正配置規制を正当化しようとするYの主張について，それが確実な根拠に基づく合理的な判断と認められるか否かを検討し，Yの主張は適正配置規制の必要性と合理性を肯定するに足りない（より制限的でない他の規制によっては目的を十分に達しえないことを立証しえていない）としたものである。したがって，本判決は，立法事実の綿密な検討に基づいて違憲判断を下したという意味で画期的な判決と評しうるものであったけれども，立法事実の検証方法に

38) 芦部信喜『司法のあり方と人権』215頁（東京大学出版会，1983年）。立法事実とは，「社会一般の現象として一群の事件中で起る」一般的事実のことであり，「特定の事件の中で起った特定の事実」として裁判所が訴訟上認定する「司法事実」と区別される。時國康夫『憲法訴訟とその判断の手法』1頁（第一法規，1996年）参照。

39) 芦部信喜『憲法訴訟の理論』183頁（有斐閣，1973年）参照。なお，時國・前出注38) 5～6頁も参照。

40) 民集29巻4号579～80頁。ここで本判決は，括弧書きで，小売市場事件判決を引いて，本件の規制が「小売商業調整特別措置法における規制とは趣きを異にし，したがって，〔小売市場事件〕判決において示された法理は，必ずしも本件の場合に適切ではない」（同580頁）と述べている。これは，小売市場事件判決における「明白の原則」の適用による処理が積極目的規制の場合に限定されることを明らかにしつつ，本件のような消極目的規制の場合にはそれと異なる処理がなされるべきことを示唆したものであるが，しかし，それはあくまでも許可制の内容を成す適正配置規制に関する言明として受け止められるべきであろう。

41) 同580～87頁。

ついてはなお課題を残すものであったといえよう[42]）。

　本判決との関係で直ちに問題となるのは，公衆浴場の適正配置規制に関する昭和30年の最高裁大法廷判決[43]）である。この判決は，公衆浴場を「多数の国民の日常生活に必要欠くべからざる，多分に公共性を伴う厚生施設」と捉えた上で，「国民保健及び環境衛生」の見地から，公衆浴場の設立を業者の自由に任せることにより生じる種々の弊害を防止することが望ましく，したがって，「公衆浴場の設置場所が配置の適正を欠き，その偏在乃至濫立を来たすに至るがごときことは，公共の福祉に反するもの」であり，距離制限は憲法22条に違反しない[44]）と判示したものである。公衆浴場事件は，本件と多分に共通する点をもっている。しかし，本判決はこの公衆浴場事件判決には全く触れるところがない。前記判旨3(1)の後半部分[45]）で，本判決が，「国民生活上不可欠」で「高度の公共性」をもつ役務の提供については，その「提供すべき役務の内容及び対価等を厳格に規制する」などの強い規制を施す反面，「役務提供者に対してある種の独占的地位を与え，その経営の安定をはかる措置がとられる場合がある」と述べているのは，必ずしも明確ではないが，公衆浴場に対する規制の場合を念頭に置いて本件との差異を示したもののように読めなくもない。しかし，もしそうだとすれば，本判決は，さらに一歩を進めて公衆浴場事件判決にも言及し，同判決との結論の違いを明確に説示すべきであったと思われる。それをしなかったということは，本判決は，公衆浴場の適正配置規制の合理性を支える立法事実に大きな変化が

---

42) Yは，上告審での答弁書において，適正配置規制を導入する改正法律案を審議した国会の委員会会議録，厚生白書，当時の関係者の著書（横田陽吉『薬局等適正配置解説』〔薬事日報社，1963年〕および高野一夫『薬事法制』〔近代医学社，1966年〕）等を引用しており，おそらく最高裁もこれらの資料を一つひとつ点検して判断したものと思われる。しかし，本判決はその依拠する文献資料を明示しておらず，立法事実の「認定の公正さを担保する」（時國・前出注38) 28頁）という点で全く問題がないとはいえない。この点，富澤達・最判解民事篇昭和50年度199頁，213頁は，立法事実にも「広範複雑で裁判所の手に負えないもの」「裁判所の判断に親しまないもの」から「比較的常識的な判断に親しむもの」まで種々のものがあり，本判決は「健全な常識からすれば合理的根拠をもつとは思われないような立法事実の主張に対しては，その主張にそう特段の根拠資料が見出されないかぎり，そのような主張事実の存在を肯定して当該立法の合理性を肯定することはできないという見地から，判断」したものと見ている。

43) 最大判昭和30・1・26刑集9巻1号89頁。
44) 同93頁。
45) 民集29巻4号580頁。

生じていることを慮り，本判決の時点でこの問題について断定的な言及をすることを控えたということであろうか。

5 本判決の射程と残された問題

本判決の違憲判断を受けて，立法府も行政府も迅速な対応を行った。国会は，本判決から約1か月半後には，違憲と判示された薬事法の関係規定を削除する法改正を終えている（昭和50年6月13日法律第37号として公布，即日施行）。また，厚生省（当時）は，判決当日，薬務局長名で各都道府県知事宛てに，違憲判決に伴い当面薬局等の許可にあたって適正配置条例の適用をしないことを要請する文書を発し，正式に法改正が成立すると，各都道府県知事宛てに，関係条例の速やかな廃止を求める事務次官通達を発している[46]。本件においてこのような迅速な対応がなされたのは，やはり本判決が15人の裁判官全員一致の意見によるものであり，かつ，その内容も，職業の自由の規制に関する明確な違憲審査基準を提示した上で，立法事実の詳細な検討に基づいて結論を導いたものであったことが大きいと思われる。

もっとも，本判決が示したのは，職業の自由に対する許可制による規制が合憲とされるためには，「原則として，重要な公共の利益のために必要かつ合理的な措置であること」を要し，また，それが消極的・警察的措置である場合には，許可制に比べてより制限的でない規制によっては同じ目的を十分達成できないと認められることを要するということ，そして，かかる考え方に基づけば，本件薬局等の適正配置規制は必要最小限度の規制とはいえないから違憲であるということに尽きる。本判決は昭和30年の公衆浴場事件判決には全く言及しなかったから，公衆浴場の適正配置規制の憲法適合性を判断するための明確な指針を与えるものではない。実際，その後の公衆浴場の適正配置規制に関する平成元年の二つの最高裁判決[47]は，いずれも昭和30年の公衆浴場事件判決を引きこそすれ，本判決には触れることなく，距離制限を合憲と判示している[48]。

46) 以上の経緯については，和田英夫「違憲判決の効力をめぐる論理と技術」法律論叢48巻4＝5＝6合併号1頁，19〜21頁（1976年）参照。

47) 最二小判平成元・1・20刑集43巻1号1頁および最三小判平成元・3・7判時1308号111頁。

酒類販売業免許制事件は，まさに許可制（免許制）という職業選択の自由に対する強力な規制態様の憲法適合性が問題となった事件であり，最高裁平成4年12月15日第三小法廷判決[49]は，本判決を先例として引用しつつ，合憲判断を下しているが，これは，上述したように，本判決が示した判断枠組みに従ったものと見ることができよう。また，たばこ事業法に基づく製造たばこの小売販売業に対する適正配置規制の憲法適合性を争った事件についての最高裁平成5年6月25日第二小法廷判決[50]は，当該規制を「公共の福祉に適合する目的のために必要かつ合理的な範囲にとどまる措置」であり，また，製造たばこの小売販売業について許可制を採用した目的は零細経営者が多い既存の小売人の保護を図ることにあったとして，「明白の原則」により，「これが著しく不合理であることが明白であるとは認め難い」としたものであるが，この判決も，本判決を明示的に引用してはいないけれども，本判決が示した判断枠組みに沿って判断したものと見ることができると思われる（許可制を採用する目的がこの場合は消極目的ではなく積極目的と認定されたということである）。ただ，これらの判決のように，もっぱら規制目的を決め手として立法府の広い裁量を認めることが妥当であるかどうかは問題である。本判決が，職業の自由の規制につき立法府の判断を尊重すべきものとしつつ，その合理的裁量の範囲については「事の性質上おのずから広狭がありうる」とし，裁判所が具体的な規制の「目的」のみならず，規制の「対象，方法等

48) 平成元年1月20日判決は，公衆浴場法を「もともと」「積極的，社会経済政策的な規制目的に出た立法」であるとし，小売市場事件判決を引いて，「明白の原則」の適用により処理すべきものとし（刑集43巻1号3頁），同年3月7日判決は，公衆浴場法による適正配置規制の目的は「国民保健及び環境衛生の確保」とともに，「既存公衆浴場業者の経営の安定を図ることにより，自家風呂を持たない国民にとって必要不可欠な厚生施設である公衆浴場自体を確保しようとすること」にもあるとし，適正配置規制はかかる目的を達成するための必要かつ合理的な範囲内の手段と考えられるから合憲という論法をとっている（判時1308号112～13頁）。公衆浴場の適正配置規制については，本来社会経済政策的な措置と見る余地があるということが指摘されていた（小嶋和司「職業選択の自由の制限」憲法判例百選55頁，56頁〔1963年〕，佐藤（功）・前出注18) 395頁等参照）。もしそうだとすれば，前者の判決のように言い切ることが（昭和30年の大法廷判決との関係で）適当であるかどうかは疑問の余地があるにしても，後者の判決のように説くことは十分可能であろう。ただ，一般論としていえば，立法当時立法者が想定していなかった目的について，これをのちの裁判時に裁判所が独自に認定して立法の合憲性を基礎づけることが許されるかどうかは一つの問題である。
49) 民集46巻9号2829頁。
50) 判時1475号59頁。

の性質と内容に照らして」その範囲を決すべきものとしていたことが想起されるべきであろう[51]。また，許可制以外の職業活動の内容および態様に対する規制について裁判所がどのように判断すべきかは本判決の直接判示するところではなく，本判決以降の諸判決においても，この点は必ずしも明確にされていない。

　たとえば，司法書士および公共嘱託登記司法書士協会以外の者が他人の嘱託を受けて登記に関する手続を代理する業務および登記申請書類を作成する業務を行うことを禁止しこれに違反した者を処罰する司法書士法の規定の憲法22条1項違反を争った事件について，最高裁平成12年2月8日第三小法廷判決[52]は，ごく簡単に，かかる規制は「公共の福祉に合致した合理的なもの」で合憲とした。この判決は，先例として本判決を引いているが，その趣旨は明らかではない（むしろ直接の先例に当たるのは，本判決とともに引かれている，歯科技工士による歯科医業に属する行為を禁止した歯科医師法・歯科技工士法の規定を憲法22条に違反しないとした最高裁昭和34年7月8日大法廷判決[53]であろう）。また，水稲等の耕作業務を営む者につき農業共済組合への当然加入制を定める農業災害補償法の規定の憲法22条1項違反を争った事件について，最高裁平成17年4月26日第三小法廷判決[54]は，当然加入制は「米の安定供給と米作農家の経営の保護」という「重要な公共の利益」に資するもので，「公共の福祉に合致する目的のために必要かつ合理的な範囲にとどまる措置」であり，「立法府の政策的，技術的な裁量の範囲を逸脱するもので著しく不合理であることが明白であるとは認め難い」として合憲の判断を下した。この判決は，本判決が整理した職業の許可制の憲法適合性に関する判断の仕方に従っているように見える（先例としては，国民健康保険への強制加入を定める旧国民健康保険法の規定を憲法に違反しないとした最高裁昭和33年2月12日大法廷判決[55]〔ただし，憲法19条，29条1項違反の主張に答えたもの〕のほか，小売市場事件判決のみを引いている）。

---

51) 民集29巻4号576頁参照。
52) 刑集54巻2号1頁。
53) 刑集13巻7号1132頁。
54) 判時1898号54頁。
55) 民集12巻2号190頁。

下級審の裁判例であるが，平成 18 年法律第 69 号による薬事法の改正に伴い，薬局開設者または店舗販売業者による医薬品の販売につき，第 1 類・第 2 類の医薬品の販売および情報提供は有資格者の対面により行う旨の規定ならびに隔地者に対する郵便その他の方法による医薬品の販売を行う場合は前記各類の医薬品の販売を行わない旨の規定を薬事法施行規則に新設した同規則の一部を改正する省令（平成 21 年厚生労働省令第 10 号）の規定の憲法適合性が争われた事件について，本判決の判断枠組みを前提としつつ，当該規制は営業活動の態様に対する規制であるが，インターネットによる医薬品の通信販売を行う業者に関する限り，当該規制の事実上の効果としては規制の強度の比較的強いものであるとして，代替的な規制手段による規制目的の達成の可否について立法事実の詳細な検討を経た上で，当該規制およびこれを内容とする前記改正規定は憲法 22 条 1 項に違反しないとしたものがある（東京地判平成 22・3・30[56]参照）。この事件について，東京高裁平成 24 年 4 月 26 日判決[57]は，規制の憲法適合性の問題には触れないまま，省令は法律の委任の範囲を逸脱するものとして無効と判断し，最高裁平成 25 年 1 月 11 日第二小法廷判決[58]もこの判断を維持している。

　学校や児童福祉施設等の敷地から 200 メートル以内の区域における風俗案内所の営業を禁止し，違反者に対して刑罰を科すことなどを定めた京都府風俗案内所規制条例の憲法適合性が争われた事件で，最高裁平成 28 年 12 月 15 日第一小法廷判決[59]は，風俗案内所の特質および営業実態に起因する青少年の育成や周辺の生活環境に及ぼす影響の程度に鑑みると，本件条例による規制とこれを刑罰をもって担保することは，青少年の健全な育成を図るとともに府民の安全で安心な生活環境を確保するという公共の福祉に適合する目的達成のための手段として必要性，合理性があるといえるとして，憲法 22 条 1 項違反の主張を退けたが，その点に関しては小売市場事件判決のみを引いている。1，2 審判決がいずれも薬事法判決を引いていた（しかも，1 審判決は本件条例による規制を一部違憲と判断していた）ことからすれば[60]，

---

56) 判時 2096 号 9 頁。
57) 判タ 1381 号 105 頁。
58) 民集 67 巻 1 号 1 頁。
59) 判時 2328 号 24 頁。

最高裁にはもう少し丁寧な説明がほしかったところである[61]。

なお，森林法共有林分割制限規定違憲判決[62]が本判決を参照判例として引いているが，これは，その部分の判示内容から見る限り，財産権に対する規制についても，職業の自由に対する規制の場合と同様に，裁判所としては，立法府の判断を尊重しつつ，その判断が合理的裁量の範囲を超えるものであるか否かの限度で審査・判断すべきであるという趣旨で引用したものと解すべきであろう。

---

60) 京都地判平成26・2・25判時2275号27頁，大阪高判平成27・2・20判時2275号18頁参照。

61) ちなみに，同事件では，憲法21条1項違反も争われたが，こちらは，旧あん摩師はり師きゅう師及び柔道整復師法違反被告事件に関する最大判昭和36・2・15刑集15巻2号347頁を引いて，違憲の主張を退けている。

62) 最大判昭和62・4・22民集41巻3号408頁。本書第15章参照。

第15章 共有林の分割制限と財産権
——森林法違憲判決

最大判昭和 62 年 4 月 22 日民集 41 巻 3 号 408 頁

I はじめに

　1987（昭和62）年4月22日最高裁大法廷は，共有物の分割請求について定めた民法256条1項の規定にかかわらず共有林の分割請求に制限を加えた森林法186条（昭和62年法律第48号による改正前のもの。以下同じ）を憲法29条2項に違反し，無効であると判示した。この判決は，尊属殺重罰規定違憲判決[1]，薬事法違憲判決[2]（以下「薬事法判決」という），二つの議員定数不均衡違憲判決[3]に次ぐ，最高裁として五つ目の法令違憲判決であるが，財産権の侵害を理由とする法令違憲判決としては初めてのものであり，重要な意義を有する。また，本判決は，経済的自由の規制に関する違憲審査基準とされる「規制目的二分論」に立脚していないと見られることから，最高裁がかかる二分論を採用しているという一般的理解との関係でも論議を呼ぶものであった。
　そこで，以下においては，上記の諸点に留意しつつ本判決を読み直し，本判決に関する理解を深めるとともに，その意義を再確認することにしたい。

1）　最大判昭和 48・4・4 刑集 27 巻 3 号 265 頁。本書第 6 章参照。
2）　最大判昭和 50・4・30 民集 29 巻 4 号 572 頁。本書第 14 章参照。
3）　最大判昭和 51・4・14 民集 30 巻 3 号 223 頁，最大判昭和 60・7・17 民集 39 巻 5 号 1100 頁。本書第 7 章参照。

II　判決の紹介

1　事実の概要

　X（原告，控訴人・被控訴人，上告人）とY（被告，被控訴人・控訴人，被上告人）は実の兄弟であるが，訴外亡父より，本件山林（合計109町2反2畝2歩というかなり広大なものである）について，その持分各2分の1を生前贈与され，本件山林をこの割合で共有していたところ，1965（昭和40）年6月頃Yが本件山林の一部の立木をXの同意を得ないままに売却し伐採させるなどしたため，XはYに対し，本件山林の分割を請求するとともに，Xの同意なくされた立木の伐採を不法行為であるとして損害賠償を請求する訴えを提起した。ところが，森林法186条は，「森林の共有者は，民法（明治29年法律第89号）第256条第1項（共有物の分割請求）の規定にかかわらず，その共有に係る森林の分割を請求することができない。ただし，各共有者の持分の価額に従いその過半数をもって分割の請求をすることを妨げない。」と規定していたから，そのままでは自己の持分として2分の1しか有しないXはこの規定によって分割請求できないこととなる。そこで，Xは，森林法186条の規定は，憲法29条に違反し無効である，あるいは，本件のように共有者間の信頼関係が全く破壊されてしまった場合には適用されないなどと主張して，民法256条1項に基づく本件山林の現物による分割を求めた。

　第1審判決（静岡地判昭和53・10・31）[4]は，森林法186条は「森林資源を保続培養しその生産力を増進して国土保全と国民経済の発展に資せんとする」同法の目的を達成するため「分割を制限して森林の細分化を防止する」趣旨の規定であり，しかも同条は共有者の持分の処分権まで奪うものではないから，「森林共有者が蒙るかかる程度の不利益は，森林法の窮極の目的とする公共の福祉による財産権の制約として忍容すべきものである」[5]として，憲法29条違反の主張を退け，共有物分割請求を排斥したものの，不法行為

4）　民集41巻3号444頁。
5）　同459頁。

を認めて損害賠償請求を一部認容した。第2審判決（東京高判昭和59・4・25）[6]は、第1審判決をほとんどそのまま引用して、Xの主張を退け、共有物分割請求を排斥し、損害賠償請求を一部認容した。そこで、Xは、本件山林については、分割されても森林法186条本文がその防止を目的とする森林の零細化といった事態は生じない、共有持分の譲渡は可能であるといっても本件山林のような係争中の共有山林の譲渡は不当に廉価でない限り不可能である、などと主張して、憲法29条違反を理由に上告した。これに対して、最高裁大法廷は、次のように述べて、Xの主張を容れ、原判決を破棄して事件を原審へ差し戻した[7][8]。

2　判　旨

(1)「憲法29条は、1項において『財産権は、これを侵してはならない。』と規定し、2項において『財産権の内容は、公共の福祉に適合するやうに、法律でこれを定める。』と規定し、私有財産制度を保障しているのみでなく、社会的経済的活動の基礎をなす国民の個々の財産権につきこれを基本的人権として保障するとともに、社会全体の利益を考慮して財産権に対し制約を加える必要性が増大するに至ったため、立法府は公共の福祉に適合する限り財産権について規制を加えることができる、としているのである」。

(2)「財産権は、それ自体に内在する制約があるほか、右のとおり立法府が社会全体の利益を図るために加える規制により制約を受けるものであるが、この規制は、財産権の種類、性質等が多種多様であり、また、財産権に対し規制を要求する社会的理由ないし目的も、社会公共の便宜の促進、経済的弱者の保護等の社会政策及び経済政策上の積極的なものから、社会生活における安全の保障や秩序の維持等の消極的なものに至るまで多岐にわたるため、種々様々でありうるのである。したがって、財産権に対して加えられる規制

---

6)　同469頁。
7)　その後、平成9年10月8日東京高裁で和解が成立した（昭和62年(ネ)1637号）。
8)　なお、本件において、国は、「国の利害に関係のある訴訟についての法務大臣の権限等に関する法律」（昭和22年12月17日法律第194号）4条に基づき、森林法186条の合憲性を主張する意見書を最高裁に提出している。これは、本件が私人間の民事訴訟において法律の規定の違憲が争われた事例であって、国が訴訟の当事者となっていないことに配慮して行われたものであるが、きわめて珍しい例である。

が憲法29条2項にいう公共の福祉に適合するものとして是認されるべきものであるかどうかは，規制の目的，必要性，内容，その規制によって制限される財産権の種類，性質及び制限の程度等を比較考量して決すべきものであるが，裁判所としては，立法府がした右比較考量に基づく判断を尊重すべきものであるから，立法の規制目的が前示のような社会的理由ないし目的に出たとはいえないものとして公共の福祉に合致しないことが明らかであるか，又は規制目的が公共の福祉に合致するものであっても規制手段が右目的を達成するための手段として必要性若しくは合理性に欠けていることが明らかであって，そのため立法府の判断が合理的裁量の範囲を超えるものとなる場合に限り，当該規制立法が憲法29条2項に違背するものとして，その効力を否定することができるものと解するのが相当である（最高裁昭和43年(行ツ)第120号同50年4月30日大法廷判決・民集29巻4号572頁参照）」。

(3)「森林法186条は，共有森林につき持分価額2分の1以下の共有者（持分価額の合計が2分の1以下の複数の共有者を含む。以下同じ。）に民法256条1項所定の分割請求権を否定している。

そこでまず，民法256条の立法の趣旨・目的について考察することとする。共有とは，複数の者が目的物を共同して所有することをいい，共有者は各自，それ自体所有権の性質をもつ持分権を有しているにとどまり，共有関係にあるというだけでは，それ以上に相互に特定の目的の下に結合されているとはいえないものである。そして，共有の場合にあっては，持分権が共有の性質上互いに制約し合う関係に立つため，単独所有の場合に比し，物の利用又は改善等において十分配慮されない状態におかれることがあり，また，共有者間に共有物の管理，変更等をめぐって，意見の対立，紛争が生じやすく，いったんかかる意見の対立，紛争が生じたときは，共有物の管理，変更等に障害を来し，物の経済的価値が十分に実現されなくなるという事態となるので，同条は，かかる弊害を除去し，共有者に目的物を自由に支配させ，その経済的効用を十分に発揮させるため，各共有者はいつでも共有物の分割を請求することができるものとし，しかも共有者の締結する共有物の不分割契約について期間の制限を設け，不分割契約は右制限を超えては効力を有しないとして，共有者に共有物の分割請求権を保障しているのである。このように，共

有物分割請求権は，各共有者に近代市民社会における原則的所有形態である単独所有への移行を可能ならしめ，右のような公益的目的をも果たすものとして発展した権利であり，共有の本質的属性として，持分権の処分の自由とともに，民法において認められるに至ったものである。

したがって，当該共有物がその性質上分割することのできないものでない限り，分割請求権を共有者に否定することは，憲法上，財産権の制限に該当し，かかる制限を設ける立法は，憲法29条2項にいう公共の福祉に適合することを要するものと解すべきところ，共有森林はその性質上分割することのできないものに該当しないから，共有森林につき持分価額2分の1以下の共有者に分割請求権を否定している森林法186条は，公共の福祉に適合するものといえないときは，違憲の規定として，その効力を有しないものというべきである」。

(4)「森林法186条は，森林法（明治40年法律第43号）（以下「明治40年法」という。）6条の『民法第256条ノ規定ハ共有ノ森林ニ之ヲ適用セス但シ各共有者持分ノ価格ニ従ヒ其ノ過半数ヲ以テ分割ノ請求ヲ為スコトヲ妨ケス』との規定を受け継いだものである。明治40年法6条の立法目的は，その立法の過程における政府委員の説明が，長年を期して営むことを要する事業である森林経営の安定を図るために持分価格2分の1以下の共有者の分割請求を禁ずることとしたものである旨の説明に尽きていたことに照らすと，森林の細分化を防止することによって森林経営の安定を図ることにあったものというべきであり，当該森林の水資源かん養，国土保全及び保健保全等のいわゆる公益的機能の維持又は増進等は同条の直接の立法目的に含まれていたとはいい難い。昭和26年に制定された現行の森林法は，明治40年法6条の内容を実質的に変更することなく，その字句に修正を加え，規定の位置を第7章雑則に移し，186条として規定したにとどまるから，同条の立法目的は，明治40年法6条のそれと異なったものとされたとはいえないが，森林法が1条として規定するに至った同法の目的をも考慮すると，結局，森林の細分化を防止することによって森林経営の安定を図り，ひいては森林の保続培養と森林の生産力の増進を図り，もって国民経済の発展に資することにあると解すべきである。

同法186条の立法目的は，以上のように解される限り，公共の福祉に合致しないことが明らかであるとはいえない。

　したがって，森林法186条が共有森林につき持分価額2分の1以下の共有者に分割請求権を否定していることが，同条の立法目的達成のための手段として合理性又は必要性に欠けることが明らかであるといえない限り，同条は憲法29条2項に違反するものとはいえない。以下，この点につき検討を加える」。

　「森林が共有となることによって，当然に，その共有者間に森林経営のための目的的団体が形成されることになるわけではなく，また，共有者が当該森林の経営につき相互に協力すべき権利義務を負うに至るものではないから，森林が共有であることと森林の共同経営とは直接関連するものとはいえない。したがって，共有森林の共有者間の権利義務についての規制は，森林経営の安定を直接的目的とする前示の森林法186条の立法目的と関連性が全くないとはいえないまでも，合理的関連性があるとはいえない。

　森林法は，共有森林の保存，管理又は変更について，持分価額2分の1以下の共有者からの分割請求を許さないとの限度で民法第3章第3節共有の規定の適用を排除しているが，そのほかは右共有の規定に従うものとしていることが明らかであるところ，共有者間，ことに持分の価額が相等しい2名の共有者間において，共有物の管理又は変更等をめぐって意見の対立，紛争が生ずるに至ったときは，各共有者は，共有森林につき，同法252条但し書に基づき保存行為をなしうるにとどまり，管理又は変更の行為を適法にすることができないこととなり，ひいては当該森林の荒廃という事態を招来することとなる。同法256条1項は，かかる事態を解決するために設けられた規定であることは前示のとおりであるが，森林法186条が共有森林につき持分価額2分の1以下の共有者に民法の右規定の適用を排除した結果は，右のような事態の永続化を招くだけであって，当該森林の経営の安定化に資することにはならず，森林法186条の立法目的と同条が共有森林につき持分価額2分の1以下の共有者に分割請求権を否定したこととの間に合理的関連性のないことは，これを見ても明らかであるというべきである」。

　「森林法は森林の分割を絶対的に禁止しているわけではなく，わが国の森

林面積の大半を占める単独所有に係る森林の所有者が，これを細分化し，分割後の各森林を第三者に譲渡することは許容されていると解されるし，共有森林についても，共有者の協議による現物分割及び持分価額が過半数の共有者（持分価額の合計が2分の1を超える複数の共有者を含む。）の分割請求権に基づく分割並びに民法907条に基づく遺産分割は許容されているのであり，許されていないのは，持分価額2分の1以下の共有者の同法256条1項に基づく分割請求のみである。共有森林につき持分価額2分の1以下の共有者に分割請求権を認めた場合に，これに基づいてされる分割の結果は，右に述べた譲渡，分割が許容されている場合においてされる分割等の結果に比し，当該共有森林が常により細分化されることになるとはいえないから，森林法が分割を許さないとする場合と分割等を許容する場合との区別の基準を遺産に属しない共有森林の持分価額の2分の1を超えるか否かに求めていることの合理性には疑問があるが，この点はさておいても，共有森林につき持分価額2分の1以下の共有者からの民法256条1項に基づく分割請求の場合に限って，他の場合に比し，当該森林の細分化を防止することによって森林経営の安定を図らなければならない社会的必要性が強く存すると認めるべき根拠は，これを見出だすことができないにもかかわらず，森林法186条が分割を許さないとする森林の範囲及び期間のいずれについても限定を設けていないため，同条所定の分割の禁止は，必要な限度を超える極めて厳格なものとなっているといわざるをえない。

　まず，森林の安定的経営のために必要な最小限度の森林面積は，当該森林の地域的位置，気候，植栽竹木の種類等によって差異はあっても，これを定めることが可能というべきであるから，当該共有森林を分割した場合に，分割後の各森林面積が必要最小限度の面積を下回るか否かを問うことなく，一律に現物分割を認めないとすることは，同条の立法目的を達成する規制手段として合理性に欠け，必要な限度を超えるものというべきである。

　また，当該森林の伐採期あるいは計画植林の完了時期を何ら考慮することなく無期限に分割請求を禁止することも，同条の立法目的の点からは必要な限度を超えた不必要な規制というべきである」。

　さらに，民法258条により共有物の現物分割をする場合には，その一態様

として，持分の価格以上の現物を取得する共有者に当該超過分の対価を支払わせて過不足を調整することも許されるというべきであり，また，分割の対象となる共有物が多数の不動産で数か所に分かれて存在する場合でも，これらを一括して分割の対象とし，分割後のそれぞれの部分を各共有者の単独所有とすることも許されるというべきである〔最高裁昭和28年（オ）第163号同30年5月31日第三小法廷判決・民集9巻6号793頁，昭和41年（オ）第648号同45年11月6日第二小法廷判決・民集24巻12号1803頁は，上記と抵触する限度において，これを改める〕。また，共有者が多数である場合には，分割請求者に対してのみ持分の限度で現物を分割し，その余は他の者の共有として残すことも許されると解すべきである。

「以上のように，現物分割においても，当該共有物の性質等又は共有状態に応じた合理的な分割をすることが可能であるから，共有森林につき現物分割をしても直ちにその細分化を来すものとはいえないし，また，同条2項は，競売による代金分割の方法をも規定しているのであり，この方法により一括競売がされるときは，当該共有森林の細分化という結果は生じないのである。したがって，森林法186条が共有森林につき持分価額2分の1以下の共有者に一律に分割請求権を否定しているのは，同条の立法目的を達成するについて必要な限度を超えた不必要な規制というべきである」。

(5)「以上のとおり，森林法186条が共有森林につき持分価額2分の1以下の共有者に民法256条1項所定の分割請求権を否定しているのは，森林法186条の立法目的との関係において，合理性と必要性のいずれをも肯定することのできないことが明らかであって，この点に関する立法府の判断は，その合理的裁量の範囲を超えるものであるといわなければならない。したがって，同条は，憲法29条2項に違反し，無効というべきであるから，共有森林につき持分価額2分の1以下の共有者についても民法256条1項本文の適用があるものというべきである」。

なお，本判決には，森林法186条はその全部が憲法29条2項に違反するものではなく，持分価額が2分の1の共有者からの分割請求をも禁じている点において同条項に違反するにすぎないと説く大内恒夫裁判官の意見（高島益郎裁判官同調），森林法186条は憲法29条2項に違反しないと説く香川保

一裁判官の反対意見のほか，香川裁判官の反対意見に対して森林所有の実態を踏まえて反論する坂上壽夫裁判官の補足意見，共有物の分割方法について一言する林藤之輔裁判官の補足意見が付されている。

III 分析と検討

本判決について注目されるのは，次の諸点である。第1に，憲法29条に規定された財産権の保障の意義を明らかにしたことである。第2に，財産権に対する規制立法に適用されるべき違憲審査基準を明らかにしたことである。第3に，かかる違憲審査基準によって森林法の共有林分割制限規定を憲法29条2項に違反し無効と判示したことである。

以下，順次検討する。

1 財産権の保障の意義

憲法29条は，その1項において，「財産権は，これを侵してはならない」と規定すると同時に，2項において，「財産権の内容は，公共の福祉に適合するやうに，法律でこれを定める」と規定し，「公共の福祉」のために法律をもって財産権に制限を加えうることを明文で認めている。この1項の規定の仕方は，憲法19条の「思想及び良心の自由は，これを侵してはならない」という規定の仕方と同じであり，仮に29条1項の保障が19条と同様の絶対的保障を意味するとすれば，29条1項は2項と矛盾することとなろう。そこで，この両者の関係をどのように理解したらよいかをめぐって古くから議論がなされてきたのであるが，一つの有力な学説は，概ね次のように説く。すなわち，1項は，現実の個々の財産上の権利ではなく，一定の要件を具備すれば一定の財産上の権利の主体となりうる可能性を，換言すれば，私有財産制度を保障したものであり，したがって，2項は，いかなる要件を具備すればいかなる権利の主体たりうるかを法律で定めうるということを示したものであって，それは1項と矛盾するどころか，1項から既に明らかなことを改めて規定したものにすぎない，というのである[9]。これは，1項と2項の

---

9) 柳瀬良幹『人権の歴史』60〜61頁（明治書院，1949年）参照。

関係を整合的に捉える試みとして注目されるが，少数説にとどまる。

むしろ，学説上の通説は，憲法29条1項は，「個人が財産権を享有しうる制度，つまり私有財産制」を保障するとともに，「個人が現に有する具体的な財産上の権利」をも保障するものであるとする[10]。その上で，通説は，財産権の不可侵性が否定された現代においては，財産権は内在的制約にとどまらず社会的公平と調和の見地からなされる政策的制約にも服するものとし，2項は，このような意味において，1項で保障された財産権の内容が法律によって一般的に制約されるという趣旨を規定したものであるとする[11]。問題は，「個人が現に有する具体的な財産上の権利」とは何かということであるが，それは，一般に，所有権その他の物権，債権，知的財産権など，財産的価値をもつすべての権利を指すとされ，まさに民法をはじめとする様々な法律によって定められたものを観念することになる（ほとんどの学説が具体的な財産権としてこれらの諸権利を挙げている）。しかし，1項による具体的な財産権の保障がこれらの法律によって定められた諸権利をそのまま保障することに尽きるとすれば，憲法で具体的な財産権を保障した意味は既得の財産権の保護[12]に限定されることになるであろう。この点，上記の通説は，法律による財産権の内容規定も無制限に許されるわけではなく，そこには憲法上の限界があるという前提に立っていると思われる。このような前提に立つとすれば，法律に定められる内容に対して，どこまで憲法上の要請が及ぶのか，また，これらの権利の制限がどこまで憲法で保障された財産権の制限に当たるのかを明らかにしつつ，問題の解決にあたることが必要となるはずである。

憲法29条について，最高裁は，かつて，罹災都市借地借家臨時処理法の

---

10) 芦部信喜＝高橋和之補訂『憲法〔第7版〕』242頁（岩波書店，2019年）参照。同旨を説くものとして，佐藤幸治『憲法〔第3版〕』566頁（青林書院，1995年），伊藤正己『憲法〔第3版〕』368～69頁（弘文堂，1995年），中村睦男『憲法30講〔新版〕』184頁（青林書院，1999年），高橋和之『立憲主義と日本国憲法〔第4版〕』273頁（有斐閣，2017年）等枚挙に遑ない。

11) 芦部＝高橋補訂・前出注10)243頁参照。

12) 安念潤司「憲法が財産権を保障することの意味」長谷部恭男編『リーディングズ現代の憲法』137頁，142～43頁（日本評論社，1995年）参照。同論文は，かかる見地から，本件の場合には，具体的な財産権の制限・剥奪があったとはいえない，とする。なお，安念潤司「共有林の分割制限と財産権の保障」法教増刊・憲法の基本判例〔第2版〕129頁，132頁（1996年）も参照。

規定の憲法適合性を争った事件で，同条１項をして「私有財産制の原則を採る」ことを表明したものと解するかのような表現を行い[13]，その後の著作権法の規定の憲法適合性を争った事件においても，同じ表現を繰り返し用いている[14]が，その判示は憲法29条の意味を明確に示したとはいえないものであった。また，最高裁は，財産権の制限が憲法29条に違反するとして争ったその他の事件においても，特に同条の意味を論じることなく，財産権の制限を「公共の福祉」の観点から是認できるとして合憲とすることが少なくなかった[15]。その意味では，本判決が，判決理由の冒頭で，憲法29条は「私有財産制度を保障しているのみでなく，社会的経済的活動の基礎をなす国民の個々の財産権につきこれを基本的人権として保障するとともに，社会全体の利益を考慮して財産権に対し制約を加える必要性が増大するに至ったため，立法府は公共の福祉に適合する限り財産権について規制を加えることができる」[16]としたものであると述べて，憲法29条に規定された財産権の保障の意義を明らかにしつつ，１項と２項の関係について従来よりも少しく丁寧にこれを説明したことは評価できるであろう。この判示が通説の見解を基礎とするものであることは一見して明らかである。しかも本判決は，「社会的経済的活動の基礎をなす国民の個々の財産権」が「基本的人権として」憲法により保障されることを明言している。このことは注目に値する。しかし，そのような立場をとる以上，本判決は，上述したように，憲法が保障する財産権の内容とは何かを明らかにするという課題を負うことになるのである。

２　財産権の規制に関する違憲審査基準

本判決は，上記のように，憲法29条の意味を明らかにしたのに続いて，「財産権は，それ自体に内在する制約があるほか，……立法府が社会全体の

---

[13] 最大判昭和35・6・15民集14巻8号1376頁，1378頁参照。
[14] 最大判昭和38・12・25民集17巻12号1789頁，1790頁参照。
[15] 自作農創設特別措置法に関する最大判昭和28・11・25民集7巻11号1273頁，農地所有者の所有権の行使または処分に制限を加える農地法20条に関する最大判昭和35・2・10民集14巻2号137頁，破産法の免責規定に関する最大決昭和36・12・13民集15巻11号2803頁，借地法4条1項に関する最大判昭和37・6・6民集16巻7号1265頁等参照。
[16] 民集41巻3号410頁。

利益を図るために加える規制により制約を受けるものである」として，財産権に対する 2 種類の制約に言及した上で，後者の「立法府が社会全体の利益を図るために加える規制」は，「財産権の種類，性質等が多種多様であり，また，財産権に対し規制を要求する社会的理由ないし目的も，社会公共の便宜の促進，経済的弱者の保護等の社会政策及び経済政策上の積極的なものから，社会生活における安全の保障や秩序の維持等の消極的なものに至るまで多岐にわたるため，種々様々でありうる」と述べている[17]。これは，財産権については，権利それ自体に内在する制約のほか，立法府が社会全体の利益を考慮して財産権に対し規制を加える余地が広汎に存在することをいわんとしたものと思われるが，注目すべきは，かかる立法府による規制の中にはいわゆる政策的制約のみならず，一般に内在的制約として捉えられている消極目的の規制をも含むとされていることである。したがって，本判決のいう財産権「それ自体に内在する制約」とは，一般にいわれる内在的制約とは異なるものを指しているということになりそうである。そして，もしそうだとすれば，それは通常とは異なる用語例だといわなければなるまい[18]。しかし，いずれにせよ，ここでの問題は，財産権に対する立法府による規制が「憲法 29 条 2 項にいう公共の福祉に適合するものとして是認されるべきものであるかどうか」[19]である。

この点に関して，本判決は，規制が憲法 29 条 2 項に照らして是認されるべきものかどうかは，「規制の目的，必要性，内容，その規制によって制限される財産権の種類，性質及び制限の程度等を比較考量して決すべきものであるが，裁判所としては，立法府がした右比較考量に基づく判断を尊重すべきものであるから，立法の規制目的が前示のような社会的理由ないし目的に出たとはいえないものとして公共の福祉に合致しないことが明らかであるか，

---

17) 同 410〜11 頁。
18) 今村成和「財産権の保障と森林法 186 条」ジュリ 890 号 66 頁，68 頁 (1987 年) 参照。同論文が指摘するように，本判決のいう「内在的制約」とは，「共有物がその性質上分割することのできないもの」であるといった一種の「機能的限界に基づく制約」を意味しているのかもしれない。棟居快行「共有林の分割制限と財産権の保障」憲法判例百選〔第 4 版〕208 頁，209 頁 (2000 年) は，「民法上の相隣関係のように専ら私人相互の私的利益に奉仕する制約」や「対抗要件主義のような取引上のルール」を含意する趣旨に解する。
19) 民集 41 巻 3 号 411 頁。

又は規制目的が公共の福祉に合致するものであっても規制手段が右目的を達成するための手段として必要性若しくは合理性に欠けていることが明らかであって、そのため立法府の判断が合理的裁量の範囲を超えるものとなる場合に限り、当該規制立法が憲法29条2項に違背するものとして、その効力を否定することができるものと解するのが相当である」[20]として、薬事法判決を参照判例として引いている。

　一般に、薬事法判決は、職業の自由あるいはより広く経済的自由の規制立法の憲法適合性についていわゆる「規制目的二分論」により判断すべき旨を説いたものと解されており、また、本判決自身も財産権に対する規制について積極目的の規制と消極目的の規制の区別に言及していることから、上記の判示部分に関しては、「規制目的二分論」が判例の立場であることを前提としたものであると受け止められる傾向が強い。ところが、そこに示された財産権規制立法の違憲審査基準が二分論とどのようにつながるのかは明確ではなく、また、実際本件は二分論によって判断されたとはいえないであろう。そこで、この判示部分をどう理解すべきかをめぐって多様な見方が噴出することとなったのである[21]。

　しかしながら、そもそも薬事法判決が職業の自由あるいは経済的自由に対する規制措置一般について「規制目的二分論」によりその合・違憲を判断すべき旨を説いたものといえるのかどうかは疑問の余地があった[22]。また、

---

20) 同上。
21) 本件事案の特殊性の故に二分論が採られなかったもので、財産権規制について二分論の適用が否定されたと見るのは早計であるとする見解（芦部＝高橋補訂・前出注10)244頁、藤井俊夫『経済規制と違憲審査』71〜72頁、81〜82頁〔成文堂、1996年〕等）もあれば、財産権規制については二分論からの離脱を示唆するものとする見解（佐藤幸治「森林法共有林分割制限違憲判決と違憲審査基準」法セ392号14頁、17頁〔1987年〕、米沢広一「森林法違憲判決と最高裁」法教83号23頁、27頁〔1987年〕等）もある。また、本判決が適用した違憲審査基準については、これを「厳格な合理性」の基準（あるいはそれに類するもの）とする見方が多い（芦部＝高橋補訂・前出注10)244頁、藤井・上掲85頁、阿部照哉「共有森林分割制限違憲判決」法時59巻9号52頁、54頁〔1987年〕、棟居・前出注18)209頁等）が、「比較考量」という一般的基準（佐藤（幸）・上掲17頁）、「総合的利益考量」（高橋正俊「財産権保障の意味」ジュリ増刊・憲法の争点〔第3版〕132頁、133頁〔1999年〕）、「明白の原則」と「厳格な合理性」の基準の中間にある審査基準（中村睦男「職業選択の自由」法教90号24頁、29頁〔1988年〕）と見るものもある。
22) 本書第14章、特に290〜92頁参照。

本判決自身が財産権に対する規制について積極目的の規制と消極目的の規制の区別に言及していることは事実であるが，しかし，その判示をよく見ると，本判決は，薬事法判決と同様に，「規制を要求する社会的理由ないし目的」が「社会公共の便宜の促進，経済的弱者の保護等の社会政策及び経済政策上の積極的なものから，社会生活における安全の保障や秩序の維持等の消極的なものに至るまで多岐にわたる」[23]と述べているだけで，規制目的が積極目的と消極目的に二分されるといっているわけではないことが分かる。さらにいえば，本判決の判旨(2)がその言い回しを借りている薬事法判決の部分は，同判決が職業の許可制ないし薬局等の適正配置規制に関して積極目的と消極目的との区別に言及した（二分論採用の根拠とされる）箇所ではなく，その前の総論部分である。そして，その部分で薬事法判決が述べたことは，①職業の種類，性質，内容等は「きわめて多種多様」であるため，その規制を要求する社会的理由ないし目的も積極的なものから消極的なものに至るまで「千差万別」であり，これに対応して現実に職業の自由に対して加えられる制限も「各種各様」の形をとることになるということ，それ故，②具体の規制措置が憲法22条1項にいう公共の福祉のための措置として是認されるかどうかは，「規制の目的，必要性，内容，これによって制限される職業の自由の性質，内容及び制限の程度」を検討し，これらを比較考量した上で決定されなければならないが，かかる検討と考量は第一次的には立法府の権限と責務に属し，裁判所としては，「規制の目的が公共の福祉に合致するものと認められる以上，そのための規制措置の具体的内容及びその必要性と合理性については，立法府の判断がその合理的裁量の範囲にとどまるかぎり，立法政策上の問題としてその判断を尊重すべきものである」ということ，であった[24]。すなわち，本判決は，たしかに薬事法判決に依拠しているものの，それは二分論とはかかわりなく，財産権に対する規制についても，職業の自由に対する規制の場合と同様に，その憲法適合性を判断するにあたって，裁判所は，立法府がした比較考量に基づく判断を尊重し，立法府の判断が合理的裁量の範囲を逸脱していないかどうかの限度で審査を行うべきものとする

---

23) 民集41巻3号411頁。
24) 民集29巻4号575～76頁参照。

考え方を引き継いだものと解される。

　ただし，本判決が採用した違憲審査基準は，薬事法判決のそれとは微妙に異なっている。薬事法判決は，職業の自由に対する規制立法の憲法適合性については，規制目的が公共の福祉に合致するものであるかどうか，合致するとすれば，その目的のための規制手段が必要かつ合理的なものであるかどうかを審査すべきものとしていた[25]。したがって，規制目的が公共の福祉に合致しないか，または，規制手段が必要性もしくは合理性に欠けると認められるときは，当該規制立法は憲法22条1項に違反し無効と判断されることになる[26]。これに対して，本判決は，財産権に対する規制立法が憲法29条2項に違反するというためには，立法の規制目的が「公共の福祉に合致しない」，または，規制手段が当該目的を達成するための手段として「必要性若しくは合理性に欠けている」というだけでは足りず，そのいずれについてもそのことが「明らか」であることを要するとしている[27]。これは，一見，小売市場事件判決[28]が提示した「明白の原則」の如くである。しかし，同判決では，「明白」性は個人の経済活動に対する法的規制措置が「著しく不合理」であることについて求められていた。これに対して，本判決では，「必要性」または「合理性」の欠如が「明らか」であるかどうかが問われており，そこに若干の差異がある。こうして見ると，本判決は，職業の自由について薬事法判決が明確にした，規制目的が公共の福祉に合致するものであるかどうか，合致するとすれば，規制手段がその目的達成の手段として必要かつ合理的なものであるかどうかを審査すべきものとする考え方を，財産権についても基本的に妥当すべきものとしつつ[29]，それが薬事法判決のように厳格に適用されることを避けるために，目的と手段の両面にわたって「明らか」であるかどうかという要件を付加した独自の審査基準を提示したもの

---

25) 同576頁参照。
26) 薬事法判決は，このような一般論を前提とした上で，特に，許可制という職業の自由に対する強力な規制手段については，原則として「重要な公共の利益」のために必要かつ合理的な措置であるかどうか，また，それが消極目的の規制である場合には，許可制に比してより制限的でない他の手段が存在しないかどうかを審査すべきものとし，適正配置規制をかかる最小限度の規制とはいえないとしたものである。
27) 民集41巻3号411頁参照。
28) 最大判昭和47・11・22刑集26巻9号586頁。

と解するのが妥当であろう。

3　森林法 186 条の憲法適合性

森林法 186 条は，共有森林につき持分価額 2 分の 1 以下の共有者に対し民法 256 条 1 項に定める分割請求権を否定していた。この民法 256 条 1 項所定の共有物分割請求権について，本判決は，共有の場合には，単独所有の場合に比して，物の利用または改善等において十分配慮されない状態に置かれることがあるほか，共有者間に共有物の管理・変更等をめぐって意見の対立や紛争が生じやすく，一旦かかる意見の対立や紛争が生じたときは，共有物の管理・変更等に障害を来し，物の経済的価値が十分に実現されない事態となるので，民法 256 条は，かかる弊害を除去し，共有者に目的物を自由に支配させ，その経済的効用を十分に発揮させるため，各共有者はいつでも共有物の分割を請求できるものとし，共有者間の不分割契約について期間の制限を設け，共有者に共有物の分割請求権を保障したものであるという[30]。すなわち，本判決によれば，「共有物分割請求権は，各共有者に近代市民社会における原則的所有形態である単独所有への移行を可能ならしめ，〔上記〕のような公益目的をも果たすものとして発展した権利であり，共有の本質的属性として，持分権の処分の自由とともに，民法において認められるに至ったものである」[31]。

注目されるのは，本判決が，この部分に続いて，「したがって，当該共有物がその性質上分割することのできないものでない限り，分割請求権を共有者に否定することは，憲法上，財産権の制限に該当〔する〕」[32]と述べていることである。ということは，本判決は，民法で認められた共有物分割請求

---

29)　さほど明確ではないが，財産権の規制に関する従来の最高裁判決の中にも，このような考え方に立って判断したと思われるものを見出すことができる。最大決昭和 45・12・16 民集 24 巻 13 号 2099 頁, 2104 頁, 2105 頁参照。
30)　民集 41 巻 3 号 412 頁参照。
31)　同上。単独所有を近代法の原則的所有形態とし，分割請求の自由を持分処分の自由とともに「共有の本質的属性」と見るのが，民法学上の通説である。川島武宜『所有権法の理論』209〜10 頁（岩波書店，1949 年），我妻栄＝有泉亨補訂『新訂物権法（民法講義Ⅱ）』314 頁, 316〜17 頁, 330〜31 頁（岩波書店，1983 年）等参照。
32)　民集 41 巻 3 号 412 頁。

権がそのまま憲法上の財産権として保障されると考えているのであろうか。しかし，もしそうだとすると，それは憲法29条1項が「国民の個々の財産権」を「基本的人権として」保障しているという本判決自身の前提に反することとなろう。本判決の前提からすれば，憲法が，共有物分割請求権そのものではないにしても，それを基礎づける何らかの原則を保障しており，民法はそれを確認しあるいは具体化しているということでなければならないはずである。この点，本判決が実際上どのように考えているのかは判文上必ずしも明確ではないが，単独所有を「近代市民社会における原則的所有形態」であるとするその論理からすると，本判決は，共有から単独所有への移行を故なく妨げてはならないというのが財産権を保障する憲法上の要請であるとしたものと見てもよいであろう。あるいはまた，本判決は，「財産又は財産権をその権利者が自由に使用，収益及び処分できる状態」が「財産権の通常又は基本的な状態」として憲法上保障されており，「この状態に比しマイナス部分があること」が「財産権の制約又は制限」に当たり，したがって，それが内在的制約または政策的制約として正当化されるものでない限り，かかる「財産権の制約又は制限」は憲法上許容されないとしたものであるということもできよう[33]。

　さて，共有森林はその性質上分割することのできないものに該当しない。そこで，共有森林につき持分価額2分の1以下の共有者に分割請求権を否定した森林法186条は財産権を制限する立法として憲法29条2項の「公共の福祉」に適合するといえるかどうかが問題となる。本判決は，まず，森林法186条の立法目的について，これを「森林の細分化を防止することによって森林経営の安定を図り，ひいては森林の保続培養と森林の生産力の増進を図り，もって国民経済の発展に資することにある」とし，同条の立法目的は，「以上のように解される限り，公共の福祉に合致しないことが明らかであるとはいえない」[34]とした。森林法186条の「直接的目的」[35]が「森林経営の

---

[33] 柴田保幸・最判解民事篇昭和62年度198頁，211頁にいう「憲法問題の性質決定」の趣旨は，本文のように要約することができると思われる。本件についていえば，民法256条により各共有者が分割請求権を有するとされていることが「共有財産についての通常又は基本的状態」ということになり，この分割請求権を否定することが「財産権の制約又は制限」に該当することになる。

安定」にあったことは，その沿革36)から見ても，異論のないところであろう。しかし，森林経営の安定を図ることは，むしろ直接的には森林共有者の利益保護を図ることであり，必ずしも森林の水資源涵養や国土保全等の公益的機能の維持または増進を図ることとイコールではない37)。そして，かかる公益的機能の維持または増進自体が森林法186条の目的に含まれるものでないことは本判決自身も認めている。その上で，本判決は，森林法1条に規定された同法の目的をも考慮することとして，森林法186条の立法目的を上記のように提示したのであった。この説示は，些か不明瞭であり，かかる立法目的により課される制約が内在的制約であるというのか政策的制約であるというのか，それともその両者が混在するというのかについて全く説明を欠いている。ただ，立法目的が上記のようなものであるとすれば，それが公共の福祉に合致しないことが「明らか」とまではいえないであろう。

次いで，本判決は，森林法186条が持分価額2分の1以下の共有者に分割請求権を否定したことが同条の立法目的達成のための手段として合理性または必要性に欠けることが明らかであるかどうかを立法事実に基づいて検討した結果，森林法186条による分割請求権の否定は，同条の立法目的との関係において，「合理性と必要性のいずれをも肯定することのできないことが明らか」であり，この点に関する立法府の判断は「その合理的裁量の範囲を超えるものである」から，同条は憲法29条2項に違反し無効というべきであると結論した38)。

まず第1に，「合理性」について，本判決は，①「森林が共有であることと森林の共同経営とは直接関連するものとはいえない」から，分割請求権についての規制は森林経営の安定という立法目的と合理的関連性がない，また，

---

34) 民集41巻3号413頁。
35) 同414頁。
36) 森林法186条は，それと実質的に同一の内容を定めた森林法（明治40年法律第43号）6条の規定をそのまま受け継いだものであるが，この明治40年森林法6条の立法目的は森林の細分化を防止することによって林業経営の安定を図ることにあったとされている。この明治40年森林法6条および森林法186条の立法経過については，さしあたり，柴田・前出注33) 227〜31頁参照。
37) 小林孝輔「基本的人権と公共の福祉」『総合判例研究叢書憲法(3)』1頁, 30〜31頁（有斐閣, 1959年）参照。
38) 民集41巻3号417頁。

②森林の共有者(特に，持分価額が相等しい2名の共有者)間で共有物の管理または変更をめぐって意見が対立したときは，森林の荒廃を招くこととなるが，森林法186条はかかる事態を解決するための手段である民法256条1項本文の適用を排除した結果，森林の荒廃を永続化するだけで森林経営の安定化に資することにはならないから，分割請求権の否定と立法目的との間に合理的関連性がないことは明らかである[39]，という。この点については，香川裁判官が，共有森林は森林の共同経営に供されるべきものとの観点から，分割請求権の制限の合理性を説く反対意見を述べている[40]。しかし，具体的な統計資料によりつつ，共有に係る森林のほとんどは共同所有であっても共同経営という名に値しないことを指摘した坂上裁判官の補足意見がわが国の森林所有の実態を示すものであるとすれば，「森林経営の観点から共有を論じても余り意味はなく，森林法186条は，ほんの一握りの森林共有体の経営の便宜のために，すべての森林共有体の，しかもそのうちの持分2分の1以下の共有者についてのみ，その分割請求権を奪うという不合理を敢えてしていると結論せざるを得ない」[41]ということになろう。

　第2に，「必要性」について，本判決は，①森林法上許されていないのは持分価額2分の1以下の共有者の民法256条1項に基づく分割請求のみであるが，この場合に分割を認めると，他の譲渡・分割が許容されている場合に比し，「当該共有森林が常により細分化されることになるとはいえない」し，この場合に限って，他の場合に比し，「当該森林の細分化を防止することによって森林経営の安定を図らなければならない社会的必要性が強く存在すると認めるべき根拠」も見出すことができないから，森林法186条が森林の範囲および期間のいずれについても限定を設けることなく分割を禁止することは「必要な限度を超えた不必要な規制」である，また，②民法258条による共有物分割の方法についても，「当該共有物の性質等又は共有状態に応じた

---

39) 同414頁。
40) 同435〜36頁参照。この反対意見は，共有物分割請求に係る立法は「経済的自由の規制に属する経済的政策目的による規制」であって，「立法府の広範な裁量事項に属するもの」であるから，「甚だしく不合理であって，立法府の裁量権を逸脱したものであることが明白なものでなければ，これを違憲と断ずべきではない」(同432〜33頁)との立場に立つものである。ただし，それが「規制目的二分論」を前提とするものであるかどうかは定かでない。
41) 同420頁。

合理的な分割をすることが可能」であって,「共有森林につき現物分割をしても直ちにその細分化を来すものとはいえない」し,同条2項の競売による代金分割の方法により一括競売がされるときは,「当該共有森林の細分化という結果は生じない」のであるから,森林法186条が持分価額2分の1以下の共有者に一律に分割請求権を否定することは「必要な限度を超えた不必要な規制」である[42],という。この点についても,香川裁判官が,森林経営のための円滑な施業を確保するために必要な規制であるとする反対意見を述べている[43]。しかし,共有森林について,森林の細分化を防止し森林経営の安定を図るために,持分価額2分の1以下の共有者に限って分割請求権を否定する必要性があるといえるのかどうかは疑わしいと思われる。

かくして,森林法186条による分割請求権の否定が憲法29条2項に違反し無効であるとした本判決の判断は妥当なものであったといえよう[44]。

4 本判決の射程と残された問題

本判決の違憲判断を受けて,国会は,薬事法判決の場合と同様に,迅速に対応し,判決から約1か月後の5月27日には森林法186条を削除する法改

---

42) 同415〜17頁。
43) 同436〜37頁参照。
44) 大内裁判官の意見(高島裁判官同調)は,森林法186条は持分価額2分の1の共有者からの分割請求を禁じている限度で違憲となるべきものと説く(同430〜31頁参照)。これは,法令の意味の一部違憲を主張するものであって,この当時最高裁の裁判官からそのような主張がなされたことは興味深い。ただ,「多数持分権者の意思の尊重」という見地から持分価額2分の1の共有者の場合だけを不合理とするその立論が正当なものであるかどうかは疑問の余地がある。今村・前出注18)72頁は,「『多数持分権者の意思の尊重』が合理的なら,半数ずつの場合には多数者がいないのだから,分割請求が出来る者がいないのは当然のことで,この意見は論理的に矛盾して」おり,「意見が半分ずつに岐かれれば現状維持とするのが正しい」との反論が可能であるほか,「半数が望むのに半数が反対なので出来ないという場合と,半数に限りなく近い少数者が望むのにその他の者が反対なので出来ないという場合との間に質的な違いがあるわけではないから,大内意見は実質的にも成り立たない」と批判する。この点に関しては,さらに,中尾英俊「共有林分割制限の違憲性」ジュリ890号73頁,78頁(1987年)も参照。なお,大内裁判官意見は,経済的自由の規制立法について「規制目的二分論」が妥当するとの前提に立ち,積極的規制の場合(本件の場合はそれに当たるとする)には「明白の原則」によるべきものとして,薬事法判決を参照判例として引いている(民集41巻3号426頁参照)。薬事法判決の中に経済的自由の規制立法に関する二分論の提示を見ることは同判決の読み方として広すぎると思われるものの,「明白の原則」が積極的規制の場合に限定されるという趣旨を明らかにしたのが薬事法判決であったことからすれば,同判決の参照を求めることは,その限りで正当であったといえよう。

正を実現させた。このことは，本判決が示したように，同条がその立法目的との関係において，合理性と必要性に乏しい規定であったことを裏づけるもののように思われる。

　財産権の規制にかかわるその後の最高裁判決としては，上場会社等の役員または主要株主による有価証券等の短期売買利益の提供請求を会社に認める証券取引法〔現金融商品取引法〕164条1項の憲法29条違反を争った事件についての最高裁平成14年2月13日大法廷判決[45]が，財産権規制に関する一般論を提示した上で判断を下しており，注目される。この一般論の部分は，一見して明らかなように，本判決の判旨(2)の部分をほとんどそのまま引き写したものであるが，違うところもある。その一つは，「財産権に対する規制を必要とする社会的理由ないし目的」について，「社会公共の便宜の促進，経済的弱者の保護等の社会政策及び経済政策に基づくものから，社会生活における安全の保障や秩序の維持等を図るものまで多岐にわたる」[46]として，本判決にあった「積極的」「消極的」という表現を落としていることである。これは，そもそも薬事法判決以来，規制目的が「千差万別」（薬事法判決）あるいは「多岐にわたる」（本判決）ことを「積極的なものから……消極的なものに至るまで」[47]と表現してきたことがミスリーディングであることを考慮したものではないかと思われる。そうだとすると，この部分は，最高裁が財産権の規制に関して二分論を採らないことを明確にする意義をもつものであることはいうまでもないが，同時に，それは，最高裁が元来職業の自由の規制一般に関しても二分論で割り切るつもりがなかったことを示唆するものといえるのではなかろうか。もう一つは，「財産権に対する規制が憲法29条2項にいう公共の福祉に適合するものとして是認されるべきものであるかどうかは，規制の目的，必要性，内容，その規制によって制限される財産権の種類，性質及び制限の程度等を比較考量して判断すべきものである」[48]という一文で一般論についての説示を終えていることである。本判決が（薬事法判決に倣い）この一文に続いて，かかる比較考量による判断を第一次的には

---

[45]　民集56巻2号331頁。
[46]　同334頁。
[47]　民集29巻4号576頁（薬事法判決），民集41巻3号411頁（本判決）。
[48]　民集56巻2号334頁。

立法府の職責であるとし，裁判所としては，立法府の判断がその合理的裁量の範囲を超えるかどうかの限度で合・違憲の判断をなすべきものとしていたのとは異なる。この違いが何を意味するのかは，特に説明されていない。ただ，この判決でも，「比較考量」といいつつ，その判断の決め手となっているのは，立法目的の正当性（公共の福祉に適合するものか否か）と立法目的達成手段の必要性と合理性の有無である。判決は，証券取引法164条1項は「証券取引市場の公平性，公正性を維持するとともにこれに対する一般投資家の信頼を確保するという目的による規制を定めるものであるところ，その規制目的は正当であり，規制手段が必要性又は合理性に欠けることが明らかであるとはいえない」[49]として合憲判断を導いているのであって，本判決のように規制手段の必要性と合理性を精査しているわけではないが，その判断手法は基本的に本判決のそれと異ならないようにも思われる。もっとも，この平成14年の大法廷判決は本判決を先例として明示的に引用していない。

また，農地を農地以外のものにし，そのために農地について権利を設定し移転するには原則として都道府県知事等の許可を受けなければならないとした農地法4条1項，5条1項の憲法29条違反を争った事件についての最高裁平成14年4月5日第二小法廷判決[50]は，農地法20条に関する最高裁昭和35年2月10日大法廷判決[51]とともに上記の平成14年の大法廷判決を引いて，「農業経営の安定」を図り，「農地の環境を保全する」という農地法の規制目的は正当であり，規制手段が「合理性を欠くということもできない」として，簡単に合憲判断を導いている。さらに，有効に成立した損失保証や特別の利益提供を内容とする契約の履行請求を禁止した証券取引法42条の2第1項3号〔現金融商品取引法39条1項3号〕の憲法29条違反を争った事件についての最高裁平成15年4月18日第二小法廷判決[52]も，上記の平成14年の大法廷判決を引いて，証券取引法の当該規定は「投資家が自己責任の原則の下で投資判断を行うようにし，市場の価格形成機能を維持するとともに，一部の投資家のみに利益提供行為がされることによって生ずる証券市

---

49) 同335頁。
50) 刑集56巻4号95頁。
51) 民集14巻2号137頁。
52) 民集57巻4号366頁。

場の中立性及び公正性に対する一般投資家の信頼の喪失を防ぐという経済政策に基づく目的を達成するためのもの」であるが，その目的は正当で，利益提供の禁止はこの目的達成のための手段として「必要性又は合理性に欠けるものであるとはいえない」として合憲判断を下している。その他，団地内全建物の一括建替え決議について定めた建物区分所有法 70 条の憲法 29 条違反を争った事件についての最高裁平成 21 年 4 月 23 日第一小法廷判決[53]も，区分所有権の性質を論じたのち，平成 14 年の大法廷判決を引いて，比較的簡単に違憲の主張を退けている。これらの判決も本判決を先例として引用することはしていない。

　こうして見ると，本判決は，これまでに最高裁が下した数少ない法令違憲判決の一つでありながら，財産権規制の領域における先例として最高裁自身によってどのように位置づけられているのかが些か不透明であるといわざるをえない。これは本件事案の特殊性の故であろうか[54][55]。しかし，もし事案が違うというのであれば，最高裁は，他の事件において，そのことを説明した上で判断を下すべきであろう。あえてそうすることをせず，先例との関係を曖昧にしたまま論を進めるということは，判例理論の展開の仕方一般としてもはたして適切であるか疑問の残るところである。

---

53) 判時 2045 号 116 頁。
54) 本判決が提示した審査基準が財産権規制の領域における特殊な事案についての具体化にとどまる可能性を指摘したものとして，石川健治「財産権の制限」別冊法セ・憲法Ⅱ基本的人権〔第 3 版〕189 頁，192 頁注(2)(1994 年) 参照。
55) なお，下級審の裁判例の中には，本判決の判断枠組みを明示的に引用して，それに基づいて判断した結果，憲法 29 条 2 項違反の主張を退けたものとして，金融商品取引法 172 条の 2 第 1 項 1 号所定の課徴金の納付命令の決定を受けた企業がその取消しを求めた事件に関する東京高判平成 25・3・28（LEX/DB 文献番号 25445973），地下水保全条例による井戸の設置規制を土地所有者が争った国賠請求事件に関する東京高判平成 26・1・30 判自 387 号 11 頁などがある。

第16章 在外日本国民の選挙権
——在外選挙権訴訟違憲判決

最大判平成 17 年 9 月 14 日民集 59 巻 7 号 2087 頁

I　はじめに

　国外に居住していて国内の市町村の区域内に住所を有していない日本国民（以下「在外国民」という）は，1998（平成 10）年の公職選挙法（以下「公選法」という）の一部改正（平成 10 年法律第 47 号による）に至るまで，国政選挙において選挙権を行使することが全く認められていなかった[1]。また，この改正によっても，選挙権の行使が認められたのは衆参両議院の比例代表選出議員の選挙に限られ，衆議院小選挙区選出議員の選挙および参議院選挙区選出議員の選挙については，在外国民は依然として選挙権を行使することができなかった。

　本章で取り上げる 2005（平成 17）年 9 月 14 日の最高裁大法廷判決は，このように在外国民の選挙権の行使を制限した平成 10 年改正前および改正後の公選法をいずれも憲法に違反し無効と宣言したものである。この判決は，最高裁が下した法令違憲判決としては，郵便法違憲判決[2]に次ぐ七つ目のものであるが，最高裁が国会の立法不作為を違憲としたのはこれが初めてであ

---

[1]　わが国における在外選挙制度の導入に至る経緯と諸外国の状況については，岡沢憲芙＝戸波江二編『在外選挙』（インフォメディア・ジャパン，1998 年）参照。在外国民の選挙権問題に取り組んだ先駆的業績として，戸波江二「在外日本国民の選挙権」法教 162 号 39 頁（1994 年），戸波江二「在外選挙の選挙法上の問題点(1)(2)」筑波法政 19 号 115 頁，20 号 23 頁（1996 年）等参照。

[2]　最大判平成 14・9・11 民集 56 巻 7 号 1439 頁。本書第 1 章参照。

る。また，本判決は，国民の選挙権にかかわる憲法訴訟についての最高裁の法令違憲判決としては，1976（昭和51）年と1985（昭和60）年の二つの議員定数不均衡違憲判決[3]に次ぐ三つ目のものということになる。しかし，同じく選挙権にかかわる憲法訴訟といっても，議員定数不均衡訴訟と本件訴訟とではかなりその様相を異にし，各々の訴訟における最高裁の判断のあり方にも相当の違いが見られる。本判決は，在外国民の選挙権の行使を制限する公選法の規定を違憲と判断して，訴えを提起した在外国民らが次回の衆議院議員選挙における小選挙区選出議員の選挙および参議院議員選挙における選挙区選出議員の選挙において投票することができる地位にあることを確認するとともに，立法不作為に関する国家賠償請求をも認容した。その意味で，本判決は，まさに画期的な判決と評することができよう。しかし，そうであるだけに，本判決は，先例の判断とどのようにつながるのか，また，後の事件に対してどこまでその趣旨が及ぶのかが注目されるのである。

そこで，本章では，以上の点に留意しつつ本判決を読み直し，この判決のもつ意義について改めて考えてみることにしたい。

II　判決の紹介

1　事実の概要

在外国民であるXら（原告，控訴人，上告人）は，1996（平成8）年10月21日施行の衆議院議員選挙（以下「本件選挙」という）の際，国外に居住していたため，当時の公選法の定めにより選挙権を行使することができなかった。そこで，Xらは，国（被告，被控訴人，被上告人）を相手取り，①Xらについて，本件改正前の公選法が衆議院議員および参議院議員の選挙権の行使を認めていないことが違憲違法（憲法14条1項，15条1項・3項，43条，44条，国際人権B規約25条違反）であることの確認を求めるとともに，②立法府である国会が公選法の改正を怠ったためにXらは本件選挙において投

---

[3]　最大判昭和51・4・14民集30巻3号223頁，最大判昭和60・7・17民集39巻5号1100頁。本書第7章参照。

票することができず損害を被ったと主張して、Ｘら一人当たり５万円の慰謝料の支払いを求めた。ところが、本件訴訟が第１審に係属中に平成10年の公選法の一部改正がなされ、新たに在外選挙人名簿が調製されることとなり（公選法第４章の２，42条１項・２項参照）、在外国民の投票を認める在外選挙制度が創設された。もっとも、対象となる選挙について、当分の間、衆参両院の比例代表選出議員の選挙に限ることとされたため（本件改正後の公選法附則８項）、在外国民は、その間、衆議院小選挙区選出議員の選挙および参議院選挙区選出議員の選挙については、投票ができないものとされた。そこで、Ｘらは、第１審において、③本件改正後の公選法がＸらに衆議院小選挙区選出議員および参議院選挙区選出議員の選挙権の行使を認めていないことが違憲違法であることの確認請求を追加し、さらに、控訴審において、④Ｘらが衆議院小選挙区選出議員の選挙および参議院選挙区選出議員の選挙において選挙権を行使する権利を有することの確認請求を追加した（控訴審では、①③を主位的請求とし、④を予備的請求とした）。

　第１審判決（東京地判平成11・10・28）[4]は、②の国家賠償請求について、国会議員が公選法の規定の改正を行わなかったことが憲法または国際人権Ｂ規約の一義的な文言に違反するものでないことは明らかであるから、かかる立法の不作為をもって国家賠償法１条１項の適用上違法と評価すべき例外的な場合に当たらないとして請求を棄却し、また、①③の各違法確認請求については、具体的紛争を離れて、改正前または改正後の公選法の違法確認を求める訴えというべきで、法律上の争訟には当たらない、仮に法律上の争訟に当たるとしても、いわゆる無名抗告訴訟として許容される場合には当たらないとして、各訴えを不適法であり、却下すべきものとした。第２審判決（東京高判平成12・11・8）[5]は、②の国家賠償請求については、第１審判決を全面的に引用して、これを棄却するとともに、①③の主位的請求に係る違法確認の訴えについては、具体的紛争を離れて、抽象的、一般的に法令等の違憲あるいは違法性等に関する判断を求めるもので、法律上の争訟に該当しないので不適法であるとし、④の予備的請求に係る選挙権確認の訴えについても、

4) 訟月46巻10号3833頁（民集59巻７号2216頁）。
5) 判タ1088号133頁（民集59巻７号2231頁）。

当事者間の具体的な権利義務ないし法律関係の存否に関する紛争ではなく，抽象的，一般的に法令等の違憲違法をいうか，または，さらに一般的に権利を創設する判断を求めるものといわざるをえず，法律上の争訟に該当しないことは明らかであるから不適法であり，却下すべきものとした。

これに対して，Xら24名のうち13名が上告および上告受理申立てを行った（13名中2名は既に帰国しており，11名が引き続き国外居住者であった）。最高裁大法廷は，次のように述べて，①③の違法確認請求に係る各訴えを却下し，②④の請求を認容する，一部破棄自判，一部上告棄却の判決を下した。

2　判　旨

(第2　在外国民の選挙権の行使を制限することの憲法適合性について)

(1)「国民の代表者である議員を選挙によって選定する国民の権利は，国民の国政への参加の機会を保障する基本的権利として，議会制民主主義の根幹を成すものであり，民主国家においては，一定の年齢に達した国民のすべてに平等に与えられるべきものである」。

憲法の前文および1条，43条1項，15条1項・3項，44条ただし書の定めによれば，「憲法は，国民主権の原理に基づき，両議院の議員の選挙において投票をすることによって国の政治に参加することができる権利を国民に対して固有の権利として保障しており，その趣旨を確たるものとするため，国民に対して投票をする機会を平等に保障しているものと解するのが相当である」。

「憲法の以上の趣旨にかんがみれば，自ら選挙の公正を害する行為をした者等の選挙権について一定の制限をすることは別として，国民の選挙権又はその行使を制限することは原則として許されず，国民の選挙権又はその行使を制限するためには，そのような制限をすることがやむを得ないと認められる事由がなければならないというべきである。そして，そのような制限をすることなしには選挙の公正を確保しつつ選挙権の行使を認めることが事実上不能ないし著しく困難であると認められる場合でない限り，上記のやむを得ない事由があるとはいえず，このような事由なしに国民の選挙権の行使を制限することは，憲法15条1項及び3項，43条1項並びに44条ただし書に

違反するといわざるを得ない。また，このことは，国が国民の選挙権の行使を可能にするための所要の措置を執らないという不作為によって国民が選挙権を行使することができない場合についても，同様である。

　在外国民は，選挙人名簿の登録について国内に居住する国民と同様の被登録資格を有しないために，そのままでは選挙権を行使することができないが，憲法によって選挙権を保障されていることに変わりはなく，国には，選挙の公正の確保に留意しつつ，その行使を現実的に可能にするために所要の措置を執るべき責務があるのであって，選挙の公正を確保しつつそのような措置を執ることが事実上不能ないし著しく困難であると認められる場合に限り，当該措置を執らないことについて上記のやむを得ない事由があるというべきである」。

(2)　本件改正前の公職選挙法の憲法適合性について

「本件改正前の公職選挙法の下においては，在外国民は，選挙人名簿に登録されず，その結果，投票をすることができないものとされていた。これは，在外国民が実際に投票をすることを可能にするためには，我が国の在外公館の人的，物的態勢を整えるなどの所要の措置を執る必要があったが，その実現には克服しなければならない障害が少なくなかったためであると考えられる。

　記録によれば，内閣は，昭和 59 年 4 月 27 日，『我が国の国際関係の緊密化に伴い，国外に居住する国民が増加しつつあることにかんがみ，これらの者について選挙権行使の機会を保障する必要がある』として，衆議院議員の選挙及び参議院議員の選挙全般についての在外選挙制度の創設を内容とする『公職選挙法の一部を改正する法律案』を第 101 回国会に提出したが，同法律案は，その後第 105 回国会まで継続審査とされていたものの実質的な審議は行われず，同 61 年 6 月 2 日に衆議院が解散されたことにより廃案となったこと，その後，本件選挙が実施された平成 8 年 10 月 20 日までに，在外国民の選挙権の行使を可能にするための法律改正はされなかったことが明らかである。世界各地に散在する多数の在外国民に選挙権の行使を認めるに当たり，公正な選挙の実施や候補者に関する情報の適正な伝達等に関して解決されるべき問題があったとしても，既に昭和 59 年の時点で，選挙の執行につ

いて責任を負う内閣がその解決が可能であることを前提に上記の法律案を国会に提出していることを考慮すると，同法律案が廃案となった後，国会が，10年以上の長きにわたって在外選挙制度を何ら創設しないまま放置し，本件選挙において在外国民が投票をすることを認めなかったことについては，やむを得ない事由があったとは到底いうことができない。そうすると，本件改正前の公職選挙法が，本件選挙当時，在外国民であった上告人らの投票を全く認めていなかったことは，憲法15条1項及び3項，43条1項並びに44条ただし書に違反するものであったというべきである」。

(3) 本件改正後の公職選挙法の憲法適合性について

本件改正が当分の間両議院の比例代表選出議員の選挙についてだけ投票をすることを認めた点に関しては，「投票日前に選挙公報を在外国民に届けるのは実際上困難であり，在外国民に候補者個人に関する情報を適正に伝達するのが困難であるという状況の下で，候補者の氏名を自書させて投票をさせる必要のある衆議院小選挙区選出議員の選挙又は参議院選挙区選出議員の選挙について在外国民に投票をすることを認めることには検討を要する問題があるという見解もないではなかったことなどを考慮すると，初めて在外選挙制度を設けるに当たり，まず問題の比較的少ない比例代表選出議員の選挙についてだけ在外国民の投票を認めることとしたことが，全く理由のないものであったとまでいうことはできない。しかしながら，本件改正後に在外選挙が繰り返し実施されてきていること，通信手段が地球規模で目覚ましい発達を遂げていることなどによれば，在外国民に候補者個人に関する情報を適正に伝達することが著しく困難であるとはいえなくなったものというべきである。また，参議院比例代表選出議員の選挙制度を非拘束名簿式に改めることなどを内容とする公職選挙法の一部を改正する法律（平成12年法律第118号）が平成12年11月1日に公布され，同月21日に施行されているが，この改正後は，参議院比例代表選出議員の選挙の投票については，公職選挙法86条の3第1項の参議院名簿登載者の氏名を自書することが原則とされ，既に平成13年及び同16年に，在外国民についてもこの制度に基づく選挙権の行使がされていることなども併せて考えると，遅くとも，本判決言渡し後に初めて行われる衆議院議員の総選挙又は参議院議員の通常選挙の時点にお

いては，衆議院小選挙区選出議員の選挙及び参議院選挙区選出議員の選挙について在外国民に投票をすることを認めないことについて，やむを得ない事由があるということはできず，公職選挙法附則8項の規定のうち，在外選挙制度の対象となる選挙を当分の間両議院の比例代表選出議員の選挙に限定する部分は，憲法15条1項及び3項，43条1項並びに44条ただし書に違反するものといわざるを得ない」。

(第3　確認の訴えについて)

(1)　「本件の主位的確認請求に係る訴えのうち，本件改正前の公職選挙法が……違法であることの確認を求める訴えは，過去の法律関係の確認を求めるものであり，この確認を求めることが現に存する法律上の紛争の直接かつ抜本的な解決のために適切かつ必要な場合であるとはいえないから，確認の利益が認められず，不適法である」。

(2)　「また，本件の主位的確認請求に係る訴えのうち，本件改正後の公職選挙法が……違法であることの確認を求める訴えについては，他により適切な訴えによってその目的を達成することができる場合には，確認の利益を欠き不適法であるというべきところ，本件においては，後記(3)のとおり，予備的確認請求に係る訴えの方がより適切な訴えであるということができるから，上記の主位的確認請求に係る訴えは不適法であるといわざるを得ない」。

(3)　「本件の予備的確認請求に係る訴えは，公法上の当事者訴訟のうち公法上の法律関係に関する確認の訴えと解することができるところ，その内容をみると，公職選挙法附則8項につき所要の改正がされないと，在外国民である〔既に帰国した2名を除く11名の〕上告人らが，今後直近に実施されることになる衆議院議員の総選挙における小選挙区選出議員の選挙及び参議院議員の通常選挙における選挙区選出議員の選挙において投票をすることができず，選挙権を行使する権利を侵害されることになるので，そのような事態になることを防止するために，同上告人らが，同項が違憲無効であるとして，当該各選挙につき選挙権を行使する権利を有することの確認をあらかじめ求める訴えであると解することができる。

選挙権は，これを行使することができなければ意味がないものといわざるを得ず，侵害を受けた後に争うことによっては権利行使の実質を回復するこ

とができない性質のものであるから，その権利の重要性にかんがみると，具体的な選挙につき選挙権を行使する権利の有無につき争いがある場合にこれを有することの確認を求める訴えについては，それが有効適切な手段であると認められる限り，確認の利益を肯定すべきものである。そして，本件の予備的確認請求に係る訴えは，公法上の法律関係に関する確認の訴えとして，上記の内容に照らし，確認の利益を肯定することができるものに当たるというべきである。なお，この訴えが法律上の争訟に当たることは論をまたない。

そうすると，本件の予備的確認請求に係る訴えについては，引き続き在外国民である同上告人らが，次回の衆議院議員の総選挙における小選挙区選出議員の選挙及び参議院議員の通常選挙における選挙区選出議員の選挙において，在外選挙人名簿に登録されていることに基づいて投票をすることができる地位にあることの確認を請求する趣旨のものとして適法な訴えということができる」。

(4)「そこで，本件の予備的確認請求の当否について検討するに，前記のとおり，公職選挙法附則8項の規定のうち，在外選挙制度の対象となる選挙を当分の間両議院の比例代表選出議員の選挙に限定する部分は，憲法15条1項及び3項，43条1項並びに44条ただし書に違反するもので無効であって，〔既に帰国した2名を除く11名の〕上告人らは，次回の衆議院議員の総選挙における小選挙区選出議員の選挙及び参議院議員の通常選挙における選挙区選出議員の選挙において，在外選挙人名簿に登録されていることに基づいて投票をすることができる地位にあるというべきであるから，本件の予備的確認請求は理由があり，更に弁論をするまでもなく，これを認容すべきものである」。

(第4 国家賠償請求について)

国会議員の立法行為または立法不作為が国家賠償法1条1項の適用上違法となるかどうかは，「国会議員の立法過程における行動が個別の国民に対して負う職務上の法的義務に違背したかどうかの問題であって，当該立法の内容又は立法不作為の違憲性の問題とは区別されるべきであり，仮に当該立法の内容又は立法不作為が憲法の規定に違反するものであるとしても，そのゆえに国会議員の立法行為又は立法不作為が直ちに違法の評価を受けるもので

はない。しかしながら，立法の内容又は立法不作為が国民に憲法上保障されている権利を違法に侵害するものであることが明白な場合や，国民に憲法上保障されている権利行使の機会を確保するために所要の立法措置を執ることが必要不可欠であり，それが明白であるにもかかわらず，国会が正当な理由なく長期にわたってこれを怠る場合などには，例外的に，国会議員の立法行為又は立法不作為は，国家賠償法1条1項の規定の適用上，違法の評価を受けるものというべきである。最高裁昭和53年(オ)第1240号同60年11月21日第一小法廷判決・民集39巻7号1512頁は，以上と異なる趣旨をいうものではない。

　在外国民であった上告人らも国政選挙において投票をする機会を与えられることを憲法上保障されていたのであり，この権利行使の機会を確保するためには，在外選挙制度を設けるなどの立法措置を執ることが必要不可欠であったにもかかわらず，前記事実関係によれば，昭和59年に在外国民の投票を可能にするための法律案が閣議決定されて国会に提出されたものの，同法律案が廃案となった後本件選挙の実施に至るまで10年以上の長きにわたって何らの立法措置も執られなかったのであるから，このような著しい不作為は上記の例外的な場合に当たり，このような場合においては，過失の存在を否定することはできない。このような立法不作為の結果，上告人らは本件選挙において投票をすることができず，これによる精神的苦痛を被ったものというべきである。したがって，本件においては，上記の違法な立法不作為を理由とする国家賠償請求はこれを認容すべきである。

　そこで，上告人らの被った精神的損害の程度について検討すると，本件訴訟において在外国民の選挙権の行使を制限することが違憲であると判断され，それによって，本件選挙において投票をすることができなかったことによって上告人らが被った精神的損害は相当程度回復されるものと考えられることなどの事情を総合勘案すると，損害賠償として各人に対し慰謝料5000円の支払を命ずるのが相当である。そうであるとすれば，本件を原審に差し戻して改めて個々の上告人の損害額について審理させる必要はなく，当審において上記金額の賠償を命ずることができるものというべきである。そこで，上告人らの本件請求中，損害賠償を求める部分は，上告人らに対し各5000円

及びこれに対する平成8年10月21日から支払済みまで民法所定の年5分の割合による遅延損害金の支払を求める限度で認容し，その余は棄却することとする」。

なお，本判決には，在外国民の選挙権の行使を全部または一部認めないことはなお国会に委ねられた裁量の範囲内であるとする横尾和子，上田豊三両裁判官の共同反対意見，国家賠償請求を認容すべきでなかったとする泉徳治裁判官の反対意見のほか，これらの反対意見に反論する福田博裁判官の補足意見が付されている。

III 分析と検討

本判決について特筆すべきは，次の3点である。第1に，在外国民の選挙権の行使を全部または一部制限した公選法を違憲と断じたことである。第2に，在外国民が衆議院小選挙区選出議員の選挙および参議院選挙区選出議員の選挙において選挙権を行使する権利を有することの確認を求める訴えを適法と認め，かつ，その請求を認容したことである。第3に，在外選挙制度を設けるなどの立法措置を執らなかった立法不作為の違法を理由とする国家賠償請求を認容したことである。

以下，順次検討する。

1 在外国民の選挙権の制限の憲法適合性

最高裁は，早くから，選挙権を「国民の最も重要な基本的権利の一である」[6]と認め，これを尊重する姿勢を見せてきた。議員定数不均衡訴訟における昭和51年4月14日の大法廷判決（以下「議員定数不均衡判決」という）も，選挙権を「国民の国政への参加の機会を保障する基本的権利として，議会制民主主義の根幹をなすもの」[7]と捉え，公選法別表の議員定数配分規定を，かかる選挙権の内容の平等，すなわち投票価値の平等という憲法の要求

---

6) 最大判昭和30・2・9刑集9巻2号217頁，221頁。
7) 民集30巻3号242頁。本判決も，判旨「第2」(1)の冒頭で，これと全く同じ言い回しを用いている。民集59巻7号2095頁参照。

に反するものとして違憲と判断したのであった。その意味では，本判決が在外国民の選挙権の行使を全部または一部制限した公選法を違憲と判断したことは，当然の帰結であったということができるかもしれない。

しかし，議員定数不均衡判決と本判決とを比べると，その判断過程にはかなりの相違が認められる。第1に，議員定数不均衡判決では，衆参両議院の議員の各選挙制度の仕組みの具体的決定は憲法により原則として国会の裁量に委ねられている[8]として，あくまでも国会の裁量を前提として判断しようとしていたのに対し，本判決では，国会の裁量への明示的な言及がなく，そのような裁量を前提としていないように見えることである。第2に，議員定数不均衡判決では，投票価値の不平等について，それが「国会において通常考慮しうる諸般の要素をしんしゃくしてもなお，一般的に合理性を有するものとはとうてい考えられない程度に達しているときは，もはや国会の合理的裁量の限界を超えているものと推定されるべきものであり，このような不平等を正当化すべき特段の理由が示されない限り，憲法違反と判断するほかはない」[9]としていたのに対し，本判決では，「国民の選挙権又はその行使を制限することは原則として許されず，国民の選挙権又はその行使を制限するためには，そのような制限をすることがやむを得ないと認められる事由がなければならない」とし，かつ，「そのような制限をすることなしには選挙の公正を確保しつつ選挙権の行使を認めることが事実上不能ないし著しく困難であると認められる場合でない限り，上記のやむを得ない事由があるとはいえ〔ない〕」[10]としていることである。第3に，議員定数不均衡判決では，各選挙区間の議員一人当たりの有権者分布に著しい格差が生じていることを憲法14条1項に違反するとした上告人らの主張を受けて，投票価値の平等が憲法14条1項の要求するところであることを明確に宣言した[11]のに対し，本判決では，在外国民の国政選挙における選挙権の行使を制限することが，上告人らの主張するように憲法14条1項に違反するかどうかという論点には全く答えていないということである。

8) 民集30巻3号244頁。
9) 同247頁。
10) 民集59巻7号2096頁。
11) 民集30巻3号243頁。

これらの違いは何に由来するものであろうか。さしあたり考えうるのは，次のようなことである。第1に，投票価値の不平等は，選挙権の行使が認められないということと同じではないということである。たしかに，投票価値の不平等も実質的な選挙権の制限には違いない。しかし，その場合でも選挙権の行使自体は認められており，この点で，そもそも選挙権の行使が認められない場合とは本質的に異なるというべきであろう。そうだとすると，議員定数不均衡判決が，投票価値の不平等について，選挙制度の仕組みの具体的決定に関する国会の裁量を前提として，不均衡がどの程度に至れば違憲となるかを判断しようとしたのに対し，本判決が，在外国民の選挙権行使の制限について，国会の裁量に言及することなく，厳格な審査を行っていることに一応の合点がいく。この点に関して，福田裁判官の補足意見は，「国会は，平等，自由，定時のいずれの側面においても，国民の選挙権を剝奪し制限する裁量をほとんど有していない」[12]と明確に述べている。法廷意見の趣旨はさほど明確ではないが，おそらくはこれと同様の考え方に立脚するものと思われる。

　本判決が憲法14条に触れなかったのもこの点に関係するのではなかろうか。すなわち，本件訴訟では，選挙人が選挙権を行使する上で，各投票が選挙の結果に及ぼす影響力に差異を生じることが問題となっているのではなく，在外国民の選挙権行使それ自体の制限が問題となっている。そうだとすると，それは端的に憲法15条1項・3項，44条ただし書（両議院の議員の選挙において投票することにより国政に参加することができる権利の平等保障）の問題として処理すれば足りるということになろう。本判決がこれに加えて43条1項を挙げた理由は必ずしも明確ではないが，国民の中に代表されない国民があってはならないという趣旨ではないかと思われる[13]。

　第2に，議員定数不均衡訴訟と本件訴訟とでは，争い方が異なるということである。いうまでもなく，議員定数不均衡訴訟は，公選法204条の選挙無効訴訟として提起されている。したがって，そこで問題となるのは，個人の主観的権利の侵害に対する救済ではなく，選挙の適否である。議員定数不均衡判決も，そのような前提に立って判断を下しているものと思われる[14]。

---

12) 民集59巻7号2104頁。

これに対して，本件訴訟は，在外国民の選挙権の行使が全部または一部制限されたことを直接争い，かかる制限が違憲違法であることの確認と慰謝料の支払いを求めたものである。本判決が選挙権の権利としての重要性を説くとともにそれに対する制限を「やむを得ない事由」がない限り認められないとして厳格な審査を行ったのもそのためであると考えられる。

これに対して，横尾，上田両裁判官の共同反対意見は，憲法は選挙制度の仕組みについての具体的決定を「原則として国会の裁量にゆだねている」[15]とし，在外国民にどのような投票制度を用意すればよいかについても同様に解すべきものとしていることから，基本的に，議員定数不均衡判決の判断枠組みを踏襲するものといえよう。そうすると，この反対意見においては，在外国民について全く選挙権の行使を認めないこととしても，それが「国会において正当に考慮することのできる事項を考慮した上での選択」[16]ということができれば，憲法上容認されることとなろう。事実，この反対意見は，「我が国の主権の及ばない国や地域」にも「様々な国や地域が存在」し，「在外国民にも二重国籍者や海外永住者などいろいろな種類の人たちがいる」ことから，在外国民の選挙権行使には，「国内に居住する国民の場合に比べて，様々な社会的，技術的な制約が伴う」[17]とし，それ故，平成10年の改正前には在外国民に国政選挙における投票の機会が与えられず，平成10年の改正後も衆参両議院の比例代表選出議員の選挙を別にして衆議院小選挙区選出議員の選挙および参議院選挙区選出議員の選挙においては投票の機会が与えられなかったことは，「選挙の公正さ，公平さを確保し，混乱のない選挙を

---

13) これに対して，憲法43条1項に関する最高裁判例の理解を前提とすると，在外国民に選挙権の行使を認めなくても国会議員は在外国民を含む全国民を代表しているという議論に使われる可能性があるという指摘がある（鼎談「在外邦人選挙権大法廷判決をめぐって」ジュリ1303号2頁，3頁〔2006年〕〔長谷部恭男発言〕参照）。しかし，ここで言及されている最大判昭和58・4・27民集37巻3号345頁は，参議院の議員定数の配分について，厳格な人口比例主義の基準を充たしていなくてもこれによって選出された議員が全国民の代表であるという性格と矛盾抵触するわけではない旨を述べたものであり，およそ選挙権の行使が認められない場合を想定したものではないと思われる。
14) 本書113〜14頁参照。
15) 民集59巻7号2104頁，2105頁。
16) 同2107頁。
17) 同2105頁。

実現する」ために国会が行った選択の結果であり，「正確な候補者情報の伝達，選挙人の自由意思による投票環境の確保，不正の防止等に関し様々な社会的，技術的な制約の伴う中でそれなりの合理性を持ち，国会に与えられた裁量判断を濫用ないし逸脱するものではなく」，いまだ違憲とはいえないとした[18]。

たしかに，在外国民の選挙権行使に「様々な社会的，技術的な制約が伴う」ことは否定し難い。いかに「通信手段が地球規模で目覚ましい発達を遂げている」[19]といっても，地球上にはなお通信手段の未発達な地域も存在するのであって，在外国民に候補者個人に関する情報を適正に伝達することの困難さが完全に払拭されたとはいえないであろう。また，在外公館に出向いての投票であれ郵便による投票であれ（公選法49条の2参照），それぞれの地域の事情によっては投票自体が困難であるとか，投票が確実にカウントされるかどうかが懸念されるとかいう事態も考えられる[20]。しかし，選挙権の権利としての重要性に鑑みれば，在外国民についても可能な限り選挙権の行使の確保に努めるべきであり，このように様々な制約があるからといって在外国民一般について一律に選挙権の行使を制限することは許されないというべきであろう。

本判決は，改正前および改正後の公選法による在外国民の選挙権行使の制限にはいずれも「やむを得ない事由」を認めることができないと断じた。改正前の制限について判断するにあたり，本判決は，1984（昭和59）年に内閣が在外選挙制度の創設を内容とする公選法の改正案を国会に提出したことを重視する反面，国会が法改正を実現しないまま終始した背景にどのような事情があったのかを特に考慮していない。おそらく，本判決は，「国民の基本的権利」に対する制限は一刻も早く除去されるべきであるところ，既に昭和59年の時点において，「選挙の執行について責任を負う内閣がその解決が可

---

18) 同2107〜08頁。ただし，この反対意見も，「我が国の主権の及ぶ我が国内に居住している国民の選挙権の行使を制限する場合」には別異に考えるべきものとし，この点では，国民の選挙権またはその行使を制限することは原則として許されないとする法廷意見に同調している。同2106頁参照。
19) 同2098頁（法廷意見）。
20) 内野正幸「在外日本国民の選挙権」法時78巻2号78頁，80頁（2005年）は，これらの点を指摘して，本判決の判断に疑問を呈する。

能であることを前提に」在外国民の選挙権行使を可能にする法改正を目指した以上，国会としても何らかの対応をなすべきであったにもかかわらず，10年以上の長きにわたりこの問題を放置したことに酌量の余地はないと判断したものであろう。また，改正後の制限について判断するにあたり，本判決は，本件改正後の事情として，在外国民に候補者個人に関する情報を適正に伝達することの困難が改善されていること（「著しく困難であるとはいえなくなった」こと）や，2000（平成12）年に参議院比例代表選出議員の選挙制度が非拘束名簿式に改められ，参議院比例代表選出議員の選挙の投票については名簿登載者の氏名を自書することが原則とされて，既に2001（平成13）年および2004（平成16）年に在外国民についてもこの制度に基づく選挙権の行使が行われていることを考慮している[21]。これらの点からすると，在外国民の選挙権行使を衆参両議院の比例代表選出議員の選挙に限定しなければならない理由を見出すことは困難であると思われる。

なお，改正後の制限につき，本判決が，「遅くとも，本判決言渡し後に初めて行われる衆議院議員の総選挙又は参議院議員の通常選挙の時点においては，……やむを得ない事由があるということはできず」，かかる制限は違憲といわざるをえないと述べたことについて，これは現状を違憲と判断したものではないとの見方がある[22]。しかし，本判決が「遅くとも，本判決言渡し後に初めて行われる〔国政〕選挙の時点においては」と述べたのは，選挙権を行使できるか否かが問題となるのはまさに選挙の時点においてだからであって，本判決は，公選法附則8項が在外選挙制度の対象となる選挙を当分の間両議院の比例代表選出議員の選挙に限定していることを，判決の時点において，違憲と判断したものと見るべきであろう（遅くとも次回選挙までに法改正をなすべきことを国会に対して促したものと思われる）[23]。

2　公法上の確認訴訟と「法律上の争訟」

本判決は，本件の主位的確認請求に係る訴え（本件改正前および改正後の公

---

21) 民集59巻7号2098頁参照。
22) 鼎談・前出注13) 7〜8頁（長谷部恭男，小幡純子，田中宗孝発言）参照。
23) 同旨，浜川清「在外国民選挙権最高裁判決と公法上の確認訴訟」法時78巻2号84頁，88頁注(6)。

選法の違法確認を求める訴え）については，これを不適法とした。

　主位的確認請求に係る訴えについては，1，2審判決もこれを不適法とする判断を下している。ただし，その理由は本判決のそれとは異なる。1，2審判決が公選法の違法確認を求める訴えを不適法とした理由は，かかる訴えが裁判所法3条1項にいう「法律上の争訟」に当たらないということであった。Xらの訴えは，「選挙権を有する在外日本人一般について……選挙権行使の方法が確保されていないという一般的状態」[24]を問題にし，あるいは，「単に在外日本人であるということを理由に」[25]公選法の違法を主張するにとどまり，個別性・具体性を欠く（「当事者間の具体的な権利義務ないし法律関係の存否に関する紛争」[26]に当たらない）というのである。これに対して，本判決は，主位的確認請求に係る訴えはいずれも確認の利益を欠くという処理の仕方をしている。すなわち，本件改正前の公選法の違法確認を求める訴えについては，「過去の法律関係の確認を求めるものであり，この確認を求めることが現に存する法律上の紛争の直接かつ抜本的な解決のために適切かつ必要な場合であるとはいえない」[27]とし，また，本件改正後の公選法の違法確認を求める訴えについては，「予備的確認請求に係る訴えの方がより適切な訴えであるということができる」[28]として，各訴えを不適法とした。これは，民事訴訟における確認の利益の判断に倣ったものといえる。確認の訴えは，給付の訴えと異なり，確認の対象が無限定に拡がりうることから，個々の訴えごとに確認の利益の存否を検討することが求められ，原告の権利または法律的地位について現に不安が存在し，それを除去するために確認判決による紛争の即時解決が必要であって，他により適切な解決方法がないという場合でなければ，確認の利益は認められない[29]。本判決も，このような見

---

24) 訟月46巻10号3855頁（第1審判決）。
25) 判タ1088号139頁（第2審判決）。
26) 同上。
27) 民集59巻7号2099頁。
28) 同上。ただし，何故そのようにいうことができるのかについて必ずしも十分な説明はない。杉原則彦・最判解民事篇平成17年度603頁，643～44頁は，本件主位的確認請求について，それが認められるとしても，「無名抗告訴訟たる立法不作為の違憲確認訴訟として補充的に認められるべきものであるから，公法上の当事者訴訟として同様の請求が可能であるとすれば，そのほかにあえてそのような法令上の根拠に問題のある訴訟形態を認めることは相当でない」としている。

地から,確認の利益を否定した。しかし,そのことは,逆にいえば,本件改正前の公選法の違法確認を求める訴えが「現に存する法律上の紛争の直接かつ抜本的な解決のために適切かつ必要な場合」には,たとえそれが「過去の法律関係の確認を求めるもの」であっても適法として認めうるということ,また,本件改正後の公選法の違法確認を求める訴えについても,他の「より適切な訴え」によって目的を達成することができない場合には,同様にかかる訴えを適法として認めうるということ,を含意するといえよう。そうすると,このような場合には,裁判所は訴えを「法律上の争訟」として取り扱うことになると思われるが,本判決はこの点については何も触れていない。

　他方,本判決は,本件予備的確認請求に係る訴え(衆議院小選挙区選出議員の選挙および参議院選挙区選出議員の選挙において選挙権を行使する権利を有することの確認を求める訴え)については,これを適法と認めた。この判断は控訴審判決のそれと真っ向から対立するものである。控訴審判決は,かかる選挙権確認の訴えは改正後の公選法が在外国民に衆議院小選挙区選出議員の選挙および参議院選挙区選出議員の選挙において選挙権を行使する権利を認めていないことの違憲違法を宣言することを求めているか,または,かかる選挙権を行使する権利を創設することを求めるものであり,当事者間の具体的な権利義務ないし法律関係の存否に関する紛争ではなく,「『法律上の争訟』に該当しないことは明らかであるから,不適法といわざるを得ない」[30]としていた。これに対して,本判決は,本件予備的確認請求に係る訴えを「公法上の当事者訴訟のうち公法上の法律関係に関する確認の訴えと解することができる」とし,かかる訴えについては,Xらのうち引き続き在外国民である者が次回の衆議院小選挙区選出議員の選挙および参議院選挙区選出議員の選挙において「在外選挙人名簿に登録されていることに基づいて投票をすることができる地位にあることの確認を請求する趣旨のものとして適法な訴えということができる」[31]と判示したのであった。これは,改正行政事件訴訟法4条が「公法上の法律関係に関する訴訟」の例示として「公法上の法

---

29) 新堂幸司『新民事訴訟法〔第4版〕』258〜67頁(弘文堂,2008年),高橋宏志『重点講義民事訴訟法(上)〔第2版補訂版〕』363〜90頁(有斐閣,2013年)等参照。
30) 判タ1088号139頁。

律関係に関する確認の訴え」を明記したことを受けて、かかる訴えを積極的に肯定したものと解され、その意味で注目される。

　もっとも、公法上の当事者訴訟に確認の訴えが含まれることは従来から当然のことと解されてきたところであり、法律の違憲を主張して権利の確認を求める訴えが適法とされたのも本件が初めてではない。薬事法の改正により新たに設けられた許可制が違憲無効であるとして旧法に基づき薬局開設の登録を受けた者が許可または許可の更新を受けなくても薬局の開設ができる権利のあることの確認を求めた事件について、東京地裁昭和37年10月24日判決[32]は、「一般に行政庁のなんらかの処分をまつまでもなく、法令自体が直接国民の権利義務に影響を及ぼすような場合には、その法令により権利義務に直接の影響を受ける国民は国に対しその法令の無効確認あるいは当該無効法令に基づく権利義務の存在、不存在等の確認を求めて裁判所に提訴することは、許される」[33]としたが、最高裁昭和41年7月20日大法廷判決[34]は、その点に触れることなく直ちに本案について憲法に違反しないとの実体判断を下している。したがって、本判決の意義は、確認の訴えの適否を正面から論じ、かかる訴えが適法であることを明確に認めた点にあるといえよう。

　本判決は、選挙権について、「侵害を受けた後に争うことによっては権利行使の実質を回復することができない性質のものである」こと、また、「その権利の重要性」を指摘して、確認の利益を肯定すべきものとした[35]。選挙権はその権利の内容が明確であり、しかも、一旦その行使の機会が奪われ

---

31)　民集59巻7号2100頁（下線省略）。これに対して、本判決が、本件主位的確認請求に係る訴えをどのような性質の訴えとして捉えているのかは明示されていない。上記のように、杉原・前出注28)643～44頁はこれを無名抗告訴訟と解しているが、山本隆司「在外邦人選挙権最高裁大法廷判決の行政法上の論点」法教308号25頁、29頁（2006年）は公法上の当事者訴訟としての確認訴訟と見る。

32)　行集13巻10号1858頁。

33)　同1863頁。

34)　民集20巻6号1217頁。なお、矢野邦雄・最判解民事篇昭和41年度354頁、359頁は、当該事件の訴えを「一種の公法上の地位、資格を保有することの確認を請求するいわゆる公法上の権利関係に関する当事者訴訟として認められよう」とし、行政処分の無効ではなく法規の無効を前提とした権利関係の確認の訴えについても、「法規を訴訟の対象とできないというのは、具体的な争訟事件性を欠くためであるから、法令の実施によって直接に具体的な法律上の地位の侵害が考えられるような場合であれば、これに事件性が認められてよいように思われる」という示唆に富む指摘を行っている。

35)　民集59巻7号2099～100頁参照。

れば事後の回復は不可能であることから，選挙権について確認の利益を認めたこの判断は正当であると思われる。ただ，この判断枠組みによって選挙権以外の権利について確認の利益がどのように判断されることになるのかは，直ちに明らかではない[36]。

ところで，本判決は，「この〔選挙権確認の〕訴えが法律上の争訟に当たることは論をまたない」[37]という。しかし，この同じ訴えについて控訴審判決が「『法律上の争訟』に該当しないことは明らか」と述べていたことからすれば，上告審としてこの点につきもう少し説明を付加してほしかったところである。控訴審判決は，Xらが在外国民として選挙権を行使することができない状態にあることを認めつつも，それが現に特定の選挙との関係で具体的に争われていない点を捉えて，「法律上の争訟」ではないとしたもののようである[38]。これに対して，本判決は，公選法が改正されない限り，「今後直近に実施されることになる」衆参両議院の小選挙区または選挙区選出議員の選挙において在外国民である者の選挙権を行使する権利の侵害が生じることは必至であることに着目して，具体的争訟性を認めたものと思われる[39]。「今後直近」の選挙といっても，衆議院の解散による総選挙のように実際にそれがいつ実施されるか不確定な場合もあり，また，その間に在外国民である者の地位に変動が生じること（帰国して住民登録をすることにより選挙権の行使が可能になること）も考えられる。それにもかかわらず，本判決が，個別性・具体性を柔軟に解して，そこに公権的に解決すべき具体的な争いがあると認定したことは注目される。ただ，それが「法律上の争訟」に関する従来の最高裁の判断とどのような関係に立つのかは定かではなく[40]，今後の判例の展開によってその点が明確にされることが望まれる。

36) 特に，「権利の重要性」については，本来本案の問題であり，確認の利益の有無の判断においてカウントされるべき要素ではないとの指摘がなされている。浜川・前出注23)86頁参照。
37) 民集59巻7号2100頁。
38) 判タ1088号139頁参照。
39) 杉原・前出注28)642頁は，本件選挙において「Xらは現実に選挙権の行使を妨げられていた」ということ，また，「本件改正後の国政選挙においては，Xらは，実際に，小選挙区（選挙区）選出議員の選挙において選挙権を行使することを妨げられているのであり，現行公職選挙法の下では，Xらが在外国民であることに変更がない限り，今後も同様の事態が生じることになる」ということから，「現時点において争訟性を認めることが可能である」（圏点筆者）という。なお，杉原・上掲677～78頁注(34)も参照。

本判決は，上記のように本件予備的確認請求を適法な訴えとした上で，その請求の当否については，公選法附則8項の規定のうち在外選挙制度の対象となる選挙を当分の間両議院の比例代表選出議員の選挙に限定する部分を違憲無効とした判断に基づき，Xらのうち引き続き在外国民である者は「次回の衆議院議員の総選挙における小選挙区選出議員の選挙及び参議院議員の通常選挙における選挙区選出議員の選挙において，在外選挙人名簿に登録されていることに基づいて投票をすることができる地位にあるというべきである」[41]として，請求を認容した。これは，在外国民である者が現に衆参両議院の小選挙区または選挙区選出議員の選挙において選挙権を行使する権利を有することを確認し，将来の選挙の時点で在外選挙人名簿に登録されている限り，そのことに基づいて選挙権を行使することができることを示したものであり，妥当な判断だといえよう。

3 立法不作為に関する国家賠償請求

本判決は，立法不作為の違法を理由とする国家賠償請求を認容した点でも注目される。周知の通り，立法不作為を含む立法行為の違法を理由とする国家賠償請求については，在宅投票制度の廃止に関する最高裁昭和60年11月21日第一小法廷判決[42]（以下「昭和60年判決」という）が，「国会議員の立法行為は，立法の内容が憲法の一義的な文言に違反しているにもかかわらず国会があえて当該立法を行うというごとき，容易に想定し難いような例外的な場合でない限り，国家賠償法1条1項の規定の適用上，違法の評価を受けない」[43]としていたところである。この判決は，㋐「国会議員の立法過程にお

---

40) たとえば，地方自治法旧281条の2により特別区の区長を区民が直接選挙することができなくなったことの違憲違法確認，具体的な区長選任の無効確認請求等を行った事件についての最三小判昭和39・4・21集民73号317頁，319頁は，「上告人らの主張する特別区長の選挙権は，区民に対して一般的に与えられた権利であって，上告人らが選挙権を侵害されたというのも，要するに，区民一般に与えられた権利に関する主張をしているに過ぎないものと解すべきである」とし，「上告人らは，本訴において，その個人的権利の侵害を主張してはいるものの，要するに，地方自治法281条の2が憲法に違反する旨を一般的に主張している趣旨と解するほかはなく，従って，本訴は，抽象的に法律の違憲を主張する訴えに帰するものと解さざるを得ない」としていた。

41) 民集59巻7号2100頁（下線省略）。

42) 民集39巻7号1512頁。

ける行動が個別の国民に対して負う職務上の法的義務に違背したかどうかの問題」と「当該立法の内容の違憲性の問題」とを区別する[44]とともに、(イ)「国会議員の立法行為は、本質的に政治的なものであって、その性質上法的規制の対象になじまず、特定個人に対する損害賠償責任の有無という観点から、あるべき立法行為を措定して具体的立法行為の適否を法的に評価するということは、原則的には許されない」[45]と断じ、そのことを前提として上記の判断を導いたものであった。

これに対して、本判決は、(昭和60年判決と同様に)(ア)の区別を維持し、立法の内容または立法不作為の違憲が直ちに国会議員の立法行為または立法不作為についての違法の評価に結びつくものではないとしつつも、(昭和60年判決と異なって)(イ)に相当する一般論を示すことなく、「しかしながら」として、「例外的に」国会議員の立法行為または立法不作為が国家賠償法1条1項の規定の適用上違法の評価を受けるべき場合を積極的に掲げている。それは、「立法の内容又は立法不作為が国民に憲法上保障されている権利を違法に侵害するものであることが明白な場合や、国民に憲法上保障されている権利行使の機会を確保するために所要の立法措置を執ることが必要不可欠であり、それが明白であるにもかかわらず、国会が正当な理由なく長期にわたってこれを怠る場合など」とされている[46]。そうすると、本判決は、昭和60年判決も本判決と「異なる趣旨をいうものではない」[47]としているが、実質的には、昭和60年判決における国家賠償責任の原則的否定の立場を緩和しているといえよう。

昭和60年判決以降、同判決の論理に従って、立法行為または立法不作為に関する国家賠償請求を退ける最高裁判決が相次いだ[48]。しかし、下級審判決の中には、関釜元慰安婦訴訟第1審判決[49]のように、立法不作為を理由とする国家賠償が認められるのは、「立法(不作為)の内容が憲法の一義的な文言に違反しているにもかかわらず国会があえて当該立法を行う(行わ

---

43) 同 1517 頁。
44) 同 1515 頁。
45) 同 1516 頁。
46) 民集 59 巻 7 号 2101 頁（下線省略）。
47) 同上。

ない）というごとき」場合に限られないとし，「当該人権侵害の重大性とその救済の高度の必要性が認められる場合であって（その場合に，憲法上の立法義務が生じる。），しかも，国会が立法の必要性を十分認識し，立法可能であったにもかかわらず，一定の合理的期間を経過してもなおこれを放置したなどの状況的要件」[50]が充たされた場合には，国家賠償を認めることができるとして，賠償を命じたものや，熊本ハンセン病訴訟第 1 審判決[51]のように，「立法の内容が憲法の一義的な文言に違反している」というのは，「立法行為が国家賠償法上違法と評価されるのが，極めて特殊で例外的な場合に限られるべきであることを強調しようとしたにすぎない」とし，当該事件は「人権被害の重大性とこれに対する司法的救済の必要性」に鑑みて，まさにそのような「極めて特殊で例外的な場合」に当たり，国家賠償法上の違法性を認めるのが相当[52]としたものがあった[53]。本判決は，むしろこれらの裁判例とその軌を一にするものであり，ただ，上記のように，違法性を認めるべき場合として，憲法上の権利侵害について「明白」性を，所要の立法措置を執ることについて「必要不可欠」性と「明白」性を要件に加えて，やや慎重を期したものと思われる。

本判決は，本件事案については，在外国民であった X らが「国政選挙に

---

48) 一般民間人被災者を対象として戦傷病者戦没者遺族等援護法と同等の立法をしなかったことに関する最二小判昭和 62・6・26 訟月 34 巻 1 号 25 頁，生糸の一元輸入措置および生糸価格安定制度を内容とする繭糸価格安定法改正に関する最三小判平成 2・2・6 訟月 36 巻 12 号 2242 頁，民法 733 条の再婚禁止期間を改正または廃止しなかったことに関する最三小判平成 7・12・5 判時 1563 号 81 頁等参照。また，国会議員の国会における質疑等に関する最三小判平成 9・9・9 民集 51 巻 8 号 3850 頁も参照。

49) 山口地下関支判平成 10・4・27 判時 1642 号 24 頁（ただし，2 審の広島高判平成 13・3・29 訟月 49 巻 4 号 1101 頁により覆され，上告は受理されなかった。最三小決平成 15・3・25〔判例集未登載〕）。

50) 判時 1642 号 39 頁。

51) 熊本地判平成 13・5・11 訟月 48 巻 4 号 881 頁（国側が控訴しなかったため確定）。

52) 同 1052 頁，1053 頁。

53) その他，学生無年金障害者訴訟に関する広島地判平成 17・3・3 判タ 1187 号 165 頁（違憲性の程度が「憲法の一義的な文言に違反している」といえる程度にまで達しているとし，国家賠償請求を認容），東京地判平成 16・3・24 判時 1852 号 3 頁（昭和 60 年判決に言及しないまま国家賠償請求を認容）等がある。また，筋萎縮性側索硬化症（ALS）患者の選挙権の行使に関する東京地判平成 14・11・28 判タ 1114 号 93 頁は，請求を棄却したものの，国会がしかるべき投票制度を設けなかったことを違憲としつつ，昭和 60 年判決の判示を「あくまで例示」として，憲法違反の認識が「国会議員の一般的認識」になっていたかどうかを検討している。

おいて投票をする機会を与えられることを憲法上保障されていた」こと，「この権利行使の機会を確保するためには，在外選挙制度を設けるなどの立法措置を執ることが必要不可欠であった」こと，それにもかかわらず，昭和59年に在外国民の投票を可能にするための法律案が閣議決定され国会に提出されて廃案となったのち「本件選挙の実施に至るまで10年以上の長きにわたって何らの立法措置も執られなかった」54)こと，を指摘して，「このような著しい不作為」は違法性が認められるべき「例外的な場合」に当たるとした55)。

　この国家賠償請求の認容に係る部分については，泉裁判官の反対意見がある56)。この反対意見は，選挙権は「公務的性格をも有しており，純粋な個人的権利とは異なった側面を持っている」こと，しかも，Xらの精神的苦痛は「数十万人に及ぶ在外国民に共通のものであり，個別性の薄いものである」ことから，Xらの精神的苦痛は金銭で評価することが困難であり，金銭賠償になじまないものである（このことは，議員定数不均衡による投票価値の不平等の救済について一層当てはまる）と説くとともに，投票価値の不平等是正については公選法204条の選挙無効訴訟，本件についてはXらが提起した予備的確認請求訴訟が認められており，「このような裁判による救済の途が開かれている限り，あえて金銭賠償を認容する必要もない」という57)。選挙権の制限は本来金銭賠償になじまないというこの指摘にはもっともな点がある。しかしながら，これについては，福田裁判官の補足意見が説くように，選挙後に帰国してしまった人々にとっては，金銭賠償しか救済の途がないということが留意されるべきであるし，また，「代表民主制の根幹を成す選挙権の行使が国会又は国会議員の行為によって妨げられると，その償いに国民の税金が使われるということを国民に広く知らしめる点で，賠償金の支払は，額の多寡にかかわらず，大きな意味を持つというべきである」58)とい

---

54) 民集59巻7号2101頁。もっとも，ここには特に「明白」性への言及は見られない。本件の場合は，違法な権利侵害であることや所要の立法措置が必要不可欠であることは殊更いうまでもなく「明白」だということであろうか。

55) 同上。本判決は，「このような場合においては，過失の存在を否定することはできない」として，違法性が認められれば当然に過失が認定されるという趣旨の判示を行っている。

56) 同2108頁。

57) 同2109〜10頁参照。

う指摘は，傾聴に値すると思われる。

4　本判決の射程と残された問題

　本判決を受けて，衆議院小選挙区選出議員の選挙および参議院選挙区選出議員の選挙を在外選挙の対象とすることを内容とした公選法の改正が，2006（平成 18）年 6 月 7 日に成立し，同月 14 日に公布された（平成 18 年法律第 62 号）[59]。これは，本判決が下した違憲判断の効果として，内閣が改正法案を閣議決定して国会に提出し（平成 18 年 3 月 7 日），国会も速やかにこれを可決成立せしめたものと見るべきであろう[60]。

　本判決が認めた立法不作為の国家賠償に関しては，その後，精神的な原因によって投票所に行くことが困難な者に対して国会議員が選挙権行使の機会を確保するための立法措置を執らなかった立法不作為を違憲違法として国家賠償を請求した事件についての最高裁平成 18 年 7 月 13 日第一小法廷判決[61]がある。この判決は，本判決を「当裁判所の判例」として明示的に引用し，当該立法不作為が国家賠償法上違法の評価を受けるものであるか否かについて本判決が提示した判断枠組みに沿って検討した結果，違法とはいえないとし，立法不作為の違憲の主張について判断しないまま，請求を退けている。ただ，注目されるのは，この判決も，国民の選挙権の行使を制限する

---

[58]　同 2103 頁。

[59]　改正の概要については，笠置隆範「公職選挙法の一部を改正する法律」ジュリ 1318 号 23 頁（2006 年）参照。この改正は，国政選挙に限定されたものであり，地方選挙や最高裁裁判官の国民審査は対象外となっている。これに対して，在外国民に国民審査の投票が認められていないのは違憲であるとして，在外国民である原告らが国を相手取り，審査できる地位の確認と損害賠償を求める訴えを提起したところ，東京地判令和元・5・28（裁判所ウェブサイト）は，地位確認の訴えについては不適法として却下したものの，損害賠償の訴えについては，在外投票制度を設けなかった立法不作為は憲法 15 条等に違反すると断じ，請求を認容した（それ以前の同種の事件で，東京地判平成 23・4・26 判時 2136 号 13 頁〔確定〕は，地位確認と損害賠償のいずれの訴えも退けたが，立法不作為については憲法上の重大な疑義があると述べていた）。なお，国外に住所を移した者のみを対象とする在外選挙制度に対して，一時的に国外に滞在する選挙人のために，国外における不在者投票制度が創設された（平成 18 年法律第 93 号）。こちらは国政選挙のみならず，地方選挙にも適用がある。この改正の概要については，片山敦嗣「公職選挙法の一部を改正する法律」ジュリ 1322 号 52 頁（2006 年）参照。

[60]　本判決は，在外国民である者が次回の選挙において「投票をすることができる地位にある」ことを確認したが，かかる確認判決の拘束力（行政事件訴訟法 41 条 1 項が準用する同法 33 条 1 項）によって立法府が所要の立法措置を執るべく義務づけられるものかどうかは定かでない。

[61]　判時 1946 号 41 頁。

ことは原則として許されないとして，改めて本判決の参照を求めており，投票制度の定めを立法府の広汎な裁量に委ねるという立場はとっていないと思われることである[62]。また，この判決に付された泉裁判官の補足意見は，「憲法47条は，投票の方法等は法律でこれを定めると規定しているが，すべての選挙人にとって特別な負担なく選挙権を行使することができる選挙制度を構築することが，憲法の趣旨にかなうものというべきである」とし，「投票所において投票を行うことが極めて困難な状態にある在宅障害者に対して，郵便等による不在者投票を行うことを認めず，在宅のまま投票をすることができるその他の方法も講じていない公職選挙法は，憲法の平等な選挙権の保障の要求に反する状態にあるといわざるを得ない」[63]と明言している。

　禁固以上の刑に処せられその執行を終わるまでの者（以下「受刑者」という）は選挙権を有しないと定めた公選法11条1項2号の規定が憲法15条1項・3項，43条1項，44条ただし書に違反するとして，国会議員が公選法を改正しなかったことにより参議院議員選挙で選挙権を行使できず精神的損害を受けたとして受刑者が国家賠償を請求した事件で，大阪高裁平成25年9月27日判決[64]は，本判決が選挙権の制限と選挙権行使の制限を同列に捉えていること，受刑者のすべてではなく選挙違反の罪を犯した者に限って選挙権を制限することができるとしていることなどから，受刑者の選挙権の制限については，本判決の示した厳格な審査基準により判断すべきものとし，公選法による受刑者の選挙権の制限はやむをえない事由によるものとはいえず違憲であると判示した（ただし，国家賠償請求については，立法当時受刑者の選挙権の制限が憲法に違反することが明白であったとはいえないなどとして，請求を理由のないものとして退けた）[65]。

　本判決が示した公法上の当事者訴訟による救済の途がどこまで有効な手段として利用可能であるかは，重要な問題である。本判決は，法律の規定が違憲であることを前提として権利の積極的な確認を求める訴えを適法として請求を認容したが，それは，やはり「国民の最も重要な基本的権利」の一つで

---

62) 同43頁参照。
63) 同45頁。
64) 判時2234号29頁（確定）。

ある選挙権の行使そのものが妨げられているという本件特有の事情によるところが大きいと思われる。その意味では，本判決の射程が本件事案を超えてどこまで及ぶのかは，直ちに明らかではなく，今後の判例の展開に俟つほかない[66]。ちなみに，選挙権またはその行使の制限については，成年被後見人は選挙権を有しないと定めた公選法11条1項1号（平成25年法律第21号による改正前のもの。以下同じ）の規定が憲法15条1項・3項，43条1項，44条ただし書に違反するとして，次回の衆議院議員および参議院議員の選挙において投票することができる地位にあることの確認を求めた事件で，東京地裁平成25年3月14日判決[67]が，本判決の示した厳格な審査基準を適用して，公選法11条1項1号は，主権者たる国民の選挙権を制限するに足る「やむを得ない」場合に当たるとはいえず，違憲であると判示し，原告が次回の両議院の議員の選挙において投票することができる地位にあることを確認した（これに対して被告国は一旦控訴したが，間もなく国会で同号を削除する改正が行われ，この訴訟については和解が成立した）。

---

[65] 原審の大阪地判平成25・2・6判時2234号35頁は，受刑者の選挙権の制限は在外国民の選挙権行使の制限とは事案を異にするとして，選挙権の欠格条項の憲法適合性については，国会の定めるところが合理性を欠き，その裁量権の逸脱・濫用が認められるか否かで判断すべきものとし，公選法11条1項2号は憲法に違反しないとしていた。なお，原告は，①公選法11条1項2号の違憲確認と②次回の衆議院議員総選挙において投票することができる地位にあることの確認を併せて求めていたが，この大阪地裁判決も控訴審である大阪高裁判決（上掲）も，①については法律上の争訟に当たらないとして訴えを却下し，②については原告（控訴人）が第1審係属中に刑の執行を受け終えて受刑者でなくなったことから確認の利益を欠くとして訴えを却下すべきものとした。受刑者の選挙権制限に関する同種の事件につき，大阪地裁判決と同旨の合憲判断を下したものとして，広島地判平成28・7・20判時2329号68頁，広島高判平成29・12・20（LEX/DB文献番号25449213）がある。

[66] 越智敏裕「在外邦人の選挙権に関する確認訴訟」行政判例百選Ⅱ〔第5版〕428頁，429頁（2006年）は，「権利救済の空白を埋めるものとして確認訴訟の活用を期待する改正行訴法の趣旨」に照らせば，「本判決が選挙権という民主制の核心をなす権利に関するものであることをことさらに強調してその射程を限定すること」は適切ではなく，財産権や人格権侵害の場合についても確認訴訟による救済の余地がありうると説く。

[67] 判時2178号3頁。

第17章 社会保障給付の併給禁止と憲法 25 条，14 条
—— 堀木訴訟判決

最大判昭和 57 年 7 月 7 日民集 36 巻 7 号 1235 頁

I　はじめに

　本章で取り上げる 1982（昭和 57）年の最高裁大法廷判決は，直接的には，障害福祉年金（昭和 60 年法律第 34 号による改正前のもの）と児童扶養手当（昭和 48 年法律第 93 号による改正前のもの）との併給禁止の憲法適合性（憲法 25 条，14 条，13 条違反の有無）を争った事件についてこれを合憲と判断したものであるが，その判断にあたって，とりわけ憲法 25 条の生存権保障の意義を明らかにし，同条違反の有無の審査基準を提示することによって生存権保障に関する憲法訴訟のあり方に大きな影響を及ぼした重要判例である[1]。

　1960 年代末から 70 年代にかけて，無拠出制の福祉年金や手当の受給制限を違憲無効として争う訴訟が数多く提起された。それらは，①夫婦の受給制限を争うものと，②年金・手当の併給制限を争うものとに分けられる。①に属するものとして，老齢福祉年金の夫婦受給制限（国民年金法旧 79 条の 2 第 5 項）を争った牧野訴訟[2]や松本訴訟[3]があり，②に属するものとして，老齢福祉年金と普通恩給の併給禁止（国民年金法旧 65 条 1 項）を争った宮訴訟[4]，老齢福祉年金と増加非公死扶助料の併給禁止（国民年金法旧 79 条の 2

---

1)　本件訴訟の経過と関連する文献資料については，堀木訴訟運動史編集委員会『堀木訴訟運動史』（法律文化社，1987 年）参照。
2)　東京地判昭和 43・7・15 行集 19 巻 7 号 1196 頁。
3)　大阪高判昭和 51・12・17 行集 27 巻 11＝12 号 1836 頁。
4)　東京高判昭和 56・4・22 行集 32 巻 4 号 593 頁。

を争った岡田訴訟[5]，老齢福祉年金と障害福祉年金の併給禁止（国民年金法旧20条）を争った森井訴訟[6]等がある。本件訴訟は②の代表例であり，しかも，1審が違憲，2審が合憲と判断が分かれたために，上告審の判断が注目されたのであるが，最高裁大法廷は，比較的簡単に併給禁止を合憲として上告を棄却し，原告の請求を退けたのであった（参与した14人の裁判官全員一致の意見によるものであり，一つの反対意見も補足意見もなかった）。この判決が社会的に弱い立場にある人々に対し冷淡な判決であるとして厳しく批判されたのも宜なるかなと思われる。ただ，必ずしも十分なものとはいえないにせよ，そこには本件併給禁止を合憲とした大法廷の考え方が示されているのであり，本判決を論評するにあたっては，まずそれを冷静に見定めることが肝要であろう。

以下においては，このような見地から，本判決を読み直し，生存権訴訟における本判決の先例としての意義と問題点を改めて確認することにしたい。

II 判決の紹介

1 事実の概要

X（堀木フミ子——原告，被控訴人，附帯控訴人，上告人）は，全盲の視覚障害者であり，国民年金法に基づく障害福祉年金を受給しつつ，夫と離婚後一子を養育していた。1970（昭和45）年2月Xは，Y（兵庫県知事——被告，控訴人，附帯被控訴人，被上告人）に対し，児童扶養手当法4条1項1号，5条，6条に基づき児童扶養手当の受給資格の認定を請求したところ，Yは，同年3月同法4条3項3号（昭和48年の改正前3号本文は，単に「公的年金給付を受けることができるとき」となっていた）のいわゆる併給禁止条項に該当するとの理由で請求を却下し，同年6月これに対するXの異議申立ても同じ理由で棄却した。そこで，Xは，本件併給禁止条項が憲法14条1項，25条2項，13条に違反し無効であると主張して，①本件却下処分の取消しと②受

---

5) 最二小判昭和57・12・17訟月29巻6号1074頁。
6) 最二小判昭和57・12・17訟月29巻6号1121頁。

給資格の認定を求めて出訴した。

第 1 審判決 (神戸地判昭和 47・9・20)[7] は，本件併給禁止条項は何ら合理的な理由がないにもかかわらず，国民年金法所定の視覚障害者として障害福祉年金を受給し，かつ児童を監護する母という地位にある女性を，一方において同程度の視覚障害者である障害福祉年金受給の父たる男性と性別により差別し，他方において公的年金を受給し得る健常者の母たる女性と社会的身分に類する地位により差別する結果をもたらすものであるから，本件併給禁止条項から障害福祉年金を除外しない限り，その限度において同条項は憲法 14 条 1 項に違反し無効なものといわざるをえず，したがって，Y がした本件却下処分は違法であって取り消されるべきものであると判示して，上記①の請求を認容し，②の請求については，受給資格の認定を求めることは行政庁の第一次的判断権を侵害し三権分立の原則に反するとして訴えを却下した。1 審判決後，児童扶養手当と障害福祉年金または老齢福祉年金とについてだけは併給を認める趣旨の法改正がなされ，1973 (昭和 48) 年 10 月 1 日から施行されるに至った。しかし，Y が①について控訴し，X は②について附帯控訴した。

第 2 審判決 (大阪高判昭和 50・11・10)[8] は，各争点について，次のように判示し，原判決を取り消して X の請求を棄却し，附帯控訴も棄却した。(1) 憲法 25 条 2 項は，国の事前の積極的防貧施策をなすべき努力義務のあることを，同条 1 項は 2 項の防貧施策の実施にもかかわらず，なお落ちこぼれた者に対し，国が事後的，補足的かつ個別的な救貧施策をなすべき責務のあることを宣言したものと解することができる。児童扶養手当制度は，憲法 25 条 2 項に基づく防貧施策の一つであって，同条 1 項の「健康で文化的な最低限度の生活」の保障と直接関係しない。したがって，児童扶養手当法における障害福祉年金と児童扶養手当との併給禁止は憲法 25 条 1 項違反の問題を生じるものではない。また，国が憲法 25 条 2 項に基づき，具体的にどのような内容の法律を定立し，どのような施策を行うかは立法政策の問題であって，立法府の裁量に任せられており，本件については，立法府が恣意による

---

7) 行集 23 巻 8 = 9 号 711 頁。
8) 行集 26 巻 10 = 11 号 1268 頁。

などして裁量権の行使を著しく誤り，その濫用の結果に出たものとは認め難いから，本件併給禁止条項は憲法25条2項に違反するとはいえない。(2)本件併給禁止による差別扱いが合理的であるかどうかの正当な判断は，国の社会保障施策の全体系を考慮に入れて総合的に考察するのでなければなしえないところ，立法府は財源の公平かつ効率的活用のため，複数の事故のうち最も重大な事故（本件の場合は廃疾）に対する給付のみを行うことにし，併給を禁止し，またその調整を行うことには合理的理由があるとの見解に依拠したものであり，この見解は是認できるから，本件併給禁止条項は憲法14条1項に違反しない。(3)本件併給禁止はその立法的根拠に照らし合理性を欠くことが明らかであるとはいえず，併給禁止だけを捉えて直ちに個人主義にもとるなどとは到底いいえないから，憲法13条にも違反しない。(4)児童扶養手当法6条に基づき都道府県知事のなす「受給資格及び手当の額」の認定については，なお都道府県知事の裁量判断の余地が残されていると認められるので，本件認定処分が一義的になされるべきものとはいえない。したがって，本件義務づけ訴訟は不適法であり，許されない。

　Xから上告。最高裁大法廷は，参与した14名の裁判官全員一致の意見で，上告を棄却した。

2　判　旨

　(1)「憲法25条1項は『すべて国民は，健康で文化的な最低限度の生活を営む権利を有する。』と規定しているが，この規定が，いわゆる福祉国家の理念に基づき，すべての国民が健康で文化的な最低限度の生活を営みうるよう国政を運営すべきことを国の責務として宣言したものであること，また，同条2項は『国は，すべての生活部面について，社会福祉，社会保障及び公衆衛生の向上及び増進に努めなければならない。』と規定しているが，この規定が，同じく福祉国家の理念に基づき，社会的立法及び社会的施設の創造拡充に努力すべきことを国の責務として宣言したものであること，そして，同条1項は，国が個々の国民に対して具体的・現実的に右のような義務を有することを規定したものではなく，同条2項によって国の責務であるとされている社会的立法及び社会的施設の創造拡充により個々の国民の具体的・現

実的な生活権が設定充実されてゆくものであると解すべきことは，すでに当裁判所の判例とするところである（最高裁昭和23年(れ)第205号同年9月29日大法廷判決・刑集2巻10号1235頁）。

このように，憲法25条の規定は，国権の作用に対し，一定の目的を設定しその実現のための積極的な発動を期待するという性質のものである。しかも，右規定にいう『健康で文化的な最低限度の生活』なるものは，きわめて抽象的・相対的な概念であって，その具体的内容は，その時々における文化の発達の程度，経済的・社会的条件，一般的な国民生活の状況等との相関関係において判断決定されるべきものであるとともに，右規定を現実の立法として具体化するに当たっては，国の財政事情を無視することができず，また，多方面にわたる複雑多様な，しかも高度の専門技術的な考察とそれに基づいた政策的判断を必要とするものである。したがって，憲法25条の規定の趣旨にこたえて具体的にどのような立法措置を講ずるかの選択決定は，立法府の広い裁量にゆだねられており，それが著しく合理性を欠き明らかに裁量の逸脱・濫用と見ざるをえないような場合を除き，裁判所が審査判断するのに適しない事柄であるといわなければならない。

そこで，本件において問題とされている併給調整条項の設定について考えるのに，上告人がすでに受給している国民年金法上の障害福祉年金といい，また，上告人がその受給資格について認定の請求をした児童扶養手当といい，いずれも憲法25条の規定の趣旨を実現する目的をもって設定された社会保障法上の制度であり，それぞれ所定の事由に該当する者に対して年金又は手当という形で一定額の金員を支給することをその内容とするものである。ところで，児童扶養手当がいわゆる児童手当の制度を理念とし将来における右理念の実現の期待のもとに，いわばその萌芽として創設されたものであることは，立法の経過に照らし，一概に否定することのできないところではあるが，国民年金法1条，2条，56条，61条，児童扶養手当法1条，2条，4条の諸規定に示された障害福祉年金，母子福祉年金及び児童扶養手当の各制度の趣旨・目的及び支給要件の定めを通覧し，かつ，国民年金法62条，63条，66条3項，同法施行令5条の4第3項及び児童扶養手当法5条，9条，同法施行令2条の2各所定の支給金額及び支給方法を比較対照した結果等を

も参酌して判断すると，児童扶養手当は，もともと国民年金法 61 条所定の母子福祉年金を補完する制度として設けられたものと見るのを相当とするのであり，児童の養育者に対する養育に伴う支出についての保障であることが明らかな児童手当法所定の児童手当とはその性格を異にし，受給者に対する所得保障である点において，前記母子福祉年金ひいては国民年金法所定の国民年金（公的年金）一般，したがってその一種である障害福祉年金と基本的に同一の性格を有するもの，と見るのがむしろ自然である。そして，一般に，社会保障法制上，同一人に同一の性格を有する二以上の公的年金が支給されることとなるべき，いわゆる複数事故において，そのそれぞれの事故それ自体としては支給原因である稼得能力の喪失又は低下をもたらすものであっても，事故が二以上重なったからといって稼得能力の喪失又は低下の程度が必ずしも事故の数に比例して増加するといえないことは明らかである。このような場合について，社会保障給付の全般的公平を図るため公的年金相互間における併給調整を行うかどうかは，さきに述べたところにより，立法府の裁量の範囲に属する事柄と見るべきである。また，この種の立法における給付額の決定も，立法政策上の裁量事項であり，それが低額であるからといって当然に憲法 25 条違反に結びつくものということはできない。

　以上の次第であるから，本件併給調整条項が憲法 25 条に違反して無効であるとする上告人の主張を排斥した原判決は，結局において正当というべきである。（なお，児童扶養手当法は，その後の改正により右障害福祉年金と老齢福祉年金の 2 種類の福祉年金について児童扶養手当との併給を認めるに至ったが，これは前記立法政策上の裁量の範囲における改定措置と見るべきであり，このことによって前記判断が左右されるわけのものではない。）」

　(2) 「次に，本件併給調整条項が上告人のような地位にある者に対してその受給する障害福祉年金と児童扶養手当との併給を禁じたことが憲法 14 条及び 13 条に違反するかどうかについて見るのに，憲法 25 条の規定の要請にこたえて制定された法令において，受給者の範囲，支給要件，支給金額等につきなんら合理的理由のない不当な差別的取扱をしたり，あるいは個人の尊厳を毀損するような内容の定めを設けているときは，別に所論指摘の憲法 14 条及び 13 条違反の問題を生じうることは否定しえないところである。し

かしながら，本件併給調整条項の適用により，上告人のように障害福祉年金を受けることができる地位にある者とそのような地位にない者との間に児童扶養手当の受給に関して差別を生ずることになるとしても，さきに説示したところに加えて原判決の指摘した諸点，とりわけ身体障害者，母子に対する諸施策及び生活保護制度の存在などに照らして総合的に判断すると，右差別がなんら合理的理由のない不当なものであるとはいえないとした原審の判断は，正当として是認することができる。また，本件併給調整条項が児童の個人としての尊厳を害し，憲法13条に違反する恣意的かつ不合理な立法であるといえないことも，上来説示したところに徴して明らかであるから，この点に関する上告人の主張も理由がない」。

III　分析と検討

　本件の中心的争点は，障害福祉年金と児童扶養手当との併給禁止が憲法25条，14条に違反しないかどうかであったが，本判決は，主として憲法25条違反の有無に焦点を当てて論じ，憲法14条違反の有無については，ごく簡単に付言するにとどまっている。この点は，第1審判決がもっぱら憲法14条に照らして本件併給禁止の許否を検討し，併給禁止は同条に違反すると判示したことと対照的である。また，本判決は，大筋において控訴審判決を維持するものとなっているが，憲法25条の解釈論については控訴審判決のそれを採用していないと見られる。
　以下，本判決の考え方を，判旨(1)(2)の順に，検討することにしよう。

1　本件併給禁止と憲法25条

　憲法25条の生存権規定については，それがいわゆるプログラム規定にとどまるのか，それとも個々の国民に法的権利を保障したものであるのか（また，そうだとすると，それはいかなる意味の法的権利であるのか）という同条項の法的性格をめぐる議論が存することは周知の通りである。しかし，実際の裁判例を見ると，①憲法25条は個々の国民に直接具体的な権利を付与したものではないこと，また，それにもかかわらず，②同条は裁判規範としての

効力を有すること，については，裁判所の考え方はほぼ固まっているといってよいと思われる。①については，憲法25条に関するリーディング・ケイスとされる食糧管理法違反事件判決（以下「食管法判決」という）がその旨を明らかにし9)，その後の朝日訴訟判決も傍論においてであるが，同旨を繰り返しているところである10)。また，②については，朝日訴訟判決が，これも傍論においてであるが，厚生大臣（当時）の定める生活保護基準は「結局には憲法の定める健康で文化的な最低限度の生活を維持するにたりるものでなければならない」とし，「何が健康で文化的な最低限度の生活であるかの認定判断は，いちおう，厚生大臣の合目的的な裁量に委されており，その判断は，当不当の問題として政府の政治責任が問われることはあっても，直ちに違法の問題を生ずることはない」としつつ，「現実の生活条件を無視して著しく低い基準を設定する等憲法および生活保護法の趣旨・目的に反し，法律によって与えられた裁量権の限界をこえた場合または裁量権を濫用した場合には，違法な行為として司法審査の対象となることをまぬかれない」11)と判示していたところである。本判決もこのような従来の最高裁の立場を踏襲しているものと見られる。

　ところで，憲法25条の1項と2項の関係について，食管法判決は，必ずしも明瞭に語っていない。朝日訴訟判決も，もっぱら憲法25条1項と生活保護法の関係について述べるにとどまっている。この点で注目されるのは，本件控訴審判決が示した，憲法25条の1項と2項とを，それぞれ異なる趣旨を規定したものと捉える見解である。それは，1項を，人間としての最低限度の生活保障に関する国の責務（本件控訴審判決の言葉を借りれば，「事後的，補足的且つ個別的な救貧施策をなすべき責務」）を定めた規定，2項を，それを上回る生活条件の維持・向上に関する国の責務（同じく控訴審判決の言葉を借

---

9)　最大判昭和23・9・29刑集2巻10号1235頁，1238頁。一般に，食管法判決はプログラム規定説をとったものであるとされる（佐藤功『日本国憲法概説〔全訂第5版〕』299頁〔学陽書房，1987年〕，小嶋和司『憲法概説』280頁〔良書普及会，1987年〕，大須賀明『生存権論』118頁〔日本評論社，1984年〕等参照）。そして，朝日訴訟判決（最大判昭和42・5・24民集21巻5号1043頁）も本判決も，この判決を先例として引用している。しかし，最高裁自身は「プログラム規定」という言葉を用いているわけではなく，最高裁が実際にプログラム規定説をとっているのかどうかは必ずしも明確ではない。

10)　民集21巻5号1045頁。

りれば、「事前の積極的防貧施策をなすべき努力義務」）を定めた規定として区別し、1項に基づく施策を生活保護法による公的扶助に限定するとともに、2項に基づく諸施策についてはそれぞれ単独で国民の最低限度の生活保障を実現するに足りるものである必要はなく、個々の施策にいかなる目的を付し、いかなる役割機能を担わせるかは立法政策の問題として立法府の裁量に委ねられているという立場をとる[12]。その重要な帰結は、1項に基づく施策（生活保護法による公的扶助）については「健康で文化的な最低限度の生活」の保障という「絶対的基準」の適用が示唆される反面、2項に基づく施策については、原則として違憲の問題を生じないというにある（ただし、立法府が裁量権の行使を著しく誤り、裁量権の範囲を逸脱したような場合は別である）[13]。

かかる1項・2項分離論は、牧野訴訟以来国側によって主張され、本件控訴審判決のみならず、松本訴訟、宮訴訟の各控訴審判決、塩見訴訟の第1審判決[14]においても採用された[15]。しかし、かかる分離論は、憲法25条の制定過程や戦後の社会保障制度の実施過程から見て説得力に欠けるといわなければならない[16]。学説においても、憲法25条の1項と2項を目的と手段の関

---

11) 同1046頁。憲法25条についてプログラム規定説をとるということと同条に裁判規範性を認めるということとは矛盾しないであろうか。もし最高裁がプログラム規定説をとっているとすれば、このことが問題となろう。この点に関して、本判決の調査官解説は、プログラム規定説は憲法25条の裁判規範性を否定するものではないとの理解を示している（園部逸夫・最判解民事篇昭和57年度503頁、525頁参照。同旨を述べるものとして、本件控訴審判決〔行集26巻10＝11号1278頁〕も参照）。これは、国民は憲法25条によって直ちに具体的な権利を取得するものではない（その意味において同条は「プログラム規定」である）が、一旦法律によって権利が具体化されたときは、憲法25条違反を主張して当該権利の侵害に対する裁判的救済を求めることができるという趣旨であろうか。中村睦男「障害福祉年金と児童扶養手当の併給禁止と違憲性」社会保障判例百選〔第3版〕6頁、7頁（2000年）は、プログラム規定説を、憲法25条は「個々の国民に対して裁判上救済を受ける権利を与えたものでない」と解する立場とした上で、「判例はプログラム規定説を採っているわけではない」という。憲法25条の規定が単なる国家の政治的責務の宣言にとどまるとすれば、やはり同条に裁判規範性を認めることはできないというべきであろう。なお、裁判例の中には、岡田訴訟控訴審判決（札幌高判昭和54・4・27行集30巻4号800頁）のように、憲法25条1項に規定された国の責務について、国は、国民に対し、かかる責務を、「その履行を法的に強制されることはないところの法的義務」（同806頁）として負うという趣旨に解するのが相当としたものもある。
12) 行集26巻10＝11号1278～80頁参照。
13) 同1276～77頁、1296頁参照。
14) 大阪地判昭和55・10・29行集31巻10号2274頁。
15) かかる分離論の批判的検討として、鳥居喜代和「年金訴訟における憲法25条論の動向」立命館法学1981年5＝6号676頁参照。

係として一体的に捉える立場が多数を占める[17]。しかしながら，このように，1項と2項を一体的に捉えるべきだとしても，人間としての最低限度の生活保障と，より快適な生活保障との間に立法府の裁量幅の広狭を認め，前者についてはより厳格な違憲審査基準を適用するという考え方には合理性があるといえよう[18]。

　本判決は，分離論を明示的に否定しているわけではないが，少なくとも憲法25条の1項と2項を，いずれも福祉国家の理念に基づき国の責務を宣言した規定として一体的に捉えており，控訴審判決の分離論は採用しなかったと見られる。しかし，他方において，本判決は，上記のような事柄の性質に応じた違憲審査基準の区別という考え方を取り入れることもしなかった。すなわち，本判決は，憲法25条の規定の趣旨を具体化する立法措置についての選択決定は「立法府の広い裁量」に委ねられており，「それが著しく合理性を欠き明らかに裁量の逸脱・濫用と見ざるをえないような場合」に限って，裁判所の審査が及ぶと判示した[19]。それは，かつて朝日訴訟判決が，生活

---

16)　佐藤功『憲法研究入門(中)』118〜33頁（日本評論社，1966年），佐藤功「憲法第25条の解釈について」研修331号15頁，24〜28頁（1976年），清水伸編『逐条日本国憲法審議録〔増訂版〕(2)』550頁，572〜73頁（原書房，1976年）参照。

17)　法学協会編『註解日本国憲法(上)』490〜92頁（有斐閣，1953年），芦部信喜＝高橋和之補訂『憲法〔第7版〕』278頁（岩波書店，2019年），伊藤正己『憲法〔第3版〕』379頁（弘文堂，1995年）等参照。ただし，籾井常喜『社会保障法』86〜88頁（総合労働研究所，1972年）は，1項を「緊急的生存権」の保障規定，2項を「生活権」の保障規定として区別し，1項が単なるプログラム規定ではなく国家に対する最低限度の生活保障の法的義務づけであることを強調していた（なお，参照，籾井常喜「生存権保障の二重構造的把握について」『労働法の解釈理論』〔有泉亨先生古稀記念〕523頁〔有斐閣，1976年〕）。また，最近の社会保障法学説では，憲法25条は，裁判規範としても，政策策定の指針としても，「健康で文化的な最低限度の生活」の保障（1項）とそれを超えたより快適な生活の保障（2項）という二重の規範的意味を有するとし，この意味での分離論をとる立場が有力である（菊池馨実『社会保障の法理念』32〜33頁注(48)〔有斐閣，2000年〕，堀勝洋『社会保障法総論〔第2版〕』141頁〔東京大学出版会，2004年〕参照）。憲法学説で分離論の再評価を説くものとして，内野正幸『憲法解釈の論理と体系』372〜75頁（日本評論社，1991年）がある。

18)　中村睦男『社会権の解釈』64〜65頁（有斐閣，1983年）参照。実際の裁判例では，岡田訴訟控訴審判決が，憲法25条2項に基づく立法による国の施策については最低生活の保障から一定水準以上の生活保障まで種々の態様のものがあり，また，一旦実現した権利の制限により生じうる生活上の緊急状態にも軽重の差がありうるとして，かかる制限立法を行うについての「国会の裁量の幅については当然に広狭の差がある」（行集30巻4号808頁）と述べていたことが目を引く。

19)　民集36巻7号1239頁。

保護基準の認定について行政庁の広い裁量を認めた趣旨を社会保障立法全般に及ぼしたものといえよう。この判示は，(ア)憲法 25 条の規定にいう「健康で文化的な最低限度の生活」なる概念は「きわめて抽象的・相対的」であって，「その具体的内容は，その時々における文化の発達の程度，経済的・社会的条件，一般的な国民生活の状況等との相関関係において判断決定されるべきものである」こと，そして，(イ)憲法 25 条の規定を現実の立法として具体化するにあたっては，「国の財政事情を無視することができず，また，多方面にわたる複雑多様な，しかも高度の専門技術的な考察とそれに基づいた政策的判断を必要とする」ことを理由とするものである[20]。たしかに，(ア)(イ)は，いずれもそれ自体としては正当な指摘であり，憲法 25 条の規定の趣旨をどのように立法として具体化するかは，立法府の裁量事項に属するといえよう。しかし，「健康で文化的な最低限度の生活」の具体的内容を一義的に確定することは困難であるにしても，人間としての「最低限度の生活」がおおよそどのような水準のものであるかを指し示すことは不可能ではないと思われる[21]。そして，そのような「最低限度の生活」の確保にかかわる施策（生活保護法による公的扶助に限定されない）については，立法府の裁量はより狭く限定され，裁判所のより厳格な審査基準が妥当すると考えられるべきではないか。「最低限度の生活」の確保に関する限り，立法府は国の財政事情を理由に不作為を決め込むことは許されないし，また，施策の実現にあたっては高度の専門技術的な政策的判断を必要とするにしても，その故をもって当該施策の適否に関する裁判所の事後的審査を免れることもできないと解される。

本件の場合は，障害福祉年金と児童扶養手当との併給禁止が X の人間と

---

[20] 同 1238 頁。
[21] この点に関して，朝日訴訟第 1 審判決（東京地判昭和 35・10・19 行集 11 巻 10 号 2921 頁）が，「健康で文化的な生活水準」について，「それが人間としての生活の最低限度という一線を有する以上理論的には特定の国における特定の時点においては一応客観的に決定すべきものであり，またしうるものである」と述べたことは正当であったと思われる。同様の見解を表明するものとして，芦部＝高橋補訂・前出注 17）280 頁，中村睦男＝永井憲一『生存権・教育権』126 頁（法律文化社，1989 年）（中村睦男執筆）等参照。また，棟居快行『憲法学再論』352 頁（信山社，2001 年）は，「健康で文化的な最低限度の生活」について「時代や社会通念から，ごく大まかなラインを引くことは不可能ではない」とし，「健康で文化的な最低限度」以下であることが明らかな範囲内の給付に限定した請求は認められるべきだと説く。

第 17 章　社会保障給付の併給禁止と憲法 25 条，14 条

しての「最低限度の生活」を確保する妨げとならないかどうかが問題たりうる。しかるに，本判決は，単に立法の制度的建前を検討するにとどまり，それ以上にわたって，X が置かれた個別的・具体的な生活実態に目を向けることはしなかった。すなわち，本判決は，障害福祉年金や児童扶養手当の「趣旨・目的及び支給要件の定めを通覧」し，各法（施行令）所定の「支給金額及び支給方法を比較対照した結果等をも参酌」することにより，児童扶養手当は，児童手当とはその性格を異にし，受給者に対する所得保障である点において「障害福祉年金と基本的に同一の性格を有するもの」と捉えた上で，「一般に，社会保障法制上，同一人に同一の性格を有する二以上の公的年金が支給されることとなるべき，いわゆる複数事故において，……事故が二以上重なったからといって稼得能力の喪失又は低下の程度が必ずしも事故の数に比例して増加するといえないことは明らかである」とし，このような場合に，「社会保障給付の全般的公平を図るため公的年金相互間における併給調整を行うかどうかは，……立法府の裁量の範囲に属する事柄と見るべき」であり，また，「この種の立法における給付額の決定も，立法政策上の裁量事項であり，それが低額であるからといって当然に憲法 25 条違反に結びつくものということはできない」と断じたのであった[22]。

　児童扶養手当と障害福祉年金については，仮に両者を受給者に対する所得保障という点で同一の性格の給付と見るべきものとしても[23]，実際上それぞれの給付が稼得能力の喪失・低下に見合った十分な所得保障となっているかどうかが一つの問題である。もし単独では十分な所得保障とはいえないというのが現実であるとすれば，併給禁止の合理性には強い疑問が生じることとなろう。この点について，実態に即した，より厳格な審査が行われるべきであったと思われる。本件 1 審判決後に障害福祉年金と老齢福祉年金について児童扶養手当との併給を認める法改正がなされたが，それはまさに所得保障の実態を慮ってのことであった[24]。しかるに，本判決は，これを「立法政策上の裁量の範囲における改定措置」と見るべきもので，それによって本件における判断が左右されるわけのものではないと述べている[25]。これは，法改正が憲法の要求に基づくものではないということ，すなわち，改正前の

22) 民集 36 巻 7 号 1239～40 頁。

併給禁止を設けるについて，立法府の政策的判断には「著しく合理性を欠き明らかに裁量の逸脱・濫用と見ざるをえないような」点はなかったという趣旨を述べたことになる。しかし，本判決には，本件についてこの点を考察した箇所が見当たらない。Xの生活実態について全く顧慮することなくそのような判断をなしうるものかどうか疑問を禁じえない。

2 本件併給禁止と憲法14条

本判決は，「憲法25条の規定の要請にこたえて制定された法令において，受給者の範囲，支給要件，支給金額等につきなんら合理的理由のない不当な差別的取扱をしたり，あるいは個人の尊厳を毀損するような内容の定めを設けているときは，別に所論指摘の憲法14条及び13条違反の問題を生じうることは否定しえないところである」[26]として，これらの点が独立の争点となりうることを認めている。もっとも，憲法14条違反の有無についての判示

---

23) たしかに，本判決が指摘するように，児童扶養手当は，もともと母子福祉年金を補完する制度として創設され，その額も母子福祉年金に準じて定められてきたことからすると，児童扶養手当を母子福祉年金，さらには同じく無拠出制の年金である障害福祉年金と基本的に同一の性格を有する制度と見ることにはそれなりの根拠があると思われる。しかし，他方，児童扶養手当が児童福祉的属性を備えていることもまた否定し難いところであろう（本件1審判決はこの点を重視したものといえる。行集23巻8・9号723頁，724〜25頁参照。これに賛同するものとして，今村成和『人権と裁判』181頁〔北海道大学図書刊行会，1973年〕）。ちなみに，児童扶養手当の制度については，その後，離婚の急増等による母子家庭を取り巻く諸状況の変化に鑑みて，1985（昭和60）年に，同制度を「母子福祉年金の補完的制度から母子家庭の生活安定と自立促進を通じて児童の健全な育成を図る福祉制度に改める」という趣旨の法改正がなされ（昭和60年法律第48号），手当の額も独自に算定されることとなった（浜谷浩樹「児童扶養手当法の一部を改正する法律」法令解説資料総覧47号33頁〔1985年〕，岩野史郎「年金の補完的制度から福祉制度への改正」時の法令1264号5頁〔1985年〕，福田素生「児童扶養手当の現状と課題」日本社会保障学会編『講座社会保障法(2)所得保障法』299頁〔法律文化社，2001年〕等参照）。したがって，今日では本判決の説明がそのまま通用するものでないことはたしかであるが，しかし，この改正によって児童扶養手当と児童手当との関係など体系的な整備が進んだというわけではないようである（福田・上掲314〜25頁参照）。

24) 当時の政府談話，改正案提案理由等について，園部・前出注11)550〜51頁注(23)参照。もっとも，本判決の後，再び法改正がなされ（昭和60年法律第34号），障害福祉年金（障害基礎年金に裁定替え）受給者には児童扶養手当は支給されないこととなった。この状態は長く続いたが，その後児童扶養手当法が改正され（平成26年法律第28号），障害年金の額が児童扶養手当の額より低いときは，その差額分の児童扶養手当が支給されることとなった（児童扶養手当法13条の2第2項1号参照）。

25) 民集36巻7号1240頁。

26) 同1240〜41頁。

は,「本件併給調整条項の適用により,上告人のように障害福祉年金を受けることができる地位にある者とそのような地位にない者との間に児童扶養手当の受給に関して差別を生ずることになるとしても,さきに説示したところに加えて原判決の指摘した諸点,とりわけ身体障害者,母子に対する諸施策及び生活保護制度の存在などに照らして総合的に判断すると,右差別がなんら合理的理由のない不当なものであるとはいえないとした原審の判断は,正当として是認することができる」[27]というだけの,きわめて簡略なものである。また,憲法13条違反の有無については,同条に違反しないことは「上来説示したところに徴して明らか」という,ほとんど結論のみを示すものとなっている(以下においては,憲法14条違反の有無についての判断のみを取り上げる)。

　本判決は,Xのように障害福祉年金を受給しうる地位にある者とそのような地位にない者との間の児童扶養手当の受給に関する別扱いに合理的根拠があるか否かを具体的に検討することをしていない。この点は,本件1審判決と大きく異なるところである。1審判決は,XおよびXと同じ境遇にある者の生活実態に目を向け,Xのように全盲の視覚障害者であって児童を養育している母子世帯の母がいかに困窮しているかを明らかにし,かつ,障害福祉年金と児童扶養手当とは,「その保険事故というべきものが全く別個独立のものであって,カバーする範囲が少しも重複しない」として,本件併給禁止条項による差別的取扱いの合理性は是認できないとの結論に至っている[28]。この判決は,Xのように障害福祉年金を受給している者であって児童を監護する母という地位にある女性を,「同程度の視覚障害者である障害福祉年金受給の父たる男性」と比較してそこに性別による不合理な差別を認めた点において,比較の対象を正確に捉えていないという批判を招いた[29]。また,憲法14条をして「国民の生活面における実質的な平等を保障する趣

---

[27] 同1241頁。
[28] 行集23巻8=9号724〜28頁参照。
[29] 今村・前出注23)177〜78頁が指摘するように,生別母子世帯のほかに父が障害福祉年金受給者である場合にも手当が支給されるのは,児童保護の観点からする支給範囲の拡張にすぎないのであって,差別的取扱いとは関係ないと見るのが正当であろう。この点については,園部・前出注11)554頁も参照。

旨をも有するもの」と解している点30)や，被差別感を根拠にして14条違反の判断を下している点31)については，なお議論の存するところであろう。しかし，この判決が個人の生存権の保障にかかわる事案について，差別的取扱いの合理性を厳格に審査する手法によって司法的救済を図ったことは注目に値する。

　これに対して，控訴審判決は，憲法14条違反の争点について，1審判決とは全く異なる判断を示している。控訴審判決は，障害福祉年金を受給しているために本件併給禁止条項により児童扶養手当の支給を受けられないという差別扱いが合理性を欠くかどうかについて正当な判断をするためには，「〔国の社会保障〕施策の全体系を考慮に入れて総合的に考察する」必要がある32)，という。それは，「国の社会保障施策は多岐にわたっているが，これらが総合作用して，はじめて憲法第25条の趣旨が具体的に実現されるよう仕組まれているのであるから，単に一部門のみにおいて，国民のニードに対し憲法第25条の趣旨が具体化されているかどうかをみるだけでは不十分」33)であるとの考えに基づくものである。控訴審判決は，このような見地から，併給調整または禁止の立法的根拠を検討し，障害福祉年金と児童扶養手当とは，ともに事故による稼得能力の低下・喪失に対する所得保障であり，複数の事故が発生しても所得低下・喪失の程度は必ずしも比例的に加重されるものではないこと，同一人について二つ以上の事故が生じた場合にそれぞれの年金を支給することは特定の者に対してのみ二重三重の保障をすることになり，事故が重複していない者との間にかえって不均衡を生じ，全体的な

---

30)　行集23巻8＝9号722頁。憲法14条の「法の下の平等」の保障は形式的平等の保障にとどまると明言するものとして，伊藤・前出注17)242頁参照。他方，芦部＝高橋補訂・前出注17)130頁は，「法の下の平等に言う『平等』の意味は，実質的平等の思想を抜きにして解することはできない」とし，それ故，平等原則違反の有無の基準とされる「合理的な取扱い上の違い」に当たるか否かの判定に際しては，「実質的平等の趣旨が最大限考慮されなければならない」と説いている。

31)　行集23巻8＝9号722頁，727頁。今村・前出注23)179～80頁は，この点についても疑問を呈する。これに対して，被差別感を「厳格度を増した審査を引き出す指標」と捉え，平等原則違反の判断の基礎とすることに肯定的な見解として，戸松秀典『平等原則と司法審査』342～43頁（有斐閣，1990年），戸松秀典『立法裁量論』147～48頁（有斐閣，1993年）参照。

32)　行集26巻10＝11号1301頁。
33)　同上。

公平を失することになることなどを指摘するとともに，身体障害者や母子のように何らかの援護を必要とする者に対してはそのために様々な施策がなされていること，こうした諸施策にもかかわらず，なお生活困窮に陥った者に対しては最終的には個別的な救貧施策としての生活保護制度により救済が図られることなどを指摘して（本判決が「原判決の指摘した諸点」というのは，この部分であろう），「財源の公平且効率的活用のため，複数の事故のうち，最も重大な事故（本件の場合は廃疾）に対する給付のみを行うことにし併給を禁止したり，又その調整を行うこと」は合理的であり，立法府もそのように考えたものと認められるから，本件併給禁止条項が「立法府の恣意によるなどして，その合理性の判断を著しく誤ったものであるとは到底認め難」く，したがって，「前記のような差別扱いが合理性を欠くこと明らかであるとはいえない」と結論したのであった[34]。しかし，この判断は，Ｘのように障害福祉年金を受給しうる地位にある者とそのような地位にない者との間の児童扶養手当の受給に関する別扱いが合理的根拠を有するか否かの問題を，それ自体として検討したものではなく，国の社会保障制度全体がどのように仕立てられているかという制度の建前を検討し，その点に関する立法府の裁量に逸脱・濫用はないとして，そこから上記の別扱いの合理性を導いたものである。このような判断手法によった場合，憲法25条との関係で立法裁量を逸脱したものではないとされた併給禁止が，改めて憲法14条との関係で合理性を欠くと判断される余地があるのかどうか疑問を抱かざるをえない。

　憲法14条に関する本判決の判示は簡略にすぎて，その趣旨必ずしも明瞭とはいえないのであるが，おそらくは控訴審判決と同旨をいうものと思われる。そうすると，そこには同じ疑問が当てはまることになろう[35][36]。

---

34) 同1302～04頁．
35) 村山健太郎「いわゆる学生無年金障害者東京訴訟控訴審判決」自治研究82巻10号140頁，151頁（2006年）は，本判決が問題にしているのは「区別の合理性」ではなく「制度設計全体の合理性」であるとし，本判決は平等問題を平等問題として扱っていないと指摘する．
36) 厳格な合理性の審査基準を導入することにより，この点の打開を図ろうとするものとして，芦部信喜『人権と憲法訴訟』228～32頁（有斐閣，1994年），戸松・前出注31）『立法裁量論』139～48頁参照．

3 本判決の射程と残された問題

　本判決は，生存権を具体化する立法について憲法25条が裁判規範として機能しうること，また，それとは別個に憲法14条違反の争点を提起して訴訟で争いうることを最高裁が認めたものとして重要な意義を有する。とはいえ，憲法25条に関する本判決の判示は，立法府に広い裁量を認めた上で，「それが著しく合理性を欠き明らかに裁量の逸脱・濫用と見ざるをえないような場合」に限って，裁判所の審査判断が及ぶとするものであって，実際上裁判所が立法を憲法25条違反と判断する余地を極端に狭めてしまっている。また，憲法14条に関する本判決の判示も，生存権の具体化に関する立法府の広い裁量を前提とするものと解され，上記のような判断手法による限り，憲法14条違反を主張して争っても，「なんら合理的理由のない不当な差別的取扱」に当たるとしてその主張が容れられるケースはほとんど考えられないように思われる。その意味では，本判決は，生存権訴訟における違憲の主張にきわめて高いハードルを設定したものといえよう。

　本判決と同年の12月17日同日に，最高裁は，増加非公死扶助料と老齢福祉年金との併給禁止の憲法適合性を争った岡田訴訟，障害福祉年金と老齢福祉年金との併給禁止の憲法適合性を争った森井訴訟について，本判決を「当裁判所の判例」として引用し，立法府に広い裁量を認める立場から，各併給禁止は憲法25条に違反せず，併給禁止による他の公的年金受給者との間の差別扱いも憲法14条に違反しないとして，簡単に事件を処理している[37]。また，その後，最高裁は，国民年金法のいわゆる国籍条項の憲法適合性を争った塩見訴訟についても，本判決を引用して，国民年金法（昭和56年法律第86号による改正前のもの）81条1項の障害福祉年金の支給対象者から在留外国人を除外することは立法府の裁量の範囲に属する事柄であり，また，同年金の給付に関して廃疾認定日に日本国民である者とそうでない者との間に区別を設けることには合理性があるとして，憲法25条，14条違反の主張を退けている[38]。その他，より最近の事例としては，生活保護法が不法残留者

---

37) 最二小判昭和57・12・17訟月29巻6号1074頁（岡田訴訟），最二小判昭和57・12・17訟月29巻6号1121頁（森井訴訟）。

を保護の対象としていないことは憲法25条，14条に違反しないとした最高裁平成13年9月25日第三小法廷判決[39]，市の介護保険条例が介護保険の第1号被保険者のうち一定の低所得者について一律に保険料を賦課しないものとする旨の規定または保険料を全額免除する旨の規定を設けていないこと，および，介護保険法135条の規定による介護保険の第1号被保険者の保険料についての特別徴収制度は憲法25条，14条に違反しないとした最高裁平成18年3月28日第三小法廷判決[40]が，関連判例とともに本判決を引いている。他方，生活保護受給者が娘の高校進学に備えて積み立てた学資保険の満期返戻金を「収入」と認定し生活保護費を削減した保護変更処分を争った事件について，最高裁平成16年3月16日第三小法廷判決[41]は，生活保護法の趣旨目的にかなった目的と態様で蓄えた貯蓄等は収入認定の対象とすべき資産には当たらないとする注目すべき判断を下し，当該処分を取り消した。もっとも，この判決は憲法論を展開しているわけではなく，先例にも全く言及していない。

　なお，本件でも問題となった児童扶養手当にかかわる事例として，下級審判決であるが，本判決を参照判例として引きつつ，婚姻外の児童につき，児童が認知されたことにより児童扶養手当の支給対象外とする児童扶養手当法施行令（平成10年政令第224号による改正前のもの）1条の2第3号末尾の括弧書（「父から認知された児童を除く。」）を，婚姻外の児童を何ら合理的な理由なく差別するもので，憲法14条に違反すると判示したものがある[42]。この違憲判断は上級審の受け容れるところとはならなかったが[43]，本判決を前提とした上で憲法14条違反の判断を示したものとして注目される。

　また，同じく下級審判決であるが，いわゆる学生無年金障害者が国の年金

---

38) 最一小判平成元・3・2訟月35巻9号1754頁。
39) 判時1768号47頁。
40) 判時1930号80頁。
41) 民集58巻3号647頁。なお，参照，秋田地判平成5・4・23判時1459号48頁。
42) 奈良地判平成6・9・28行集46巻10＝11号1021頁，広島高判平成12・11・16訟月48巻1号109頁。
43) 奈良の事件については，大阪高判平成7・11・21行集46巻10＝11号1008頁が合憲判断を下し，最一小判平成14・1・31民集56巻1号246頁は，問題の括弧書を児童扶養手当法の委任の範囲を逸脱した違法な規定であるとした。広島の事件についても，同日に最高裁第一小法廷が同旨の判決を下している（判例集未登載）。

不支給処分の取消しと損害賠償を請求した一連の訴訟で,昭和60年の国民年金法改正時点で国が何らの是正措置も講じなかったことを憲法14条に違反するとして,立法不作為の違法を理由とする国家賠償請求を認容したものがある[44]。もっとも,これらの判決はいずれも控訴審段階で覆され[45],上告審では控訴審の判断が維持されて原告敗訴が確定している[46]。

その後も,老齢加算を減額または廃止する旨の生活保護基準の改定が憲法25条1項,生活保護法3条等に違反するとして争われた一連の訴訟において,最高裁は本判決を援用して訴えを退けている[47]。

---

44) 東京地判平成16・3・24判時1852号3頁,新潟地判平成16・10・28賃社1382号46頁,広島地判平成17・3・3判タ1187号165頁。
45) 東京高判平成17・3・25判時1899号46頁,東京高判平成17・9・15(LEX/DB文献番号28140804),広島高判平成18・2・22判タ1208号104頁。
46) 最二小判平成19・9・28民集61巻6号2345頁,最三小判平成19・10・9集民226号1頁。
47) 最三小判平成24・2・28民集66巻3号1240頁,最二小判平成24・4・2民集66巻6号2367頁,最一小判平成26・10・6(LEX/DB文献番号25504783),最一小判平成26・10・6(LEX/DB文献番号25504782)。

第18章

税務調査における質問検査権と憲法31条，35条，38条1項
——川崎民商事件判決

最大判昭和 47 年 11 月 22 日刑集 26 巻 9 号 554 頁

I　はじめに

　所得税法に基づく税務調査は，調査目的を達成するための質問検査権行使の実効性が罰則によって担保されており，早くから憲法 35 条，38 条 1 項に照らして問題がないのかどうかが争われてきた。本章で取り上げる 1972（昭和 47）年の川崎民商事件判決は，旧所得税法（昭和 40 年法律第 33 号による改正前のもの。以下同じ）の質問検査権の規定について，これを憲法 35 条 1 項，38 条 1 項に違反しないと判示して，この問題に決着をつけたのであるが，そのような結論を導く過程において，憲法 35 条，38 条 1 項の保障が刑事手続以外の手続（以下「非刑事手続」という）にも及びうるという注目すべき見解を示したのであった。憲法 31 条以下の諸規定については，それらが刑事手続にのみ適用されるのか，それとも非刑事手続にも適用ないし準用されるのかという解釈上の争いがあった。本判決は，憲法 35 条，38 条 1 項の保障が刑事手続に限定されるものでないことを最高裁として初めて明らかにしたものであり，重要な意義を有するということができる。

　もっとも，憲法 35 条，38 条 1 項と非刑事手続との関係について本判決が示した見解にはその趣旨必ずしも明瞭でないところがあり，したがって，その妥当範囲も議論の余地あるものとなっているように思われる。

　そこで，以下，本判決を読み直し，その趣旨を再確認することにより，この判決のもつ意義と問題点について改めて考えてみることにしよう。なお，

本判決は，質問検査権の規定の意義が不明確であり憲法31条に違反するとの主張に対しても興味深い判断を下しているので，最後にその点についても触れることにしたい。

II 判決の紹介

1 事実の概要

旧所得税法63条は，収税官吏が所得税に関する調査につき必要があるときは納税義務者等に質問し，またはその者の事業に関する帳簿書類その他の物件を検査することができる旨規定し，同法70条10号・12号は，63条による帳簿書類その他の物件の検査を拒み，妨げまたは忌避した者，および収税官吏の質問に対し答弁しない者に対して，1年以下の懲役または20万円以下の罰金に処する旨定めていた[1]。

1960年代に，税務署と各地の民主商工会（以下「民商」という）関係者との間で税務の執行や調査をめぐる対立が激化し，刑事事件に発展する事例が頻発した。本件もその一つであり，国税庁が税務の執行等に対する民商の介在を問題視し，その会員の納税申告額が一般の納税者のそれに比して低額であるとして，民商会員に対する所得調査を徹底的に行うように指示したという事情が背景にある。川崎民商の会員であるY（被告人，控訴人，上告人）は，川崎税務署の収税官吏がYの提出した昭和37年分所得税確定申告書に過少申告の疑いありとして旧所得税法63条に基づき質問検査を求めたところ，大声を上げるなどして抵抗し検査を拒否したため，同法70条10号所定の罪に該当するとして起訴された。

第1審公判においてYは，旧所得税法63条の質問調査権は憲法38条，35条に違反する旨主張したが，第1審判決（横浜地判昭和41・3・25）[2]は，本件調査は「適正な課税標準と税額の確定を唯一の目的とする」「純粋に行

---

1) 現在では所得税法が改正され，国税通則法74条の2第1項1号および128条2号・3号に同様の規定が置かれている（罰金は20万円以下から50万円以下に変更）。
2) 金判346号11頁（刑集26巻9号571頁）。

政的な手続」であり，「刑事手続における供述の不強要，住居侵入，捜索押収に対する保障を目的とする規定」である憲法 38 条，35 条は「本件のような行政手続に適用されないものである」として，Y の主張を退けた。第 2 審判決（東京高判昭和 43・8・23)[3] も，憲法 35 条，38 条は「刑事手続に関する規定であって，直ちに行政手続に適用されるものではない」とし，仮にこれらの条項が行政手続に適用ないし準用されるものとしても，収税官吏に質問検査を許す必要があることはもとより容認されるべきであり，納税義務者らが本件程度の任意調査を受忍し質問に対して答弁すべきことは勿論であるとして，Y の違憲の主張を退けた（なお，Y は，旧所得税法 63 条の文言の意義が不明確であり憲法 31 条に違反する旨の主張も行ったが，この主張も失当として退けられている）。

Y は，これを不服として，憲法 31 条，35 条，38 条 1 項違反を主張して，上告した。これに対して，最高裁大法廷は，裁判官全員一致の意見で，次のように述べて，Y の上告を棄却した。

2 判　旨

(1) 〔憲法 31 条違反の主張について〕「第 1，2 審判決判示の本件事実関係は，被告人が所管川崎税務署長に提出した昭和 37 年分所得税確定申告書について，同税務署が検討した結果，その内容に過少申告の疑いが認められたことから，その調査のため，同税務署所得税第 2 課に所属し所得税の賦課徴収事務に従事する職員において，被告人に対し，売上帳，仕入帳等の呈示を求めたというものであり，右職員の職務上の地位および行為が旧所得税法 63 条所定の各要件を具備するものであることは明らかであるから，旧所得税法 70 条 10 号の刑罰規定の内容をなす同法 63 条の規定は，それが本件に適用される場合に，その内容になんら不明確な点は存しない」。

(2) 〔憲法 35 条違反の主張について〕「たしかに，旧所得税法 70 条 10 号の規定する検査拒否に対する罰則は，同法 63 条所定の収税官吏による当該帳簿等の検査の受忍をその相手方に対して強制する作用を伴なうものであるが，同法 63 条所定の収税官吏の検査は，もっぱら，所得税の公平確実な賦

---

3) 金判 346 号 6 頁（刑集 26 巻 9 号 574 頁）。

課徴収のために必要な資料を収集することを目的とする手続であって，その性質上，刑事責任の追及を目的とする手続ではない。

また，右検査の結果過少申告の事実が明らかとなり，ひいて所得税逋脱の事実の発覚にもつながるという可能性が考えられないわけではないが，そうであるからといって，右検査が，実質上，刑事責任追及のための資料の取得収集に直接結びつく作用を一般的に有するものと認めるべきことにはならない。けだし，この場合の検査の範囲は，前記の目的のため必要な所得税に関する事項にかぎられており，また，その検査は，同条各号に列挙されているように，所得税の賦課徴収手続上一定の関係にある者につき，その者の事業に関する帳簿その他の物件のみを対象としているのであって，所得税の逋脱その他の刑事責任の嫌疑を基準に右の範囲が定められているのではないからである。

さらに，この場合の強制の態様は，収税官吏の検査を正当な理由がなく拒む者に対し，同法70条所定の刑罰を加えることによって，間接的心理的に右検査の受忍を強制しようとするものであり，かつ，右の刑罰が行政上の義務違反に対する制裁として必ずしも軽微なものとはいえないにしても，その作用する強制の度合いは，それが検査の相手方の自由な意思をいちじるしく拘束して，実質上，直接的物理的な強制と同視すべき程度にまで達しているものとは，いまだ認めがたいところである。国家財政の基本となる徴税権の適正な運用を確保し，所得税の公平確実な賦課徴収を図るという公益上の目的を実現するために収税官吏による実効性のある検査制度が欠くべからざるものであることは，何人も否定しがたいものであるところ，その目的，必要性にかんがみれば，右の程度の強制は，実効性確保の手段として，あながち不均衡，不合理なものとはいえないのである。

憲法35条1項の規定は，本来，主として刑事責任追及の手続における強制について，それが司法権による事前の抑制の下におかれるべきことを保障した趣旨であるが，当該手続が刑事責任追及を目的とするものでないとの理由のみで，その手続における一切の強制が当然に右規定による保障の枠外にあると判断することは相当ではない。しかしながら，前に述べた諸点を総合して判断すれば，旧所得税法70条10号，63条に規定する検査は，あらか

じめ裁判官の発する令状によることをその一般的要件としないからといって，これを憲法35条の法意に反するものとすることはでき〔ない〕」。

(3) 〔憲法38条違反の主張について〕「〔旧所得税〕法70条10号，63条に規定する検査が，もっぱら所得税の公平確実な賦課徴収を目的とする手続であって，刑事責任の追及を目的とする手続ではなく，また，そのための資料の取得収集に直接結びつく作用を一般的に有するものでもないこと，および，このような検査制度に公益上の必要性と合理性の存することは，前示のとおりであり，これらの点については，同法70条12号，63条に規定する質問も同様であると解すべきである。そして，憲法38条1項の法意が，何人も自己の刑事上の責任を問われるおそれのある事項について供述を強要されないことを保障したものであると解すべきことは，当裁判所大法廷の判例（昭和27年（あ）第838号同32年2月20日判決・刑集11巻2号802頁）とするところであるが，右規定による保障は，純然たる刑事手続においてばかりではなく，それ以外の手続においても，実質上，刑事責任追及のための資料の取得収集に直接結びつく作用を一般的に有する手続には，ひとしく及ぶものと解するのを相当とする。しかし，旧所得税法70条10号，12号，63条の検査，質問の性質が上述のようなものである以上，右各規定そのものが憲法38条1項にいう『自己に不利益な供述』を強要するものとすることはでき〔ない〕」。

Ⅲ　分析と検討

本判決について特筆すべきは，憲法35条，38条1項の保障が非刑事手続にも及びうるという見解をこの判決が明示したことである。また，憲法31条違反（漠然不明確の故に無効）の主張に対する本判決の判断にも注目しておく必要があると思われる。

以下，順次検討する。

1　税務調査における質問検査権と憲法35条

憲法35条1項の住居等の不可侵の保障が非刑事手続にも及ぶかどうかに

ついて，従来最高裁は明確な判断を示していなかった。本件控訴審判決は，憲法35条は刑事手続に関する規定であって直ちに行政手続に適用されるものではないとして，最高裁昭和30年4月27日大法廷判決[4]の参照を求めている[5]。しかし，この昭和30年の大法廷判決は，国税犯則の要急事件において収税官吏が裁判官の許可なく捜索，押収または差押えをなしうる旨を規定した当時の国税犯則取締法3条1項[6]は憲法35条に違反しないと判示しただけであって，憲法35条が非刑事手続にも適用されるのかどうかという問題に正面から答えたものではなかった。わずかにいえることは，その判旨が少なくとも国税犯則取締法上の犯則調査に憲法35条の適用があることを暗黙の前提としているように見えるということである[7]。しかし，仮にこの判決がそのような前提に立っていたのだとしても，それが犯則調査を刑事手続の一環と考えた上でのことなのか，それとも憲法35条は非刑事手続にも適用されうると考えた上でのことなのかは全くうかがい知ることができなかった[8]。

　本判決は，旧所得税法70条10号，63条の規定が裁判所の令状なしに強制的な検査を認めていることは憲法35条1項に違反するとのYの主張に対して，「憲法35条1項の規定は，本来，主として刑事責任追及の手続における強制について，それが司法権による事前の抑制の下におかれるべきことを保障した趣旨であるが，当該手続が刑事責任追及を目的とするものでないとの理由のみで，その手続における一切の強制が当然に右規定による保障の枠外にあると判断することは相当ではない」[9]と述べた。この判示は，憲法35

---

[4]　刑集9巻5号924頁。
[5]　金判346号7頁（刑集26巻9号577頁）。
[6]　現在は，国税通則法135条に同様の規定が置かれている。
[7]　金子宏「行政手続と憲法35条及び38条」判評172号（判時700号）13頁，18頁注(12)（1973年)，小嶋和司『憲法概説』239〜40頁（良書普及会，1987年）参照。
[8]　ちなみに，昭和30年判決に付された栗山茂裁判官の補足意見は，国税犯則取締法2条，3条の調査手続を「実質上は刑事手続に外ならない」とし，また，藤田八郎裁判官の少数意見も，「多分に刑事手続たる性格を具有する」ものとして，いずれも憲法35条の適用を肯定している（刑集9巻5号936頁，937頁）。これに対して，斎藤悠輔，小林俊三両裁判官の共同補足意見，入江俊郎裁判官の補足意見は，憲法35条は刑事手続に関する規定であり，国税犯則取締法3条は間接国税に関する行政処分手続の規定であるから，同条項について憲法35条違反の問題を生じる余地はないとしていた。
[9]　刑集26巻9号559頁。

条1項は刑事手続に関する規定であって非刑事手続に適用されるものではないとする見解を明確に否定するものであり、画期的な意義を有するといえる。そもそも刑事手続であると否とを問わず、公権力による「侵入、捜索及び押収」によって個人のプライヴァシーが侵害されることに変わりはない以上、憲法35条1項の保障を刑事手続に限定するいわれはなく、上記の判示は正当であると思われる[10]。ところが、本判決は、かかる一般論を提示しつつも、結論的には、本件旧所得税法所定の検査は「あらかじめ裁判官の発する令状によることをその一般的要件としないからといって、これを憲法35条の法意に反するものとすることはでき〔ない〕」[11]として、違憲の主張を退けたのであった。その根拠とされるのは、次の諸点[12]である。

すなわち、①旧所得税法63条所定の収税官吏の検査は、「もっぱら、所得税の公平確実な賦課徴収のために必要な資料を収集することを目的とする手続であって、その性質上、刑事責任の追及を目的とする手続ではない」こと、②この検査は、「実質上、刑事責任追及のための資料の取得収集に直接結びつく作用を一般的に有するもの」とは認められないこと、③「この場合の強制の態様は、収税官吏の検査を正当な理由がなく拒む者に対し、同法70条所定の刑罰を加えることによって、間接的心理的に右検査の受忍を強制しようとするもの」であって、「その作用する強制の度合いは、それが検査の相手方の自由な意思をいちじるしく拘束して、実質上、直接的物理的な強制と同視すべき程度にまで達しているものとは、いまだ認めがたい」こと、④「国家財政の基本となる徴税権の適正な運用を確保し、所得税の公平確実な賦課徴収を図るという公益上の目的を実現するために収税官吏による実効性のある検査制度が欠くべからざるものであることは、何人も否定しがたいも

---

10) たしかに、制憲議会での審議の中で、政府は憲法35条を「犯罪捜査に関する規定」とする理解を示している（清水伸編『逐条日本国憲法審議録(2)〔増訂版〕』757頁〔原書房、1976年〕参照）。しかし、明治憲法25条の「住所の不可侵」規定は、民事、刑事または行政の処分を問わず、あらゆる公的侵害行為に対する保障と解されていた（大石眞「憲法35条解釈の再構成」論叢136巻4＝5＝6号165頁〔1995年〕参照）。また、日本国憲法35条のモデルとされるアメリカ合衆国憲法第4修正も、元来政府による「不合理な捜索・押収を受けない権利」を保障したものであった（井上正仁『強制捜査と任意捜査』23～41頁〔有斐閣、2006年〕参照）。
11) 刑集26巻9号559頁。
12) 同558～59頁。

のであるところ，その目的，必要性にかんがみれば，右の程度の強制は，実効性確保の手段として，あながち不均衡，不合理なものとはいえない」こと，である。

　本判決は，これらを「総合して判断」[13]したという。しかし，その判断過程は必ずしも明瞭ではない。本判決は，憲法38条1項の場合と同様に，非刑事手続であっても「実質上，刑事責任追及のための資料の取得収集に直接結びつく作用を一般的に有するもの」には憲法35条の保障が及ぶと考えていたと見られるが，そのような手続でないからといって直ちに同条の保障が及ぶことを否定するのではなく，さらに③と④を考慮した上で判断を示している。ということは，①と②に該当するとしても，③または④のいずれかに該当しないときは憲法35条違反となることがありうるということであろうか。もしそうだとすると，そのことを一般論として提示した点に本判決の格別の意義があるということができると思われる。特に，②の「実質上，刑事責任追及のための資料の取得収集に直接結びつく作用を一般的に有するもの」に当たる非刑事手続はきわめて限られるであろうから，③または④の要件判断のもつ意味は大きい。もっとも，どのような手続がそれに当たるかは直ちに明らかではない。この点は個々の手続ごとに判断していくしかないであろうが，本件検査拒否に対する罰則（1年以下の懲役または20万円以下の罰金）のように行政上の義務違反に対する制裁としては相当重い類型のものでさえ許容範囲内であるとすれば，はたしてどのようなものが該当しうるのか疑問とされよう[14]。

　本判決は，上記の①〜④に基づいて，裁判所の令状なしに行われた本件検査は「憲法35条の法意」に反しないと判示したのであるが，それについては，本件には憲法35条は適用されない（同条の保障の枠外である）という趣旨なのか，それとも，35条は適用される（保障の枠内である）が同条による令状を必要とする場合ではないという趣旨なのか必ずしも明確ではないとの指摘がある[15]。本判決は，非刑事手続であっても当然に35条の保障の枠外ではないという言い方をしており（場合によっては保障の枠外となることを含

---

13) 同559頁。
14) 佐藤幸治「行政調査と憲法」行政判例百選Ⅱ 261頁, 262頁（1979年）参照。

意しているると受け取れる)、また、令状を必要としない事由について立ち入った言及をしていない。これらの点から見て、おそらく本判決は、前者の趣旨を述べたものではないかと推測されるのであるが、そのように断言することは難しい。いずれにせよ、本判決によって、本件検査のような場合に令状を必要としないことが明らかにされたわけである。しかし、「必ずしも軽いとはいえない刑罰の威嚇のもとに、ひろく検査権をみとめるならば、実質的には、令状によらない強制処分（捜査）をみとめることにもひとしいことになってしまう」16)のではないかとの懸念はもっともである。裁判所の令状なしに行われる行政上の検査において取得収集される資料は刑事手続において証拠能力を有しないと解するのが筋であろう17)。

2 税務調査における質問検査権と憲法38条1項

憲法38条1項の「自己に不利益な供述を強要されない」権利の保障が非刑事手続にも及ぶかどうかについても、従前の最高裁判決で、明確な判断を示したものはなかった。もとより、最高裁は、早くから、各種行政上の記録・報告義務と憲法38条1項との関係について判断を求められ、違憲の主張を退けてきた。たとえば、麻薬取扱者の記帳義務に関する最高裁昭和31年7月18日大法廷判決18)は、かかる記帳義務の定めは麻薬の危険性に鑑み、「その取扱の適正を確保するための必要な取締手続」にほかならず、憲法38条1項の保障とは関係がない19)とし、また、自動車事故の報告義務に関する最高裁昭和37年5月2日大法廷判決20)は、報告義務の対象である「事故

---

15) 田宮裕「行政手続きと憲法35条・38条（いわゆる川崎民商事件）」警察研究48巻11号46頁、53頁（1977年）。松井茂記「行政手続と令状主義および自己負罪拒否権（川崎民商事件）」法教増刊・憲法の基本判例（第2版）160頁、161頁（1996年）参照。
16) 板倉宏「質問検査権大法廷判決をめぐって」ジュリ526号52頁、54頁（1973年）。
17) 金子・前出注7)16頁参照。
18) 刑集10巻7号1173頁。
19) 同1176〜77頁。この判決を引用しつつ、法人税法の申告義務の規定は憲法38条1項に反しないとしたものとして、最一小判昭和35・8・4刑集14巻10号1342頁がある。また、憲法38条1項に明示的に言及していないが、不法入国の外国人に対する登録申請義務について判示した最大判昭和31・12・26刑集10巻12号1769頁も同様の発想に立つものと思われる（外国人「登録の申請は、不法入国の犯罪の申告を要求しているものとは認められないから、これが申請義務を課したからといって、……自己の不法入国の罪を供述するのと同一の結果を来たすものということはできない」同1775頁）。

の内容」とは事故発生の日時，場所，死傷者の数等交通事故の態様に関する事項であって，「刑事責任を問われる虞のある事故の原因その他の事項」まで含むものではないから，憲法38条1項にいう「自己に不利益な供述の強要に当らない」[21]としている。しかし，憲法38条1項と行政手続との関係についてこれらの判決がどう考えていたのかは必ずしも判然としない。前者は一見憲法38条1項が行政手続には適用されない旨を述べたように見えなくもないが，同条項の適用があることを前提として麻薬取扱者について黙秘権の放棄を擬制する趣旨であったのかもしれない[22]。また，後者も憲法38条1項が行政手続に適用されることを暗黙の前提としているように見えるものの，定かではない。

　本件における憲法38条1項違反の論点は，旧所得税法70条10号，12号，63条の規定に基づく質問・検査の結果，所得税逋脱（旧所得税法69条）の事実が明らかになれば税務職員がこの事実を告発できることから，かかる質問・検査は刑事訴追を受けるおそれのある事項につき供述を強要するもので憲法38条1項に違反するのではないかということであった。この点について判断するにあたり，本判決は，憲法38条1項による保障は，「純然たる刑事手続においてばかりではなく，それ以外の手続においても，実質上，刑事責任追及のための資料の取得収集に直接結びつく作用を一般的に有する手続には，ひとしく及ぶものと解するのを相当とする」[23]と述べた。この判示は，最高裁が初めて非刑事手続にも憲法38条1項の適用があることを明言したものであり，重要な意味をもつ。しかし，本判決は，ここでも結論的には，本件旧所得税法70条10号，12号，63条の「各規定そのものが憲法38条1項にいう『自己に不利益な供述』を強要するものとすることはでき〔ない〕」[24]として，違憲の主張を退けた。

---

20)　刑集16巻5号495頁。
21)　同498〜99頁。
22)　同種の事案に関する最二小判昭和29・7・16刑集8巻7号1151頁は，直接憲法38条1項との関係について判示したものではないが，「麻薬取扱者たることを自ら申請して免許された者は，そのことによって当然麻薬取締法規による厳重な監査を受け，その命ずる一切の制限または義務に服することを受諾しているものというべきである」（同1154頁）と述べていた。
23)　刑集26巻9号560頁。
24)　同上。

その根拠とされたのは、①旧所得税法70条10号、12号、63条の規定する質問・検査は、もっぱら所得税の公平確実な賦課徴収を目的とする手続であって、刑事責任の追及を目的とする手続ではないこと、②それらは、刑事責任の追及のための資料の取得収集に直接結びつく作用を一般的に有するものでもないこと、③このような質問・検査の制度には公益上の必要性と合理性が存すること、の3点である[25]。ここで目を引くのは、③の事由である。何故本判決は、①②に加えて③を掲げたのであろうか。はたして公益上の必要性と合理性の存在は憲法38条1項の適用を否定する理由たりうるものであろうか。この点、必ずしも明確ではないが、おそらく本判決は、本件質問・検査は刑事責任の追及とはかかわりがない行政上の制度であり、憲法38条1項の禁じる「自己に不利益な供述」の強要の場面ではないから、公益上の必要性と合理性が認められれば、供述の強要も許されると考えたのではなかろうか。しかし、そこには大きな問題があると思われる。

憲法38条1項にいう「自己に不利益な供述を強要されない」とは、本判決も先例[26]を引用しつつ確認しているように、「自己の刑事上の責任を問われるおそれのある事項について供述を強要されない」[27]という意味である。したがって、黙秘権が認められるか否かは、供述を求められている事項が「自己の刑事上の責任を問われるおそれのある事項」であるか否かにかかるのであって、手続の如何を問わないはずである[28]。ところが、本判決は、憲法38条1項による保障は純然たる刑事手続以外の手続にも及ぶとしつつ、この手続を「実質上、刑事責任追及のための資料の取得収集に直接結びつく

25) 同上。ここでは、質問・検査が一体として取り上げられており、本判決が何を憲法38条1項にいう「供述」として捉えているのかはっきりしない。
26) 最大判昭和32・2・20刑集11巻2号802頁。
27) 刑集26巻9号560頁。
28) このことは、つとに学説の指摘するところである。法学協会編『註解日本国憲法(上)』661頁（有斐閣、1953年）、平野龍一『捜査と人権』109頁（有斐閣、1981年）、田宮・前出注15)55頁等参照。民事訴訟における証人尋問や国会の議院における証人喚問手続などを含め、「いかなる性質の手続であっても、そこに供述の強要が認められ、その供述内容が当の供述者に対する将来の刑事上の責任追及の虞を生ずる事項であれば、当然に憲法38条1項違反の問題が生ずるというべきである」(酒巻匡「憲法38条1項と行政上の供述義務」芝原邦爾＝西田典之＝井上正仁編『松尾浩也先生古稀祝賀論文集(下)』75頁、96頁〔有斐閣、1998年〕)。なお、最三小判昭和59・3・27刑集38巻5号2037頁における横井大三裁判官の意見（同2042～44頁）参照。

作用を一般的に有する手続」に限定するかのような言い方をしている。このような限定を加えるとすると，本件の如き税務調査における質問・検査のみならず，各種行政法規上の質問・検査の手続には憲法 38 条 1 項の保障はほとんど及ばないということになろう。しかし，これらの手続においても，実際上，質問・検査によって取得収集された資料に基づいて刑事責任の追及がなされる事態が起こりうる。もとより，行政調査に名を借りてその実犯罪捜査を行うというようなことは許されない[29]。しかし，誠実に行政調査を行っていたところその過程でたまたま犯罪の証拠が発見され，そこから刑事手続へと移行することは十分考えられる[30]。このような場合，（不答弁罪等の刑罰の威嚇をもって）供述を強要することは，「自己に不利益な供述」の「強要」として，憲法 38 条 1 項に違反するというべきであろう。本判決は，本件質問・検査の「性質」から見て，これを定める旧所得税法 70 条 10 号，12 号，63 条の「各規定そのもの」が憲法 38 条 1 項に違反するものではないとしたが，このことは，個別具体の事例において本件規定が適用上違憲となる可能性を否定するものではないと思われる[31]。「強要」によって得られた供述は刑事手続において証拠能力をもたないと解すべきであろう[32]。

3　税務調査における質問検査権の規定の明確性と憲法 31 条

本件において憲法 31 条違反として主張されたのは，旧所得税法 70 条 10 号の罪の内容を成す同法 63 条の規定中「所得税に関する調査」「調査に関し

---

29)　平成 27 年法律第 9 号による改正前の所得税法 234 条 2 項は，「前項の規定による質問又は検査の権限は，犯罪捜査のために認められたものと解してはならない」と規定していた。現在は，国税通則法 74 条の 8 に同様の規定が置かれている。

30)　公務員には刑事訴訟法 239 条 2 項により告発義務が課されている。他方で行政調査を行う職員に守秘義務（国家公務員法 100 条，地方公務員法 34 条）が課されていることとの関係が問題となるが，最高裁は，税務調査中に犯則事件が探知された場合にこれが端緒となって収税官吏による犯則事件としての調査に移行することは禁じられていないとしている（最二小判昭和 51・7・9 税資 93 巻 1173 頁）。なお，最二小決平成 16・1・20 刑集 58 巻 1 号 26 頁参照。

31)　佐藤文哉・最判解刑事篇昭和 54 年度 95 頁，115 頁，香城敏麿「特別刑法と憲法」伊藤栄樹＝小野慶二＝荘子邦雄編『注釈特別刑法(1)総論編』101 頁，123〜24 頁（立花書房，1985 年），酒巻・前出注 28)102〜03 頁参照。

32)　金子・前出注 7)17 頁，芝原邦爾「経済犯罪の訴追における犯則調査手続と行政調査手続」法教 174 号 56 頁，59 頁（1995 年），酒巻・前出注 28)106 頁等参照。なお，笹倉宏紀「自己負罪拒否特権」法教 265 号 103 頁，109〜10 頁（2002 年）参照。

必要あるとき」「納税義務者」等の意義が不明確であり，犯罪となるべき行為の態様が明確に限定されていないということであった。これに対して，本判決は，本件税務「職員の職務上の地位および行為が旧所得税法 63 条所定の各要件を具備するものであることは明らかであるから，旧所得税法 70 条 10 号の刑罰規定の内容をなす同法 63 条の規定は，それが本件に適用される場合に，その内容になんら不明確な点は存しない」[33]と判示した。

最高裁は，本判決から 3 年後の徳島市公安条例事件判決[34]において，およそ刑罰法規の定める犯罪構成要件が漠然不明確であるときには当該規定は憲法 31 条に違反し無効となる旨を明言したが，この理は本判決においても暗黙の前提として承認されているものと思われる。注目されるのは，本判決が，憲法 31 条違反の主張を退けるにあたって，旧所得税法 63 条の規定の意義は明確であるとしたのではなく[35]，本件税務調査の事実関係を前提とするとき，当該規定は，「それが本件に適用される場合に，その内容になんら不明確な点は存しない」という判示の仕方をしたことである。同様の例は，およそ売春を業とすることが職業安定法 63 条 2 号にいう「公衆衛生又は公衆道徳上有害な業務」に該当することは明白であるから，同規定は「これを本件に適用する限りにおいては，何ら明確を欠くところはない」とした最高裁昭和 36 年 12 月 6 日第二小法廷決定[36]に見ることができる。

このような判示の仕方に対しては，「明確性とは法文自体の性格の問題であるから，ある事案との関係で明確であったり不明確であったりするわけがない」[37]との批判が向けられている。たしかに，当該事件の特定事例が法文の規制対象に属することが明らかであるとしても，それによって法文全体の不明確性の問題が解消されるわけではない。当該事件に適用する限りにおい

---

33) 刑集 26 巻 9 号 557〜58 頁。
34) 最大判昭和 50・9・10 刑集 29 巻 8 号 489 頁。本書第 13 章参照。
35) 本件控訴審判決は，本件質問検査権の規定に「特に明確を欠く点があるとは解せられない」としていた。金判 346 号 6〜7 頁（刑集 26 巻 9 号 575〜77 頁）参照。
36) 集刑 140 号 375 頁。
37) 田宮裕「刑罰法規の明確性」藤木英雄編『刑法 I』16 頁，19〜20 頁（日本評論社，1977 年）。東條伸一郎「所得税法上の質問検査権と憲法 35 条・38 条等との関係」ひろば 26 巻 3 号 22 頁，27 頁（1973 年）も，「ある罰則規定の構成要件が明確であるか否かは本来，その罰則の定め方如何によって決定さるべきであり，当該事件の具体的事実関係との対比において決定さるべきものではないのではないか」（原文強調）との疑問を提示している。

て法文の不明確性は問題にならないというだけのことである。その意味では，「本件に適用される場合に，その内容になんら不明確な点は存しない」という表現には些か語弊があるといえよう。しかし，このような判断方法自体は成り立ちえないものではないと思われる。それは，適用合憲とも称すべき憲法判断の一方法として捉えることができる。適用上の判断の特徴は，それが法令自体の合・違憲を示さないところにある。適用合憲は，合憲判断を当該事件の特定事例に対する法令の適用関係に限定する方法であり，他の適用関係については含みを残すことになる。本件において本判決がかかる判断方法を採った理由は定かでない。しかし，いずれにせよ，本件はいわゆる萎縮的効果が問題となるような事例ではなく，本判決が本件の適用関係において旧所得税法 63 条の規定の不明確性は問題にならない旨の判断を示したことは正当であったと思われる。

　なお，この憲法 31 条違反の主張に対する判示については，Y の違憲主張の適格を否定したものとする見方がある[38]。すなわち，自己の行為に刑罰規定の適用があることの明らかな者は当該規定が不特定の第三者に適用される場合不明確であることを援用する適格を欠くということが示されたというのである。しかし，このような見方が適切であるかどうかは疑問である。はたして本判決の上記部分（判旨(1)）は，かかる「適格」について判示したものであろうか。本判決は，Y の行為が旧所得税法所定の犯罪構成要件に該当することは明確であるから当該刑罰規定は少なくとも Y との関係で違憲とはいえないという実体判断を示したまでのことではないのか[39]。そして，この判断は，当該刑罰規定が不明確の故に憲法 31 条に違反し無効であるとの Y の主張に対して示されたものであり，（その主張の当否は別にして）Y がかかる違憲の主張をなしうることは当然の前提とされていたものと思われる[40]。

38) 柴田孝夫・最判解刑事篇昭和 47 年度 218 頁，230〜31 頁，時國康夫『憲法訴訟とその判断の手法』216 頁，242〜43 頁（第一法規，1996 年）等参照。
39) 安念潤司「憲法訴訟における当事者適格」『憲法訴訟と人権の理論』359 頁，376 頁（有斐閣，1985 年）参照。棟居快行「川崎民商事件」法セ増刊・憲法訴訟 84 頁，85 頁（1983 年）は，本件のような場合を「適格」の問題として論じることは実益に乏しく，むしろそれによって実体判断が隠されてしまうであろうと指摘する。

4 本判決の射程と残された問題

本判決は,憲法35条,38条1項の保障が非刑事手続にも及びうることを最高裁が初めて明確に認めたものとして重要な意義を有することは疑いない。本件は旧所得税法に関する事件であったが,同様の質問検査権の規定を置く現行の所得税法を始め,個別税法や各種の行政法規についても,本判決は先例としての意味をもつこととなろう。ただし,上述のように,憲法35条,38条1項の保障が非刑事手続について及ぶとされる範囲は意外に狭いもののようにも思われ,本判決以降の判例の展開が注目されたところである。

憲法35条関係では,特に目だった進展は見られない。本判決から約1年後の荒川民商事件に関する最高裁昭和48年7月10日第三小法廷決定[41]は,上告人の憲法35条違反の主張を適法な上告理由に当たらないとして簡単に退けている。同決定は,さらに,所得税法(平成27年法律第9号による改正前のもの)234条1項に基づく税務職員による質問検査の「実施の日時場所の事前通知,調査の理由および必要性の個別的,具体的な告知のごときも,質問検査を行なううえの法律上一律の要件とされているものではない」として,事前の告知も憲法上要求されない(立法政策の問題)とする見解を示した。また,成田新法事件に関する最高裁平成4年7月1日大法廷判決[42]は,憲法35条の保障が非刑事手続にも及びうることを,本判決を引用して再確認しつつ,「しかしながら,行政手続は,刑事手続とその性質においておのずから差異があり,また,行政目的に応じて多種多様であるから,行政手続における強制の一種である立入りにすべて裁判官の令状を要すると解するのは相当ではなく,当該立入りが,公共の福祉の維持という行政目的を達成するため欠くべからざるものであるかどうか,刑事責任追及のための資料収集

---

40) 憲法38条1項違反の主張についても,Yは自己の所得税逋脱が発覚のおそれがあるとするのではなく,かかる犯罪を行っている第三者に負罪の危険を生じると主張するものであるから,本来かかる主張の適否が問題たりうるとの指摘がある(柴田・前出注38)232~33頁注(8)参照)。しかし,本判決はこの点に全く触れることなく,実体判断を下している。ここでもYが違憲の主張をなしうることは当然の前提とされていたのではないかと思われる。なお,このような違憲主張の「適格」論への疑問については,本書46頁参照。
41) 刑集27巻7号1205頁。
42) 民集46巻5号437頁。

に直接結び付くものであるかどうか，また，強制の程度，態様が直接的なものであるかどうかなどを総合判断して，裁判官の令状の要否を決めるべきである」[43]とし，当該工作物への職員の立入りや質問は使用禁止命令が既に発せられている工作物についてその命令の履行を確保するために必要な限度においてのみ認められるものであり，その立入りの必要性は高いこと，刑事責任追及のための資料収集に直接結びつくものではないこと，強制の程度・態様が直接的物理的なものではないことなどを総合判断すれば，「憲法35条の法意に反する」とはいえない[44]，とした。しかし，ここでも，「憲法35条の法意」に反しないとは，憲法35条は適用されない（同条の保障の枠外である）という趣旨なのか，それとも，35条は適用される（保障の枠内である）が同条による令状を必要とする場合ではないという趣旨なのかが判然としないという問題は解消されていない。憲法35条の「法意」そのものについて裁判所が明確に語っていないことに原因があるように思われる。その後，最高裁平成28年12月9日第三小法廷判決[45]は，本判決と成田新法事件判決を援用しつつ，税関職員が郵便物の簡易手続として，輸入禁制品の有無等を確認するため郵便物を開披し，その内容を特定するために必要な検査を，裁判官の令状を得ず，郵便物の発送人または名宛人の承諾を得ることなく行うことは関税法（平成24年法律第30号による改正前のもの）76条，同法（平成23年法律第7号による改正前のもの）105条1項1号，3号により許容されているものとし，そのように解しても憲法35条の法意に反しないと判示している。

---

43) 同447頁。
44) 同447～48頁。この成田新法事件判決は，憲法31条の保障が行政手続にも及びうることを明言したという点において画期的な意義を有する。ただし，同判決は，31条に関しても，「同条による保障が及ぶと解すべき場合であっても，一般に，行政手続は，刑事手続とその性質においておのずから差異があり，また，行政目的に応じて多種多様であるから，行政処分の相手方に事前の告知，弁解，防御の機会を与えるかどうかは，行政処分により制限を受ける権利利益の内容，性質，制限の程度，行政処分により達成しようとする公益の内容，程度，緊急性等を総合較量して決定されるべきものであって，常に必ずそのような機会を与えることを必要とするものではないと解するのが相当である」とし，相手方に対し事前の告知，弁解，防御の機会を与える旨の規定がなくても，「憲法31条の法意に反する」とはいえない（同446～47頁），とした。
45) 刑集70巻8号806頁。

憲法38条1項関係では，国税犯則取締法上の犯則嫌疑者に対する質問調査手続に関する最高裁昭和59年3月27日第三小法廷判決[46]が注目される。この判決は，本判決を引用しつつ，国税犯則取締法上の犯則調査の手続は，一種の行政手続であって刑事手続ではないが，それ自体が捜査手続に類似しこれと共通するところがあるばかりでなく，調査によって得られた資料が後の刑事手続において捜査および訴追の証拠資料とされることが予定されていることなどから，「実質的には租税犯の捜査としての機能を営むもの」であり，「犯則嫌疑者については，自己の刑事上の責任を問われるおそれのある事項についても供述を求めることになるもので，『実質上刑事責任追及のための資料の取得収集に直接結びつく作用を一般的に有する』ものというべき」であるとし，犯則調査の手続に憲法38条1項による供述拒否権の保障が及ぶことを認めた[47]。しかし，憲法38条1項が供述拒否権の告知を義務づけるものかどうかという点については，これを消極に解し，供述拒否権の告知の要否は立法政策の問題であるから，あらかじめ告知をすることなく質問を行ったからといって当該質問手続が憲法38条1項に違反することにはならないとして，違憲の主張を退けた[48]。

その他，憲法38条1項関係の裁判例としては，覚せい剤の密輸入者に対する輸入申告の義務づけに関する最高裁昭和54年5月10日第一小法廷判決[49]，最高裁昭和54年5月29日第三小法廷判決[50]，不法に入国した外国人に対する外国人登録申請の義務づけに関する最高裁昭和56年11月26日第一小法廷判決[51]，最高裁昭和57年3月30日第三小法廷判決[52]，道路交

---

46) 刑集38巻5号2037頁。
47) 同2038〜39頁。この点で，犯則調査手続に類似する独占禁止法上の強制調査手続の憲法適合性が問題となる。酒巻・前出注28)101〜02頁，川出敏裕「独占禁止法違反事件と刑事制裁」ひろば54巻5号18頁（2001年）等参照。
48) 刑集38巻5号2039〜40頁。供述拒否権の事前告知は憲法38条1項から直接要請されるものではないというのが，従来からの判例（本判決も引用する最大昭和23・7・14刑集2巻8号846頁，最大判昭和24・2・9刑集3巻2号146頁，最一小判昭和58・3・30税資137号480頁等）の見解である。
49) 刑集33巻4号275頁。
50) 同301頁。
51) 刑集35巻8号896頁。
52) 刑集36巻3号478頁。

通法 67 条 2 項〔現 3 項〕の規定による警察官の呼気検査に関する最高裁平成 9 年 1 月 30 日第一小法廷判決[53]，医師法 21 条の規定による医師の届出義務に関する最高裁平成 16 年 4 月 13 日第三小法廷判決[54]等があるが，いずれも関連判例とともに，本判決を先例として引用し，自己に不利益な供述の強要に当たらないとして，憲法 38 条 1 項違反の主張を退けている。ただ，上記の諸事例は，平成 9 年判決の場合を除いて[55]，いずれも申告，登録等を義務づける規定自体ではなく，当該規定を特定の個人に適用することの是非を争う構造になっていることに注意が必要である。最高裁は，これに対して，当該手続が実質上刑事責任追及のための資料の取得収集に直接結びつく作用を一般的に有するものではなく，行政目的達成のための必要かつ合理的な制度であることを前提として，比較的簡単に具体の適用もまた違憲ではない旨判示している[56]。個別具体の事案における供述拒否権の制約を正当化する根拠について，より綿密な検討を要しよう。

---

53) 刑集 51 巻 1 号 335 頁。
54) 刑集 58 巻 4 号 247 頁。
55) 平成 9 年判決の事案は，呼気検査を拒んだ者を処罰する道路交通法 120 条 1 項 11 号〔現 118 条の 2〕の規定が憲法 38 条 1 項に違反するとして争ったものである。この判決については，呼気検査は「供述」を得ようとするものではない（「呼気」は非供述的な証拠である）から憲法 38 条 1 項に反しないとしたものであって，当該検査手続は刑事責任追及のための資料の取得収集に直接結びつく作用を一般的に有する手続に当たるといって差し支えないとの指摘がある。三好幹夫・最判解刑事篇平成 9 年度 42 頁，48 頁，53～54 頁参照。
56) ただし，昭和 57 年判決に付された横井大三，伊藤正己両裁判官の共同補足意見は，外国人登録に関する現実の取扱いにおいて適用違憲の問題を生じる余地があることを指摘している。刑集 36 巻 3 号 483 頁参照。

第19章 国家公務員の労働基本権
——全農林警職法事件判決

最大判昭和 48 年 4 月 25 日刑集 27 巻 4 号 547 頁

I はじめに

　憲法 28 条は,「勤労者の団結する権利及び団体交渉その他の団体行動をする権利」(いわゆる労働基本権)を保障している。そして,公務員も勤労者である以上,この労働基本権が保障されるものと解される。ところが,他方で,この権利は法律レヴェルで大幅に制限されている。よく知られているように,①警察職員,海上保安庁職員,刑事施設において勤務する職員,消防職員,自衛隊員は,団結権,団体交渉権,争議権のすべてを否定され(国家公務員法〔以下「国公法」という〕108 条の 2 第 5 項・98 条 2 項,地方公務員法〔以下「地公法」という〕52 条 5 項・37 条 1 項,自衛隊法 64 条),②非現業の国家公務員および地方公務員は,団結権は認められているものの,団体交渉権を制約されるとともに,争議権を否定され(国公法 108 条の 2 第 3 項・108 条の 5 第 2 項・98 条 2 項,地公法 52 条 3 項・55 条 2 項・37 条 1 項),③現業の国家公務員および地方公務員は,団結権,団体交渉権は認められているものの,争議権を否定されている(特定独立行政法人等労働関係法 4 条・8 条・17 条 1 項,地方公営企業等労働関係法 5 条・7 条・11 条 1 項)。そこで,このような法律による公務員の労働基本権の制限と憲法 28 条との関係が問われることとなるのである。

　日本国憲法の制定当初は,公務員も,一部の職員を除き,私企業の労働者と同じく,原則として労働基本権を保障され,争議行為も許されていた。と

ころが，占領政策の変化に伴って1948（昭和23）年7月に政令201号が制定施行され，公務員は，国家公務員であると地方公務員であるとを問わず，一切の争議行為を禁止され，これに違反した者には刑事罰が科されることとなった。そして，この争議行為全面禁止が今日まで受け継がれているのである。ただし，同年11月の改正国公法は，争議行為への単純参加者を刑事罰の対象から除外し，争議行為をあおる等の行為をした者だけを処罰することとし，地公法もこれに倣った。また，公共企業体等労働関係法（以下「公労法」という）は，いわゆる3公社5現業の職員につき，一切の争議行為を禁止しつつも，同法自体としては，争議行為への単純参加者はもとより，争議行為をあおる等の行為をした者も処罰しないこととした。その後公労法については，3公社の民営化などにより，国営企業労働関係法，さらに特定独立行政法人等労働関係法へと改正を重ねたが，争議行為の禁止に関する諸規定に基本的な変化は見られない。

このような公務員の労働基本権，とりわけ争議権の制限について，初期の判例は，国鉄弘前機関区事件判決[1]に代表されるように，単純な全面合憲論を展開し，学説の厳しい批判を浴びていた。これに対して，最高裁は，1966（昭和41）年の全逓東京中郵事件判決[2]（以下「東京中郵判決」という）において従来の全面合憲論に換えて新たな考え方を打ち出し，都教組事件判決[3]（以下「都教組判決」という），全司法仙台事件判決[4]（以下「全司法仙台判決」という）もこれを踏襲した。それは，法律を可能な限り憲法に適合するように限定解釈することにより，公務員の労働基本権に対する制限を必要最小限度にとどめようとするものであった。本章で取り上げる1973（昭和48）年の全農林警職法事件判決は，最高裁がそのような東京中郵判決以来の考え方を改め，再度公務員の労働基本権に対して厳しい姿勢をとるに至った判決として知られる。しかし，本判決は，かつての単純な全面合憲論に立ち戻ったわけではなく，公務員の労働基本権を制限しても違憲ではない理由をそれなりに詳しく論述している。また，本判決は，直接的には，上記の全司法仙台

1) 最大判昭和28・4・8刑集7巻4号775頁。
2) 最大判昭和41・10・26刑集20巻8号901頁。
3) 最大判昭和44・4・2刑集23巻5号305頁。
4) 最大判昭和44・4・2刑集23巻5号685頁。

判決を変更したものであって，東京中郵判決を変更したわけではない。以上の点に留意しながら本判決の論理を見定めることが肝要であろう。

本判決には 7 裁判官による補足意見，そのうち 2 裁判官による追加補足意見，多数意見の理由づけに反対する 5 裁判官の意見，1 裁判官の意見，1 裁判官の反対意見が付加されており，裁判官の間で激しい議論の応酬があったことをうかがわせる。本判決の趣旨をより良く理解するためには，これらの個別意見を考慮することが欠かせないであろう。以下においては，これらの個別意見を含めて，本判決を読み直し，本判決の意義と問題点を改めて確認することにしたい。

II　判決の紹介

1　事実の概要

1958（昭和 33）年 10 月，警察官職務執行法（以下「警職法」という）の一部を改正する法律案が野党の反対を押し切って国会に提出され，議長職権で衆議院地方行政委員会に付託された。農林省（当時）の職員によって組織された全農林労働組合は，同法の改正により労働組合運動に対する警察の介入が増大する虞があるとして，各種労働団体その他の団体とともに反対運動を展開した。全農林労働組合の幹部であった Y ら 5 名（被告人，被控訴人，上告人）は，同年 10 月 30 日の深夜から 11 月 2 日にかけて傘下の同組合各県本部等に宛てて，組合員は警職法改悪反対のため所属長の承認がなくても 11 月 5 日は正午出勤の行動に入るよう電報および文書による指令を発し，また，同月 5 日午前 9 時頃から 11 時 40 分頃までの間，約 2500 名の農林省職員に対して「警職法改悪反対」職場大会に直ちに参加するよう繰り返し説得し，勤務時間内 2 時間を目標として開催される同職場大会に参加を慫慂した。そこで，Y らは，国公法（昭和 40 年法律第 69 号による改正前のもの）98 条 5 項〔現 98 条 2 項〕，110 条 1 項 17 号の罪に当たるとして起訴された。

第 1 審判決（東京地判昭和 38・4・19）[5]は，国公法 98 条 5 項は憲法 28 条に

---

5)　判時 338 号 8 頁。

違反しないが，だからといって，公務員またはその争議行為に際してこれと通常不可分の関係を有する随伴的行為に出た者を処罰することが当然に許されると結論づけることは相当でないとし，本件の指令発出は，争議行為に際して発せられる指令としては通常のもので，強度の違法性を帯びず，また，本件職場大会に際してなされたYらの一連の行為は職場大会と不可分な随伴的行為と見ることができ，強度の違法性を帯びるものではなく，したがっていずれも国公法110条1項17号に当たらないとして，全員を無罪とした。

これに対して，第2審判決（東京高判昭和43・9・30）[6]は，争議行為の遂行をあおる等の指導的行為は争議行為の原動力・支柱となるものであって，その反社会性・反規範性等において争議の実行行為そのものよりも違法性が強いと解しうるのであるから，憲法違反の結果を回避するため特にあおる行為等の概念を縮小解釈しなければならない必然性はないとし，Yらの行為は目的・規模・手段方法のいずれの点から考慮しても処罰を免れないとして，第1審判決を破棄し，Yら全員に有罪を言い渡した。

そこで，Yらが，第2審判決は憲法21条の解釈適用を誤り，憲法28条，31条，18条に違反するなどと主張して上告したところ，最高裁大法廷は，次のように述べて，上告を棄却した。

2 判　旨

(1　国公法98条5項，110条1項17号と憲法28条，21条，18条)

(1)　「憲法28条は，『勤労者の団結する権利及び団体交渉その他の団体行動をする権利』，すなわちいわゆる労働基本権を保障している。この労働基本権の保障は，憲法25条のいわゆる生存権の保障を基本理念とし，憲法27条の勤労の権利および勤労条件に関する基準の法定の保障と相まって勤労者の経済的地位の向上を目的とするものである。このような労働基本権の根本精神に即して考えると，公務員は，私企業の労働者とは異なり，使用者との合意によって賃金その他の労働条件が決定される立場にないとはいえ，勤労者として，自己の労務を提供することにより生活の資を得ているものである点において一般の勤労者と異なるところはないから，憲法28条の労働基本

6)　高刑集21巻5号365頁。

権の保障は公務員に対しても及ぶものと解すべきである。ただ，この労働基本権は，右のように，勤労者の経済的地位の向上のための手段として認められたものであって，それ自体が目的とされる絶対的なものではないから，おのずから勤労者を含めた国民全体の共同利益の見地からする制約を免れないものであり，このことは，憲法13条の規定の趣旨に徴しても疑いのないところである（この場合，憲法13条にいう「公共の福祉」とは，勤労者たる地位にあるすべての者を包摂した国民全体の共同の利益を指すものということができよう。）。以下，この理を，さしあたり，本件において問題となっている非現業の国家公務員（非現業の国家公務員を以下単に公務員という。）について詳述すれば，次のとおりである」。

①「公務員は，私企業の労働者と異なり，国民の信託に基づいて国政を担当する政府により任命されるものであるが，憲法15条の示すとおり，実質的には，その使用者は国民全体であり，公務員の労務提供義務は国民全体に対して負うものである。もとよりこのことだけの理由から公務員に対して団結権をはじめその他一切の労働基本権を否定することは許されないのであるが，公務員の地位の特殊性と職務の公共性にかんがみるときは，これを根拠として公務員の労働基本権に対し必要やむをえない限度の制限を加えることは，十分合理的な理由があるというべきである。けだし，公務員は，公共の利益のために勤務するものであり，公務の円滑な運営のためには，その担当する職務内容の別なく，それぞれの職場においてその職責を果すことが必要不可欠であって，公務員が争議行為に及ぶことは，その地位の特殊性および職務の公共性と相容れないばかりでなく，多かれ少なかれ公務の停廃をもたらし，その停廃は勤労者を含めた国民全体の共同利益に重大な影響を及ぼすか，またはその虞れがあるからである。

次に，公務員の勤務条件の決定については，私企業における勤労者と異なるものがあることを看過することはできない。すなわち利潤追求が原則として自由とされる私企業においては，労働者側の利潤の分配要求の自由も当然に是認せられ，団体を結成して使用者と対等の立場において団体交渉をなし，賃金その他の労働条件を集団的に決定して協約を結び，もし交渉が妥結しないときは同盟罷業等を行なって解決を図るという憲法28条の保障する労働

基本権の行使が何らの制約なく許されるのを原則としている。これに反し，公務員の場合は，その給与の財源は国の財政とも関連して主として税収によって賄われ，私企業における労働者の利潤の分配要求のごときものとは全く異なり，その勤務条件はすべて政治的，財政的，社会的その他諸般の合理的な配慮により適当に決定されなければならず，しかもその決定は民主国家のルールに従い，立法府において論議のうえなされるべきもので，同盟罷業等争議行為の圧力による強制を容認する余地は全く存しないのである。これを法制に即して見るに，公務員については，憲法自体がその73条4号において『法律の定める基準に従ひ，官吏に関する事務を掌理すること』は内閣の事務であると定め，その給与は法律により定められる給与準則に基づいてなされることを要し，これに基づかずにはいかなる金銭または有価物も支給することはできないとされており（国公法63条1項参照），このように公務員の給与をはじめ，その他の勤務条件は，私企業の場合のごとく労使間の自由な交渉に基づく合意によって定められるものではなく，原則として，国民の代表者により構成される国会の制定した法律，予算によって定められることとなっているのである。その場合，使用者としての政府にいかなる範囲の決定権を委任するかは，まさに国会みずからが立法をもって定めるべき労働政策の問題である。したがって，これら公務員の勤務条件の決定に関し，政府が国会から適法な委任を受けていない事項について，公務員が政府に対し争議行為を行なうことは，的はずれであって正常なものとはいいがたく，もしこのような制度上の制約にもかかわらず公務員による争議行為が行なわれるならば，使用者としての政府によっては解決できない立法問題に逢着せざるをえないこととなり，ひいては民主的に行なわれるべき公務員の勤務条件決定の手続過程を歪曲することともなって，憲法の基本原則である議会制民主主義（憲法41条，83条等参照）に背馳し，国会の議決権を侵す虞れすらなしとしないのである。

　さらに，私企業の場合と対比すると，私企業においては，極めて公益性の強い特殊のものを除き，一般に使用者にはいわゆる作業所閉鎖（ロックアウト）をもって争議行為に対抗する手段があるばかりでなく，労働者の過大な要求を容れることは，企業の経営を悪化させ，企業そのものの存立を危殆な

らしめ，ひいては労働者自身の失業を招くという重大な結果をもたらすこととともなるのであるから，労働者の要求はおのずからその面よりの制約を免れず，ここにも私企業の労働者の争議行為と公務員のそれとを一律同様に考えることのできない理由の一が存するのである。また，一般の私企業においては，その提供する製品または役務に対する需給につき，市場からの圧力を受けざるをえない関係上，争議行為に対しても，いわゆる市場の抑制力が働くことを必然とするのに反し，公務員の場合には，そのような市場の機能が作用する余地がないため，公務員の争議行為は場合によっては一方的に強力な圧力となり，この面からも公務員の勤務条件決定の手続をゆがめることとなるのである」。

②「しかしながら，前述のように，公務員についても憲法によってその労働基本権が保障される以上，この保障と国民全体の共同利益の擁護との間に均衡が保たれることを必要とすることは，憲法の趣意であると解されるのであるから，その労働基本権を制限するにあたっては，これに代わる相応の措置が講じられなければならない」。

(イ)「関係法規から見ると，労働基本権につき前記のような当然の制約を受ける公務員に対しても，法は，国民全体の共同利益を維持増進することとの均衡を考慮しつつ，その労働基本権を尊重し，これに対する制約，とくに罰則を設けることを，最小限度にとどめようとしている態度をとっているものと解することができる。そして，この趣旨は，いわゆる全逓中郵事件判決の多数意見においても指摘されたところである（昭和39年(あ)第296号同41年10月26日大法廷判決・刑集20巻8号912頁参照）」。

(ロ)「その争議行為等が，勤労者をも含めた国民全体の共同利益の保障という見地から制約を受ける公務員に対しても，その生存権保障の趣旨から，法は，これらの制約に見合う代償措置として身分，任免，服務，給与その他に関する勤務条件についての周到詳密な規定を設け，さらに中央人事行政機関として準司法機関的性格をもつ人事院を設けている。ことに公務員は，法律によって定められる給与準則に基づいて給与を受け，その給与準則には俸給表のほか法定の事項が規定される等，いわゆる法定された勤務条件を享有しているのであって，人事院は，公務員の給与，勤務時間その他の勤務条件に

ついて，いわゆる情勢適応の原則により，国会および内閣に対し勧告または報告を義務づけられている。そして，公務員たる職員は，個別的にまたは職員団体を通じて俸給，給料その他の勤務条件に関し，人事院に対しいわゆる行政措置要求をし，あるいはまた，もし不利益な処分を受けたときは，人事院に対し審査請求をする途も開かれているのである。このように，公務員は，労働基本権に対する制限の代償として，制度上整備された生存権擁護のための関連措置による保障を受けているのである」。

③「以上に説明したとおり，公務員の従事する職務には公共性がある一方，法律によりその主要な勤務条件が定められ，身分が保障されているほか，適切な代償措置が講じられているのであるから，国公法98条5項がかかる公務員の争議行為およびそのあおり行為等を禁止するのは，勤労者をも含めた国民全体の共同利益の見地からするやむをえない制約というべきであって，憲法28条に違反するものではないといわなければならない」。

(2)「次に，国公法110条1項17号は，公務員の争議行為による業務の停滞が広く国民全体の共同利益に重大な障害をもたらす虞れのあることを考慮し，公務員たると否とを問わず，何人であってもかかる違法な争議行為の原動力または支柱としての役割を演じた場合については，そのことを理由として罰則を規定しているのである。すなわち，前述のように，公務員の争議行為の禁止は，憲法に違反することはないのであるから，何人であっても，この禁止を侵す違法な争議行為をあおる等の行為をする者は，違法な争議行為に対する原動力を与える者として，単なる争議参加者にくらべて社会的責任が重いのであり，また争議行為の開始ないしはその遂行の原因を作るものであるから，かかるあおり等の行為者の責任を問い，かつ，違法な争議行為の防遏を図るため，その者に対しとくに処罰の必要性を認めて罰則を設けることは，十分に合理性があるものということができる。したがって，国公法110条1項17号は，憲法18条，憲法28条に違反するものとはとうてい考えることができない」。

(3)憲法21条の保障する表現の自由といえども，公共の福祉に反する場合には合理的な制限を加えうるものと解すべきところ，「とくに勤労者なるがゆえに，本来経済的地位向上のための手段として認められた争議行為をそ

の政治的主張貫徹のための手段として使用しうる特権をもつものとはいえないから，かかる争議行為が表現の自由として特別に保障されるということは，本来ありえないものというべきである。そして，前記のように，公務員は，もともと合憲である法律によって争議行為をすること自体が禁止されているのであるから，勤労者たる公務員は，かかる政治的目的のために争議行為をすることは，二重の意味で許されないものといわなければならない。してみると，このような禁止された公務員の違法な争議行為をあおる等の行為をあえてすることは，それ自体がたとえ思想の表現たるの一面をもつとしても，公共の利益のために勤務する公務員の重大な義務の懈怠を慫慂するにほかならないのであって，結局，国民全体の共同利益に重大な障害をもたらす虞があるものであり，憲法の保障する言論の自由の限界を逸脱するものというべきである。したがって，あおり等の行為を処罰すべきものとしている国公法110条1項17号は，憲法21条に違反するものということができない」。

（2　国公法110条1項17号と憲法31条）

　国公法110条1項17号所定の各行為のうち，「『あおり』とは，国公法98条5項前段に定める違法行為を実行させる目的をもって，他人に対し，その行為を実行する決意を生じさせるような，またはすでに生じている決意を助長させるような勢いのある刺激を与えること（昭和33年（あ）第1413号同37年2月21日大法廷判決・刑集16巻2号107頁参照）をいい，また，『企て』とは，右のごとき違法行為の共謀，そそのかし，またはあおり行為の遂行を計画準備することであって，違法行為発生の危険性が具体的に生じたと認めうる状態に達したものをいうと解するのが相当である（いずれの場合にせよ，単なる機械的労務を提供したにすぎない者，またはこれに類する者は含まれない。）。してみると，国公法110条1項17号に規定する犯罪構成要件は，所論のように，内容が漠然としているものとはいいがたく，また違法な行為につき，その前段階的行為であるあおり行為等のみを独立犯として処罰することは，前述のとおりこれらの行為が違法行為に原因を与える行為として単なる争議への参加にくらべ社会的責任が重いと見られる以上，決して不合理とはいいがたいから，所論違憲の主張は理由がない」。

(3　国公法98条5項，110条1項17号の解釈・適用と各高等裁判所の判例)

「国公法98条5項，110条1項17号の解釈に関して，公務員の争議行為等禁止の措置が違憲ではなく，また，争議行為をあおる等の行為に高度の反社会性があるとして罰則を設けることの合理性を肯認できることは前述のとおりであるから，公務員の行なう争議行為のうち，同法によって違法とされるものとそうでないものとの区別を認め，さらに違法とされる争議行為にも違法性の強いものと弱いものとの区別を立て，あおり行為等の罪として刑事制裁を科されるのはそのうち違法性の強い争議行為に対するものに限るとし，あるいはまた，あおり行為等につき，争議行為の企画，共謀，説得，慫慂，指令等を争議行為にいわゆる通常随伴するものとして，国公法上不処罰とされる争議行為自体と同一視し，かかるあおり等の行為自体の違法性の強弱または社会的許容性の有無を論ずることは，いずれも，とうてい是認することができない。けだし，いま，もし，国公法110条1項17号が，違法性の強い争議行為を違法性の強いまたは社会的許容性のない行為によりあおる等した場合に限ってこれに刑事制裁を科すべき趣旨であると解するときは，いうところの違法性の強弱の区別が元来はなはだ曖昧であるから刑事制裁を科しうる場合と科しえない場合との限界がすこぶる明確性を欠くこととなり，また同条項が争議行為に『通常随伴』し，これと同一視できる一体不可分のあおり等の行為を処罰の対象としていない趣旨と解することは，一般に争議行為が争議指導者の指令により開始され，打ち切られる現実を無視するばかりでなく，何ら労働基本権の保障を受けない第三者がした，このようなあおり等の行為までが処罰の対象から除外される結果となり，さらに，もしかかる第三者のしたあおり等の行為は，争議行為に『通常随伴』するものでないとしてその態様のいかんを問わずこれを処罰の対象とするものと解するときは，同一形態のあおり等をしながら公務員のしたものと第三者のしたものとの間に処罰上の差別を認めることとなって，ただ法文の『何人たるを問わず』と規定するところに反するばかりでなく，衡平を失するものといわざるをえないからである。いずれにしても，このように不明確な限定解釈は，かえって犯罪構成要件の保障機能を失わせることとなり，その明確性を要請する憲法31条に違反する疑いすら存するものといわなければならない。

なお，公務員の団体行動とされるもののなかでも，その態様からして，実質が単なる規律違反としての評価を受けるにすぎないものについては，その煽動等の行為が国公法110条1項17号所定の罰則の構成要件に該当しないことはもちろんであり，また，右罰則の構成要件に該当する行為であっても，具体的事情のいかんによっては法秩序全体の精神に照らし許容されるものと認められるときは，刑法上違法性が阻却されることもありうることはいうまでもない。もし公務員中職種と職務内容の公共性の程度が弱く，その争議行為が国民全体の共同利益にさほどの障害を与えないものについて，争議行為を禁止し，あるいはそのあおり等の行為を処罰することの当を得ないものがあるとすれば，それらの行為に対する措置は，公務員たる地位を保有させることの可否とともに立法機関において慎重に考慮すべき立法問題であると考えられるのである。

いわゆる全司法仙台事件についての当裁判所の判決（昭和41年（あ）第1129号同44年4月2日大法廷判決・刑集23巻5号685頁）は，本判決において判示したところに抵触する限度で，変更を免れないものである」。

なお，本判決には，本件上告を棄却すべきものとする点においては多数意見に同調しつつ，その理由づけに異を唱える岩田誠裁判官の意見，田中二郎，大隅健一郎，関根小郷，小川信雄，坂本吉勝裁判官の共同意見，この5裁判官の意見を「多数意見の真意を理解せず，いたずらに誇大な表現を用いて，これを論難するものであって，読む者をしてわれわれの意見について甚だしい誤解を抱かせるものがあると思われるので，あえて若干の意見を補足したい」[7]として付加された，石田和外，村上朝一，藤林益三，岡原昌男，下田武三，岸盛一，天野武一の7裁判官の共同補足意見，さらに，岸，天野両裁判官の共同追加補足意見のほか，色川幸太郎裁判官の反対意見がある。

III　分析と検討

本判決について注目すべきは，第1に，公務員の労働基本権を制限する根拠について，これを改めて詳細に論じていること，第2に，国公法98条5

7）　刑集27巻4号568頁。

項および110条1項17号の各規定は何らの限定解釈を加えることなく合憲であるとしたこと，第3に，この考え方に基づいて判例変更を行ったこと，である。

以下，順次検討する。

1 公務員の労働基本権の制約根拠

本判決は，憲法28条の労働基本権の保障は公務員に対しても及ぶとしつつ，この労働基本権は「勤労者の経済的地位の向上のための手段として認められたものであって，それ自体が目的とされる絶対的なものではないから，おのずから勤労者を含めた国民全体の共同利益の見地からする制約を免れないもの」[8]であると述べている。問題は，ここにいう「国民全体の共同利益」とは何かということであるが，本判決は特にこれを敷衍していないため，その意味するところは直ちに明らかであるとはいえない。ただ，本判決は，ここで憲法13条を援用し，「この場合，憲法13条にいう『公共の福祉』とは，勤労者たる地位にあるすべての者を包摂した国民全体の共同の利益を指すものということができよう」[9]としており，このことから本判決のいう「国民全体の共同利益」とは，「公共の福祉」を言い換えたものであることが分かる。

労働基本権の制約根拠として，初期の最高裁判決は，「公共の福祉」を持ち出すのが常であった。たとえば，国鉄弘前機関区事件判決は，「国民の権利はすべて公共の福祉に反しない限りにおいて立法その他の国政の上で最大の尊重をすることを必要とするものであるから，憲法28条が保障する勤労者の団結する権利及び団体交渉その他の団体行動をする権利も公共の福祉のために制限を受けるのは己(ママ)を得ないところである」[10]とし，その後の判決も同判決を先例として引用し同旨を述べるにとどまっていた[11]。

---

8) 同551頁。労働基本権の手段的性格が強調されているところがやや目につく（この点に関する批判として，中村睦男『社会権の解釈』242頁，272頁〔有斐閣，1983年〕参照）。ちなみに，東京中郵判決では，労働基本権は「経済上劣位に立つ勤労者に対して実質的な自由と平等とを確保するための手段」（刑集20巻8号905頁）とされていた。
9) 刑集27巻4号551頁。
10) 刑集7巻4号791〜92頁。

これに対して，東京中郵判決は，勤労者の労働基本権といえども「国民生活全体の利益の保障という見地からの制約を当然の内在的制約として内包しているものと解釈しなければならない」12)とし，単なる「公共の福祉」に代えて，「国民生活全体の利益」を労働基本権に対する内在的制約の根拠として説いたのであった。その上で，同判決は，具体的にどのような制約が合憲とされるかについては，次の諸点を考慮に入れ，「慎重に決定する必要がある」13)とした。すなわち，①「労働基本権の制限は，労働基本権を尊重確保する必要と国民全体の利益を維持増進する必要とを比較衡量して，両者が適正な均衡を保つことを目途として決定すべきであるが，労働基本権が勤労者の生存権に直結し，それを保障するための重要な手段である点を考慮すれば，その制限は，合理性の認められる必要最小限度のものにとどめなければならない」こと，②「労働基本権の制限は，勤労者の提供する職務または業務の性質が公共性の強いものであり，したがってその職務または業務の停廃が国民生活全体の利益を害し，国民生活に重大な障害をもたらすおそれのあるものについて，これを避けるために必要やむを得ない場合について考慮されるべきである」こと，③労働基本権の制限違反に対して課される不利益については，必要な限度を超えないように十分な配慮がなされなければならず，「とくに，勤労者の争議行為等に対して刑事制裁を科することは，必要やむを得ない場合に限られるべきであり，同盟罷業，怠業のような単純な不作為を刑罰の対象とすることについては，特別に慎重でなければならない」こと，④「職務または業務の性質上からして，労働基本権を制限することがやむを得ない場合には，これに見合う代償措置が講ぜられなければならない」こと，である14)。この判示は，労働基本権に対する制限を個別具体の状況に応じて実質的に判断していこうとする最高裁の姿勢を示すものとして注目される。
　では，本判決のいう「勤労者を含めた国民全体の共同利益」は東京中郵判決のいう「国民生活全体の利益」と同じものであろうか。この点は，定かで

---

11) たとえば，最大判昭和29・9・15民集8巻9号1606頁，1612頁，最大判昭和30・6・22刑集9巻8号1189頁，1205〜06頁等参照。
12) 刑集20巻8号907頁。
13) 同上。
14) 同907〜08頁。

はないものの，しいていえば，後者が国民生活にかかわる具体的利益を指しているように見えるのに反し，前者はより一般的・抽象的なレヴェルで捉えられたものであるように感じられる。また，本判決がわざわざ「国民全体の共同利益」の前に「勤労者を含めた」あるいは「勤労者たる地位にあるすべての者を包摂した」と記したのは，そこに労働基本権の主体である勤労者をその一員とする国民共同体とでもいうべきものが観念されており，その共同の利益が問題とされているのではないかとの印象を抱かせるものである[15]。そうだとすると，本判決と東京中郵判決とでは，労働基本権の制約根拠の捉え方について，微妙なニュアンスの差があるということになりそうである。

ともあれ，本判決は，勤労者の労働基本権につき「勤労者を含めた国民全体の共同利益の見地からする制約を免れない」という一般論から出発して，その点を非現業の国家公務員について詳しく述べるという形で論を進めている。ここで本判決が取り上げているのは，①公務員の地位の特殊性と職務の公共性，②公務員の勤務条件法定主義，③政府によるロックアウトや市場からの抑制力の欠如，④代償措置の存在，である。はたして，これらの論拠は，憲法28条の下で，国公法98条5項が公務員の争議行為を全面的に禁止することを正当化するに足るものであろうか。

この中で決定的なのは①であり，②〜④はいわばそれを補完する意味合いのものとして位置づけられるように思われる。すなわち，本判決は，まず，憲法15条を引いて，公務員は国民全体に対して労務提供義務を負うものであるとし，そのことだけを理由に公務員に対して団結権その他一切の労働基本権を否定することは許されないが，「公務員の地位の特殊性と職務の公共性にかんがみるときは，これを根拠として公務員の労働基本権に対し必要やむをえない限度の制限を加えることは，十分合理的な理由があるというべきである」[16]とし，公務員の争議行為の禁止は「必要やむをえない限度の制

---

15) この点に関して，本判決の調査官解説は，本判決のいう「勤労者を含めた国民全体の共同利益」とは，東京中郵判決のいう「国民生活全体の利益」とは「もとより趣きを異にするもの」であって，「国民の『最後の一人の利益』をも尊重するところの，真の全体の共同利益」を指しており，「そこでは単純な功利主義的な多数利益が述べられているのではない」との見方を示している。向井哲次郎・最判解刑事篇昭和48年度305頁，328頁参照。

16) 刑集27巻4号551〜52頁。

限」として許される旨を述べている。公務員の争議行為は「公務員の地位の特殊性と職務の公共性」と相容れないばかりでなく、多かれ少なかれ公務の停廃をもたらし、その結果国民全体の共同利益に重大な影響を及ぼすか、またはその虞があるからだという[17]。これは、「公務員の地位の特殊性と職務の公共性」から直ちに公務員の争議行為の禁止を導き出すものであるが、しかし、本判決は、そもそも公務員の地位の特殊性やその職務の公共性とはどういうことを指すのかについて言葉を尽くしておらず、そのため、公務員の争議行為の禁止が「必要やむをえない限度の制限」であることを十分論証しえていないと思われる。

　憲法15条2項が公務員を「全体の奉仕者」と規定していることはたしかである。しかし、これは公務員が国民の一部の利益に奉仕すべきでないとする点に意義を有するものであって、このような公務員の地位の特殊性から直ちに公務員の争議行為の禁止を導き出すことが適切であるかどうかは疑問である[18]。また、公務員の職務の公共性についても、職務の停廃が国民生活に重大な支障をもたらす可能性を有することはたしかであり、そのことを理由として公務員の争議行為が一定の制限を受けることはやむをえないにしても、だからといって、一律全面的な制限が直ちに肯定されるということにはならないであろう。この点は、5裁判官の共同意見が指摘する通りであって、「公務の円滑な運営の阻害による公益侵害をもって争議権制限の実質的理由とするかぎり、このような侵害の内容と程度は争議行為制限の態様、程度とは相関関係にたつべきもの」であり、公務の内容・性質が多様化し、その運営の阻害が公共の利益に及ぼす影響も千差万別で、公益的性質を有する私企業の業務の停廃による影響とその内容・性質において大差なく、むしろ後者のほうが国民生活に対してより重大な支障をもたらす虞のある場合すら存するというのが実状であるとすれば、「これらをすべて公益侵害なる抽象的、観念的基準によって一律に割り切り、公務員の争議行為を、その主体、内容、態様または程度などのいかんにかかわらず全面的に禁止し、これをあおる等のすべての行為に刑事制裁を科す」ことは妥当でないといわなければなるま

---

17) 同552頁参照。
18) 宮沢俊義＝芦部信喜補訂『全訂日本国憲法』222頁（日本評論社、1978年）参照。

い[19]。

　②について，本判決は，公務員の給与の財源が主として税収によって賄われることから，その勤務条件の決定は「民主国家のルールに従い，立法府において論議のうえなされるべきもので，同盟罷業等争議行為の圧力による強制を容認する余地は全く存しない」[20]という。しかし，本判決がその根拠として援用する憲法73条4号は，内閣による国家公務員に関する事務の処理が法律の定める基準によるべきことを規定したにとどまり，公務員の勤務条件を細部にわたって法律により決定すべきことを要求するものではないと解される。この点も5裁判官の意見の指摘する通りであろう[21]。また，③についても，公務員の争議行為に対して政府がロックアウトによる対抗手段をもたないことやそこに市場からの抑制力が働かないことは認められるにせよ，そのことによって公務員の争議行為の全面的な禁止を基礎づけようとすることには無理があると思われる。さらに，④についても，代償措置の存在は労働基本権の制限の積極的根拠にはならないというべきであろう。また，実際上，人事院勧告等の制度が労働基本権の制限に見合う代償措置として有効に機能しているかどうかは議論の存するところである。この点において，岸，天野両裁判官の追加補足意見が，代償措置を「公務員の争議行為の禁止が違憲とされないための強力な支柱」と捉え，もし仮に代償措置がその本来の機能を果たさず，「実際上画餅にひとしいとみられる事態」が生じたときは，この制度の正常な運用を要求して相当な手段態様で行われる公務員の争議行為は「憲法上保障された争議行為」であるから，かかる争議行為をあおる等の行為を処罰することは憲法28条に違反する[22]と述べていることが注目される。本判決はそのことに言及していないが，その立場からの「当然の理論的帰結」[23]とする追加補足意見の指摘は正当であり，この代償措置に関する本判決の判示はその趣旨を含むと解すべきものであろう（さもなければ，こ

---

19) 刑集27巻4号590〜91頁参照。
20) 同552頁。
21) 同591〜93頁参照。なお，塩野宏「全農林警職法反対闘争事件大法廷判決に関する若干の問題点」判時699号7頁，9頁（1973年），室井力「公務員の勤務条件法定主義」法時45巻8号37頁，39〜42頁（1973年）等参照。
22) 刑集27巻4号580〜81頁。
23) 同581頁。

の点については多数意見が存在しないこととなる)。

　以上要するに，労働基本権の制約根拠に関する本判決の説示はいかにも形式論理的であって，国公法98条5項による公務員の争議行為の全面禁止が憲法28条に違反しないことの論証としては不十分であると思われる。もっとも，従前の最高裁判決で国公法98条5項を憲法28条に違反するとしたものはない。東京中郵判決も，この点には触れないまま，国公法が，公共の福祉の要請と憲法の労働基本権の保障とを調整するために罰則の適用を最小限度にとどめる趣旨である旨を述べていた[24]。本判決が国公法の規定の理解に関して同判決を参照判例として引用しているのは，そのためである[25]。しかし，両判決を支える論理が同一ではないことに注意すべきである。

2　国公法98条5項，110条1項17号の合憲限定解釈

　東京中郵判決は，公労法17条1項に定める公共企業体等の職員による争議行為の禁止はその禁止違反に対して民事責任を負わせるにとどまり刑事制裁を科さない趣旨に解すべきであり，そのように解釈する限りにおいて憲法28条，18条に違反しないとした。これは，公共企業体等の職員も憲法28条により原則的には争議権を保障されており，その争議行為が正当な範囲を超えない限り刑事制裁の対象とならないこと，また，この当然の事理を注意的に規定したものである労働組合法（以下「労組法」という）1条2項を公労法3条は適用除外していないから，当然その適用があると解されること，を根拠とした立論である。公務員を含む勤労者の労働基本権を何らの留保なく保障した憲法28条の趣旨を尊重する立場からは，争議行為禁止違反に対して刑事制裁を科しうる場合を限定した上記の解釈は首肯しうるものであ

---

24) 刑集20巻8号912頁参照。東京中郵判決のこの部分の判示は，公労法の適用を受ける公共企業体等の現業職員に比してその職務の公共性がより強い非現業の国家公務員または地方公務員の争議行為に対してさえも，国公法または地公法は積極的に争議行為を指導した者だけに刑事制裁を科すという謙抑的態度をとっていることを確認した上で，そうであるならば，公共企業体等の現業職員の争議行為については，それより軽い制裁を科すか，制裁を科さないのが当然であるということをいわんとするものであった。同912～13頁参照。

25) 刑集27巻4号556頁参照。したがって，本判決も，単に争議行為に参加したにすぎない者は処罰しないというのが国公法の趣旨であると解していることは明らかであるが，問題は，それが憲法28条の要請として捉えられているのかどうかである。色川裁判官の反対意見は，この点に疑念を表明している。同605頁参照。

る[26]。

この東京中郵判決に続いて，都教組判決は，地公法37条1項前段が地方公務員の争議行為を禁止し，同法61条4号がかかる違法な行為をあおる等の行為を処罰する旨規定していることについて，これらの規定が文字通りにすべての地方公務員の一切の争議行為を禁止し，これらの争議行為の遂行をあおる等の行為をすべて処罰する趣旨と解すべきものとすれば，これらの規定はいずれも「違憲の疑を免れない」ものの，労働基本権を保障する憲法の趣旨と調和しうるように合理的に解釈するならば，「禁止されるべき争議行為の種類や態様」「処罰の対象とされるべきあおり行為等の態様や範囲」について「おのずから合理的な限界の存することが承認されるはずである」[27]とし，次の2点を指摘した。一つは，地公法37条1項の禁止する争議行為に該当する違法な行為と解されるものについても違法性の強弱があり，地公法61条4号は「争議行為自体が違法性の強いものであることを前提とし，そのような違法な争議行為等のあおり行為等であってはじめて，刑事罰をもってのぞむ違法性を認めようとする趣旨と解すべき」[28]だということである。もう一つは，あおり行為等にも様々な態様があり，その違法性が認められる場合にもその違法性の程度には強弱様々のものがありうるから，「これらのニュアンスを一切否定して一律にあおり行為等を刑事罰をもってのぞむ違法性があるものと断定することは許されないというべき」であって，「争議行為に通常随伴して行なわれる行為のごときは，処罰の対象とされるべきものではない」[29]ということである。この判示は，一般に，違法性の強い争議行為のあおり行為等であって，違法性の強い態様のものに限って処罰されるべきであるという考え方（いわゆる「二重の絞り」論）を述べたものとされてい

---

[26] もっとも，これに対しては，違法性一元論に立って，公労法上違法とされた行為が刑事法上適法，正当とされることはないとする批判が向けられている（東京中郵判決における4裁判官〔奥野健一，草鹿浅之介，石田和外，五鬼上堅磐〕の反対意見〔刑集20巻8号920～32頁〕参照）。また，逆に，同判決が，民事免責までは認められないとして，その限りで争議行為の違法性を承認したことについて，刑事免責の論拠を弱めるものであり，違法性の相対性という一般論は認めるにしても，民事違法・刑事適法という図式には，もともと無理があったとする指摘（安念潤司「労働基本権，特に争議権」法教214号52頁，60頁〔1998年〕）もある。

[27] 刑集23巻5号310～11頁。

[28] 同313頁。

[29] 同314頁。

る。しかし、処罰の範囲を必要最小限度にとどめようとするその意図はともかく、このような限定の仕方が適切であったかどうかは疑問の余地がある。第1に、何をもって違法性が強い（あるいは、弱い）というのかが不明確であり、また、それをどのように判定するのかも示されていない。第2に、「争議行為に通常随伴して行なわれる行為」とは可罰的な「あおり行為等」から除外されるべき行為の例示として取り上げられたものであろうが、違法性の強弱がこれとどのように関係するのかが明らかではない。争議行為に通常随伴する行為は、違法性の強弱にかかわりなく除外されるというのか、それとも、通常随伴する行為は違法性が弱いと想定されているのか不明である。違法性の強い争議行為であってもこれに通常随伴する行為は除外されるのかどうかも明確にされていない。

都教組判決の多数意見が違法性の強弱により処罰の範囲を限定しようとしたのに対して、これを批判し、それとは異なる限定解釈を示したのが同判決に付された岩田誠裁判官の意見[30]である。これは、職員組合の本来の目的である勤務条件の維持改善等の目的達成のために自主的に行う争議行為の発案、計画、遂行の過程として行われる「あおり行為等」を処罰することは結局刑罰をもってすべての公務員に対し一切の争議行為を禁止することになり、憲法28条に違反する疑いが生じるから、このような行為は、暴力等を伴わない限り、地公法61条4号にいう「あおり行為等」に当たらないものとして処罰の対象にならないと解すべきであるとするものである。したがって、この見解によれば、処罰の対象となるのは、「組合本来の目的を越えて行なわれたと認められる地方公務員の争議行為に対する『あおり行為等』」（通常随伴する行為を含む）、および「組合が自主的に行なう争議行為の発案、計画、遂行の過程として行なわれるものでない一切の『あおり行為等』」（通常随伴する行為以外のもの）ということになる[31]。このような限定であればその意味内容はそれなりに明確であると思われるが、それは多数意見の採るところではなかった[32]。

全司法仙台判決は、この都教組判決の多数意見の考え方を国公法違反の事

---

30) 同321頁。
31) 同322頁。

案に適用したものである。この判決は，都教組判決が地公法について述べたと同様に，国公法98条5項，110条1項17号の諸規定は，それらが文字通りにすべての国家公務員の一切の争議行為を禁止し，そのあおり行為等をすべて処罰する趣旨と解すべきものとすれば，「違憲の疑いを免れない」ものの，これらの規定を可能な限り憲法の精神に即し，これと調和しうるように合理的に解釈すれば，憲法28条等に違反するものということはできないとした[33]。その上で，同判決は，国公法110条1項17号の「あおり」の解釈適用について，「あおり行為等を処罰するには，争議行為そのものが，〔①〕職員団体の本来の目的を逸脱してなされるとか，〔②〕暴力その他これに類する不当な圧力を伴うとか，〔③〕社会通念に反して不当に長期に及ぶなど国民生活に重大な支障を及ぼすとか等違法性の強いものであることのほか，あおり行為等が争議行為に通常随伴するものと認められるものでないことを要する」[34]とし，当該事件に関しては，争議行為は政治的目的のために行なわれた違法性の強いものであり，かつ，被告人らの行為は争議行為に通常随伴する行為と認めることはできないとして，原審の有罪の結論を維持した。

ここで注目されるのは，全司法仙台判決が「違法性の強い」争議行為の指標として，上記の①～③を掲げたことである。これによって「違法性の強い」争議行為とはどのようなものであるかが一応明らかにされたといえる。しかし，その結果，明確かつ適切な限定がなされたといえるかどうかは疑問である。そもそもこれらの指標は，東京中郵判決が憲法28条に保障された争議行為としての正当性の限界を超える行為を規定し，それについては刑事制裁を免れないということをいうために提示したものであった[35]。違法性の強弱は正当性がないことを前提とするものであるとすれば，正当性の限界を画する基準をそのまま違法性の強弱の判定基準として用いることは混乱をもた

---

32) 高橋和之『憲法判断の方法』85頁（有斐閣，1995年）は，多数意見の限定解釈が明確な限定に成功しているとはいい難いとして，むしろ「適用上判断で本件を処理し，そのような判断の集積の中で限定内容が明確化してくるのを待つという方法もありえた」のではないかと指摘する。

33) 刑集23巻5号692～93頁。ここには限定解釈に関する詳しい説示はなく，単に東京中郵判決と都教組判決が参照判例として引かれているにとどまる。

34) 同695頁。

35) 刑集20巻8号913頁参照。

らすおそれがあろう[36]）。全司法仙台判決は，「違法性の強い」争議行為のあおり行為等であって，争議行為に「通常随伴する行為」でないものが処罰の対象となる旨を述べていた。しかし，そのように限定解釈されるべき根拠は必ずしも明確にされていない。むしろ，正当でない争議行為のあおり行為等は，争議行為に通常随伴すると否とを問わず，処罰の対象となるべきものではなかろうか。東京中郵判決の論理からすれば，そのように解すべきことになると思われる。

　以上の如く，東京中郵判決に端を発する，公務員の争議行為の制限とそれに違反する行為の処罰を必要最小限度にとどめようとする姿勢は都教組判決および全司法仙台判決に受け継がれたものの，後2者による限定解釈には些か問題があったといわなければなるまい。その意味では，本判決が，後2者と同旨の限定解釈を行った各高等裁判所の判例（原判決の判例違反をいうために上告趣意により引用されたもの）[37]を厳しく批判していることも全く根拠のないことではないと思われる[38]）。しかし，このことは国公法の諸規定が全面的に合憲であることを基礎づけるものではない。本判決は，公務員の争議行為の禁止は違憲ではないから，この禁止された違法な争議行為のあおり行為等を処罰することも違憲ではないという。そして，あおり行為等を処罰することに十分な合理性があるとし，何人であれ違法な争議行為をあおる等の行為をする者は「違法な争議行為に対する原動力を与える者として，単なる争議参加者にくらべて社会的責任が重い」[39]ということを指摘している（いわゆる原動力論）。しかし，争議行為の禁止が違憲でないからといって，この禁止違反の行為をあおる等の行為を処罰することが憲法上当然に容認されることにはならないであろう[40]）。また，原動力を与えるということがそれだけであおり行為等に刑事罰を科すことの合理的根拠たりうるのかどうかも疑問である[41]）。ここでも本判決の論証は十分なものとはいえないと思われる。

36）　本判決における7裁判官の共同補足意見にこの点に関する批判が見られる。刑集27巻4号575頁参照。

37）　大阪高判昭和43・3・29下刑集10巻3号254頁，福岡高判昭和42・12・18判時505号22頁，福岡高判昭和42・12・18判時505号26頁，福岡高判昭和43・4・18下刑集10巻4号353頁（この全農林長崎事件に対する上告審判決は，本判決と同日に出されているが，そこでは憲法判断は示されなかった。判時699号89頁参照）。

たしかに，本判決も，罰則の構成要件に該当する行為につき具体的事情の如何によっては刑法上違法性が阻却されることがありうることを認め，また，公務員の職種によっては，争議行為の禁止やそのあおり行為等の処罰の当否が立法政策の問題として慎重に考慮されるべき場合があることを示唆している[42]。しかし，これらの説示は，公務員の争議行為の禁止およびあおり行為等の処罰を全面的に合憲とする立場を前提としたものであり，憲法28条の労働基本権の保障との関係で，公務員の争議行為の制限がはたして，また，どこまで許容されるかを慎重に考慮しようとする姿勢はそこには認められない[43]。

---

38) 刑集27巻4号563～64頁参照。本判決の多数意見は，このような不明確な限定解釈は憲法31条に違反する疑いがあるとし（同564頁），また，岸，天野両裁判官の追加補足意見は，憲法31条に違反すると断じている（同582頁）。これは，裁判所による限定解釈自体が憲法31条に違反する（あるいは，その疑いがある）と述べたように読めなくもないが，おそらくはそうではなく，裁判所の限定解釈によって法文の定める犯罪構成要件の明確性が害され，そこに憲法31条違反（あるいは，その疑い）の問題が生じるということをいわんとしたものではなかろうか。そのような趣旨であれば，ありえないことではないと思われる（限定解釈であれば罪刑法定主義に反しない旨の都教組判決における松田二郎裁判官の補足意見〔刑集23巻5号318頁〕に対する芦部信喜『現代人権論』328頁〔有斐閣，1974年〕の批判的コメントを参照）。しかし，そうだとすると，そこには，実際の法文の定めがどのように読めるにしても，裁判所が限定解釈によって「法」であるとしたものが法であり，その法（判例）に従って行動する人々がいることが前提とされていることになろう。最高裁大法廷を構成する多数の裁判官たちがそのような前提に立っていると見られることは興味深い。もっとも，そのような前提に立つのであれば，行為当時の最高裁の判例が示す法解釈に従えば無罪となるべき行為を，のちに判例を変更して処罰することは，遡及処罰を禁止した憲法39条に違反すると解すべきことになるのではないかと思われる。岩教組同盟罷業事件第2次上告審判決（最二小判平成8・11・18刑集50巻10号745頁）は，都教組判決が岩教組学力テスト事件判決（最大判昭和51・5・21刑集30巻5号1178頁）によって明示的に変更されていない1974（昭和49）年3月時点の行為を地公法違反で処罰することは憲法39条に違反しないとしたが，これは上記の立場と矛盾しないかとの疑問が湧く。
39) 刑集27巻4号558頁。
40) 色川裁判官の反対意見は，この点において多数意見には，刑事罰を科すことが「憲法28条の原則に対する真にやむをえない例外」であることの認識が欠如しているとして，「禁止違反に対して科せらるべき不利益の限度なり形態なりは，憲法28条の原点にもう一度立ち帰り，慎重の上にも慎重に策定されなければならない」ことを正当に指摘している。同603～04頁参照。
41) さしあたり，香川達夫「違法評価は単一か」判時699号10頁，11～12頁（1973年）参照。
42) 刑集27巻4号564～65頁参照。

3 憲法判例の変更

本判決は，全司法仙台判決は「本判決において判示したところに抵触する限度で，変更を免れない」[44]とした。国公法 98 条 5 項および 110 条 1 項 17 号を全面的に合憲とする本判決の立場からすれば，限定解釈は不必要なものであり，したがって，限定解釈に立脚する全司法仙台判決がその点で本判決と相容れないことは明らかである。しかし，問題は，本件において，はたして判例変更の必要があったのかどうかということである。この点は，5 裁判官の意見が判例変更の「必要と納得のゆく理由を発見することができない」[45]として，多数意見を厳しく批判するところである（色川裁判官の反対意見もこれに同調している）[46]。5 裁判官の意見によれば，本件は警職法改正反対闘争という政治目的に出た争議行為をあおる等の行為が国公法違反の罪に当たるとして起訴された事件であり，このような争議行為は憲法 28 条によ

---

43) なお，憲法 21 条違反に関する上告趣意に対しては，本判決は，いわゆる政治スト違法論の立場に立って，公務員はもともと合憲の法律によって争議行為自体が禁止されているのであるから，公務員が政治的目的のために争議行為をすることは「二重の意味で許されない」とし，このような公務員の違法な争議行為をあおる等の行為をあえてすることは，憲法の保障する言論の自由の限界を逸脱するものであって，国公法 110 条 1 項 17 号は憲法 21 条に違反しない，と判示している（同 558～59 頁参照）。政治ストを違法とする点においては，東京中郵判決，全司法仙台判決も，本判決と異なるところはない。また，本判決における岩田裁判官の意見，5 裁判官の意見も，この点では多数意見と一致している。これに対して，本判決における色川裁判官の反対意見は，本件争議行為が政治ストに該当し憲法 28 条の関知せざるところであることを認めながらも，それだけの理由でかかるストが直ちに違法となるものではないとし，憲法 21 条の保障が及ぶ場合があることを指摘しており，注目される（同 611～14 頁参照）。政治ストに憲法 28 条の保障が及ぶか否かという問題については，さしあたり，西谷敏『労働組合法〔第 2 版〕』420～23 頁（有斐閣，2006 年）およびそこに掲げられた文献参照。

また，憲法 31 条違反に関する上告趣意に対しては，本判決は，「あおり」および「企て」の意義を明らかにし，それによれば国公法 110 条 1 項 17 号に規定する犯罪構成要件の内容が漠然としているとはいい難いとして，違憲の主張を簡単に退けている（刑集 27 巻 4 号 560～61 頁参照）。この点に関しても，色川裁判官の反対意見が，あおり等に関する多数意見の解釈はあまりにも広いため，もしそれによるとすれば，単なる争議行為参加者も処罰の脅威を感ぜざるをえなくなり，多数意見の立論の根拠たる原動力論も看板倒れに終わる虞があるとし，また，多数意見が単なる機械的労務の提供者やこれに類する者はあおり等の行為者に含まれないとしたことは，「争議行為が組合員自身によって形成され遂行されるものであるという現実を無視した空論」であるという批判を加えている（同 606～07 頁参照）。

44) 同 565 頁。
45) 同 597 頁。
46) 同 615 頁。

る争議権の保障の範囲に含まれないのであるから，この点について判断すれば本件の処理としては十分であったというのである[47]。そこには，裁判所の憲法判断は「事案の処理上必要やむをえない場合に，しかも，必要な範囲にかぎって」[48]示されるべきであるとの考えが前提とされている。「事案の処理上必要やむをえない場合」という限定は厳に失する憾みがあるが，付随的審査制の制度趣旨からすれば，不必要な憲法判断を回避すべきものとすること自体は誤りではない。それ故，本件において判例変更を行うことなく事案を処理することも，たしかに可能であったろう。

　しかしながら，他方，7裁判官の補足意見が指摘するように[49]，本判決の多数意見と5裁判官の意見とが対立する論点について各高等裁判所の判断が分かれていたことは事実であって，判例統一の見地から全司法仙台判決の当否について検討せざるをえないと多数意見が考えたとしてもあながち不当であるとはいい切れないと思われる。たしかに，全司法仙台判決およびそれと基本的立場を同じくする都教組判決が行った合憲限定解釈は，違法性の強弱という曖昧な基準を導入することにより，違憲の疑いのある法律の明確かつ適切な限定に必ずしも成功していない。また，全司法仙台判決において国公法の限定解釈を支持した8名の裁判官のうち2名は，違法性の強弱に基づいて処罰の可否を決することに異論を唱えており[50]，それ故，そもそも全司法仙台判決には真の意味の多数意見が存在するといえるのかということも問題となろう[51]。

　これに対して，5裁判官の意見は，「最高裁判所の示す憲法解釈は，その性質上，その理由づけ自体がもつ説得力を通じて他の国家機関や国民一般の支持と承認を獲得することにより，はじめて権威ある判断としての拘束力と

---

47) 同597頁参照。学説では，これに賛成する意見が少なくない。座談会「昭和48・4・25労働三事件最高裁判決をめぐって」ジュリ536号16頁，32頁（1973年）（雄川一郎発言），田中英夫「全農林警職法事件における判例変更をめぐる諸問題」ジュリ536号56頁，58頁（1973年），塩野・前出注21)9頁，香川・前出注41)10頁等参照。
48) 刑集27巻4号598頁。
49) 同571〜72頁参照。
50) 入江俊郎裁判官の意見（刑集23巻5号704〜05頁），岩田誠裁判官の意見（同710〜11頁）参照。
51) 刑集27巻4号578〜79頁参照。

実効性をもちうるものであり，このような権威を保持し，憲法秩序の安定をはかるためには，憲法判例の変更は軽々にこれを行なうべきものではなく，その時機および方法について慎重を期し，その内容において真に説得力ある理由と根拠とを示す用意を必要とする」とし，「いったん公権的解釈として示されたものの変更については，最高裁判所のあり方としては，その前に変更の要否ないしは適否について特段の吟味，検討を施すべきものであり，ことに，僅少差の多数によってこのような変更を行なうことは，運用上極力避けるべきである」[52]として，本件における判例変更を不必要かつ不当なものであったと批判する。ここに示された憲法判例の変更に関する一般論は概ね首肯できるものである[53]。しかし，「いったん公権的解釈として示されたもの」であるからといって，のちの裁判所はこれを墨守しなければならないものではない。そこに明白な誤りがあると判断すれば，裁判所は判例変更を躊躇すべきではなく，先の判断からあまり日を置かずに判例変更に踏み切ることも許されるというべきである。また，その際，判例変更が僅少差の多数によるものであることは，判例変更を妨げる決定的な要因にはならないと思われる（要は，先例の中身の問題であろう）。

　ただ，本判決が国公法 98 条 5 項，110 条 1 項 17 号に関する先例の限定解釈を覆し，全面合憲論をもってこれに換えたことが適切であったかどうかは疑問である。先に述べた通り，全司法仙台判決の行った限定解釈に問題があるからといって，直ちに全面合憲論が正当化されることにはならない。本件の場合，国公法の限定解釈の前提となる先例の憲法解釈に明白な誤りがあるといえるかどうかは疑問であろう[54]。また，本判決の多数意見は「本判決において判示したところに抵触する限度で」全司法仙台判決を変更する旨述べているが，この判示は，原判決による国公法の解釈・適用が高等裁判所の判例に違反する旨の上告趣意について判断した箇所にいわば挟み込まれるようにして置かれており，全司法仙台判決のどの部分をどのように変更すると

---

52) 同 598 頁。
53) 学説上は，憲法判例の特殊性を強調し，憲法判例については一般の判例の場合よりも判例変更が柔軟に認められるべきだとする見解がむしろ有力であるが，にわかに賛成し難い。この点については，本書 93 頁注 17) において若干の指摘を行った。
54) 芦部・前出注 38)335 頁参照。

いうのかがそこを見ただけでは分かりにくい形となっている。たしかに，全司法仙台判決については，7 裁判官の補足意見がその問題とするところを事細かに論じているため，そこから，多数意見の趣旨を推測することは可能である。7 裁判官の補足意見は，全司法仙台判決が示した限定解釈のあり方に疑問を呈するとともに，そもそも国公法 98 条 5 項，110 条 1 項 17 号の各規定は限定的に解する限り憲法 28 条に違反しないとする同判決の見解自体を誤りとして強く批判している。しかし，補足意見は補足意見であって，多数意見とは異なる。本判決のような判示の仕方は，やはり適切さを欠くというべきであろう。

4 本判決の射程と残された問題

　本判決から 3 年後の 1976（昭和 51）年に，最高裁大法廷は，岩教組学力テスト事件判決[55]において，非現業国家公務員の争議権の制限を合憲とした本判決の論理は非現業地方公務員の争議権の制限についても妥当するとし，地公法 37 条 1 項，61 条 4 号の各規定は何らの限定解釈を施さなくても憲法に違反するものではないとして，都教組判決を変更した[56]。次いで，その翌年，大法廷は，全逓名古屋中郵事件判決[57]（以下「名古屋中郵判決」という）において，本判決を援用しつつ，公労法 17 条 1 項による争議行為の禁止が憲法 28 条に反するものでない以上，その禁止に違反して行われる争議行為に民事上または刑事上の不利益を課すこととしても同条に抵触することはな

---

55)　最大判昭和 51・5・21 刑集 30 巻 5 号 1178 頁。
56)　同 1186〜91 頁参照。もっとも，地方公務員の場合，人事委員会または公平委員会が代償措置として適切な制度であるかどうかという問題がある。この点に関して，大法廷は，人事委員会または公平委員会，特に後者は，「必ずしも常に人事院の場合ほど効果的な機能を実際に発揮しうるものと認められるかどうかにつき問題がないではない」としつつ，なお中立的な第三者的立場から公務員の勤務条件に関する利益保障のための機構としての「基本的構造」と「必要な職務権限」を有する点において，「人事院制度と本質的に異なるところはなく，その点において，制度上，地方公務員の労働基本権の制約に見合う代償措置としての一般的要件を満たしているものと認めることができる」と述べている（同 1188 頁）。なお，ここでも，岸，天野両裁判官の共同補足意見（同 1198 頁），団藤重光裁判官の補足意見（同 1200 頁）が，地方公務員についてもその争議行為の禁止が違憲とされないためには，適切な代償措置が設けられるだけではなく，それが本来の機能を果たすものと認められるべきことを要するとしているが，一般論にとどまっている。
57)　最大判昭和 52・5・4 刑集 31 巻 3 号 182 頁。

いとして,東京中郵判決を変更した[58]。非現業国家公務員の労働基本権の制限に関する本判決の判示が公労法の適用を受ける3公社5現業の職員にそのまま妥当するものかどうかは議論の余地の存するところであったが,名古屋中郵判決は,勤務条件の決定に関するその憲法上の地位の点で,5現業の職員は非現業国家公務員と異なるところはなく,3公社の職員の勤務条件も憲法83条に定める財政民主主義の原則上,国会の意思と無関係に労使間の団体交渉によって共同決定することは許されないとし,また,公労法4条が職員に対し団結権を付与し,同法8条が管理運営に関する事項を除き団体交渉権,労働協約締結権を認めていることについては,これを憲法28条の当然の要請ではなく,立法上の配慮によるものと判示したのであった[59]。これによって,東京中郵,都教組,全司法仙台の各判決を貫く,公務員の争議行為を原則として刑事罰から解放すべきものとする考え方は完全に否定されたといえる[60]。

　名古屋中郵判決からさらに11年後,最高裁は,北九州市交通局事件判決[61]および北九州市清掃事業局事件判決[62]において,名古屋中郵判決を引きつつ,現業地方公務員たる地方公営企業職員および地方公営企業職員以外の単純労務に雇用される一般職の地方公務員につき争議行為を禁止した地方公営企業労働関係法11条1項の規定(後者については,同法附則4条により準用)は憲法28条に違反しないと判示した。こうして,本判決における公

[58] 同188〜206頁参照。
[59] 名古屋中郵判決の特徴は,公務員の労働基本権の制約根拠として,勤務条件法定主義ないし財政民主主義の原則を強調していることである。それは,労働基本権を制限される対象を拡げることには成功したといえるかもしれないが,そこに見られる広汎な制限を当然に正当化するものではないと思われる。菅野和夫「公共部門労働法(3・完)」曹時35巻12号1頁,43頁(1983年)は,このような財政民主主義論に基づく最高裁判所の論理について,「いささか憲法28条の趣旨・文言にそぐわない強引さを感じさせる」と批判する。
[60] ただし,名古屋中郵判決は,公労法17条1項に違反する争議行為が郵便法79条1項などの罰則の構成要件に該当する場合に労組法1条2項の適用がないとしても,そのことから直ちに,原則としてその行為を処罰すべきものと結論づけるのは早計に失するとし,同盟罷業,怠業その他単なる労務不提供のような不作為を内容とする争議行為の場合には,それを違法としながらも,単純参加者については刑罰から解放して指導的行為に出た者のみを処罰する趣旨のものと解するのが相当であるとした(刑集31巻3号206〜07頁参照)。したがって,単純参加者だけはなお別論ということになる。
[61] 最一小判昭和63・12・8民集42巻10号739頁。
[62] 最二小判昭和63・12・9民集42巻10号880頁。

務員の争議行為全面禁止を合憲とする判断は公共部門の全領域に押し及ぼされ，確立した判例として今日まで維持されているのである。

　このような状況の下で，その後の訴訟の焦点は，政府による人事院勧告の実施凍結や不完全実施に対して人事院勧告の完全実施を求める公務員の争議行為の適法性の問題へと移行した。先に見た通り，本判決は，公務員の争議行為禁止に対する代償措置として人事院勧告の制度が設けられていることを援用し，また，本判決に付された岸，天野両裁判官による追加補足意見は，この代償措置がその本来の機能を果たしていないと見られる場合には，この制度の正常な運用を要求して相当な範囲で行われる公務員の争議行為は憲法上保障された争議行為というべきであるから，かかる争議行為をしたことだけの理由でいかなる制裁・不利益をも受ける筋合いではないと述べていた。数多くの裁判例においてこの代償措置の機能喪失が争われ，下級審判決の中には，人事院勧告制度が代償措置としての本来の機能を果たしていなかったとして，争議行為を適法とする注目すべき判断を下したものも存在する[63]。しかし，最高裁は一貫して，未だそのような機能喪失の事態が生じたとはいえないとして，適用違憲の主張を退けている[64]。

　本判決やそれが変更した先例の判断をもたらした1960〜70年代と今日とでは，公務員および公務員制度を取り巻く状況は一変した。かつての公社・国営企業の民営化，国の諸機関の独立行政法人化や公務の民間委託が進められ，公務と民間の業務との境界が曖昧となり，公務員の労働基本権の制約根拠とされた公務員の地位の特殊性や職務の公共性とは何かが改めて問われる事態となっている。また，公務員制度改革の論議の中で登場してきた，公務員の賃金や人事管理における民間類似の手法（能力・成果主義）の導入は，人事院勧告に基づく法律による勤務条件の決定という現行制度の基礎を掘り崩すものである[65]。公務員の労働基本権の制約根拠として本判決が提示し

---

[63]　大分地判平成5・1・19判時1457号36頁。
[64]　最一小判昭和63・1・21判時1284号137頁，最一小判平成4・9・24労判615号6頁，最二小判平成12・3・17労判780号6頁，最二小判平成12・12・15労判803号5頁，最二小判平成12・12・15労判803号8頁，最三小判平成14・11・26労判840号18頁等参照。代償措置論の問題点については，さしあたり，渡辺賢『公務員労働基本権の再構築』138〜57頁（北海道大学出版会，2006年）参照。

たところをそのまま維持することは，ますます困難になっていると思われる。

---

65) 西谷敏「民間労働関係の動態と公務労働」西谷敏＝晴山一穂＝行方久生編『公務の民間化と公務労働』49頁，50頁，73頁（大月書店，2004年）参照。その後，国家公務員制度改革基本法（平成20年6月13日法律第68号）が成立し，国家公務員の労働基本権については，その12条において，「政府は，協約締結権を付与する職員の範囲の拡大に伴う便益及び費用を含む全体像を国民に提示し，その理解のもとに，国民に開かれた自律的労使関係制度を措置するものとする」とされた。また，地方公務員の労働基本権については，同条に規定する「国家公務員の労使関係制度に係る措置に併せ，これと整合性をもって，検討する」旨規定された。同法附則2条1項参照。

第20章

国家公務員の政治活動の自由
―― 猿払事件判決

最大判昭和49年11月6日刑集28巻9号393頁

I はじめに

　およそ民主制国家は，主権者たる国民がその自由な言論活動を通じて政治的意思決定に参与することをその存立の基礎とするものであり，表現の自由，とりわけ政治的な意見表明の自由が特に重要な権利として尊重されなければならないとされるのも，そのためである。憲法21条1項の表現の自由の保障規定がその核心部分においてかかる趣旨を含むものであることは，改めて述べるまでもない。

　ところが，こと公務員に関する限り，その政治的な意見表明の自由は法律によって大幅に制限されている。すなわち，国家公務員法（以下「国公法」という）は，一般職の国家公務員につき，①「政党又は政治的目的のために，寄附金その他の利益を求め，若しくは受領し，又は何らの方法を以てするを問わず，これらの行為に関与」すること（国公法102条1項前段），②「公選による公職の候補者となること」（同2項），③「政党その他の政治的団体の役員，政治的顧問，その他これらと同様な役割をもつ構成員となること」（同3項），をそれぞれ禁止するとともに，④「選挙権の行使を除く外，人事院規則で定める政治的行為をしてはならない」（同1項後段）と規定する。このうち問題となるのは④であって，国公法102条1項後段の委任に基づき，人事院規則14―7（政治的行為）（以下「規則」という）が禁止される「政治的行為」を詳細に規定している。そして，その規定の仕方は，まず規則5項

419

において「政治的目的」を定義し，次いで6項において，かかる「政治的目的」をもってする行為を「政治的行為」として列挙するものである（6項5〜7号には「政治的目的」の文言が入っていないが，それらが政治的目的をもってする行為であることは自明と考えられたためであろう[1]）。

ここに規定された「政治的行為」は，たとえば，政治的目的をもって選挙や最高裁裁判官の国民審査の投票において「投票するように又はしないように勧誘運動をすること」（6項8号），「集会その他多数の人に接し得る場所で又は拡声器，ラジオその他の手段を利用して，公に政治的目的を有する意見を述べること」（同11号），「政治的目的を有する署名又は無署名の文書，図画，音盤又は形象を発行し，回覧に供し，掲示し若しくは配布し又は多数の人に対して朗読し若しくは聴取させ，あるいはこれらの用に供するために著作し又は編集すること」（同13号）のように，そのほとんどが政治的な意見表明にかかわる行為であって，しかもそれが，原則として「すべての一般職に属する職員」（1項）を対象とし，「勤務時間外において行う場合」（4項）も含めて[2]，公の施設や地位の利用の有無を問うことなく，禁止または制限されている点に特徴がある。そして，違反行為に対しては，懲戒処分（国公法82条）のほか，3年以下の懲役または100万円以下の罰金（同110条1項19号）（平成19年法律第108号による。この改正前は10万円以下の罰金）が科される。このような一律かつ全面的な政治的行為の制限は，諸外国に例を見ないほど厳格なものである。なお，地方公務員法（以下「地公法」という）も，「一般職に属するすべての地方公務員」（地公法4条）に適用されるものとして，政治的行為の制限を規定する（同36条）が，禁止される行為の範囲は国家公務員の場合より狭く，刑事罰による制裁は科されないこととなっている。

国公法102条1項および規則による一般職の国家公務員に対する一律かつ全面的な政治的行為の制限は，1948（昭和23）年の国公法の大改正によって，争議行為の制限とともに導入されたものであった[3]。以後，この制限は，違

---

1) 浅井清『新版国家公務員法精義』450〜51頁（学陽書房，1970年）参照。
2) ただし，政治的目的をもって，「政治上の主義主張又は政党その他の政治的団体の表示に用いられる旗，腕章，記章，えり章，服飾その他これらに類するもの」を着用し，または表示する行為については，勤務時間中に限って禁止されている。規則6項16号参照。

憲の疑いを指摘されながらも，今日まで維持されている。本章で取り上げる猿払事件判決は，この国公法102条1項および規則による国家公務員の政治的行為の禁止の憲法適合性が争われた事件について，最高裁大法廷が詳細な論旨を展開しつつ合憲判断を下したものであって，きわめて重要な意義を有する。周知の通り，この前年に，最高裁大法廷は，全農林警職法事件判決[4]（以下「全農林判決」という）において，国家公務員の争議行為を禁止した国公法の規定を全面的に合憲と判示しており，本判決は，これと相俟って，国家公務員に対する憲法上の権利保障を大幅に制限する意味をもつものであった。そのため，本判決に対して，学説は押しなべて批判的である。

ただ，公務員の政治活動の自由が無制約に認められるべきものでないことについては，大方の一致するところであろう。問題は，どのような制約が憲法に照らして許容されるかということであって，その限界を慎重に画定することが必要であると思われる。そこで，以下，このような観点から本判決を読み直し，本判決の制約の論理が批判に耐えうるものであるかどうかを改めて検討することにしよう。

II 判決の紹介

1 事実の概要

Y（被告人，被控訴人，被上告人）は，北海道宗谷郡猿払村鬼志別郵便局に勤務する郵政事務官であって，猿払地区労働組合協議会の事務局長を務めていたが，1967（昭和42）年1月8日告示の第31回衆議院議員選挙に際し，同協議会の決定に従い，日本社会党（当時）を支持する目的をもって，同日同党公認候補者の選挙用ポスター6枚を自ら公営掲示場に掲示したほか，そ

---

3) 1947（昭和22）年10月に制定・公布された第一次国公法による政治活動の規制は比較的緩やかなものであったが，それがわずか1年足らずの間に全面改正されて政治活動に対する厳しい規制が導入された背景には，当時の国内外の情勢の変化とそれに伴う占領政策の転換があった。この点に関しては，さしあたり，芦部信喜『人権と憲法訴訟』318～22頁（有斐閣，1994年）参照。

4) 最大判昭和48・4・25刑集27巻4号547頁。本書第19章参照。

の前後4回にわたり，前記選挙用ポスター合計約184枚の掲示を他に依頼して配布したため，国公法102条1項の政治的行為の制限に違反し，規則5項3号，6項13号にいう特定の政党を支持することを目的とする文書，すなわち政治的目的を有する文書の掲示または配布という政治的行為を行ったものであるから，国公法110条1項19号の罰則が適用されるべきであるとして，起訴された。

第1審判決（旭川地判昭和43・3・25)[5]は，政治活動を行う国民の権利は基本的人権の中でも最も重要な権利の一つであって，その民主主義社会における重要性を考えれば，全体の奉仕者たる国家公務員についても，その政治活動の制約の程度は必要最小限度のものでなければならないとし，「法の定めている制裁方法よりも，より狭い範囲の制裁方法があり，これによってもひとしく法目的を達成することができる場合には，法の定めている広い制裁方法は法目的達成の必要最小限度を超えたものとして，違憲となる場合がある」として，本件事案につき，「非管理職である現業公務員で，その職務内容が機械的労務の提供に止まるものが，勤務時間外に，国の施設を利用することなく，かつ職務を利用し，若しくはその公正を害する意図なしで行った人事院規則14—7，6項13号の行為で且つ労働組合活動の一環として行われたと認められる所為に刑事罰を加えることをその適用の範囲内に予定している国公法110条1項19号は，このような行為に適用される限度において，行為に対する制裁としては，合理的にして必要最小限の域を超えたもの」であり，憲法21条，31条に違反すると判示し，Yに無罪を言い渡した。第2審判決（札幌高判昭和44・6・24)[6]も，原判決は「同じ目的を達成できる，より制限的でない他の選びうる手段」という基準に依拠したものであり，それによって，国公法110条1項19号が本件所為に適用される限度において憲法21条，31条に違反するから適用することができないとしたことは「まことに相当ということができる」として，検察側の控訴を棄却した。

そこで，検察側が，第1審判決および原判決には，憲法21条，31条の解釈の誤りがあるとして上告したところ，最高裁大法廷は，次のように述べて，

---

5) 下刑集10巻3号293頁。
6) 判時560号30頁。

原判決および第 1 審判決を破棄し，Y を罰金 5000 円に処する旨の判決を下した。

2 　判　旨

(1 　本件政治的行為の禁止の合憲性)

(1)　「憲法 21 条の保障する表現の自由は，民主主義国家の政治的基盤をなし，国民の基本的人権のうちでもとりわけ重要なものであり，法律によってもみだりに制限することができないものである。そして，およそ政治的行為は，行動としての面をもつほかに，政治的意見の表明としての面をも有するものであるから，その限りにおいて，憲法 21 条による保障を受けるものであることも，明らかである。国公法 102 条 1 項及び規則によって公務員に禁止されている政治的行為も多かれ少なかれ政治的意見の表明を内包する行為であるから，もしそのような行為が国民一般に対して禁止されるのであれば，憲法違反の問題が生ずることはいうまでもない。

　しかしながら，国公法 102 条 1 項及び規則による政治的行為の禁止は，もとより国民一般に対して向けられているものではなく，公務員のみに対して向けられているものである。ところで，国民の信託による国政が国民全体への奉仕を旨として行われなければならないことは当然の理であるが，『すべて公務員は，全体の奉仕者であって，一部の奉仕者ではない。』とする憲法 15 条 2 項の規定からもまた，公務が国民の一部に対する奉仕としてではなく，その全体に対する奉仕として運営されるべきものであることを理解することができる。公務のうちでも行政の分野におけるそれは，憲法の定める統治組織の構造に照らし，議会制民主主義に基づく政治過程を経て決定された政策の忠実な遂行を期し，もっぱら国民全体に対する奉仕を旨とし，政治的偏向を排して運営されなければならないものと解されるのであって，そのためには，個々の公務員が，政治的に，一党一派に偏することなく，厳に中立の立場を堅持して，その職務の遂行にあたることが必要となるのである。すなわち，行政の中立的運営が確保され，これに対する国民の信頼が維持されることは，憲法の要請にかなうものであり，公務員の政治的中立性が維持されることは，国民全体の重要な利益にほかならないというべきである。し

がって，公務員の政治的中立性を損うおそれのある公務員の政治的行為を禁止することは，それが合理的で必要やむをえない限度にとどまるものである限り，憲法の許容するところであるといわなければならない」。

(2)「国公法102条1項及び規則による公務員に対する政治的行為の禁止が右の合理的で必要やむをえない限度にとどまるものか否かを判断するにあたっては，禁止の目的，この目的と禁止される政治的行為との関連性，政治的行為を禁止することにより得られる利益と禁止することにより失われる利益との均衡の3点から検討することが必要である。

そこで，まず，禁止の目的及びこの目的と禁止される行為との関連性について考えると，もし公務員の政治的行為のすべてが自由に放任されるときは，おのずから公務員の政治的中立性が損われ，ためにその職務の遂行ひいてはその属する行政機関の公務の運営に党派的偏向を招くおそれがあり，行政の中立的運営に対する国民の信頼が損われることを免れない。また，公務員の右のような党派的偏向は，逆に政治的党派の行政への不当な介入を容易にし，行政の中立的運営が歪められる可能性が一層増大するばかりでなく，そのような傾向が拡大すれば，本来政治的中立を保ちつつ一体となって国民全体に奉仕すべき責務を負う行政組織の内部に深刻な政治的対立を醸成し，そのため行政の能率的で安定した運営は阻害され，ひいては議会制民主主義の政治過程を経て決定された国の政策の忠実な遂行にも重大な支障をきたすおそれがあり，このようなおそれは行政組織の規模の大きさに比例して拡大すべく，かくては，もはや組織の内部規律のみによってはその弊害を防止することができない事態に立ち至るのである。したがって，このような弊害の発生を防止し，行政の中立的運営とこれに対する国民の信頼を確保するため，公務員の政治的中立性を損うおそれのある政治的行為を禁止することは，まさしく憲法の要請に応え，公務員を含む国民全体の共同利益を擁護するための措置にほかならないのであって，その目的は正当なものというべきである。また，右のような弊害の発生を防止するため，公務員の政治的中立性を損うおそれがあると認められる政治的行為を禁止することは，禁止目的との間に合理的な関連性があるものと認められるのであって，たとえその禁止が，公務員の職種・職務権限，勤務時間の内外，国の施設の利用の有無等を区別すること

なく，あるいは行政の中立的運営を直接，具体的に損う行為のみに限定されていないとしても，右の合理的な関連性が失われるものではない。

次に，利益の均衡の点について考えてみると，民主主義国家においては，できる限り多数の国民の参加によって政治が行われることが国民全体にとって重要な利益であることはいうまでもないのであるから，公務員が全体の奉仕者であることの一面のみを強調するあまり，ひとしく国民の一員である公務員の政治的行為を禁止することによって右の利益が失われることとなる消極面を軽視することがあってはならない。しかしながら，公務員の政治的中立性を損うおそれのある行動類型に属する政治的行為を，これに内包される意見表明そのものの制約をねらいとしてではなく，その行動のもたらす弊害の防止をねらいとして禁止するときは，同時にそれにより意見表明の自由が制約されることにはなるが，それは，単に行動の禁止に伴う限度での間接的，付随的な制約に過ぎず，かつ，国公法102条1項及び規則の定める行動類型以外の行為により意見を表明する自由までをも制約するものではなく，他面，禁止により得られる利益は，公務員の政治的中立性を維持し，行政の中立的運営とこれに対する国民の信頼を確保するという国民全体の共同利益なのであるから，得られる利益は，失われる利益に比してさらに重要なものというべきであり，その禁止は利益の均衡を失するものではない」。

(3) 「以上の観点から本件で問題とされている規則5項3号，6項13号の政治的行為をみると，その行為は，特定の政党を支持する政治的目的を有する文書を掲示し又は配布する行為であって，政治的偏向の強い行動類型に属するものにほかならず，政治的行為の中でも，公務員の政治的中立性の維持を損うおそれが強いと認められるものであり，政治的行為の禁止目的との間に合理的な関連性をもつものであることは明白である。また，その行為の禁止は，もとよりそれに内包される意見表明そのものの制約をねらいとしたものではなく，行動のもたらす弊害の防止をねらいとしたものであって，国民全体の共同利益を擁護するためのものであるから，その禁止により得られる利益とこれにより失われる利益との間に均衡を失するところがあるものとは，認められない。したがって，国公法102条1項及び規則5項3号，6項13号は，合理的で必要やむをえない限度を超えるものとは認められず，憲法

21条に違反するものということはできない」。

(4)「第1審判決は，その違憲判断の根拠として，被告人の本件行為が，非管理職である現業公務員でその職務内容が機械的労務の提供にとどまるものにより，勤務時間外に，国の施設を利用することなく，かつ，職務を利用せず又はその公正を害する意図なく，労働組合活動の一環として行われたものであることをあげ，原判決もこれを是認している。しかしながら，本件行為のような政治的行為が公務員によってされる場合には，当該公務員の管理職・非管理職の別，現業・非現業の別，裁量権の範囲の広狭などは，公務員の政治的中立性を維持することにより行政の中立的運営とこれに対する国民の信頼を確保しようとする法の目的を阻害する点に，差異をもたらすものではない。右各判決が，個々の公務員の担当する職務を問題とし，本件被告人の職務内容が裁量の余地のない機械的業務であることを理由として，禁止違反による弊害が小さいものであるとしている点も，有機的統一体として機能している行政組織における公務の全体の中立性が問題とされるべきものである以上，失当である。……また，前述のような公務員の政治的行為の禁止の趣旨からすれば，勤務時間の内外，国の施設の利用の有無，職務利用の有無などは，その政治的行為の禁止の合憲性を判断するうえにおいては，必ずしも重要な意味をもつものではない。さらに，政治的行為が労働組合活動の一環としてなされたとしても，そのことが組合員である個々の公務員の政治的行為を正当化する理由となるものではなく，また，個々の公務員に対して禁止されている政治的行為が組合活動として行われるときは，組合員に対して統制力をもつ労働組合の組織を通じて計画的に広汎に行われ，その弊害は一層増大することとなるのであって，その禁止が解除されるべきいわれは少しもないのである」。

(5)「第1審判決及び原判決は，また，本件政治的行為によって生じる弊害が軽微であると断定し，そのことをもってその禁止を違憲と判断する重要な根拠としている。しかしながら，本件における被告人の行為は，衆議院議員選挙に際して，特定の政党を支持する政治的目的を有する文書を掲示し又は配布したものであって，その行為は，具体的な選挙における特定政党のためにする直接かつ積極的な支援活動であり，政治的偏向の強い典型的な行為

というのほかなく，このような行為を放任することによる弊害は，軽微なものであるとはいえない。のみならず，かりに特定の政治的行為を行う者が一地方の一公務員に限られ，ために右にいう弊害が一見軽微なものであるとしても，特に国家公務員については，その所属する行政組織の機構の多くは広範囲にわたるものであるから，そのような行為が累積されることによって現出する事態を軽視し，その弊害を過小に評価することがあってはならない」。

（2　本件政治的行為に対する罰則の合憲性）

(1)　「国公法102条1項及び規則による公務員の政治的行為の禁止は，上述したとおり，公務員の政治的中立性を維持することにより，行政の中立的運営とこれに対する国民の信頼を確保するという国民全体の重要な共同利益を擁護するためのものである。したがって，右の禁止に違反して国民全体の共同利益を損う行為に出る公務員に対する制裁として刑罰をもって臨むことを必要とするか否かは，右の国民全体の共同利益を擁護する見地からの立法政策の問題であって，右の禁止が表現の自由に対する合理的で必要やむをえない制限であると解され，かつ，刑罰を違憲とする特別の事情がない限り，立法機関の裁量により決定されたところのものは，尊重されなければならない」。

国公法の罰則規定については，昭和23年法律第222号による改正の結果，当初制定された国公法（昭和22年法律第120号）にはなかった現行法の110条1項19号の規定が設けられ，その後昭和25年法律第261号として制定された地方公務員法では政府案にあった罰則規定が削除されたにもかかわらず，国公法の上記罰則規定はあえて削除されることなく今日に至っている。「そのことは，ひとしく公務員であっても，国家公務員の場合は，地方公務員の場合と異なり，その政治的行為の禁止に対する違反が行政の中立的運営に及ぼす弊害に逕庭があることからして，罰則を存置することの必要性が，国民の代表機関である国会により，わが国の現実の社会的基盤に照らして，承認されてきたものとみることができる」。

「国公法の右の罰則を設けたことについて，政策的見地からする批判のあることはさておき，その保護法益の重要性にかんがみるときは，罰則制定の要否及び法定刑についての立法機関の決定がその裁量の範囲を著しく逸脱し

ているものであるとは認められない。特に，本件において問題とされる規則5項3号，6項13号の政治的行為は，特定の政党を支持する政治的目的を有する文書の掲示又は配布であって，前述したとおり，政治的行為の中でも党派的偏向の強い行動類型に属するものであり，公務員の政治的中立性を損うおそれが大きく，このような違法性の強い行為に対して国公法の定める程度の刑罰を法定したとしても，決して不合理とはいえず，したがって，右の罰則が憲法31条に違反するものということはできない」。

(2)「公務員の政治的行為の禁止が国民全体の共同利益を擁護する見地からされたものであって，その違反行為が刑罰の対象となる違法性を帯びることが認められ，かつ，その禁止が，前述のとおり，憲法21条に違反するものではないと判断される以上，その違反行為を構成要件として罰則を法定しても，そのことが憲法21条に違反することとなる道理は，ありえない」。

(3)「右各判決は，たとえ公務員の政治的行為の禁止が憲法21条に違反しないとしても，その行為のもたらす弊害が軽微なものについてまで一律に罰則を適用することは，同条に違反するというのであるが，違反行為がもたらす弊害の大小は，とりもなおさず違法性の強弱の問題にほかならないのであるから，このような見解は，違法性の程度の問題と憲法違反の有無の問題とを混同するものであって，失当というほかはない」。

(4)「原判決は，さらに，規制の目的を達成しうる，より制限的でない他の選びうる手段があるときは，広い規制手段は違憲となるとしたうえ，被告人の本件行為に対する制裁としては懲戒処分をもって足り，罰則までも法定することは合理的にして必要最小限度を超え，違憲となる旨を判示し，第1審判決もまた，外国の立法例をあげたうえ，被告人の本件行為のような公務員の政治的行為の禁止の違反に対して罰則を法定することは違憲である旨を判示する。

しかしながら，各国の憲法の規定に共通するところがあるとしても，それぞれの国の歴史的経験と伝統はまちまちであり，国民の権利意識や自由感覚にもまた差異があるのであって，基本的人権に対して加えられる規制の合理性についての判断基準は，およそ，その国の社会的基盤を離れて成り立つものではないのである。これを公務員の政治的行為についてみるに，その規制

を公務員自身の節度と自制に委ねるか，特定の政治的行為に限って禁止するか，特定の公務員のみに対して禁止するか，禁止違反に対する制裁をどのようなものとするかは，いずれも，それぞれの国の歴史的所産である社会的諸条件にかかわるところが大であるといわなければならない。したがって，外国の立法例は，一つの重要な参考資料ではあるが，右の社会的諸条件を無視して，それをそのままわが国にあてはめることは，決して正しい憲法判断の態度ということはできない。

　いま，わが国公法の規定をみると，公務員の政治的行為の禁止の違反に対しては，一方で，前記のとおり，同法110条1項19号が刑罰を科する旨を規定するとともに，他方では，同法82条が懲戒処分を課することができる旨を規定し，さらに同法85条においては，同一事件につき懲戒処分と刑事訴迫の手続を重複して進めることができる旨を定めている。……そして，公務員の政治的行為の禁止に違反する行為が，公務員組織の内部秩序を維持する見地から課される懲戒処分を根拠づけるに足りるものであるとともに，国民全体の共同利益を擁護する見地から科される刑罰を根拠づける違法性を帯びるものであることは，前述のとおりであるから，その禁止の違反行為に対し懲戒処分のほか罰則を法定することが不合理な措置であるとはいえないのである。

　このように，懲戒処分と刑罰とは，その目的，性質，効果を異にする別個の制裁なのであるから，前者と後者を同列に置いて比較し，司法判断によって前者をもってより制限的でない他の選びうる手段であると軽々に断定することは，相当ではないというべきである。

　なお，政治的行為の定めを人事院規則に委任する国公法102条1項が，公務員の政治的中立性を損うおそれのある行動類型に属する政治的行為を具体的に定めることを委任するものであることは，同条項の合理的な解釈により理解しうるところである。そして，そのような政治的行為が，公務員組織の内部秩序を維持する見地から課される懲戒処分を根拠づけるに足りるものであるとともに，国民全体の共同利益を擁護する見地から科される刑罰を根拠づける違法性を帯びるものであることは，すでに述べたとおりであるから，右条項は，それが同法82条による懲戒処分及び同法110条1項19号による

刑罰の対象となる政治的行為の定めを一様に委任するものであるからといって，そのことの故に，憲法の許容する委任の限度を超えることとなるものではない」。

(5)「右各判決は，また，被告人の本件行為につき罰則を適用する限度においてという限定を付して右罰則を違憲と判断するのであるが，これは，法令が当然に適用を予定している場合の一部につきその適用を違憲と判断するものであって，ひっきょう法令の一部を違憲と判断するにひとしく，かかる判断の形式を用いることによっても，上述の批判を免れうるものではない」。

なお，本判決には，懲戒処分の対象となる政治的行為の禁止と刑罰の原因となるそれとを区別することなく一様に規則に禁止行為の特定を委任したことは，罰則の構成要件の定めを委任する部分に関する限り憲法41条，15条1項，16条，21条，31条に違反し無効であるとして，原判決の無罪の結論を正当とする，大隅健一郎，関根小郷，小川信雄，坂本吉勝の4裁判官による共同反対意見が付されている。

III 分析と検討

本判決において注目されるのは，第1に，国公法102条1項および規則による国家公務員の政治的行為の禁止が憲法に適合するか否かについて，その判断枠組みを明示し，それに基づいて合憲判断を下したこと，第2に，禁止違反の行為に対する罰則を定めた国公法110条1項19号の規定を合憲とし，また，当該規定を本件に適用することも合憲と判示したこと，第3に，国公法102条1項の人事院規則への委任を合憲と判示したこと，である。

以下，順次検討する。

1 国公法102条1項および規則による国家公務員の政治的行為の禁止と憲法21条

国公法102条1項および規則による国家公務員（以下「公務員」という）の政治的行為の禁止に関する最高裁判決としては，国公法102条は憲法14条に違反しないと判示した1958（昭和33）年の二つの大法廷判決[7]，規則は

国公法の規定によって委任された範囲を逸脱しておらず憲法31条に違反しないと判示した同年の小法廷判決8)があった。本件1審判決は，これらの先例は本件のような非管理職である郵政事務官の勤務時間外にした規則6項13号に該当する行為を国公法110条で合憲的に処罰できるかどうかという具体的判断を行ったものではないとし，さらに，勤労者の団結権等の制限の程度に関する具体的決定は立法府の広い裁量に属する旨を述べた，いわゆる和教組事件の最高裁昭和40年7月14日大法廷判決9)を引きつつ，これは労働基本権に関する判示であって，表現の自由に由来する国民の政治活動の自由の制約に関する判示ではないとし，公務員の政治活動の自由の制約については必要最小限度の制約のみが許されるとして，本件行為に国公法110条1項19号を適用する限りにおいて，同号は憲法21条，31条に違反するとの判断を下したのであった10)。そして控訴審判決もこのような1審判決の判断を支持した11)。

これに対して，本判決は，およそ政治的行為は政治的意見の表明としての面を有する限りにおいて憲法21条の保障を受けるものであること，国公法102条1項および規則によって公務員に禁止されている政治的行為も多かれ少なかれ政治的意見の表明を内包する行為であること，したがって，もしこのような行為が国民一般に対して禁止されれば違憲の問題を生じることを認めた上で，国公法102条1項および規則による政治的行為の禁止は公務員のみに対して向けられたものであるから別論であるという。本判決は，そのことを「公務員の政治的中立性」の要請に基づくものとして説明している。「公務員の政治的中立性」が何を意味するかは判文上明確に定義されているわけではないが，その論旨を辿れば，要するに，公務員が「全体の奉仕者」（憲法15条2項）として，「政治的に，一党一派に偏することなく，厳に中立の立場を堅持して，その職務の遂行にあたる」ことを指しているようである。

7) 最大判昭和33・3・12刑集12巻3号501頁および最大判昭和33・4・16刑集12巻6号942頁。後者は，憲法28条に違反しない旨も述べている。いずれもきわめて簡単な論旨によるものであった。
8) 最一小判昭和33・5・1刑集12巻7号1272頁。
9) 民集19巻5号1198頁。
10) 下刑集10巻3号295頁，297頁，300頁，305頁参照。

そして、「公務員の政治的中立性」が維持されることによって「行政の中立的運営」とそれに対する「国民の信頼」が確保されると解されているようであり、それが達成されることは「国民全体の重要な利益」にほかならず、また、「憲法の要請」にかなうことであるとされる。かくして、「公務員の政治的中立性を損うおそれのある公務員の政治的行為を禁止することは、それが合理的で必要やむをえない限度にとどまるものである限り、憲法の許容するところである」との判断が導かれるのである[12]。

公務員の政治的行為を制限する根拠について、昭和33年の二つの大法廷判決は、公務員はすべて全体の奉仕者であること、行政の運営は政治にかかわりなく法規の下で民主的かつ能率的に行われるべきものであることを掲げ、

---

[11] 判時560号33頁参照。本件1審判決は、国公法102条1項および規則による公務員の政治的行為の制限が問題となった他の裁判例にも大きな影響を及ぼした。本件同様、国公法110条1項19号に定める刑罰による制裁の是非が争われた事件で被告人を無罪としたものとして、㋐徳島地判昭和44・3・27刑月1巻3号317頁（徳島郵便局事件1審判決）、㋑高松高判昭和46・5・10刑月3巻5号634頁（徳島郵便局事件控訴審判決）、㋒青森地判昭和45・3・30刑月2巻3号315頁（青森むつ営林署事件1審判決）、㋓仙台高判昭和47・4・7判時671号99頁（青森むつ営林署事件控訴審判決）、㋔名古屋地豊橋支判昭和48・3・30労旬835号76頁（豊橋郵便局事件1審判決）、㋕東京高判昭和47・4・5判時665号29頁（総理府統計局事件控訴審判決）がある。このうち、㋐㋑㋒㋔が本件1、2審判決と同じく適用違憲の判断によったのに対し、㋓㋕は、国公法および規則を合憲とした上で、行為の違法性の観点から無罪の結論を導き出している（㋕は国公法および規則について合憲限定解釈を行っているが、㋓はその適用に合理的な限界があるという判断の仕方をしている）。

また、国公法82条に基づく懲戒処分の取消しを求めた事件で原告の請求を認容したものとして、㋖東京地判昭和46・11・1行集22巻11＝12号1755頁（全逓プラカード事件1審判決）、㋗東京高判昭和48・9・19行集24巻8＝9号1018頁（全逓プラカード事件控訴審判決）がある。このうち、㋗は、規則5項4号、6項13号の規定について合憲限定解釈の余地を否定した上で、適用違憲の判断を下し、㋖は、国公法102条1項および規則について合憲限定解釈を施し、これらの規定により禁止される公務員の政治的行為は、「(1)主体の側から見れば、政策または法律の立案等に参画し、あるいは行政裁量権をもって政策または法律の施行を担当する職務権限を有する公務員の行為に限り、(2)行為の状況から見れば、公務員がその地位を利用し、またはその職務執行行為と関連して行なった政治的行為に限る」（行集22巻11＝12号1780頁）と解した上で、適用違憲の判断を下している（この㋖の判断の問題点については、さしあたり、野坂泰司「憲法判断の方法」ジュリ増刊・憲法の争点286頁〔2008年〕参照）。

これに対して、国公法および規則の各規定を合憲として被告人を有罪としたものとしては、東京地判昭和44・6・14判時566号3頁（総理府統計局事件1審判決）、名古屋高判昭和50・6・24労判231号43頁（豊橋郵便局事件控訴審判決）、高松地判昭和49・6・28判時747号46頁（高松簡易保険局事件1審判決）、高松高判昭和54・1・30刑集35巻7号788頁所収（高松簡易保険局事件控訴審判決）がある。

[12] 刑集28巻9号398〜99頁。

公務員がその職務の遂行にあたって「厳に政治的に中正の立場を堅持し、いやしくも一部の階級若しくは一派の政党又は政治団体に偏する」ことなきを保することにより、はじめて政治にかかわりなく行われるべき行政の継続性と安定性も確保されうるものとしていた[13]。これは、本判決が述べたのとほぼ同旨であるが、昭和33年の二つの大法廷判決がいずれも、公務員の「全体の奉仕者」性等から直ちに公務員の政治的行為禁止の合憲性を導いていたのに対して、本判決は、禁止が合憲であるためには「合理的で必要やむをえない限度」にとどまるものでなければならないとし、かつまた、公務員の政治的行為の禁止がこの限度にとどまるものであるか否かを判断するにあたっては、①禁止の目的、②この目的と禁止される政治的行為との関連性、③政治的行為を禁止することにより得られる利益と禁止することにより失われる利益との均衡、の3点を検討する必要があるとしており[14]、その限りでは、先例に比してより慎重に判断を進めているように見える。しかしながら、結論からいうと、この判断枠組みに基づく本判決の判断には多くの問題がある。

本判決は、まず、①について、公務員の政治的行為の禁止は、そのような行為を放任すれば公務員の政治的中立性が損なわれ、行政機関の公務の運営に党派的偏向を招き、ひいては国の政策の忠実な遂行にも重大な支障をきたす等のおそれがあることから、かかる弊害の発生を防止し、行政の中立的運営とこれに対する国民の信頼を確保するために行われるものであって、その目的は正当であるとした[15]。たしかに、憲法の定める統治構造の下では、行政が政治の不当な介入を排し一党一派に偏することなく運営されるべきことが要請されているといえるし、また、そのような意味での「行政の中立的運営」に対する「国民の信頼」が得られることは望ましいことには違いない。しかし、このような一般的・抽象的な観念によって公務員の政治的行為の一律かつ全面的な禁止を根拠づけることはできないと思われる[16]。本判決は、「行政の中立的運営とこれに対する国民の信頼」の確保のため公務員の政治

---

13) 刑集12巻3号502〜03頁、刑集12巻6号944頁参照。
14) 刑集28巻9号399〜400頁。
15) 同400頁。

的行為を禁止することを「憲法の要請」に応えることとしているが，そこには論理の飛躍があるというべきであろう。

次に，②については，本判決は，上記のような弊害の発生を防止するために公務員の政治的行為を禁止することは禁止目的との間に合理的関連性があると認められるとし，たとえその禁止が公務員の職種・職務権限，勤務時間の内外等を区別せず，あるいは行政の中立的運営を直接，具体的に損なう行為のみに限定されていなくても，合理的関連性を認めるのに問題はないとした[17]。これは，本判決が「有機的統一体として機能している行政組織における公務の全体の中立性が問題とされるべきもの」[18]との立場に立ち，たとえ一地方の一公務員の政治的行為であっても，「そのような行為が累積されることによって現出する事態を軽視し，その弊害を過小に評価することがあってはならない」[19]と考えることに基づく。本判決は，以上の見地から，本件で問題とされた規則5項3号，6項13号の，特定の政党を支持する政治的目的を有する文書を掲示しまたは配布する行為は「政治的偏向の強い行動類型に属するもの」であり，「公務員の政治的中立性の維持を損うおそれが強いと認められるもの」であるとして，かかる行為を禁止することが「禁止目的との間に合理的な関連性をもつものであることは明白である」[20]と判示している。しかし，このように一般的・抽象的なレヴェルでの考察に終始する限り，禁止と禁止目的との間にはほとんど常に合理的関連性が認められる

---

[16] 「行政の政治的中立性」の要請がそれ自体として公務員個人の政治活動の自由を制限する根拠たりえないことについては，今村成和『人権と裁判』14～15頁，37～38頁（北海道大学図書刊行会，1973年）参照。また，「国民の信頼」の確保を根拠とすることについても異論が少なくなく（たとえば，浦部法穂『憲法学教室〔全訂第2版〕』169頁〔日本評論社，2006年〕，奥平康弘『表現の自由Ⅲ』308頁〔有斐閣，1984年〕等），一般論としてこれを肯定する場合でも，「国民の信頼」の確保を強調することについては，公務員の政治活動の自由に対する過度に広汎な規制を招きかねないとの懸念が表明されている（たとえば，芦部信喜『憲法訴訟の現代的展開』194頁〔有斐閣，1981年〕，阿部照哉『基本的人権の法理』181～82頁〔有斐閣，1976年〕等）。なお，比較法的見地から，公務員の政治的行為制約原理としての「行政の中立性」とこれに対する「国民の信頼」なる観念が「特殊に英米的」で「一定の歴史的事情の下に成立したものにすぎない」と指摘するものとして，浜川清「公務員の政治的行為制限の法理」ジュリ738号61頁，65～66頁（1981年）参照。

[17] 刑集28巻9号400～01頁。
[18] 同402頁。
[19] 同403頁。
[20] 同401頁。

こととなって，②は有効なチェック・ポイントたりえないであろう。結局，すべては③の利益の均衡に関する判断にかかってくることになると思われる[21]。

　この③については，本判決は，「公務員の政治的中立性を損うおそれのある行動類型に属する政治的行為」の禁止により得られる利益は「公務員の政治的中立性を維持し，行政の中立的運営とこれに対する国民の信頼を確保するという国民全体の共同利益」であるのに対して，失われる利益のほうも，民主主義国家におけるできる限り多数の国民の政治参加という国民全体にとっての重要な利益には違いないが，両者を比較すると，前者のほうが「さらに重要なもの」というべきであるから，均衡を失するものではないとした。というのも，本判決によれば，「公務員の政治的中立性を損うおそれのある行動類型に属する政治的行為」の禁止は，「これに内包される意見表明そのものの制約」を狙いとするものではなく，「その行動のもたらす弊害の防止」を狙いとするものであって，禁止により意見表明の自由が制約されることになっても，「それは，単に行動の禁止に伴う限度での間接的，付随的な制約に過ぎず，かつ，国公法102条1項及び規則の定める行動類型以外の行為により意見を表明する自由までをも制約するものではな〔い〕」からである[22]。こうして，本件規則5項3号，6項13号の政治的行為についても，それを禁止することにより得られる利益とこれにより失われる利益との間に均衡を失するところはないということが当然の如くに導かれている。

　しかし，この点に関しては重大な疑問がある。判旨の最大の問題点は，政治的行為について「行動としての面」と「政治的意見の表明としての面」とを区別し，「行動としての面」にのみ着目した規制により意見表明の自由が制約されても，それは「間接的，付随的な制約」にすぎないと解する点にある。もとより，これは，政治的行為を「行動を伴う表現」と捉えた上での立言であって，政治的行為を単なる「行動」と見ているわけではないし，また，「行動を伴う表現」が「純粋な表現」に比して価値が低く，より規制に親し

---

[21]　その意味では，本判決の判断枠組みを「合理的関連性の基準」と称するのが一般的ではあるが，そのような呼称には些か語弊があるというべきであろう。

[22]　刑集28巻9号401頁。

むという趣旨でもない[23]。本判決がいわんとするのは，表現行為についてその行動がもたらす弊害の防止を狙いとして規制を加える場合は，表明される意見がもたらす弊害の防止を狙いとして規制を加える場合に比して表現の自由を制約する度合いが低く，失われる利益は小さいということである。たしかに，行動がもたらす弊害の防止を狙いとした規制と表明される意見がもたらす弊害の防止を狙いとした規制とを区別することは理論的には可能であろう。しかし，国公法102条1項および規則による政治的行為の禁止は，本件で問題となった政治的目的を有する文書等を掲示しまたは配布すること（規則6項13号）や集会等において「公に政治的目的を有する意見を述べること」（同11号）といった政治的意見を表明する行為を公務員が行うことは「公務員の政治的中立性を損うおそれ」があるとしてこれを禁止するものである。したがって，それは，単に行動がもたらす弊害の防止を狙いとした規制（道路交通秩序を維持するためのデモ行進の規制がその典型である）ではなく，公務員による政治的意見の表明がもたらす弊害の防止を狙いとした規制（その意味では，意見表明の自由に対する「間接的，付随的制約」ではなく，「直接的な制約」）と見るのが自然であろう[24][25]。規制によって失われる利益は小さいということはできないと思われる。

　こうして見ると，政治的行為の禁止が「合理的で必要やむをえない限度」にとどまるものであるか否かに関する本判決の判断は，禁止が真に「必要やむをえない限度」であるか否かを厳密に検討したものではないといわなければならない。それは，「行政の中立的運営とこれに対する国民の信頼」の確保を「公務員を含む国民全体の共同利益」であるとし，かかる一般的・抽象

---

[23] 香城敏麿・最判解刑事篇昭和49年度165頁，188〜93頁参照。本判決の判示にはアメリカの憲法判例であるオブライエン事件判決（United States v. O'Brien, 391 U.S. 367〔1968〕）の影響が看取される。この事件は，ベトナム反戦の信念を表明するために公衆の面前で自己の徴兵カードを焼却した行為により罪に問われたものであるが，合衆国最高裁は，徴兵カードの焼却行為を「象徴的言論」と認めながらも，いわゆる「言論プラス」の表現行為の非言論的要素を規制する，表現の自由の抑圧にかかわらない十分に重要な政府利益があれば，表現の自由に対する付随的制約は許容されると判示した。この判決については批判も少なくない（オブライエン事件判決の問題点については，さしあたり，芦部・前出注16）266〜70頁参照）。また，仮にオブライエン事件判決の論理を参照するとしても，後述するように，本件政治的行為の禁止が非言論的要素を規制したことによる表現の自由に対する付随的制約に当たるのかどうかが問題となる。

的な利益を援用することにより公務員に対する広範囲にわたる政治活動の制限を「合理的で必要やむをえない限度」の制限として正当化するものとなっている[26]。本判決は、「公務員の政治的行為のすべて」（圏点筆者）を自由に放任するときは、「公務員の政治的中立性」を損ない、行政機関の公務の運営に党派的偏向を招くなど種々の弊害が生じるおそれがあるという[27]。たしかに、すべて自由放任ということになれば、そうかもしれない。しかし、問題は、公務員の政治的行為のすべてを自由に放任すべきか否かではない。ここで問われているのは、特定の政党を支持する政治的目的を有する文書を掲示しまたは配布する行為を禁止すべきか否か（この行為を禁止しないと本判決のいうような弊害が生じるのかどうか）である。そして、これについて判断するためには、単に当該行為を「政治的偏向の強い行動類型に属する」というだけではなく、本件1審判決が行ったように、当該行為の主体である公務員の管理職・非管理職の別、現業・非現業の別、裁量権の範囲の広狭、勤務時間の内外、国の施設の利用の有無など諸般の事情を個別・具体的に検討することが不可欠ではないかと思われる。この点、本判決における大隅ら4裁判官の反対意見は、公務員の政治活動の自由を制限するにあたっては、「〔公

24) たしかに、国公法および規則による政治的行為の禁止は、特定の政治的意見を狙い撃ちしたものではない。本判決が、禁止は「意見表明そのものの制約」を狙いとするものではないと述べているのもその趣旨であると思われる。しかし、この禁止は、およそ公務員が政治的意見を表明することが弊害をもたらすとしてこれを禁止するものであるから、その意味において「意見表明そのものの制約」を狙いとするものに当たるというべきであろう（同旨、高橋和之「公務員の『政治的行為』と刑罰」憲法判例百選Ⅰ〔第5版〕32頁、33頁〔2007年〕、長谷部恭男『憲法〔第7版〕』140頁〔新世社、2018年〕、奥平・前出注16) 314頁等）。本判決がいわゆる表現の内容規制・内容中立規制二分論を意識したものであるかどうかは定かでないが、仮にこの二分論を前提としたものだとしても、国公法および規則による政治的行為の禁止は表現の内容規制に該当することとなる（芦部信喜＝高橋和之補訂『憲法〔第7版〕』292頁〔岩波書店、2019年〕参照）。表現の内容規制・内容中立規制二分論の意義と問題点については、さしあたり、市川正人『表現の自由の法理』75〜232頁（日本評論社、2003年）を参照。
25) 本判決における大隅ら4裁判官の反対意見（刑集28巻9号410頁）は、本件で問題とされた規則6項13号に定める文書の配布等を、「政治活動の中でも最も基礎的かつ中核的な政治的意見の表明それ自体であり、これを意見表明の側面と行動の側面とに区別することはできず、その禁止は、政治的意見の表明それ自体に対する制約である」（同419頁）と述べている。
26) このことは、全農林判決が、公務員の労働基本権について、「勤労者を含めた国民全体の共同利益」の見地からする制約を免れないとし、「公務員の地位の特殊性と職務の公共性」を根拠に、公務員の争議行為の一律かつ全面的禁止を「必要やむをえない限度の制限」として正当化していたことを想起せしめるものである。本書402〜04頁参照。
27) 刑集28巻9号400頁。

務員〕が属する行政主体の事業の内容及び性質，その中における公務員の地位，職務の内容及び性質」「公務員が行う政治活動の種類，性質，態様，規模，程度」「公務員の特定の政治活動が行政の中立性に及ぼす影響の性質及び程度，並びにその禁止が公務員の個人的基本権としての政治活動の自由に対して及ぼす侵害の意義，性質，程度及び重要性」の相違を考慮し，「より具体的，個別的に両法益〔政治活動の自由と行政の中立性〕の相互的比重を吟味検討し，真に行政の中立性保持の利益の前に公務員の政治活動の自由が退かなければならない場合，かつ，その限度においてのみこれを制限するとの態度がとられなければならない」と述べている[28]。妥当な判断の筋道を示すものといえよう。

2　国公法110条1項19号による禁止違反行為の処罰と憲法21条，31条

本判決は，国公法102条1項および規則による公務員の政治的行為の禁止違反に対して刑罰をもって臨むかどうかは立法政策の問題であって，①政治的行為の禁止が表現の自由に対する合理的で必要やむをえない制限であると解され，かつ，②刑罰を違憲とする特別の事情がない限り，立法機関の裁量により決定されたところのものが尊重されなければならない[29]，という。したがって，本判決の立場からしても，罰則の法定が違憲となる余地がないわけではない。特に，本判決が②の留保を付したことは注目に値する。本判決は，一般論として，「およそ刑罰は，国権の作用による最も峻厳な制裁であるから，特に基本的人権に関連する事項につき罰則を設けるには，慎重な考慮を必要とする」とし，「刑罰規定が罪刑の均衡その他種々の観点からして著しく不合理なものであって，とうてい許容し難いものであるときは，違憲の判断を受けなければならない」[30]と述べ，刑罰について憲法上の限界があることを明言している。ただ，国公法の罰則については，本判決は，保護法益の重要性に鑑みて，「罰則制定の要否及び法定刑についての立法機関の決定がその裁量の範囲を著しく逸脱しているものであるとは認められない」

---

28)　同413頁。
29)　同404〜05頁。
30)　同404頁。

とし，特に，本件で問題とされた規則5項3号，6項13号の政治的行為は「党派的偏向の強い行動類型に属する」行為であり，「違法性の強い行為」であるから，これに対して国公法の定める程度の刑罰を法定したとしても決して不合理とはいえないとして，当該罰則は憲法31条に違反するものではないと判示している[31]。また，本判決は，①については，政治的行為の禁止を「合理的で必要やむをえない制限」と解するので，結局，禁止違反に対する制裁として刑罰を科すかどうかは，立法府の裁量的判断に委ねられ，それについては違憲の問題を生じないということになろう。本判決が，政治的行為の禁止に違反する行為が刑罰の対象となる違法性を帯びることが認められ，かつ，その禁止が「憲法21条に違反するものではないと判断される以上，その違反行為を構成要件として罰則を法定しても，そのことが憲法21条に違反することとなる道理は，ありえない」[32]と述べているのも，この趣旨を確認するものと思われる。

これに対して，4裁判官の反対意見は，国公法が公務員の政治的行為の禁止違反に対して刑罰をもって臨むとしていることは「それ自体として重大な憲法上の問題を惹起するもの」[33]であると説く。それは，この反対意見が，

---

[31] 同405～06頁。このように判示している以上，本判決は，憲法31条が罪刑の均衡など実体的処罰の適正の要求を含意するということを前提としているものと解される。このことは興味深い。なお，この点に関連して，本判決は，国公法の罰則が制定された経緯を振り返り，昭和25年に制定された地公法では当初の政府案に設けられていた罰則規定が国会審議の過程で削除されたにもかかわらず国公法の罰則はあえて削除されることなく存置されてきたという事実を摘示した上で，このことから，罰則の必要性が国会により，「わが国の現実の社会的基盤に照らして，承認されてきたものとみることができる」（同405頁）と述べている。しかし，そのように断定する根拠が具体的に示されているわけではない。

[32] 同406頁。本判決は，さらに，本件1, 2審判決が，たとえ公務員の政治的行為の禁止が憲法21条に違反しないとしても，その行為のもたらす弊害が軽微なものについてまで一律に罰則を適用することは同条に違反するとした点を捉えて，違反行為がもたらす弊害の大小は違法性の強弱の問題であるから，このような見解は「違法性の程度」の問題と「憲法違反の有無」の問題とを混同するものであり，失当であるという。これらの判示は，全農林判決が，公務員の争議行為の禁止は違憲ではないから，この禁止された違法な争議行為のあおり行為等を処罰することも違憲ではないとし，また，7裁判官の補足意見が，争議行為が正当であるか否かは違法性の有無に関する問題であり，それは単に「刑法の次元」における判断ではなく「憲法の次元」の問題であると論じていたのと同じ考え方に基づくものであろう。この点に関しては，松浦繁「公務員の政治活動に関する最高裁判決」ひろば28巻1号26頁，31～33頁（1975年）参照。なお，香城・前出注23）237～40頁も参照。

[33] 刑集28巻9号414頁。

政治活動の自由を「国民の個人的人権の中でも最も高い価値を有する基本的権利」であり，公務員も国民の一人として政治活動の自由を憲法上保障されていると解することによる[34]。反対意見によれば，この政治活動の自由ももとより絶対無制限ではなく公共の利益のために一定の制約に服することを免れないが，これを公務員に対して制限することは，行政の中立性の利益保持のために真にやむをえない場合に限定されなければならないし，また，制限の方法や態様も，立法政策の問題として立法府が自由に決定できるものではない[35]。公務員関係の規律として公務員の一定の政治的行為を禁止する場合と，刑罰権の対象となる一個人としてその者の政治的行為を禁止する場合とでは，「憲法上是認される制限の範囲に相違を生ずべきもの」[36]であって，この「両種の制限が憲法上是認されるかどうかについても，おのずから別個に考察，論定されなければならない」[37]のである。このような考え方に基づき，反対意見は，公務員の政治活動の自由を刑罰の制裁をもって制限することが憲法上是認されるのは，禁止される政治的行為が単に公務員関係上の義務に違反するというだけでは足りず，「それ自体において直接，国家的又は社会的利益に重大な侵害をもたらし，又はもたらす危険があり，刑罰によるその禁圧が要請される場合に限られなければならない」とし，さらに，政治活動の自由の重要性に鑑みて，刑罰の制裁をもってするその制限は，「これによって影響を受ける政治的自由の利益に明らかに優越する重大な国家的，社会的利益を守るために真にやむをえない場合で，かつ，その内容が真に必要やむをえない最小限の範囲にとどまるかぎりにおいてのみ，憲法上容認される」として，本件で問題となった規則6項13号は「少なくとも刑罰を伴う禁止規定としては，公務員の政治的言論の自由に対する過度に広範な制限として，それ自体憲法に違反するとされてもやむをえない」との判断を示している[38]。妥当な立論であると思われる。

　本判決は，原判決が，規制目的を達成しうる「より制限的でない他の選び

---

[34]　同411頁，412頁。
[35]　同411頁，413〜14頁。
[36]　同414頁。
[37]　同418頁。
[38]　同418〜20頁参照。

うる手段」があるときは，広い規制手段は違憲となるとして，Yの本件行為に対する制裁としては懲戒処分をもって足り，罰則まで法定することは違憲となる旨判示した点を捉えて，懲戒処分と刑罰とは，その目的，性質，効果を異にする別個の制裁であるから，両者を同列に置いて比較し，前者をもって「より制限的でない他の選びうる手段」であると軽々に断定することは相当ではないと批判する[39]。たしかに，原判決（および1審判決）が懲戒処分か刑罰かという制裁の適否の判断において「より制限的でない他の選びうる手段」を問題にしたことは適切ではなかったと思われる[40]。その点に関する限り，本判決の批判は正当である。しかし，本判決は，逆に，懲戒処分とはその目的，性質，効果を異にする刑罰を科すことが何故正当化されるのかについて十分な説明を欠いている。本判決は，禁止違反に対して懲戒処分のほかに罰則を法定することは不合理な措置とはいえないというが，その根拠としては，国公法における公務員の政治的行為の禁止は「国民全体の共同利益」を擁護する見地からされたものであって，それに違反する行為は刑罰の対象となる違法性を帯びることが認められるという以上のことを述べていない。本判決は，1審判決が外国の立法例をあげて罰則の法定を違憲と判示したことを捉えて，「それぞれの国の歴史的経験と伝統はまちまちであり，国民の権利意識や自由感覚にもまた差異があるのであって，基本的人権に対して加えられる規制の合理性についての判断基準は，およそ，その国の社会的

---

39) 同408頁。
40) 今村・前出注16)52頁は，「公務員に対する過度の政治的行為の制限が，表現の自由の保障に反することが問題となっている際に，法目的を達成する上には，他の選びうる制裁の手段があるというような考え方を持ち出すのは，完全に，問題のすり換えというのほかはない」とし，「このような論理の運び方では，懲戒処分そのものについては，合憲性のテストを経ずに，その存在を肯定するかのごとき印象が与えられることになる」と批判する。この批判は，いわゆるLRAテストの理解にもかかわるが，「個人の自由に優越的地位が与えられるべき場合には，他に代わり得べき手段がない，ということの方が問題」（原文強調）（同29頁）であって，端的に規制が必要最小限度であるか否かを問うべきであるという考え方によるものである。これに対して，芦部・前出注16)217頁，258〜59頁は，「必要最小限度」とは，むしろ「人権規制の限界を示す原則」（原文強調）であり，「この原則を具体化した一つの基準がLRAの基準」であるとし，この基準は規制方法の面のみならず広く制裁の面でも適用できないわけではないと反論するが，本件1審判決を「基本的にはLRAの基準に拠った判決」と評価したことについては，「判決が適用違憲の結論に至るまでの過程で論じている現行法制の広汎に失する規制の方法ないし範囲に関する論旨を重視し，それを総合的に考慮したうえでのこと」と弁明している。

基盤を離れて成り立つものではない」とし，公務員の政治的行為の制限についても，その方法・態様，禁止違反に対する制裁の如何は，いずれも「それぞれの国の歴史的所産である社会的諸条件にかかわるところが大である」から，かかる「社会的諸条件を無視して，それをそのままわが国にあてはめることは，決して正しい憲法判断の態度ということはできない」と批判する[41]。ここに示された見解は，一般論としては首肯できるものである。しかし，そのようにいうのであれば，本判決は，何故わが国では公務員の政治的行為の禁止違反について諸外国にはほとんど例のない刑罰の制裁をあえて科すのか，それはわが国に特有のいかなる社会的諸条件によるものであるのかを説明すべきであったろう。残念ながら，本判決にはその点に関する説示は見当たらない。

　ところで，本件1審判決は，「非管理職である現業公務員で，その職務内容が機械的労務の提供に止まるものが，勤務時間外に，国の施設を利用することなく，かつ職務を利用し，若しくはその公正を害する意図なしで行った」規則6項13号の行為に対して刑事罰を加えることは，「行為に対する制裁としては，合理的にして必要最小限の域を超えたものと断ぜざるを得ない」が，国公法110条1項19号には制限解釈を加える余地は全く存しないのみならず，規則はすべての一般職の職員にこの規定の適用があることを明示している以上，本件Yの所為に国公法110条1項19号が適用される限度において，同号は憲法21条，31条に違反するという判断の仕方をした[42]。この違憲判断は法令の規定を本件に適用する限りで違憲と判断したものには違いないが，国公法110条1項19号の罰則を適用すれば違憲となるべき所為を「非管理職である現業公務員で，その職務内容が機械的労務の提供に止まるものが……行った」行為として明確に画定している。その意味では，本判決がこれを「ひっきょう法令の一部を違憲とするにひとし〔い〕」[43]と評したことは正鵠を射たものであったといえよう。

　適用違憲とは，違憲判断を当該事件の特定事例への法令の適用関係に限定

41）　刑集28巻9号406〜07頁。
42）　下刑集10巻3号305頁。
43）　刑集28巻9号408頁。

する手法である[44]。しかし，特定事例に法令を適用すれば違憲になると判断することは，翻ってその事例に即して当該規定の憲法上問題たりうる意味の部分を切り取る効果をもつこととなる。したがって，適用対象が特殊な事例であればともかく，本件のように明確に画定された行為の類型であるとすれば，本件に適用される限りでの判断であるといっても，当の行為類型に該当する行為に関しては常に規定の適用が否定される結果となろう。これは当該規定を全面的に合憲とする立場からは容認し難いことである。本判決が，上記引用の部分に続いて，「かかる〔適用違憲の〕判断の形式を用いることによっても，上述の批判〔懲戒処分のほかに刑罰を科すことを違憲とする判断は不当であるという批判〕を免れうるものではない」[45]と述べたのは，そのためであろう。したがって，本判決は，適用違憲という判断方法自体を否定したものではないと解される。

3　国公法102条1項の人事院規則に対する委任の憲法適合性

この点に関する本判決の判示は，反対意見の違憲論に応じたものである。すなわち，本判決は，まず，政治的行為の定めを規則に委任する国公法102条1項が「公務員の政治的中立性を損うおそれのある行動類型に属する政治的行為を具体的に定めることを委任するものであることは，同条項の合理的な解釈により理解しうるところである」とし，次いで，国公法102条1項の禁止する政治的行為は懲戒処分を根拠づけるに足りるものであるとともに，刑罰を根拠づける違法性を帯びるものでもあるから，同条項は，それが同法82条による懲戒処分および同法110条1項19号による刑罰の対象となる政治的行為の定めを一様に委任するものであるからといって，憲法の許容する委任の限度を超えるものではない[46]，とする。国公法102条1項の規則に対する委任の憲法適合性については，最高裁昭和33年5月1日第一小法廷判決が，規則は国公法102条1項に基づき「一般職に属する国家公務員の職責に照らして必要と認められる政治的行為の制限を規定したものであるから，

---

44) 野坂・前出注11) 286頁参照。
45) 刑集28巻9号408頁。
46) 同上。

……実質的に何ら違法,違憲の点は認められないばかりでなく,右人事院規則には国家公務員法の規定によって委任された範囲を逸脱した点も何ら認められず,形式的にも違法ではない」[47]として合憲判断を下していた。この判示に対しては,国公法による委任が白紙委任ではないかという疑問に答えていないとの批判がある[48]。しかし,この判決は,規則が「委任された範囲」を逸脱していないというのであるから,何らかの「委任された範囲」があることを前提としており,国公法による委任は白紙委任ではないと判断しているものと思われる。おそらくは,「公務員の職責に照らして」制限されるべき政治的行為の範囲は一応画定することができるとの認識に立脚するものであろう。本判決も,これと同様の前提に立って判断しているものと思われる。もっとも,これが,国公法による委任が合憲であることの論証として十分なものであるかどうかは別問題である。

これに対して,本判決における反対意見は,立法の委任はその「合理的必要性」があり,かつ,「当該機関を指導又は制約すべき目標,基準,考慮すべき要素等を指示してするもの」である限り,必ずしも憲法に違反するものではなく,また,この指示も「委任を定める規定自体の中でこれを明示する必要はなく,当該法律の他の規定や法律全体を通じて合理的に導き出されるものであってもよい」という一般論を述べた上で,国公法102条1項の委任には選挙権の行使除外を除いて,禁止しうる政治的行為を区分する基準につき何らの指示もないが,国公法の他の規定を通覧すると,政治的行為の禁止が「行政の中立性の保持の目的を達するためのものであることが明らか」であり,同条における禁止行為の特定についての委任も,「〔行政の〕中立性又はその信頼の保持の目的のために禁止することが必要かつ相当と合理的に認められるものを具体的に特定することを人事院規則に委ねたものと解することができる」とし,また,人事院が「内閣から相当程度の独立性を有し,政治的中立性を保障された国家機関」であることから,「右の程度の抽象的基準のもとで広範かつ概括的な立法の委任をしても,その濫用の危険は少なく,むしろ現実に即した適正妥当な規則の制定とその弾力的運用を期待すること

---

47) 刑集12巻7号1274頁。
48) 有倉遼吉「公務員の政治的行為」法時46巻3号15頁,16頁(1974年)参照。

ができると考えられる」として，公務員関係の規律の対象となる政治的行為禁止の具体的な規定を規則に委任することは，違憲無効とすべきものではないとする[49]。その限りでは，この反対意見の説くところは，むしろ多数意見を補完する意味合いのものとなっている。しかしながら，反対意見は，上記2で確認した通り，刑罰の制裁をもってする公務員の政治活動の制限と公務員関係上の規律として課される制限とでは，合憲的に制限しうる範囲が異なるとの立場を採っており，前者の場合において具体的内容の特定を委任するときは，後者の場合に比して「より厳格な基準ないしは考慮要素に従って」これを定めるべきことの指示がなければならないと解するのであって，この点で多数意見と鋭く対立する。反対意見は，このような見地から，国公法102条1項における「無差別一体的な立法の委任は，少なくとも，刑罰の対象となる禁止行為の規定の委任に関するかぎり，憲法41条，15条1項，16条，21条及び31条に違反し無効である」[50]と結論する。これは興味深い判断の仕方である。しかし，委任が刑罰法規の内容となる面において憲法上の瑕疵を帯びるからといって委任そのものを無効とし，これに基づく規定の効力を全部否定する必要があるかどうかは議論の余地があろう。委任自体を無効とするのではなく，委任に基づいて制定された規定を個々に違憲無効とすれば足りるという反論も可能であると思われる[51]。

4 本判決の射程と残された問題

　最高裁大法廷は，本判決と同日に，公務員の政治活動の自由の制限に関する二つの事件についても判決を下している。その一つは，郵便局に勤める郵政事務官が参議院議員選挙に際して候補者の個人演説会において投票の勧誘運動をしたとして，国公法102条1項，規則5項1号，6項8号違反による同法110条1項19号の罪で起訴された徳島郵便局事件[52]であり，もう一つ

---

49) 刑集28巻9号421～23頁。
50) 同423頁。
51) 香城・前出注23)246頁参照。また，高松簡易保険局事件判決（最一小判昭和56・10・22刑集35巻7号696頁）における中村治朗裁判官の補足意見（同701頁，703～04頁）も参照。芦部・前出注16)260～61頁は，反対意見の論法に疑問を呈し，国公法102条1項による規則への包括的な委任自体に違憲の疑いがあると説く。
52) 最大判昭和49・11・6刑集28巻9号694頁。

は，総理府統計局（当時）に勤務する事務官が都議選に際して候補者の氏名を表示した文書を配布したとして，公選法146条1項違反による同法243条5号の罪および国公法102条1項，規則5項1号，6項13号違反による同法110条1項19号の罪で起訴された総理府統計局事件[53]である。大法廷は，いずれの事件についても，本判決を援用して，憲法21条，31条違反の主張を退け，罰則の適用を肯定した。この三つの事件は，公職の選挙の選挙運動期間中に選挙運動としてなされた公務員の行為が国公法102条1項および規則に違反する行為とされた点で共通する。これらの事件の背景には，当時活発に行われていた労働組合運動の一環としての公務員による組織的な選挙運動への関与が問題とされる状況があった。大法廷がこれらの事件に対して厳しい姿勢で臨んだのも，そのことと無関係ではないと思われる。

　その後も，最高裁は，公務員の選挙運動に関する事件においては，一貫して，本判決を先例として踏襲することにより事案の処理を行っている。刑事罰を科された事案としては，本件同様郵便局に勤務する郵政事務官が市議会議員選挙に際し特定候補者の選挙ポスターを掲示したとして，国公法102条1項，規則5項1号，6項13号違反に問われた豊橋郵便局事件[54]，郵政事務官が参議院議員選挙に際し特定候補者の応援演説をしたとして，国公法102条1項，規則5項1号，6項8号違反に問われた高松簡易保険局事件[55]があるが，最高裁は，前者においては，本判決と総理府統計局事件判決を援用し，後者においては，本判決と徳島郵便局事件判決を援用して，いずれも憲法21条，31条違反の主張を簡単に退けている。この点でやや異質なのが，郵便集配業務に従事する郵政職員がメーデー参加者による集団示威行進に参加し内閣打倒等と記載された横断幕を掲げて行進したとして，国公法102条1項，規則5項4号，6項13号違反に問われた全逓プラカード事件（本所郵便局事件）[56]である。この事件は選挙運動に関する事案ではなかったが，最高裁は，国公法および規則の各規定違反を理由として同法82条により懲戒処分を行うことが憲法21条に違反しないことは本判決の趣旨に徴して明

53) 最大判昭和49・11・6刑集28巻9号743頁。
54) 最三小判昭和52・7・15労判278号速報カード3頁。
55) 最一小判昭和56・10・22刑集35巻7号696頁。
56) 最三小判昭和55・12・23民集34巻7号959頁。

らかとして，違憲の主張を一蹴している。

　こうして，本判決が公務員の政治活動の自由の制限に関する確立した判例として扱われ，また，本判決以降，国公法102条1項違反で起訴・公判請求された事例もなかったところ，2004（平成16）年に至って，社会保険事務所に勤務する厚生労働事務官がその前年11月施行の衆議院議員選挙に際し日本共産党の機関紙号外等を配布（郵便受けに投函）したとして，国公法102条1項，規則6項7号，13号（5項3号）違反でおよそ30年ぶりに起訴されるという事件が起こった。この目黒社会保険事務所事件（堀越事件）[57]は，長期間にわたる大がかりな捜査を経て逮捕・起訴に至るという，きわめて特異な事件であったようであるが，1審の東京地裁平成18年6月29日判決[58]は，本判決が「指導的判例として今も機能している」との認識を示した上で，本判決が提示した判断枠組みに従って検討を進め，国公法および規則の各規定は憲法21条，31条に違反するものではないとして，被告人を罰金10万円に処するとともに，その刑の執行を猶予するという異例の判断を下した。その際，裁判所は，酌量すべき事情として，被告人の各行為は「勤務時間外の休日に，職場と離れた自宅周辺の場所において，その職務や職場組織等と関係なく」行われた行為であり，それによって職場に何らかの悪影響が及んだことはなく，また，その行為が「直ちに行政の中立性とこれに対する国民の信頼を侵害したり，侵害する具体的な危険を発生させたりするものではなかった」ことを認めている。しかし，そのことは，このような行為を刑事罰の対象とすること自体の合憲性に改めて疑問を抱かせるものである。

　これに対して，2審の東京高裁平成22年3月29日判決[59]は，罰則をもって公務員の政治的行為を禁止する国公法および規則の各規定自体は合憲であるとしつつ，「裁量の余地のない職務を担当する，地方出先機関の管理職でもない被告人が，休日に，勤務先やその職務と関わりなく，勤務先の所在地や管轄区域から離れた自己の居住地の周辺で，公務員であることを明らかにせず，無言で，他人の居宅や事務所等の郵便受けに政党の機関紙や政治的

---

57) 1審段階でこの事件に関する総合的な検討の成果を集成したものとして，法律時報編集部編・新たな監視社会と市民的自由の現在（2006年）を参照。
58) 刑集66巻12号1627頁。
59) 判タ1340号105頁。

文書を配布したにとどまる」という態様の行為に対し，前記各規定を適用することは，「国家公務員の政治的活動の自由に対する必要やむを得ない限度を超えた制約を加え，これを処罰の対象とするものといわざるを得ず，憲法21条1項及び31条に違反するとの判断を免れない」とし，1審判決を破棄して，被告人に無罪を言い渡した。この判決は，本判決を前提としながらも，その当時と比べて，今日わが国において民主主義はより成熟し，国民は表現の自由がとりわけ重要な権利であるという認識を一層深めているとし，公務員や公務に対する国民の見方も本判決当時とは大きく異なるという認定の下に，上記のような被告人の行為について，行政の中立的運営とそれに対する国民の信頼という保護法益が損なわれる抽象的危険性を肯定することは「常識的にみて全く困難である」として，上記の結論を導いたものであり，注目に値する。

　検察官の上告を受けて，最高裁平成24年12月7日第二小法廷判決（堀越事件判決)[60]は，きわめて興味深い判断を下した。この判決は，国公法102条1項の禁止する「政治的行為」とは「公務員の職務の遂行の政治的中立性を損なうおそれが，観念的なものにとどまらず，現実的に起こり得るものとして実質的に認められるもの」を指し，規則6項7号，13号（5項3号）は同項の委任の範囲内でそのような行為の類型を具体的に定めたものであるとし，次いで，国公法110条1項19号，102条1項，規則6項7号，13号（5項3号）（第二小法廷は，これらを併せて「本件罰則規定」と呼ぶ）が憲法21条，31条に違反するか否かを検討し[61]，違反しないと判断した上で，「管理職的地位になく，その職務の内容や権限に裁量の余地のない公務員によって，職務と全く無関係に，公務員により組織される団体の活動としての性格もなく行われた」政党の機関紙等の配布行為は本件罰則規定の構成要件に該当しないとして，無罪を言い渡した。これは，一見したところ，本判決が「当該公

---

60)　刑集66巻12号1337頁。
61)　ここで第二小法廷が，この点について，「本件罰則規定の目的のために規制が必要とされる程度と，規制される自由の内容及び性質，具体的な規制の態様及び程度等を較量して決せられるべきもの」（同1344頁）として，本判決ではなく，よど号ハイジャック記事抹消事件判決（最大判昭和58・6・22民集37巻5号793頁）を引用していることが目を引く。堀越事件判決に関する調査官解説は，同判決が本判決よりも厳格な利益較量の方法によって判断したものと説いている（岩崎邦生・最判解民事篇平成25年度463頁，495～506頁参照）。

務員の管理職・非管理職の別,現業・非現業の別,裁量権の範囲の広狭などは,公務員の政治的中立性を維持することにより行政の中立的運営とこれに対する国民の信頼を確保しようとする法の目的を阻害する点に,差異をもたらすものではない」[62]と述べていたことと矛盾するかのようである。しかし,そうではない。猿払事件と堀越事件とでは事案を異にするというのが第二小法廷の論理である。すなわち,前者の事案は「公務員により組織される団体の活動としての性格を有するもの」で,勤務時間外の行為であっても,その行為の態様から見て公務員が特定政党の候補者を国政選挙において積極的に支援する行為であることが一般人に容易に認識されうるようなものであったから,「公務員の職務の遂行の政治的中立性を損なうおそれが実質的に認められるもの」と評価されえたのに反し,後者の事案は公務員により組織される団体の活動としての性格もなく,公務員の行為と認識されうるような態様で行われたものでもなかったから,上記のようなおそれが実質的に認められるものとはいえない,というのである。

　堀越事件判決は,本判決を先例として維持しつつ,公務員の政治的活動についてそれが不可罰となる余地があることを認めた点において注目すべき判決であることは疑いない。しかし,そこには幾つかの問題を指摘することができる。第1に,この判決は,本判決を特定の事案に関する一事例判断と位置づけることにより本判決の判例としての射程を限定している。しかし,このように両判決を異なる性質の政治的行為に関するものとして明確に区別することができるかどうかは議論の余地があろう。第2に,堀越事件判決は,国公法102条1項にいう「政治的行為」を限定解釈し,かかる解釈を前提として本判決を捉え直している。しかし,本判決は,公務員の政治的行為を,弊害発生の蓋然性の有無にかかわらず一律に禁止・処罰することを容認する趣旨のものではなかったかと思われるのであって,堀越事件判決の限定解釈は,本判決の立場と整合するかどうか疑問である。さらに,この点に関連して,第3に,堀越事件判決の行った限定解釈の性質が問題となる。同判決に付された千葉勝美裁判官の補足意見は,この限定解釈が「通常の法令解釈」であって,「合憲限定解釈」ではないことを強調している[63]。たしかに,堀

---

62) 刑集28巻9号402頁。

越事件判決は，本件罰則規定に違憲（の疑いある）部分が存在することを前提として限定解釈を行っているわけではない。また，この限定解釈に引き続いて，（本来合憲限定解釈が行われたならば決着済みであるはずの）規定の憲法適合性を改めて判断している。これらの点に着目すれば，堀越事件判決は，合憲限定解釈を行ったものではないといえよう[64]。しかし，ここでの憲法適合性判断は，国公法 102 条 1 項にいう「政治的行為」に関する限定解釈を前提として，かかる行為を規制することの必要性・合理性を簡単に肯定し，合憲の結論を導いたものであり，実質的には，合憲限定解釈により規定の違憲（の疑いある）部分を除去したのと異ならないという見方も成り立ちえないものではないと思われる[65]。

一方，第二小法廷は，厚生労働省の課長補佐（当時）が 2005（平成 17）年 9 月の衆議院議員選挙の投開票日前日に東京都内の警視庁職員官舎の集合ポストに共産党機関紙号外を配布したとして国公法違反の罪に問われた同種の事件（世田谷事件）については，堀越事件判決と同日に，同判決とは異なる有罪の結論に達している[66]。この事件では，1 審の東京地裁平成 20 年 9 月 19 日判決[67]が，本判決の判断を踏襲して，罰金 10 万円の有罪判決を下し，2 審の東京高裁平成 22 年 5 月 13 日判決[68]も，本判決の判断を踏襲し，か

---

63) 刑集 66 巻 12 号 1351〜52 頁，1354〜55 頁参照。この補足意見については，高橋和之「『猿払』法理のゆらぎ？」伊藤眞ほか編『経済社会と法の役割』〔石川正先生古稀記念〕37 頁，46〜52 頁（商事法務，2013 年）の分析が教示に富む。

64) 堀越事件判決が正面から合憲限定解釈の構成を採らなかったのは，そのような構成では本件罰則規定に違憲（の疑いある）部分が存在することを前提とすることになり，当該規定を全面的に合憲とした本判決と抵触するおそれがあったためではないかと推測される。

65) 堀越事件判決に付された須藤正彦裁判官の意見は，「政治的行為」に関する多数意見の解釈は「憲法の趣旨の下での本件罰則規定の趣旨，目的に基づく厳格な構成要件解釈」にほかならず，「通常行われている法解釈にすぎないもの」としつつ，「他面では，一つの限定解釈といえなくもない」とし，「本件罰則規定は，上記の厳格かつ限定的である解釈の限りで，憲法 21 条，31 条に反しないというべきである」と述べている。刑集 66 巻 12 号 1360 頁，1361 頁参照。
　堀越事件判決が行った限定解釈については，これを合憲限定解釈とする見方（蟻川恒正「国公法二事件最高裁判決を読む(1)」法教 393 号 84 頁，87〜88 頁〔2013 年〕）のほか，憲法適合的解釈とする見方（駒村圭吾「さらば，香城解説!?」『現代立憲主義の諸相(下)』〔高橋和之先生古稀記念〕419 頁，428 頁注(5)〔有斐閣，2013 年〕）がある。憲法適合的解釈については，宍戸常寿『憲法 解釈論の応用と展開〔第 2 版〕』309〜10 頁（日本評論社，2014 年），土井真一編『憲法適合的解釈の比較研究』（有斐閣，2018 年）所収の諸論稿を参照。

66) 刑集 66 巻 12 号 1722 頁。

67) 同 1926 頁。

つ，社会的諸条件の変化を踏まえても基本的に改めるべき点はないとして，国公法および規則の各規定を合憲と判断し，1審の有罪判決を維持していた。第二小法廷は，堀越事件判決と同じく，「政治的行為」の限定解釈を前提とした上で，当該事件における政党機関紙の配布行為が「勤務時間外である休日に，国ないし職場の施設を利用せずに，それ自体は公務員としての地位を利用することなく行われたもの」であり，「公務員により組織される団体の活動としての性格を有」するものではなく，「公務員による行為と認識し得る態様ではなかった」にもかかわらず，被告人の配布行為は「国民全体の奉仕者として政治的に中立な姿勢を特に堅持すべき立場にある管理職的地位の公務員」による「殊更」な「一定の政治的傾向を顕著に示す行動」であるが故に，「当該公務員及びその属する行政組織の職務の遂行の政治的中立性が損なわれるおそれが実質的に生ずるもの」として，本件罰則規定の構成要件に該当すると判断した。

この第二小法廷の二判決を併せ考えると，公務員の政治的活動は，管理職的地位にある公務員については，たとえそれが「公務員による行為と認識し得る態様」でなかったとしても，禁止された「政治的行為」に当たるとして処罰される可能性が高く，他方，非管理職の公務員については，その活動が「公務員による行為と認識し得る態様」でない限り，許容されうるということになろうか。

本判決は，国公法 102 条 1 項違反事件以外の，公務員の表現の自由に対する制限が問題となった事件でも先例として援用されている。その代表例は，裁判官分限事件の決定に対する即時抗告事件（寺西判事補事件）である。この事件は，裁判官が「組織的犯罪対策法」に反対する市民集会に参加し，身分を明らかにした上で発言したことが裁判所法 52 条 1 号の禁止する「積極的に政治運動をすること」に該当し，職務上の義務に違反するとして懲戒処分に付されたため，これを争ったものであるが，最高裁平成 10 年 12 月 1 日大法廷決定[69]は，裁判官も一市民として表現の自由を有することは当然としながらも，本判決の判断枠組みに従って検討を進め，裁判所法 52 条 1 号

---

68) 判タ 1351 号 123 頁。
69) 民集 52 巻 9 号 1761 頁。

は憲法21条1項に違反しないと結論している。その他，本判決とその判断過程を一にするわけではないが，本判決の趣旨を援用して憲法21条違反の主張を退けたものとして，自衛官が政治的集会において制服を着用した上で自衛隊を誹謗中傷する内容の文書を読み上げるなどして懲戒処分に付された，いわゆる反戦自衛官懲戒事件に関する最高裁平成7年7月6日第一小法廷判決[70]や，県立高校の校長が生徒会の担当教諭に対し職務命令として教諭の寄稿文を生徒会誌から削除するように指示した行為を違憲として損害賠償を求めた事件に関する最高裁平成16年7月15日第一小法廷判決[71]がある。これらは，本件とは事案を異にするとはいえ，公務員関係の事例として本判決に関連づけることが理解できないわけではない。

　しかし，本判決は，公務員関係以外の事件においても，しばしば先例として引かれている。たとえば，公選法138条1項による戸別訪問の禁止の憲法21条適合性に関する最高裁昭和56年6月15日第二小法廷判決[72]は，本判決の判断枠組みを用いて合憲判断を下し，「意見表明の手段方法を制限する立法について憲法21条との適合性に関する判断を示した」判例として本判決を明示的に引用し，戸別訪問の禁止を合憲とする判断がその「趣旨にそうところ」と述べている。これは，当該事件の原判決[73]がほぼ本判決の判断枠組みに沿って違憲判断を下していたことに引きずられた結果であるかもしれないが，本判決を「意見表明の手段方法を制限する立法」について判断した先例と捉え，この点で「政治的行為の禁止」と「戸別訪問の禁止」を同列に論じていることには違和感を禁じえない。また，教科書検定訴訟に関する一連の判決[74]においては，最高裁は，検定による表現の自由の制限は憲法21条1項に違反しないとして本判決を引いているが，そこには，よど号ハイジャック記事抹消事件判決[75]と成田新法事件判決[76]が合わせて引かれて

---

70) 判時1542号134頁。
71) 判時1875号48頁。
72) 刑集35巻4号205頁。
73) 広島高松江支判昭和55・4・28判時964号134頁。
74) 最三小判平成5・3・16民集47巻5号3483頁，最三小判平成9・8・29民集51巻7号2921頁，最一小判平成17・12・1判時1922号72頁参照。
75) 最大判昭和58・6・22民集37巻5号793頁。
76) 最大判平成4・7・1民集46巻5号437頁。

おり，特に本判決が先例として引用されるべき意義がどこにあるのかが不明確である。

そもそも本判決は，国公法および規則による政治的行為の禁止は公務員のみに対して向けられたものであり，また，そうであるが故に，合理的で必要やむをえない限度にとどまる限り憲法上許容されるとしていた。本判決が提示した判断枠組みも公務員に対する政治的行為の禁止が上記の限度にとどまるものであるか否かを判断するためのものであったはずである。そうだとすると，この判断枠組みを国民一般に対する表現の自由の制限に関する事例にそのまま用いることには問題があるというべきであろう。この点で，広島市暴走族追放条例事件判決[77]が，当該条例は「その弊害を防止しようとする規制目的の正当性，弊害防止手段としての合理性，この規制により得られる利益と失われる利益との均衡の観点に照らし，いまだ憲法21条1項，31条に違反するとまではいえない」[78]として，本判決を引いていることには疑問の残るところである。

---

77) 最三小判平成 19・9・18 刑集 61 巻 6 号 601 頁。本判決には多数意見の合憲限定解釈を批判する藤田宙靖，田原睦夫裁判官の各反対意見が付されているが，いずれも多数意見が本判決を先例として引いた点は問題にしていない。

78) 同 604 頁。

第21章 外国人の公務就任・管理職昇任
――東京都管理職選考受験拒否事件判決

最大判平成17年1月26日民集59巻1号128頁

I はじめに

　外国人（日本国籍を有しない者）は，わが国の公務に就くことができるかどうか。この点に関しては，現行法上，外務公務員法7条1項が「国籍を有しない者又は外国の国籍を有する者は，外務公務員となることができない」と規定し，公職選挙法10条1項が衆参両議院の議員，都道府県議会や市町村議会の議員，都道府県や市町村の長について被選挙権を日本国民に限定するなどの個別の規定による制限を別にすれば，わが国の公務に就くために日本国籍を必要とする旨の一般的な規定は存在しない[1]。しかしながら，このことは，わが国において外国人の公務就任が広く認められるとの考え方を示すものではなかった。従来から，いわゆる「公務員に関する当然の法理」（以下「当然の法理」という）[2]として，公権力の行使または公の意思の形成への参画に携わる公務員となるためには日本国籍を必要とするものとされ，この法理は，国家公務員のみならず地方公務員にも同様に妥当すると解されて

1） ただし，人事院規則8―18（採用試験）第9条1項3号は，国家公務員の採用試験について，外国人は受験資格を有しないこととしている。
2） 昭和23年8月17日法務調査意見長官回答，昭和23年3月25日内閣法制局第一部長回答，昭和53年3月20日参議院予算委員会真田内閣法制局長官答弁，昭和54年5月24日参議院外務委員会茂串内閣法制局第一部長答弁等。行政法制研究会「当然の法理」判時1341号16頁（1990年），行政法制研究会「公務員の国籍に関する法理」判時1704号38頁（2000年）参照。なお，「当然の法理」に関する詳細な検討として，岡崎勝彦『外国人の公務員就任権』（地方自治総合研究所，1998年）がある。

きた。したがって，外国人の公務就任は，むしろ上記以外の分野に限って認められるものとされてきたのである。もっとも，個別立法による例外的な任用がないではなかった。外国人教員任用特別措置法（昭和57年法律第89号）（現在の正式名称は「公立の大学における外国人教員の任用等に関する特別措置法」）や研究交流促進法（昭和61年法律第57号）による，国公立大学の教員や国の附属研究機関等の研究公務員への外国人の任用がそれである。また，この間，「当然の法理」を前提としつつも，それに抵触しないものとして，1986（昭和61）年には看護三職（保健婦，助産婦，看護婦）について自治省（当時）が，1991（平成3）年には公立学校の教員について文部省（当時）が，それぞれ国籍要件を撤廃して差し支えない旨を各都道府県に通知し，1996（平成8）年には川崎市が政令市として初めて消防職を除く全職種について受験段階での国籍要件の撤廃に踏み切るといった動きがあった。

　本章で取り上げる東京都管理職選考受験拒否事件の原告は，いわゆる平和条約国籍離脱者たる在日韓国人であるが，上記の自治省通知後の1988（昭和63）年に外国籍保健婦第1号として東京都に採用された。本件は，原告が日本国籍を有しないことを理由に東京都の管理職選考の受験を認められず管理職への昇任の途を閉ざされたことを違憲違法として訴えた事件である。本件については，控訴審が違憲判断を下して原告の請求を一部認容したため上告審の判断が注目されたのであるが，最高裁大法廷は，東京都の措置を合憲として，原告の請求をことごとく退けた。この判決の結論は原告にとってきわめて酷なものであり，これに対して学説が概して批判的であることもうなずける。ただ，原告の請求を退けた本判決の論理が，外国人の公務就任・管理職昇任の問題一般に対していかなる含意を有するものであるかを冷静に見極めておくことを忘れてはなるまい。以下においては，このような見地から本判決を読み直し，その意義と問題点を確認することとしよう。

II　判決の紹介

1　事実の概要

　X（原告・控訴人・被上告人）は，わが国在住の大韓民国籍の外国人であり，「日本国との平和条約に基づき日本の国籍を離脱した者等の出入国管理に関する特例法」に定める特別永住者である。Xは，1988（昭和63）年4月Y（東京都─被告・被控訴人・上告人）に保健婦（当時）として採用され，何らの支障なくその職務に従事してきたが，平成6年度および同7年度に東京都人事委員会が実施した管理職選考（技術系医化学）を受験しようとしたところ，日本国籍を有しないことを理由に受験を拒否された。そこで，Xは，Yを相手取り，①Xが平成7年度および同8年度の管理職選考の受験資格を有することの確認，②受験を拒否されたことによる精神的苦痛に対する損害賠償，を求めて出訴した。

　第1審判決（東京地判平成8・5・16）[3]は，平成7年度の受験資格については，既に当該年度の試験が実施済みであるとして，また，平成8年度の受験資格については，本件口頭弁論終結時点で同年度の管理職選考実施要綱が決定されておらず具体的な権利義務関係をめぐる紛争が存在しないとして，上記①の訴えを却下するとともに，憲法は，直接的に国の統治作用にかかわると認められる場合だけでなく，公権力の行使あるいは公の意思の形成に参画することによって間接的に国の統治作用にかかわると認められる場合についても，外国人がかかる職責を有する公務員に就任することを保障しない趣旨であるところ，「本件の管理職選考は，決定権限の行使を通じて公の意思の形成に参画することによって我が国の統治作用にかかわる職への任用を目的とするものであり，実際に合格後にそのような職に任用されているということができるから，外国人である原告は，管理職選考の結果任用されることとなる職に就任することが憲法上保障されていないというべきである」とし，②の請求を棄却した。これに対して，第2審判決（東京高判平成9・11・26）[4]

3）　判時1566号23頁。

は，①に関するXの控訴を棄却したが，②に関しては，「公権力を行使し，又は公の意思の形成に参画することによって間接的に国の統治作用に関わる公務員」については，「その職務の内容，権限と統治作用との関わり方及びその程度を個々，具体的に検討することによって，国民主権の原理に照らし，外国人に就任を認めることが許されないものと外国人に就任を認めて差支えないものとを区別する必要がある」とし，地方公務員の管理職の中にも「公権力を行使することなく，また，公の意思の形成に参画する蓋然性が少なく，地方公共団体の行う統治作用に関わる程度の弱い管理職も存在する」のであるから，外国籍の職員から管理職選考の受験の機会を奪うことは憲法22条1項，14条1項に違反する違法な措置であるとして，第1審判決のうち②に関する部分を変更してXの慰謝料請求を一部認容した。

そこで，Yが，外国人には憲法上公務に就任する権利は保障されていない，Yにおいては事案決定権限を有しない管理職であってもすべて事案の決定過程に関与し公の意思の形成に参画しており，原判決の指摘するような管理職は存在しないなどとして上告したところ，最高裁大法廷は，次のように述べて，原判決のうちYの敗訴部分を破棄し，Xの慰謝料請求を棄却すべきものとした第1審判決を正当であるとして，当該部分についてのXの控訴を棄却した。

2 判 旨

(1)「地方公務員法は，一般職の地方公務員（以下「職員」という。）に本邦に在留する外国人（以下「在留外国人」という。）を任命することができるかどうかについて明文の規定を置いていないが（同法19条1項〔現19条〕参照），普通地方公共団体が，法による制限の下で，条例，人事委員会規則等の定めるところにより職員に在留外国人を任命することを禁止するものではない。普通地方公共団体は，職員に採用した在留外国人について，国籍を理由として，給与，勤務時間その他の勤務条件につき差別的取扱いをしてはならないものとされており（労働基準法3条，112条，地方公務員法58条3項），地方公務員法24条6項〔現5項〕に基づく給与に関する条例で定

4） 高民集50巻3号459頁。

められる昇格（給料表の上位の職務の級への変更）等も上記の勤務条件に含まれるものというべきである。しかし，上記の定めは，普通地方公共団体が職員に採用した在留外国人の処遇につき合理的な理由に基づいて日本国民と異なる取扱いをすることまで許されないとするものではない。また，そのような取扱いは，合理的な理由に基づくものである限り，憲法14条1項に違反するものでもない。

　管理職への昇任は，昇格等を伴うのが通例であるから，在留外国人を職員に採用するに当たって管理職への昇任を前提としない条件の下でのみ就任を認めることとする場合には，そのように取り扱うことにつき合理的な理由が存在することが必要である」。

　(2)「地方公務員のうち，住民の権利義務を直接形成し，その範囲を確定するなどの公権力の行使に当たる行為を行い，若しくは普通地方公共団体の重要な施策に関する決定を行い，又はこれらに参画することを職務とするもの（以下「公権力行使等地方公務員」という。）については，次のように解するのが相当である。すなわち，公権力行使等地方公務員の職務の遂行は，住民の権利義務や法的地位の内容を定め，あるいはこれらに事実上大きな影響を及ぼすなど，住民の生活に直接間接に重大なかかわりを有するものである。それゆえ，国民主権の原理に基づき，国及び普通地方公共団体による統治の在り方については日本国の統治者としての国民が最終的な責任を負うべきものであること（憲法1条，15条1項参照）に照らし，原則として日本の国籍を有する者が公権力行使等地方公務員に就任することが想定されているとみるべきであり，我が国以外の国家に帰属し，その国家との間でその国民としての権利義務を有する外国人が公権力行使等地方公務員に就任することは，本来我が国の法体系の想定するところではないものというべきである。

　そして，普通地方公共団体が，公務員制度を構築するに当たって，公権力行使等地方公務員の職とこれに昇任するのに必要な職務経験を積むために経るべき職とを包含する一体的な管理職の任用制度を構築して人事の適正な運用を図ることも，その判断により行うことができるものというべきである。そうすると，<u>普通地方公共団体が上記のような管理職の任用制度を構築した上で，日本国民である職員に限って管理職に昇任することができることとす</u>

る措置を執ることは，合理的な理由に基づいて日本国民である職員と在留外国人である職員とを区別するものであり，上記の措置は，労働基準法3条にも，憲法14条1項にも違反するものではないと解するのが相当である。そして，この理は，前記の特別永住者についても異なるものではない」。

　(3)「これを本件についてみると，前記事実関係等によれば，昭和63年4月に上告人に保健婦として採用された被上告人は，東京都人事委員会の実施する平成6年度及び同7年度の管理職選考（選考種別Aの技術系の選考区分医化学）を受験しようとしたが，東京都人事委員会が上記各年度の管理職選考において日本の国籍を有しない者には受験資格を認めていなかったため，いずれも受験することができなかったというのである。そして，当時，上告人においては，管理職に昇任した職員に終始特定の職種の職務内容だけを担当させるという任用管理を行っておらず，管理職に昇任すれば，いずれは公権力行使等地方公務員に就任することのあることが当然の前提とされていたということができるから，上告人は，公権力行使等地方公務員の職に当たる管理職のほか，これに関連する職を包含する一体的な管理職の任用制度を設けているということができる。

　そうすると，上告人において，上記の管理職の任用制度を適正に運営するために必要があると判断して，職員が管理職に昇任するための資格要件として当該職員が日本の国籍を有する職員であることを定めたとしても，合理的な理由に基づいて日本の国籍を有する職員と在留外国人である職員とを区別するものであり，上記の措置は，労働基準法3条にも，憲法14条1項にも違反するものではない。原審がいうように，上告人の管理職のうちに，企画や専門分野の研究を行うなどの職務を行うにとどまり，公権力行使等地方公務員には当たらないものも若干存在していたとしても，上記の判断を左右するものではない」。

　なお，本判決には，藤田宙靖裁判官の補足意見，金谷利廣裁判官，上田豊三裁判官の各意見，滝井繁男裁判官，泉徳治裁判官の各反対意見がある。

III 分析と検討

本判決について注目されるのは，次の諸点である。第1に，外国人の公務就任権が憲法上保障されているかどうかという問題には直接触れないまま，地方公務員法（以下「地公法」という）上，地方公共団体が一般職の地方公務員（以下「職員」という）に外国人を任命することは禁止されていないということを前提として，既に職員として採用された外国人について国籍を理由とする差別的取扱いをすることは許されないが，合理的な理由があれば日本国民と異なる取扱いをすることも許されるとしたことである。第2に，「当然の法理」をそのまま採用するのではなく，「公権力行使等地方公務員」なる概念を新たに提示して，外国人が「公権力行使等地方公務員」となることは本来わが国の法体系の想定しないところとしたことである。第3に，特別永住者を一般の在留外国人と区別することなく取り扱っているということである。

以下，順次検討する。

1 外国人の公務就任権

明治憲法は，その19条において，「日本臣民ハ法律命令ノ定ムル所ノ資格ニ応シ均ク文武官ニ任セラレ及其ノ他ノ公務ニ就クコトヲ得」という形で，「公務就任権」[5]について規定していた。日本国憲法には公務就任権を定めた明文の規定は存在しないが，この種の権利が日本国民に対して保障されていることは異論を見ないところである。問題は，この公務就任権が外国人にも保障されるのかどうかである。

憲法の人権保障が外国人にも及ぶかどうかは古くから論じられてきた問題であるが，今日では，権利の性質上日本国民のみを対象とすると解されるも

---

5) この「権利」の実質は，一定の資格ないし能力を前提として，公務に就任する機会が平等に保障されることにあるということができよう。その意味では，日本国憲法の下では，その趣旨が14条1項に受け継がれていると解することは必ずしも不当ではないと思われる。なお，明治憲法19条が公務就任に限っての平等保障を規定したものであるとする通説的理解に対する批判として，小嶋和司『憲法学講話』246〜51頁（有斐閣，1982年）参照。

の以外は，外国人にも等しくその保障が及ぶとするのが通説・判例である[6]。基本的人権とは，人が人たることに基づいて当然に認められるべき権利であり，日本国憲法もかかる「基本的人権」を保障していると解されることから（憲法11条，97条1項参照），このような人権が原則として外国人にも保障されるというのは当然のことであろう。しかし，日本国憲法には，明らかに，これを個人ではなく，国民に対して保障したものと解される人権が存在する。その典型は，参政権である。参政権とは，主権国家が併存する現在の国際社会においては何よりも「自国の政治に参与する権利」（世界人権宣言21条1項）であり[7]，それ故，ある国家の憲法がこれを外国人に対して保障することはなじまないと思われる。参政権に関する憲法上の保障が外国人に及ばないというのは，この意味において理解される。そして，公務就任権については，これを参政権に含めて考え，外国人には保障されないとするのが従来の一般的な見解であった[8]。しかし，これに対しては，公務就任権を「広義の参政権的権利と捉えても，権利の性質上，非管理的・機械的な公務を含めてすべての公務に携わる権利（ないし資格）が外国人には認められない，という結論が当然に出てくるわけではない」[9]とする見解も見られた。これは，「非管理的・機械的」といわれるような，ある種の限られた職務であれば，直接国の政策に影響を及ぼすことが少ないということを慮ったものであろ

---

[6] 芦部信喜＝高橋和之補訂『憲法〔第7版〕』92頁（岩波書店，2019年），佐藤幸治『憲法〔第3版〕』420頁（青林書院，1995年），佐藤功『日本国憲法概説〔全訂第5版〕』166頁（学陽書房，1996年）等参照。判例としては，いわゆるマクリーン事件に関する最高裁大法廷判決（最大判昭和53・10・4民集32巻7号1223頁）参照。なお，最高裁は，それ以前に，たとえば不法入国者による人身保護請求事件について，「いやしくも人たることにより当然享有する人権は不法入国者と雖もこれを有するものと認むべきである」（最二小判昭和25・12・28民集4巻12号683頁，686頁）とし，また，日米安保条約第3条に基づく行政協定の実施に伴う関税法等の臨時特例に関する法律（当時）の諸規定の憲法14条違反を争った事件について，憲法14条は「直接には日本国民を対象とするもの」としながらも，同条の趣旨は「特段の事情の認められない限り，外国人に対しても類推さるべきもの」（最大判昭和39・11・18刑集18巻9号579頁，582頁）と述べていた。上記のマクリーン事件判決は，このような先例の態度を確認したものということができよう。

[7] 国際人権規約（B規約）25条(a)も，参政権を「市民」の権利として保障している。

[8] 伊藤正己『憲法〔第3版〕』197頁（弘文堂，1995年），小嶋和司『憲法概説』156～57頁（良書普及会，1987年）等参照。ちなみに，世界人権宣言21条2項は，すべての人に対して，「自国においてひとしく公務につく権利」を，国際人権規約（B規約）25条(c)は，すべての市民に対して，「一般的な平等条件の下で自国の公務に携わること」を，それぞれ保障している。

[9] 芦部信喜『憲法学Ⅱ人権総論』133頁（有斐閣，1994年）。

う10)。しかし，そうだとすると，このような職務内容をもつ公務に就任する権利を参政権的権利として捉える必然性はないようにも思われる。今日，公務就任権を職業選択の自由の一部として捉える学説が有力であるが11)，そのような立場には十分な根拠があるということができよう。

公務就任権について，本件1，2審判決はいずれも，国民主権の原理（憲法前文および1条）に基づき，憲法はこれを外国人に対して保障しない趣旨であるとした（1審判決は，公務員を選定罷免し，または公務員に就任する権利を保障した規定と解しうる憲法15条1項は日本国民のみを対象としたものであるとし，また，2審判決は，これに加えて，同旨の規定として憲法93条2項を援用する）。ただし，両判決は，国民主権の原理に反しない限度においてわが国に在住する外国人が公務員に就任することを憲法は禁止しているわけではないとする12)。

2審判決は，以上の前提の下に，国の公務員をその職務内容に即して，①国の統治作用である立法・行政・司法の権限を直接に行使する公務員（たとえば，国会の両議院の議員，内閣総理大臣その他の国務大臣，裁判官等），②公権力を行使し，または公の意思の形成に参画することによって間接的に国の統治作用にかかわる公務員，③それ以外の上司の命を受けて行う補佐的・補助的な事務またはもっぱら学術的・技術的な専門分野の事務に従事する公務員の3つに大別し，①の公務員については，外国人の就任を認めることは国民主権の原理に反するものとして憲法上許されないが，②の公務員については，その職務内容，権限と統治作用とのかかわり方およびその程度からして外国人に就任を認めても差し支えないものが存在し，③の公務員については，その職務内容に照らし，国の統治作用にかかわる蓋然性およびその程度はきわめて低く，外国人がこれに就任しても国民主権の原理に反するおそれはほとんどないという。そして，2審判決は，このように外国人が就任することのできる職種の公務員については，外国人に対して，これへの就任について，

---

10) 芦部＝高橋補訂・前出注6)93頁参照。
11) 浦部法穂『憲法学教室〔第3版〕』536頁（日本評論社，2016年），高橋和之『立憲主義と日本国憲法〔第4版〕』97～98頁（有斐閣，2017年）等参照。なお，芦部＝高橋補訂・前出注6)270頁参照。
12) 高民集50巻3号464～65頁，判時1566号30～31頁。

憲法22条1項，14条1項の各規定の保障が及ぶというべきであり，このことは原則的に地方公務員についても妥当すると述べている[13]。

1審判決も国の公務員について上記の①と②を区別しているが，①については，2審判決と同様に，外国人の就任を認めることは憲法上許されないとするものの，②については，その職務内容等を問うことなく，外国人の就任を認めることは，法律をもって明示的にするのであれば，憲法上禁止されていないとする。その上で，1審判決は，地公法13条，19条の解釈として，外国人は「公権力の行使あるいは公の意思の形成に参画することによって直接的または間接的に我が国の統治作用にかかわる職務に従事する地方公務員」に就任することはできないが，それ以外の職務，すなわち「上司の命を受けて行う補佐的・補助的な事務，もっぱら専門分野の学術的・技術的な事務等に従事する地方公務員」に就任することは許容されていると解するのが相当としている[14]。

かくして，1審判決は，本件管理職選考は決定権限の行使を通じて公の意思の形成に参画することによってわが国の統治作用にかかわる職への任用を目的とするものであり，実際合格者は合格後にそのような職に任用されているといえるから，外国人であるXは，管理職選考の結果任用されることとなる職に就任することが憲法上保障されていないというべきであるとし，Xが管理職選考を受験できなかったとしても，そのことに関するYの措置に違憲違法があるとはいえないとしたのである[15]。

これに対して，2審判決は，地方公務員の中でも，管理職は，地方公共団体の公権力を行使し，または公の意思の形成に参画するなど地方公共団体の行う統治作用にかかわる蓋然性が高い職であるが，管理職の職務内容やその

---

13) 高民集50巻3号466～67頁。注目されるのは，2審判決がこの部分の判示に続けて，憲法第8章の地方自治に関する規定の趣旨に鑑みれば，「我が国に在住する外国人であって特別永住者等その居住する区域の地方公共団体と特段に密接な関係を有するものについては，その意思を日常生活に密接な関連を有する地方公共団体の公共的事務の処理に反映させ，また，自らこれに参加していくことが望ましい」というべきことを根拠に，「我が国に在住する外国人，特に特別永住者等の地方公務員就任については，国の公務員への就任の場合と較べて，おのずからその就任し得る職務の種類は広く，その機会は多くなるものということができる」(同466～67頁) と述べていることである。

14) 判時1566号31頁。

15) 同31～32頁。

統治作用へのかかわり方およびその程度は広狭・強弱様々なものがありうるのであって，中には，管理職であっても，公権力を行使することなく，また，公の意思の形成に参画する蓋然性が少なく，統治作用にかかわる程度の弱い管理職も存在するから，すべての管理職について，国民主権の原理によって外国人をこれに任用することは一切禁じられていると解することは相当ではなく，職務内容，権限と統治作用とのかかわり方およびその程度によって，外国人を任用することが許されない管理職とそれが許される管理職とを分別して考える必要があるとし，後者の管理職については，外国人をこれに任用することは，国民主権の原理に反するものではなく，したがって，憲法22条1項，14条1項の規定による保障が及ぶと解するのが相当であるという。2審判決は，以上のことを前提として，Xが受験しようとした管理職選考は，課長級の職への第一次選考としてされるものであるところ，課長級の管理職の中にも，外国籍の職員に昇任を許しても差支えのないものが存在するというべきであるから，外国籍の職員から管理職選考の受験の機会を奪うことは当該職員の課長級の管理職への昇任の途を閉ざすものであり，憲法22条1項，14条1項に違反する違法な措置であるとしたのである[16]。

　1，2審判決がともに国民主権の原理に基づいて外国人の公務就任権を否定しながらも本件事案につき相異なる結論に至ったのは，2審判決が，地方公務員の管理職の中にも外国人を任用することが許されるものがあるとしつつ，そのような職種の公務員への就任については，外国人に対しても憲法22条1項，14条1項の各規定による保障が及ぶとしたことによる。しかし，外国人の就任が憲法上禁止されていない（許容されている）ということと，それが憲法上保障されているということとは，もちろん同義ではない。2審判決の説示について「論理的飛躍」がいわれる所以である[17]。2審判決が憲法15条1項または93条2項による公務就任権の保障は外国人に及ばない

---

16) 高民集50巻3号468〜72頁。
17) 藤田裁判官の補足意見（民集59巻1号136頁，138頁）参照。そこには，さらに，職業選択の自由，平等原則等はいずれも自由権としての性格を有するものであって，もともと有していない権利を積極的に生み出すようなものではないこと，および，外国人に公務就任権が憲法上保障されていることを否定する理由として理論的に考えうるのは必ずしも国民主権の原理のみに限られるわけではないこと，が指摘されている。

というとき，公務を統治権の行使にかかわる特定の職種のものに限定し，それ以外の一般行政職については職業選択の自由の問題として考えるという趣旨であったとすれば，それなりに理屈は通っていると思われる。しかしながら，同判決にはそのような趣旨を明確に述べた箇所は見当たらない。

　外国人の公務就任権に関する1，2審判決の説示が「当然の法理」を前提とし，それに基づいて展開されていることは明らかである。しかし，「当然の法理」が元来国家主権を意識したものであった[18]のに対し，両判決は，国民主権の原理を強調しているところに特徴がある。1，2審判決が外国人の公務就任権を否定するにあたって国民主権の原理を援用したことについては，これを批判する意見が少なくない[19]。たしかに，国民主権の原理とは，「国の政治のあり方を最終的に決定する力または権威」が「国民」にあるということを意味する[20]から，それは，国政選挙への外国人の参加を否定し，あるいは国政の枢要な地位への外国人の就任を否定する根拠とはなりえても，あらゆる職種の公務員について一律に外国人の就任権を否定する根拠とはなりえないであろう。この点で，1，2審判決が国民主権の原理に基づいて一般的に外国人の公務就任権を否定したことは妥当ではなかったと思われる。

[18]　「当然の法理」の理由づけとして，法制意見（昭和23・8・17法務庁調査一発第155号〔法務総裁意見年報1巻67頁〕）は，外国人の就官能力の問題を「いわば一種の国際的な関係」であるとし，「公の権力の行使を担当する官吏」は，「国家に対し単に経済的労務を給付するものではなく，国家から，その公権力の行使を委ねられるものであるから，国家が充分にこれを信頼し得るものであり，また，これらの者は国家に対し忠誠を誓い，一身を捧げて無定量の義務に服し得るものであることを要すること，および一国が他国人を単にその者との間の行為によって自国の官吏に任命することは，右の忠誠義務とその堅実なる遂行に関しその者の属する国家の対人主権をおかすおそれがあること，その他その国の民情風俗に通暁することを必要とすること等に在るものと考えられる」としていた（君嶋護男「日本国籍を有しない者の公務員への就官能力」前田正道編『法制意見百選』367頁，368頁〔ぎょうせい，1986年〕参照）。また，1996（平成8）年5月23日の参議院地方行政委員会における内閣法制局第一部長答弁（第136回国会参議院地方行政委員会会議録11号3頁）も，「当然の法理」の根拠として，「自国の主権の維持及び他国の主権の尊重という憲法の前文にも触れられて」いる「基本的な理念」を踏まえて，「〔公権力の行使または公の意思の形成への参画に携わる〕公務員に任用するには日本国籍を保有する者であることが必要であること，また外国人をそのような公務員に任用することは当該外国人の属する国の対人主権を侵害するおそれがあることなど」を挙げていた（行政法制研究会「公務員の国籍に関する法理」・前出注2)41頁参照）。

[19]　石川健治「外国人の公務就任権と地方公共団体の統治作用」判例セレクト1996〔法教198号別冊付録〕15頁（1997年），上村貞美「定住外国人の地方公務員任用問題」香川法学18巻3＝4号51頁，58頁（1998年）等参照。

[20]　芦部＝高橋補訂・前出注6)40頁。

1,2審判決が,国民主権の原理は「我が国の統治作用が主権者と同質的な存在である国民によって行われること」(1審判決),あるいは「我が国の統治作用が実質的に主権者である日本国民によって行われること」(2審判決)を要請していると述べたことも,国民代表機関の構成等を念頭においたものだとすれば理解できなくはない。しかし,そこでいう「統治作用」の概念は,国民主権の原理の要請を語るにはおそらく広きに失するというべきであろう。

　1,2審判決と違って,本判決は,外国人に対して憲法上公務就任権が保障されているかどうかという論点には直接触れることがなかった。それは,本件では,既に地方公共団体に職員として採用された外国人が日本の国籍を有しないことを理由に管理職選考の受験資格を認められなかったことが問題となっており,それ故,この点に関する地方公共団体の措置が適法かどうかという論点に絞って判断を下せば足りると考えたことによるものであろう[21]。本判決は,一旦職員に採用した以上,外国人である当該職員について,地方公共団体は「国籍を理由として,給与,勤務時間その他の勤務条件につき差別的取扱いをしてはならない」とし,外国人に対しても労働基準法(以下「労基法」という)3条・112条,地公法(平成10年法律第112号による改正前のもの)58条3項に基づく勤務条件についての均等待遇の保障が及ぶことを認め,かつ,その保障対象となる勤務条件には地公法24条6項に基づく給与に関する条例で定められる昇格(給料表の上位の職務の級への変更)等も含まれるとした[22]。もっとも,本判決は,合理的な理由があれば外国人の処遇につき日本国民と異なる取扱いをすることも許されるとして,労基法3条について例外を認め,そのような取扱いは憲法14条1項に違反するものでもないとしている[23]。合理的な理由に基づく別扱いが憲法14条1項

[21]　藤田裁判官の補足意見(民集59巻1号138頁)および本判決に関する調査官の解説(髙世三郎「東京都管理職試験最高裁大法廷判決の解説と全文」ジュリ1288号26頁,29頁〔2005年〕)を参照。

[22]　民集59巻1号128頁,134頁。髙世三郎・最判解民事篇平成17年度60頁,79〜80頁は,「この保障は,構築された制度の下で特定の職員を個別具体的に差別することを禁止するだけではなく,職員制度として,一般的に在留外国人の昇格を日本人よりも劣位に置く制度を設けて運用することも禁止するものであると考えられる」とし,この点を確認したことに本判決の意義を見出している。

[23]　民集59巻1号134頁。

に違反するものでないことは，最高裁が繰り返し宣言してきたところである。本判決は，労基法3条が憲法14条1項と同じ内容を保障しているものとして，前者についても後者と同一の考え方をあてはめることを示したものと解される[24]。本判決がこのように，採用後の職員の取扱いについて，憲法14条1項を前提として，労基法3条の適用があるとしたことは重要である。本判決は，「管理職への昇任は，昇格等を伴うのが通例であるから，在留外国人を職員に採用するに当たって管理職への昇任を前提としない条件の下でのみ就任を認めることとする場合には，そのように取り扱うことにつき合理的な理由が存在することが必要である」[25]とした。この考え方に従えば，合理的な理由がないにもかかわらず外国人に管理職への昇任の機会を与えない制度を設けることは違法と判断されることとなるはずである。

　しかし，問題は，本件事案についての具体の判断である。本判決は，外国人が「公権力行使等地方公務員」に就任することは「本来我が国の法体系の想定するところではない」ということを前提として，地方公共団体は，公務員制度の構築にあたり，「公権力行使等地方公務員の職とこれに昇任するのに必要な職務経験を積むために経るべき職とを包含する一体的な管理職の任用制度を構築して人事の適正な運用を図ること」もその判断により行うことができるのであって，地方公共団体がかかる管理職任用制度を構築した上で，「日本国民である職員に限って管理職に昇任することができることとする措置を執ることは，合理的な理由に基づいて日本国民である職員と在留外国人である職員とを区別するもの」であり，上記の措置は労基法3条にも，憲法14条1項にも違反しないとし，本件においてYがXの受験資格を認めなかった措置に違憲の廉はないと結論した[26]。しかし，一旦職員として採用し

---

24) 髙世・前出注22)80頁参照。
25) 民集59巻1号134頁。この見解について，たとえ外国人を全く採用しないというオプションがあるとしても，採用する以上は「違憲の条件」を付けることはできないという議論と解しうることを示唆するものとして，長谷部恭男「外国人の公務就任権」法教295号79頁，83頁（2005年）参照。これに対して，金谷裁判官，上田裁判官の各意見は，憲法は外国人に公務就任権を保障するものではないとし，そうである以上，地方公共団体が外国人に対して昇任の上限を定めてその限度内で採用の機会を与えることも許されるのであって，その判断につき裁量権の逸脱・濫用のない限り，違法の問題を生じることはない，という（民集59巻1号140〜45頁参照）。

ておきながら，国籍を理由として一切の管理職への昇任を拒むことが合理的といえるのであろうか。本判決は，単に区別が「合理的な理由に基づいて」いるというのみで，それ以上何も説明していない。この点に関しては，藤田裁判官の補足意見が，外国籍の者についてのみ常に，外国人の任用が許されない管理職とそれが許される管理職とを区別して任用管理を行うというような「特別の人事的配慮」をしなければならないとすれば，「全体としての人事の流動性を著しく損なう結果となる可能性がある」[27]と述べており，あるいは法廷意見の根底にも同様の考慮があるのかもしれない。しかし，このような「可能性」があるというだけで，外国人に対して，一般的に管理職への昇任の機会を拒むことが正当化できるのかどうかは疑問である。採用されている外国人の数からして，人事の流動性を損なうおそれは具体的な段階に至っていないのではないかとの指摘もある[28]。藤田裁判官の補足意見も，本件において，Xを管理職に昇任させることが「現実に全体としての人事の流動性を著しく損なう結果となるおそれが大きかったか否か」について十分な認定がなされることが必要であるとの認識を示している[29]。このような方向で考えた場合，本件においては，「全体としての人事の流動性を著しく損なう結果となるおそれ」が大きいとは認められず，したがって，Xに対して管理職への昇任の機会を奪うYの措置は合理性を欠くと判断される余地もありえたのではないかと思われる[30]。

[26] 民集59巻1号134〜36頁。渡辺康行「地方公共団体における外国人の昇進制限の合憲性」民商135巻2号89頁，95頁（2006年）は，このように，法律または条例の根拠なく「当然の法理」や管理職選考実施要綱（本件の場合，平成7年度からその実施要綱に国籍要件が加えられた）によって制約が課され，それが黙示的に承認されている以上，「本判決はここでの問題が外国人の権利制限ではないと考えていた，とみるほかない」という。少なくとも，本判決が，外国人には「公権力行使等地方公務員」への就任権はないと考えていたことは明らかであろう。髙世・前出注22)73頁参照。
[27] 民集59巻1号139〜40頁。
[28] 中西又三「東京都職員管理職選考受験資格確認等請求事件上告審判決の意義と問題点」ジュリ1288号16頁，23頁（2005年）参照。
[29] 民集59巻1号140頁参照。もっとも，この補足意見は，結局，事は「在留外国人に管理職就任の道を制度として開くかどうか」の問題であって，「在留外国人一般の問題として考えなければならないこと」であるとして，Yの措置が「直ちに，法的に許された人事政策の範囲を超えることになるとは，必ずしも言えず，また，少なくともそこに過失を認めることはできない」（同上）との結論に至っている。

2 「公権力行使等地方公務員」と「当然の法理」

1，2審判決が「当然の法理」を前提としていたのに対し，本判決は，「公権力行使等地方公務員」なる概念を提示し，それに基づいて議論を展開しているところに大きな特徴を有する。「公権力行使等地方公務員」とは，「住民の権利義務を直接形成し，その範囲を確定するなどの公権力の行使に当たる行為を行い，若しくは普通地方公共団体の重要な施策に関する決定を行い，又はこれらに参画することを職務とするもの」[31]をいう。かかる「公権力行使等地方公務員」の職務の遂行は，「住民の権利義務や法的地位の内容を定め，あるいはこれらに事実上大きな影響を及ぼすなど，住民の生活に直接間接に重大なかかわりを有するものである」が故に，「公権力行使等地方公務員」については，「原則として日本の国籍を有する者」が就任することが想定され，外国人が就任することは「本来我が国の法体系の想定するところではない」とされる。そして，ここでもそのように考える根拠として国民主権の原理が援用されている[32]。

「当然の法理」は，かねてより，「公権力の行使」や「国家意思の形成への参画」といった基準が「広汎かつ抽象的であり，拡張解釈されるおそれが大きい」[33]として批判されてきた。本判決が「当然の法理」に替えて，「公権

---

[30] 滝井裁判官の反対意見（民集59巻1号145頁）は，「相当数ある管理職の中には日本国籍を有する者に限って就任を認め得るものがあるとしても，そのために管理職の選考に当たって，すべて日本国籍を有する者に限定しなければその一体的な任用管理ができないとは到底考えられない」（同151頁）と述べている。また，泉裁判官の反対意見（同153頁）も，「上告人が多数の機関を擁し，多数の課長級の職を設けていることを考えれば，特別永住者に本件管理職選考の受験を認め，将来において課長級の職に昇任させた上，自己統治の過程に密接に関係する職員以外の職員に任用しても，上告人の昇任管理ないし人事管理政策の実施にさほど支障が生ずるものとは考えられ〔ない〕」（同161頁）と述べている。なお，泉裁判官反対意見にいう「自己統治の過程に密接に関係する職員」とは，「広範な公共政策の形成・執行・審査に直接関与し自己統治の核心に触れる機能を遂行する職員，及び警察官や消防職員のように住民に対し直接公権力を行使する職員」（同156頁）を指す。

[31] 同134頁。

[32] 同134～35頁参照。

[33] 芦部・前出注9)134頁。大沼保昭「『外国人の人権』論再構成の試み」『法学協会百周年記念論文集(2)』361頁，405～06頁（有斐閣，1983年），岡崎勝彦「外国人の法的地位に関する一考察」名古屋大学法政論集75号179頁，192～93頁（1978年）等，同様の批判は枚挙に遑ない。

力行使等地方公務員」なる概念を新たに提示したのもそのような批判を考慮した上でのことと推測される。実際，藤田裁判官の補足意見も，「当然の法理」は「その外延のあまりにも広い概念」によって構成されており，外国人が地方公務員となる可能性を極端に制限することになりかねないとし，「多数意見の用いる『公権力行使等地方公務員』の概念も，この点についての周到な注意を払った上で定義されたものである」[34]と述べている。しかし，問題は，「公権力行使等地方公務員」が「当然の法理」の難点を克服する有効な新概念たりえているかどうかである。

たしかに，「公権力行使等地方公務員」の概念は，従来「当然の法理」において漠然と「公権力の行使または公の意思の形成への参画」とされていたものをより明確化しようという意図の下に構成されている。すなわち，「公権力の行使」については，これを「住民の権利義務を直接形成し，その範囲を確定するなど」の行為として，また，「公の意思の形成」については，これを「普通地方公共団体の重要な施策に関する決定」を行う行為として，それぞれ規定し直し，さらに，「参画」についても，これを上記の意味での「公権力の行使」または「重要な施策に関する決定」への「参画」に限定する趣旨であることがうかがわれる。その限りでは，「当然の法理」に比して，外国人の就任が想定されていない地方公務員を「より具体的又は限定的に定義した」[35]ということができるであろう。しかし，これによって「公権力行使等地方公務員」の範囲が直ちに明確に画定されることとなったわけではない。

本判決に関する調査官の解説は，本判決のいう「公権力の行使に当たる行為」とは，「法律上は都道府県知事等が有する許可等の行為」を指すものとし，都市計画区域内等における開発行為の許可（都市計画法29条），同法等に違反した者に対する監督処分（同法81条）を始めとして，地方税の納税の告知（地方税法1条1項7号・14号，13条1項）に至る多くの例を挙げている[36]。また，「地方公共団体の重要な施策に関する決定にかかわるもの」と

---

34) 民集59巻1号139頁。
35) 猪野積「公務員任用と国籍(上)」自治研究81巻4号52頁，65頁（2005年）。
36) 髙世・前出注21）31頁参照。

しては,「都市計画（都市計画法 15 条 1 項）の原案を作成する行為等」がこれに当たるという[37]。このような解釈に従えば,「公権力行使等地方公務員」とは，行政処分とその他の公権力の行使に当たる事実行為を行う権限を有する職を中核とするものとして，ひとまず捉えることができよう。同解説によれば,「前記各行為等に関する地方公共団体の長の権限を権限の委任，専決，代決により行使する補助機関」は「公権力行使等地方公務員」に当たるとされる[38]。ただ,「重要な施策の決定」がどのようなものであるかは，例示に乏しく，必ずしも明確ではない。また,「公権力の行使」または「重要な施策の決定」に「参画」するとはどういうことなのか，どこまでのことを含むのか，その点についても明確な説明はなされていない。したがって,「公権力行使等地方公務員」の概念が「当然の法理」の難点を十分に克服するものになっているとはいえないと思われる。

　本判決は,「国及び普通地方公共団体による統治の在り方については日本国の統治者としての国民が最終的な責任を負うべきものであること（憲法 1 条，15 条 1 項参照）」を国民主権の原理に基づく要請として捉え，そこから外国人が「公権力行使等地方公務員」に就任することは想定されていないという帰結を導いている[39]。たしかに,「公権力行使等地方公務員」の職務の遂行が，本判決のいうように,「住民の権利義務や法的地位の内容を定め，あるいはこれらに事実上大きな影響を及ぼすなど，住民の生活に直接間接に重大なかかわりを有するものである」とすれば，そのような職務の遂行の正当性根拠が問われることとなるのは当然であろう。しかし,「公権力行使等地方公務員」は，日本国民の中から直接選挙で選ばれる普通地方公共団体の長の下でその職務権限を分掌するものであり，法令，条例等に従ってその職務を遂行する（地公法 32 条参照）。職務遂行の正当性根拠としては，このことを指摘すれば十分ではないかと思われる[40]。本判決のいう「国及び普通地方公共団体による統治の在り方については日本国の統治者としての国民が最終的な責任を負うべきものである」ということの意味は必ずしも明瞭では

---

37) 同上。
38) 同 32 頁参照。
39) 民集 59 巻 1 号 134〜35 頁参照。

ないが，それが日々の行政活動をも「統治の在り方」に含め，そのような「統治」の担い手は日本国民でなければならないという趣旨だとすると，そのことを国民主権の原理の要請として語ることは適当ではないというべきであろう[41]。

ところで，本判決は，「公権力行使等地方公務員」には「原則として日本の国籍を有する者」が就任することが想定されており，外国人がこれに就任することは「本来我が国の法体系の想定するところではない」と述べている。「原則として」ということは，例外を認める余地があることを示すものである。「本来……想定するところではない」という言い方も想定外のことがありうることを示唆している。例外に当たるのがどのような場合であるかは示されていないが，「当然の法理」に対する例外として認められた公立大学における外国人教員の任用のような例を念頭に置いたものであろうか。いずれにせよ，立法者には，上記の「原則」ないし「本来」のあり方を踏まえつつも，「公権力行使等地方公務員」に外国人を就任させることが認められてい

---

[40] 髙世・前出注22)75～76頁は，これだけでは十分ではなく，「公権力行使等地方公務員」の職務遂行の適正さに対する「信頼」を得ることが必要であるという。そして，わが国以外の国家に帰属してその国家との間でその国民としての権利義務を有する外国人については，そのような「信頼」を得ることが困難だというのである。これは，かつての「当然の法理」の根拠づけ（前出注18)参照）を彷彿とさせるものであるが，少なくとも，国民主権の原理との関係を明確に説明するものとはなっていないと思われる。

[41] 渋谷秀樹「定住外国人の公務就任・昇任をめぐる憲法問題」ジュリ1288号2頁，6頁（2005年）は，本判決には統治権の行使と主権の行使との混同が見られるとして，この点に関する本判決の判示を厳しく批判する。また，榊原秀訓「外国人公務就任のいま」法セ608号70頁，72頁（2005年）は，本判決における「公権力の行使」と政治的な国民主権との概念的混乱を指摘している。なお，山内敏弘「外国人の公務就任権と国民主権概念の濫用」法時77巻5号72頁，75頁（2005年），木村草太「東京都管理職試験最高裁大法廷判決」自治研究83巻2号124頁，129～30頁（2007年）も参照。滝井裁判官の反対意見は，公務就任に関しては，そのすべてにつき職務の性質にかかわらず選挙権・被選挙権のように国民主権の原理の当然の帰結として日本国籍が求められるものではないとし，日本国籍が要求されるのは，地方行政機関についてはその首長など地方公共団体における機関責任者に限られ，外国人が地方公共団体の長の補助機関に就任するについては国民主権の原理に基づく制約はない，と論じている（民集59巻1号146～48頁参照）。また，泉裁判官の反対意見は，「統治権を行使する主体が，統治権の行使の客体である国民と同じ自国民であること」を便宜上「自己統治の原理」と呼び，国民主権はこのことをその内容として含むとしつつ，地方公共団体が「自己統治の原理」から特別永住者の就任を制限できるのは「自己統治の過程に密接に関係する職員」に限られ，それ以外の職員への就任の制限を「自己統治の原理」でもって合理化することはできない，と論じている（同155～56頁参照）。

ると解される[42]のであって，このことは重要である。

この判示がいわゆる定住外国人の地方参政権に関する最高裁平成7年2月28日第三小法廷判決[43]とどのような関係に立つのかは，一つの問題である。この平成7年の判決は，憲法15条1項の規定による公務員を選定罷免する権利の保障はわが国に在留する外国人には及ばないとし，また，憲法93条2項にいう「住民」とは，地方公共団体の区域内に住所を有する「日本国民」を意味するものと解すべきであり，同規定は，わが国に在留する外国人に対して，地方公共団体の長，その議会の議員等の選挙権を保障したものということはできないとしつつも，さらに言葉を継いで，「我が国に在留する外国人のうちでも永住者等であってその居住する区域の地方公共団体と特段に緊密な関係を持つに至ったと認められるものについて，その意思を日常生活に密接な関連を有する地方公共団体の公共的事務の処理に反映させるべく，法律をもって，地方公共団体の長，その議会の議員等に対する選挙権を付与する措置を講ずることは，憲法上禁止されているものではないと解するのが相当である」[44]とした。この点に関しては，立法者の判断により「当該地方公共団体における最高の意思決定過程への参加を意味する」長や議員の選挙権の付与が可能なのであれば，「より下位の決定過程への参加もまた許されるはず」であるとして，平成7年判決に従う限り，「公権力行使等地方公務員」への外国人の就任を絶対的に拒否しなければならない理由はないと説くものがある[45]。本件を地方公共団体に対する住民の能動的地位に関する事件と見ることができるとすれば[46]，両事件をパラレルに論じることも可能

---

42) 同様に解するものとして，榊原・前出注41)71頁，山内・前出注41)74頁，木村・前出注41)131頁，飯田稔「外国人公務員管理職選考受験訴訟」法学新報112巻5＝6号309頁（2005年），近藤敦「外国人の公務就任権」憲法判例百選Ⅰ〔第6版〕12頁，13頁（2013年）等参照。
43) 民集49巻2号639頁。
44) 同641～42頁。
45) 飯田・前出注42)320～21頁参照。これに対して，渡辺・前出注26)99頁は，地方公務員を「職務」とするものに関する本件と選挙権に関する平成7年の事件とは事案が異なり，「一貫性を直接に問うことはできない」と説く。
46) 石川健治「外国人の公務就任権」判例セレクト2005〔法教306号別冊付録〕5頁（2006年）は，「公務としての地方選挙にたずさわる『選挙人団』への就任資格」をめぐる平成7年の事件と「公務としての『公権力行使等』にたずさわる『管理職』への就任資格」をめぐる本件とは，「法論理的には同型」であるという。

であろう。ただ、そうだとしても、平成7年判決の上記判示部分は、あくまでも小法廷における傍論での判断であって、そこに大法廷が従うべき先例的意味を見出すことは適当ではないと思われる。

なお、本判決が「公権力行使等地方公務員」への外国人の就任について、わが国の「法体系の想定するところではない」といい、「憲法の……」といわなかった点が問題となるが、おそらくそれは、外国人に対して公務就任権が憲法上保障されているか否かという論点に本判決が直接触れていないことと関係するのではなかろうか。「公権力行使等地方公務員」への外国人の就任の可否についても、本判決は、憲法がいかなる態度をとっているかを直接論じることを避け、憲法を頂点とするわが国の「法体系」が本来外国人の就任を想定していないと述べるにとどめたものと思われる。

3 特別永住者と一般の在留外国人

本件は特別永住者であるXによって提起された事件であった。ところが、本判決は、日本国民と一般の在留外国人との管理職昇任に関する区別を論じ、これを違憲違法ではないとした上で、「この理は、……特別永住者についても異なるものではない」[47]と述べるにとどまっている。Xが特別永住者であることは特に考慮の対象となっていない。

この点に関しては、藤田裁判官の補足意見が、文字通り、多数意見の補足を試みている。同補足意見によれば、「入管特例法の定める特別永住者の制度は、それ自体としてはあくまでも、現行出入国管理制度の例外を設け、一定範囲の外国籍の者に、出入国管理及び難民認定法（以下「入管法」という。）2条の2に定める在留資格を持たずして本邦に在留（永住）することのできる地位を付与する制度であるにとどまり、これらの者の本邦内における就労の可能性についても、上記の結果、法定の各在留資格に伴う制限（入管法19条及び同法別表第1参照）が及ばないこととなるものであるにすぎない」。また、公証人法12条1項1号、水先法6条1号等現行法上、特別永住者を他の外国人と区別し、日本国民と同様に扱うこととしたものはない[48]。これらのことから、同補足意見は、「我が国現行法上、地方公務員へ

---

[47] 民集59巻1号135頁。

の就任につき，特別永住者がそれ以外の外国籍の者から区別され，特に優遇さるべきものとされていると考えるべき根拠は無く，そのような明文の規定が無い限り，事は，外国籍の者一般の就任可能性の問題として考察されるべきもの」[49]というのである。

　これに対して，滝井裁判官の反対意見は，Xのように「平和条約によって日本国籍を失うことになったものの，永らく我が社会の構成員であり，これからもそのような生活を続けようとしている特別永住者たる外国人の数が在留外国人の多数を占めている」との認識を前提に，「本件のような国籍条項は，そのような立場にある特別永住者に対し，その資質等によってではなく，国籍のみによって昇任のみちを閉ざすこととなって，格別に過酷な意味をもたらしていることにも留意しなければならない」とし，そのことを，多様な外国人を一律にその国籍のみを理由として管理職から排除することの合理性を問う一論拠としている[50]。また，泉裁判官の反対意見は，本件を特別永住者の権利制限の問題として捉え，国家主権を有する国が法律で特別永住者に対し永住権を与えつつ特別永住者が地方公務員となることを制限しておらず，憲法が保障する法の下の平等と職業選択の自由は特別永住者にも及ぶと解されることから，「特別永住者が自己統治の過程に密接に関係する職員以外の職員となることを制限する場合には，その制限に厳格な合理性が要求される」とし，特別永住者であるXに対する本件管理職選考の受験拒否は，その目的（Yの昇任管理ないし人事管理政策の実施）において特別永住者に対し法の下の平等取扱いおよび職業選択の自由の面で不利益を与えることを正当化するほどの重要性を有するとはいい難く，また，手段としてかかる目的と実質的関連性を有するとはいい難いとして，憲法14条1項，22条1項に違反する違憲違法な措置であると断じている[51]。この意見も，他の在留外国人に比して「当該地方公共団体との結び付きという点では，特別永住者の

---

48) 同137頁。この補足意見は，日本郵政公社職員への採用に関しては特別永住者に郵政一般職採用試験の受験資格が認められる旨，人事院規則8―18第8条1項3号括弧書に特に明文で規定されていることに触れているが，その後この括弧書は，郵政民営化に伴って削られている。

49) 同上。

50) 同152～53頁参照。

51) 同158～61頁参照。

方がはるかに強いものを持っており，特別永住者が通常は生涯にわたり所属することとなる共同社会の中で自己実現の機会を求めたいとする意思は十分に尊重されるべ〔き〕」[52]であるとして，特別永住者への配慮を示すものである。

本件が特別永住者であるXによって提起された事件であり，しかも，特別永住者がわが国に在留する外国人の中で一定の割合を占めるという現実を考慮するならば，本件を特別永住者の問題と見て，特別永住者たる外国人を日本国民と同様に扱うべきか否かという観点から検討すべきものとすることにも十分な理由があると思われる[53]。しかしながら，本件において特別永住者を日本国民と同様に扱うべきであるとした場合，当然一般の永住者やその他の定住外国人（その範囲をどう画するかということ自体争いがある）との関係が問われることになろう。公務就任に関して（他の外国人にもまして）特別永住者に特に配慮すべきことを，特別永住者の歴史や生活実態等から十分説明することができるかどうかが問題である。本判決が本件をあくまで在留外国人一般の問題として取り扱ったのは，こうした点に立ち入りたくなかったためかもしれない。いずれにせよ，結果として，在留外国人一般について，管理職への昇任の途は著しく狭められることとなった。そのことを批判するのはたやすい。しかし，そもそも外国人の公務就任に関しては，国公法も地公法も明確な態度決定を示していないことが改めて想起されるべきであろう。国民自身が明確に表示しえていない意思を「現行法を改めることなく，法解釈のみによって実現しようとする試みには，自ずから限界がある」[54]との指摘には聴くべきものがあると思われる。

4 本判決の射程と残された問題

本判決は，既に地方公共団体に職員として採用された者が管理職に昇任す

---

52) 同157頁。
53) 本件において特別永住者に特別の配慮をすべきことを主張する学説として，山内・前出注41)76〜77頁，大沢秀介「国籍と地方公務員」平成17年度重判解（ジュリ1313号）13頁，14頁（2006年），羽渕雅裕「『外国人』の『公務就任権』？」帝塚山法学11号123頁，137頁（2006年）等参照。
54) 飯田・前出注42)326頁。同様の考え方を示唆するものとして，長谷部・前出注25)86頁参照。

るについて日本国籍を有することを要することとした地方公共団体の措置が適法であるかどうかの1点に絞って検討を加え，これを適法と判断したものであり，外国人に対して憲法上公務就任権が保障されているかどうか，「当然の法理」は肯定されるべきかどうかといった点については直接判断していない。

　しかし，本判決は，外国人が「公権力行使等地方公務員」に就任することは「本来我が国の法体系の想定するところではない」と述べているのであるから，少なくとも「公権力行使等地方公務員」に就任するについて外国人が何らかの権利を保持すると解する余地はないことになろう。このことは本判決の含意として読み取ることができる。外国人には「公権力行使等地方公務員」への就任権がないとすれば，地方公共団体が「公権力行使等地方公務員」に就任するについて日本国民であることを要すると定めることも許されることになろう。しかしながら，本判決は，「公権力行使等地方公務員」に就任するには日本国民であることを要する（あるいは，「公権力行使等地方公務員」に外国人が就任することは禁止される）と判示したものではない[55]。本判決は，この点に関して憲法がどのような態度をとっているかについては慎重に言及を避けている。公務員制度の構築にあたって立法者が拠るべき基準としては「我が国の法体系の想定するところ」が提示されているにとどまる。したがって，地方公共団体がこの「想定」を踏まえつつ自らの判断で「公権力行使等地方公務員」に外国人を就任させることも全く否定されているわけではないと解される。また，「当然の法理」について本判決は直接言及していないが，本判決による「公権力行使等地方公務員」の定義からすれば，「当然の法理」に従った場合よりも，外国人を任用することが許される地方公務員の範囲は若干拡がっており，本判決が「当然の法理」をそのまま採用するものでないことは明らかである。

　本判決は，一旦職員に採用された外国人については労基法3条の適用があり，国籍を理由として，給与，勤務時間その他の勤務条件（昇格等を含む）につき差別的取扱いをしてはならないと判示している。既に職員に採用された外国人の均等待遇の保障に配慮したものとして，一定の評価に値しよう。

55）調査官解説もそのように解している。髙世・前出注22) 73頁参照。

もっとも，本判決は，合理的な理由に基づく別扱いは許されるとしており，この「合理的な理由」の有無に関する具体の判断が問題となるところ，本件では，一体的な管理職の任用制度を構築しすべての管理職から一律に外国人を排除することも合理的な措置であるとされた。この判断には疑問があるが，それが維持される限り，今後同様の制度の違憲を争うことは困難であろう。ただ，制度の合憲性を前提としつつも，個別の事案に即して管理職への昇任拒否の違憲違法を争う余地はなお残されていると思われる。

第22章 教育を受ける権利と教育権
――旭川学力テスト事件判決

最大判昭和 51 年 5 月 21 日刑集 30 巻 5 号 615 頁

I はじめに

　いわゆる全国学力調査（学力テスト）は，戦後初期の学力低下をめぐる議論を背景として，当時の文部省により，「学習指導要領その他の教育条件の整備改善に寄与しようという目的で」1956（昭和 31）年に開始され，以後 11 年間にわたって毎年実施された。この調査に対しては日教組（日本教職員組合）を中心に反対運動が展開されたが，それは 1961（昭和 36）年に中学校の調査が悉皆調査に切り替えられたことにより頂点に達し，教育現場には大きな混乱がもたらされた。その結果，悉皆調査はわずか 4 年間で取止めとなり，1966（昭和 41）年には学力調査そのものが廃止されることとなった[1]。

　その後全国規模の学力調査が行われることはなかったが，2000（平成 12）年前後から教育の国際比較の見地に立って学力低下や学力格差の問題が論議されるようになり，「各地域における児童生徒の学力・学習状況をきめ細かく把握・分析することにより，教育及び教育施策の成果と課題を検証し，その改善を図る」ことなどを目的として，2007（平成 19）年 4 月「全国学力・学習状況調査」が実施され，その後も，東日本大震災があった 2011（平成 23）年を除いて，毎年行われている[2]。この新たな調査については，結果の公表の範囲・程度をめぐって論争が生じているものの，調査自体の適法性を疑問視し，これを妨害するような動きは全く見られなかった[3]。

　1） 以上の概要につき，志水宏吉『全国学力テスト』5～13 頁（岩波書店，2009 年）参照。

これに対して，かつての学力調査については，調査そのものの適法性が争われ，調査をボイコットしたり，実力で阻止したりする行動がとられ，刑事事件に発展する事例が多数にのぼった。本章で取り上げる旭川学力テスト事件大法廷判決は，そのような事例のうちの一つについて最高裁が判断を下したものであるが，刑事事件の解決の前提問題たる学力調査の適法性について，最高裁が憲法26条・23条，教育基本法（平成18年法律第120号による改正前のもの）（以下「教基法」という）10条の解釈を明示しつつ，詳細に論じたものとして重要な意義を有する。この判決によって学力調査の適法性が認められ，この点をめぐる下級審裁判例の対立には決着がつけられた。しかし，本判決が示した憲法および教基法の解釈は，学力調査の問題を超えて，わが国の教育のあり方全般に対する重要な含意をもつものであった。以下においては，本判決を読み直すことにより，それらの点を改めて確認することにしたい。

2）「全国学力・学習状況調査」の概要については，文部科学省（以下「文科省」という）のホームページ（http://www.mext.go.jp/a_menu/shotou/gakuryoku-chousa/zenkoku/）で知ることができる。最初の2回の調査結果の検討として，さしあたり，志水・前出注1)21～42頁参照。この新たな調査についても，毎年多額の費用をかけて悉皆調査をする必要があるのか疑問とする声が高まり，これを受けて民主党政権下の2010（平成22）年度から調査は抽出方式に改められた。しかし，自民党への政権交代で2013（平成25）年度からは再び悉皆調査が行われている。
3）　文科省は，市町村別や学校別の結果を名前が分かるような形で公表しないこととし，関係機関に協力を求めてきた。しかし，県知事が率先して市町村別の結果を県のホームページで公表する例（秋田県）や，情報公開条例に基づく住民の請求を受けて学校別の結果を公表する例（鳥取県）が相次いだ（平成19年度の市町村別・学校別の結果の開示を求めた情報公開請求に対し県教育委員会がした不開示処分の取消しを求めた訴訟で，鳥取地判平成21・10・2〔LEX/DB文献番号25451540〕は，調査結果の開示を認める初の司法判断を下し，不開示処分を取り消した）。全国学力調査をめぐる状況には隔世の感があるというべきであろう。なお，この新しい調査については，唯一愛知県犬山市のみが2年連続不参加であったが，2009（平成21）年には同市も参加に踏み切った。ただし，犬山市では，「参加した立場から問題提起する」という方針の下，子どもたちの解答を文科省任せにせず，小中学校全14校が独自に採点することとして注目された（朝日新聞2009年4月19日，同8月9日付朝刊参照）。

II 判決の紹介

1 事実の概要

本件被告人 Y_1, Y_2, Y_3 および Y_4 は，昭和 36 年 10 月 26 日旭川市立永山中学校において実施予定の全国一斉学力調査を阻止する目的をもって，他の数十名の説得隊員とともに，同校に赴き，(1) Y_1, Y_2 および Y_3 は，前記説得隊員と共謀の上，同校校長の制止を振り切って同校校舎内に侵入し，その後同校長より退去の要求を受けたにもかかわらず，同校舎内から退去せず，また，(2)学力調査が開始されると，① Y_1 は，約 10 名の説得隊員と共謀の上，学力調査立会人として旭川市教育委員会から派遣された同委員会事務局職員に対し，共同して暴行・脅迫を加え，その公務の執行を妨害し，② Y_3 は，学力調査補助者に対し暴行を加え，③ Y_2, Y_3 および Y_4 は，約 30～40 名の説得隊員と共謀の上，学力調査を実施中の各教室を見回っていた同校長に対し，共同して暴行・脅迫を加え，その公務の執行を妨害したものとして，(1)の事実につき建造物侵入罪，(2)の①および③の事実につき公務執行妨害罪，(2)の②の事実につき暴行罪に該当するとして起訴された。

第 1 審判決（旭川地判昭和 41・5・25）[4]は，前記(1)の建造物侵入の事実については，ほぼ公訴事実に沿う事実を認定して建造物侵入罪の成立を認め，(2)の①②の各事実については，Y_1, Y_3 が暴行・脅迫を加えた事実を認めるべき証拠がないとして，公務執行妨害罪および暴行罪の成立を否定し，(2)の③の事実については，ほぼ公訴事実に沿う外形的事実の存在を認めたが，校長の実施しようとした本件学力調査は，形式的には地方教育行政の組織及び運営に関する法律（以下「地教行法」という）54 条 2 項の規定の趣旨を逸脱し，実質的にも現行教育行政法の基本理念に反するものとして違法であり，しかもその違法がはなはだ重大であるとして，公務執行妨害罪の成立を否定し，共同暴行罪（昭和 39 年法律第 114 号による改正前の暴力行為等処罰に関する法律 1 条 1 項）の成立のみを認め，Y_1 を建造物侵入罪で有罪，Y_2, Y_3 を建造物

---

4) 下刑集 8 巻 5 号 757 頁。

侵入罪および共同暴行罪で有罪，Y₄を共同暴行罪で有罪とした。これに対して，検察官，被告人らの双方が控訴したところ，第2審判決（札幌高判昭和43・6・26）⁵⁾は，本件学力調査は実質的に見て教育基本法をはじめとする現行教育法秩序に反するものとして違法と断ぜざるをえず，また，地教行法54条2項を手続上の根拠として本件学力調査を実施することはできないとして，1審の判断を是認し，検察官および被告人らの各控訴を棄却した。そこで，検察官，被告人らの双方が上告した。双方の上告趣意は多岐にわたるが，本判決との関係で重要なのは，検察官の上告趣意第2点⁶⁾であり，その論旨は，要するに，本件学力調査の適法性に関する1，2審の判断には法令の解釈適用の誤りがあるというものであった。最高裁大法廷は，15人の裁判官全員一致の意見で，次のように述べて，本件学力調査の適法性を肯定し，Y₂，Y₃およびY₄の本件行為は公務執行妨害罪を構成するとして，Y₂，Y₃およびY₄との関係で2審判決を破棄自判した（Y₁の上告は棄却）。

2　判　旨

(3　本件学力調査と地教行法54条2項（手続上の適法性））

(1)　本件学力調査が行政調査として行われたものであることは明らかであるところ，「原判決は，右調査が試験問題によって生徒を試験するという方法をとっている点をとらえて，それは調査活動のわくを超えた固有の教育活動であるとしている。しかしながら，……学力調査としての試験は，あくまでも全国中学校の生徒の学力の程度が一般的にどのようなものであるかを調査するためにされるものであって，教育活動としての試験の場合のように，個々の生徒に対する教育の一環としての成績評価のためにされるものではなく，両者の間には，その趣旨と性格において明らかに区別があるのである。それ故，本件学力調査が生徒に対する試験という方法で行われたことの故をもって，これを行政調査というよりはむしろ固有の教育活動としての性格をもつものと解し，したがって地教行法54条2項にいう調査には含まれないとすることは，相当でない」。

---

5)　下刑集10巻6号598頁。
6)　刑集30巻5号669頁。

(2)「地教行法54条2項が, 同法53条との対比上, 文部大臣において本件学力調査のような調査の実施を要求する権限までをも認めたものと解し難いことは, 原判決の説くとおりである。しかしながら, このことは, 地教行法54条2項によって求めることができない文部大臣の調査要求に対しては, 地教委においてこれに従う法的義務がないということを意味するだけであって, 右要求に応じて地教委が行った調査行為がそのために当然に手続上違法となるわけのものではない。地教委は, ……地教行法23条17号により当該地方公共団体の教育にかかる調査をする権限を有しており, 各市町村教委による本件学力調査の実施も, 当該市町村教委が文部大臣の要求に応じその所掌する中学校の教育にかかる調査として, 右法条に基づいて行ったものであって, 文部大臣の要求によってはじめて法律上根拠づけられる調査権限を行使したというのではないのである。その意味において, 文部大臣の要求は, 法手続上は, 市町村教委による調査実施の動機をなすものであるにすぎず, その法的要件をなすものではない。それ故, 本件において旭川市教委が旭川市立の各中学校につき実施した調査行為は, たとえそれが地教行法54条2項の規定上文部大臣又は北海道教委の要求に従う義務がないにもかかわらずその義務があるものと信じてされたものであっても, 少なくとも手続法上は権限なくしてされた行為として違法であるということはできない。そして, 市町村教委は, 市町村立の学校を所管する行政機関として, その管理権に基づき, 学校の教育課程の編成について基準を設定し, 一般的な指示を与え, 指導, 助言を行うとともに, 特に必要な場合には具体的な命令を発することもできると解するのが相当であるから, 旭川市教委が, 各中学校長に対し, 授業計画を変更し, 学校長をテスト責任者としてテストの実施を命じたことも, 手続的には適法な権限に基づくものというべく, 要するに, 本件学力調査の実施には手続上の違法性はないというべきである」。

(4 本件学力調査と教育法制（実質上の適法性))
1 子どもの教育と教育権能の帰属の問題
(1)「子どもの教育は, 子どもが将来一人前の大人となり, 共同社会の一員としてその中で生活し, 自己の人格を完成, 実現していく基礎となる能力を身につけるために必要不可欠な営みであり, それはまた, 共同社会の存続

と発展のためにも欠くことのできないものである。この子どもの教育は，その最も始源的かつ基本的な形態としては，親が子との自然的関係に基づいて子に対して行う養育，監護の作用の一環としてあらわれるのであるが，しかしこのような私事としての親の教育及びその延長としての私的施設による教育をもってしては，近代社会における経済的，技術的，文化的発展と社会の複雑化に伴う教育要求の質的拡大及び量的増大に対応しきれなくなるに及んで，子どもの教育が社会における重要な共通の関心事となり，子どもの教育をいわば社会の公共的課題として公共の施設を通じて組織的かつ計画的に行ういわゆる公教育制度の発展をみるに至り，現代国家においては，子どもの教育は，主としてこのような公共施設としての国公立の学校を中心として営まれるという状態になっている。

　ところで，右のような公教育制度の発展に伴って，教育全般に対する国家の関心が高まり，教育に対する国家の支配ないし介入が増大するに至った一方，教育の本質ないしはそのあり方に対する反省も深化し，その結果，子どもの教育は誰が支配し，決定すべきかという問題との関連において，上記のような子どもの教育に対する国家の支配ないし介入の当否及びその限界が極めて重要な問題として浮かびあがるようになった。このことは，世界的な現象であり，これに対する解決も，国によってそれぞれ異なるが，わが国においても戦後の教育改革における基本的問題の一つとしてとりあげられたところである。本件における教基法10条の解釈に関する前記の問題の背景には右のような事情があり，したがって，この問題を考察するにあたっては，広く，わが国において憲法以下の教育関係法制が右の基本的問題に対していかなる態度をとっているかという全体的な観察の下で，これを行わなければならない」。

　(2)　「わが国の法制上子どもの教育の内容を決定する権能が誰に帰属するとされているかについては，二つの極端に対立する見解があり，そのそれぞれが検察官及び弁護人の主張の基底をなしているようにみうけられる。すなわち，一の見解は，子どもの教育は，親を含む国民全体の共通関心事であり，公教育制度は，このような国民の期待と要求に応じて形成，実施されるものであって，そこにおいて支配し，実現されるべきものは国民全体の教育意思

であるが、この国民全体の教育意思は、憲法の採用する議会制民主主義の下においては、国民全体の意思の決定の唯一のルートである国会の法律制定を通じて具体化されるべきものであるから、法律は、当然に、公教育における教育の内容及び方法についても包括的にこれを定めることができ、また、教育行政機関も、法律の授権に基づく限り、広くこれらの事項について決定権限を有する、と主張する。これに対し、他の見解は、子どもの教育は、憲法26条の保障する子どもの教育を受ける権利に対する責務として行われるべきもので、このような責務をになう者は、親を中心とする国民全体であり、公教育としての子どもの教育は、いわば親の教育義務の共同化ともいうべき性格をもつのであって、それ故にまた、教基法10条1項も、教育は、国民全体の信託の下に、これに対して直接に責任を負うように行われなければならないとしている。したがって、権力主体としての国の子どもの教育に対するかかわり合いは、右のような国民の教育義務の遂行を側面から助成するための諸条件の整備に限られ、子どもの教育の内容及び方法については、国は原則として介入権能をもたず、教育は、その実施にあたる教師が、その教育専門家としての立場から、国民全体に対して教育的、文化的責任を負うような形で、その内容及び方法を決定、遂行すべきものであり、このことはまた、憲法23条における学問の自由の保障が、学問研究の自由ばかりでなく、教授の自由をも含み、教授の自由は、教育の本質上、高等教育のみならず、普通教育におけるそれにも及ぶと解すべきによっても裏付けられる、と主張するのである。

　当裁判所は、右の二つの見解はいずれも極端かつ一方的であり、そのいずれをも全面的に採用することはできないと考える。以下に、その理由と当裁判所の見解を述べる」。

　2　憲法と子どもに対する教育権能

　⑴　「〔憲法26条〕の規定の背後には、国民各自が、一個の人間として、また、一市民として、成長、発達し、自己の人格を完成、実現するために必要な学習をする固有の権利を有すること、特に、みずから学習することのできない子どもは、その学習要求を充足するための教育を自己に施すことを大人一般に対して要求する権利を有するとの観念が存在していると考えられる。

換言すれば，子どもの教育は，教育を施す者の支配的権能ではなく，何よりもまず，子どもの学習をする権利に対応し，その充足をはかりうる立場にある者の責務に属するものとしてとらえられているのである。

しかしながら，このように，子どもの教育が，専ら子どもの利益のために，教育を与える者の責務として行われるべきものであるということからは，このような教育の内容及び方法を，誰がいかにして決定すべく，また，決定することができるかという問題に対する一定の結論は，当然には導き出されない。すなわち，同条が，子どもに与えるべき教育の内容は，国の一般的な政治的意思決定手続によって決定されるべきか，それともこのような政治的意思の支配，介入から全く自由な社会的，文化的領域内の問題として決定，処理されるべきかを，直接一義的に決定していると解すべき根拠は，どこにもみあたらないのである」。

(2) 「次に，学問の自由を保障した憲法23条により，学校において現実に子どもの教育の任にあたる教師は，教授の自由を有し，公権力による支配，介入を受けないで自由に子どもの教育内容を決定することができるとする見解も，採用することができない。確かに，憲法の保障する学問の自由は，単に学問研究の自由ばかりでなく，その結果を教授する自由をも含むと解されるし，更にまた，専ら自由な学問的探求と勉学を旨とする大学教育に比してむしろ知識の伝達と能力の開発を主とする普通教育の場においても，例えば教師が公権力によって特定の意見のみを教授することを強制されないという意味において，また，子どもの教育が教師と子どもとの間の直接の人格的接触を通じて，その個性に応じて行われなければならないという本質的要請に照らし，教授の具体的内容及び方法につきある程度自由な裁量が認められなければならないという意味においては，一定の範囲における教授の自由が保障されるべきことを肯定できないではない。しかし，大学教育の場合には，学生が一応教授内容を批判する能力を備えていると考えられるのに対し，普通教育においては，児童生徒にこのような能力がなく，教師が児童生徒に対して強い影響力，支配力を有することを考え，また，普通教育においては，子どもの側に学校や教師を選択する余地が乏しく，教育の機会均等をはかる上からも全国的に一定の水準を確保すべき強い要請があること等に思いをい

たすときは、普通教育における教師に完全な教授の自由を認めることは、とうてい許されないところといわなければならない。もとより、教師間における討議や親を含む第三者からの批判によって、教授の自由にもおのずから抑制が加わることは確かであり、これに期待すべきところも少なくないけれども、それによって右の自由の濫用等による弊害が効果的に防止されるという保障はなく、憲法が専ら右のような社会的自律作用による抑制のみに期待していると解すべき合理的根拠は、全く存しないのである」。

(3)「思うに、子どもはその成長の過程において他からの影響によって大きく左右されるいわば可塑性をもつ存在であるから、子どもにどのような教育を施すかは、その子どもが将来どのような大人に育つかに対して決定的な役割をはたすものである。それ故、子どもの教育の結果に利害と関心をもつ関係者が、それぞれその教育の内容及び方法につき深甚な関心を抱き、それぞれの立場からその決定、実施に対する支配権ないしは発言権を主張するのは、極めて自然な成行きということができる。子どもの教育は、前述のように、専ら子どもの利益のために行われるべきものであり、本来的には右の関係者らがその目的の下に一致協力して行うべきものであるけれども、何が子どもの利益であり、また、そのために何が必要であるかについては、意見の対立が当然に生じうるのであって、そのために教育内容の決定につき矛盾、対立する主張の衝突が起こるのを免れることができない。憲法がこのような矛盾対立を一義的に解決すべき一定の基準を明示的に示していないことは、上に述べたとおりである。そうであるとすれば、憲法の次元におけるこの問題の解釈としては、右の関係者らのそれぞれの主張のよって立つ憲法上の根拠に照らして各主張の妥当すべき範囲を画するのが、最も合理的な解釈というべきである。

そして、この観点に立って考えるときは、まず親は、子どもに対する自然的関係により、子どもの将来に対して最も深い関心をもち、かつ、配慮をすべき立場にある者として、子どもの教育に対する一定の支配権、すなわち子女の教育の自由を有すると認められるが、このような親の教育の自由は、主として家庭教育等学校外における教育や学校選択の自由にあらわれるものと考えられるし、また、私学教育における自由や前述した教師の教授の自由も、

それぞれ限られた一定の範囲においてこれを肯定するのが相当であるけれども，それ以外の領域においては，一般に社会公共的な問題について国民全体の意思を組織的に決定，実現すべき立場にある国は，国政の一部として広く適切な教育政策を樹立，実施すべく，また，しうる者として，憲法上は，あるいは子ども自身の利益の擁護のため，あるいは子どもの成長に対する社会公共の利益と関心にこたえるため，必要かつ相当と認められる範囲において，教育内容についてもこれを決定する権能を有するものと解さざるをえず，これを否定すべき理由ないし根拠は，どこにもみいだせないのである。もとより，政党政治の下で多数決原理によってされる国政上の意思決定は，さまざまな政治的要因によって左右されるものであるから，本来人間の内面的価値に関する文化的な営みとして，党派的な政治的観念や利害によって支配されるべきでない教育にそのような政治的影響が深く入り込む危険があることを考えるときは，教育内容に対する右のごとき国家的介入についてはできるだけ抑制的であることが要請されるし，殊に個人の基本的自由を認め，その人格の独立を国政上尊重すべきものとしている憲法の下においては，子どもが自由かつ独立の人格として成長することを妨げるような国家的介入，例えば，誤った知識や一方的な観念を子どもに植えつけるような内容の教育を施すことを強制するようなことは，憲法 26 条，13 条の規定上からも許されないと解することができるけれども，これらのことは，前述のような子どもの教育内容に対する国の正当な理由に基づく合理的な決定権能を否定する理由となるものではないといわなければならない」。

3　教基法 10 条の解釈

「教基法は，憲法において教育のあり方の基本を定めることに代えて，わが国の教育及び教育制度全体を通じる基本理念と基本原理を宣明することを目的として制定されたものであって，戦後のわが国の政治，社会，文化の各方面における諸改革中最も重要な問題の一つとされていた教育の根本的改革を目途として制定された諸立法の中で中心的地位を占める法律であり，このことは，同法の前文の文言及び各規定の内容に徴しても，明らかである。それ故，同法における定めは，形式的には通常の法律規定として，これと矛盾する他の法律規定を無効にする効力をもつものではないけれども，一般に教

育関係法令の解釈及び運用については，法律自体に別段の規定がない限り，できるだけ教基法の規定及び同法の趣旨，目的に沿うように考慮が払われなければならないというべきである。

　ところで，教基法は，その前文の示すように，憲法の精神にのっとり，民主的で文化的な国家を建設して世界の平和と人類の福祉に貢献するためには，教育が根本的重要性を有するとの認識の下に，個人の尊厳を重んじ，真理と平和を希求する人間の育成を期するとともに，普遍的で，しかも個性豊かな文化の創造をめざす教育が今後におけるわが国の教育の基本理念であるとしている。これは，戦前のわが国の教育が，国家による強い支配の下で形式的，画一的に流れ，時に軍国主義的又は極端な国家主義的傾向を帯びる面があったことに対する反省によるものであり，右の理念は，これを更に具体化した同法の各規定を解釈するにあたっても，強く念頭に置かれるべきものであることは，いうまでもない」。

　「教基法10条1項は，その文言からも明らかなように，教育が国民から信託されたものであり，したがって教育は，右の信託にこたえて国民全体に対して直接責任を負うように行われるべく，その間において不当な支配によってゆがめられることがあってはならないとして，教育が専ら教育本来の目的に従って行われるべきことを示したものと考えられる。これによってみれば，同条項が排斥しているのは，教育が国民の信託にこたえて右の意味において自主的に行われることをゆがめるような『不当な支配』であって，そのような支配と認められる限り，その主体のいかんは問うところでないと解しなければならない。それ故，論理的には，教育行政機関が行う行政でも，右にいう『不当な支配』にあたる場合がありうることを否定できず，問題は，教育行政機関が法令に基づいてする行為が『不当な支配』にあたる場合がありうるかということに帰着する。思うに，憲法に適合する有効な他の法律の命ずるところをそのまま執行する教育行政機関の行為がここにいう『不当な支配』となりえないことは明らかであるが，上に述べたように，他の教育関係法律は教基法の規定及び同法の趣旨，目的に反しないように解釈されなければならないのであるから，教育行政機関がこれらの法律を運用する場合においても，当該法律規定が特定的に命じていることを執行する場合を除き，教

基法10条1項にいう『不当な支配』とならないように配慮しなければならない拘束を受けているものと解されるのであり，その意味において，教基法10条1項は，いわゆる法令に基づく教育行政機関の行為にも適用があるものといわなければならない」。

「教基法が前述のように戦前における教育に対する過度の国家的介入，統制に対する反省から生まれたものであることに照らせば，同法10条が教育に対する権力的介入，特に行政権力によるそれを警戒し，これに対して抑制的態度を表明したものと解することは，それなりの合理性を有するけれども，このことから，教育内容に対する行政の権力的介入が一切排除されているものであるとの結論を導き出すことは，早計である。……むしろ教基法10条は，国の教育統制権能を前提としつつ，教育行政の目標を教育の目的の遂行に必要な諸条件の整備確立に置き，その整備確立のための措置を講ずるにあたっては，教育の自主性尊重の見地から，これに対する『不当な支配』となることのないようにすべき旨の限定を付したところにその意味があり，したがって，教育に対する行政権力の不当，不要の介入は排除されるべきであるとしても，許容される目的のために必要かつ合理的と認められるそれは，たとえ教育の内容及び方法に関するものであっても，必ずしも同条の禁止するところではないと解するのが，相当である」。

「思うに，国の教育行政機関が法律の授権に基づいて義務教育に属する普通教育の内容及び方法について遵守すべき基準を設定する場合には，教師の創意工夫の尊重等教基法10条に関してさきに述べたところのほか，後述する教育に関する地方自治の原則をも考慮し，右教育における機会均等の確保と全国的な一定の水準の維持という目的のために必要かつ合理的と認められる大綱的なそれにとどめられるべきものと解しなければならないけれども，右の大綱的基準の範囲に関する原判決の見解は，狭きに失し，これを採用することはできないと考える。これを前記学習指導要領についていえば，文部大臣は，学校教育法38条，106条による中学校の教科に関する事項を定める権限に基づき，普通教育に属する中学校における教育の内容及び方法につき，上述のような教育の機会均等の確保等の目的のために必要かつ合理的な基準を設定することができるものと解すべきところ，本件当時の中学校学習

指導要領の内容を通覧するのに，おおむね，中学校において地域差，学校差を超えて全国的に共通なものとして教授されることが必要な最小限度の基準と考えても必ずしも不合理とはいえない事項が，その根幹をなしていると認められるのであり，その中には，ある程度細目にわたり，かつ，詳細に過ぎ，また，必ずしも法的拘束力をもって地方公共団体を制約し，又は教師を強制するのに適切でなく，また，はたしてそのように制約し，ないしは強制する趣旨であるかどうか疑わしいものが幾分含まれているとしても，右指導要領の下における教師による創造的かつ弾力的な教育の余地や，地方ごとの特殊性を反映した個別化の余地が十分に残されており，全体としてはなお全国的な大綱的基準としての性格をもつものと認められるし，また，その内容においても，教師に対し一方的な一定の理論ないしは観念を生徒に教え込むことを強制するような点は全く含まれていないのである。それ故，上記指導要領は，全体としてみた場合，教育政策上の当否はともかくとして，少なくとも法的見地からは，上記目的のために必要かつ合理的な基準の設定として是認することができるものと解するのが，相当である」。

4　本件学力調査と教基法10条

本件学力調査における生徒に対する試験という方法は，「あくまでも生徒の一般的な学力の程度を把握するためのものであって，個々の生徒の成績評価を目的とするものではなく，教育活動そのものとは性格を異にするものである」。本件学力調査は，「学校及び教師による右指導要領の遵守状況を調査し，その結果を教師の勤務評定にも反映させる等して，間接にその遵守を強制ないしは促進するために行われたものではなく，右指導要領は，単に調査のための試験問題作成上の基準として用いられたにとどまっているのである。もっとも，右調査の実施によって，原判決の指摘するように，中学校内の各クラス間，各中学校間，更には市町村又は都道府県間における試験成績の比較が行われ，それがはねかえってこれらのものの間の成績競争の風潮を生み，教育上必ずしも好ましくない状況をもたらし，また，教師の真に自由で創造的な教育活動を畏縮させるおそれが絶無であるとはいえず，教育政策上はたして適当な措置であるかどうかについては問題がありうべく，更に，……試験の結果を生徒指導要録の標準検査の欄に記録させることとしている点につ

いては，特にその妥当性に批判の余地があるとしても，本件学力調査実施要綱によれば，同調査においては，試験問題の程度は全体として平易なものとし，特別の準備を要しないものとすることとされ，また，個々の学校，生徒，市町村，都道府県についての調査結果は公表しないこととされる等一応の配慮が加えられていたことや，原判決の指摘する危険性も，教師自身を含めた教育関係者，父母，その他社会一般の良識を前提とする限り，それが全国的に現実化し，教育の自由が阻害されることとなる可能性がそれほど強いとは考えられないこと（原判決の挙げている一部の県における事例は，むしろ例外的現象とみるべきである。）等を考慮するときは，法的見地からは，本件学力調査を目して，……教基法10条にいう教育に対する『不当な支配』にあたるものとすることは相当ではなく」，本件学力調査には，教基法10条に違反する違法があるとすることはできない。

5　本件学力調査と教育の地方自治

「文部大臣は，地教行法54条2項によっては地教委に対し本件学力調査の実施をその義務として要求することができないことは，さきに3において述べたとおりであり，このような要求をすることが教育に関する地方自治の原則に反することは，これを否定することができない。しかしながら，文部大臣の右要求行為が法律の根拠に基づかないものであるとしても，そのために右要求に応じて地教委がした実施行為が地方自治の原則に違反する行為として違法となるかどうかは，おのずから別個の問題である。思うに，文部大臣が地教行法54条2項によって地教委に対し本件学力調査の実施を要求することができるとの見解を示して，地教委にその義務の履行を求めたとしても，地教委は必ずしも文部大臣の右見解に拘束されるものではなく，文部大臣の右要求に対し，これに従うべき法律上の義務があるかどうか，また，法律上の義務はないとしても，右要求を一種の協力要請と解し，これに応ずるのを妥当とするかどうかを，独自の立場で判断し，決定する自由を有するのである。それ故，地教委が文部大臣の要求に応じてその要求にかかる事項を実施した場合には，それは，地教委がその独自の判断に基づきこれに応ずべきものと決定して実行に踏み切ったことに帰着し，したがって，たとえ右要求が法律上の根拠をもたず，当該地教委においてこれに従う義務がない場合であ

ったとしても，地教委が当該地方公共団体の内部において批判を受けることは格別，窮極的にはみずからの判断と意見に基づき，その有する権限の行使としてした実施行為がそのために実質上違法となるべき理はないというべきである。それ故，本件学力調査における調査の実施には，教育における地方自治の原則に反する違法があるとすることはできない」。

III 分析と検討

本判決について注目されるのは，次の諸点である。第1に，憲法26条の「教育を受ける権利」を，子どもの「学習権」を中心に捉え直し，また，憲法23条に基づいて普通教育における教師の教育の自由を一定の範囲において承認しつつ，その一方で，国の教育内容決定権を肯定したことである。第2に，上記の理解を背景として教基法10条を解釈し，教育行政機関の法令に基づく行政が「不当な支配」に当たる場合がありうることを認めつつ，その一方で，教育の内容および方法に関する教育行政機関の必要かつ合理的な介入は同条に違反しないとしたことである。第3に，以上のことを前提として，本件学力調査の適法性を肯定したことである。

以下，順次検討する。

1 憲法26条，23条と国の教育内容決定権

いわゆる全国学力調査に関する刑事事件は10件にのぼるが，それらにつき本判決までに，本件1，2審判決を含めて17の地裁・高裁判決が出されている[7]。そして，これらの判決は，建造物侵入罪や公務執行妨害罪の成否を判断する前提として，学力調査が教基法や地教行法等に反し違法であるか否かを検討したものであった。これに対して，本判決は，原判決は法令の解釈適用を誤ったものであるとする検察官の上告趣意について，あえて憲法26条，23条の解釈を示した上で，本件学力調査の適法性を判断するという構

---

7) これらの判決は，今井功・最判解刑事篇昭和51年度166頁，198～200頁にリストアップされている。昭和36年10月26日実施の中学校悉皆調査に関するものが5件9判決と最も多く，そのうち，本件と岩教組学力テスト事件，大阪茨木市教育委員会事件の3件が上告審まで争われた。

成をとった。このように，最高裁が職権により自ら憲法に論及したのは何故であろうか。この点に関しては，当時進行中であった教科書裁判を睨んでのことではないかとの推測がなされている[8]。たしかに，本判決を下すにあたり，最高裁の裁判官たちが教科書裁判のことを意識していなかったとは考えにくい。しかし，最高裁が本件においてあえて憲法論に踏み込んだのは，やはり本件自体においてそれが必要と判断したからと見るべきではなかろうか。すなわち，教基法が，その前文の示すように，「日本国憲法の精神に則り，教育の目的を明示して，新しい日本の教育の基本を確立するため」に制定されたものだとすれば，学力調査が教基法10条をはじめとする教育法秩序に違反する実質的違法性を有するか否かが問題とされた本件のような事件において憲法を全く度外視して判断することは適当ではあるまい。本判決は，本件学力調査に関する上記の実質的違法性の有無を考察するにあたり，公教育制度の発展した現代国家における「子どもの教育に対する国家の支配ないし介入の当否及びその限界」という「極めて重要な問題」に対して「憲法以下の教育関係法制が……いかなる態度をとっているかという全体的な観察の下で」[9]これを行おうとしたものであって，そのこと自体は必ずしも不当というには当たらないと思われる。

本判決は，わが国の法制上子どもの教育の内容を決定する権能が誰に帰属するとされているかについての，いわゆる「国家の教育権」説と「国民の教育権」説に当たる二つの見解を取り上げ，これらの見解は「いずれも極端かつ一方的であり，そのいずれをも全面的に採用することはできない」[10]として，自らの憲法解釈を示しつつ，この二つの見解がいずれも妥当でないことを詳細に論じている。

8) 内野正幸『教育の権利と自由』25頁（有斐閣，1994年），米沢広一「教育を受ける権利と教育権」憲法判例百選Ⅱ〔第5版〕308頁，309頁（2007年）等参照。
9) 刑集30巻5号631頁。
10) 同632頁。この両説の対立は，公教育からの自由をめぐる対立ではなく，あくまでも公教育の制度を前提として，その内容はいかにあるべきか，また，それはいかに充塡されるべきかをめぐる対立であったことに注意しなければならない（この点に関しては，樋口陽一『憲法〔第3版〕』283～84頁〔創文社，2007年〕，長谷部恭男『憲法〔第7版〕』291～92頁〔新世社，2018年〕，内野・前出注8)148頁参照）。したがって，本判決は，ここで，あるべき公教育の内容は，国または国民のいずれかによって，一方的に決定されるものではないという趣旨を述べたことになる。

本判決は，まず，憲法26条について，その社会権保障規定としての意味内容を再確認するとともに，さらに一歩踏み込んで，この規定の背後に，国民はそれぞれ，「一個の人間として，また，一市民として，成長，発達し，自己の人格を完成，実現するために必要な学習をする固有の権利を有する」，また，特に子どもは，「その学習意欲を充足するための教育を自己に施すことを大人一般に対して要求する権利を有する」との観念が存在している[11]，とした。憲法26条については，かつては，経済的に困窮している人々に対して高等教育を受ける可能性を保障するところに意味のある規定であるとして，これをもっぱら経済的保障の面から理解しようとする立場が有力であった[12]。判例も，教科書代を保護者が負担することの憲法適合性が争われた事件について，最高裁昭和39年2月26日大法廷判決[13]が憲法26条2項後段は義務教育にかかる費用をすべて無償にすることを定めたものではないと判示するにとどまっていた。しかし，その後学説においては，子どもの学習権を中心に憲法26条の教育を受ける権利を捉え直す見解が有力となり[14]，裁判実務においても，第2次家永教科書検定訴訟の第1審判決[15]（いわゆる杉本判決）が，憲法26条の規定は「国民とくに子どもについて教育を受ける権利を保障したもの」であるとし，それは「教育が何よりも子ども自らの要求する権利である」こと，「将来においてその人間性を十分に開花させるべく自ら学習し，事物を知り，これによって自らを成長させることが子どもの生来的権利であり，このような子どもの学習する権利を保障するために教育を授けることは国民的課題である」ことによる旨判示して[16]，注目された。本判決は，最高裁として初めて，学習権の概念に言及し，憲法26条が子どもの学習権を保障するための規定であること（同条において「子どもの教

---

11) 刑集30巻5号633頁。
12) 宮沢俊義『憲法II〔新版〕』435頁（有斐閣，1971年）参照。
13) 民集18巻2号343頁。
14) 堀尾輝久『現代教育の思想と構造』157～58頁，199頁，311～12頁，339～40頁（岩波書店，1971年），宗像誠也『教育と教育政策』91～103頁（岩波書店，1961年）等参照。「学習権」の概念については，さしあたり，兼子仁『教育法〔新版〕』195～203頁，231～32頁（有斐閣，1978年）参照。
15) 東京地判昭和45・7・17行集21巻7号別冊1頁。
16) 同43～44頁。

育は，教育を施す者の支配的権能ではなく，何よりもまず，子どもの学習をする権利に対応し，その充足をはかりうる立場にある者の責務に属するものとしてとらえられている」[17)]こと）を認めたものとして重要な意義を有する。

しかしながら，本判決は，このように，子どもの教育がもっぱら子どもの利益のために行われるべきものであるとしても，そのことから，かかる「教育の内容及び方法を，誰がいかにして決定すべく，また，決定することができるかという問題に対する一定の結論は，当然には導き出されない」とし，憲法26条がこの点について「直接一義的に決定していると解すべき根拠は，どこにもみあたらない」[18)]とした。学習権の概念を肯定しつつ，子どもに対する教育権の所在について憲法は一義的に定めていないとしたことは，本判決の大きな特徴である。

次に，本判決は，憲法23条について，同条の保障する学問の自由は学問研究の自由のみならずその結果を教授する自由をも含むと解されるとした上で，普通教育の場においても「教師が公権力によって特定の意見のみを教授することを強制されない」，また，「子どもの教育が教師と子どもとの間の直接の人格的接触を通じ，その個性に応じて行われなければならないという本質的要請に照らし，教授の具体的内容及び方法につきある程度自由な裁量が認められなければならない」という意味では，「一定の範囲における教授の自由が保障されるべきことを肯定できないではない」[19)]とした。この点は，いわゆる東大ポポロ事件に関する最高裁昭和38年5月22日大法廷判決[20)]が，「教育ないし教授の自由は，学問の自由と密接な関係を有するけれども，必ずしもこれに含まれるものではない」とし，大学については，それでも憲法の趣旨と学校教育法52条（現83条1項）に基づいて「教授の自由が保障される」としたものの，下級教育機関における教授の自由については事案の性質上特に触れるところがなかった[21)]ことと対比すれば，教授の自由を憲法上の自由として明確に位置づけるとともに，その保障が下級教育機関にも

---

17) 刑集30巻5号633頁．
18) 同633～34頁．
19) 同634頁．
20) 刑集17巻4号370頁．
21) 同371～72頁参照．

及びうることを認めたものとして，大いに注目されてよい。ただし，本判決は，普通教育においては児童生徒に教授内容を批判する能力がなく，教師が児童生徒に対して強い影響力・支配力を有すること，また，普通教育においては教育の機会均等を図る上からも全国的に一定の水準を確保すべき強い要請があること等からすれば，「普通教育における教師に完全な教授の自由を認めることは，とうてい許されない」とし，教師が憲法 23 条に基づいて「公権力による支配，介入を受けないで自由に子どもの教育内容を決定することができる」とする見解は採りえない[22]と述べている。普通教育における教師の教授の自由が「公権力からの自由」として認められるとともに，教育を受ける子どもの利益の観点から限界づけられていることが注目される。もっとも，このように，普通教育における教師の教授の自由が学問研究の結果を教授する自由というよりも，普通教育という教育現場の特性によって当初から限定された教育の自由であるとすれば，これを憲法 23 条の保障する「教授の自由」との関連でのみ論じることが適切であるかどうかが改めて問われることとなろう[23]。

ところで，本判決がいうように，子どもの学習権に対応する教育内容の決定権の所在については憲法上一義的に定められていないとすると，教育内容をめぐって生じうる意見の対立はどのように解決すればよいか。本判決は，「関係者らのそれぞれの主張のよって立つ憲法上の根拠に照らして各主張の妥当すべき範囲を画する」ことを「最も合理的な解釈」として提唱する[24]。この説示はやや分かりにくいが，それに続く部分から見て，憲法を合理的に解釈することによって関係者らが教育内容の決定権を主張しうる範囲を画定

---

[22] 刑集 30 巻 5 号 634 頁。

[23] 教師の「教育の自由」については，これを憲法 23 条のみならず，憲法 26 条との関連で考察すべきことを説く見解（兼子・前出注 14）273〜99 頁），憲法 13 条も根拠たりうるとする見解（中村睦男『憲法 30 講〔新版〕』142 頁〔青林書院，1999 年〕，佐藤幸治『憲法〔第 3 版〕』628 頁〔青林書院，1995 年〕），原則として憲法 21 条により保障されるとする見解（内野・前出注 8）127 頁）がある。これに対して，教師の「教育の自由」を，教師の自由として追求することに対する異論も存在する。奥平康弘「教育を受ける権利」芦部信喜編『憲法Ⅲ人権(2)』361 頁，416〜17 頁（有斐閣，1981 年），浦部法穂『憲法学教室〔第 3 版〕』215〜16 頁（日本評論社，2016 年）参照。高橋和之『立憲主義と日本国憲法〔第 4 版〕』206 頁（有斐閣，2017 年）も同旨か。

[24] 刑集 30 巻 5 号 635 頁。

するという趣旨を述べたもののようである。そして，そこでは，「主として家庭教育等学校外における教育や学校選択の自由にあらわれるもの」として，親の教育の自由が，また，一定の範囲において私学教育における自由や教師の教育の自由が認められるほか，「それ以外の領域」では，「一般に社会公共的な問題について国民全体の意思を組織的に決定，実現すべき立場にある国」が，必要かつ相当と認められる範囲において，教育内容について決定する権能を有するものとされる[25]。

　こうして見ると，本判決が公教育の制度を前提として，教育における国家の関与を広く認めていることは明らかである。しかし，それは，公教育における教育の内容と方法を国家が包括的に決定する権能をもつとする立場とは異なる。まず第1に，本判決は，親の教育の自由を肯定している。たしかに，本判決は，親の教育の自由といっても，「主として家庭教育等学校外の教育や学校選択の自由」の中にそれを見ている。このことは，公教育制度の発展した現代国家においては，かつての私事としての教育の場合と異なり，親が関与すべき領域はそれだけ縮減されているとの本判決の認識を反映したものであろう。しかし，本判決も親の教育の自由が発揮される場面を上記のそれに限定しているわけではなく（「主として」と述べていることに留意すべきであろう），上記以外の，たとえば学校教育の場において，親が教育の内容や方法について一定の範囲で発言権を有することは排除されていないと思われる[26]。第2に，私学教育における自由と教師の教授の自由である。私学教育における自由が何を意味するかは明示されていないが，私立学校を設置・運営し，その教育内容を決定する国民の自由を指すものと思われる[27]。また，教師の教授の自由については，先に見た通りである。これらの自由が，

25)　同635～36頁参照。ここで本判決は「憲法上の根拠」を明示しておらず，いうところの「憲法の次元におけるこの問題の解釈」がどのように行われたのかが明瞭でないという憾みはあるが，このように，親，教師，私学，国がそれぞれ教育内容の決定にかかわるという基本的な考え方は，有力な学説の支持を得ている（芦部信喜＝高橋和之補訂『憲法〔第7版〕』286頁〔岩波書店，2019年〕，高橋・前出注23)327頁，佐藤（幸）・前出注23)628頁等参照）。これに対して，「教育の自由」を，「公共」を前提とした一種の権限として配分する考え方を批判するものとして，森田明「国による教育内容統制の限界と教育権」法教増刊・憲法の基本判例〔第2版〕142頁，146頁（1996年）参照。

26)　そのことは，本判決が「親を含む第三者からの批判」（民集30巻5号634～35頁）を教師の「教授の自由」を抑制する要素の一つとして認めていることからも明らかであろう。

「一定の範囲において」であるとはいえ,明確に肯定されていることは重要である。第3に,本判決は,国の教育内容決定権について,それは,あくまでも「子ども自身の利益」を擁護するため,または「子どもの成長に対する社会公共の利益と関心」に応えるため,「必要かつ相当と認められる範囲において」のみ認められるものであるとしている[28]。教育は「本来人間の内面的価値に関する文化的な営みとして,党派的な政治的観念や利害によって支配されるべきでない」ものであるから,教育に「政治的影響が深く入り込む危険」を考慮するとき,「教育内容に対する……国家的介入についてはできるだけ抑制的であることが要請される」のであり,「子どもが自由かつ独立の人格として成長することを妨げるような国家的介入,例えば,誤った知識や一方的な観念を子どもに植えつけるような内容の教育を施すことを強制するようなことは,憲法26条,13条の規定上からも許されない」[29]。国に認められているのは,この意味において,「正当な理由に基づく合理的な決定権能」[30]に限られるのである。

このように,本判決は,親,教師,私学,国がそれぞれ一定の範囲において子どもに対する教育権能を有すると解すべきものとしている。特に,従来子どもに対する教育権の主体として「国民」と一括して議論されることの多かった親と教師を自覚的に区別して論じたことは,本判決の功績であろう。しかし,親,教師,私学,国の教育権能に関する本判決の説示は些か抽象的であって,それぞれの権能がどこまで及ぶのか,その境界線は不明確である。また,同一の領域においてそれぞれの権能が競合することはないのかどうか,

---

27) 今井・前出注7)215頁参照。公教育は国公立学校の教育を主とするものであるが,公的助成と学校制度法制の適用を受ける私学教育もこれに含まれる。兼子・前出注14)235頁参照。
28) 刑集30巻5号636頁参照。もっとも,問題は,「子ども自身の利益」または「子どもの成長に対する社会公共の利益と関心」とは何かということであろう。特に,後者については,これを広く解した場合,子どもの利益に反する教育内容の決定につながることもありうるという懸念が表明されている。兼子仁「最高裁学テ判決(北海道学テ事件)の読みとり方」季刊教育法21号74頁,85頁(1976年)参照。
29) 刑集30巻5号636頁。
30) 同上。いうまでもなく,親,教師,私学の場合と異なり,国は「教育の自由」をもたない。国に与えられているのは,憲法が許容する権能だけである。そして,その権能は,子どもの学習権を充足する責務の実質を有するものであるといえよう。もっとも,子どもに対する関係では,親や教師の「権能」もまた同じ実質をもつことに留意すべきであろう。

あるとすれば、その場合は誰の権能が優先するのかも定かではない。結局、本判決の意義は、憲法上国の教育内容決定権は否定されていないことを明らかにするとともに、その決定権の限界を政治的中立性の確保と子どもの人格的利益の保護に見出しつつ、それに当たるか否かを個別の事案毎の判断に委ねたところにあるということになろうか。

2 教基法10条と教育内容に対する教育行政機関の介入権限

本件学力調査の適法性を判断するにあたっては、そもそも教基法10条が何を定めたものであるかを明らかにする必要がある。教基法は、その前文が示すように、「日本国憲法の精神に則り、……新しい日本の教育の基本を確立するため」に制定された法律であり、「個人の尊厳を重んじ、真理と平和を希求する人間の育成を期するとともに、普遍的にしてしかも個性ゆたかな文化の創造をめざす教育」を戦後のわが国の教育の基本理念として宣明するものであった。本判決も、このような教基法の基本法としての重要性を確認した上で、「一般に教育関係法令の解釈及び運用については、法律自体に別段の規定がない限り、できるだけ教基法の規定及び同法の趣旨、目的に沿うように考慮が払われなければならない」こと、また、上記のような教基法の理念は、「これを更に具体化した同法の各規定を解釈するにあたっても、強く念頭に置かれるべきものである」ことを説いており[31]、注目される[32]。問題は、本判決が、このような前提から出発して、教基法10条をどのように解したかということである。

本判決は、本件における検察官と弁護人との間の教基法10条をめぐる対立を次の2点に要約する[33]。一つは、教育行政機関が法令に基づいて行政を行う場合は教基法10条1項にいう「不当な支配」に含まれないと解すべきかどうかであり、もう一つは、同条2項にいう「教育の目的を遂行するに必要な諸条件の整備確立」とは、主として教育施設の設置管理、教員配置等

---

[31] 同637〜38頁。
[32] ただし、教基法の定めがこれに反する他の法律規定を無効にする効力(いわゆる「準憲法的効力」)をもつとする見解(有倉遼吉「教育基本法の準憲法的性格」有倉遼吉編『増補教育と憲法』3〜15頁〔新評論、1964年〕、宗像・前出注14)79頁等参照)は退けた。
[33] 刑集30巻5号638頁参照。

のいわゆる教育の外的事項に関するものを指し,教育課程,教育方法等のいわゆる内的事項については,教育行政機関の権限は原則としてごく大綱的な基準の設定に限られ,その余は指導・助言的作用にとどめられるべきものかどうかである。

　前者については,従来,法律に根拠をもつ教育行政機関の行政は「不当な支配」に当たらないとの見解[34]も存したところであるが,本判決は,教基法10条1項が排斥しているのは,教育が国民の信託に応えて自主的に行われることを歪めるような「不当な支配」であって,そのような支配と認められる限り,その主体の如何を問わないとし,教育行政機関の行政も「不当な支配」に当たる場合がありうることを認め,教育行政機関が他の教育関係法律を運用する場合においても教基法10条1項にいう「不当な支配」とならないように配慮しなければならない拘束を受けるとした[35]。本判決がこのように判示したことは重要な意義を有する[36]。

　もっとも,本判決は,後者について,教基法10条は国の教育統制権能を前提として,教育目的の遂行に必要な諸条件の整備確立のための措置が教育に対する「不当な支配」となることのないようにすべき旨の限定を付したところに意味があるとし,「許容される目的のために必要かつ合理的と認められる」行政権力の介入は,「たとえ教育の内容及び方法に関するものであっても,必ずしも同条の禁止するところではない」[37]とした。そうすると,問題は,教育の内容および方法について,何が「許容される目的のために必要かつ合理的と認められる」介入であるかということになるが,それについて本判決は明確に述べていない。ただ,判旨を辿っていくと,教育の内容および方法に対する教育行政機関の介入は大綱的基準の設定にとどめられるべきものとする考え方を本判決も採用していることが分かる。その限りでは,本判決は原判決と異なるところはない。しかし,本判決は,原判決のいう大綱

34)　教育法令研究会『教育基本法の解説』130頁(国立書院,1947年),文部省地方課法令研究会編『新学校管理読本』46〜48頁(第一法規,1969年),田上穰治「教育行政と教師の教育の自由」教育委員会月報304号4頁,12頁(1975年)等参照。なお,田中耕太郎『教育基本法の理論』862頁(有斐閣,1961年)は,不当な支配を及ぼすような法律が制定されることはありえないわけではないとしつつも,そのような場合には「順法の精神からして公の行為を尊重して行動しなければならない」という。

35)　刑集30巻5号638〜39頁。

的基準(原判決自体において必ずしも明確ではないが,本判決によると,「教育課程の構成要素,教科名,授業時数等のほか,教科内容,教育方法については,性質上全国的画一性を要する度合が強く,指導助言行政その他国家立法以外の手段ではまかないきれない,ごく大綱的な事項」に関する定め)は狭きに失し,これを採用することはできないとした[38]。そして,原判決が大綱的基準の限度を超えたものと断じた本件当時の中学校学習指導要領について,「おおむね,中学校において地域差,学校差を超えて全国的に共通なものとして教授されることが必要な最小限度の基準と考えても必ずしも不合理とはいえない事項」がその根幹をなしており,その中には「ある程度細目にわたり,かつ,詳細に過ぎ,また,必ずしも法的拘束力をもって地方公共団体を制約し,又は教師を強制するのに適切でなく,また,はたしてそのように制約し,ないしは強制する趣旨であるかどうか疑わしいもの」が幾分含まれているにしても,当該「指導要領の下における教師による創造的かつ弾力的な教育の余地や,地方ごとの特殊性を反映した個別化の余地が十分に残されて」いることから,「全体としてはなお全国的な大綱的基準としての性格をもつものと認められる」[39]とした。本判決は,これに加えて,上記指導要領には,内容的

---

[36] 2006 (平成18) 年12月に教基法が全面的に改正され,従前の10条1項の「不当な支配」は改正法の16条1項に引き継がれたものの,その規定の仕方は著しく異なっている。すなわち,「教育は,不当な支配に服することなく,」というところまでは同じであるが,それに続く部分が旧法では「国民全体に対し直接責任を負って行われるべきもの」となっていたのに反し,改正法では「この法律及び他の法律の定めるところにより行われるべきもの」と改められた。この改正法16条1項の規定が法律の根拠を有する教育行政機関の行為は「不当な支配」の禁止から除外されるかの如く読めるようになっていることは事実であり,同条項の今後の運用が注視されなければならない。ただ,本判決が旧法10条1項の「不当な支配」について本文のような説示を行ったのは,本判決に関する調査官解説も指摘しているように(今井・前出注7)220頁参照),①教育行政機関の行為の大部分は,単に法律の規定をそのまま執行するというようなものではなく,法律を解釈・適用し,その結果各種の行為を行うものであるから,法律の根拠を有する教育行政機関の行為は「不当な支配」となりえないという見解は「立論の前提において弱点を有していた」ということ,また,②教基法は戦前のわが国における教育のあり方に対する反省の上に制定され,教育を不当な政治的・行政的干渉から独立させることを一つの目標としたものであること,によると思われる。①は,法改正の前後を通じて妥当するはずであるし,また,②も,改正法が日本国憲法との一体性を維持し,旧法を全面否定するものではない以上,改正法の下で否定されるとは考え難い。したがって,改正法16条1項に基づいて,法律の根拠を有する教育行政機関の行為は「不当な支配」となりえないと説くことは困難ではないかと思われる。
[37] 刑集30巻5号640〜41頁。
[38] 同641頁。

に「教師に対し一方的な一定の理論ないしは観念を生徒に教え込むことを強制するような点は全く含まれていない」ことを指摘し，以上のことから，上記指導要領は，「全体としてみた場合，教育政策上の当否はともかくとして，少なくとも法的見地からは」，教育における機会均等の確保と全国的な一定の水準の維持という目的のために必要かつ合理的な基準の設定として是認することができると結論している[40]。

　本判決が，教育の内容および方法に対する教育行政機関の介入を大綱的基準の設定にとどまるべきものとしたことは是とされよう。しかし，大綱的基準がどのようなものであるかは本判決から直ちに明らかであるとはいえない。むしろ，本判決は，不適切な点を幾分か含むとされた上記指導要領を，それでもなお「大綱的基準」と認めることにより，大綱的基準の外延を不明確にしているのではないかとの疑問を生ぜしめる。ただ，本判決も，上記指導要領の教育政策上の当否についてはこれを留保しており，そこに「創造的かつ弾力的な教育の余地」や「個別化の余地」が「十分に」残されていないと認定されたときは，当該指導要領が「法的見地」からも問題とされることになると解される。また，指導要領の中に「教師に対し一方的な一定の理論ないしは観念を生徒に教え込むことを強制するような」内容を盛り込むことが「法的見地」から許されないことも本判決によって確認されているといってよいであろう。

3　本件学力調査の適法性

　原判決は，本件学力調査は教育的な価値判断に係り教育活動としての実質を有する以上，教育行政機関の調査（行政調査）の枠を超えるものであって，地教行法54条2項を根拠としてこれを実施することはできないとするとともに，さらに，地教行法54条2項は，地教委が自主的に実施した調査等の結果を文部省等においても必要に応じて有効に利用しうるためその提出を要求することができることを規定したものであり，調査そのものの実施を要求する権限を認めたものではないから，同条項の規定を根拠として本件学力調

---

[39]　同642頁。
[40]　同上。

査の実施を要求することはできないとし，この点においても同調査の実施は手続上違法である旨判示した[41]。また，原判決は，本件学力調査の実質的適法性については，当該調査が生徒に対する教育活動としての性格を帯びること，文部省の学校教育に対する介入の面をも有すること，ひいては現場の教育内容が文部省の方針ないし意向に沿って行われるおそれを孕むことを指摘し，他方，教育方法および教育内容等への国の関与はもっぱら全国的観点からなされる大綱的なものに限られ，教育行政機関がこの限界を超えて教育内容等に介入することがあればそれは教基法10条1項の「不当な支配」になるとの理解の下に，本件学力調査は，実質的に見て，教基法をはじめとする現行教育法秩序に反するものとして違法と断ぜざるをえないとした[42]。

これに対して，本判決は，まず，手続上の適法性について，本件学力調査は行政調査であり，それが試験という方法で行われたからといって，これを教育活動としての性格をもつものと解し，地教行法54条2項にいう調査には含まれないとすることは相当ではなく，また，地教行法54条2項が文部大臣に本件学力調査のような調査の実施を要求する権限を認めたものでないことは原判決の説く通りであるが，このことは，地教行法54条2項によってはすることができない文部大臣の調査要求に対して地教委にはこれに従う法的義務がないということを意味するだけであって，かかる要求に応じて地教委が行った調査行為がそのために当然に手続上違法となるわけのものではない[43]，と判示した。しかし，仮に本件学力調査は行政調査の枠を超えるものではないとしても，そこに手続上の違法はないとする本判決の論理には疑問が残る。本判決は，地教委は地教行法23条17号により当該地方公共団体の教育に係る調査を行う権限を有し，各市町村教委による本件学力調査の実施もこの法条に基づいて行われたものであり，文部大臣の要求によってはじめて法律上根拠づけられる調査権限を行使したわけではない[44]，という。たしかに，地教委には法律上調査権限が与えられているから，学力調査の実施行為に関する限り，それは権限なくして行われたものではないといえよう。

41) 下刑集10巻6号606〜07頁。
42) 同602〜06頁。
43) 刑集30巻5号627〜28頁。
44) 同628〜29頁。

しかし，本件学力調査が文部大臣の要求なしに，このように全国一斉という形で行われることは考えられないことであろう。そして，その文部大臣の調査実施要求に法律上の根拠がないことは本判決自身の認めるところである。そうだとすると，本件学力調査の過程を全体として見た場合，手続上も問題があることは否めないと思われる[45]。本判決は，文部大臣の要求は法手続上，市町村教委による調査実施の「動機」を成すものにすぎず，その「法的要件」を成すものではない[46]として，調査は手続上適法であるというが，些か強引な論法との印象を免れない。

また，実質上の適法性については，本判決は，行政調査としての本件学力調査の目的は概ね文部大臣の所掌事項と合理的関連性を有するものであり[47]，当該目的のために本件のような調査を行う必要性も肯定できるとした上で，本件の調査方法に教育に対する不当な支配と見られる要素はないかどうかにつき検討を加えた結果，適法性を肯定している[48]。しかし，この点に関する本判決の判断にも幾つか疑問がある。第1に，本判決は，本件学

---

45) 兼子・前出注28)96頁，97頁も，本判決の論理を「いかにも形式論」と批判し，手続法論としては，むしろ，「文部省による学テ実施要求が違法ならば，その違法性が後の手続において『治癒』されるためには，よほど特別な証拠によって，ある教委が地方自治的決定を行なったと認められるのでなくてはならず，そうでないかぎり一般には，違法性の『承継』が各教委による学テ実施に及ぶものと見るべき」と論じている。なお，参照，永井憲一「学テ判決における手続論」法時48巻9号8頁，12頁（1976年）。

46) 刑集30巻5号629頁。

47) 本判決は，調査実施要綱に調査目的として掲げられた項目のうち，教育課程に関する諸施策の樹立および学習指導の改善，教育条件の整備，育英・特殊教育施設などの拡充強化のための資料を得ること，については文部大臣の所掌事項と合理的関連性を認めることができるとしつつ，「中学校において，本件学力調査の結果により，自校の学習の到達度を全国的な水準との比較においてみることにより，その長短を知り，生徒の学習の指導とその向上に役立させる資料とする」ことについては，「文部大臣固有の行政権限に直接関係せず，中学校における教育実施上の目的に資するためのものである点において，調査目的として正当性を有するかどうか問題である」としている。しかし，それにもかかわらず，本判決は，この項目は調査全体の趣旨，目的からすれば，単に「副次的な意義」をもつものでしかなく，また，調査結果を教育活動上利用するように強制するものではないなどとして，かかる項目が調査目的の一つに掲げられているからといって，調査全体の目的を違法不当とすることはできないと結論したのであった（同643〜44頁参照）。これに対しては，上記の目的こそ「学力調査の本質」ともいうべきものであり，これを「副次的」として切り捨てることは不当であるとの批判がある。有倉遼吉「学テ裁判判決と教育権」法セ256号10頁，15頁（1976年）参照。なお，平原好春「教育基本法10条の解釈」判時814号16頁，18頁（1976年）も参照。

48) 刑集30巻5号644〜48頁参照。

力調査における生徒に対する試験という方法は，あくまでも生徒の一般的な学力の程度を把握するためのものであって，個々の生徒の成績評価を目的とするものではなく，教育活動そのものとは性格を異にするという。しかし，学力調査が生徒の一般的な学力の実態調査であるとすれば，試験の結果を生徒指導要録に記録させる必要はないであろう。本件学力調査がこの点で教育活動に深く立ち入るものとなっていることは否定し難いと思われる[49]。第2に，本判決は，本件学力調査の結果として，全国の中学校およびその教師の間に学習指導要領の指示するところに従った教育を行う風潮を生じさせ，教師の教育の自由を阻害する危険があるとした原判決に対し，学習指導要領自体適法なものであり，また，本件学力調査において学習指導要領は単に調査のための試験問題作成上の基準として用いられたにとどまると反論している。しかし，本件学力調査が全国の中学校の全生徒を対象として行われたものである以上，その調査結果が各学校における成績測定の指標として受け取られ，日常の教育活動が学習指導要領に沿ったものへと変貌していく危険はあるのではなかろうか。この点においては，原判決の認識が正当であると思われる（原判決がいうように，学習指導要領が大綱的基準の限度を超えるものを含むとすれば，なおさら問題であろう）。もっとも，本判決も，試験という方法による本件学力調査を全面的に肯定しているわけではない。本判決は，本件調査の実施によって「成績競争の風潮を生み，教育上必ずしも好ましくない状況をもたらし，また，教師の真に自由で創造的な教育活動を畏縮させるおそれが絶無であるとはいえ〔ない〕」とし，本件調査が「教育政策上はたして適当な措置であるかどうか」については問題がありうることを認めている[50]。本判決が，それ以上にわたって，本件学力調査を違法とまではいえないとしたのは，同調査における試験問題の程度が全体として平易で特別な準備を要しないものとされ，また，「個々の学校，生徒，市町村，都道府県についての調査結果は公表しない」こととされる等の一応の配慮が加えられていたことや，原判決の指摘する上記の危険性が「全国的に現実化し，教育

---

[49] 本判決は，試験の結果を生徒指導要録に記録させることについては，折角実施した試験の結果を生徒に対する学習指導にも利用させようとする指導・助言的性格のものにすぎないとしている（同646頁参照）が，教育現場に与える影響を過小評価しているように思われる。

の自由が阻害されることとなる可能性がそれほど強いとは考えられない」こと等を考慮したことによる[51]。学力調査の実質上の適法性がこうした事情を前提としてようやく認められていることに留意すべきであろう。

なお，本判決は，最後に，文部大臣が地教委をして本件のような調査を実施させたことが教育に関する地方自治の原則に反しないかという問題を取り上げ，文部大臣は地教行法54条2項によっては地教委に対し本件学力調査の実施を義務として要求することができないのであるから，かかる要求をすることが「教育に関する地方自治の原則に反することは，これを否定することができない」と明言しながらも，地教委には，文部大臣の要求に応じるべきかどうかを「独自の立場で判断し，決定する自由」があるとして，本件調査の実施には教育における地方自治の原則に反する違法はないと結論づけている[52]。しかし，地教委に法制度上は上記のような「自由」があるからといって，文部大臣の要求に応じて地教委が調査を実施した場合，その実施行為は「窮極的にはみずからの判断と意見に基づき，その有する権限の行使としてした」ものということになり，それが「実質上違法となるべき理はない」というのは妥当であろうか。地教委が実際上本件学力調査の実施についてどれだけ独自の立場で自主的に判断し決定することができたのかは疑問であり[53]，この点において本判決の論証にはかなりの無理があると思われる。しかし，見方を変えれば，本判決は，上記の判示部分において，教育に関する地方自治の原則に基づいて地教委が，地方教育行政機関として，一定の範

50) 同647頁参照。本判決は，試験結果を生徒指導要録に記録させることについては，「特にその妥当性に批判の余地」がありうるとしている。本判決と同日に出された岩教組学力テスト事件の上告審判決（最大判昭和51・5・21刑集30巻5号1178頁）における団藤重光裁判官の（道交法違反の点に関する）反対意見も，本判決に言及しつつ，昭和36年の全国中学校一斉学力調査については，「結論として，その合法性を肯定するのが相当であるが，しかし，その合法性はかならずしも一義的に明白なものではなく，多くの重要かつ困難な論点を含んでいる」こと，また，「その合法性を前提としても，それが文部省の教育行政上の措置として妥当なものであったかどうかは，教育の本質の理解の仕方と深いかかわりをもつ大きな問題である」ことを指摘している（同1200～01頁）。
51) 刑集30巻5号647頁。
52) 同648～49頁。
53) この点は，多くの論者の指摘するところである。有倉・前出注47)16頁，兼子・前出注28)97頁，佐藤司「学力テストと教育の地方自治」判時814号23頁，26頁（1976年），金子照基「最高裁学テ判決と教育の地方自治」ジュリ618号43頁，47頁（1976年）等参照。

囲においてであれ，主体的に判断をなしうる立場にあることを認めたともいえるのであり，そのことは確認しておく必要があろう[54]。

4 本判決の射程と残された問題

本判決と同日に，最高裁大法廷は，岩教組学力テスト事件の上告審において，学力調査およびその一環としてされた市町村教委等の職務命令が適法であることは，本判決の示すところであるとして，昭和36年度の全国中学校一斉学力調査において，テスト責任者または補助者としての職務の遂行を拒否すること，平常授業を行って教室を占拠しテストの実行を阻止することは地方公務員法37条1項の禁止する同盟罷業またはその他の争議行為の遂行に当たると述べて，被告人らを無罪とした原判決を破棄し，被告人らの控訴を棄却した[55]。また，本判決から3年後，最高裁は，大阪府立淀川工業高校事件の上告審において，義務教育に属さない高校生を対象とし抽出調査の方法による点を除けば，本件と論点を共通にし，概ね本判決の趣旨が妥当するとして，昭和36年度の全国高等学校抽出学力調査の実施に教基法10条に違反する違法はないとし，調査の実施に際し公務の執行を妨害したものとして，原判決および第1審判決を一部破棄し，被告人らに有罪判決を下した[56]。このように，学力調査が適法であることは，判例上固まっているといってよい。ただし，その適法性は辛うじて導かれたものであること，また，適法であるとしても，はたして教育政策上妥当な措置であるかどうかについては本判決も疑問を呈していたことが忘れられてはなるまい。

本判決が学力調査の適法性を判断する前提として示した憲法26条，23条に関する解釈は，その後の教育関係事件における裁判所の判断の基礎を提供するものとなっている。もっとも，憲法26条の教育を受ける権利を「学習権」に基づいて捉え直したことは本判決の最も注目された点であったが，その後の裁判例においてこの点に特に発展は見られなかった。わずかに，麹町中学内申書事件の第1審判決[57]が，中学校の調査書（いわゆる内申書）にお

---

54) 金子・前出注53)47頁，48頁参照。
55) 刑集30巻5号1178頁。
56) 最三小判昭和54・10・9刑集33巻6号503頁。
57) 東京地判昭和54・3・28判時921号18頁。

ける評定の誤りおよび備考欄等の記載により生徒の学習権(「高等学校に進学し教育を受ける権利」)が侵害されたものと認定し国家賠償請求を認容したことが耳目を集めた[58]が,同事件の控訴審判決[59]は,学習権の概念を前提としながらも,それは「各人の能力に応じた分量的制約を伴うものである」として,学習権の保障を後退させ,上告審判決[60]に至っては,学習権自体に全く言及することなく,原告生徒側の上告を退けている。

いわゆる家永教科書裁判の第1次,第3次訴訟の各上告審判決[61]は,本判決が,憲法26条は子どもに対する教育の内容および方法を誰がいかにして決定するかについて直接規定していないとした点,国は,子ども自身の利益の擁護のため,または子どもの成長に対する社会公共の利益と関心に応えるため,必要かつ相当と認められる範囲において教育内容を決定する権能を有するとした点を援用するとともに,普通教育においては児童・生徒の側に授業内容を批判する十分な能力が備わっていないこと,学校や教師を選択する余地が乏しく教育の機会均等を図る必要があることなどから教育内容が正確かつ中立・公正で全国的に一定の水準であることが要請されるという,本判決が憲法23条の教師の教育の自由に関して判示したところとほぼ同旨を述べ,教科書検定は上記の要請を実現するために行われるものであり,検定基準はかかる目的のための必要かつ合理的な範囲を超えるものではなく,子どもが自由かつ独立の人格として成長することを妨げるような内容を含むものでもないとして,合憲判断を下している[62]。高等学校公民科現代社会教科書検定訴訟の上告審判決[63]も,これらの先例とほとんど同旨を判示し,1989(平成元)年に改正された検定規則および検定基準に基づく検定制度の下でも従来の判断が維持されるべきものであることを確認した。

---

58) 他に「学習権」を肯定的に捉えた裁判例として,いわゆる長良川事件報道訴訟に関する名古屋高判平成12・6・29判時1736号35頁がある。同判決は,子ども(未成年者)が成長発達の過程にあることを根拠に人格形成に必要な学習をする権利(学習権)を肯定したところに本判決の意義を見出しつつ,少年法61条は,少年の名誉権,プライヴァシー権のほか,「少年の成長発達過程において健全に成長するための権利」の保護を目的とすると述べた。ただし,上告審判決(最二小判平成15・3・14民集57巻3号229頁)では,この点は論じられていない。
59) 東京高判昭和57・5・19判時1041号24頁。
60) 最二小判昭和63・7・15判時1287号65頁。
61) 最三小判平成5・3・16民集47巻5号3483頁(第1次訴訟),最三小判平成9・8・29民集51巻7号2921頁(第3次訴訟)。

県立高等学校の校長が教諭に対する職務命令として教諭が寄稿した回想文を生徒会誌から切り取るように指示した行為が憲法21条1項，2項前段，23条，26条に違反するなどとして損害賠償等を求めた事件で，最高裁平成16年7月15日第一小法廷判決[64]は，「本件職務命令が憲法23条，26条に違反するものでないことは，〔本判決〕の趣旨に徴して明らかである」というだけで，訴えを退けている[65]。おそらくは，国の教育内容への介入は必要かつ合理的なものである限り許容され，また，普通教育において教師に「完全な教授の自由」を認めることは到底許されないとした本判決の判旨を前提として，「本件職務命令は，教育内容の中立公正を保つためにされた必要かつ相当なものであるということができ，子どもが自由かつ独立の人格として成長することを妨げるようなものではない」[66]旨判断したものであろうが，何故そのように明示しないのか疑問である。

　公立学校の教職員に対する懲戒処分の適法性を争う事件は多数にのぼるが，それらの事件に関する裁判例でも本判決の判示が各判断の基礎として頻繁に引用されている。教科書を離れた授業や成績の一律評価を行ったとして懲戒免職処分を受けた教諭3名が処分の取消しを求めて提訴した，いわゆる伝習館高校事件では，1，2審で敗訴した1名の教諭の上告に対して，最高裁平成2年1月18日第一小法廷判決[67]は，当該教諭に対する懲戒免職処分に裁量権の範囲の逸脱はないとして原審の判断を是認したが，その判決理由中で，「高等学校学習指導要領（昭和35年文部省告示第94号）は法規としての性

---

62) 民集47巻5号3488〜89頁，3490〜91頁（第1次訴訟），民集51巻7号2926〜28頁（第3次訴訟）。ただし，最高裁は，合否の判定，条件付合格の条件の付与等についての検定審議会の判断の過程に看過し難い誤認があり，文部大臣の判断がこれに依拠してされたと認められる場合には，当の判断は裁量権の範囲を逸脱したものとして国家賠償法上違法となるものとし，実際，第3次訴訟では，一部の修正意見の付与につき，裁量権の範囲を逸脱した違法があると判示している（民集51巻7号2945〜48頁参照）。
63) 最一小判平成17・12・1判時1922号72頁。
64) 判時1875号48頁。
65) 同50頁。憲法21条1項，2項前段違反の点についても，同様に，猿払事件，よど号ハイジャック事件記事抹消事件，税関検査事件の各大法廷判決を引いて，その「趣旨に徴して明らか」とする処理の仕方をしている。なお，同種の事件に関する同旨の判示として，最三小判平成16・9・28（判例集未登載）がある。
66) 判時1875号50頁（判決匿名コメント）。
67) 判時1337号3頁。

質を有する」ものとし，同学習指導要領の性質をそのように解することが憲法 23 条，26 条に違反するものでないことは本判決の趣旨とするところであると述べ，また，学校教育法 51 条（現行法 62 条）により高等学校に準用される同法 21 条（現行法 34 条）は「高等学校における教科書使用義務を定めたものである」とし，同規定をそのように解することが憲法 26 条，教基法 10 条に違反するものでないことは本判決の趣旨に徴して明らかであると述べている。教科書使用義務について本判決は直接判示していないが，伝習館高校事件において最高裁は，おそらく上記の教科書裁判の各上告審判決と同様に，国には，必要かつ相当と認められる範囲において教育内容を決定する権能があり，普通教育においては全国的に一定の水準を確保すべき要請があるなどとした本判決の判示部分に依拠したものであろう。しかし，伝習館高校事件は，教科書使用義務が初めて正面から問われた事件であり，このような簡単な処理の仕方でよかったのかどうかは疑問の残るところである。学習指導要領については，本判決は，当時の中学校学習指導要領が，教基法 10 条や教育に関する地方自治の原則に照らし，中学校における教育の内容および方法につき遵守すべき基準の設定として適法なものである旨述べているが，学習指導要領が法規としての性質を有するかどうかに関しては明言していない[68]。したがって，伝習館高校事件の第 1 審判決が，本判決を前提として，上記の高等学校学習指導要領を，法的拘束力のある条項と（法的拘束力のない）指導助言文書たる条項とに区分する解釈を採ったこと[69]もあながち不当

[68] 兼子・前出注 14) 385 頁は，本判決が当時の中学校学習指導要領に全面的に法的拘束力ありとは認めえず，その全体が行政立法たる法規であることを肯定できなかったものと見ている。これに対して，有倉遼吉「教育法学からみた学テ判決」季刊教育法 21 号 4 頁，13 頁（1976 年），伊藤公一「学力調査の適法性」ひろば 29 巻 8 号 15 頁，21 頁（1976 年）は，本判決において学習指導要領が法的拘束力をもつことは当然の前提とされていると説く。元来，学習指導要領は，教育課程の構成に関する指導書ないし参考書として位置づけられていたが，文部省は，1958（昭和 33）年に学校教育法施行規則を改定し，小・中・高等学校の教育課程については，「教育課程の基準として文部大臣が別に公示する……学習指導要領によるものとする」と定め，その再委任に基づく学習指導要領を文部省告示として官報に掲載するに至った。爾来，文部省および文科省は，学習指導要領について，教育課程の国家基準を定めた法規命令であり，全体として法的拘束力を有するとの解釈を主張し，かかる解釈に基づく運用を行っている（兼子・上掲 380 頁，今井・前出注 7) 227 頁，231 頁参照）。これに対して，学説では，学習指導要領は法的拘束力をもたない指導・助言の域にとどまるべきものとする見解が有力である（兼子・上掲 382～84 頁，有倉遼吉『憲法理念と教育基本法制』〔成文堂，1973 年〕32～36 頁，90～92 頁参照）。

とはいえないと思われる．しかし，控訴審は，このような区分をすることなく，当該指導要領は法規としての性質を有し，大綱的基準として法的拘束力をもつと判示し[70]，最高裁もかかる控訴審の判断を正当として是認したのであった．

その後，学習指導要領中のいわゆる国旗・国歌条項（「入学式や卒業式などにおいては，その意義を踏まえ，国旗を掲揚するとともに，国歌を斉唱するよう指導するものとする」）に基づき教育現場での国旗掲揚・国歌斉唱等が徹底されるようになり，これに反対して懲戒処分に付された教職員らが，処分の取消し等を求めて提訴する事例が頻発した．そして，これらの訴訟に関する下級審裁判例では，本判決と伝習館高校事件判決を先例として援用しつつ，上記の国旗・国歌条項の適法性や法的拘束力を承認した上で，処分を適法とするものが多数見られる[71]．これに対して，いわゆる国旗・国歌斉唱予防訴訟に関する東京地裁平成18年9月21日判決[72]は，本判決を前提として，国旗・国歌条項は法的効力を有するが，同条項から，原告ら教職員が入学式や卒業式等の式典において国歌斉唱の際に国旗に向かって起立し国歌を斉唱する義務，ピアノ伴奏をする義務まで導き出すことは困難であるとし[73]，また，被告教育長が発した式典における国歌斉唱等について定めた通達は，各学校の裁量を認める余地がほとんどないほど一義的な内容となっており，教職員に対し一方的な一定の理論や観念を生徒に教え込むことを強制するに等しく大綱的基準を逸脱したものとして，教基法10条に反し，憲法19条の思想・良心の自由に対し公共の福祉の観点から許された制約の範囲を超える

---

69) 福岡地判昭和53・7・28判時900号3頁，34～36頁参照．
70) 福岡高判昭和58・12・24判時1101号3頁，10頁参照．
71) 大阪地判平成8・2・22判タ904号110頁，大津地判平成13・5・7判タ1087号117頁，東京高判平成14・1・28判時1792号52頁，東京地判平成18・3・22（LEX/DB文献番号25420923），東京高判平成18・12・26判時1964号155頁等参照．なお，東京地判平成19・6・20判時2001号136頁は，公立高校の卒業式における国歌斉唱時の不起立を理由とする退職後の再雇用の拒否につき，教育委員会の裁量の逸脱・濫用は認められないとして，損害賠償請求を退けている（逆に，裁量の逸脱・濫用を認めて損害賠償請求を認容したものとして，東京地判平成20・2・7判時2007号141頁，東京地判平成21・1・19判タ1296号193頁がある）．上記の諸判決のうち，東京地判平成19・6・20と東京地判平成20・2・7の両判決は，国の教育行政機関の場合と違って，地方公共団体が設置する教育委員会による教育の内容や方法に関する介入を大綱的基準の設定にとどめるべき理由はないとする．
72) 判時1952号44頁．

との注目すべき判断を下した。しかし，市立小学校の音楽専科の教諭が入学式における国歌斉唱に際して「君が代」のピアノ伴奏を行うことを内容とする校長の職務命令に従わなかったことを理由に戒告処分を受けたため，上記の命令は思想・良心の自由を侵害するもので憲法 19 条に違反するなどとして戒告処分の取消しを求めた事件において，最高裁平成 19 年 2 月 27 日第三小法廷判決[74]は，校長の職務命令は憲法 19 条に反するとはいえないとし，これを，謝罪広告事件，猿払事件，本判決および岩教組学力テスト事件の各大法廷判決の趣旨に徴して明らかであるとした。おそらく，この判決が，当該職務命令は「児童に対して一方的な思想や理念を教え込むことを強制するものとみることもできない」[75]と述べた点が本判決を先例として念頭に置いた箇所であると思われるが，それにしても分かりにくさは否めないし，この点に関して特に具体的な検討がされているわけでもない。この「君が代」ピアノ伴奏拒否事件判決は，個人の思想・良心の自由の問題を，ピアノの伴奏を拒否することは「一般的には」特定の歴史観ないし世界観と不可分に結びつくものではなく，また，「客観的に見て」ピアノの伴奏は音楽専科の教諭等に通常想定され期待される行為である，という見地から裁定しており，そこに大きな問題があると思われる[76]。しかし，ここに示された考え方は，その後の同種事件に関する下級審判決に引き継がれ，憲法 19 条違反の主張を退ける根拠となっている[77]。

「君が代」ピアノ伴奏拒否事件に続く一連の国旗・国歌訴訟において，最

---

73) いわゆる北九州ココロ訴訟に関する福岡地判平成 17・4・26（LEX/DB 文献番号 28101269）も，学習指導要領中の卒業式や入学式における国旗・国歌の指導に関する定めから，各学校で卒業式や入学式における国歌斉唱を実施し，個々の教員がこれを指導しなければならないという一般的な義務を負うと解することはできない，としている。ただし，この判断は，学習指導要領中の国旗・国歌の指導に関する定めは大綱的基準の限度を超えており，法的拘束力をもたないとの解釈から導かれている。また，この判決は，各校長は被告教育委員会の国歌斉唱等に関する指導により事実上の拘束を受け，教基法 10 条 1 項にいう「不当な支配」を受けたとしながらも，校長は，その裁量に基づき国歌斉唱等の実施を決定し，職務命令を発する権限をもつとして，結局，戒告処分は不問に付し，減給処分のみを裁量の逸脱・濫用として取り消した（この判断は，福岡高判平成 20・12・15〔LEX/DB 文献番号 25451348〕により覆された）。
74) 民集 61 巻 1 号 291 頁。
75) 同 295 頁。
76) この点に関して，同判決における那須弘平裁判官の補足意見（同 297 頁）および藤田宙靖裁判官の反対意見（同 301 頁）を見よ。

高裁の各小法廷は，公立学校の教職員に入学式や卒業式での起立斉唱または起立を命じる職務命令は一般的，客観的な見地からは式典における慣例上の儀礼的な所作を求めるものにとどまり，個人の思想および良心の自由を直ちに制約するものと認めることはできないとしつつ，上記の起立斉唱行為は，一般的，客観的に見ても，国旗および国歌に対する敬意の表明の要素を含む行為であるといえるから，自らの歴史観ないし世界観に基づき敬意の表明に応じ難いと考える者にかかる外部的行為を求めることは，その者の思想および良心の自由について「間接的な制約」となる面があることは否定し難いとし，このような間接的な制約が許容されるか否かは，職務命令の目的および内容ならびに上記の制限を介して生じる制約の態様等を「総合的に較量」して，当該職務命令に「上記の制約を許容し得る程度の必要性及び合理性」が認められるか否かという観点から判断するのが相当とした上で，当該職務命令は憲法19条に違反するものではないと判示した[78)79)]。これらの判決は，ピアノ伴奏行為と起立斉唱行為を区別し，後者の行為を命じることが（「間接的」ではあれ）個人の思想・良心の自由の制約に当たることを認め，その制約が許容されるか否かの判断枠組みを明示した上で判断を下しており，ピアノ伴奏拒否事件判決に比して，その論旨はより明快になっているといえる。しかし，そもそもピアノ伴奏行為と起立斉唱行為を，問題となった文脈を抜きにして一般的，客観的に各行為の性質を規定し区別することが妥当であるかどうか，また，直接的制約と間接的制約の区別についても，制約のあり方としてはひとまず両者を区別することができるにしても，制約を受ける側から見た場合，はたしてそのような区別が成り立つかどうかなど，なお残された疑問は少なくない[80)]。

　総じて，本判決については，国は子どもに対する教育の内容および方法に

---

77)　大阪地判平成19・4・26判タ1269号132頁，東京地判平成19・6・20判時2001号136頁，東京高判平成20・5・29判時2010号47頁，東京高判平成21・3・26判タ1314号146頁，横浜地判平成21・7・16（LEX/DB文献番号25451425），東京高判平成23・1・28判時2113号30頁（国旗・国歌斉唱予防訴訟に関する前記東京地判平成18・9・21を覆した）等参照。ただし，東京高判平成23・3・10判時2113号62頁は，「君が代」ピアノ伴奏拒否事件判決を前提として憲法19条違反の主張を退けつつも，懲戒処分は社会観念上著しく妥当性を欠き，懲戒権の範囲を逸脱しているとして，請求を退けた東京地判平成21・3・26（上掲）を変更し，処分を取り消した。

ついてもこれを決定する権能を有するとした判示部分が，その後の裁判例において重きをなす結果となり，逆に，憲法26条に関して子どもの教育はもっぱら子ども自身の利益のために行われるべきものとした部分については，一般論としては異論のないものとして受け容れられているものの，具体的に何が「子ども自身の利益」に当たるかについては十分な検討が行われないまま結論が導かれているように思われる。本判決は，国の教育内容決定権を認めながらも，その一方で，教育内容に対する国家的介入はできるだけ抑制的

78) 最二小判平成23・5・30民集65巻4号1780頁（法廷意見に同調しつつも，思想・良心の自由に対する制約には慎重な配慮が必要であることを付言する竹内行夫，須藤正彦裁判官の各補足意見，個人の思想信条等に由来する外部的行動と核となる思想信条等との間の関連性の程度には差異があることを前提として，関連性の強くないものについては制限的行為に求められる必要性，合理性の程度は緩やかに解されることになるとする千葉勝美裁判官の補足意見がある。この意見に対して竹内裁判官補足意見が異議を唱えている)，最一小判平成23・6・6民集65巻4号1855頁（特定の外部的行動の強制が個人の思想・良心の表明の強制や否定になるかどうかについては当該外部的行動が一般的，客観的に意味するところに従って判断すべきものとしつつ，教職員の場合と違って，児童・生徒に対して不利益処分の制裁をもって起立斉唱行為を強制する場合は，憲法上の評価において基本的に異なる旨を付言する金築誠志裁判官の補足意見，憲法は少数者の思想・良心の核心に反する行為の強制を許容していないとし，不起立不斉唱行為が思想・良心の核心と密接に関連する真摯なものであるか否かをまず審査し，真摯性が肯定されれば，これを制約する本件各職務命令については厳格な基準により本件事案の内容に即して具体的な合憲性審査がなされるべきものとする宮川光治裁判官の反対意見がある)，最三小判平成23・6・14民集65巻4号2148頁（入学式や卒業式を学校教育にとって重要な教育活動と位置づけ，起立斉唱の職務命令は，思想・良心の自由の間接的制約になるとしても，かかる教育活動の成果を教育の受け手である生徒らに十分に享受させるという公共の利益に沿うものとして是認できるとする那須弘平裁判官の補足意見，起立斉唱の職務命令の不履行に対して不利益処分を課すにあたっては慎重な衡量が求められるとし，諸般の事情を勘案した結果，当該不利益処分を課すことが裁量権の逸脱または濫用に該当する場合がありうることを付言する岡部喜代子裁判官の補足意見，ピアノ伴奏拒否と異なり，本件不起立の場合は思想・良心の自由の間接的制約となる面を有することから，職務命令が目的および内容において不合理ではないということでは足りず，その制約を許容しうる程度の必要性，合理性が認められなければならないとする大谷剛彦裁判官の補足意見，本件各職務命令のうち「起立」を求める部分についてはその職務命令の合理性を認めることができるが，「斉唱」を求める部分については個人の信条にかかる内心の核心的部分を侵害し，あるいは内心の核心的部分に近接する外縁部分を侵害する可能性が存すると指摘する田原睦夫裁判官の反対意見がある)，最三小判平成23・6・21判時2123号35頁（上記最三小判平成23・6・14に付されたのと同旨の那須弘平，岡部喜代子，大谷剛彦裁判官の各補足意見，田原睦夫裁判官の反対意見がある）参照。
79) 同じ判断枠組みによって，起立斉唱を命じる職務命令が信仰に由来する外部的行動の制限を介して信教の自由についての間接的制約となる面を有すると認定しつつ，制約の態様を総合的に衡量すると，当該制約を許容しうる程度の必要性・合理性が認められるとして，当該職務命令は信教の自由を侵害し憲法20条に違反するという主張を退けたものとして，東京高判平成30・4・18判時2385号3頁がある。

でなければならないことに注意を促していた。具体の事案において，何が「子ども自身の利益」であるかを明確にしつつ，教育内容に対する国の介入が真に必要かつ相当なものであるか否かを慎重に見極めていくことが求められているといえよう。

80) その後も起立斉唱を命じる職務命令に従わなかったことを理由として課された懲戒処分の違法を争う裁判例が続出している。最一小判平成24・1・16判時2147号127頁（①事件）は，戒告処分については裁量権の範囲内であって違法とはいえないとしつつ，戒告を超えてより重い減給以上の処分を選択することについては事案の性質等を踏まえた慎重な考慮が必要になるとし，過去の懲戒処分が入学式における服装等に関する職務命令違反の1回のみにとどまる者に対する減給処分については処分の選択が重きに失し，裁量権の範囲を超えるものとして違法と判示した。また，最一小判平成24・1・16判時2147号139頁（②事件）は，戒告，減給を超えて停職の処分を選択することが許容されるのは，過去の非違行為による懲戒処分等の処分歴や不起立行為の前後における態度等に鑑み，学校の規律や秩序の保持等の必要性と処分による不利益の内容との権衡の観点から当該処分を選択することの相当性を基礎づける具体的な事情が認められる場合であることを要するとし，過去に不起立行為による3回の処分歴しかない者に対する停職処分は重きに失して裁量権の範囲を超えるが，過去に不起立行為によるもののほか卒業式等の進行を妨害したり校長批判の文書を配布したりしたことによる処分（懲戒処分5回と文書訓告）歴を有する者に対する停職3か月の処分は裁量権の範囲内であると判示した（この二つの最判には，起立斉唱の職務命令は憲法19条に違反しない旨付言する金築誠志裁判官の補足意見のほか，懲戒処分は個々の事案に即して謙抑的に行使されるべきものであり，一律の加重処分の定め方や実際の機械的な適用はそのこと自体が問題であると指摘する櫻井龍子裁判官の補足意見，起立斉唱の職務命令は憲法19条に違反する可能性があるとして，消極的不作為にすぎない不起立行為が繰り返されたとしても，戒告を含む懲戒処分をもって臨むことは相当ではないとする宮川光治裁判官の反対意見が付されている）。なお，国旗・国歌斉唱予防訴訟に関する上告審である最一小判平成24・2・9民集66巻2号183頁は，起立斉唱またはピアノ伴奏を命じる職務命令は違憲無効ではないから当該職務命令に基づく公的義務が不存在とはいえないとして上告を棄却したが，職務命令違反を理由とする免職以外の戒告，減給，停職の懲戒処分の差止めを求める訴えは，行政事件訴訟法37条の4第1項の「重大な損害を生ずるおそれ」の要件を満たしており適法であるとし，また，東京都に対する前記の義務不存在確認を求める訴えについては，行政処分以外の処遇上の不利益の予防を目的とする公法上の当事者訴訟（公法上の法律関係に関する確認の訴え）として適法であると判示しており，注目される。

一方，不起立行為等を行った教員に対する再任用等の拒否に関する裁量権の行使については，東京地判平成27・5・25判自440号61頁，東京高判平成27・12・10判自440号75頁が，教育委員会の広範な裁量を前提としつつ，不合格等の判断が客観的合理性や社会的相当性を著しく欠く場合には裁量権の逸脱・濫用を認めるべきであるとし，具体の再任用拒否の事例につき，起立斉唱の職務命令違反の事実のみをもって重大な非違行為を行ったものと評価することはできないとして教育委員会の不合格の判断は裁量権の逸脱・濫用に当たるとしたのに反し，最一小判平成30・7・19判自440号55頁は，全員一致の意見でこの下級審の判断を覆した。この判旨については，いかにも形式論理的ではないかとの疑問を禁じえない。

第23章 届出による国籍取得における準正子と非準正子の区別と違憲判断のあり方
——国籍法違憲判決

最大判平成 20 年 6 月 4 日民集 62 巻 6 号 1367 頁

I はじめに

　日本国憲法 10 条は,「日本国民たる要件は,法律でこれを定める」と規定し,これを受けて,国籍法 1 条は,「日本国民たる要件は,この法律の定めるところによる」として,人はいかなる場合に日本国民たりうるか（日本国籍を取得しうるか）について定めている。平成 20 年法律第 88 号による改正前の国籍法（以下同じ）は,その 2 条 1 号で,「出生の時に父又は母が日本国民であるとき」は子を日本国民とすることとして,出生による国籍の取得を認めるとともに,その 3 条 1 項で,「父母の婚姻及びその認知により嫡出子たる身分を取得した子で 20 歳未満[1]のもの（日本国民であった者を除く。）は,認知をした父又は母が子の出生の時に日本国民であった場合において,その父又は母が現に日本国民であるとき,又はその死亡の時に日本国民であったときは,法務大臣に届け出ることによって,日本の国籍を取得することができる」と定め,届出による国籍の取得を補完的に認めていた（以下,同項の定める国籍取得の要件のうち,父母の婚姻により嫡出子たる身分を取得したという部分を「準正要件」という）。したがって,日本人父と外国人母との間の非嫡出子であっても,国籍法 3 条 1 項に定める準正要件等の各要件を満たせば,届出の時に日本国籍を取得することができた。ところが,父が

---

[1]　成年年齢が満 20 歳から満 18 歳に引き下げられたことに伴い,2022（令和 4）年 4 月 1 日からは「18 歳未満」となる。平成 30 年法律第 59 号附則 12 条参照。

子を生後認知した場合，民法784条の規定にかかわらず，国籍法2条1号が適用される場面での認知の遡及効は認められないというのが判例となっており[2]，そのため，日本人父が生後認知した子のうち，準正子と非準正子との間に，届出による国籍取得の可否についての区別（以下「本件区別」という）が生じることとなった。

　本章で取り上げる2008（平成20）年6月4日の最高裁大法廷判決は，本件区別を合理的な理由のない差別であるとし，かかる区別を生じさせている国籍法3条1項の規定は憲法14条1項に違反する旨を判示したものである。この判決は，2005（平成17）年の在外日本国民選挙権訴訟判決[3]に次ぐ，最高裁として八つ目の法令違憲判決であるとともに，同判決と同じく法律の規定の一部を違憲と判断した例としても注目に値する。そして，このように，国籍取得要件の一部を無効とした結果，残りの要件のみで国籍取得を認めることができるかどうかについて，これを肯定したこと，また，国籍法3条1項の立法当時とは内外の社会的環境等が変化したことを理由に違憲判断を下したことなど，本判決は，国籍取得に関する差別問題を超えて，裁判所による違憲審査権行使のあり方自体について種々論議を呼ぶものとなっている。

　以下においては，これらの点に留意しつつ，本判決を読み直し，その意義と問題点を改めて確認することにしたい。

II　判決の紹介

1　事実の概要

　X（原告，被控訴人，上告人）は，法律上の婚姻関係にない日本国籍を有する父と在留期間を超過してわが国に在留していたフィリピン共和国籍を有す

2）　最二小判平成9・10・17民集51巻9号3925頁，最二小判平成14・11・22訟月50巻4号1325頁参照。もっとも，上記平成9年判決は，生後認知された場合であっても，「客観的にみて，戸籍の記載上嫡出の推定がされなければ日本人である父により胎児認知がされたであろうと認めるべき特段の事情がある場合には」，胎児認知された場合に準じて国籍法2条1号の適用を認めるのが相当として，同号による生来的な日本国籍の取得を認めた。その後，同様に例外的な国籍取得を認めた例として，最一小判平成15・6・12家月56巻1号107頁がある。

3）　最大判平成17・9・14民集59巻7号2087頁。本書第16章参照。

る母との間に生まれた未成年の男児であるが，出生後にこの日本人父から認知を受けたことを理由に法務大臣宛てに国籍取得届を提出したところ，国籍取得の要件を満たしていないとの通知を受けたため，国籍法3条1項の規定は憲法14条1項に違反するなどと主張して，Xが日本国籍を有していることの確認を求めて出訴した。なお，本件訴訟に先行してXの母およびXに対して行われた退去強制手続における法務大臣裁決（出入国管理及び難民認定法49条に基づくXらの異議の申出は理由がない旨の裁決）および入国管理局主任審査官の退去強制令書発付処分の取消しを求める訴訟が提起され，本件訴訟と併合審理されていたが，これらの事件は，訴訟進行中にXらに在留特別許可が付与されたことにより訴えが取り下げられ，終了した。

　第1審判決（東京地判平成17・4・13）[4]は，国籍の伝来的取得については日本国民との間に法律上の親子関係が生じたことに加え，わが国との間に一定の結びつきが存することを要求したのが国籍法3条1項の規定であり，そのこと自体には合理性が認められること，また，わが国との間に国籍取得を認めるに足りる結びつきが存するかどうかを判定する指標として，日本国民である親とその認知を受けた子を含む家族関係が成立し共同生活が成立している点を捉えること自体にも一応の合理性を認めることができるとした上で，このような家族関係および共同生活は，父母の間に法律上の婚姻関係が成立した場合にのみ営まれるものではなく，いわゆる内縁関係として事実上の婚姻関係（これにはいわゆる重婚的なものを含む）が成立している場合にも営まれるものであるところ，日本国民の認知を受けた非嫡出子がわが国との間で国籍取得を認めるに足りる結びつきを有しているかどうかという観点から考えた場合，その父母が法律上の婚姻関係を成立させているかどうかによってその取扱いを異にするだけの合理的な理由があるものと認めることは困難であり，日本国民を親とする家族の一員となっている非嫡出子について父母の間に法律上の婚姻関係が成立していないことを理由に国籍取得を否定することは，わが国との結びつきに着眼するという国籍法3条1項本来の趣旨から逸脱し，準正子と非嫡出子との間に国籍取得の可否について合理的な理由のない区別を生じさせるものであり，国籍法3条1項は，この点において憲法

4）　判時1890号27頁。

14条1項に違反するとした。そして，国籍法3条1項の「父母の婚姻」という文言は，法律上の婚姻に限定されず内縁関係を含む趣旨に解すべきであるが，他方，「嫡出子」という文言は，父母の法律上の婚姻を前提としているから「嫡出」の部分は一部無効と解するほかはないとし，Xは，「嫡出」部分を除いた国籍法3条を根拠に，届出によって日本国籍を取得したものとして，国籍を有することの確認を求めるXの請求を認容した。

これに対して，第2審判決（東京高判平成18・2・28)[5]は，国籍法3条1項の国籍取得要件である「婚姻」に事実上の婚姻関係が含まれるとの拡張ないし類推解釈をすることは許されず，また，Xの主張を，同項のうち「婚姻」ないし「嫡出子」を要件とする部分だけを違憲無効とし，もって同項を拡張ないし類推解釈すべきであるとの主張と解しても，結局，裁判所に国籍法に定めのない国籍取得の要件の創設を求めるものにほかならず，裁判所がこのような国会の本来的機能である立法作用を行うことは許されないとし，Xの違憲無効の主張は，仮にこれが肯定されたとしても，同項の規定の効力が失われるだけで，Xが日本国籍を有することの確認を求める本件請求を認める根拠とはなりえないから，これに対する判断を示すことは，具体的な紛争の解決に直接かかわりのない事項について一般的に憲法判断を示すこととなり，憲法81条の趣旨に反して許されないと述べ，憲法判断を示すことなく，Xの日本国籍の取得を否定し，Xの控訴を棄却した。

Xが上告したところ，本件は最高裁第一小法廷から大法廷に回付され，大法廷は，次のように述べて，国籍法3条1項の規定の一部を違憲無効とし，残りの部分に基づいてXに日本国籍の取得を認めた。

2　判　旨

（4　国籍法3条1項による国籍取得の区別の憲法適合性について）

(1)「憲法14条1項は，法の下の平等を定めており，この規定は，事柄の性質に即応した合理的な根拠に基づくものでない限り，法的な差別的取扱いを禁止する趣旨であると解すべきことは，当裁判所の判例とするところである（最高裁昭和37年（オ）第1472号同39年5月27日大法廷判決・民集18

---

[5]　家月58巻6号47頁。

巻4号676頁，最高裁昭和45年(あ)第1310号同48年4月4日大法廷判決・刑集27巻3号265頁等)。

　憲法10条は，『日本国民たる要件は，法律でこれを定める。』と規定し，これを受けて，国籍法は，日本国籍の得喪に関する要件を規定している。憲法10条の規定は，国籍は国家の構成員としての資格であり，国籍の得喪に関する要件を定めるに当たってはそれぞれの国の歴史的事情，伝統，政治的，社会的及び経済的環境等，種々の要因を考慮する必要があることから，これをどのように定めるかについて，立法府の裁量判断にゆだねる趣旨のものであると解される。しかしながら，このようにして定められた日本国籍の取得に関する法律の要件によって生じた区別が，合理的理由のない差別的取扱いとなるときは，憲法14条1項違反の問題を生ずることはいうまでもない。すなわち，立法府に与えられた上記のような裁量権を考慮しても，なおそのような区別をすることの立法目的に合理的な根拠が認められない場合，又はその具体的な区別と上記の立法目的との間に合理的関連性が認められない場合には，当該区別は，合理的な理由のない差別として，同項に違反するものと解されることになる。

　日本国籍は，我が国の構成員としての資格であるとともに，我が国において基本的人権の保障，公的資格の付与，公的給付等を受ける上で意味を持つ重要な法的地位でもある。一方，父母の婚姻により嫡出子たる身分を取得するか否かということは，子にとっては自らの意思や努力によっては変えることのできない父母の身分行為に係る事柄である。したがって，このような事柄をもって日本国籍取得の要件に関して区別を生じさせることに合理的な理由があるか否かについては，慎重に検討することが必要である」。

　(2)ア　「国籍法3条の規定する届出による国籍取得の制度は，法律上の婚姻関係にない日本国民である父と日本国民でない母との間に出生した子について，父母の婚姻及びその認知により嫡出子たる身分を取得すること（以下「準正」という。）のほか同条1項の定める一定の要件を満たした場合に限り，法務大臣への届出によって日本国籍の取得を認めるものであり，日本国民である父と日本国民でない母との間に出生した嫡出子が生来的に日本国籍を取得することとの均衡を図ることによって，同法の基本的な原則である血統主

義を補完するものとして，昭和 59 年法律第 45 号による国籍法の改正において新たに設けられたものである。

　そして，国籍法 3 条 1 項は，日本国民である父が日本国民でない母との間の子を出生後に認知しただけでは日本国籍の取得を認めず，準正のあった場合に限り日本国籍を取得させることとしており，これによって本件区別が生じている。このような規定が設けられた主な理由は，日本国民である父が出生後に認知した子については，父母の婚姻により嫡出子たる身分を取得することによって，日本国民である父との生活の一体化が生じ，家族生活を通じた我が国社会との密接な結び付きが生ずることから，日本国籍の取得を認めることが相当であるという点にあるものと解される。また，上記国籍法改正の当時には，父母両系血統主義を採用する国には，自国民である父の子について認知だけでなく準正のあった場合に限り自国籍の取得を認める国が多かったことも，本件区別が合理的なものとして設けられた理由であると解される」。

　イ　「日本国民を血統上の親として出生した子であっても，日本国籍を生来的に取得しなかった場合には，その後の生活を通じて国籍国である外国との密接な結び付きを生じさせている可能性があるから，国籍法 3 条 1 項は，同法の基本的な原則である血統主義を基調としつつ，日本国民との法律上の親子関係の存在に加え我が国との密接な結び付きの指標となる一定の要件を設けて，これらを満たす場合に限り出生後における日本国籍の取得を認めることとしたものと解される。このような目的を達成するため準正その他の要件が設けられ，これにより本件区別が生じたのであるが，本件区別を生じさせた上記の立法目的自体には，合理的な根拠があるというべきである。

　また，国籍法 3 条 1 項の規定が設けられた当時の社会通念や社会的状況の下においては，日本国民である父と日本国民でない母との間の子について，父母が法律上の婚姻をしたことをもって日本国民である父との家族生活を通じた我が国との密接な結び付きの存在を示すものとみることには相応の理由があったものとみられ，当時の諸外国における前記のような国籍法制の傾向にかんがみても，同項の規定が認知に加えて準正を日本国籍取得の要件としたことには，上記の立法目的との間に一定の合理的関連性があったものとい

うことができる」。

　ウ　「しかしながら，その後，我が国における社会的，経済的環境等の変化に伴って，夫婦共同生活の在り方を含む家族生活や親子関係に関する意識も一様ではなくなってきており，今日では，出生数に占める非嫡出子の割合が増加するなど，家族生活や親子関係の実態も変化し多様化してきている。このような社会通念及び社会的状況の変化に加えて，近年，我が国の国際化の進展に伴い国際的交流が増大することにより，日本国民である父と日本国民でない母との間に出生する子が増加しているところ，両親の一方のみが日本国民である場合には，同居の有無など家族生活の実態においても，法律上の婚姻やそれを背景とした親子関係の在り方についての認識においても，両親が日本国民である場合と比べてより複雑多様な面があり，その子と我が国との結び付きの強弱を両親が法律上の婚姻をしているか否かをもって直ちに測ることはできない。これらのことを考慮すれば，日本国民である父が日本国民でない母と法律上の婚姻をしたことをもって，初めて子に日本国籍を与えるに足りるだけの我が国との密接な結び付きが認められるものとすることは，今日では必ずしも家族生活等の実態に適合するものということはできない。

　また，諸外国においては，非嫡出子に対する法的な差別的取扱いを解消する方向にあることがうかがわれ，我が国が批准した市民的及び政治的権利に関する国際規約及び児童の権利に関する条約にも，児童が出生によっていかなる差別も受けないとする趣旨の規定が存する。さらに，国籍法3条1項の規定が設けられた後，自国民である父の非嫡出子について準正を国籍取得の要件としていた多くの国において，今日までに，認知等により自国民との父子関係の成立が認められた場合にはそれだけで自国籍の取得を認める旨の法改正が行われている。

　以上のような我が国を取り巻く国内的，国際的な社会的環境等の変化に照らしてみると，準正を出生後における届出による日本国籍取得の要件としておくことについて，前記の立法目的との間に合理的関連性を見いだすことがもはや難しくなっているというべきである」。

　エ　「一方，国籍法は，前記のとおり，父母両系血統主義を採用し，日本

国民である父又は母との法律上の親子関係があることをもって我が国との密接な結び付きがあるものとして日本国籍を付与するという立場に立って，出生の時に父又は母のいずれかが日本国民であるときには子が日本国籍を取得するものとしている（2条1号）。その結果，日本国民である父又は母の嫡出子として出生した子はもとより，日本国民である父から胎児認知された非嫡出子及び日本国民である母の非嫡出子も，生来的に日本国籍を取得することとなるところ，同じく日本国民を血統上の親として出生し，法律上の親子関係を生じた子であるにもかかわらず，日本国民である父から出生後に認知された子のうち準正により嫡出子たる身分を取得しないものに限っては，生来的に日本国籍を取得しないのみならず，同法3条1項所定の届出により日本国籍を取得することもできないことになる。このような区別の結果，日本国民である父から出生後に認知されたにとどまる非嫡出子のみが，日本国籍の取得について著しい差別的取扱いを受けているものといわざるを得ない。

　日本国籍の取得が，前記のとおり，我が国において基本的人権の保障等を受ける上で重大な意味を持つものであることにかんがみれば，以上のような差別的取扱いによって子の被る不利益は看過し難いものというべきであり，このような差別的取扱いについては，前記の立法目的との間に合理的関連性を見いだし難いといわざるを得ない。とりわけ，日本国民である父から胎児認知された子と出生後に認知された子との間においては，日本国民である父との家族生活を通じた我が国社会との結び付きの程度に一般的な差異が存するとは考え難く，日本国籍の取得に関して上記の区別を設けることの合理性を我が国社会との結び付きの程度という観点から説明することは困難である。また，父母両系血統主義を採用する国籍法の下で，日本国民である母の非嫡出子が出生により日本国籍を取得するにもかかわらず，日本国民である父から出生後に認知されたにとどまる非嫡出子が届出による日本国籍の取得すら認められないことには，両性の平等という観点からみてその基本的立場に沿わないところがあるというべきである」。

　オ　「上記，ウ，エで説示した事情を併せ考慮するならば，国籍法が，同じく日本国民との間に法律上の親子関係を生じた子であるにもかかわらず，上記のような非嫡出子についてのみ，父母の婚姻という，子にはどうするこ

ともできない父母の身分行為が行われない限り，生来的にも届出によっても日本国籍の取得を認めないとしている点は，今日においては，立法府に与えられた裁量権を考慮しても，我が国との密接な結び付きを有する者に限り日本国籍を付与するという立法目的との合理的関連性の認められる範囲を著しく超える手段を採用しているものというほかなく，その結果，不合理な差別を生じさせているものといわざるを得ない」。

カ 「確かに，日本国民である父と日本国民でない母との間に出生し，父から出生後に認知された子についても，国籍法8条1号所定の簡易帰化により日本国籍を取得するみちが開かれている。しかしながら，帰化は法務大臣の裁量行為であり，同号所定の条件を満たす者であっても当然に日本国籍を取得するわけではないから，これを届出による日本国籍の取得に代わるものとみることにより，本件区別が前記立法目的との間の合理的関連性を欠くものでないということはできない。

なお，日本国民である父の認知によって準正を待たずに日本国籍の取得を認めた場合に，国籍取得のための仮装認知がされるおそれがあるから，このような仮装行為による国籍取得を防止する必要があるということも，本件区別が設けられた理由の一つであると解される。しかし，そのようなおそれがあるとしても，父母の婚姻により子が嫡出子たる身分を取得することを日本国籍取得の要件とすることが，仮装行為による国籍取得の防止の要請との間において必ずしも合理的関連性を有するものとはいい難く，上記オの結論を覆す理由とすることは困難である」。

(3) 「以上によれば，本件区別については，これを生じさせた立法目的自体に合理的な根拠は認められるものの，立法目的との間における合理的関連性は，我が国の内外における社会的環境の変化等によって失われており，今日において，国籍法3条1項の規定は，日本国籍の取得につき合理性を欠いた過剰な要件を課するものとなっているというべきである。しかも，本件区別については，前記(2)エで説示した他の区別も存在しており，日本国民である父から出生後に認知されたにとどまる非嫡出子に対して，日本国籍の取得において著しく不利益な差別的取扱いを生じさせているといわざるを得ず，国籍取得の要件を定めるに当たって立法府に与えられた裁量権を考慮しても，

この結果について，上記の立法目的との間において合理的関連性があるものということはもはやできない。
　そうすると，本件区別は，遅くとも上告人が法務大臣あてに国籍取得届を提出した当時には，立法府に与えられた裁量権を考慮してもなおその立法目的との間において合理的関連性を欠くものとなっていたと解される。
　したがって，<u>上記時点において，本件区別は合理的な理由のない差別となっていたといわざるを得ず，国籍法3条1項の規定が本件区別を生じさせていることは，憲法14条1項に違反するものであったというべきである</u>」。
（5　本件区別による違憲の状態を前提として上告人に日本国籍の取得を認めることの可否）
　(1)「以上のとおり，国籍法3条1項の規定が本件区別を生じさせていることは，遅くとも上記時点以降において憲法14条1項に違反するといわざるを得ないが，国籍法3条1項が日本国籍の取得について過剰な要件を課したことにより本件区別が生じたからといって，本件区別による違憲の状態を解消するために同項の規定自体を全部無効として，準正のあった子（以下「準正子」という。）の届出による日本国籍の取得をもすべて否定することは，血統主義を補完するために出生後の国籍取得の制度を設けた同法の趣旨を没却するものであり，立法者の合理的意思として想定し難いものであって，採り得ない解釈であるといわざるを得ない。そうすると，準正子について届出による日本国籍の取得を認める同項の存在を前提として，本件区別により不合理な差別的取扱いを受けている者の救済を図り，本件区別による違憲の状態を是正する必要があることになる」。
　(2)「このような見地に立って是正の方法を検討すると，憲法14条1項に基づく平等取扱いの要請と国籍法の採用した基本的な原則である父母両系血統主義とを踏まえれば，日本国民である父と日本国民でない母との間に出生し，父から出生後に認知されたにとどまる子についても，血統主義を基調として出生後における日本国籍の取得を認めた同法3条1項の規定の趣旨・内容を等しく及ぼすほかはない。すなわち，このような子についても，父母の婚姻により嫡出子たる身分を取得したことという部分を除いた同項所定の要件が満たされる場合に，届出により日本国籍を取得することが認められるも

のとすることによって，同項及び同法の合憲的で合理的な解釈が可能となるものということができ，この解釈は，本件区別による不合理な差別的取扱いを受けている者に対して直接的な救済のみちを開くという観点からも，相当性を有するものというべきである。

そして，上記の解釈は，本件区別に係る違憲の瑕疵を是正するため，国籍法3条1項につき，同項を全体として無効とすることなく，過剰な要件を設けることにより本件区別を生じさせている部分のみを除いて合理的に解釈したものであって，その結果も，準正子と同様の要件による日本国籍の取得を認めるにとどまるものである。この解釈は，日本国民との法律上の親子関係の存在という血統主義の要請を満たすとともに，父が現に日本国民であることなど我が国との密接な結び付きの指標となる一定の要件を満たす場合に出生後における日本国籍の取得を認めるものとして，同項の規定の趣旨及び目的に沿うものであり，この解釈をもって，裁判所が法律にない新たな国籍取得の要件を創設するものであって国会の本来的な機能である立法作用を行うものとして許されないと評価することは，国籍取得の要件に関する他の立法上の合理的な選択肢の存在の可能性を考慮したとしても，当を得ないものというべきである。

したがって，<u>日本国民である父と日本国民でない母との間に出生し，父から出生後に認知された子は，父母の婚姻により嫡出子たる身分を取得したという部分を除いた国籍法3条1項所定の要件が満たされるときは，同項に基づいて日本国籍を取得することが認められるというべきである</u>」。

なお，本判決には，国籍法3条1項により生じた差別が憲法14条1項に違反しないというためには強度の正当化事由が必要であって，国籍法3条1項の立法目的が重要なものであり，この立法目的と「父母の婚姻」により嫡出子たる身分を取得することを要求するという手段との間に事実上の実質的関連性の存することが必要であるとする泉徳治裁判官の補足意見，国籍法3条は血統主義の原則を認めつつ準正要件を備えない者を除外した規定であり，同法3条1項が準正子と非準正子とを差別していることが平等原則に反し違憲であるとした場合には，非準正子も準正子と同様に国籍取得を認められるべきであるとすることも法律の合憲的な解釈として十分成り立ちうるとする

今井功裁判官の補足意見（那須弘平，涌井紀夫裁判官同調），実際に国籍取得の可否が問題となる対象者のほとんどは未就学児または学齢児童・生徒であり，教育を受ける権利や社会保障を受ける権利の行使の可否がより重要であること，生後認知子における準正子と非準正子との区別の問題と並んで生後認知子と胎児認知子との間の区別の問題も憲法14条1項との関係で同様に重要であることに注意を喚起する田原睦夫裁判官の補足意見，立法政策上の判断によって準正要件に代わる他の要件を付加することはそれが憲法に適合している限り許されるとする近藤崇晴裁判官の補足意見，本件における非準正子の差別という違憲状態は立法不作為によるものであり，その解消は第一次的に立法府の手に委ねられるべきものであるが，本件のように著しく不合理な差別を受けている者を個別的な訴訟の範囲内で救済するために，立法府が既に示している基本的判断に抵触しない範囲で司法権が現行法の合理的拡張解釈により違憲状態の解消を目指すことは全く許されないことではないとする藤田宙靖裁判官の意見，国籍法3条1項に違憲の廉はなく，本件について裁判により国籍を認めることは司法権の限界との関係で問題があるとする横尾和子，津野修，古田佑紀裁判官の共同反対意見，国籍法が立法不作為により非準正子に対し届出による国籍取得の道を閉ざしていることは違憲であるが，その解消は国会に委ねられるべきであるとする甲斐中辰夫，堀籠幸男裁判官の共同反対意見が付されている。

III 分析と検討

　本判決について注目されるのは，次の諸点である。第1に，国籍法3条1項が本件区別を生じさせていることを憲法14条1項に違反すると判示し，かかる区別を生じさせている国籍法3条1項の準正要件の部分を違憲無効としたことである。第2に，そのように判断するにあたって，国内的・国際的な社会的環境等の変化をその主要な根拠としたことである。第3に，国籍法3条1項の準正要件の部分を除いた同項所定の要件が満たされる場合には届出による日本国籍の取得が認められるとしたことである。
　以下，順次検討する。

1　国籍法3条1項と憲法14条1項

　本判決は，国籍法3条1項の規定が本件区別を生じさせていることが憲法14条1項に違反するという判示の仕方をしている。これは，本件区別が日本国民である父から出生後に認知されたにとどまる非嫡出子に対して日本国籍の取得において著しく不利益な差別的取扱いをもたらし，合理的な理由のない差別となっていることから，このような区別を生じさせている点において国籍法3条1項は憲法14条1項に違反する旨を述べたものと解される。したがって，本判決は，国籍法3条1項の規定について法令違憲の判断を下したもの，より厳密にいえば，上記のような効果を生ぜしめている同条項の要件部分を違憲と判断した法令の規定の一部違憲の事例であるといってよいであろう[6]。

　憲法14条1項については，同項後段の列挙事項は例示的なものであって必ずしもそれに限るものではなく，また，同項の平等の要請は事柄の性質に即応した合理的な根拠に基づくものでない限り差別的な取扱いをすることを禁止する趣旨であると解するのが一貫した判例の立場である[7]。これに対し

---

6) たしかに，本判決は，国籍法3条1項の規定の準正要件を定めた部分が違憲であるとは一言もいっていない。しかし，「父母の婚姻により嫡出子たる身分を取得したことという部分」あるいは「過剰な要件を設けることにより本件区別を生じさせている部分」を除いた同項の合理的解釈による当事者救済を説いていること（民集62巻6号1378頁）から見て，本判決は，国籍法の規定の一部を（文言の可分性を前提として）違憲無効としたものと解される。法律の規定の一部を違憲無効とした例としては，先に本文で触れた在外選挙権訴訟判決のほかに，郵便法違憲判決（最大判平成14・9・11民集56巻7号1439頁。本書第1章）がある。しかし，この判決は，（文言が可分でないことを前提として）規定のもちうる意味の一部を違憲とした例であり，本判決や在外選挙権訴訟判決とはひとまず区別される（宍戸常寿「司法審査」法時81巻1号76頁，80頁〔2009年〕も同旨と思われる）。もっとも，規定の意味の一部を切り取る結果となる点でどちらも異なるところはない。長谷部恭男「国籍法違憲判決の思考形式」ジュリ1366号77頁，83頁（2008年）は，本判決の違憲判断を郵便法違憲判決のそれと同型の判断として捉えている。
7) 最大判昭和39・5・27民集18巻4号676頁（待命処分無効確認判定等取消請求事件判決），最大判昭和48・4・4刑集27巻3号265頁（尊属殺重罰規定違憲判決。本書第6章）参照。最大決平成7・7・5民集49巻7号1789頁（非嫡出子相続分差別事件決定）は，これを若干敷衍して，憲法14条1項の規定は「合理的な理由のない差別を禁止する趣旨のものであって，各人に存する経済的，社会的その他種々の事実関係上の差異を理由としてその法的取扱いに区別を設けることは，その区別が合理性を有する限り，何ら右規定に違反するものではない」としている。本判決は，上記の最初の2判決のみを引き，平成7年決定を明示的に引用してはいないが，異なる趣旨をいうものではないと思われる。

て，学説では，憲法14条1項後段の列挙事項は単なる例示ではなく，「民主主義の理念に照らし，原則として不合理なもの」，あるいは特に「疑わしい範疇」として列挙されたものであるとし，これらの事項に格別の意義を認める立場が有力である[8]。それによれば，これらの事項に基づく別扱いの憲法適合性が争われる場合には，立法目的が必要不可欠なもので，当該区別が立法目的達成手段として当の目的と厳密に対応するものであることを要求する厳格審査の基準，または，立法目的が重要なもので，当該区別が立法目的達成手段として当の目的との間に事実上の実質的関連性を有するものであることを要求する厳格な合理性の基準を適用して判断すべきであるとされる[9]。本判決に付された泉裁判官の補足意見は，本件区別は憲法14条1項に掲げられた「社会的身分」および「性別」を理由とするものであるから，それが同項に違反しないというためには，国籍法3条1項の立法目的が国にとり重要なものであり，この立法目的と「父母の婚姻」により嫡出子たる身分を取得することを要求するという手段との間に事実上の実質的関連性の存することが必要であるとし，国籍法3条1項の立法目的自体は正当なものといえるが，この立法目的と上記の手段との間には事実上の実質的関連性があるとはいい難いとして違憲の結論を導いており，学説上の有力説に与するものと思われる[10]。

　それでは，本判決自体はどうであったか。本判決は，憲法14条1項の趣旨については，合理的理由のない差別を禁止したものという先例の理解を再確認し，日本国籍の取得に関する法律の要件によって生じた区別が合理的理由のない差別的取扱いとなるか否かについては，「そのような区別をすることの立法目的に合理的な根拠が認められない場合，又はその具体的な区別と

---

[8] 芦部信喜＝高橋和之補訂『憲法〔第7版〕』135頁（岩波書店，2019年），佐藤幸治『憲法〔第3版〕』471頁（青林書院，1995年），伊藤正己『憲法〔第3版〕』249〜50頁（弘文堂，1995年）等参照。

[9] 芦部＝高橋補訂・前出注8)136頁，伊藤・前出注8)249〜50頁参照。もっとも，後段列挙事項の中でこのような区別がされるべき理由は必ずしも明確ではない。佐藤（幸）・前出注8)478頁は，同様の疑問を呈しつつも，列挙事項について，「機械的に『厳格な審査』テストをあてはめるのではなく，当該テストが共通して妥当すべき文脈を特定化する努力は必要である」という。

[10] 民集62巻6号1380〜82頁参照。

上記の立法目的との間に合理的な関連性が認められない場合には，当該区別は，合理的な理由のない差別として，同項に違反するものと解されることになる」[11]という判断枠組みを提示し，それに基づいて違憲判断を導いている。特に非嫡出子が後段列挙事項のいずれに該当するかを詮索することもしていない。したがって，本判決は，やはり上記の有力説とは一線を画し，基本的に従来の判例の立場を踏襲したものと見るのが正当であろう。

ただ，ここで注意を引かれるのは，本判決が，「日本国籍は，我が国の構成員としての資格であるとともに，我が国において基本的人権の保障，公的資格の付与，公的給付等を受ける上で意味を持つ重要な法的地位でもある」こと，また，「父母の婚姻により嫡出子たる身分を取得するか否かということは，子にとっては自らの意思や努力によっては変えることのできない父母の身分行為に係る事柄である」ことを指摘して，このような事柄により日本国籍取得の要件に関して区別を生じさせることに合理的な理由があるか否かについては「慎重に検討することが必要である」と述べていることである[12]。そして，事実，本判決は，本件区別を生じさせた国籍法3条1項の立法目的自体には合理的根拠があり，また，立法当時，同項の規定が認知に加えて準正を日本国籍取得の要件としたこととこの立法目的との間には一定の合理的関連性があったとしながらも，さらに，その後の国内的・国際的な社会的環境等の変化に説き及び，日本国民である父から出生後に認知されたにとどまる非嫡出子のみが日本国籍の取得について著しい差別的取扱いを受けているとして，結局，合理的関連性を否定するに至っている[13]。その意味では，本判決は，憲法14条1項適合性の有無について比較的厳密な審査を行ったものといってよいであろう[14]。しかし，それは，大法廷が新たな

---

11) 同1371〜72頁。
12) 同1372頁参照。
13) 同1372〜77頁参照。
14) 本判決の判断枠組みが「憲法学で差別の合理性を判断する場合の枠組みとして議論しているところに非常に近づいてきた」という指摘もされている（鼎談「国籍法違憲判決をめぐって」ジュリ1366号44頁，55頁〔2008年〕〔髙橋和之発言〕参照）。同旨の指摘として，長谷部・前出注6)78頁，市川正人「最新判例批評」判評599号（判時2021号）2頁，4頁（2008年）参照。なお，青柳幸一「差別の直接的救済と司法の使命」筑波ロー・ジャーナル5号1頁，20頁（2009年），飯田稔「国籍取得阻害要件の合憲性」亜細亜法学44巻1号255頁，270頁（2009年）も参照。

533

違憲審査基準を採用したということではなく，先例に従って，本件区別が「事柄の性質に即応した」合理的な差別的取扱いに当たるか否かを「慎重に検討」したまでのことではないかと思われる[15]。刑法 200 条の尊属殺重罰規定について，立法目的の合理性を認めつつ，刑罰の加重の程度が極端で，立法目的達成手段として甚だしく均衡を失するとして同規定を違憲とした1973（昭和 48）年の大法廷判決[16]は，内外の状況の変化を見据えた上で，「事柄の性質に即応した」合理的な差別的取扱いに当たるか否かを「慎重に検討」した先例と見ることができよう。ただし，この判決の判断枠組みはさほど明確なものではなかった。本判決の意義は，区別をすることの立法目的の合理性，その具体的区別と目的との間の合理的関連性の審査という判断枠組みを明示した上で，この関連性を厳密に審査した点にあるといえよう[17]。

ところで，国籍法は，戦後の日本国憲法の制定とそれに基づく民法の部分的改正等に対応するため，1950（昭和 25）年に制定され，出生による国籍取得については旧国籍法（明治 32 年法律第 66 号）の父系血統主義を維持したが，出生後の国籍取得については，旧国籍法と違って，帰化だけを認め，婚姻，認知，養子縁組等の身分行為に基づく国籍取得を認めないこととしていた[18]。周知の通り，父系血統主義については，それが性別による差別に当たるのではないかが争われたが[19]，その後，女子差別撤廃条約への加入に際して国籍法が改正され（昭和 59 年法律第 45 号），父系血統主義に替えて父母両系血統主義が採用された。そして，それと同時に，出生による国籍取得

15) 学説の審査基準論を前提に，それをそのまま本判決に当てはめて判旨を論評することには慎重であるべきであろう。石川健治「国籍法違憲大法廷判決をめぐって(3)」法教 346 号 7 頁，11～12 頁（2009 年）は，本判決が合理的区別論によりつつ，事案の本質を「属性による差別」問題と捉えた上で，国籍法により「子にとっては自らの意思や努力によっては変えることのできない」客観的な条件が賦課された事案であるという「事柄の性質」を考慮に入れて，より厳格度の高い審査を行ったものと見ている。また，松本和彦「国籍法 3 条 1 項の違憲性」民商 140 巻 1 号 59 頁，73 頁（2009 年）は，本判決が特定の審査基準の設定に関心があったかどうかを疑い，むしろ本判決は「法令の合憲性を支える論拠と違憲性を推定させる論拠をそれぞれ積み上げ，相互に『慎重に検討』しているだけではないか」と評する。なお，木村草太『平等なき平等条項論』263 頁（東京大学出版会，2008 年）も参照。
16) 最大判昭和 48・4・4 刑集 27 巻 3 号 265 頁。
17) 石川・前出注 15)13 頁は，本判決の枠組みを比例原則そのものと捉えた上で，平等原則と比例原則との間には想定する社会関係の不適合という根本的な問題が横たわっていることに注意を喚起している。
18) 江川英文＝山田鐐一＝早田芳郎『国籍法〔第 3 版〕』38 頁（有斐閣，1997 年）参照。

を補完する制度として，準正により日本国民の嫡出子たる身分を取得した者について届出による国籍取得の制度が新設された。これは，父母両系血統主義の下では，日本国民である母の子は，父が外国人であっても，嫡出または非嫡出の如何を問わず，出生により日本国籍を取得するのに反し，日本国民である父の子は，母が外国人であれば，出生時に父子関係が確定している場合（子が嫡出子である場合または父から胎児認知されている場合）でなければ，出生により日本国籍を取得しないこととなり，同じく日本国民である父の子でありながら，父母の婚姻が子の出生の前か後かによって子の国籍に大きな差異が生じること，また，日本国民である父の準正子は，父母の婚姻によって嫡出子たる身分を取得したことにより，通常は日本国民の正常な家族関係に包摂され，わが国との真実の結合関係を有することが明らかとなったものであるから，その者の意思により簡易に日本国籍を付与することが実質上適当であること，を理由とするものであった[20]。こうして，日本国民である父の生来的な嫡出子と準正子との間での国籍取得に関する均衡が図られたのであるが，その反面，日本国民である父が生後認知した子のうち，準正子と非準正子との間に届出による国籍取得に関する区別（本件区別）が生じることとなった。

　国籍法3条1項の制定当時は，かかる区別を正当化する根拠として，準正子と非準正子とでは日本国民の家族関係への包摂ないしわが国との結びつきの強さに違いがあること，認知のみによって日本国籍の取得を認めると国籍取得のための仮装認知が生じるおそれがあること，父母両系血統主義を採る国の中では準正の場合に限って国籍取得を認める例が多いこと，が掲げられていた[21]。当時，同法3条1項については，立法論として疑問が提起されていた[22]ものの，憲法論が十分展開された形跡はない。この条項の憲法14条1項適合性が本格的に議論されるようになるのは，のちの具体の訴訟提起

---

19) 鳥居淳子「両性の平等と国籍法」ジュリ725号52頁（1980年），山本敬三「国籍法と男女平等」法時53巻8号8頁（1981年），沢木敬郎「国籍法2条合憲判決と国籍法改正」ジュリ741号100頁（1981年）等参照。裁判例として，東京地判昭和56・3・30判時996号23頁，東京高判昭和57・6・23行集33巻6号1367頁参照。

20) 細川清「国籍法の一部を改正する法律の概要」民月39巻6号3頁，16頁（1984年），黒木忠正＝細川清『外事法・国籍法』304頁（ぎょうせい，1988年）参照。

21) 江川＝山田＝早田・前出注18)88頁参照。

を通じてであった。

　この点で重要なのが，最高裁平成14年11月22日第二小法廷判決[23]である。この判決は，法律上の婚姻関係にない日本人である父とフィリピン人である母との間に出生し，父から生後認知された子が，出生の時に遡って日本国籍を取得したものとして，国籍を有することの確認と損害賠償を請求した事案に関するものであるが，①国籍法2条1号の適用において認知の遡及効を否定することが，嫡出子と非嫡出子，胎児認知された非嫡出子と生後認知された非嫡出子との間で国籍取得に関する差別をするものとして憲法14条1項に違反しないか，②認知の遡及効を否定する根拠とされる国籍法3条は，嫡出子と非嫡出子との間で国籍取得に関する差別をするものとして憲法14条1項に違反しないか，が争点となった。平成14年判決は，①については，国籍法2条1号の採用する父母両系血統主義は，単なる人間の生物学的出自を示す血統を絶対視するものではなく，子の出生時に日本国民である父または母と法律上の親子関係があることをもってわが国と密接な関係があるとして国籍を付与しようとするものであるとし，生来的な国籍の取得はできる限り子の出生時に確定的に決定されることが望ましいという国籍の浮動性防止の要請の観点から同号が認知の遡及効を否定し出生後の認知だけでは日本国籍の生来的な取得を認めないものとしていることには合理的な根拠があり，同号は憲法14条1項に違反しないと判断したが，②については，仮に国籍法3条の規定の全部または一部が違憲無効であるとしても，日本国籍の生来的な取得を主張する上告人の請求が基礎づけられるものではないから，論旨は原判決の結論に影響しない事項についての違憲を主張するものにすぎないとして，これを退けた[24]。

　注目されるのは，②の争点につき，3人の裁判官が補足意見を付して，国籍法3条の憲法14条1項適合性には疑問の余地がある旨を指摘したことである[25]。とりわけ，梶谷玄，滝井繁男両裁判官の共同補足意見は，この問

22)　座談会「国籍法改正に関する中間試案をめぐって(上)」ジュリ788号12頁，20頁（1983年）（山田鐐一発言），木棚照一「国籍法の改正」法セ359号58頁，60頁（1984年）．江川＝山田＝早田・前出注18)88頁参照．
23)　訟月50巻4号1325頁．
24)　同1330〜31頁．

題を詳しく論じており，重要な意義を有する。それによると，親子関係を通じてわが国と密接な関係を生じる場合に国籍を付与するという基本的立場を採ることには合理性が認められるが，国籍法はそのような立場を国籍取得の要件を定める上で必ずしも貫徹していない。父母が婚姻関係にない場合でも，母が日本人であればその子は常に日本国籍を取得するということを容認しているのであるから，国籍法自身が婚姻という外形を国籍取得の要件を考える上で必ずしも重要な意味をもつものではないとする立場を採っていると解される。また，日本人を父とする非嫡出子であっても父から胎児認知を受ければ一律に日本国籍を取得するのであり，そこでは親子の実質的結合関係は全く問題にされていない。国際化の進展，価値観の多様化に伴い，家族生活の態様も一様ではなくなり，それに応じて子どもとの関係も様々な変容を受けており，婚姻という外形を採ったかどうかによってその緊密さを判断することは必ずしも現実に符合しないし，また，父子関係と母子関係の実質に一般的に差異があるとしても，それは多分に従来の家庭において父親と母親の果たしてきた役割によるところが多く，本来的なものと見うるかは疑問である。他方，国籍の取得は基本的人権の保障を受ける上で重大な意味をもつものであって，本来日本人を親として生まれてきた子どもは等しく日本国籍をもつことを期待しているというべきであり，その期待はできる限り満たされるべきであること，特に嫡出子と非嫡出子とで異なる扱いをすることの合理性に対する疑問が高まっており，両親がその後婚姻したかどうかといった自らの力によって決することのできないことに基づいて差を設けるべきではないこと，わが国が批准した市民的及び政治的権利に関する国際規約（いわゆる自由権規約）24条や児童の権利条約2条にも児童が出生によっていかなる差別も受けないとの趣旨の規定があること，わが国のように国籍の取得において血統主義を採る場合，一定の年齢に達するまでは所定の手続の下に認知による伝来的な国籍取得を求めることによる実際上の不都合が大きいとは考えら

---

25) このうち，亀山継夫裁判官の補足意見は，国籍法2条1号が日本人父から胎児認知された非嫡出子に国籍の生来的取得を認めていることとの対比において，同法3条が認知に加えて「父母の婚姻」を国籍の伝来的取得の要件としたことの合理性には疑問があり，その点が結論に影響する事件においてはこれを問題にせざるをえないことを簡潔に表明するものであった。同1331頁参照。

れず，これを認める立法例も少なくないこと，などを考え合わせると，国籍法3条が準正を非嫡出子の国籍取得の要件とした部分は，日本人を父とする非嫡出子に限って，その両親が出生後婚姻をしない限り，帰化手続によらなければ日本国籍を取得することができないという非嫡出子の一部に対する差別をもたらすこととなるが，このような差別はその立法目的に照らして十分な合理性をもつものということは困難であり，「憲法14条1項に反する疑いが極めて濃い」というのである[26]。

こうして見ると，この補足意見が本判決の法廷意見の形成に影響を与えたであろうことは推測に難くない。ただ，両者の論旨は必ずしも同一ではない。上記補足意見は，そもそも国籍法自体が「親子関係を通じて我が国との密接な関係を生ずる場合に国籍を付与する」という基本的立場を国籍取得の要件を定める上で必ずしも貫徹していないことを指摘しており，一方で婚姻という外形を必ずしも重視せず（日本人母の非嫡出子），また，親子の実質的結合関係を全く問題にしていない（日本人父が胎児認知した非嫡出子）にもかかわらず，日本人である父が生後認知した非嫡出子に限って，その両親がその後婚姻をしない限り，帰化手続によらなければ日本国籍を取得できないとしていることに憲法上の疑義があるとするものであって，国際化の進展や価値観の多様化に伴う家族生活の態様や親子関係の変容という事実への言及はいわばこの立論を補強するために行われているように見える。

これに対して，本判決は，国籍法3条1項が本件区別を生じさせていることについて，それが当初から違憲であったというのではなく，むしろ立法当時は合憲であったけれども，その後の国際的・国内的社会環境等の変化により違憲となったという趣旨を述べており（判旨イ・ウ参照），この点に大きな特徴がある。ところが，本判決は，さらに，国籍法の定めにおいて，日本国民である父から胎児認知された非嫡出子や日本国民である母の非嫡出子に比べて，日本国民である父から生後認知されたにとどまる非嫡出子のみが日本国籍の取得について著しい差別的取扱いを受けることとなっているとし，特に，日本国民である父から胎児認知された子と生後認知された子との間には，日本国民である父との家族生活を通じたわが国社会との結びつきの程度に一

---

26) 同 1331～34 頁。

般的な差異があるとは考え難く，日本国籍の取得に関して上記の区別を設けることの合理性をわが国社会との結びつきの程度という観点から説明することは困難であること，また，父母両系血統主義を採用する国籍法の下で，日本国民である母の非嫡出子が出生により日本国籍を取得するにもかかわらず，日本国民である父から生後認知されたにとどまる非嫡出子が届出による日本国籍の取得すら認められないことには両性の平等という観点から見てその基本的立場に沿わないところがあること，に言及している（判旨エ参照）。そして，本判決は，「上記ウ，エで説示した事情を併せ考慮する」[27]ことによって違憲判断を導いているのである。

しかし，このような本判決の論旨には，率直にいって首をかしげざるをえない。判旨エで言及された差別的取扱いの問題は，国籍法3条1項の制定当時から存在していた問題ではないかということである。本判決は，本件区別以外の区別を取り上げた上で，日本国民である父から生後認知を受けたにとどまる非嫡出子に対する差別的取扱いについては，これにより「子の被る不利益は看過し難いもの」であり，国籍法3条1項の「立法目的との間に合理的関連性を見いだし難い」と述べている[28]。そうだとすれば，国籍法3条1項はかかる不合理な差別的取扱いとなる区別を生じさせている点において当初から違憲無効であったということにならないのであろうか。判旨エにおける説示そのものは問題の所在を的確に指摘するものといえる。しかし，本判決が本件区別を論じたのちに，国籍法の定めの下で生じている本件区別以外の区別の問題に追加的に言及したことが本判決の論旨を分かりにくいものにしていることは否めないと思われる[29]。

---

27) 民集62巻6号1376頁。
28) 同1375頁。
29) 本判決のように，日本人父から胎児認知された子と生後認知された子との間に「我が国社会との結び付きの程度」において一般的な差異があるとは考え難いということを強調するのであれば，国籍取得について後者にのみ届出を求めることも問題たりうるであろう。しかし，本判決は，その点は不問に付している。田原裁判官の補足意見は，（出生により当然に国籍を取得しうる）胎児認知子と（準正がない限り国籍を取得しえない）生後認知子の区別は憲法14条1項に違反すると明言しているが，後者にのみ届出を求めることは立法の合理的裁量の範囲内であり，違憲ではないという（同1388頁，1390〜91頁参照）。奥田安弘『家族と国籍〔補訂版〕』129頁（有斐閣，2003年）は，未成年の間に限定すれば，認知の遡及効を認めても差し支えないであろうと説いている。

2 立法事実の変化と違憲判断

　本判決は,「我が国を取り巻く国内的,国際的な社会的環境等の変化」[30]を指摘し,そのことに基づいて違憲の結論を導き出している。これは,法律の規定の背景にあってこれを支える立法事実の変化に着目し,かかる事実的な基礎の上に立って規定の憲法適合性について判断しようとしたものとして注目に値する。しかしながら,本判決は,この立法事実の変化を具体的な資料に基づいて論証しているわけではなく,その点に問題を残すものとなっている[31]。

　本判決のいう「国内的,国際的な社会的環境等」とは何か。一つは,わが国における「社会通念」や「社会的状況」であり,いま一つは,諸外国における非嫡出子に対する法的な差別的取扱いの状況や国籍法制の傾向,わが国も批准している自由権規約や児童の権利条約の存在である。「社会通念」や「社会的状況」というのはいかにも漠としているが,本判決はこれを,わが国における家族生活や親子関係の「実態」,また,こうした家族生活や親子関係に関する国民の「意識」ないし「認識」の問題として若干敷衍している[32]。しかし,そうだとすれば,本判決のいう「実態」や「意識」ないし「認識」が,いつ,いかなる時点における調査に基づくものであるのかを,具体的なデータを示して論じるべきであったろう。そうすることによって初めて,立法当時と裁判時との間に立法事実に生じたとされる「変化」を論証したことになるのではないか。たとえば,本判決は,わが国における社会的・経済的環境等の変化に伴い,「今日では,出生数に占める非嫡出子の割合が増加するなど,家族生活や親子関係の実態も変化し多様化してきている」[33]と述べるが,実際どの程度の増加なのかを具体的な数値をもって示さ

---

30) 民集62巻6号1374頁。
31) この点は,多くの論者の指摘するところである。佐野寛「国籍法違憲判決と国籍法の課題」ジュリ1366号85頁,89頁(2008年),近藤博徳「『立法事実の変遷』を読みとった国籍法違憲最高裁判決」法と民主主義433号19頁,21頁(2008年),飯田・前出注14)272頁等参照。なお,市川・前出注14)167頁は,本判決には説明不足の感もあるとはいえ,家族関係のありようの変化に関する説示にはそれなりの説得力があるという。
32) 民集62巻6号1373〜74頁。
33) 同1373〜74頁。

れているわけではなく，いうところの非嫡出子の割合の増加が上記の「実態」や「意識」ないし「認識」の変化を裏づけるに足るほどのものであるのかどうかが不明確で説得力に欠けるといわざるをえない。この点，横尾，津野，古田3裁判官の共同反対意見は，典拠こそ示していないものの，統計上の数値を挙げて，非嫡出子の出生数は，国籍法3条1項制定の翌年である昭和60年において14,618人（1.0％），平成15年において21,634人（1.9％）であり，また，日本国民を父とし外国人を母とする子の出生数は，昭和62年において5,538人，平成15年において12,690人であることを明らかにした上で，非嫡出子が増加しているといってもその程度はわずかであり，はたして「国民一般の意識として大きな変化があった」といえるのかどうか，むしろ大きな変化はなかったともいえるのではないか，との疑問を提示している[34]。

　国際的な社会環境等については，本判決は，諸外国において非嫡出子に対する法的な差別的取扱いを解消する方向にあることがうかがわれること，さらに，国籍法3条1項の制定後，今日までの間に，準正を国籍取得の要件としていた多くの国で，認知等により自国民との父子関係の成立が認められた場合にはそれだけで自国籍の取得を認める旨の法改正が行われていること，を挙げている[35]。しかし，ここでも「諸外国においては」というのみで具体的な記述は一切見られない。これに対して，横尾ら3裁判官の反対意見は，西欧諸国を中心に非準正子にも国籍取得を認める立法例が多くなったことは事実であるとしつつ，しかし，これらの諸国においてはその歴史的・地理的状況から国際結婚が多いようにうかがえ，かつ，EUなどの地域的な統合が推進・拡大されているなどの事情があること，また，非嫡出子の数が30％を超える国が多数に上るなど，わが国とは様々な面で社会の状況に大きな違いがあること，さらには，国籍法3条1項の制定当時，これらの国の法制が立法政策としての相当性については参考とされたものの，憲法適合性を考える上で参考とされたようにはうかがえないこと，を指摘し，以上のことから，「これらの諸国の動向を直ちに我が国における憲法適合性の判断の考慮事情

34）　同1398頁，1400〜01頁．
35）　同1374頁．

とすることは相当でない」と説いている[36]。諸外国の動向がはたして，また，どこまで立法事実としてカウントされるべきかは，一つの問題である。国籍法3条1項の制定当時，立法者が諸外国の事情を同項の合憲性を基礎づける事実として自覚的に捉えていたかどうかは定かでない。上記の反対意見は，もともと諸外国の事情は立法時において立法政策としての相当性を考える上で参考にされただけであるから，裁判時において立法の憲法適合性を左右するようなものではないと解する。しかし，憲法訴訟において問題となるのは，立法当時の過去の事実そのものというよりも，現に裁判で争われている時点において立法の合理性を支える事実が存在するか否かである[37]。したがって，裁判時に諸外国の事情を立法の憲法適合性を判断する資料として分析・検討することは決して不当なことではないと思われる。ただし，その場合には，諸外国とわが国との歴史的，地理的あるいは社会的状況の差異に十分目配りする必要があろう。そのことに注意を喚起しているという意味において，上記反対意見には聴くべきものがあると思われる。

　なお，本判決は，わが国が批准した自由権規約と児童の権利条約に，児童が出生によっていかなる差別も受けないとする趣旨の規定があることに言及している。しかし，後者の批准こそ1994（平成6）年であるが，前者の批准は1979（昭和54）年であり，国籍法3条1項の制定前である。このことは，同項の制定当時既に非嫡出子に対する法的な差別的取扱いを解消すべきであるとする気運が存在していたこと，それにもかかわらず，同項が（合憲的な規定として）制定されたこと，を示すものであろう（本判決も制定当時は合憲であったとの判断を示している）。したがって，少なくとも自由権規約に関しては，これを，国籍法3条1項制定後のわが国を取り巻く国際的な社会環境の変化を示すものとして，（当初は合憲であったはずの）同項の違憲性を基礎づける事実としてカウントすることは適当ではないと思われる。

　いずれにせよ，本判決は，国籍法3条1項に関する立法事実の変化を主張するのみで，その具体的な根拠を示しておらず，したがってまた，立法事実の変化により，いつ頃から本件区別がその立法目的との間の合理的関連性を

---

36) 同1401頁。
37) 芦部信喜『憲法訴訟の理論』182〜83頁（有斐閣，1973年）参照。

欠くものとなったのかを明示することもできなかった。そのため，本判決は，本件区別は「遅くとも上告人が法務大臣あてに国籍取得届を提出した当時〔平成15年2月当時〕には」合理的関連性を欠くものとなっていた[38]，と判示するほかなかったのである。本件処理との関係ではこれで問題ないにしても，法令違憲の判断を下している以上，このような曖昧さが許されるのかどうかは疑問の残るところである。

3　法令の規定の一部違憲の判断と合憲「拡張」解釈

本判決は，国籍法3条1項が過剰な要件を課すものとなっており，そのために不合理な差別的取扱いが生じているとして，かかる要件部分を違憲としたものと解される[39]。したがって，それは，在外選挙権訴訟判決に続いて，最高裁が法令の規定の一部を違憲とした例であるということができる。しかし，在外選挙権訴訟判決が，公職選挙法（平成18年法律第62号による改正前のもの）附則8項の規定のうち在外日本国民が投票することのできる選挙を当分の間衆参両議院の比例代表選出議員の選挙に限定する部分を違憲としたのに対し，本判決は，国籍法3条1項の規定のうち父母の婚姻により嫡出子たる身分を取得したという部分を違憲としたものであって，この点の相違に留意する必要がある。前者の場合，国民の基本的権利である選挙権の行使が在外国民については公職選挙法の上記規定により制限されていたところ，その制限部分が違憲無効とされ権利に対する制限が撤廃された結果，直ちに，在外国民は衆参両議院議員選挙のすべてにおいて投票することができる地位にあると解されることとなるのに反し，後者の場合は，国籍取得要件の定めの一部が違憲無効とされた結果，その部分を除いた残りの要件のみを満たすことで日本国籍の取得を認めることができるかどうかが問題たりうるのであって，両者を同列に論じることはできない。

そもそも本判決は，憲法10条の規定は国家の構成員の資格たる国籍の得喪に関する要件をどのように定めるかについて立法府の裁量判断に委ねる趣旨のものであるとするにとどまり，同条によって国籍取得が権利として保障

---

38)　民集62巻6号1377頁。
39)　この点に関しては，前出注6)参照。

第 23 章　届出による国籍取得における準正子と非準正子の区別と違憲判断のあり方

されると解するものではないと思われる[40]。したがって，仮に国籍法 3 条 1 項の定める準正要件が届出による国籍取得を制限するものとしてその部分が違憲無効とされたとしても，そのことによって非準正子の国籍取得の権利が復活するという筋合いのものではないはずである。本判決は，憲法 14 条 1 項に基づく平等取扱いの要請と国籍法の基本的な原則である父母両系血統主義とを踏まえれば，日本人である父と外国人である母との間に出生し父から生後認知されたにとどまる子についても，血統主義を基調として出生後における日本国籍の取得を認めた同法 3 条 1 項の規定の趣旨・内容を等しく及ぼすほかはないとし，このような子についても，準正要件の部分を除いた同項所定の要件を満たす場合に届出による日本国籍の取得が認められるとすることが「同項及び同法の合憲的で合理的な解釈」であり，本件区別による不合理な差別的取扱いを受けている者に対する「直接的な救済のみちを開く」ものとして，「相当性を有する」と説く[41]。しかし，国籍法 3 条 1 項が国籍取得の権利を制限する趣旨の規定ではなく，一定の要件を満たす場合に国籍を付与する趣旨の規定であるとすれば，その要件の一部を違憲無効とした上で，残りの要件を満たす場合にも国籍を付与することは，同項の本来の適用範囲を拡大することになるのはたしかであって，そのようなことが裁判所の解釈によってなしうるのかどうかが問われるのは当然である。

40)　民集 62 巻 6 号 1371 頁参照。憲法 10 条の規定は，もともと総司令部案にも日本政府の憲法改正案にもなく，のちの衆議院における審議の際に「国の基本的法制として最小限度に必要」（衆議院における帝国憲法改正案特別委員会芦田委員長報告〔昭和 21 年 8 月 24 日〕，岡田亥之三朗編『日本国憲法審議要録』13 頁〔盛文社，1947 年〕）と判断されて追加されたものである。それは，明治憲法 18 条（「日本臣民タルノ要件ハ法律ノ定ムル所ニ依ル」）に倣い，国民の権利義務の主体である日本国民たる資格について命令ではなく法律をもって定めるべき旨を規定したものと解される（であればこそ，重要な法律事項については憲法に個別に列挙することとしていた明治憲法と異なり，すべての法規は法律の形式で定められるべきものとする日本国憲法においては無用の規定と考えられたのであった。岡田・上掲 244 頁参照）。ただし，このように日本国民たる要件の決定が立法府に委任されるといっても，全くの自由裁量が認められるわけではない。立法が国際法上の一般原則や憲法の他の諸条項による制約を受けることは当然である。本判決もこのような考え方に立っていると思われる。これに対して，鼎談・前出注 14) 46〜51 頁〔高橋和之発言〕は，論理的には，憲法制定時に国民の範囲は想定されていたはずであり，かかる国民は国籍をもつ憲法上の権利を有するとし，法律によりそれがどこまで制限できるかという問い方をすべきことを提唱する（この見解に対するコメントとして，同 48 頁〔早川眞一郎発言〕参照）。

41)　同 1378 頁。

544

甲斐中，堀籠両裁判官の共同反対意見は，届出による国籍取得につき準正子と非準正子を区別することが憲法14条1項に違反するという結論および理由に関しては多数意見に賛成しながらも，国籍法3条1項の規定の解釈から非準正子に届出による日本国籍の取得を認めることはできないとし，上告を棄却すべきものとする[42]。それは，本件において違憲となるのは，非準正子に届出により国籍を付与する規定が存在しないという立法不作為の状態であり，国籍法3条1項の規定は準正子に届出により国籍を付与する旨の創設的・授権的規定であって何ら憲法に違反するところはないと解することによる。同項の規定が非準正子に対して届出による日本国籍の付与をしない趣旨を含む規定であり，その部分が違憲無効であるとする多数意見の解釈は，国籍法の創設的・授権的性質に反するものである上，結局は準正子を生後認知された子と読み替えることとなるもので，法解釈としては限界を超えている，というのである。

　また，横尾ら3裁判官の共同反対意見は，本件区別は立法政策の範囲内にとどまり，憲法14条1項に違反しないとの立場から上告を棄却すべきものとするのであるが，さらに，仮に非準正子に届出による国籍取得を認めないことが違憲であるとしても，上告を棄却すべきであるとして，甲斐中，堀籠両裁判官の反対意見に同調するほか，次のように付言している[43]。国籍法3条1項の規定は，認知を受けたことが前提となるものではあるが，その主体は嫡出子の身分を取得した子であり，その範囲を準正によりこれを取得した場合としているものである。認知を受けたことが前提になるからといって，準正子に係る部分を取り除けば同項の主体が認知を受けた子全般に拡大するということにはいかにも無理がある。そのような拡大をすることは，国籍法が現に定めていない国籍付与を認めるものであって，実質的には立法措置であるといわざるをえない。仮に多数意見のような見解が許されるとすれば，創設的権利・利益付与規定について，条文の規定や法律の性質，体系の如何にかかわらず，また，立法の趣旨・目的を超えて，裁判において，法律が対象としていない者に，広く権利・利益を付与することが可能になることにな

---

42) 同1405〜08頁。
43) 同1403〜05頁。

る。

　反対意見が指摘するように，国籍法が創設的・授権的法律であるとすれば，非準正子が届出により国籍を取得することができないのは，これを認める規定がないからであって，同法3条1項の規定の有無にかかわるものではないということになろう。したがって，非準正子に届出による国籍の取得を認めないことが違憲であり是正されるべきだとすれば，その対象は立法不作為の状態であって，3条1項の規定ではないということになるはずである。反対意見の主張は明快でそれなりに筋が通っている。藤田裁判官の意見も，この点に関する限り，反対意見と共通の理解に立つことを表明している[44]。

　これに対して，反対意見を論駁し，多数意見を補っているのが今井裁判官の補足意見である[45]。この補足意見は，本件のように法律の規定が国民に権利利益を与える場合において，その権利利益を与える要件の一部が違憲と判断されたときに，残りの要件のみを備える者にも当該権利利益を与えることができるかどうかについては，「その法律全体の仕組み，当該規定が違憲とされた理由，結果の妥当性等を考慮して」，これを積極に解することも「法律の合憲的な解釈として十分可能である」とする[46]。そして，国籍法については，同法3条は，「血統主義の原則を認めつつ，準正要件を備えない者を除外した規定」であるとし，このように3条1項が準正子と非準正子を差別していることが平等原則に反し違憲であるとした場合に，非準正子についても準正子と同様に同項により国籍取得が認められるべきものとすることは，裁判所が違憲審査権を行使して同項を憲法に適合するように解釈した結果であって，国籍法の定める要件を超えて新たな立法をしたとの非難は当たらない，と説いている[47]。この意見は，国籍法3条1項が当初から非準正子に対し国籍取得を制限する趣旨の規定であると捉え[48]，かかる制限が違

---

44)　同1394〜95頁。
45)　同1383頁。この補足意見には，那須，涌井両裁判官が同調しているほか，近藤裁判官が自らの補足意見の中で，この意見に「全面的に賛同する」（同1392頁）と述べている。
46)　同1385頁。また，この点は，別の箇所では，「法律の合憲的な解釈として十分成り立ち得る」（同1386頁）とも表現されている。これについて，鼎談・前出注14)68頁（高橋和之発言）は，裁判官の判断にはその解釈が最善であることの論証が必要ではないかとして，「『成り立ち得る』というだけでは論証になっていない」と批判する。
47)　民集62巻6号1384〜86頁。

憲となるのであれば，血統主義の原則に立ち戻って国籍取得を認めることに問題はないと解するようである。多数意見は，さほど明確ではないが，やはり国籍法3条1項を制限規定と捉えているものと思われる。その上で，同項の規定自体を全部無効とすることは，血統主義を補完するために出生後の国籍取得を認めた国籍法の趣旨を没却するものであって，「立法者の合理的意思として想定し難い」とし，むしろ非準正子に届出による国籍取得を認めることが「同項の規定の趣旨及び目的に沿う」と論じている[49]。これらの見解は，準正要件が非準正子の国籍取得を制限する趣旨のものであること，準正要件とその余の要件とは可分であること，準正要件は国籍法3条1項の中核部分ではないこと，を前提とするものといえよう[50][51]。しかし，このような前提については，なお議論の余地があろう。その制定過程からすると，国籍法3条1項は，生来の嫡出子と準正子との間の均衡を図ることを主眼とした規定であって，殊更に非準正子を排除する意図で制定されたものではないと見るのが自然であると思われる[52]。同項がもっぱら準正によって嫡出子の身分を取得した者についての規定であるとすれば，準正要件こそその中核部分であり，この部分抜きに同項を考えることはできないということになろう[53]。

では，反対意見が主張するように，裁判所が国籍法3条1項の規定の解釈により非準正子に対し届出による日本国籍の取得を認めることは立法権の侵害として許されないであろうか。この点で注目されるのが，藤田裁判官の意見である。この意見は，既に見た通り，本件違憲状態を立法不作為によるものと捉える点において反対意見と立場を同じくしながらも，違憲状態の解消については，「司法権が現行法の合理的拡張解釈により」これを目指すことも，「全く許されないことではない」とし，著しく不合理な差別的取扱いを受けている者が個別的な訴訟事件を通じて救済を求めている場合に，「立法府が既に示している基本的判断に抵触しない範囲」において，現行法規の拡張解釈という手法によりこれに応えることは，むしろ「司法の責務」という

---

48) 同1386頁（「国会が〔3条1〕項の規定を設けて準正子のみに届出による国籍取得を認めることとしたことにより，反面において，非準正子にはこれを認めないこととする積極的な立法裁量権を行使したことは明らかである」）。

49) 同1377〜79頁。

547

べきであって，立法権を簒奪する越権行為には当たらない，と説く[54]。本

50) この考え方は，別件（平成19年行（ツ）第164事件）の第1審判決（東京地判平成18・3・29判時1932号51頁）と同様である。この判決は，国籍法3条1項は父母両系血統主義を採る同法2条1号による国籍付与を更に拡充する規定であり，同号は法律上の親子関係を要求するものの，父母の婚姻関係まで要求していないことにも鑑みれば，同法3条1項における中核的な要件は，「日本国民である父又は母から認知された子という部分」であって，「準正要件は，重要ではあるものの，中核的なものではない」と述べている（同70頁）。本判決における泉裁判官補足意見が「国籍法3条1項の主旨は日本国民の子で同法2条の適用対象とならないものに対し日本国籍を付与することにあり，『父母の婚姻』はそのための一条件にすぎない」（民集62巻6号1382頁）と述べているのも同じ趣旨であろう。これに対して，本件の第1審判決（東京地判平成17・4・13判時1890号27頁）は，国籍法3条による国籍の伝来的取得の対象となる子は出生時に日本国籍の取得が認められなかったために，そのほとんどが外国籍を取得し外国との間に一定の結びつきが生じていることも考えられるのであるから，出生後に日本国民との法律上の親子関係を生じたことだけで当然に日本国籍を取得させなければならない理由はないとしていた。同判決は，日本国民との間に法律上の親子関係が生じたことに加えてわが国との間に一定の結びつきが存することを要求したのが3条1項の趣旨であり，そのこと自体には合理性が認められ，また，わが国との結びつきを認める指標として，日本国民である親と認知を受けた子を含む家族関係が成立し共同生活が成立している点を捉えること自体にも一応の合理性が認められるが，このような家族関係および共同生活の成立は父母が法律上の婚姻関係にある場合のみならず事実上の婚姻関係にある場合にも当てはまるから，この点で生後認知された子の国籍取得について区別を設けることには合理的な理由が認められないとしたものである。この判決については，「最も立法者意思に忠実で，最も限定的な修正」を施すことにより問題解決を図ったものとしてこれを評価する見方（君塚正臣「最新判例批評」判評566号〔判時1918号〕14頁，17頁〔2006年〕）がある反面，「父母の婚姻」に内縁関係を含むと解することには解釈論として問題があるだけでなく，個別の生活実態に基づいて国籍取得の可否を決することは簡易な国籍取得の制度の導入という国籍法3条の制度趣旨と相容れないとの批判（佐野寛「外国人を母とし，日本人父から生後認知された子について届出による日本国籍の取得を認めた事例」リマークス32号(上)132頁，135頁〔2006年〕）がある。

51) 法律の規定が可分か不可分かの判断基準については，アメリカの判例理論を参照して，「もし法律の違憲的な部分または違憲的な適用が除去されてしまえば，議会は，残りの有効な部分または有効な適用だけでは満足しなかっただろう，という蓋然性が明白かどうか，つまり，それだけを有効な法として存立させようと意図しただろうかどうか」によるものとされている（芦部・前出注37）172〜73頁参照。また，時國康夫『憲法訴訟とその判断の手法』208〜09頁〔第一法規，1996年〕も参照）。泉裁判官補足意見は，明らかにこの判断基準を意識している（民集62巻6号1382〜83頁参照）。他方，多数意見と今井裁判官補足意見は，可分性の問題についてどのように考えているのか必ずしも明確ではない。本判決に関する判例時報匿名コメントは，可分か不可分かについての「立法者の意図を具体的に判断することは困難であり，結局，一部違憲無効の解釈の可否については，当該規定の立法理由ないし立法趣旨をはじめ，法全体の基本理念，他の規定等との関係その他法全体の体系的な整合性，残余の規定の持つ意味，効果等を総合考慮した上で，残部のみをもって有効な規定と解することの客観的合理性の有無を判断すべきもの」（判時2002号9頁〔2008年〕）と述べている。要は，当初の立法の趣旨・目的を損なうことなく，規定の一部を除くことができるかどうかであり，一部違憲無効が可能かどうかは，かかる観点から判断されるべきものであろう。

52) 法務省民事局内法務研究会編『改正国籍法・戸籍法の解説』14頁（金融財政事情研究会，1985年），黒木＝細川・前出注20）304頁参照。

件の場合，立法府は，国籍法3条1項と同法8条を置くことによって，少なくとも，日本人の子である者の日本国籍取得については，国家の安全・秩序維持等の国家公益的見地から問題ないと考えられる限り優遇措置を認めようとする政策判断を示しており，本件区別が違憲であるとすれば，国籍法3条1項の存在を前提とする以上，現に生じている違憲状態を解消するためには，非準正子を準正子と同様に取り扱うことが「ごく自然な方法」であり，「このような解決が現行国籍法の立法者意思に決定的に反するとみるだけの理由は存在しない」というのである[55]。実際，多数意見や今井裁判官補足意見と違って，国籍法3条1項の制定に殊更非準正子を排除する意図はなかったとすれば，違憲判断を前提として，非準正子を準正子と同様に取り扱うことは，まさに「立法者の合理的意思」に合致するといえよう。

　たしかに，立法不作為による違憲状態の是正を，立法を待つことなく，裁判所が既存の法律規定の解釈によって行うことに抵抗があることは十分理解できる。しかし，堀籠・甲斐中裁判官反対意見が説くように，本件区別を違憲と認めつつ，上告を棄却しⅩの請求を退けるという処理を行うことには疑問がある。本件区別が違憲であるとすれば，この違憲状態を解消するためには，非準正子に対しても準正子と同様に届出による国籍取得を認めるしかないと思われる。にもかかわらず，Ⅹの国籍確認請求を退けるべきものとすることはあまりにも硬直した考え方ではなかろうか。仮に立法府が，非準正子に対して届出による国籍取得を認めるために準正要件に代わる他の何らかの要件を必要と考えたとすれば，本判決の違憲判断を前提としつつ，国籍法を改正して新たな要件を付加することが可能である。そして，それに対してなお憲法上の疑義があるとすれば，再び裁判所にその点に関する憲法適合性の判断が求められることもありえよう。このように，違憲審査権の行使は，司法府から立法府への一方通行ではなく，両者のダイナミックな相互関係の

---

53) 横尾ら3裁判官反対意見が「準正子に係る部分を取り除けば，〔国籍法3条1〕項はおよそ意味不明の規定になるのであって，それは，単に文理上の問題ではなく，同項が専ら嫡出子の身分を取得した者についての規定であることからの帰結である」（民集62巻6号1403～04頁）と説いているのは，その意味で理解できる。
54) 民集62巻6号1396頁，1398頁。
55) 同1396～97頁。

中で捉えられるべきものである56)。その限りでは，多数意見が，「国籍取得の要件に関する他の立法上の合理的な選択肢の存在の可能性」を認めながらも，国籍法3条1項の規定の解釈を通じて，本件区別により不合理な差別的取扱いを受けている者に対する「直接的な救済」を図ることとしたことは結論において正当であったと思われる57)。

4 本判決の射程と残された問題

最高裁大法廷は，本判決と同日に，別件の国籍確認請求事件において，本判決と同旨の違憲判断を下し，請求を認容した58)。これらの事件は，いずれも，日本人である父とフィリピン人である母との間にわが国で出生し，成育した子らに関するものであったから，判決の射程についても，そのような事案であることを前提としたものと解する余地がないではなかった。しかしながら，違憲判決を受けて，国会は，「父又は母が認知した子」であれば，特に日本で出生したかどうか，あるいは日本に住所を有するかどうかにかかわらず，届出による日本国籍の取得を認める旨の法改正を行った（平成20年法律第88号。この改正法は，平成20年12月5日に成立し，同月12日に公布され，翌年1月1日から施行されている）。この法改正により，外国で出生し長年にわたり外国で生活している場合であっても，認知を受けた未成年者であれば，届出のみで日本国籍を取得することが可能となったのであり，出生後の国籍取得について「我が国社会との密接な結び付き」が認められることを要するとしている国籍法の考え方と齟齬を来たさないかが一応問題たりうる（この点は，本判決における横尾ら3裁判官反対意見が懸念を表明していたと

---

56) 藤田裁判官意見が「立法府と司法府との間での権能及び責務の合理的配分」について「総合的な視野の下に考察されるべきもの」として説いていること（民集62巻6号1398頁）も，これと同じ趣旨であると思われる。

57) 判例時報匿名コメント（判時2002号11頁）は，本判決が判決により直接的に権利利益の付与を認めたのは，届出による国籍取得という権利利益が損害賠償等の代替手段によって救済できない性質のものであることに加え，その内容が一義的であることによるのであって，付与すべき権利利益の内容が一義的に定まらない場合には，このような措置を執ることはできないし，また，それにより看過し難い法的不安定を生じる場合には裁判所として自制すべき場合もあると指摘する。なお，参照，森英明「国籍法違憲訴訟最高裁大法廷判決の解説と全文」ジュリ1366号92頁，99頁（2008年）。

58) 最大判平成20・6・4集民228号101頁（平成19年行(ツ)第164事件）。

ころである[59]）。しかし，本判決自身，子の出生地や認知時・届出時における子の住所地がどこであるかを全く問題にしておらず，また，「父が現に日本国民であることなど」の事情があれば「我が国との密接な結び付きの指標となる一定の要件」を満たすものと考えているように見える[60]）。さらにいえば，もともと胎児認知の場合には，外国で出生し長年にわたり外国で生活している（その意味で「我が国社会との密接な結び付き」の弱い）子が日本国籍を有することがありえたはずである。これらの点を考慮すると，非準正子についてのみ，その国籍取得に関して，日本での出生や一定期間の居住を要件とすることを立法府として選択することは困難であったのではないかと思われる[61]）。ただし，国会は，従来から議論のあった仮装認知を防止するため，虚偽の届出をした者は1年以下の懲役または20万円以下の罰金に処する旨の罰則を設け（改正国籍法20条），併せて経過措置または特例による国籍取

---

[59] 民集62巻6号1404頁参照。
[60] 同1379頁参照。「父が現に日本国民であること」とは血統主義の要請ではないのか。そうすると，問題は，「など」とは何かということになる。これは認知を指すのであろうか。この点，泉裁判官補足意見は，日本国民である父に生後認知された非嫡出子は「父との間で法律上の親子関係を有し，互いに扶養の義務を負う関係にあって，日本社会との結合関係を有するものである」と明言している（同1381頁）。しかし，このように考えることは，実質的には，「我が国社会との密接な結び付き」を不要とすることに帰するのではないか（鼎談・前出注14) 65頁〔早川眞一郎発言〕参照）。横尾3裁判官反対意見は，多数意見の「実質は，日本国籍の取得を求める意思（15歳未満の場合は法定代理人の意思）のみで密接な結び付きを認めるもの」としてこれを論難している（民集62巻2号1404頁参照）。多数意見が「我が国社会との密接な結び付き」として何を求めているのかは，必ずしも明確ではない（原田央「最高裁平成20年6月4日大法廷判決をめぐって」法教341号6頁，9頁〔2009年〕参照）。日本国民である父とフィリピン共和国民である母との間に嫡出子としてフィリピン共和国で出生し同国籍を取得した子らが，出生後3か月以内に父母等により日本国籍を留保する意思表示がされず，国籍法12条の規定によりその出生の時から日本国籍を有しないこととなったため，同条の規定は憲法14条1項等に違反すると主張し，国を相手取り，日本国籍を有することの確認を求めた事件では，最三小判平成27・3・10民集69巻2号265頁は，国籍法12条の規定は国外で出生して日本国籍との重国籍となるべき子については，その生活の基盤が永続的に外国に置かれることになるなど，必ずしも「我が国との密接な結び付き」があるとはいえない場合がありうることを踏まえたものであり，また，出生の届出をなすべき父母等による国籍留保の意思表示をもって当該子にかかる「我が国との密接な結び付き」の徴表と見ることができるとして，国内で生まれたか否かでの日本国籍取得に関する取扱いの区別は不合理ではないと判示している。
[61] 国友明彦「国籍法の改正」ジュリ1374号15頁，19頁（2009年）は，日本に住所を有しない子を改正法の対象から外した場合，その子は，国籍法8条1号の条件を満たさないために帰化も認められないことになるとして，改正法がそのような居住要件を課さなかったことを正当と評している。

得について規定した（同法附則 2 〜 11 条)[62]。

　なお，本判決は，直接には，届出による国籍取得における準正子と非準正子の区別が合理的理由のない差別として憲法 14 条 1 項に違反すると判断したものであり，生来の嫡出子と非嫡出子の区別の憲法適合性について判断したものではない。父から生後認知された非嫡出子のうち，準正により嫡出子たる身分を取得した子と，父母の婚姻がないために非嫡出子にとどまる子との間の区別が問題とされている（本件では，胎児認知と生後認知の区別も問題とされているが，これも非嫡出子間の差別の問題である)。したがって，本判決が，民法 900 条 4 号ただし書前段の規定（平成 25 年法律第 94 号による改正前のもの。以下同じ）の憲法適合性問題のように，生来の嫡出子と非嫡出子の区別の憲法適合性が正面から争われる事案について，はたして，また，どこまで先例としての意義を有するかは，直ちに明らかではないといわなければならない。

　民法 900 条 4 号ただし書前段の規定の憲法適合性が争われた事件に関する最高裁平成 21 年 9 月 30 日第二小法廷決定（合憲判断)[63]に付された今井功裁判官の反対意見は，国籍取得について準正子と非準正子を区別していた国籍法 3 条 1 項に関する本判決の違憲判断は非嫡出子の法定相続分差別についても妥当すると述べている[64]。しかし，そこには端的に結論が示されているだけで，詳しい説明は見られない。また，その後民法 900 条 4 号ただし書前段の規定を憲法 14 条 1 項に違反すると明言した最高裁平成 25 年 9 月 4 日大法廷決定[65]は，その理由づけの中で，国籍法 3 条 1 項の規定を「嫡出でない子の日本国籍の取得につき嫡出子と異なる取扱いを定めた」[66]ものとして，本判決が同規定を憲法 14 条 1 項違反と判示したことに言及しているのであるが，ここでも本判決の先例としての意義について詳しい説明がされているわけではない[67]。

---

62) 国籍法改正の経緯と概要については，秋山実「国籍法の一部を改正する法律の概要」ジュリ 1374 号 2 頁 (2009 年) を参照。
63) 判時 2064 号 61 頁。
64) 同 64 頁参照。
65) 最大決平成 25・9・4 民集 67 巻 6 号 1320 頁。
66) 同 1327 頁。

67) 本件違憲判断を導くにあたって，本判決の多数意見が諸外国における非嫡出子差別解消の動向や児童の出生による差別禁止を定めた児童の権利条約等を援用していることは，多数意見に加わった裁判官たちが非嫡出子に対する差別的取扱い自体を不合理と見ていることを示唆するものであり，その意味では，早晩民法 900 条 4 号ただし書前段の規定を違憲とする判断が出ることは十分予測できることであった。しかし，平成 25 年決定は，この規定について違憲判断を下したものの，同じ規定を合憲とした平成 7 年決定およびその後の各小法廷の判決や決定は変更せず，そのまま維持するという途を選択した。そのことが平成 25 年決定の論旨を分かりづらいものにしていることは否めないと思われる。この点に関しては，本書第 8 章の分析と検討を参照されたい。

事項索引

あ行

朝日訴訟判決 …………………… 358
アダムズ方式 …………………… 127
荒川民商事件 …………………… 385
家永教科書裁判 ………………… 511
違憲主張の「適格」 ………… 46, 384
違憲審査制 ……………………… 17
違憲判断の効力→法令違憲判断の効力
「石に泳ぐ魚」事件 …………… 251
萎縮的効果 …………… 246, 271, 384
一般的効力説 …………………… 154
一般的命題 ……………………… 157
岩教組学力テスト事件 …… 414, 515
岩教組同盟罷業事件第2次上告審判決
　………………………………… 410
インターネット …………… 253, 254
インターネット検索結果削除等
　差止請求事件 ………………… 253
営業の自由 ……………………… 286
「営業の自由」論争 …………… 285
LRAの基準 …………………… 441
エンドースメント・テスト …… 195
大分主基斎田抜穂の儀違憲訴訟 … 230
大阪地蔵像訴訟 ………………… 193
大阪府立淀川工業高校事件 …… 510
岡田訴訟 ………………………… 367
岡田訴訟控訴審判決 …………… 359

か行

外国人の公務就任権 …………… 461
学習権 …………………… 497, 511
　子どもの── ………… 497, 501
学習指導要領 …………… 514, 513
　──の法的拘束力 …………… 513

学生無年金障害者訴訟 ………… 368
確認の利益 ……………………… 341
確認判決の拘束力 ……………… 348
学問の自由 ……………………… 498
鹿児島大嘗祭違憲訴訟 ………… 230
慣習化した社会的儀礼 ………… 198
間接強制 ………………………… 174
間接的制約 ……………………… 516
「間接的,付随的な制約」 ……… 435
間接適用説 …………………… 75, 77
関釜元慰安婦訴訟第1審判決 … 345
関与行為 …………… 190, 198, 200
管理職選考 ……………………… 455
議員定数不均衡 ………………… 103
機関相互の権限争議 ……………… 23
規制目的二分論 …………… 290, 313
北九州市交通局事件 …………… 415
北九州市清掃事業局事件 ……… 415
「君が代」ピアノ伴奏拒否事件 … 515
客観訴訟 ……………… 22, 23, 25
教育権 …………………………… 481
　──の所在 …………………… 498
教育の自由 ……………………… 498
教育を受ける権利 ……………… 481
教科書検定訴訟 ………………… 452
教科書使用義務 ………………… 513
供述拒否権の保障 ……………… 387
教授の自由 ……………………… 498
強制執行 ………………………… 173
京都府風俗案内所規制条例事件 … 299
共有物分割請求権 ……………… 317
共有林の分割制限 ……………… 301
国の教育内容決定権 …………… 517
熊本ハンセン病訴訟第1審判決 … 346
経済的自由 ……………………… 287

555

警察法改正無効事件⋯⋯⋯⋯⋯ 61
刑罰法規の明確性⋯⋯⋯⋯⋯⋯ 267
契約（締結）の自由⋯⋯⋯⋯⋯ 72
「月刊ペン」事件⋯⋯⋯⋯⋯⋯ 248
結論命題⋯⋯⋯⋯⋯⋯⋯⋯⋯ 157
検閲禁止原則⋯⋯⋯⋯⋯⋯⋯ 241
厳格審査の基準⋯⋯⋯⋯⋯⋯ 532
厳格な合理性の基準⋯⋯⋯⋯ 290, 532
健康で文化的な最低限度の生活
　⋯⋯⋯⋯⋯⋯⋯⋯⋯⋯⋯ 359, 361
現実の悪意⋯⋯⋯⋯⋯⋯⋯⋯ 247
剣道実技拒否訴訟⋯⋯⋯⋯⋯ 186
憲法裁判所⋯⋯⋯⋯⋯⋯⋯⋯ 17, 24
憲法適合的解釈⋯⋯⋯⋯⋯⋯ 450
憲法25条1項・2項分離論⋯⋯ 359
憲法判例の変更⋯⋯⋯⋯⋯⋯ 90, 411
公安条例⋯⋯⋯⋯⋯⋯⋯⋯⋯ 255
公教育（制度）⋯⋯⋯⋯⋯⋯ 500
公共の福祉⋯⋯⋯⋯⋯⋯⋯⋯ 287, 309
合憲限定解釈⋯⋯⋯⋯⋯⋯⋯ 405, 449
公権力行使等地方公務員⋯⋯ 468
公衆浴場事件⋯⋯⋯⋯⋯⋯⋯ 295
公法上の当事者訴訟⋯⋯⋯⋯ 342
公法上の法律関係に関する確認の訴え
　⋯⋯⋯⋯⋯⋯⋯⋯⋯⋯⋯⋯ 342
公務員
　——に関する当然の法理⋯⋯ 455
　——の勤務条件法定主義⋯⋯ 415
　——の政治活動の自由⋯⋯⋯ 419
　——の政治的中立性⋯⋯⋯⋯ 431
　——の地位の特殊性と職務の公共性
　　⋯⋯⋯⋯⋯⋯⋯⋯⋯⋯⋯ 403
　——の労働基本権⋯⋯⋯⋯⋯ 389
公務員の労働基本権の制約根拠⋯ 400
公務就任権⋯⋯⋯⋯⋯⋯⋯⋯ 461
小売市場事件⋯⋯⋯⋯⋯⋯⋯ 288
合理的関連性の基準⋯⋯⋯⋯ 434
「合理的期間」論⋯⋯⋯⋯⋯ 117

国税犯則取締法上の犯則調査⋯⋯ 375
国　籍⋯⋯⋯⋯⋯⋯⋯⋯⋯⋯ 519
国籍の取得
　出生による——⋯⋯⋯⋯⋯ 519
　届出による——⋯⋯⋯⋯⋯ 519
国籍の浮動性防止⋯⋯⋯⋯⋯ 536
告知・聴聞を受ける権利⋯⋯ 39
国鉄弘前機関区事件⋯⋯⋯⋯ 390
国民主権の原理⋯⋯⋯⋯⋯⋯ 463, 470
国民の教育権⋯⋯⋯⋯⋯⋯⋯ 496
国会の裁量⋯⋯⋯⋯⋯⋯⋯⋯ 336
国家主権⋯⋯⋯⋯⋯⋯⋯⋯⋯ 466
国家の教育権⋯⋯⋯⋯⋯⋯⋯ 496
国家賠償請求権⋯⋯⋯⋯⋯⋯ 8
国旗・国歌条項⋯⋯⋯⋯⋯⋯ 514
国旗・国歌斉唱予防訴訟⋯⋯ 514
国旗・国歌訴訟⋯⋯⋯⋯⋯⋯ 515
国公法102条1項の人事院規則に
　対する委任⋯⋯⋯⋯⋯⋯⋯ 443
個別的効力説⋯⋯⋯⋯⋯⋯⋯ 16, 154
戸別訪問禁止事件⋯⋯⋯⋯⋯ 452

さ 行

罪刑法定主義の原則⋯⋯⋯⋯ 39, 268
財産権⋯⋯⋯⋯⋯⋯⋯⋯⋯⋯ 309
財政民主主義の原則⋯⋯⋯⋯ 415
在宅投票制度廃止事件⋯⋯⋯ 344
裁判所による表現行為の事前差止め
　⋯⋯⋯⋯⋯⋯⋯⋯⋯⋯⋯⋯ 233
裁判所の審査権の限界⋯⋯⋯ 49
債務者の審尋⋯⋯⋯⋯⋯⋯⋯ 248
在留外国人⋯⋯⋯⋯⋯⋯⋯⋯ 475
サラリーマン税金訴訟⋯⋯⋯ 292
サンケイ新聞事件⋯⋯⋯⋯⋯ 81
参政権⋯⋯⋯⋯⋯⋯⋯⋯⋯⋯ 462
自衛官合祀事件⋯⋯⋯⋯⋯⋯ 78, 81
塩見訴訟⋯⋯⋯⋯⋯⋯⋯⋯⋯ 367
私学教育における自由⋯⋯⋯ 500

自己に不利益な供述の強要……… 388
事情判決的処理……… 118
私人間における人権保障……… 65
事前抑制禁止原則……… 241
思想・信条に関連する事項の申告… 73
思想・信条を理由とする解雇……… 73
思想・信条を理由とする雇入れの拒否
　………………………………… 72
思想・良心の自由……… 515
実体の適正……… 40, 268
実体の法定……… 268
質問検査権……… 371
児童の権利条約……… 542, 553
司法権……… 24
　──の範囲……… 21
社会的儀礼……… 200, 230
釈明権……… 225
謝罪広告の強制……… 163
衆議院の解散の効力……… 49
宗教法人オウム真理教解散命令事件
　………………………………… 47
住居等の不可侵の保障……… 376
集団行動の規制……… 255
受刑者の選挙権……… 349
手段違憲説……… 97, 100
酒類販売業免許制事件……… 292, 297
主　論……… 157, 158
私有財産制……… 309
準正子……… 520
準正要件……… 519
消極目的の規制……… 290, 313
証券取引法事件……… 321
小選挙区比例代表並立制……… 103
上訴の利益……… 44
条例制定権の範囲……… 263
昭和女子大事件……… 80
職業選択の自由……… 285, 463
職業の許可制……… 290

職業の自由……… 275
　──の規制……… 321
食糧管理法違反事件判決……… 358
女子差別撤廃条約……… 534
職権による検討……… 225
処分違憲……… 36, 38
白山比咩神社事件判決……… 229
人格権……… 200, 242
人格権としての名誉権……… 233
信教の自由……… 186
親　権……… 160
人権規定の私人間適用……… 65
人事院勧告……… 404, 416
信条説……… 170
砂川事件……… 58, 59
砂川政教分離訴訟……… 200
政教分離原則……… 186
政治的行為の禁止……… 419
精神的自由……… 287
生徒会誌寄稿文削除事件……… 452
制度的保障……… 187
成年被後見人の選挙権……… 350
世田谷事件……… 450
積極目的の規制……… 290, 313
選挙権……… 115, 325
　──の平等……… 103
　　成年被後見人の──……… 350
選挙の差止め……… 121
選挙無効訴訟……… 103
全国学力調査（学力テスト）……… 481
全司法仙台事件……… 390
全逓東京中郵事件……… 390
全逓名古屋中郵事件……… 414
全逓プラカード事件……… 446
先例拘束性……… 154
「先例としての事実上の拘束性」……… 154
争議権……… 389
総理府統計局事件……… 446

遡及処罰の禁止……………………410
疎　明………………………………248
尊属加重規定………………………90
尊属殺重罰規定……………………85

た 行

大綱的基準…………………………514
第三者所有物の没収………………33
第三者の権利の主張…………33, 43
対象行為………………190, 197, 200
代償措置…………………… 404, 416
高松簡易保険局事件………………446
たばこ事業法事件…………………297
団結権………………………………389
団体交渉権…………………………389
単独所有……………………………317
単独親権……………………………160
地方自治法の一部改正法律の一部
　　無効確認請求事件……………23
嫡出子………………………536, 552
抽象的違憲審査……………………24
直接的制約…………………………516
直接適用説……………………75, 77
陳謝誓約型ポストノーティス命令
　……………………………………175
沈黙の自由…………………………168
津地鎮祭訴訟………………177, 197
適正手続の保障………………33, 39
適法な上告理由……………………44
適用違憲………10, 36, 388, 416, 443
適用合憲……………………………384
適用上の判断………………271, 384
適用審査……………………………10
手続の適正……………………39, 268
手続の法定…………………………39
寺西判事補事件……………………451
伝習館高校事件……………………512
東京電力塩山営業所事件…………81

東京都公安条例事件………………255
当然の法理……………………455, 469
「統治行為」論…………………49, 60
投票価値の平等…………… 115, 335
都教組事件…………………………390
徳島郵便局事件……………………445
特別永住者…………………………475
特別区長選任無効確認請求事件……344
独立審査……………………………26
豊橋郵便局事件……………………446
取消広告……………………………172

な 行

内心説………………………………168
長崎忠魂碑訴訟第1審判決………213
中里鉱業所事件……………………80
長良川事件報道訴訟………………511
成田新法事件………………………385
新潟県公安条例事件………………255
二重の基準…………………………287
「二重の絞り」論……………………406
日産自動車事件……………………81
日本国とアメリカ合衆国との間の
　　安全保障条約…………………58
認知の遡及効………………520, 536
納税者訴訟…………………………31

は 行

犯罪構成要件の明確性………267, 410
反戦自衛官懲戒事件………………452
判　例
　　――の拘束力…………………155
　　――の遡及効…………………154
　　――の不遡及的変更…………156
非準正子……………………………520
非訟事件……………………………23
非嫡出子……………………………552
　　生後認知された――…………536

胎児認知された――……………… 536
一人別枠方式………………………… 123
百里基地訴訟………………………… 81
表現行為に対する事前抑制………… 243
表現の内容規制・内容中立規制二分論
　…………………………………… 437
比例原則……………………………… 534
広島市暴走族追放条例事件………… 453
付随的審査制……………………… 17, 24
不当な支配…………………………… 515
「部分社会」論………………………… 60
父母両系血統主義…………………… 535
プライヴァシー……………………… 251
プログラム規定説……………… 358, 359
文面上の判断………………………… 271
併給禁止………………………… 351, 367
法の下の平等……………… 85, 103, 365
法律婚主義…………………………… 146
法律婚の尊重…………………… 147, 148
法律上の争訟…………… 21, 341, 343, 350
法令違憲………………… 10, 11, 36, 98
法令違憲判断の効力………………… 98
法令の意味の一部違憲……………… 11
法令の規定の一部違憲……… 11, 531, 543
傍　　論………… 15, 62, 91, 157, 158, 358, 475
　――での違憲判断………………… 199
堀越事件……………………………… 447
本所郵便局事件→全逓プラカード事件

ま　行

三井美唄鉱業所事件………………… 80
南九州税理士会事件………………… 82
箕面忠魂碑・慰霊祭訴訟…………… 193
無効力説……………………………… 76
無適用説……………………………… 77
明白の原則…………………………… 290
名誉毀損に対する事後規制………… 245
目黒社会保険事務所事件→堀越事件

目黒社会保険事務所事件…………… 447
目黒電報電話局事件………………… 81
目的違憲説……………………… 97, 100
目的効果基準…………… 188, 201, 217
黙秘権…………………………… 380, 381
森井訴訟……………………………… 367

や　行・ら　行

より制限的でない他の選びうる手段
　…………………………………… 441
立候補の自由………………………… 80
立法裁量論…………………………… 11
　裁判法理としての――…………… 14
立法事実……………………………… 293
　――の検証方法…………………… 294
　――の変化…………… 149, 150, 540
立法の委任…………………………… 444
立法不作為…………………………… 325
　――の違憲を理由とする国家
　　賠償請求……………………… 345
良心の自由……………………… 163, 171
倫理的意思説………………………… 168
レモン・テスト……………………… 188
労働組合の統制権…………………… 80

判例索引

大審院・最高裁判所

大決昭和 10・12・16 民集 14 巻 2044 頁	172
最一小決昭和 23・3・3 民集 2 巻 3 号 65 頁	239
最大判昭和 23・7・8 刑集 2 巻 8 号 801 頁	24
最大判昭和 23・7・14 刑集 2 巻 8 号 846 頁	387
最大判昭和 23・9・29 刑集 2 巻 10 号 1235 頁	355, 358
最大判昭和 24・2・9 刑集 3 巻 2 号 146 頁	387
最大決昭和 25・9・25 民集 4 巻 9 号 435 頁	239
最大判昭和 25・10・11 刑集 4 巻 10 号 2037 頁	90
最大判昭和 25・10・25 刑集 4 巻 10 号 2126 頁	90
最二小判昭和 25・12・28 民集 4 巻 12 号 683 頁	462
最大決昭和 26・4・4 民集 5 巻 5 号 214 頁	78
最二小判昭和 27・2・22 民集 6 巻 2 号 258 頁	79
最大判昭和 27・10・8 民集 6 巻 9 号 783 頁	17, 50
最二小判昭和 27・10・31 民集 6 巻 9 号 926 頁	30
最大判昭和 28・4・1 行集 4 巻 4 号 923 頁	30, 50
最大判昭和 28・4・8 刑集 7 巻 4 号 775 頁	390
最大判昭和 28・4・15 民集 7 巻 4 号 305 頁	30, 50
最大判昭和 28・5・20 行集 4 巻 5 号 1229 頁	30
最三小判昭和 28・6・9 行集 4 巻 6 号 1542 頁	23
最三小判昭和 28・11・17 行集 4 巻 11 号 2760 頁	21, 31
最大判昭和 28・11・25 民集 7 巻 11 号 1273 頁	311
最大判昭和 28・12・23 民集 7 巻 13 号 1561 頁	158
最一小判昭和 29・2・11 民集 8 巻 2 号 419 頁	21
最二小判昭和 29・7・16 刑集 8 巻 7 号 1151 頁	380
最大判昭和 29・9・15 民集 8 巻 9 号 1606 頁	401
最大判昭和 29・11・24 刑集 8 巻 11 号 1866 頁	255
最大判昭和 30・1・26 刑集 9 巻 1 号 89 頁	295
最大判昭和 30・2・9 刑集 9 巻 2 号 217 頁	334
最大判昭和 30・4・27 刑集 9 巻 5 号 924 頁	376
最三小判昭和 30・5・31 民集 9 巻 6 号 793 頁	308
最大判昭和 30・6・8 民集 9 巻 7 号 888 頁	79
最大判昭和 30・6・22 刑集 9 巻 8 号 1189 頁	401
最一小判昭和 31・5・24 刑集 10 巻 5 号 734 頁	91
最大判昭和 31・7・4 民集 10 巻 7 号 785 頁	83, 163

最大判昭和 31・7・18 刑集 10 巻 7 号 1173 頁 ………………………… 379
最大判昭和 31・12・26 刑集 10 巻 12 号 1769 頁 ……………………… 379
最大判昭和 32・2・20 刑集 11 巻 2 号 802 頁 …………………… 375, 381
最大判昭和 32・2・20 刑集 11 巻 2 号 824 頁 ……………………… 91, 101
最大判昭和 32・11・27 刑集 11 巻 12 号 3132 頁 ………………………… 42
最大判昭和 33・2・12 民集 12 巻 2 号 190 頁 …………………………… 298
最大判昭和 33・3・12 刑集 12 巻 3 号 501 頁 …………………………… 431
最大判昭和 33・4・16 刑集 12 巻 6 号 942 頁 …………………………… 431
最一小判昭和 33・5・1 刑集 12 巻 7 号 1272 頁 ………………… 431, 443
最一小判昭和 34・4・2 刑集 13 巻 4 号 423 頁 …………………………… 91
最大判昭和 34・7・8 刑集 13 巻 7 号 1132 頁 …………………………… 298
最大判昭和 34・12・16 刑集 13 巻 13 号 3225 頁 ………………………… 58
最三小判昭和 35・1・19 刑集 14 巻 1 号 23 頁 …………………………… 91
最大判昭和 35・2・10 民集 14 巻 2 号 137 頁 …………………… 311, 322
最大判昭和 35・6・8 民集 14 巻 7 号 1206 頁 …………………………… 49
最大判昭和 35・6・15 民集 14 巻 8 号 1376 頁 ………………………… 311
最大判昭和 35・7・20 刑集 14 巻 9 号 1243 頁 ………………………… 255
最一小判昭和 35・8・4 刑集 14 巻 10 号 1342 頁 ……………………… 379
最大判昭和 35・10・19 刑集 14 巻 12 号 1574 頁 …………………… 36, 43
最大判昭和 35・10・19 刑集 14 巻 12 号 1611 頁 …………………… 36, 43
最大判昭和 36・2・15 刑集 15 巻 2 号 347 頁 …………………………… 300
最二小決昭和 36・12・6 集刑 140 号 375 頁 …………………………… 383
最大決昭和 36・12・13 民集 15 巻 11 号 2803 頁 ……………………… 311
最大判昭和 37・2・21 刑集 16 巻 2 号 107 頁 …………………………… 397
最大判昭和 37・3・7 民集 16 巻 3 号 445 頁 ……………………………… 61
最大判昭和 37・5・2 刑集 16 巻 5 号 495 頁 …………………………… 379
最大判昭和 37・6・6 民集 16 巻 7 号 1265 頁 ………………………… 311
最大判昭和 37・11・28 刑集 16 巻 11 号 1577 頁 ………………………… 47
最大判昭和 37・11・28 刑集 16 巻 11 号 1593 頁 ………………… 33, 37, 85
最大判昭和 37・12・12 刑集 16 巻 12 号 1672 頁 ………………………… 47
最大判昭和 38・5・8 裁時 378 号 4 頁 …………………………………… 47
最大判昭和 38・5・22 刑集 17 巻 4 号 370 頁 ………………………… 498
最大判昭和 38・6・19 判時 341 号 41 頁 ………………………………… 47
最大判昭和 38・12・4 刑集 17 巻 12 号 2415 頁 ………………………… 47
最大判昭和 38・12・25 民集 17 巻 12 号 1789 頁 ……………………… 311
最大判昭和 39・2・5 民集 18 巻 2 号 270 頁 …………………… 61, 104
最大判昭和 39・2・26 民集 18 巻 2 号 343 頁 ………………………… 497
最三小判昭和 39・4・21 集民 73 号 317 頁 …………………………… 344

最大判昭和 39・5・27 民集 18 巻 4 号 676 頁 …………………… 87, 144, 522, 531
最大判昭和 39・11・18 刑集 18 巻 9 号 579 頁 …………………… 462
最大判昭和 40・7・14 民集 19 巻 5 号 1198 頁 …………………… 431
最大判昭和 40・7・14 刑集 19 巻 5 号 554 頁 …………………… 280, 293
最三小判昭和 41・2・8 民集 20 巻 2 号 196 頁 …………………… 21
最一小判昭和 41・6・23 民集 20 巻 5 号 1118 頁 …………………… 237, 245
最大判昭和 41・7・20 民集 20 巻 6 号 1217 頁 …………………… 280, 285, 293, 342
最大判昭和 41・10・26 刑集 20 巻 8 号 901 頁 …………………… 390, 395
最大判昭和 42・5・24 民集 21 巻 5 号 1043 頁 …………………… 158, 358
最一小判昭和 42・5・25 民集 21 巻 4 号 937 頁 …………………… 79
最大判昭和 43・12・4 刑集 22 巻 13 号 1425 頁 …………………… 80
最大判昭和 44・4・2 刑集 23 巻 5 号 305 頁 …………………… 390
最大判昭和 44・4・2 刑集 23 巻 5 号 685 頁 …………………… 390, 399
最二小判昭和 44・4・2 別冊労旬 708 号 4 頁 …………………… 80
最大判昭和 44・6・25 刑集 23 巻 7 号 975 頁 …………………… 237, 245
最三小決昭和 44・7・8 判時 561 号 19 頁 …………………… 48
最二小判昭和 45・11・6 民集 24 巻 12 号 1803 頁 …………………… 308
最大決昭和 45・12・16 民集 24 巻 13 号 2099 頁 …………………… 316
最大判昭和 47・11・22 刑集 26 巻 9 号 554 頁 …………………… 371
最大判昭和 47・11・22 刑集 26 巻 9 号 586 頁 …………………… 275, 280, 315
最大判昭和 48・4・4 刑集 27 巻 3 号 265 頁 …………………… 85, 144, 275, 301, 523, 531, 534
最大判昭和 48・4・25 刑集 27 巻 4 号 547 頁 …………………… 389, 421
最大判昭和 48・4・25 判時 699 号 89 頁 …………………… 409
最三小決昭和 48・7・10 刑集 27 巻 7 号 1205 頁 …………………… 385
最大判昭和 48・12・12 民集 27 巻 11 号 1536 頁 …………………… 65
最三小判昭和 49・7・19 民集 28 巻 5 号 790 頁 …………………… 80
最一小判昭和 49・9・26 民集 28 巻 6 号 329 頁 …………………… 101
最大判昭和 49・11・6 刑集 28 巻 9 号 393 頁 …………………… 11, 419
最大判昭和 49・11・6 刑集 28 巻 9 号 694 頁 …………………… 445
最大判昭和 49・11・6 刑集 28 巻 9 号 743 頁 …………………… 446
最大判昭和 50・4・30 民集 29 巻 4 号 572 頁 …………………… 275, 301, 304
最大判昭和 50・9・10 刑集 29 巻 8 号 489 頁 …………………… 40, 255, 383
最大判昭和 50・9・10 判時 787 号 42 頁 …………………… 274
最一小判昭和 50・9・25 刑集 29 巻 8 号 610 頁 …………………… 274
最三小決昭和 50・9・30 刑集 29 巻 8 号 702 頁 …………………… 274
最三小決昭和 50・9・30 判時 789 号 8 頁 …………………… 274
最三小決昭和 50・9・30 判時 789 号 9 頁 …………………… 274
最二小判昭和 50・10・24 刑集 29 巻 9 号 860 頁 …………………… 274

最二小判昭和 51・2・6 刑集 30 巻 1 号 1 頁	101
最大判昭和 51・4・14 民集 30 巻 3 号 223 頁	103, 301, 326
最大判昭和 51・5・21 刑集 30 巻 5 号 615 頁	481
最大判昭和 51・5・21 刑集 30 巻 5 号 1178 頁	410, 414, 509
最二小判昭和 51・7・9 税資 93 号 1173 頁	382
最三小判昭和 52・3・15 民集 31 巻 2 号 234 頁	60
最大判昭和 52・5・4 刑集 31 巻 3 号 182 頁	414
最大判昭和 52・7・13 民集 31 巻 4 号 533 頁	25, 177, 181, 206, 211, 216
最三小判昭和 52・7・15 労判 278 号速報カード 3 頁	446
最三小判昭和 52・12・13 民集 31 巻 7 号 974 頁	81
最大判昭和 53・10・4 民集 32 巻 7 号 1223 頁	462
最一小判昭和 53・12・21 民集 32 巻 9 号 1723 頁	273
最一小判昭和 54・5・10 刑集 33 巻 4 号 275 頁	387
最三小判昭和 54・5・29 刑集 33 巻 4 号 301 頁	387
最三小判昭和 54・10・9 刑集 33 巻 6 号 503 頁	510
最一小判昭和 55・12・23 民集 34 巻 7 号 959 頁	446
最二小判昭和 56・1・30 判時 996 号 66 頁	9
最三小判昭和 56・3・24 民集 35 巻 2 号 300 頁	81
最三小判昭和 56・4・7 民集 35 巻 3 号 443 頁	21
最一小判昭和 56・4・16 刑集 35 巻 3 号 84 頁	248
最一小判昭和 56・6・15 刑集 35 巻 4 号 205 頁	452
最二小判昭和 56・10・2 (判例集未登載)	240
最一小判昭和 56・10・22 刑集 35 巻 7 号 696 頁	445, 446
最一小判昭和 56・11・26 刑集 35 巻 8 号 896 頁	387
最三小判昭和 57・3・30 刑集 36 巻 3 号 478 頁	387
最大判昭和 57・7・7 民集 36 巻 7 号 1235 頁	13, 351
最二小判昭和 57・12・17 訟月 29 巻 6 号 1074 頁	352, 367
最二小判昭和 57・12・17 訟月 29 巻 6 号 1121 頁	352, 367
最一小判昭和 58・3・30 税資 137 号 480 頁	387
最大判昭和 58・4・27 民集 37 巻 3 号 345 頁	128, 337
最大判昭和 58・6・22 民集 37 巻 5 号 793 頁	448, 452
最大判昭和 58・11・7 民集 37 巻 9 号 1243 頁	116, 122
最三小判昭和 59・3・27 刑集 38 巻 5 号 2037 頁	381, 387
最大判昭和 59・12・12 民集 38 巻 12 号 1308 頁	235, 241
最大判昭和 60・3・27 民集 39 巻 2 号 247 頁	292
最大判昭和 60・7・17 民集 39 巻 5 号 1100 頁	103, 120, 201, 326
最一小判昭和 60・11・21 民集 39 巻 7 号 1512 頁	333, 344
最大判昭和 61・6・11 民集 40 巻 4 号 872 頁	83, 233

最大判昭和 62・4・22 民集 41 巻 3 号 408 頁	8, 11, 300, 301
最二小判昭和 62・4・24 民集 41 巻 3 号 490 頁	81
最二小判昭和 62・6・26 訟月 34 巻 1 号 25 頁	346
最一小判昭和 63・1・21 判時 1284 号 137 頁	416
最二小判昭和 63・2・5 労判 512 号 12 頁	81
最大判昭和 63・6・1 民集 42 巻 5 号 277 頁	78, 81, 158, 181, 195
最二小判昭和 63・7・15 判時 1287 号 65 頁	511
最二小判昭和 63・10・21 民集 42 巻 8 号 644 頁	116
最一小判昭和 63・12・8 民集 42 巻 10 号 739 頁	415
最二小判昭和 63・12・9 民集 42 巻 10 号 880 頁	415
最一小判昭和 63・12・16 判時 1362 号 41 頁	211
最二小判平成元・1・20 刑集 43 巻 1 号 1 頁	296
最一小判平成元・3・2 訟月 35 巻 9 号 1754 頁	368
最三小判平成元・3・7 判時 1308 号 111 頁	296
最三小判平成元・6・20 民集 43 巻 6 号 385 頁	81
最一小判平成 2・1・18 判時 1337 号 3 頁	512
最三小判平成 2・2・6 訟月 36 巻 12 号 2242 頁	346
最三小判平成 2・3・6 集民 159 号 229 頁	175
最二小判平成 3・2・22 判時 1393 号 145 頁	175
最二小判平成 3・9・3 判時 1401 号 56 頁	81
最大判平成 4・7・1 民集 46 巻 5 号 437 頁	41, 385, 452
最一小判平成 4・9・24 労判 615 号 6 頁	416
最一小判平成 4・11・16 判時 1441 号 57 頁	193, 213
最三小判平成 4・12・15 民集 46 巻 9 号 2829 頁	292, 297
最大判平成 5・1・20 民集 47 巻 1 号 67 頁	122
最三小判平成 5・2・16 民集 47 巻 3 号 1687 頁	193, 230
最一小判平成 5・2・25 民集 47 巻 2 号 643 頁	62
最一小判平成 5・2・25 訟月 40 巻 3 号 441 頁	62
最三小判平成 5・3・16 民集 47 巻 5 号 3483 頁	452, 511
最二小判平成 5・6・25 判時 1475 号 59 頁	297
最二小判平成 5・10・22 (判例集未登載)	31
最三小判平成 6・2・8 民集 48 巻 2 号 149 頁	83
最三小判平成 7・2・28 民集 49 巻 2 号 639 頁	474
最大決平成 7・7・5 民集 49 巻 7 号 1789 頁	531
最一小判平成 7・7・6 判時 1542 号 134 頁	452
最三小判平成 7・12・5 判時 1563 号 81 頁	346
最一小決平成 8・1・30 民集 50 巻 1 号 199 頁	47
最二小判平成 8・3・8 民集 50 巻 3 号 469 頁	186

最三小判平成 8・3・19 民集 50 巻 3 号 615 頁 ································ 82
最一小判平成 8・7・18 判時 1599 号 53 頁 ································· 81
最大判平成 8・9・11 民集 50 巻 8 号 2283 頁 ······························· 129
最二小判平成 8・11・18 刑集 50 巻 10 号 745 頁 ··························· 410
最一小判平成 9・1・30 刑集 51 巻 1 号 335 頁 ····························· 388
最大判平成 9・4・2 民集 51 巻 4 号 1673 頁 ················· 177,216,203,206
最大決平成 7・7・5 民集 49 巻 7 号 1789 頁 ······························ 133
最三小判平成 9・8・29 民集 51 巻 7 号 2921 頁 ······················· 452,511
最三小判平成 9・9・9 民集 51 巻 8 号 3850 頁 ····························· 346
最二小判平成 9・10・17 民集 51 巻 9 号 3925 頁 ··························· 520
最三小判平成 10・3・24 刑集 52 巻 2 号 150 頁 ···························· 292
最一小判平成 10・3・26 判時 1639 号 36 頁 ······························· 292
最一小判平成 10・7・16 判時 1652 号 52 頁 ······························· 292
最大決平成 10・12・1 民集 52 巻 9 号 1761 頁 ····························· 451
最大判平成 11・11・10 民集 53 巻 8 号 1441 頁 ···························· 122
最一小判平成 12・1・27 家月 52 巻 7 号 78 頁 ····························· 133
最三小判平成 12・2・8 刑集 54 巻 2 号 1 頁 ······························ 298
最二小判平成 12・3・17 労判 780 号 6 頁 ································ 416
最大判平成 12・9・6 民集 54 巻 7 号 1997 頁 ······························ 14
最二小判平成 12・12・15 労判 803 号 5 頁 ······························· 416
最二小判平成 12・12・15 労判 803 号 8 頁 ······························· 416
最三小判平成 13・9・25 判時 1768 号 47 頁 ······························ 368
最一小判平成 14・1・31 民集 56 巻 1 号 246 頁 ···························· 368
最大判平成 14・2・13 民集 56 巻 2 号 331 頁 ····························· 321
最二小判平成 14・4・5 刑集 56 巻 4 号 95 頁 ····························· 322
最二小判平成 14・4・12 民集 56 巻 4 号 729 頁 ···························· 62
最三小判平成 14・6・4 判時 1788 号 160 頁 ······························ 292
最三小判平成 14・7・9 判時 1799 号 101 頁 ························· 200,230
最一小判平成 14・7・11 民集 56 巻 6 号 1204 頁 ····················· 199,230
最大判平成 14・9・11 民集 56 巻 7 号 1439 頁 ······················· 1,325,531
最三小判平成 14・9・24 判時 1802 号 60 頁 ·························· 83,252
最二小判平成 14・11・22 訟月 50 巻 4 号 1325 頁 ···················· 520,536
最三小判平成 14・11・26 労判 840 号 18 頁 ····························· 416
最二小判平成 15・3・14 民集 57 巻 3 号 229 頁 ··························· 511
最三小決平成 15・3・25（判例集未登載） ······························ 346
最二小判平成 15・3・28 判時 1820 号 62 頁 ····························· 133
最一小判平成 15・3・31 判時 1820 号 64 頁 ····························· 133
最二小判平成 15・4・18 民集 57 巻 4 号 366 頁 ··························· 322

最一小判平成 15・6・12 家月 56 巻 1 号 107 頁 …………………………… 520
最大判平成 16・1・14 民集 58 巻 1 号 56 頁 ……………………………… 129
最二小判平成 16・1・20 刑集 58 巻 1 号 26 頁 …………………………… 382
最三小判平成 16・3・16 民集 58 巻 3 号 647 頁 ………………………… 368
最三小判平成 16・4・13 刑集 58 巻 4 号 247 頁 ………………………… 388
最三小判平成 16・6・22（判例集未登載）………………………………… 175
最二小判平成 16・6・23 判時 1940 号 122 頁 …………………………… 199
最一小判平成 16・7・15 判時 1875 号 48 頁 ………………………… 452,512
最一小判平成 16・7・15（判例集未登載）………………………………… 175
最三小決平成 16・9・17 判時 1880 号 70 頁 ……………………………… 16
最三小判平成 16・9・28（判例集未登載）………………………………… 512
最一小判平成 16・10・14 判時 1884 号 40 頁 …………………………… 133
最大判平成 17・1・26 民集 59 巻 1 号 128 頁 …………………………… 455
最三小判平成 17・4・26 判時 1898 号 54 頁 ……………………………… 298
最大判平成 17・9・14 民集 59 巻 7 号 2087 頁 ……………… 121,325,520
最三小判平成 17・9・27 集民 217 号 1033 頁 …………………………… 123
最一小判平成 17・12・1 判時 1922 号 72 頁 ………………………… 452,512
最三小判平成 18・3・28 判時 1930 号 80 頁 ……………………………… 368
最二小判平成 18・6・23 判時 1940 号 122 頁 …………………………… 199
最一小判平成 18・7・13 判時 1946 号 41 頁 ……………………………… 348
最大判平成 18・10・4 民集 60 巻 8 号 2696 頁 …………………………… 129
最三小判平成 19・2・27 民集 61 巻 1 号 291 頁 ………………………… 515
最大判平成 19・6・13 民集 61 巻 4 号 1617 頁 …………………………… 123
最三小判平成 19・9・18 刑集 61 巻 6 号 601 頁 ……………………… 45,453
最二小判平成 19・9・28 民集 61 巻 6 号 2345 頁 ………………………… 369
最三小判平成 19・10・9 集民 226 号 1 頁 ………………………………… 369
最大判平成 20・6・4 民集 62 巻 6 号 1367 頁 ………………………… 144,519
最大判平成 20・6・4 集民 228 号 101 頁 ………………………………… 550
最一小判平成 21・4・23 判時 2045 号 116 頁 …………………………… 323
最大判平成 21・9・30 民集 63 巻 7 号 1520 頁 …………………………… 129
最二小決平成 21・9・30 判時 2064 号 61 頁 ………………………… 133,552
最大判平成 22・1・20 民集 64 巻 1 号 1 頁 …………………………… 201,203
最大判平成 22・1・20 民集 64 巻 1 号 128 頁 ………………………… 201,212
最一小判平成 22・7・22 判時 2087 号 26 頁 ……………………………… 229
最三小決平成 23・3・9 民集 65 巻 2 号 723 頁 …………………………… 134
最大判平成 23・3・23 民集 65 巻 2 号 755 頁 …………………………… 124
最二小判平成 23・5・30 民集 65 巻 4 号 1780 頁 ………………………… 517
最一小判平成 23・6・6 民集 65 巻 4 号 1855 頁 ………………………… 517

最三小判平成 23・6・14 民集 65 巻 4 号 2148 頁 ·················· 517
最三小判平成 23・6・21 判時 2123 号 35 頁 ····················· 517
最一小判平成 24・1・16 判時 2147 号 127 頁 ···················· 518
最一小判平成 24・1・16 判時 2147 号 139 頁 ···················· 518
最一小判平成 24・2・9 民集 66 巻 2 号 183 頁 ··················· 518
最三小判平成 24・2・28 民集 66 巻 3 号 1240 頁 ················· 369
最二小判平成 24・4・2 民集 66 巻 6 号 2367 頁 ·················· 369
最大判平成 24・10・17 民集 66 巻 10 号 3357 頁 ················· 131
最二小判平成 24・12・7 刑集 66 巻 12 号 1337 頁 ················ 448
最二小判平成 25・1・11 民集 67 巻 1 号 1 頁 ···················· 299
最一小判平成 25・3・21 民集 67 巻 3 号 438 頁 ·················· 273
最大決平成 25・9・4 民集 67 巻 6 号 1320 頁 ················ 133,552
最大決平成 25・9・4 LEX/DB 文献番号 25501698 ··············· 159
最大決平成 25・9・18 LEX/DB 文献番号 25501705 ·············· 159
最大判平成 25・11・20 民集 67 巻 8 号 1503 頁 ·················· 125
最一小判平成 26・10・6 LEX/DB 文献番号 25504782 ············ 369
最一小判平成 26・10・6 LEX/DB 文献番号 25504783 ············ 369
最大判平成 26・11・26 民集 68 巻 9 号 1363 頁 ·················· 131
最三小判平成 26・12・2 LEX/DB 文献番号 25505524 ······· 160,161
最三小決平成 27・3・10 民集 69 巻 2 号 265 頁 ·················· 551
最大判平成 27・11・25 民集 69 巻 7 号 2035 頁 ·················· 126
最一小判平成 28・12・15 判時 2328 号 24 頁 ···················· 299
最三小決平成 29・1・31 民集 71 巻 1 号 63 頁 ··················· 254
最大判平成 29・9・27 民集 71 巻 7 号 1139 頁 ··················· 132
最一小判平成 30・7・19 判自 440 号 55 頁 ······················ 518
最大判平成 30・12・19 民集 72 巻 6 号 1240 頁 ·················· 127

高等裁判所

高松高判昭和 28・10・3 民集 10 巻 7 号 818 頁 ·················· 164
東京高判昭和 29・9・22 行集 5 巻 9 号 2181 頁 ··················· 51
福岡高判昭和 30・9・21 刑集 16 巻 11 号 1630 頁 ················· 34
福岡高判昭和 42・12・18 判時 505 号 22 頁 ····················· 409
福岡高判昭和 42・12・18 判時 505 号 26 頁 ····················· 409
大阪高判昭和 43・3・29 下刑集 10 巻 3 号 254 頁 ················ 409
福岡高判昭和 43・4・18 下刑集 10 巻 4 号 353 頁 ················ 409
東京高判昭和 43・6・12 労民集 19 巻 3 号 791 頁 ················· 67
札幌高判昭和 43・6・26 下刑集 10 巻 6 号 598 頁 ················ 484
広島高判昭和 43・7・30 行集 19 巻 7 号 1346 頁 ················· 277

567

東京高判昭和 43・8・23 金判 346 号 6 頁 …… 373
東京高判昭和 43・9・30 高刑集 21 巻 5 号 365 頁 …… 392
札幌高判昭和 44・6・24 判時 560 号 30 頁 …… 422
東京高決昭和 45・4・13 高民集 23 巻 2 号 172 頁 …… 242
東京高判昭和 45・5・12 刑集 27 巻 3 号 327 頁 …… 86
東京高判昭和 45・6・22 高刑集 23 巻 3 号 424 頁 …… 264
高松高判昭和 46・3・30 高刑集 24 巻 2 号 293 頁 …… 264
高松高判昭和 46・5・10 刑月 3 巻 5 号 634 頁 …… 432
東京高判昭和 47・4・5 判時 665 号 29 頁 …… 432
仙台高判昭和 47・4・7 判時 671 号 99 頁 …… 432
仙台高秋田支判昭和 47・10・5 高刑集 25 巻 4 号 441 頁 …… 264
高松高判昭和 48・2・19 刑集 29 巻 8 号 570 頁 …… 257
東京高判昭和 48・9・19 行集 24 巻 8 = 9 号 1018 頁 …… 432
東京高判昭和 49・4・30 行集 25 巻 4 号 356 頁 …… 104
名古屋高判昭和 50・6・24 労判 231 号 43 頁 …… 432
大阪高判昭和 50・11・10 行集 26 巻 10 = 11 号 1268 頁 …… 353
札幌高判昭和 51・8・5 行集 27 巻 8 号 1175 頁 …… 62
大阪高判昭和 51・12・17 行集 27 巻 11 = 12 号 1836 頁 …… 351
大阪高判昭和 52・11・30 判時 884 号 66 頁 …… 9
高松高判昭和 54・1・30 刑集 35 巻 7 号 788 頁 …… 432
大阪高判昭和 54・2・26 訟月 25 巻 6 号 1554 頁 …… 62
札幌高判昭和 54・4・27 行集 30 巻 4 号 800 頁 …… 359
広島高松江支判昭和 55・4・28 判時 964 号 134 頁 …… 452
札幌高判昭和 56・3・26 民集 40 巻 4 号 921 頁 …… 235
東京高判昭和 56・4・22 行集 32 巻 4 号 593 頁 …… 351
東京高判昭和 57・5・19 判時 1041 号 24 頁 …… 511
東京高判昭和 57・6・23 行集 33 巻 6 号 1367 頁 …… 535
福岡高判昭和 58・3・7 行集 34 巻 3 号 394 頁 …… 273
福岡高判昭和 58・12・24 判時 1101 号 3 頁 …… 514
東京高判昭和 59・4・25 民集 41 巻 3 号 469 頁 …… 303
東京高判昭和 61・4・9 訟月 33 巻 3 号 611 頁 …… 62
東京高判平成 2・7・12 判時 1355 号 3 頁 …… 9
東京高判平成 3・9・17 判時 1407 号 54 頁 …… 31
高松高判平成 4・5・12 行集 43 巻 5 号 717 頁 …… 179, 191
東京高決平成 5・6・23 判時 1465 号 55 頁 …… 133, 146
大阪高判平成 6・3・15 判時 1525 号 71 頁 …… 9
東京高判平成 6・11・30 判時 1512 号 3 頁 …… 133
大阪高判平成 7・11・21 行集 46 巻 10 = 11 号 1008 頁 …… 368

東京高決平成 7・12・19 高民集 48 巻 3 号 258 頁 ………………………………… 47
福岡高那覇支判平成 8・3・25 行集 47 巻 3 号 192 頁 ………………………… 62
東京高判平成 9・11・26 高民集 50 巻 3 号 459 頁 …………………………… 457
福岡高那覇支判平成 10・5・22 訟月 45 巻 5 号 846 頁 ……………………… 63
大阪高判平成 10・12・15 判時 1671 号 19 頁 ………………………………… 199
大阪高判平成 11・9・3 民集 56 巻 7 号 1478 頁 ……………………………… 3
名古屋高判平成 12・6・29 判時 1736 号 35 頁 ………………………………… 511
東京高判平成 12・11・8 判タ 1088 号 133 頁 ………………………………… 327
広島高判平成 12・11・16 訟月 48 巻 1 号 109 頁 ……………………………… 368
東京高判平成 13・2・15 判時 1741 号 68 頁 …………………………………… 252
広島高判平成 13・3・29 訟月 49 巻 4 号 1101 頁 ……………………………… 346
東京高判平成 14・1・28 判時 1792 号 52 頁 …………………………………… 514
東京高決平成 16・3・31 判時 1865 号 12 頁 ……………………………… 83, 252
大阪高決平成 16・5・10（判例集未登載）………………………………………… 16
東京高判平成 17・3・25 判時 1899 号 46 頁 …………………………………… 369
東京高判平成 17・9・15 LEX/DB 文献番号 28140804 ………………………… 369
大阪高判平成 17・9・30 訴月 52 巻 9 号 297 頁 ……………………………… 199
広島高判平成 18・2・22 判タ 1208 号 104 頁 ………………………………… 369
東京高判平成 18・2・28 家月 58 巻 6 号 47 頁 ………………………………… 522
東京高判平成 18・12・26 判時 1964 号 155 頁 ………………………………… 514
札幌高判平成 19・6・26（判例集未登載）……………………………………… 199
名古屋高金沢支判平成 20・4・7 判時 2006 号 53 頁 ………………………… 229
東京高判平成 20・5・29 判時 2010 号 47 頁 …………………………………… 516
福岡高判平成 20・12・15 LEX/DB 文献番号 25451358 ……………………… 515
東京高判平成 22・3・10 判タ 1324 号 210 頁 ………………………………… 134
東京高判平成 22・3・29 判タ 1340 号 105 頁 ………………………………… 447
東京高判平成 22・5・13 判タ 1351 号 123 頁 ………………………………… 450
東京高判平成 23・1・28 判時 2113 号 30 頁 …………………………………… 516
東京高判平成 23・3・10 判時 2113 号 62 頁 …………………………………… 516
大阪高決平成 23・8・24 判時 2140 号 19 頁 …………………………………… 134
名古屋高判平成 23・12・21 判時 2150 号 41 頁 ……………………………… 134
東京高判平成 24・4・26 判タ 1381 号 105 頁 ………………………………… 299
東京高決平成 24・6・22 金判 1425 号 29 頁 …………………………………… 135
広島高判平成 25・3・25 判時 2185 号 25 頁 …………………………………… 125
広島高岡山支判平成 25・3・26 LEX/DB 文献番号 25500398 ……………… 125
東京高判平成 25・3・28 LEX/DB 文献番号 25445973 ……………………… 323
大阪高判平成 25・9・27 判時 2234 号 29 頁 …………………………………… 349
東京高決平成 26・1・30 判自 387 号 11 頁 …………………………………… 323

569

福岡高判平成 27・3・25 判時 2268 号 23 頁 ……………………………… 126
大阪高判平成 27・2・20 判時 2275 号 18 頁 ……………………………… 300
東京高決平成 28・7・12 判時 2318 号 24 頁 ……………………………… 253
広島高判平成 29・12・20 LEX/DB 文献番号 25449213 …………………… 350
名古屋高判平成 30・2・7 LEX/DB 文献番号 25549337 …………………… 127
東京高判平成 30・4・18 判時 2385 号 3 頁 ……………………………… 517

地方裁判所

宇都宮地判昭和 23・1・22 行月 1 号 91 頁 ……………………………… 27
福井地判昭和 23・10・16 行月 4 号 146 頁 ……………………………… 27
鳥取地判昭和 24・6・8 行月 16 号 123 頁 ……………………………… 27
福岡地飯塚支判昭和 25・1・9 刑集 4 巻 10 号 2070 頁 ………………… 90
東京地判昭和 25・12・19 行集 1 巻 12 号 1826 頁 ……………………… 27
静岡地判昭和 27・3・13 行集 3 巻 2 号 369 頁 ………………………… 27
徳島地判昭和 28・6・24 下民集 4 巻 6 号 926 頁 ……………………… 164
東京地判昭和 28・10・19 行集 4 巻 10 号 2540 頁 ……………………… 50
福岡地小倉支判昭和 30・4・25 刑集 16 巻 11 号 1629 頁 ……………… 34
東京地判昭和 35・10・19 行集 11 巻 10 号 2921 頁 …………………… 361
東京地判昭和 37・10・24 行集 13 巻 10 号 1858 頁 …………………… 342
東京地判昭和 38・4・19 判時 338 号 8 頁 ……………………………… 391
長野地判昭和 39・6・2 判時 374 号 8 頁 ………………………………… 170
横浜地判昭和 41・3・25 金判 346 号 11 頁 ……………………………… 372
旭川地判昭和 41・5・25 下刑集 8 巻 5 号 757 頁 ……………………… 483
広島地判昭和 42・4・17 行集 18 巻 4 号 501 頁 ………………………… 277
東京地判昭和 42・7・17 労民集 18 巻 4 号 766 頁 ……………………… 67
徳島地判昭和 42・11・30 下刑集 9 巻 11 号 1458 頁 …………………… 264
旭川地判昭和 43・3・25 下刑集 10 巻 3 号 293 頁 ……………………… 422
東京地判昭和 43・7・15 行集 19 巻 7 号 1196 頁 ……………………… 351
大阪地判昭和 43・7・30 判時 528 号 15 頁 ……………………………… 173
徳島地判昭和 44・3・27 刑月 1 巻 3 号 317 頁 ………………………… 432
宇都宮地判昭和 44・5・29 刑集 27 巻 3 号 318 頁 ……………………… 86
東京地判昭和 44・6・14 判時 566 号 3 頁 ……………………………… 432
横浜地判昭和 44・9・30 刑月 1 巻 9 号 965 頁 ………………………… 264
東京地決昭和 45・3・14 判時 586 号 41 頁 ……………………………… 242
青森地判昭和 45・3・30 刑月 2 巻 3 号 315 頁 ………………………… 432
東京地判昭和 45・7・17 行集 21 巻 7 号別冊 1 頁 ……………………… 497
京都地判昭和 46・10・7 判時 649 号 99 頁 ……………………………… 264
東京地判昭和 46・11・1 行集 22 巻 11＝12 号 1755 頁 ………………… 432

秋田地判昭和 47・2・3 判時 658 号 101 頁 ……………………………… 264
徳島地判昭和 47・4・20 刑集 29 巻 8 号 552 頁 …………………………… 257
神戸地判昭和 47・9・20 行集 23 巻 8 = 9 号 711 頁 ……………………… 353
名古屋地豊橋支判昭和 48・3・30 労旬 835 号 76 頁 ……………………… 432
東京地判昭和 48・10・2 判時 722 号 35 頁 ………………………………… 264
和歌山地判昭和 48・12・20 判タ 304 号 120 頁 …………………………… 101
高松地判昭和 49・6・28 判時 747 号 46 頁 ………………………………… 432
東京地判昭和 51・11・19 行集 27 巻 11 = 12 号 1772 頁 ………………… 121
水戸地判昭和 52・2・17 訟月 23 巻 2 号 255 頁 …………………………… 62
東京地判昭和 52・8・8 判時 859 号 3 頁 …………………………………… 121
福岡地判昭和 53・7・28 判時 900 号 3 頁 ………………………………… 514
静岡地判昭和 53・10・31 民集 41 巻 3 号 444 頁 ………………………… 302
東京地判昭和 54・3・28 判時 921 号 18 頁 ………………………………… 510
千葉地判昭和 54・10・1 訟月 26 巻 1 号 111 頁 …………………………… 121
札幌地判昭和 55・7・16 民集 40 巻 4 号 908 頁 …………………………… 235
長崎地判昭和 55・9・19 行集 31 巻 9 号 1920 頁 ………………………… 273
大阪地判昭和 55・10・29 行集 31 巻 10 号 2274 頁 ……………………… 359
札幌地判昭和 55・11・5 判時 1010 号 91 頁 ……………………………… 240
東京地判昭和 56・3・30 判時 996 号 23 頁 ………………………………… 535
東京地八王子支判昭和 56・7・13 訟月 27 巻 11 号 2005 頁 …………… 62
東京地判昭和 63・6・13 判時 1294 号 13 頁 ……………………………… 31
東京地判昭和 63・10・13 判時 1290 号 48 頁 …………………………… 250
福岡地判昭和 63・12・16 訟月 35 巻 12 号 2197 頁 ……………………… 62
松山地判平成元・3・17 行集 40 巻 3 号 188 頁 ………………………… 178, 191
東京地決平成元・3・24 判タ 713 号 94 頁 ………………………………… 252
長崎地判平成 2・2・20 判時 1340 号 30 頁 ……………………………… 213
那覇地判平成 2・5・29 行集 41 巻 5 号 947 頁 …………………………… 62
大阪地判平成 4・11・24 行集 43 巻 11 = 12 号 1404 頁 ………………… 31
大分地判平成 5・1・19 判時 1457 号 36 頁 ……………………………… 416
秋田地判平成 5・4・23 判時 1459 号 48 頁 ……………………………… 368
奈良地判平成 5・8・25 判タ 834 号 72 頁 ………………………………… 9, 13
那覇地沖縄支判平成 6・2・24 訟月 41 巻 9 号 2241 頁 ………………… 62
奈良地判平成 6・9・28 行集 46 巻 10 = 11 号 1021 頁 ………………… 368
大阪地判平成 7・10・25 訟月 42 巻 11 号 2653 頁 ……………………… 31
大阪地判平成 8・2・22 判タ 904 号 110 頁 ……………………………… 514
東京地判平成 8・5・10 訟月 44 巻 7 号 1035 頁 ………………………… 31
東京地判平成 8・5・16 判時 1566 号 23 頁 ……………………………… 457
神戸地尼崎支決平成 9・2・12 判時 1604 号 127 頁 …………………… 251

山口地下関支判平成 10・4・27 判時 1642 号 24 頁 …………………………………………… 346
高知地判平成 10・7・17 判時 1699 号 67 頁 ……………………………………………… 199, 211
東京地判平成 10・11・30 判時 1686 号 68 頁 ……………………………………………… 252
神戸地尼崎支判平成 11・3・11 民集 56 巻 7 号 1472 頁 ……………………………………… 3
東京地判平成 11・10・28 訟月 46 巻 10 号 3833 頁 ………………………………………… 327
東京地判平成 12・2・29 判時 1715 号 76 頁 ………………………………………………… 251
松山地判平成 13・4・27 判タ 1058 号 290 頁 ………………………………………………… 199
大津地判平成 13・5・7 判タ 1087 号 117 頁 ………………………………………………… 514
熊本地判平成 13・5・11 訟月 48 巻 4 号 881 頁 ……………………………………………… 346
金沢地判平成 14・3・6 訟月 49 巻 1 号 1 頁 …………………………………………………… 63
東京地八王子支判平成 14・5・30 訟月 49 巻 5 号 1355 頁 …………………………………… 63
東京地判平成 14・11・28 判タ 1114 号 93 頁 ………………………………………………… 346
東京地決平成 16・3・19 判時 1865 号 18 頁 ………………………………………………… 252
東京地判平成 16・3・24 判時 1852 号 3 頁 ……………………………………………… 346, 369
福岡地判平成 16・4・7 判時 1859 号 125 頁 ………………………………………………… 199
新潟地判平成 16・10・28 賃社 1382 号 46 頁 ……………………………………………… 369
広島地判平成 17・3・3 判タ 1187 号 165 頁 …………………………………………… 346, 369
東京地判平成 17・4・13 判時 1890 号 27 頁 …………………………………………… 521, 548
福岡地判平成 17・4・26 LEX/DB 文献番号 28101269 ……………………………………… 515
札幌地判平成 18・3・3（判例集未登載）…………………………………………………… 199
東京地判平成 18・3・22 LEX/DB 文献番号 25420923 ……………………………………… 514
東京地判平成 18・3・29 判時 1932 号 51 頁 ………………………………………………… 548
東京地判平成 18・6・29 刑集 66 巻 12 号 1627 頁 ………………………………………… 447
東京地判平成 18・9・21 判時 1952 号 44 頁 ………………………………………………… 514
大阪地判平成 19・4・26 判タ 1269 号 132 頁 ………………………………………………… 516
東京地判平成 19・6・20 判時 2001 号 136 頁 …………………………………………… 514, 516
金沢地判平成 19・6・25 判時 2006 号 61 頁 ………………………………………………… 229
東京地判平成 20・2・7 判時 2007 号 141 頁 ………………………………………………… 514
東京地判平成 20・9・19 刑集 66 号 12 巻 1722 頁 ………………………………………… 450
東京地判平成 21・1・19 判タ 1296 号 193 頁 ………………………………………………… 514
東京地判平成 21・3・26 判タ 1314 号 146 頁 ………………………………………………… 516
横浜地判平成 21・7・16 LEX/DB 文献番号 25451425 ……………………………………… 516
鳥取地判平成 21・10・2 LEX/DB 文献番号 25451540 ……………………………………… 482
東京地判平成 22・3・30 判時 2096 号 9 頁 …………………………………………………… 299
東京地判平成 23・4・26 判時 2136 号 13 頁 ………………………………………………… 348
東京家審平成 24・3・26 金判 1425 号 30 頁 ………………………………………………… 135
広島地判平成 24・5・23 判時 2166 号 92 頁 ………………………………………………… 253
大阪地判平成 25・2・6 判時 2234 号 35 頁 …………………………………………………… 350

東京地判平成 25・3・14 判時 2187 号 3 頁 ……………………………… 350
京都地判平成 26・2・25 判時 2275 号 27 頁 ……………………………… 300
東京地判平成 27・5・25 判自 440 号 61 頁 ……………………………… 518
東京高判平成 27・12・10 判自 440 号 75 頁 ……………………………… 518
広島地判平成 28・7・20 判時 2329 号 68 頁 ……………………………… 350
東京地決平成 29・1・6 LEX/DB 文献番号 25545218 …………………… 250
札幌地決平成 30・5・22 判時 2388 号 42 頁 …………………………… 253
東京地判令和元・5・28 裁判所ウェブサイト …………………………… 348

■著者紹介

野坂泰司（のさか・やすじ）

1975 年　東京大学法学部卒業
　　　　東京大学法学部助手，立教大学法学部助教授，同教授を経て
1994 年　学習院大学法学部教授
2004 年　学習院大学法科大学院教授

主要著作

『憲法(4)〔第 3 版〕』（共著）（有斐閣，1996 年），「憲法解釈における原意主義(上)(下)」ジュリスト 926 号，927 号（1989 年），「公教育の宗教的中立性と信教の自由」立教法学 37 号（1992 年），「憲法解釈の理論と課題」公法研究 66 号（2004 年），「いわゆる目的効果基準について」『現代立憲主義の諸相(下)』（有斐閣，2013 年）など

憲法基本判例を読み直す（第 2 版）
Rereading the basic constitutional cases (2nd ed.)

2011 年 6 月10日　初　版第 1 刷発行
2019 年 9 月 1 日　第 2 版第 1 刷発行

法学教室
LIBRARY

著　者　　野　坂　泰　司
発行者　　江　草　貞　治
発行所　　株式会社　有　斐　閣

郵便番号 101-0051
東京都千代田区神田神保町 2-17
電話　(03)3264-1314〔編集〕
　　　(03)3265-6811〔営業〕
http://www.yuhikaku.co.jp/

印刷・株式会社暁印刷／製本・大口製本印刷株式会社
©2019, Yasuji Nosaka. Printed in Japan

落丁・乱丁本はお取替えいたします。
★定価はカバーに表示してあります。
ISBN 978-4-641-22755-2

|JCOPY|　本書の無断複写(コピー)は，著作権法上での例外を除き，禁じられています。複写される場合は，そのつど事前に (一社) 出版者著作権管理機構 (電話03-5244-5088, FAX03-5244-5089, e-mail:info@jcopy.or.jp) の許諾を得てください。